KB179632

공작

이중 스파이 **흑금성**의 시크릿 파일

공작

초판 7쇄 발행 2018년 8월 25일
초판 1쇄 발행 2018년 7월 25일
초판 1쇄 인쇄 2018년 7월 15일

지은이 김당

펴낸이 김용태 | **펴낸곳** 이룸나무
편집장 김유미 | **편집** 김지현
마케팅 출판마케팅센터 | **디자인** 플랜A
주소 410−828 경기도 고양시 일산동구 탄중로 403 1202−901
전화 031−919−2508 **마케팅** 031−943−1656 **팩시밀리** 031−919−2509
E-mail iroomnamu@naver.com
출판 신고 제 2015−000016 (2009년 9월 16일)
가격 18,000원
ISBN 978−89−967899−67−7 04340
ISBN 978−89−967899−66−0 (세트)

이중스파이 **흑금성의** 시크릿파일

공작

김당 지음

SPY

이룸나무

절대고독 이중스파이의
성공과 실패

2015년 봄, 영화사 '월광'의 손상범 본부장으로부터 만나고 싶다는 전화를 받았다. 영화사의 대표인 윤종빈 감독이 '흑금성 공작원' 박채서 씨에 대한 영화를 만들려고 하는데, 박채서 씨와 흑금성 사건을 잘 아는 나한테서 조언을 듣고 싶다는 거였다.

윤종빈 감독은 '나쁜 놈들 전성시대'라는 부제가 붙은 〈범죄와의 전쟁〉(2012년 2월)과 '민란의 시대'라는 부제가 붙은 〈군도〉(2014년 7월)를 연출한 젊은 감독이었다. 〈범죄와의 전쟁〉을 재미있게 봐서 윤 감독을 알고 있었지만, 〈군도〉는 차일피일 미루다가 놓친 바람에 윤 감독과 만나기로 약속을 하고선 뒤늦게 집에서 TV로 봤다. 배우 하정우와 절친(1년 선후배 사이)이고 영화 〈베를린〉(류승완 감독, 2013년 2월)에 국정원 현장분석관 역으로 특별출연한 사실도 알았다. 나는 국정원 분석관 역할이 흑금성 스토리를 영화로 만들려는 계기가 된 걸 아닐까 하는 생각을 해보았다.

4월 1일 만우절에 내가 살던 일산의 한 식당에서 만나 식사를 하고 근처 맥주집에서 2차 술자리를 가졌다. 윤 감독은 영락없이 동네에 마실 가는 백수 차림으로 나왔다. 어수룩해 보이면서 어눌하기까지 한 그는 고등학생 때 〈시사저널〉에 보도된 흑금성 스토리를 처음 접하고 강렬한 인상을 받았다고 했다. 그 후 잊고 있었는데 팟캐스트 '이박사와 이작가의 이이제이'를 듣다가 흑금성 스토리를 영화로 만들어야겠다는 생각이 퍼뜩 들었다고 말했다.

내가 흑금성 스토리를 주제로 '이이제이'에 출연한 것은 윤 감독을 만나기 9개월 전인 2014년 7월이었다. '이이제이 94회'의 1부는 김당 인터뷰, 2부는 총풍 사건을 다루었다. 당시 윤 감독은 〈군도〉를 막 개봉했을 무렵이었다. 윤 감독은 잠자리에 들기 전에 내려받은 팟캐스트를 들으며 자는 습관이 있는데, 내가 출연한 '이이제이'를 듣다가 영화로 만들면 재미있겠다는 생각이 들었다고 했다.

윤 감독은 자신이 구상한 영화의 스토리 라인을 설명해주었다. 나는 흑금성 스토리를 영화로 만드는 것에는 찬성하지만, 영화 속 주인공의 실제 인물이 감옥에 있는데 괜찮겠냐고 물었다. 박채서 씨는 2010년 6월 1일 국가보안법 위반(간첩죄) 혐의로 긴급체포되어 6년형을 선고받고 대전교도소에서 수형 중이었다.

윤 감독은 영화는 박채서 씨가 흑금성 공작원으로 활동한 1998년까지만 다룰 것이어서 국가보안법 위반 사건은 나오지 않을 것이라 했다. 그렇다면 문제될 것이 없었다. 나는 흑금성 공작원 박채서 씨에 대해 윤 감독이 묻는 대로 답을 해주었다. 윤 감독은 이날 내게 친필 사인한 〈범죄와의 전쟁〉과 〈군도〉 DVD를 선물했다.

그로부터 한두 달 뒤에 손상범 본부장이 윤 감독이 쓴 시나리오 초고를 보내왔다. 사실을 중요시하는 기자와 픽션을 다루는 시나리오 작가의 문법의 차이에서 비롯된 바가 크겠지만, 솔직히 시나리오 초고는 기대에 어긋나 실망스러웠다. 그래서 나는 윤 감독이 박채서 씨를 직접 면회하거나, 박채서 씨가 출소하기를 기다려 직접 인터뷰를 한 뒤에 시나리오를 쓰는 것이 좋겠다고 조언을 했다.

박채서 씨는 2016년 5월 31일 6년 형기를 꾹꾹 눌러서 채우고 출소했다. 뜬 눈으로 밤을 샌 그의 아내와 두 딸, 그리고 형제들이 그를 반겼다. 출소 소식을 들은 일부 매체 기자들이 대전교도소 앞에서 그를 맞이해 짧게 소감을 묻는 인터뷰를 했다. 그중에는 〈뉴스타파〉의 최승호 PD도 있었다. 근처 식당에서 박채서 씨를 따로 인터뷰한 최 PD는 "출소 인터뷰를 보도하려는 것은 아니고 기록을 위해 왔다"고 했다. 최승호 PD가 만든 다큐 영화 〈자백〉이 공개될 무렵에 마침 내가 쓴 《시크릿파일 국정원》이 출간되어 몇 차례 북 콘서트를 함께하기도 했다. 최승호 PD는 이후 MBC에 복귀해 사장이 되었다.

박채서 씨는 고향 청주에 가서 어머니를 뵙고 고향 친지들에게 인사를 한 뒤에 나를 찾았다. 그의 손에는 6년 동안 감옥에서 볼펜으로 꾹꾹 눌러쓴 대학 노트 4권이 들려 있었다. 그는 "사건의 전모를 가장 잘 아는 김형이 내가 감옥에서 쓴 기록을 토대로 '흑금성 사건'을 정리하는 게 가장 좋겠다"면서 그 노트들을 내게 건넸다.

이렇게 해서 그가 수기(手記)한 대학노트 4권은 윤종빈 감독이 연출한 영화 〈공작〉의 원작이자, 내가 쓴 논픽션 《공작》(1, 2권)의 밑거름이 되었다. 믿고 보는 배우 황정민이 흑금성 공작원 역할을 맡고, 이성민·조진웅·주지훈 씨가 주연으로 출연했다. 배우 이성민이 흑금성의 북측 파트너인 '리명운' 역할로 나오는 것으로 보건대 '리철운'이라는 가명을 쓴 리철을 염두에 둔 배역으로 보인다. 논픽션 《공작》(1, 2권)을 넘긴 뒤에 영화 〈공작〉이 프랑스 칸 영화제에 초청되어 호평을 받았다는 소식을 들었다.

윤 감독은 개봉 전에 〈씨네21〉과의 인터뷰에서 흑금성 스토리를 영화로 만들게 된 배경을 이야기하면서 나에 대해서도 이렇게 말한 적이 있다.

– 〈공작〉은 제작 과정이 철저하게 베일에 가려진 프로젝트인데.

박채서가 감옥생활 6년 동안 손으로 꾹꾹 눌러쓴
공작원 활동 수기. 영화 〈공작〉 및
이 책 논픽션 《공작》의 원전(原典)이다.

원래는 1980년대 안기부와 관련된 이야기를 준비하고 있었다. 안기부가 했던 공작들을 조사하다가 암호명이 흑금성(본명 박채서)인 스파이의 존재를 알게 됐다. 어떤 사람인지 조사해보니, '진짜 이런 일이 있었는가' 싶더라.

– 흑금성 사건의 어떤 점이 인상적이었나.

한국의 정보기관도 정치인이나 민간인을 사찰하고 댓글이나 단 게 아니라 대북 공작을 굉장히 치밀하게 했구나 싶었다. (웃음) 흑금성이 자신의 의도와 무관하게 현대사의 중요한 순간에 뛰어들게 되는데 그 이야기가 너무나 영화적이었다. 기사나 자료가 한정적인 비사라 이야기의 전말이 너무 궁금했다. 흑금성 사건을 취재했던 김당 기자를 통해 박채서 씨와 연락을 취했는데 수감 중이었다(박채서 씨는 북한에 군사 정보를 넘겨준 혐의로 징역 6년형을 선고받고 수감됐고, 2016년 5월 31일 만기 출소했다).

칸에서 공개된 영화평에 따르면, 〈공작〉은 액션을 토대로 한 스파이물인 〈본〉 시리즈보다는 심리전에 치중한 스티븐 스필버그 감독의 〈스파이 브릿지〉

에 더 가까운 영화이다. 내가 아는 흑금성 공작원 박채서도 장교 출신에다가 프로 수준의 골프로 단련된 다부진 체격을 자랑하는 근육질이지만, 근육보다는 두뇌와 연상기억술을 더 활용하는 심리전 전문가에 가까웠다.

기자인 내가 박채서 씨를 처음 만났을 때 그의 직업은 '스파이'였다. 알다시피 지구상에 존재하는 그 어떠한 직업도 스파이 활동처럼 철저하게 '음지'에서 이루어지는 경우는 없다. 오죽하면 중앙정보부를 창설한 김종필 초대부장이 요원들에게 '음지에서 일하며 양지를 지향한다'는 부훈을 가슴에 새기게 했을까 싶다.

스파이는 자신의 신분보호를 위해 지인과 친구, 심지어 자신의 가족에게도 신분을 숨겨야만 하는 고독한 직업이다. 신분 노출이란 그들의 직업적 생명의 최후를 의미하는 것임과 동시에 다른 나라의 정보기관·조직에 의해 신체적 생명까지도 위협받을 수 있는 무방비 상태로 전환됨을 의미한다. 특히 적진에서 발각된 '블랙 스파이'는 국가로부터 선(線)이 끊김과 동시에 아무런 보호를 받지 못하게 된다.

전혀 어울릴 것 같지 않은 기자와 스파이의 만남은 그런 절대고독과 생명의 위협 속에서 시작되었다. 고립무원의 청계천 노동자 전태일이 품었던 '대학생 친구가 하나 있으면 좋겠다'는 소원처럼, 절대고독의 스파이 박채서씨도 어쩌면 '믿을 만한 기자가 하나 있으면 좋겠다'는 바람을 가졌던 것 같다.

냉전의 섬 한반도에서 이중스파이는 언제든지 남과 북 양쪽에서 버림받기 십상인 '극한직업'이다. 그의 방북 횟수가 늘어날수록 담력은 커졌지만, 긴장과 두려움의 크기는 줄어들지 않았던 것 같다. 영화 〈무간도〉에서처럼, 늘 생명의 위협을 느껴야 했던 그도 어쩌면 '사람 보험'을 들고 싶었는지 모르겠다.

그와 인연의 끈을 맺은 지 어느덧 4반세기가 흘렀다. 비밀 방북해 애틀랜타 올림픽 유도 영웅 계순희 선수와 코치를 만나고, 아그리파(Agrippa) 석고상 같은 강인한 모습으로 평양 5.1경기장에 선 그의 머리에도 어느덧 하얗게 서리가 내려앉았다. 그 사반세기 동안 정보사 공작관과 안기부 특수공작원(이중스파이)에서 국가보안법 위반 사범(이중간첩)으로 낙인찍힌 인생 자체도 파란만장하지만, 그가 혼신의 힘을 다해 통과해온 소설 같은 공작의 세계는 더 극적이다.

박채서는 침투공작 초기에 노동당 조사부로부터 100만 달러를 주겠다는 유혹을 뿌리쳤지만, 정작 직속 상관의 불법행위와 국가보안법의 '덫'을 피해 가진 못했다. 성공한 공작은 드러나지 않지만 실패한 공작은 드러나 문제가 되는 것이 첩보공작의 불문율이다. 실패한 공작원만 세상에 드러나고, 성공한 공작의 주인공은 음지에 숨어 있는 것이 스파이의 숙명이다. 이 책은 우리나라 공작 역사상 처음으로 국정원의 창(槍)이 북한 국가안전보위부의 방패를 뚫고 김정일이라는 최고의 공작목표에 접근한 기록이자, 한 특수공작원의 드라마틱한 삶의 기록이다.

일찍이 미국 CIA의 아버지로 일컬어진 앨런 덜레스(Allen Dulles)는 《정보기술(The Craft of Intelligence)》에서 '첩보 활동의 핵심은 접근'이라고 했다. 이 책에는 정보사 공작관과 안기부 공작원을 경험한 한 특수공작원의 초기 북 핵개발 첩보공작의 실패에서부터 김정일이라는 권력 핵심에 접근한 성공에 이르기까지, 대북 첩보공작의 성공과 실패가 다 담겨 있다.

아이러니한 것은 이대성 대북공작국장과 권영해 부장 같은 그의 직속 상관들이 자신들의 안위를 위해 '아말렉 공작' 같은 C급 정치공작과 '이대성 파일' 공개라는 불법을 자행해 북한 권력 핵심에 접근한 A급 국가공작까지 망쳤다는 점이다. 국가보안법 위반 사범이라는 주홍글씨가 새겨진 그의 개인적 불운은 거기에서 시작되었다. 결과적으로 생명을 담보로 그를 대북 첩보전의 일선에 세웠던 그의 직속 상관들은 그의 신분을 공개함으로써 그의 발목을 잡는 '물귀신'이 되었다.

사실 감옥에서 꼬박 6년 동안 자신의 삶을 꾹꾹 눌러쓴 대학노트 4권은 그 자체로 훌륭한 자서전이자 회고록이다. 이 논픽션이 여느 자서전이나 회고록과 다른 점은 제삼자(저자)의 검증과 규명을 거쳐 기술됐다는 것이다. '주인공 박채서'와 그의 '상대역이자 관찰자'인 김당의 시점이 교차하는 방식을 취한 것도 그런 연유에서다. 이 책이 스파이에 관심을 가진 독자들이 절대 고독한 스파이의 세계를 이해하는 데 도움이 되었으면 좋겠다.

2018년 여름 북한산 자락 집필실에서

김당

김당은 '사실의 아들'이다

김훈 _ 작가

김당 기자와 함께 일한 세월은 시련의 연속이
었다. 그의 기사는 거듭되는 박해와 간섭을
불러왔고, 때로는 짓밟히고 몰수되었다. 그러
나 우리는 '사실'의 힘에 의해 그 난관을 돌파
할 수 있었다.

* * *

97년 대선 북풍공작과 안기부 조직표를 처음
공개한 김당 기자가 《시크릿파일 국정원》에
이어 논픽션 《공작》을 펴냈다.

작가 김훈과 저자(시사저널 기자 시절
영주 부석사에서)

* * *

김당은 사실의 아들(the son of facts)이다.
그는 여전하다.

긴박한 첩보세계로 안내할 책

윤종빈 _영화감독, 〈공작〉 감독

김당 기자가 출연한 팟캐스트에서 '흑금성 공
작원 박채서'의 첩보 스토리를 처음 접하고 영
화로 만들고 싶은 욕심이 생겼다.

윤종빈 감독은 〈범죄와의 전쟁〉, 〈군도〉
등을 연출했다.

* * *

그후 김당 기자를 만나 조언을 듣고 박채서
씨를 소개받아 영화 〈공작〉을 완성했다. 영화
개봉을 앞두고, 박채서의 육필수기를 토대로
김당 기자가 취재해 재구성한 책 《공작》이 한
발 앞서 세상에 나왔다.

* * *

영화보다 더 극적인 스파이 박채서와 그의 '비
밀공작 파일'을 담은 이 책이 독자를 긴박한
첩보세계로 안내할 것이다.

흑금성 공작원 박채서 씨와 영화 〈공작〉
에서 흑금성 역을 맡아 열연한 배우 황정
민이 만났다.

【일러두기】

① 이 책은 99%의 사실과 1%의 허구로 구성되어 있다.

② 이 책은 흑금성 공작원 박채서의 기록과 저자의 취재를 바탕으로 썼다. 저자는 이 책에 '김당 기자'로 등장한다.

③ 이 책의 등장인물들의 99%는 실명이다. 실명을 확인하지 못한 북한 사람 1명과 명예훼손을 우려해 성(姓)씨만 표기하고 이름은 ○○으로 처리한 경우가 실명을 쓰지 않은 1%에 해당한다.

④ 이 책에 나오는 여러 비밀공작 가운데서 한−미 합동 리비아 공작 등은 기록이나 제삼자의 증언을 통해 객관적 사실로 확인하지 못했다.

⑤ 이 책은 2부로 완성된 《공작》의 1부에 해당한다.

목차

제1장
청와대 vs 시사저널
'밀가루 전쟁'

러시아 해외정보부(Служба Внешней Разведки, SVR)

...

요원은 반드시 차가운 두뇌와

뜨거운 가슴, 깨끗한 손을

가져야 한다

01 _ 편집국에 걸려온 의문의 격려 전화

"미스터 장(張)이라고 합니다"

1996년 11월 26일(화요일) 오후 〈시사저널〉 편집국으로 이교관 기자를 찾는 전화가 걸려 왔다. 이 기자는 부재중이었다. 회사에선 며칠 전에 문제가 된 기사를 후속-보완 취재하기 위해 이 기자를 사흘 전 중국 베이징에 급파한 터였다. 전화는 기획특집부 차장인 김당(金鏜) 기자에게 연결되었다.

"미스터 장(張)이라고 합니다. 공직에 있어서 신분을 밝힐 수 없는 점을 양해해 주기 바랍니다."

장 선생은 대뜸 자신은 업무차 중국을 한 달에 두 번 정도 왕래하는데, 문제가 된 시사저널의 기사는 사실이라고 했다. 김영삼(金泳三) 정부가 공식적으로는 대북지원 중단을 외치면서 물밑으로 몰래 북한에 식량을 지원했다는 취지의 시사저널 기사 내용이 사실이라는 얘기였다. 당시 시사저널은 '1996년 4월쯤 청와대는 월드컵 남북한 공동개최를 추진하기 위해 현대그룹이 제공한 100만 달러로 구입한 밀가루 5,000t을 극비리에 북한에 제공했다'고 보도했다가 기사를 삭제했다.

장 선생은 다만, 식량 지원 시점은 시사저널이 보도한 것처럼 4월이 아니고, 두 차례에 걸쳐 박경윤 회장이 주도했으며 돈은 현대가 지원했다고 힘주어 말했다.

"작년에도 지원했고 올해도 두 번 지원했습니다. 최근에는 지난 8월에 옥수수와 밀가루 200만 불(弗)어치를 지원했고, 그 이전에도 옥수수 1천만 불(弗)어치를 지원했습니다. 사실이니 신념을 갖고 대처하십시오. 시사저널은 북경특파원이 있나요?"

"베이징 특파원도 있고, 추가로 취재진이 2명 더 중국에 가 있습니다."

"그러면 북경 특파원이나 취재진을 통해 박경윤에게 확인해 보십시오."

"특파원을 포함해 베이징에 3명이 가 있지만, 박경윤 회장이 북한에 가 있어 지금 만날 수가 없답니다."

"박경윤이 안 되면, 저쪽 담당자를 비공식적으로 만나게 해줄 수도 있습니다. 우리도 처음에는 현대가 정부 몰래 지원하는 줄로 알았는데, 뒤를 파 보니 정부에서 지시한 것이더군요. 그렇지 않아도 내일 중국에 가는데 이번 주 금요일쯤 귀국할 예정이니 다녀와서 연락합시다."

김당 기자의 귀가 번쩍 뜨이는 격려성 제보였다. 제보 전화가 몇 번 걸려왔지만, 구체적인 지원 시기와 액수까지 거론한 제보는 장 선생이 처음이었다. 제보 내용도 시사저널 취재팀이 취재한 내용과 대체로 일치했다. 그런데 꺼림칙한 구석이 있었다. 장 선생이 말한 '저쪽 담당자'는 북한 측 인사를 가리켰다. '북한 측 인사와의 만남 주선'을 선의로 받아들이려면 주선자가 믿을 만한 사람이어야 했다. 그런데 김 기자가 제보자에 대해 아는 것은 성(姓)이 장 씨이고 중국을 오가며 대북사업을 한다는 정도였다.

김당은 전화를 받는 내내 메모를 하면서 수화기 저편의 목소리에서 신원을 짐작할 만한 힌트를 찾으려 촉각을 곤두세웠다. 수화기 속의 목소리가 윙윙거려 알아듣는 데 힘이 들었지만, 김당은 일단 신뢰할 만한 제보자라는 결론을 내렸다. 제보자는 시사저널이 취재한 대북 식량 지원의 주체와 시기, 그리고 액수까지 구체적으로 알고 있었다. 더구나 박경윤 회장을 거론하며 '현대그룹이 정부 몰래 지원하는 줄 알고 뒤를 파 보았다'는 얘기까지 하는 것을 보면 대북사업에 발을 걸치고 있는 자가 분명해 보였다.

김당이 연락처를 알려 달라고 하자, 장 선생은 삐삐(호출기) 번호를 알려주었다. 그런데 특이하게 호출 전화번호 끝자리에 숫자 '88'을 입력해 달라고 했다. 호출할 때 누구인지 알 수 있도록 약정한 숫자를 찍어 달라는 거였다.

기자는 업무상 수많은 제보자와 만난다. 훈련받은 기자라면 제보의 진위 여부를 신속히 판단해야 한다. 또한, 제보 내용이 사실이더라도 '순도'를 따져봐야 하고, 나아가 제보의 동기가 공익 제보인지 사익 제보인지도 구분해야 한다.

김 기자는 김영삼 정부에서 '소통령'으로 통한 김현철(金賢哲) 씨와 그의 중학교 동창으로 나라사랑실천운동본부 사무국장을 지낸 박태중(朴泰重) 씨와 관련된 제보 전화를 믿고 사진기자와 함께 취재 차를 타고 나섰다가 낭패를 당한 적이 있다. 당시는 한보스캔들이 터지기 전이었지만, 김현철 씨가 박태중 씨의 주선으로 재벌 2, 3세들과 강남 룸살롱에서 국정을 요리한다는 소문이 나돌던 때였다. 대통령이 청와대에서 칼국수를 먹을 때 '소통령'은 룸살롱에서 재계 차세대 주자들과 어울려 도낏자루 썩는 줄 모르고 흥청망청한다는 소문이었다.

그때 시사저널 사회팀의 김당 기자를 찾는 제보전화는 그 내용이 상당히 구체적이었다. 강남구 신사동 신사파출소 근처의 ㄱ룸살롱에서 박태중 씨가 김현철 씨와 함께 술을 마시고 있다는 거였다. 혹시 장난 전화일지 모른다는 생각에 이것저것 찔러보았지만, 거짓이나 장난기를 찾을 수 없었다. 당시만 해도 인터넷이 보편화하기 전이어서 김당은 지도를 확인해 찾아갔는데 ㄱ룸살롱을 찾을 수 없었다. 신사파출소에 가서 상호를 물어보니 경찰관은 "어, 좀 전에 〈조선일보〉 기자도 묻던데" 하는 것이었다. 속은 것을 직감하고 김 기자 일행이 파출소를 막 나서는데 도산대로에서 파출소 골목으로 막 들어서는 〈동아일보〉 취재차가 보였다. 제보자는 근처 어딘가에서 기자들이 허둥대는 모습을 보면서 비웃고 있을 터였다.

김당은 그때 일을 떠올리며 잠시 생각에 잠겼다. 이 제보자는 뭐하는 사람일까? 일부러 힘을 준 듯한 딱딱한 목소리로 보면 군인이 아닐까 하는 생각이 먼저 들었다. 거기에다가 '공직'과 '저쪽 담당자'라는 단어를 연결하면 북한을 상대하는 정보기관, 곧 국군 정보사(情報司) 장교일 가능성에 생각이 미쳤다. 그렇지만 상식으로 판단컨대, 현역 장교가 남북관계와 정치적으로 민감한 사안에 개입할 가능성은 작았다.

김당 기자가 생각하기 싫은 마지막 가능성은 민간의 대북사업이나 대북 접촉을 감시하는 안기부 직원이 아닐까 하는 것이었다. 그렇다면 의문의 격려성 제보 전화가 안기부의 역공작일 가능성도 열어 두어야 했다.

안기부의 역공작 가능성

국가안전기획부는 국가안보를 담당하는 대통령 직속 기관이다. 국가안전기획부장은 대통령에게만 책임을 지는 기관의 장이다. 국가안보와 정권 안보는 명백히 다른 차원의 문제이지만, 국가안전기획부는 1961년 6월 전신인 중앙정보부가 창설된 이래 국가안보와 정권 안보를 동일시해왔다. 그도 그럴 것이 '최고 권력자의 촉수'로 태어난 이 기관은 그때까지 민주적 선거에 의해 정권이 교체되는 것을 한 번도 경험해 보지 못했다.

그런데 나흘 전에 김광일(金光一) 대통령비서실장은 김영삼 대통령을 대신해 문제의 기사를 작성한 시사저널 이교관(李教觀) 기자와 박상기(朴相基) 편집부장, 그리고 김훈(金熏) 편집국장을 출판물에 의한 명예훼손 혐의로 서울지검에 고소 – 고발했다. 서울지검 형사5부(이종왕 부장검사)는 바로 다음 날 이례적으로 신속하게 피고소 – 고발인 3인에게 11월 25일 오전 10시까지 출두할 것을 요구했다.

두 사람은 "25일은 기사 마감 및 제작 일정상 편집국을 비울 수 없으므로 하루 뒤인 11월 26일 검찰이 지정하는 시각에 출두해 조사에 응하겠다"는 의사

시사저널 관계자 소환조사

검찰에 출두한 김훈 편집국장직무대행(왼쪽)
과 박상기 편집부장(MBC 화면 캡처)

를 밝혔다. 그리고 김훈 국장과 박상기 부장이 서울지검에 출두한 오늘, 장 선생의 제보 전화가 걸려온 것이다.

안기부 간부들은 청와대의 고소 – 고발 전에 신중식(申仲植) 시사저널 발행인에게 전화해 기사 삭제를 요청했다. 우여곡절 끝에 문제의 기사는 삭제된 채 인쇄되었다. 하지만, 청와대와 안기부가 개입해 사전검열을 했다는 쪽으로 국회에서 쟁점화하는 바람에 소리 없는 일 처리가 '주특기'인 안기부로서는 혹 떼려다가 더 큰 혹을 붙인 꼴이 되었다. 안기부로서는 에이펙(APEC) 정상회의 (11.20~28일)에 참석한 대통령이 귀국하기 전에 불편한 심기를 누그러뜨리려면 모종의 조처가 필요한 시점이었다.

기자는 본디 의심하는 직업이다. 기사는 의심에서 시작된다. 3년 전부터 안기부를 취재해온 김당으로서는 익명의 제보 전화가 안기부가 취할 모종의 조처, 즉 역공작을 위한 여건 조성일 가능성도 염두에 두어야 했다. 김당은 1993년 김영삼 정부 출범 이후 터진 이른바 '김삼석 – 김은주 남매간첩 사건'을 계기로, 당시만 해도 '취재의 성역'이었던 안기부를 본격적으로 취재하기 시작했다. 김당 기자는 그때 인권운동사랑방 [1](대표 서준식)이라는 시민단체에 운영위원으로 참여하고 있었다. 그 배경은 이랬다.

주1 _ 서준식 씨를 중심으로 1993년 2월에 조직된 인권운동 활동가들의 단체로 〈인권하루소식〉이라는 일간 팩스 신문을 창간해 인권운동을 전개했다.

박정희 정권 시절 중앙정보부와 충성 경쟁을 하던 보안사(김재규 사령관)는 제7대 대통령선거를 1주일 앞둔 1971년 4월 20일, 서승·서준식 형제를 포함한 51명의 '재일교포학생 학원침투 간첩단사건'을 대대적으로 발표해 선거에 이용했다.

서준식은 국가보안법 위반 혐의로 징역 7년을 선고받아 징역 7년을 만기 수형했음에도 '사상 전향'을 거부하자 사회안전법에 의한 보호감호 처분으로 10년을 더 감옥에서 보내야 했다. 그는 감옥에서 남파 공작원이나 빨치산 출신의 비전향 장기수들과 함께 사회안전법 폐지 투쟁을 벌이다가 1988년에 출소했다. 이후 서 씨는 민주화실천가족운동협의회(민가협) 공동의장으로 장기수 석방운동을 벌였고, 문민정부 출범 이후 인권운동사랑방을 창립해 인권운동을 전개했다.

김당은 이때 장기수 석방 운동을 벌인 서 씨를 취재한 인연으로 인권운동사랑방에 운영위원으로 참여했다. 후일 서울시 교육감이 된 곽노현 교수와 백승헌·유선호·이덕우·임종인·천정배 변호사 등이 당시 운영위원이었다. 김당은 인권운동사랑방 활동가들과 함께 김삼석-김은주 남매간첩 사건을 취재해 시사저널에 안기부의 프락치 공작을 고발하는 기사를 썼다. 제도권 언론에서는 아무도 안기부가 발표한 간첩 사건에 대해 이의를 제기하지 않던 시절이었다.

안기부는 당시 백흥용(가명 배인오, 남누리영상 대표)의 약점을 이용해 강압적인 방법으로 협조를 유도한 프락치 공작을 통해 김삼석-김은주 남매를 간첩으로 몰았다. 그런데 프락치 활동을 하다가 자신도 '의문사'로 처리될지 모른다는 두려움을 가진 백 씨는 자신의 주특기를 살려 안기부의 지시 내용을 비디오카메라에 담아두었다.

김당은 당시 백 씨가 안기부의 지시로 피신해 있던 파주의 낚시터를 탐문 취재하고, 경찰에 비디오카메라에 찍힌 소나타 승용차의 차적을 조회해 두 수사관이 안기부 직원임을 확인했다. 이에 야당 의원들이 문제를 제기하며 사실 확인을 요구하자 권영해 안기부장은 국회 정보위에서 두 수사관이 안기부 직원이고 백 씨는 공작원(프락치)임을 인정했다

간첩을 잡기 위한 본연의 업무 수행이 공작이라면, 역공작은 간첩을 '만들기' 위한 업무 수행이었다. 결국, 이 사건의 본질은 안기부가 끄나풀을 내세워 간첩 혐의자 또는 평범한 시민이 간첩 행위를 하도록 유인 또는 조작했느냐는 것이었다. (박스1 '프락치 공작과 망원' 30쪽 참조)

시사저널은 청와대가 고소 – 고발해온 바로 다음 날, 이교관 기자를 후속 및 보완 취재차 홍콩을 경유해 베이징으로 급파한 상황이었다. 이를 둘러싸고 일부에서는 시사저널 측이 후속 및 보완 취재를 위해 기자를 베이징으로 급파한 것 자체가 원래의 기사가 부실했음을 반증하는 것이라는 비판을 제기했다. 심지어 일부에서는 시사저널 측이 후속 및 보완 취재를 구실로 문제의 기사를 쓴 기자를 사건이 잠잠해질 때까지 해외로 도피시키려는 것 아니냐는 의혹까지 제기했다.

시사저널이 의도한 바는 아니지만, 시사저널로서는 매체의 자존심과 사운을 걸고 청와대와 전쟁을 시작한 절체절명의 순간이었다. 만에 하나 안기부의 역공작에 말려들면 큰일이었다. 한편, 역공작의 꼬투리를 잡아 안기부가 개입한 사실을 입증하면 전세를 유리하게 뒤집을 수도 있었다.

김 기자는 검찰에서 조사를 받고 돌아온 김훈 국장에게 제보 전화가 온 사실을 보고하고, 제보자와 다시 연락이 되면 직접 만나서 부딪쳐 보기로 했다.

청와대 vs 시사저널 '밀가루 전쟁'의 서막

청와대와 시사저널 사이의 '밀가루 전쟁'은 '김영삼 정부가 공식적으로는 대북지원 중단을 외치면서 물밑으로 몰래 북한에 식량을 지원했다'는 취지의 시사저널 기사의 발간을 중단시킨 데서 비롯되었다.

'밀가루 전쟁'을 촉발시킨 기사는 시사저널 제370호(발매일 11월 20일) 커버 스토리(제목 '거듭된 파행 인사, 국정이 흔들린다')의 딸림 기사였다. 김영삼 정부에서 전격 경질된 장관 15인과 장관이 4명 이상 바뀐 부처 14개 등을 근거로 김영삼 대통령의 파행 인사로 인한 문제점을 지적하고, 인사청문회 등 제도 개선을 대안으로 제시한 커버스토리는 기획특집부 김당 차장이 정치부 문정우 기자와 함께 작성했다. 이 커버스토리에 딸린 '청와대, 북한에 밀가루 5천 t 제공' 제하의 관련 기사는 경제부 이교관 기자가 썼다.

'밀가루 북송' 기사의 핵심은 청와대 전-현직 비서실장이 북한으로부터 2002년 월드컵 공동유치 약속 및 지원을 얻어낼 목적으로 재미교포 사업가 김양일(金洋一) 씨를 대북 비선(秘線)으로 동원해 북한의 대외경협 창구인 금강산개발총회사 박경윤 회장을 통해 밀가루 100만 달러어치(5천t)을 지원했고, 그 돈은 현대그룹이 댔다는 것이다.

원래 이 기사는 커버스토리로 기획된 것은 아니었다. 메인 기사가 김영삼의 지연-학연-종교연에 치중한 독선적 파행 인사의 문제점을 지적한 것이라면, '밀가루 북송' 기사는 대북 정책의 일관성 없음을 파헤친 것이었다. 그런데 취재 막판에 북한의 대외경협 창구이자 밀가루지원사업을 중개한 금강산개발총회사의 고위 관계자와 인터뷰가 성사되었다.

이교관 기자는 기사가 하루라도 빨리 게재되기를 원했다. 외국어대 출신인 이교관 기자는 영자지 〈Korea Herald〉에서 기자 생활을 하다가, 시사저널로 옮겨온 터였다. 커버스토리를 기획한 김당 기자는 '밀가루 북송' 기사의 민감성과 파급력을 감안해 커버스토리에 관련 기사로 끼워 넣기로 했다.

회사에서는 익명의 취재원이라는 점이 부담스러웠다. 다만, '청와대가 지난 4월께 북한에 밀가루 100만 달러어치를 극비리에 제공했다'는 인용 멘트가 확보되어 기사로서 요건은 갖췄다고 판단했다. 기사에 따르면, 대북 밀가루지원사업은 청와대 비서실이 주도했으며, 그 목적은 2002년 월드컵을 유치하는

【박스1】

프락치 공작과 망원 공작

프락치는 원래 '분파'라는 뜻의 러시아어 프락찌야(фракция)에서 나온 말로 '첩자' 혹은 '끄나 풀'이란 의미로 쓰인다. 러시아 혁명 이후 공산당이 세력을 확장하고 내부 숙청 작업을 벌이는 과 정에서 널리 쓰인 용어로, 프락치 공작은 각종 단체에 조직원(프락치)을 침투시켜 좌익 블록을 만 들어 활동하는 것을 지칭했다.

우리나라에서는 일제 식민지 시절인 1928년 박헌영, 조봉암, 김단야 등이 주동이 된 조선공산당 사건 판결문(동아일보, 1928년 3월 7일자)에 '푸락치'라는 말이 등장한다. 역사적으로는 1949년 4 월, 남로당 공작원으로 제헌국회에 침투해 첩보공작을 한 혐의로 김약수(金若水) 등 진보적 소장 파 의원 13명이 체포된 국회 프락치 사건이 유명하다(관련자들은 1심에서 최고 10년부터 최하 3년 까지 실형이 선고되어 서대문형무소에 수감되어 있었으나, 2심 계류 중 6.25전쟁이 일어나 서울을 점령한 인민군의 정치범 석방에 의해 모두 풀려났다).

박정희 정권 들어서는 1964년 4월 대학가에서 한-일회담 반대 시위가 벌어질 때 서울대 문리대 학생들이 정보정치와 학원사찰 문제를 제기하며 폭로한 이른바 YTP(Youth Thought Party) 또는 '청사회(靑年思想硏究會의 줄임말)' 사건이 유명하다. 당시 송철원(서울대 미학과 4년)은 '학원사 찰 진상규명대회'에서 YTP(청사회)는 중앙정보부의 후원과 지휘 아래 학원사찰을 담당하는 극우 청년학생 조직이라는 의혹을 폭로했다. 그런데 5.20 민족적 민주주의 장례식 사건이 벌어진 가운 데 중정이 장례식에서 조사를 읽은 송 씨를 납치-고문한 사건이 폭로되면서 YTP문제가 쟁점화되 었다. 이 사건으로 고문에 가담한 중정 서울지부 제3과 수사계 요원 3명이 구속되고 김형욱 정보 부장은 사표를 냈으나 박정희가 반려했다.

이후 프락치는 군사정권 시절에 경찰이나 정보기관이 협박이나 회유, 매수를 통해 노동-종교계와 대학가에 심어놓은 첩자나 끄나풀을 지칭하는 말로 널리 쓰였다. 특히 제5공화국에서는 '녹화사 업'이란 이름으로 국군보안사령부(현 기무사) 주도하에 정권이 조직적으로 프락치 공작을 실행하 였다. 보안사가 운동권 학생들을 체포 후 본인 의사에 상관없이 강제입대시키고, 소속부대 보안대 가 강압적인 방법으로 프락치 활동을 강요했다.

통상 정보-수사기관의 협조원은 대상자의 약점을 이용한 공작을 통해 당사자의 의사에 반해 강압적으로 협조를 유도하는 '프락치'와 당사자가 자발적인 협조 의사를 밝혀 일정한 보수를 받고 임무를 수행하는 '망원'으로 구분된다. 국정원 과거사건 진실규명을 통한 발전위원회(국정원 과거사위)가 조사한 바에 따르면, 제5공화국 당시 안기부 예산으로 운영되던 대학 내 망 조직은 연평균 500개 정도인 것으로 파악되었다. 1983년의 경우 보안사－경찰이 운영한 망까지 합산하면 총 684개에 달했다.

〈표1〉 안기부의 학원망 부식 분포 (1984년 9월)

구분	계	호국단 간부	서클학회 간부	문제 학생층	학보사 기자	교수 교직원	잡급 직원	기타
계	502	31 (6.2%)	132 (26.3%)	188 (37.5%)	12 (2.3%)	93 (18.5%)	4 (0.8%)	42 (8.4%)
고정망	98	7	17	59	2	13		
기동망	179	17	64	72	3	12	2	9
특수망	225	7	51	57	7	68	2	33

자료/ 국가정보원, 과거와 대회 미래의 성찰 VI(학원－간첩편), 2007년, 52쪽

당시 안기부가 운용한 '학원망 부식분포'에 따르면, 안기부는 이른바 문제학생층(운동권)의 약점을 이용해 회유했을 뿐만 아니라, 서클학회 및 호국단 간부는 말할 것도 없고 교수－교직원들까지 매수나 편의 제공 같은 수법을 동원해 망으로 활용했음을 알 수 있다. 학원가의 동향이나 수배 학생에 대한 정보를 얻기 위해 학생들을 돈이나 향응으로 매수하는 이른바 '학원 프락치' 공작은 문민정부 때도 지속되었다. 김영삼 정부 출범 직후인 1993년에 발생한 김삼석－김은주 남매 간첩 사건은 문민정부 들어 첫 간첩 사건이자 조작 시비가 인 프락치 공작 사건이었다.

안기부는 1993년 9월 10일 일본에서 활동 중인 북한 간첩에게 공작금을 지원받아 간첩활동을 한 혐의로 김삼석(반전평화운동연합 정책실 연구위원)과 여동생 김은주를 구속했다. 안기부는 김 씨 남매가 1992년 1월부터 1993년 5월까지 3~4차례 일본에 건너가 반국가단체인 '한통련' 의장 곽동의, 1974년 울릉도 거점 간첩단 사건의 재일본 총책인 이좌영 등과 만나 군사기밀 문건을 제공하는 등 간첩행위를 하면서 60만 엔의 공작금을 지원받은 혐의를 받고 있다고 밝혔다.

당시 김은주 씨는 1993년 9월 8일, 평소 알고 지내던 영화운동가의 부탁을 받고 한 일본인으로부터 서류 봉투를 넘겨받다가 안기부 직원에게 현행범으로 체포되었다. 봉투 안에는 김일성 주석의 회고록《세기와 더불어》등 책자들이 들어있었다고 한다. 이런 함정수사 상황을 만든 인물이 바로 배인오(본명 백흥용, 남누리영상 대표)라는 영화운동가였다. 배인오는 이후 잠적하여 재판이 끝날

때까지 모습을 드러내지 않은 가운데, 대법원 형사1부는 1994년 10월 김삼석에게 징역 4년에 자격 정지 4년을, 김은주에게는 징역 2년에 집행유예 3년을 선고한 원심을 확정했다.

그런데 사흘 후인 10월 31일, 백흥용 씨는 독일 베를린에서 기자회견을 갖고 자신이 안기부의 프락치였다고 양심선언을 했다. 백 씨는 그 근거로 안기부 수사관들의 얼굴을 담은 녹화 테이프와 수사관들과의 대화를 녹음한 녹음 테이프를 제시했다. 백 씨는 1993년 10월 30일 선배의 약혼식 촬영을 핑계로 들고 다닌 비디오카메라로 안기부 직원(김성훈 과장과 윤동환 수사관)의 얼굴과 대화 내용을 비디오테이프(1시간20분짜리)에 담았다. 권영해 안기부장은 1995년 1월 국회 정보위에서 백 씨가 안기부 공작원이었으며 비디오에 찍힌 두 수사관이 직원임을 시인했다.

백 씨는 양심선언에서 자기가 직접 시나리오를 쓰고 연출 제작한 영화 〈이름 없는 영웅들〉을 상영하는 문제로 1992년 6월 미국을 방문했다가 귀국한 직후 안기부 직원들에게 부산 해운대 등지의 안가로 연행돼 미주지역 범청학련과의 관계 등을 추궁받던 중 혐의점이 없자 "같이 일하지 않겠느냐"고 회유-협박을 받았다고 주장했다. 백 씨는 안기부 김성훈 과장과 윤동환 수사관으로부터 지시를 받아 활동했으며, 그 대가로 매달 100만 원씩 받았다고 밝혔다. 한국은행 통계에 따르면 1993년 당시 노동자 명목임금은 월 91만 6천 원 수준이었다.

백씨는 일본 출장을 다녀올 때마다 마포의 한 오피스텔에서 안기부 직원들과 합숙하며 보고서를 작성했다며 프락치 공작을 폭로했다. 안기부 직원들이 프락치끼리 마주치지 않도록 합숙 일정을 조정했으나, 불가피하게 마주칠 경우에는 서로 얼굴을 보지 않도록 했다는 것이다. 백 씨에 따르면 1993년 7월, 안기부 김성훈 과장이 "지금 너와 내가 곤란한 처지에 빠져 있다. 하루속히 사건을 하나 만들어야 한다. 이번 대상으로는 김은주와 김삼석이 가능하다. 그러니 네가 잘해 주길 바란다"라고 지시해 김삼석-김은주 남매간첩 사건이 만들어졌다고 주장했다.

이 사건에 대해 1995년 1월 대한변협 진상조사위는 "1993년 9월 정기국회에 안기부의 권한을 대폭 축소하려는 안기부법 개정안이 상정돼 안기부 권한과 위상이 크게 축소되는 시기에 맞추어 안기부가 터뜨린 사건이고, 이를 통해 안기부의 존재 의의를 부각하고 권한과 조직을 보호하기 위해서 백흥용 씨를 프락치로 삼아 공작을 하고 사건을 조작한 것으로 미루어 짐작된다"고 결론을 지었다.

김삼석 씨는 2014년 4월 안기부 연행과 고문 등 불법적 수사를 이유로 재심을 청구해 받아들여졌다. 그러나 재판부는 안기부의 불법 구금 사실을 인정하면서도 "피고인들이 한통련이 반국가단체라는 것을 알고 접근해 단체 관계자에게 수차례 돈을 받았고 한통련 활동 포섭 지시를 받은 것으로 보인다"고 판단했다. 다만 재판부는 북한 공작지도원과 접촉해 지령을 받았다는 회합·통신죄와 공작지도원으로부터 지시를 받고 한국에 들어왔다는 내용의 특수삼입죄, PC통신 등에서 입수한 군사 관련 내용을 수집했다는 이유로 적용된 국가기밀 탐지·수집 혐의 등에 대해서는 증거 불충분 등을 이유로 무죄로 판단했다.

더 극적인 반전은 안기부 프락치였던 백 씨가 1996년 12월 베를린에서 부인과 함께 북한으로 망명한 점이다. 이 사건은 2013년에 발생한 탈북 화교 유우성-유가려 남매 간첩 사건으로 다시 주목을 끌었다. 두 사건의 공통점은 정권 교체기에 발생한 간첩 사건이라는 점이다. 대공수사기관이 조직의 '존재 증명'을 위해 정권 교체기마다 간첩 사건을 발표한다는 가설이 통용된 셈이다.

데 북한의 지지를 얻어내기 위해서였다.

기사 내용이 사실이면, 강릉 잠수함 침투사건 이후 민간의 인도적 대북 식량 지원까지 막으면서 월드컵 유치를 목적으로 몰래 식량을 지원한 김영삼 정부 대북정책의 이중성이 드러나는 순간이었다. 게다가 김영삼 정부가 대북정책을 둘러싸고 미국 클린턴 행정부와 엇박자를 내는 가운데 한미관계는 불협화음을 내고 있었다.

김영삼 정부로서는 대미관계에서 돌파구가 필요한 시점이었고, APEC 정상회의는 그 기회였다. 이런 판국에 '밀가루 북송' 보도는 한국이 대미관계 개선을 시도할 찰나에 찬물을 끼얹는 거였다. 한국 정부가 미국 정부 몰래 북한에 식량을 지원해 왔다는 보도는 대미협상에서 결정적 약점으로 작용할 수밖에 없었다.

5년 내내 온탕과 냉탕 넘나든 김영삼 정부 대북정책

김영삼 정부는 5년 내내 온탕(유화책)과 냉탕(강경책)을 넘나들며 오락가락하는 바람에 대북정책에 실패했다는 비판을 받았다. 일부 언론에서는 김영삼 정부 대북정책이 정부 출범 이후 18번이나 바뀌었다는 통계수치까지 제시하며 일관성 없는 대북정책의 문제점을 진단했다.

김영삼은 1993년 2월 25일 대통령 취임사에서 "어느 동맹국도 민족보다 더 나을 수는 없다"며 대북정책의 획기적인 전환을 암시하는 발언을 했다. 그해 3월 9일 발표된 비전향 장기수 이인모(李仁模) 노인의 송환은 대북 유화정책의 신호탄으로 여겨졌다. 그러나 이인모 노인 송환 방침이 공식 결정된 직후인 3월 12일 북한은 핵확산금지조약(NPT) 탈퇴를 선언했고, 3월 19일 남북 회담에서는 북측 대표의 '서울 불바다' 발언이 터져 나왔다.

'1차 북핵 위기'가 불거지자 김영삼은 취임 100일 기자회견에서 "우리는 핵무기를 갖고 있는 상대와는 결코 악수할 수 없다"며 북핵 불용 의지를 분명히

강릉 잠수함 침투 사건 당시 경향신문 1면 기사

했다. 이후 북핵 문제를 둘러싼 갈등이 계속되는 가운데 1994년 6월 북한이 국제원자력기구(IAEA) 탈퇴를 선언했고, 미국 클린턴 행정부는 북한의 영변 핵시설에 대한 정밀폭격을 검토하기에 이른다. 당시 김영삼은 북한 핵시설 폭격은 한반도에서 전쟁을 초래할 수 있다는 이유로 반대한 것으로 나중에 알려졌다.

이런 상황에서 김일성(金日成) 주석이 방북한 지미 카터 전 미국 대통령을 통해 남북정상회담을 제안하고, 김영삼 대통령이 이를 수용해 한반도 위기는 해소 국면으로 돌입하게 됐다. 그러나 그해 7월 8일 김 주석이 급사하는 바람에 남북정상회담은 무산되었다. 김 대통령이 전군에 비상경계령을 발동한 가운데 김일성 조문을 공식 거부하고 민간 차원의 조문도 불허하자, 북측도 '남조선과는 더 이상 대화하지 않겠다'고 해 남북관계는 다시 급랭했다. 그 와중에도 미국과 북한은 1994년 10월 제네바에서 북한 핵 문제 해결에 합의했다. 김영삼은 미국이 주도한 북미 협상과 미 정부의 대북정책에 불만을 토로했다.

이처럼 국제 정세가 급변한 가운데 일본이 북한에 쌀 50만t을 주겠다고 하니까, 1995년 6월 김영삼은 '우리가 먼저 줘야 한다'며 지방선거 직전에 쌀 15만t 지원을 긴급 발표했다. 하지만 쌀을 싣고 간 씨아펙스호에 북한 측 요구로 인공기(人共旗)가 게양된 사실이 알려지자, '쌀을 주고 뺨을 맞았다'는 식으로 국내 여론이 들끓었다. 그러자 그해 연말 김영삼은 외신 회견에서 "더 이상의 대북지원은 없다"고 선언했다. 이렇게 남북관계가 악화된 와중에도 1996년 여름 한반도에너지개발기구(KEDO)에 의한 원자로 건설사업은 추진되기 시작했다. 그런데 1996년 9월 18일, 강릉 잠수함 침투사건이 불거지자, 합참은 육군 제1야전군과 특전사를 동원해 두 달간 토끼몰이식 토벌작전을 전개했다.

1996년 11월 7일 17시를 기해 종료된 강릉 잠수함 침투사건 작전 결과에 따르면, 침투 무장공비 26명 중 생포 1명, 사살 13명, 사체 발견 11구, 도주 1명으로 최종 집계되었다. 유일한 생존자인 조타수 이광수(李光洙, 당시 31세, 상위)는 나중에 북한군의 투항을 권유하는 합동신문조 군무원으로 특채되어 이후 해군 교육사령부 교관으로 근무하게 된다. 당시 노획품은 상어급 잠수함 1척 등 374종 4,380점, 아군 피해 상황은 전사 10명, 부상 23명, 민간인 사망 4명, 오발사고로 인한 예비군 사망 1명 등이었다. 울진·삼척 사태 이후 30년 만에 겪은 최대의 비정규전으로, 남북관계는 군사적으로 최악의 상황으로 치달았다.

생포된 이광수에 의하면, 북한의 대남 공작기구 중 하나인 인민무력부 정찰국 해상처 22전대 소속으로 1994년 12월 함경남도 신포에서 건조된 300t급 잠수함을 타고 총 26명이 침투해 강릉비행장·영동발전소 등을 정밀 촬영하였는바, 임무는 전쟁에 대비해 군사시설 자료를 수집하는 것이었다. 김영삼 정부는 모든 남북교류 및 경협 사업은 물론, 민간의 인도적 대북지원도 불허했다.

그런데 시사저널 기사에 따르면, 김영삼 정부는 '쌀 주고 뺨 맞은' 이후로는 말할 것도 없고, 심지어 '쌀 주고 총 맞는' 토끼몰이식 토벌작전이 진행되는 가운데서도, 물밑으로는 북한에 식량과 물자를 지원하는 식으로 국민을 속이는 이중적인 대북정책을 펼친 것이다. 청와대가 안기부까지 동원해 시사저널 기사의 인쇄를 막고, 해당 기자와 편집국 간부들을 고소-고발한 것도 이 때문이었다.

02 _ 삭제된 '밀가루 북송' 보도

청와대와 안기부에서 걸려온 전화

시사저널은 당초 11월 20일 발매되는 제370호(발행 일자 11월28일)에서 문제의 '청와대, 북한에 밀가루 5천t 제공' 제하의 기사를 내보낼 예정이었다. 시사저널 편집국은 월요일인 11월 18일 통상적인 최종 원고 마감을 거쳐, 역시 통상적인 편집 및 제작 절차에 따라 그다음 날인 11월 19일 오후 3시께 인쇄소로부터 최종 인쇄 교정본을 받아 보았다. 이후 밤 9시께 인쇄를 중단할 때까지, 정기구독 10만여 부를 포함한 총 17만 부 가운데서 먼저 찍는 지방판 3만여 부를 인쇄하고 있었다. 이때까지 제370호는 아무런 문제 없이 정상적으로 인쇄되었다.

저녁 8시쯤부터 청와대와 안기부의 고위 인사들로부터 시사저널 신중식 발행인에게 전화가 빗발쳤다. 맨 먼저 전화를 걸어온 김광일 대통령비서실장은 신중식 발행인과는 서울대 재학 시절에 4.19 시위를 함께 한 '4월회'[2] 멤버여서 서로 잘 아는 사이였다. 잠시 뒤에는 최근 외교안보수석으로 영전한 반기문(潘基文)이 서울대 외교학과 선배인 신중식을 찾았다. APEC을 앞두고 이런 기사

주2 _ '4월회'는 4.19 당시 대학생이었던 4.19세대가 주축이 되어, 4.19의 민주이념을 계승하자는 데 뜻을 같이 하는 정치인, 법조인, 교수, 언론인 등 각계인사 170여 명이 1991년 4월에 창립했다. 안동일 변호사가 초대 회장을 맡았고, 신중식은 부회장으로 참여했다.

가 나가면 큰일이라고 통사정을 했다. 이어 신중식과 경기고를 함께 다녔던 윤여준(尹汝雋) 청와대 대변인이 전화를 걸어왔다.

발언의 톤은 달랐지만, 이들은 한결같이 기사 내용이 '허위 사실'이거나 '사실무근'이므로 삭제해 달라고 요청했다. 청와대는 시사저널 측이 응하지 않을 가능성에 대비해 안기부까지 동원했다. 얼마 안 되어 김현철(金賢哲)계의 실세로 알려진 오정소(吳正昭) 안기부 국내 담당 1차장도 신중식 발행인에게 전화를 해 국익을 위해 기사를 내지 말아 달라고 요청했다.

한 시간쯤 뒤에는 안기부 대공정보실 언론단의 시사저널 담당관이 김훈 국장과 박상기 부장에게 전화를 걸어 왔다. '밀가루 지원' 기사가 나가는지를 확인하고, 내보내지 말라고 요청하는 전화였다. 김훈 국장은 "이미 인쇄 중이므로 어쩔 수 없다"고 말했다.

시사저널 담당관은 "관련 기사가 나가는 줄도 모르고 있다가 상부로부터 질책을 받았다"면서 "청와대에서 먼저 알고 우리 회사 사장님한테 막아 달라고 전화한 것으로 알고 있다"고 사정했다. 그가 말한 '우리 회사 사장'은 권영해(權寧海) 안기부장 아니면 오정소 차장을 가리켰다. 그동안 김 기자가 만난 안기부 국내 파트 I.O(Intelligence Officer)들은 대체로 자기 회사(?)의 차장을 '사장님', 부장을 '회장님'으로 불렀다. 더러는 부장을 '사장님'으로 부르기도 했다.

신중식 발행인은 인쇄소에 전화해 일단 인쇄를 중지시켜 놓고, 밤 10시께 사장실에서 긴급 대책회의를 소집했다. 김당 기자는 여느 때처럼 동료-후배들과 회사 인근 주점에서 술을 마시다가 인쇄 중단 및 긴급 대책회의 소식을 들었다. 김 기자는 이교관 기자를 회사로 들어오라고 호출해 놓고, 급히 7층 사장실로 뛰어갔다.

김훈 국장과 박상기 편집부장 등 편집국 간부와 광고국장이 모인 자리에서 신중식 대표이사는 자신의 입장을 먼저 밝혔다.

"김광일 비서실장과 반기문 외교안보수석, 윤여준 대변인 등 내가 아는 청와대 고위 인사들은 한결같이 기사 내용이 사실무근이라고 주장하고 있습니다. 발행인의 입장에서 이 기사를 그냥 내보내기는 어렵습니다."

김훈 국장과 김당 차장은 발행인의 결정에 반대했다. 특히 커버스토리를 담당한 김당 기자는 발행인에게 강하게 어필했다.

"실은 이미 조선일보, 한겨레, 아사히신문에 '청와대의 밀가루 북송 사실을 독점 취재했다'는 보도자료와 함께 기사 사본을 팩스로 보낸 상태입니다. 그러니 기사를 삭제해선 안 됩니다. 우리가 이런 단독기사를 냈으니 인용해 달라고 보도자료까지 내놓고 정작 기사를 삭제하면 무슨 망신입니까?"

그러자 김훈 국장이 특유의 위악적인 악동 같은 표정으로 웃으며, 혼잣말처럼 추임새를 넣듯 거들었다.

"그야 개망신이지. 큭큭"

팽팽한 신경전이 벌어진 가운데 대책회의는 새벽 2시까지 이어졌다. 유가(有價) 부수의 절대다수를 차지하는 정기구독자 발송 시간을 고려할 때, 더는 인쇄를 중단할 수 없었다. 마침내 신 발행인은 기사 삭제 및 재인쇄를 최종 결정했다. 4시간 동안의 대책회의는 기자들의 반발을 무마하기 위한 요식행위였는지 모른다. 재인쇄 지시가 떨어지자 박경환(朴慶煥) 판매국장은 삭제한 두 쪽짜리 기사는 광고국장과 의논해 '예음(禮音)'의 책 광고로 대체하겠다고 보고했다. '예음'은 '예음문화재단'의 출판사로 월간 〈객석〉과 공연예술 관련 책을 냈다. 시사저널 발행인 최원영 회장은 예음문화재단의 이사장이었다.

한국일보와 중앙일보 기자 출신으로 축구협회 임원을 지낸 신 발행인은 기사를 삭제한 배경을 청와대 및 안기부의 압력에 굴복하거나, 기사 자체에 신빙성이 없기 때문은 아니라고 강조했다. 신 발행인은 이 기사가 사실에 입각한 것이라는 충분한 정황 근거가 있지만, 당사자들이 제소할 경우 이를 방어할 물증(증거 자료)이 없기 때문에, 일단 청와대의 요청을 받아들이는 것이라고 설명했다. 회사의 위신과 기자들의 반발을 염두에 둔, 지극히 정치적인 배경 설명이었다.

　김당 기자는 사장실 문을 박차고 나와 5층 편집국으로 내려가 이교관 기자를 찾아 기사 삭제 소식을 알렸다. 이어 해당 기사의 삭제 경위를 밝힌 '긴급 보도자료'를 삭제된 기사 사본과 함께 주며, 국민회의 정동영 대변인과 이해찬 의원실, 그리고 일부 언론사에 팩스로 보내라고 지시했다. '긴급 보도자료'에는 청와대와 안기부의 기사 삭제 요청 및 결정 과정과 함께, "회사가 두 달째 세무사찰을 받고 있는 상황에서 이 기사를 내보낼 수는 없다"고 신중식 발행인이 회사의 어려운 처지를 감안해 결정한 배경도 덧붙였다.

　일부 언론에는 이미 '밀가루 북송' 관련 보도자료를 보냈기 때문에 해당 기사를 내지 못한 것에 대해 사정을 설명하고 관련 기사의 삭제 경위를 밝히는 후속 조처가 불가피했다. '긴급 보도자료'를 야당 의원들에게 보낸 것은 청와대와 안기부의 사실상의 사전검열과 언론자유 침해를 고발하기 위해서였다.

　정동영(鄭東泳) 의원은 1996년 15대 총선을 앞두고 김대중(金大中) 국민회의 총재가 공을 들여 영입한 앵커 출신 정치인이었다. 김영삼 총재가 앵커 출신 박성범 – 이윤성(KBS 9시뉴스)과 맹형규(SBS 8시뉴스)까지 영입하던 터에, MBC 주말 뉴스 앵커였던 정동영은 김대중 총재의 입맛에 맞는 '젊은 피'였다. 당시 방송에 출연해 지명도가 높은 김한길 작가와 신기남 변호사, 천정배 변호사와 추미애 판사, 정세균 쌍용 상무 등이 함께 영입되었다. 정동영은 당시 초선이었지만 대변인을 맡아 김대중 총재에게 직보가 가능한 신진 정치인이었다.

　정동영과 서울대 재학 시절부터 친구인 이해찬(李海瓚) 의원은 1988년 13대 총선을 앞두고 김대중 평민당 총재가 영입한 재야 운동권 출신이었다. 이해찬은 민청련[3]과 민통련[4] 등 재야 운동권에서 활동하다가 평화민주당 창당

주3 _ 민주화운동청년연합(민청련)은 1983년 9월 1970년대 학번 운동권 인사들이 조직한 반독재 민주화 운동 단체로, 김근태 씨가 초대 의장을 지냈다.
주4 _ 민주통일민중운동연합(민통련)은 1985년 3월에 결성된 사회운동단체로, 문익환 목사가 상임의장을 맡아 80년대 민주화운동에서 구심점 역할을 했다. 1989년 1월 전국민족민주운동연합(전민련)이 결성되면서 민통련은 발전적으로 해체되었다.

때 제도권으로 들어와, 15대 총선 당시 국민회의 총선기획단장으로 김대중 총재의 핵심 참모였다. 특히 이해찬 의원은 시사저널이 국내에서 처음 시도한 국회의원 의정활동 평가에서 13~14대 국회 연이어 1위 의원으로 선정된 인연이 있었다.

김당 기자는 두 의원 중에서 한 사람은 김대중 총재에게 직보해 '밀가루 북송' 기사 삭제 건을 쟁점화할 것으로 기대했다. 그러나 그로 인해 앞으로 어떤 후폭풍이 불어올지 아무것도 예측할 수 없었다. 김 기자는 팩스를 보낸 뒤에 곧장 자신의 책상으로 가서 "일신상의 이유로 사직합니다"라고 사직서를 써 서랍에 넣었다.

국회 예결위 공전시킨 '밀가루 전쟁'

재인쇄 결정에 따라 시사저널은 이미 인쇄된 시내판 3만 부를 전량 폐기 처분하고, 운송 중이던 지방판은 서울로 반송했다. 고속버스터미널 근처에 이미 배포된 300부는 따로 수거했다. 공보처 납본본을 제외하고는 인쇄된 전량을 회수한 상황이었다. 하지만, '밀가루 북송' 보도 통제는 제15대 국회 첫 정기회의 예산결산특별위원회로 불똥이 튀었다.

11월 21일 제13차 예결특위에서 국민회의 김영진(金泳鎭)·이해찬(李海瓚) 의원이 포문을 열었다. 두 의원은 청와대 비서실에 대한 예산 심의에 김광일 비서실장이 참석한 가운데 시사저널 기사와 관련, 청와대의 언론 통제 및 대북 밀가루 지원 여부를 따졌다. 김광일 실장은 언론 통제를 한 사실이 없고, 밀가루를 보낸 적도 없다고 답변했다. 다만 김 실장은 기사에 중개인으로 기술된 재미교포 김양일 씨를 만난 적은 있다고 답변했다. 김 씨가 김영삼 정부의 대북 비선으로 활동해온 점을 감안하면 무슨 일로 만났는지가 규명되어야 했다.

김 실장은 처음 답변 때는 "옛날 정권 같으면 사전에 알아가지고 통제했을 것이다. 뒤늦게 바로 발매되는 순간에 알게 되었다는 것은 요즈음은 보도 통제가 없다는 사실을 반증하는 것이다"고 반박했다. 그러나 시사저널에 관련 기사가 실렸다는 것을 책을 받아 보고 알았는지, 아니면 사전에 정보를 통해서 알았는지를 묻는 이해찬 의원의 추궁이 계속되자, 김 실장은 "기사가 나간다 하는 정보를 통해서 알았다"고 엇갈린 답변을 했다. 헌법이 명시적으로 금지하고 있는 '사전검열' 가능성을 인정한 셈이었다.

다음날 재정경제원을 대상으로 한 국회 예결특위 회의에서도 예산 심의는 뒷전이고, '밀가루 북송' 공방이 벌어졌다. 예결특위에 참석한 한승수 경제부총리도 북한에 밀가루를 제공한 사실을 강력히 부인했다. 그러나 한 부총리 또한 "김양일 씨는 재미한인식품상연합회 회장을 했던 사람으로 북한에 자주 드나드는 재미교포 사업가이며, 주미대사 시절에 알게 되었다"고 김 씨와의 친분 관계는 인정했다.

국회는 원래 11월 26일까지 총 71조 6천억 원에 이르는 새해 예산안에 대한 28개 부처 심의를 마치고 법정 시한인 12월 2일 전에 예산안을 통과시킬 계획이었다. 그런데 시사저널 보도자료가 촉발한 '밀가루 북송' 공방과 그 진상을 규명하기 위한 국회 조사소위 구성을 둘러싸고 여야가 대립함으로써 조성된 '밀가루 정국' 속에서 예결특위는 4일째 공전했다.

야당인 국민회의는 청와대의 언론 통제 및 고소 – 고발 사건에 대해 정부·여당이 1997년 대선을 앞두고 '언론 길들이기'를 하는 것으로 우려했다. 전날인 11월 25일 오전 김대중 총재가 참석한 국민회의 간부 회의에서 조사소위를 구성해, 언론 보도통제 진상과 비서실장 국회 답변의 진위 여부를 가리는 것이 문제의 핵심이라고 결론을 지은 것도 이런 배경에서였다. 국민회의는 이날, '조사소위 구성에는 불응하면서 시사저널을 고발해 검찰 수사에 의존하려는 여당의 태도는 떳떳하지 못하다'는 입장을 정리해 발표했다.

정동영 국민회의 대변인은 간부회의에서 결정된 이 같은 입장을 반영해 성명을 발표했다. 정동영 대변인은 "청와대와 권력이 개입해 출판을 막아 놓고 다시 그 출판물을 문제 삼아 출판물에 의한 명예훼손으로 고발한 것은 적반하장(賊反荷杖)이다. 설령 법적 고발이 가능하더라도 이런 작태는 도덕적으로 부도덕하다"고 청와대 측을 강하게 비판했다.

"청와대와 안기부가 '청와대, 북한에 밀가루 제공'을 보도한 시사저널을 인쇄 단계에서 폐기하도록 한 것은 명백한 사전검열이며, 헌법이 보장하는 언론 · 출판의 자유를 침해하는 언론 탄압의 전형적인 수법이다. 청와대는 시사저널의 보도 내용이 사실무근이며 국익에 현저한 손해를 끼칠 것이기에 막았다고 변명하지만, 청와대 측의 논리는 모든 언론이 대통령 비서실장에 의해 국익에 유익한지 아닌지를 검토받아야 한다는 사전검열 제도의 부활을 예고한다. 때문에 보도 내용의 사실 여부를 떠나, 문제의 기사가 포함된 시사저널의 발매를 막은 것이 핵심이다."

'판문점 북풍'으로 10석 이상 날린 DJ의 피해의식

국민회의가 이처럼 민감하게 반응한 데는 그럴 만한 까닭이 있었다. 바로 얼마 전까지 야권의 승리가 점쳐진 15대 총선에서 이른바 '북풍(北風)'으로 인해 적어도 10석 이상이 날아가 버린 쓰라린 악몽이 있었기 때문이다.

북한군은 4.11 총선을 불과 엿새 앞둔 4월 5일부터 사흘간 1~2개 중대 병력을 판문점 공동경비구역(JSA) 북측 지역에 진입시켰다가 철수하는 식으로 무력시위를 벌였다. 주한 유엔군사령부와 국방부에 따르면, 북한군은 트럭에 분승해 판문점 북쪽 지역에 투입돼, JSA 안에 박격포 등으로 임시진지를 구축해 무장병력을 투입한 뒤에 철수하는 이상한 무력시위를 되풀이했다. 이를 계기로 언론이 연일 톱뉴스로 다룬 북한군의 판문점 무력시위가 선거 막판 최대 쟁점으로 부상한 가운데, 신한국당은 "집권여당의 승리만이 정국안정의 기초"라며 안정론을 강조했다.

'북한 변수'를 가리킬 때 쓰는 북풍이란 용어는 바로 그때 널리 유포되었다.

당시 언론은 선거 며칠 전에 북한군이 느닷없이 판문점에서 무력시위를 전개한, 이 이상한 사건을 처음에는 '북한 돌발변수'(4월 7일, 한국일보), 'DMZ 바람'(4월 8일, 한겨레) 등으로 부르다가, 어느 시점부터는 북풍으로 통일(?)해 부르기 시작했다. 북풍이라는 용어가 갖는 간결성과 상징성 때문이었다. 그러한 작명의 대척점에는 언론이 '장풍(張風)'이라고 빗대어 부른 장학로 청와대 부속실장 비리 사건이 있었다. '장풍 – 북풍에 울고 웃은 여야'(4월 11일, 한겨레)라는 제목이 그 좋은 예이다.

물론 4.11 총선 이전에도 선거 때면 국민들의 안보 불안 심리를 자극하는 '북한 변수'에 의한 선거개입 의혹이 있었다. 1987년 대선 전에 발생한 KAL 858기 폭발 사건과 선거 전날에 연출된 폭파범 김현희의 압송 입국, 1992년 대선 전에 안기부가 발표한 거물 간첩 이선실과 남한조선노동당 사건 등이 대표적 사례다. 그리고 두 사건은 여당의 대통령 후보였던 노태우 · 김영삼의 당선에 기여했다는 것이 여론조사 및 선거 전문가들의 일치된 견해였다. 이에 반해 북풍과 정반대 개념의 남풍(南風)도 있었다. 1995년 6.27 지방자치단체장 선거를 앞두고 김영삼 정부가 대북 쌀 지원을 결행한 것이 그 예이다.

김영삼 정부 집권 후 처음 치러진 지방자치단체장 선거는 중간평가 성격을 띠었다. 김영삼 정권은 서울시장 등을 야당에 내줌으로써 지방선거에서 패배했다. 집권 민자당의 선거 패인 분석으로는 YS(김영삼)에 팽(烹)당한 JP(김종필)의 자민련 창당으로 인한 여당의 분열과 YS의 통치 스타일과 국정 운영에 대한 부정적 평가 등이 주류를 이루었다. 그러나 빼놓을 수 없는 패인은 바로 선거 직전에 이뤄진 김영삼 정부의 대북 쌀 지원이었다.

김영삼 정부는 출범 초기만 해도 대북 유화책을 구사했으나, 북한 핵위기 등을 계기로 강경 일변도의 대북 정책을 구사했다. 김영삼 정부는 북한이 수해로 극심한 식량난을 겪고 있을 때도 민간 차원의 대북지원마저 금지했다. 그러던 김영삼 정부가 지방선거를 앞두고 정부 차원의 대북지원 방침을 결정했다.

그것도 선거 전날 강원도 동해항에 국무총리까지 참석한 가운데 쌀 수송선을 출항시키는 속이 빤히 들여다보이는 의식을 거행했다. 일방적인 대북 쌀 지원은 선거에 오히려 역효과를 불러왔다. 역대 선거에서 처음 시도된 '남풍'이 오히려 역효과를 낳은 것이다.

당시 여론조사에서도 나타났지만, 국민들이 인도주의 차원의 대북지원 자체를 반대했던 것은 아니었다. 그보다는 민간 차원의 지원조차 엄금했던 정부가 갑자기 태도를 바꾸어 정부 차원의 대북지원을 결정하고, 그것도 선거 바로 전날 쌀 수송선을 출항시키는 식으로 남북관계를 선거에 이용한 '얕은 수'에 국민들이 등을 돌린 것이다.

4.11 총선은 남풍의 역효과를 경험한 지 1년이 채 지나지 않아 치러졌다. 당시 언론과 여론조사 기관은 신한국당의 참패를 예상했다. 그런 가운데 '청와대 집사'로 통한 장학로 부속실장의 비리 사건이란 악재가 터졌으니 결과는 뻔해 보였다. 그런데 난데없이 판문점에서의 북한군 무력시위 사건이 발생한 것이다. 장학로 비리 사건이 1987년 대통령 직선제 이후 되풀이된 '문고리 권력' 비리 사건의 원조(元祖)라면, 4.11 총선 전 북한군 무력시위는 북풍 사건의 원조였다.

당연히 의혹의 눈길이 쏠렸다. 더구나 무력시위 직전에 진로그룹의 고문이 비밀리에 방북한 사실이 확인되었다. 증거는 없지만, 김영삼 정부가 모종의 대북지원을 약속한 대가로 북한 측이 무력시위라는 '쇼'를 연출한 것이 아니냐는 의혹이 제기되었다. 북한 변수, 특히 남한 선거에 영향을 주는 북한과 직·간접으로 관련된 사건을 지칭하는 용어로서의 북풍은 바로 그러한 정황에서 탄생했다.

그 뒤로 선거에 영향을 주는 모든 북한 변수는 언론에서 간단히 풍(風)이라는 단어로 개념을 규정했다. 언론은 황장엽(黃長燁) 전 노동당 비서의 망명(1997. 2)이 남북관계에 미칠 파문을 '황풍(黃風)'으로 명명하고, 국민회의 고문이었던 오익제(吳益濟) 전 천도교 교령의 월북(1997. 8)으로 인한 파장을 '오풍(吳風)'이라고 불렀다. 그리고 마침내는 이회창(李會昌) 대통령 후보의 특보를 자처한 자들이 1997년 대선 직전에 북한 측 인사에게 판문점에서의 총격을 요청한 '총풍(銃風)' 사건까지 등장하기에 이른 것이다.

'원조 북풍' 판문점 무력시위와 '학습효과'

그중에서도 '원조 북풍' 격인 판문점 무력시위는 남북한 관계를 개념 규정하는 데 중요한 시사점을 제공했다. 우선 1996년 4월 총선 직전의 판문점 무력시위(이하 '4월 북풍')는 남북한의 '적대적 의존관계' 혹은 '적대적 공존관계'를 설명하는 키워드로 간주되었다. 4월 북풍은 결과적으로 선거에 큰 영향을 주었고, 대중 매체가 그 결과를 분석하고 일반 국민들이 수용함으로써 남북한 양측에 '학습효과'를 가져왔다. 이런 '학습효과'는 이른바 '총풍 3인방'이 비록 미수에 그쳤지만, 베이징에서 북한 측 대선 공작반을 접촉해 판문점 총격 요청을 모의하면서 나눈 대화에서도 확인되었다.

또 이런 학습효과는 역대 선거에서 피해를 입은 야당에게도 북풍에 대비하는 것이 선거에서 표를 도둑맞지 않는 최선의 방책이라는 인식을 심어주었다. 실제로 국민회의는 1997년 10월 대선을 두 달 앞두고 선거 사상 최초로 당내 정보통 의원들을 중심으로 '북풍 전담 대책팀'(이하 북풍대책팀)을 꾸렸다. 4월 북풍 때처럼 무방비로 당하는 전철을 다시는 밟지 않겠다는 수권 야당의 결연한 의지 표명이었다.

특히 1987년 대선(KAL 858기 폭발)과 1992년 대선(남한조선노동당)에 이어, 1996년 총선(판문점 무력시위)에서도 뼈아픈 경험을 갖게 된 DJ(김대중)의 북풍 대책 의지는 누구보다도 결연했다. 15대 총선에서 승리해 그 여세를 몰아 15대 대선 승리를 기대한 DJ에게는 예상 밖의 패배였다. 여당이 과반수 의석을 차지하는 데 실패한 15대 총선 결과는 여당의 승리라고 규정할 수는 없지만, 전통적으로 야당이 우세를 점했던 수도권에서 처음으로 '여대야소' 판세가 구축됨으로 써 DJ에게 충격을 주었다.

이런 총선 결과는 전통적인 지역주의 투표성향과 1995년 6.27 선거 때와는 정반대 현상인 야당의 분열(국민회의와 통합민주당)에 대한 거부감에 의해 좌우된 측면이 컸다. 그러나 각종 여론조사 결과, 수도권을 중심으로 한 치열한 접전 지역에서는 '장풍'과 '북풍'이라는 돌출 변수가 당락에 영향을 준 것으로 나타났다. 그리고 대체적으로 그 결과는 북풍이 장풍을 누른 것으로 나타났다.

이를테면 한국갤럽 박무익 소장은 〈월간조선〉(1996년 5월호) 인터뷰에서 북풍이 장풍을 상쇄했으며, 북풍으로 인해 신한국당 지지율이 2% 증가했다고 말했다. 지지율 2% 증가는 경쟁 후보의 표를 빼앗아 오는 것까지 합치면 실제로는 4%의 표가 움직인 것이다. 신한국당도 '장풍'으로 신한국당 지지율이 3~5% 하락했으나, '북풍'으로 전체 유권자의 12%가 지지정당을 바꾸었고, 이 가운데 8% 정도가 신한국당 쪽으로 선회했다는 자체 조사결과를 선거 당일 내놓았다. 결과적으로 4월 북풍으로 국민회의가 수도권에서 입은 피해를 의석으로 환산하면 10~20석으로 추정되었다. 뒤집어 말하면, 치열한 접전지 서울에서 사상 처음으로 나타난 '여대야소' 현상은 북풍이 불지 않았다면 나타나지 않았다는 얘기다.

4.11 총선 직후 DJ가 참석한 가운데 국민회의가 이례적으로 판문점을 앞에 둔 임진각에서 '96년 총선과 북풍' 세미나를 개최하고 북한과 정부 여당을 규탄한 것은 이러한 피해의식의 발로였다. 또 1997년 대선을 두 달 앞둔 상황에서 북풍대책팀을 구성하고 '97년 대선과 북풍' 세미나를 후원한 것도 과거의 전철을 되풀이하지 않으려는 유비무환의 일환이었다. 북풍에 대한 DJ의 피해의식은 4월 북풍을 어떻게 해석하고 있는지에 대한 그의 발제문을 살펴보면 알 수 있다.

"누가 북풍을 일으키느냐에 따라서 북한 주도 북풍과 한국 주도 북풍, 그리고 야합형 등 세 가지로 나눌 수 있습니다. 북한 주도 북풍이란 북한이 테러 의도 또는 국제 협상에서의 협상력 제고 등을 위해 고의적으로 발생시키는 긴장상태를 말합니다. 한국 주도 북풍이란 한국의 집권세력 또는 여당이 총선 승리 등 정략적 목적을 가지고 일으키는 것입니다. 야합형 북풍이란 남북한 중 어느 쪽이 주도했는지는 명확하지 않을 수 있으나 사실상 남북한 모두의 집권세력에게 정치적 이득을 주기 위해 일으키는 북풍을 말합니다."

DJ는 북풍을 일으키는 주체에 따라 세 가지로 분류했다. 그리고 DJ는 4월 북풍을 남북한의 '적대적 의존관계' 속에서 남북한 양측이 정략적으로 이용한 '야합형 북풍'일 가능성이 있다는 쪽으로 조심스럽게 진단했다.

"96년 4.11 총선을 앞둔 시점에 북한군이 갑자기 판문점 비무장지대를 침범했는데, 당시 남북한 간에는 특별한 긴장 사안도 없었습니다. 당시 북한은 남한 및 국제사회로부터 식량 원조를 원하고 있었고, 남한의 정부여당은 총선 패배를 걱정하고 있었습니다. 그런데 갑자기 판문점 사태가 일어났고, 그것으로 여당은 총선에서 득을 보았습니다. 제 계산으로는 우리 쪽 의석 20개는 날아간 것 같았습니다. 그리고는 북한에 대한 식량 원조가 이어졌습니다. 물론 확실히 증명할 방법은 없지만, 그것이 야합형 북풍일 가능성은 있습니다."

'북풍' 용어 처음 쓴 '진짜 원조'는 김일성

4월 총선 직전 북한군의 판문점 무력시위가 '야합형 북풍'일 가능성이 있다는 김대중의 진단은 정확했다. 나중에 시사저널이 후속 보도로 입증한 '밀가루 북송'사업은 남북한의 뒷거래로 1996년 4~11월에 진행된 대북지원 사업이라는 '빙산의 일각'이었던 셈이다. 그리고 장 선생은 그것이 남북한 위정자들이 벌인 정치적 거래의 산물, 즉 '야합형 북풍'임을 '확실히 증명할 방법'을 알고 있었다. 장 서생이 생면부지의 시사저널에 격려 제보 전화를 한 것도 그 방법을 알려주기 위해서였다.

장 선생은 총선 전에 여론의 불리함을 감지한 신한국당과 청와대가 총선에 유리한 국면을 조성하기 위해 북과 모종의 거래를 한 첩보를 북한 측에서 입수하게 되었다. 그 '모종의 거래'란 남측이 북측이 요구하는 식량과 비료를 비롯한 생필품을 중국을 통해서 지원하고, 북측은 그 대가로 총선 일주일 전부터 휴전선 전 지역에서 준전시 상태 분위기를 연출하는 것이었다. 그나마 북측이 남측의 요구대로 응하지 않고, 판문점에서 1개 중대 규모 병력이 무력시위를 하는 선에서 그친 것이 다행이라면 다행이었다.

그런데 실은 북풍이라는 용어를 처음 쓴 '진짜 원조'는 1946년 북한 정권 수립 및 토지개혁 시행 당시의 김일성이다.

북한 원전 《김일성 저작선집1》(평양, 조선로동당출판사)에 실려 있는 1946년 당시 김일성의 '토지개혁의 총결과 금후과업' 보고를 보면 이른바 북풍(北風)이라는 용어가 해방 직후에도 존재했다는 사실을 알 수 있다. '토지개혁의 총결과 금후과업'은 김일성이 1946년 4월 10일 조선공산당 북조선조직위원회 제6차 확대집행위원회에서 한 보고이다. 이 보고에서 김일성은 토지개혁의 역사적 의의와 그 경과 및 성과, 과업 등을 얘기하면서 이렇게 주장했다.

"남조선 반동파들의 비방과 파괴책동을 반대하여 강력히 투쟁하여야 합니다. 지금 38선 이북과 이남의 농촌 형편은 아주 딴판입니다. 38선 이북에서는 이미 토지문제가 완전히 해결되었습니다. 그러나 38선 이남에서는 토지개혁은 고사하고 3:7제도 실시하지 않았으며 토지문제 해결에 대한 방향조차 내놓지 못하였습니다. … (중략)… 과거에는 남조선 반동파들이 38선에 대한 책임을 공산당에 지우면서 38선을 없애자고 떠들더니 인제 와서는 38선 철폐 문제를 입밖에도 내지 못하고 있습니다. 짐작건대 그들이 지금에 와서는 우리에게 남풍을 보내기는커녕 북풍이 불어오는 것을 몹시 두려워하며 북조선에서 우리가 실시한 민주개혁과 우리가 발표한 20개조 정강이 무서운 모양입니다."

물론, 여기서 말한 '북풍'은 지금 통용되는 '안보 위협적인 북한 변수'를 의미하는 것이 아니다. 오히려 해방 이후 북한지역에서 토지개혁과 일련의 '민주개혁' 조처를 단행한 데 따른 체제 우월적인 영향력, 즉 '온풍(溫風)'을 의미한다. 이에 반해 그 당시 '남풍(南風)'은 이 문헌대로라면 당시 38선 이북지역에서 남한 특수부대원 등이 벌인 '비방과 파괴책동'을 의미한다. 그런데 반세기가 넘는 체제경쟁의 결과, 현재 북풍과 남풍의 의미는 정반대로 뜻이 뒤바뀐 셈이다.

03. '진짜 스파이'와 기자의 '스파이 놀음'

강경한 검찰의 이교관 기자 구속

정치권에서 언론 통제(사전검열)와 밀가루 북송 여부가 공론화됨으로써 국회 예결특위를 공전시킨 '밀가루 전쟁'은 이내 검찰의 수사 영역으로 넘어갔다. 대통령비서실장의 고소는 사실상 대통령의 고소를 의미했다. 언론 탄압 아니냐는 지적이 일자, 김광일 비서실장의 대리인인 최용석(崔容碩) 변호사는 기자들에게 "시사저널이 이 사건 보도가 오보였음을 시인하고 사과하면 언제든지 고소를 취하할 용의가 있다"고 말했다.

'밀가루 전쟁'의 발단이 된 시사저널 커버스토리 기사는 김영삼 대통령의 학연 – 지연에 치우친 끼리끼리 인사의 난맥상을 비판했다. 그런데 시사저널을 고소한 김광일 비서실장뿐만 아니라, 대검찰청의 김기수(金起秀) 총장(1995.9~1997.8)도 대통령의 경남고 후배였다. 밀가루 사건 수사를 지휘한 송광수(宋光洙) 서울지검 2차장 검사는 경남 마산 출신이었다. 주임검사인 이종왕(李鍾旺) 형사5부장은 경북고 출신의 TK(대구 – 경북) 인맥으로 분류되었다.

검찰의 행보에는 밀가루 사건을 속전속결로 끝내려는 의지가 역력했다. 김기수 총장은 두 달 전에도 김대중 총재의 이른바 '20억+알파설'을 퍼뜨린 강삼재 신한국당 사무총장에 대해 무혐의 처분해 국민회의 측의 거센 반발을 샀다.

집권당 사무총장의 야당 총재에 대한 명예훼손 사건은 '비방할 목적'을 극히 제한적으로 엄격하게 해석해 무혐의 처분하고선, 언론 보도의 대통령비서실장에 대한 명예훼손 사건은 일찌감치 기소 쪽으로 가닥을 잡은 것처럼 행동했다. 이종왕 부장검사는 김훈 국장과 박상기 편집부장을 소환해 조사한 데 이어 신중식 발행인까지 소환 조사했다.

검찰은 발행인에게 이교관 기자가 하루빨리 귀국해 검찰에 출두하게 해 달라고 압박했다. 신 발행인은 수사검사인 송인보(宋寅輔) 검사에게 이 기자가 11월 29일에 출두하도록 한다는 각서를 쓰고 나왔다. 그러나 이 기자는 원래 예정된 시한을 넘겨 12월 1일 귀국했다. 검찰은 이 기자의 귀국 항공편을 미리 알려 달라며 공항에서 곧장 연행할 태세였다. 검찰 조사를 받고 나온 신 발행인도 기자들에게 "이 기자에 대해 구속영장을 청구할 방침이라는 느낌을 받았다"고 전했다.

시사저널 측은 이교관 기자의 구속에 대비해야 했다. 변호인으로 선임한 조용환(趙庸煥) 변호사(당시 덕수합동법률사무소)[5]는 이교관 기자의 신병 처리에 대비해 베이징으로 가서 함께 귀국하기로 했다. 공항에서의 긴급체포나 구속으로 인한 취재 및 입증 자료의 차단을 예방하기 위한 조처였다.

당초 이 사건은 사안이나 관행에 비추어 불구속 기소로 진행될 것으로 관측되었다. 그러나 12월 1일 오후 4시께 이교관 기자가 베이징발 – 서울행 KAL 652편으로 입국하자마자, 검찰은 송인보 검사가 발부한 긴급구속장에 의거해 김포공항 입국심사대에서 체포해 서울지검으로 연행했다. 이어 이튿날 이 기자에 대한 구속영장을 청구했다.

이종왕 부장검사가 전날 저녁 검찰 출입기자들과 식사를 하는 자리에서 밝힌 구속 사유는 '기사 내용이 대부분 허위로 판명되었다'는 것이었다. 그때만 해도 영장실질심사가 도입되기 전이었다. 이 사건은 △청와대와 안기부 고위 관

주5 _ 당시 덕수합동에는 민변의 김창국, 이석태, 김형태, 조용환, 김기중 변호사가 근무했다.

계자들이 이미 인쇄 중인 기사에 대해 삭제 요청을 하지 않고 △삭제 요청 과정을 포함한 일련의 사태가 국회에서 공론화하지 않았다면, 고소 - 고발인이 대통령 비서실장이라는 점을 제외하면 일반 형사 사건과 다름없이 처리될 사안이었다.

현행범이 아닌데도, 도주의 우려가 없고 신분이 확실한 기자를 구속수사하려는 의도는 누가 봐도 청와대 고소 - 고발 사건에 대한 과잉 대응임이 분명해 보였다. 언론 보도에 대한 청와대의 '과잉 대응'(고소 - 고발)도 문제이지만, 사법당국의 '과잉 보복'(긴급구속 및 구속영장 청구)은 더 문제였다. 시사저널 기자들은 검찰의 구속영장 청구에 반발해 '청와대는 언론탄압 즉각 중단하라'는 플래카드를 회사 건물에 내걸고 5층 편집국에서 철야 농성을 시작했다.

조선일보는 사설(12월 3일자 가판)을 통해 '만약 햇볕을 보지 못한 기사에 대해서까지 당국의 칼날이 이처럼 재빨리 번뜩이며 춤을 추게 된다면 극단적으로 말해 우리나라에서 살아남을 기자가 없을 것'이라고 검찰의 구속영장 청구를 비판했다. 한국기자협회(회장 남영진)는 12월 2일 성명에서 이렇게 주장했다.

"시사저널이 청와대의 허위 보도 주장과 관련, 제370호 전량을 재인쇄하고 이미 발송한 부수를 수거하는 등 충분한 노력을 기울였음에도 청와대가 부산에 배포된 일부 부수를 문제 삼아 다시 법원에 고발한 것은 명백한 이중 보복 조처라고 볼 수밖에 없다."

언론 자유 손들어준 홍기종 판사의 영장 기각

김영삼 대통령은 취임 때 안기부의 언론 담당 부서 폐지를 약속했다. 집권 초기만 해도 선진적인 언론개혁안이 있었다. 미디어오늘은 1997년에 문민정부 언론개혁안을 설계했던 '동숭동팀' 문건을 보도한 바 있다. 당시 보도에 따르면, 문민정부는 △신문사에 일정 발행 부수까지는 면세혜택, 초과부수에는 인지세 부과 △공영방송 수신료 폐지, 각 방송사에 전파사용료 부과해 KBS 재원으로 활용 △방송위 방송기준을 어긴 방송사 전파사용료를 상향조정 등의 안을 갖고 있었다. KBS 1TV와 EBS 통합, KBS 2TV · MBC · 서울신문 민영화, 언론중재위원회 권한 강화, 한국방송광고공사 해체도 개혁안에 담겨 있었다.

그러나 동숭동팀을 이끌던 전병민(田炳旼) 씨가 청와대 정책수석으로 내정됐다가 인척 문제로 실각하자 언론개혁안도 슬며시 실종되었다. 전병민은 장인이 항일독립운동가 고하(古下) 송진우(宋鎭禹) 선생의 암살범 한현우(韓賢宇) 씨라는 사실이 동아일보에 보도되면서 3일 만에 물러났다. 당시 전 씨의 실각이 '안기부 작품'이란 이야기도 떠돌았다.

김영삼 정부는 문민정부를 자처했지만, 뒤로는 안기부를 이용해 언론을 통제했다. 폐지를 약속한 안기부 언론 담당 부서는 여전히 존속되었다. 언론 담당관들은 해당 언론사를 출입하며 기자의 신상을 파악하고 노동조합 관련 정보를 수집했다. 1995년 4월 대구 가스폭발 참사 때는 방송사에 현장 화면을 축소하고 수습에 보도 중점을 두도록 조종한 사실이 드러났다. 1994년 성수대교 붕괴 때는 안기부 주도로 국군포로 조창호 씨의 북한 탈출 · 귀환 발표가 언론에 대서특필 되도록 해 국민들의 시선을 돌렸다.

안기부 같은 비밀 정보기관에서는 '차단의 원칙'이 작동한다. 해외 파트와 국내 파트는 서로 간의 업무를 모르고, 국내 파트에서도 정보 부서와 수사 부서는 서로 무슨 일이 진행되는지 모른다. 심지어 공작 부서의 경우 같은 국(局) – 실(室)에 근무해도 소속 단(團)과 처(處)가 다르면 서로 무슨 일을 하는지 모른다.

또한, 정보기관은 자신의 고유 영역과 역할이 침해받는 것을 생래적으로 싫어한다. 예를 들어 대북 접촉 및 남북 대화를 담당하는 부서는 청와대를 뒷배로 한 대북 비선이 끼어드는 것을 못 참는다. 시사저널의 '밀가루 북송' 기사를 삭제하도록 압력을 넣은 것도 안기부였지만, 청와대가 주도한 밀가루 지원 사실을 시사저널 기자에게 확인해준 것도 안기부 북한실 관계자였다.

검찰은 시사저널 기사가 허위 보도라는 강한 자신감을 갖고 구속영장을 청구했다. 조용환 변호사는 덕수합동변호사 전원이 서명한 변호인 의견서에서 "진실로 고소인 측이 이 사건 기사가 오보라고 판단한다면, 불구속 상태의 자유로운 조사와 공정한 재판을 통하여 진실 여부를 가리자고 하는 편이 떳떳할 것이며 검찰 또한 마찬가지라 할 것"이라고 주장했다. 그럼에도 대통령의 의지가 담긴 고소-고발 사건이라는 점에서 대체로 영장 발부를 예상하는 쪽이 우세했다. 법원의 판단은 달랐다.

서울지법 홍기종(洪基宗) 판사는 검찰이 영장을 청구한 지 3시간 반 만인 이날 밤 10시30분쯤 영장을 기각했다. 이교관 기자는 밤 11시 30분쯤에 긴급구속 24시간여 만에 풀려났다. 편집국 한켠에 컵라면과 물병을 쌓아 두고 철야를 각오했던 시사저널 기자들의 농성은 싱겁게 끝났다. 홍기종 판사는 영장청구 기각 이유를 이렇게 밝혔다.

"피의자의 행위가 타인의 명예를 훼손하는 경우에도 그것이 진실한 사실로서 오로지 공공의 이익에 관한 때에는 그 행위에 위법성이 없으며, 또한 진실하다는 증명이 없더라도 행위자가 그것을 진실이라고 믿을 만한 상당한 이유가 있는 경우에는 위법성이 없다고 보아야 할 것이다. 그리고 그 행위가 진실하다는 증명이 없고 그것이 진실하다고 믿는 데 상당한 이유가 없다고 하여도, 민주사회의 기본적 질서를 이루는 언론출판의 자유를 수행하는 언론매체의 보도로서 공공의 진지한 관심이 있는 내용이라면, 그것은 곧 공공의 알권리를 충족시키는 것이다.

이러한 과정에서 특정인의 명예를 훼손하였다 하여도 보도자가 악의로 명예훼손을 하려는 의사를 갖고 보도하지 아니하였다면, 그 보도자를 처벌하려는 공권력의 개입은 보다 신중해야 할 것이다. 기록에 의하면 언론매체를 통하여 공표된 이 사건 행위는 그 보도내용이 진실하다거나 진실하다고 믿는 데 상당한 이유가 있다는 입증이 부족한 것은 사실이나, 보도내용이 대북 식량지원이라는 공공의 이익에 관한 것으로서 악의로 진실에 반하는 내용을 보도하였다고 보이진 않는다.

피의자는 주거가 일정하고 취재차 출국한 중국에서 자진 귀국하는 등 신분상 도주할 우려가 있다고 보기 어렵고, 검찰 측이 확보한 증거를 인멸할 우려가 있다고도 보이지 아니한다."

시사저널은 제372호(12월 4일 발매)에 '검찰은 신속했고 법원은 신중했다'는 제목으로 법원의 영장 기각 소식을 전했다. 언론자유와 관련해 그동안의 대법원 판례는 '사실이라고 믿을 만한 정황 증거가 있다면'이라는 전제 아래 명예훼손 여부를 가려왔다. 대법원 판례에 비추어, 홍기종 판사가 적시한 기각 사유는 그것이 '진실하다고 믿는 데 상당한 이유가 없다고 하여도 공공의 진지한 관심이 있는 내용이라면'이라는 전제를 닮음으로써 공공의 알 권리를 신장하는 데 손을 들어주었다. 동아일보(12월 4일자)는 영장 기각의 의미를 법원이 알권리를 폭넓게 인정하고 불구속 재판 의지를 재확인한 것에 두었다.

언론 보도와 관련해 대통령비서실장이 직접 대통령의 고소고발 대리인으로 나서 기자와 편집국 간부를 출판물에 의한 명예훼손 혐의로 고소 – 고발하기는 이때가 처음이었다. 그러나 정권 후반기에 레임덕을 우려해 비판 언론에 재갈을 물리려던 김영삼 정부의 기도는 보기 좋게 실패하고 말았다.

안기부 역공작에 대비한 '스파이 놀음'

영장 기각으로 청와대와 검찰의 기세는 한풀 꺾였다. 하지만 청와대가 고소를 취하하지 않는다면, 불구속 기소와 재판에서 법정 공방은 계속될 수밖에 없었다. 1차전은 법원이 알권리를 폭넓게 인정하며 시사저널의 손을 들어줘 판정승으로 끝났지만 2차전, 3차전까지 승리하리라는 보장은 없었다. 이후 검찰은 12월 27일 박상기 부장과 이교관 기자를 출판물에 의한 명예훼손 혐의로 불구속 기소하고, 김훈 국장은 기소유예 처분했다.

시사저널은 이흥환(李興煥) 베이징 특파원과 별도로 기획특집부 정희상(丁喜相) 기자와 대북 교역사업을 하는 노정호(盧正鎬) 시피코 국제교역 대표를 중국 선양(沈陽)에 급파했다. 노정호 대표는 홍콩에서 무역업을 하다가 1995년에 북한이 라진 – 선봉 특구를 설치하는 데 필요한 국산 철조망을 공급해 화제가 된 젊은 사업가로 시사저널의 주요 취재원이기도 했다. 노 대표는 1995년부터 통일원의 승인을 얻어 임가공 형태로 북한으로부터 수작업으로 만든 접시받침 등 공예품을 수입해왔다.

노 대표는 홍콩에서부터 대중국 무역업을 하면서 중국 태자당(太子黨) 인사들과 친교를 맺는 등 '꽌시' 문화에도 밝고, 황장엽 노동당 비서의 수양딸로 알려진 박명애(중국 선양 明興經貿公司 총경리)와도 가까워 시사저널의 취재 지원을 자원했다. 박명애(朴明愛)는 황장엽 비서의 뜻을 받들어 한국 대기업의 도움으로 당시 극심한 식량난을 겪은 북한 동포를 돕기 위한 식량 및 물자 지원사업을 비밀리에 수행해 왔다. 노 대표는 대북사업을 하는 기업인들의 속성상 안기부와도 우호적인 관계를 맺고 있었다.

국제전화, 그것도 중국과의 국제전화는 안기부가 100% 감청한다고 봐도 틀리지 않았다. 김당 차장은 이교관 기자를 베이징에, 정희상 기자와 노 대표를 선양에 보내면서 사전에 정한 은어와 약어를 사용해 교신하기로 약속했다. 시사저널 취재팀이 밀가루 북송을 입증하는 자료를 입수해도 안기부가 방해할 가능성이 있었기 때문이다. 예를 들어 11월 28일 선양의 정 기자는 국제전화로 서울의 김당 차장에게 현지 상황을 이렇게 알렸다.

"친구가 마무리를 위해 나가 있다. 오늘 아가씨를 만나 담판을 지었는데 아가씨가 사색이 되어 있다. 비행기 표는 다양하게 입수했지만, 친구는 다른 항공권을 받아 오려고 나갔다. 그런데 우리가 원하는 좌석은 여기에 없다는 결론을 내렸다. 우리가 원하는 좌석은 고향에 있다. 왜냐하면, 큰집과 고향이 직거래하고 보내준 돈을 다시 아가씨한테 보내면 아가씨가 밀가루를 사서 보내는 형식이다. 작은집 것도 아가씨가 했는데 여기 좌석표는 고향에 있다. 항공권은 모두 10~20장 구했는데 서울 것과 비슷한 것이다."

사전에 약조한 바에 따르면, '친구'는 노정호 대표, '아가씨'는 박명애 총경리, '큰집'은 청와대, '작은집'은 현대그룹, '고향'은 북한을 의미했다. '비행기 표'와 '항공권'은 중국에서 북한으로 밀가루(面粉)를 보낸 화물송장(送狀), '탑승권'과 '좌석'은 수출증명서나 수출계약서를 의미했다. 시사저널 취재팀은 당시 현대그룹 등 한국 대기업들의 자금 지원을 받은 박명애 씨가 황장엽 비서가 창립한 국제주체재단 평양사무소를 창구로 식량 및 생필품을 공급한다는 사실을 확인하고 이를 입증할 수 있는 화물송장을 확보했다. 그러나 수출증명서나 계약서는 평양사무소에 있어 나중에 확보할 수 있었다.

시사저널 취재팀은 마치 공작원이라도 된 것처럼 은근히 '스파이 놀음'을 즐겼다. 베이징의 이교관 기자는 귀국 즉시 공항에서 긴급 구속될 운명도 모른 채, 다소 흥분된 목소리로 서울의 김당 차장에게 과장된 약어를 사용했다.

"큰형님과 시골에 가 있는 작은형이 구입한 비행기 티켓을 취합한 결과, 세계 일주도 할 수 있는 분량이다. 문제는 원 웨이(one way)이다. 이것을 (안전하게) 전해야 하는데 어떻게 해야 할지 모르겠다."

'큰형님'은 베이징의 이흥환 특파원, '작은형'은 선양의 정희상 기자를 의미했다. '비행기 티켓'은 화물송장을 의미했다. 물론 '세계 일주'는 각본에 없는 약어였다. 김당 차장은 이교관 기자에게 혹시 공항에서 압수당할지도 모르니 확보한 '티켓'을 조용환 변호사에게 맡기라고 말했다.

서울에서도 다각도로 취재가 진행되었다. '밀가루 북송' 보도가 언론의 자유 문제로 쟁점화되자, 다른 매체의 기자들도 관심을 갖고 시사저널에 힘을 실어주었다. 통일부를 출입하는 한겨레 강태호 기자는 "현대그룹이 지원한 것은 확실한데 시점은 4월이 아니라 1995년 12월로 알고 있다"고 귀띔했다. 장 선생의 진술과 일치했다. 아사히신문의 배수일 기자는 "이종석 세종연구소 연구위원이 지난 4월경에 중국 단둥에서 10t 트럭에 실은 밀가루가 신의주 쪽으로 들어가는 것을 40분 동안 지켜보았다"고 전했다.

김당은 기독교방송(CBS)의 '시사자키'에 출연해 청와대와 안기부의 언론 탄압 정황을 알리고, '밀가루 전쟁'에서 유리한 고지를 차지하기 위한 여론전을 펼쳤다. 김 기자는 방송에서 기사 삭제 경위는 물론, 이교관 기자로부터 보고받은 취재 과정도 소상하게 밝혔다. 그는 밀가루지원사업이 극소수만 알고 있는 극비 사업이기 때문에 기사에 언급한 전−현직 대통령비서실장으로부터 직접 확인을 하지 않았지만, 현대그룹과 안기부 북한실 관계자, 그리고 대북 비선 김양일 씨 등으로부터 직간접으로 정황증거를 확보해 보도한 것이라고 밝혔다.

김 기자는 "이번 사건의 핵심 쟁점이 뭐라고 생각하냐"는 진행자의 질문에 이렇게 답변했다.

"이 사건의 핵심은, 기사가 삭제되었음에도 불구하고 청와대 비서실장이 고소 당사자로서, 한편으로 김영삼 대통령을 대신한 고발인으로서 언론사 간부와 기자를 출판물에 의한 명예훼손 혐의로 고소−고발했다는 사실입니다. 대통령이 언론 보도에 불만을 품고 직접 해당 방송사에 전화를 걸어 정정보도를 요청한 적이 있다고 합니다만, 저희 정기독자가 10만이고, 가판독자를 포함해 유가 발행 부수가 15만 부인데, 이 가운데 미수거된 20부를 문제 삼아 고소한 것은 권력자의 부도덕한 행태입니다."

김 기자는 '앞으로 어떻게 대응해 나갈 계획이냐'는 질문에 '기사로 사실을 입증하겠다'고 답했다. 김 기자는 "삭제된 기사를 작성한 해당 기자를 포함해 3명의 기자가 중국에서 보강 증거자료 확보를 위해 취재하고 있다"면서 조만간 기사로 입증하겠다고 강조했다. 이어 내친김에 "편집국으로 격려 전화와 함께 제보 전화도 잇따르고 있다"고 다소 과장해서 말했다.

세실 레스토랑에서의 첫 대면

'큰형님'(이흥환 특파원)은 베이징 현지에서 선양을 오가며 수출계약서와 수출증명서 같은 입증 서류를 계속해서 확보하기로 하고, '작은형'(정희상 기자)과 '친구'(노정호 대표)는 선양에서 북한으로 밀가루를 보내는 화물 송장을 다량 확보해 귀국했다. 장 선생도 예정한 대로 11월 29일 금요일에 베이징에서 귀국했다.

김당은 약정한 대로 전화번호 뒤에 '88'을 추가해 장 선생을 삐삐로 호출했다. 김 기자는 귀국한 정 기자에게 저간의 사정을 설명했다. 장 선생이 안기부 끄나풀이거나 역공작일 가능성이 있으나, 그가 대북 식량 지원에 관한 신뢰할 만한 정보를 갖고 있는 만큼 일단 만나보자고 말했다. 이교관 기자는 귀국하기 전이었다.

김당은 장 선생과 통화해 약속 장소를 시내 중심부에 있는 서울 중구 정동 성공회 건물 지하의 '세실 레스토랑'으로 정했다. 김당과 정 기자는 상대방 몰래 녹음하기 위한 소형 카세트 녹음기를 각각 한 대씩 준비해 약속 장소로 갔다. 두 사람은 장 선생과의 면담이 길어질 경우에 대비해 중간에 화장실에 가서 순차적으로 한 시간씩 몰래 녹음기를 틀어 두 시간 분량을 녹음하기로 약속이 돼 있었다.

시사저널 빌딩(서울 충정로 1가 58-1)에서 정동길을 내려가 하비브하우스(미국대사관저)를 끼고 돌아 영국대사관 앞으로 가면 1㎞밖에 안 되는 거리였다. 하지만 미국대사관저 – 영국대사관 앞길은 통행이 제한되었다. 둘은 택시를 타고 광화문 4거리를 돌아 성공회 대성당(성공회 서울주교좌성당) 입구에서 내렸다. 세실극장 지하에 1976년 320석 규모로 건립된 세실극장은 서울에 대학로가 만들어지기 전에 1970~80년대 연극의 메카였다.

'세실'이란 이름은 일제강점기 대한성공회 4대 주교였던 세실 쿠퍼(한국명 구세실)에서 따왔다. 1979년에 문을 연 세실 레스토랑은 1980년대 민주화의 성지였다. 1987년 6월 민주항쟁 당시 민주헌법쟁취국민운동본부 인사들이 이곳에서 만나 운동 방향을 논의하는 등 한국 현대사를 흔든 각종 시국 선언과 기자회견 장소로 애용한 데는 이유가 있었다. 성공회성당과 연결된 부속건물에 있어서 여차하면 교회로 피신할 수 있는 보호막 구실을 했던 것이다. 천주교 명동성당이나 성공회 대성당 같은 종교 시설은 군사정권도 발을 들이기가 쉽지 않았다.

그러나 세월이 흐르자 '민주화 세력의 사랑방'을 찾는 사람들의 면면도 달라졌다. 김대중 – 노무현 정부를 거치면서는 야당이었던 한나라당과 보수 인사들이 세실을 즐겨 찾았고, 촛불집회가 한창이던 때는 보수단체들이 기자회견을 자주 열었다. 그러다가 세실은 운영 적자에 시달려 2009년 1월 문을 닫았다. 이후 이곳에는 고급 한식당 '달개비'가 들어왔다.

김당과 정희상은 언론사 입사 전에 대학신문에서부터 선후배 사이였다. 김당은 1987년 당시 현직기자로서 6월 민주항쟁에도 적극 참여했고, 6.29선언으로 쟁취한 첫 직선제 대통령선거 때는 서울 동대문구에서 공명선거감시단으로 활동했다. 외대(外大) 운동권이었던 정희상은 재학 중에 서울 안국동에 있는 주한일본대사관 광보문화원(현 공보문화원)에 칼을 들고 들어가 시위를 하다가 체포되어 6개월 실형을 살았다. 정희상은 대학 졸업 후 월간 〈말〉지에서 기자 생활을 하다가 시사저널로 옮겨왔다.

세실 레스토랑은 재야단체 시국선언을 여러 번 취재해온 김당이나 정희상에게는 낯익은 장소였다. 반면에 장 선생이 안기부나 정보사와 연관이 있는 기관원이라면, 세실 레스토랑은 다소 불편하고 께름칙한 장소일 수 있었다. 김당이 약속 장소를 세실 레스토랑으로 잡은 것도 안기부 역공작이나 만일의 경우에 대비하기 위한 것이었다. 정 기자는 택시에서 내리자 상의 주머니 안에 숨긴 녹음기 버튼을 눌렀다.

스파이 앞에서 들통난 어설픈 '스파이 놀음'

장 선생이 먼저 와서 기다리고 있었다. 장 선생의 첫인상은 한번 보면 오랫동안 기억에 남을 만큼 강렬했다. 키는 175cm 정도였지만 골격과 몸매가 탄탄해 일본 무사(武士) 같다는 느낌이 들었다. 행동거지에도 맺고 끊음이 분명하고 절도가 몸에 밴 것으로 봐서 '양복 입은 군인'이라는 느낌을 주었다. 김 기자는 깊이 파인 눈과 코, 짙은 눈썹에서 일본판 아그리파(Agrippa)[6] 같다는 상상을 했다. 간단한 수인사를 나눈 뒤에 장 선생은 정치권 분위기와 시사저널의 취재 성과가 있는지를 물었다. 장 선생이 먼저 운을 뗐다.

"언론의 영향력이란 게 참 대단합니다. 이렇게 정부 예산심의가 중단되어 국회가 공전되고… 일반인들은 잘 못 느끼지만, 기자들의 펜의 힘이 이렇게 무섭습니다."

김당이 정색을 하고 화답했다.

"기자와 언론의 힘이 센 것이 아니고, 사실 보도의 힘이 큰 것이죠. '팩트(fact)의 힘은 위대하다'는 말도 있지 않습니까? 그나저나 장 선생님처럼 공직에 계신 분이 이렇게 격려해 주시니 저희는 힘이 나고 고마울 뿐입니다."

김당은 '신뢰할 만한 정보'를 제공한 장 선생이 과연 '신뢰할 만한 사람'인지 확인하기 위해 몇 가지 질문을 던져 탐문했다. 밀가루 북송 사건을 어떻게 알고 전화를 주셨냐, 무슨 일을 하시냐, 중국에는 자주 가시냐, 이번에 가신 일은 잘

주6 _ 로마제국의 장군 · 정치가로 그의 흉상인 아그리파 석고상이 유명하다.

되었냐 등이었다. 장 선생은 뉴스를 보고 알았으며, 중국에는 업무상 한 달에 두어 번 정도 다닌다고 했다. 무슨 일을 하는지에 대해선 두리뭉실하게 답했다. 다만, 그는 "박경윤이 대북 식량 지원 건으로 북한에 들어가 있다"고 말해, 대북사업에 깊숙이 관여하고 있음을 암시했다. 김 기자가 "김정우가 베이징에 왔다가 박경윤과 함께 들어간 것 아닌가 모르겠다"고 넌지시 묻자, 장 선생은 단박에 일축했다.

"김정우는 서열상 별 볼 일 없는 친구입니다. 중앙당 일개 과장만도 못합니다. 박경윤이 다 합니다."

북한 인물 정보에 따르면 김정우(金正宇)는 1942년생으로 김일성종합대를 졸업하고 경제 일꾼과 외교관(1984년 가나 주재대사) 등으로 활동하다가, 북한이 대외 경제개방 창구로 개설한 대외경제협력추진위원회(대경추) 위원장(1992년)을 맡아 떠오르는 인물로 주목을 끌었다. 북한의 라진 – 선봉 자유경제무역지대(경제특구) 책임자이자 대표적 개혁파 경제전문가로서 김정일 총비서의 측근으로 알려졌다.

김정우는 1992년에 남북고위급회담 교류협력분과위원회 북측위원장과 경제교류협력위원회 위원장으로 남북대화에 참여했다. 1994년에는 북·미 경수로 지원 관련 전문가회담 북측대표단장과 북·미 경수로 지원 관련 베이징협상 대표로 나와 국제 외교가에도 얼굴이 알려졌다. 이후 김정우는 다시 '대경추' 위원장(1995년)을 거쳐, 1996년 5월 유엔 주재 북한대사로 뉴욕 외교가에 나타났다.

그런데 장 선생은 이런 국제적(?) 인물을 '중앙당 일개 과장만도 못하다'고 평가 절하했다. 김 기자는 장 선생이 알고 보니 허풍쟁이가 아닐까, 하고 그의 정체성에 대해 회의감이 들었다. 그러나 나중에 확인된 바로는 김정우는 1996년을 마지막으로 국제 외교가에서 사라졌으며, 북한 내 동정도 1997년을 끝으로 더는 알려진 게 없었다. 그러다가 1998년 9월 일본 교도(共同)통신이 "김정우 대경추 위원장이 부정축재 혐의로 1997년 12월 총살형에 처해졌다"고 보도했다. 이종찬 안기부장은 1998년 11월 6일 국회 정보위 국정감사에서 "(외신에서 총살형에 처해졌다고 보도한) 김정우 전 대경추 위원장은 부정축재 혐의로 숙청된 것이 확실하다"고 보고했다.

두 사람은 탐색전을 마치고 본론으로 들어갔다. 장 선생은 시사저널이 보도한 현대그룹 말고도 대우그룹과 고합그룹도 북한에 식량을 지원하고 있다고 말했다. 시사저널 취재팀도 현대 외에 다른 대기업들이 대북 식량 지원사업에 돈을 댄 정황을 취재하던 중이어서 반가운 정보였다. 그런데 북한의 최근 정세에 관한 대화가 한참 무르익는 도중에 갑자기 "툭!" 하며 뭉툭한 소리가 들렸다. 정 기자의 녹음테이프가 다 끝나자 녹음기 버튼이 위로 올라오는 소리였다. 정 기자는 일순 당황해 어색한 웃음을 지었지만 표정이 얼어붙었다. 김당이 얼른 장 선생의 눈치를 살폈으나 표정의 변화를 읽을 수 없었지만, 기도비닉(企圖秘匿)과 보안이 몸에 밴 군인이나 공작원이라면 눈치채지 못할 리가 없었다.

김당은 장 선생이 상대방을 배려해 일부러 모른 체하거나, 상대가 기자임을 감안해 으레 그러려니 하고 대수롭지 않게 받아들이는 것으로 이해했다. 취재원의 양해를 구하지 않고 몰래 녹음한 것이 미안했지만, 그렇다고 몰래 녹음했다고 이실직고할 수도 없었다. 아무튼, 그때는 장 선생의 신분이 안기부 대북 공작국의 이중스파이라는 사실이 드러나기 전이었지만, 두 기자가 진짜 스파이 앞에서 어설픈 '스파이 놀음'을 하다가 망신을 산 셈이었다.

김당은 중간에 화장실에 가서 일제 파나소닉 미니 카세트 녹음기를 점검하고 버튼을 눌렀다. 녹음 속도를 '노멀'에서 '슬로우'로 늦춰 놓으면 두 시간까지 녹음이 가능했다. 당시에도 플래시 메모리칩을 이용한 '테이프 없는' 디지털 녹음기가 개발되어 시판되었지만, 고가여서 기자들은 소형 카세트 레코더를 애용했다.

두 시간 넘게 장 선생과 직접 면대면으로 대화를 나눴지만, 그가 신뢰할 만한 사람인지에 대한 확신은 가질 수 없었다. 그가 제공한 대북 정보는 신뢰할 만한 정보였지만, 그의 신원은 여전히 불확실했기 때문이다. 게다가 그가 제공한 정보로 판단하건대, 그는 직간접으로 안기부와 연관이 있을 가능성이 커 보였다. 그렇다면 여전히 안기부의 역공작 가능성은 살아있다는 얘기였다. 그러나 구더기 무서워 장을 담그지 못할 까닭은 없었다. 김당은 혼잣말처럼 반문했다. 역공작을 경계하면서 신뢰할 만한 정보를 빼내면 될 것 아닌가?

오히려 김당은 몰래 녹음 건으로 장 선생과의 취재 만남이 끊어질 것을 걱정했으나 그런 일은 일어나지 않았다. 김당은 긴급구속에서 풀려난 이교관 기자에게 장 선생의 존재를 알리고, 그와 함께 장 선생을 만났다. 장 선생의 신원을 좀 더 확인하기 위해 이번에는 그의 집 근처에서 보자고 했다. 장 선생은 의외로 선선히 자신이 사는 아파트 주소(서울시 강서구 염창동 287-1 우성아파트 201동 1304호)를 알려주었다.

김당은 장 선생의 집 근처 커피숍에서 이 기자와 함께 만났다. 장 선생은 여전히 "그런(대북 지원) 사업은 대개 국내에서는 구두로 이루어지므로 물증을 확보할 수는 없고, 역으로 치고 들어가야 한다"고 강조했다. 즉, 밀가루를 받은 쪽(북한)에서부터 취재해 들어가야 한다는 것이었다. 대북 접촉이라는 위험 부담을 빼면, 매우 설득력 있는 제안이었다.

다만, 이교관 기자도 정희상 기자와 마찬가지로, 장 선생이 처음에 뭔가 의도를 갖고 접근한 것 아니냐는 의구심을 거두지 않았다. 그러나 김당은 밀가루 북송 사건의 후속 취재가 급했던 만큼 이것저것 따질 상황이 아니었다. 그는 청와대가 밀가루 북송에 직접 관여했다는 입증 자료를 확보하려면, 설령 역공작에 말릴 가능성이 있어도 위험을 감수해야 한다고 생각했다. 기자로서 호기심도 발동했다. 김당은 계속 부딪쳐 보기로 하고, 장 선생과의 접촉을 이어갔다.

04 _ 아자(Aza)의 박기영 대표와 광고사업

강릉 잠수함 침투 '사과'와 대북 식량 지원 재개

김영삼 대통령은 과거 세력과의 단절과 새로운 대한민국 건설을 내세워 1996년 2월 신한국당을 창당해 총선에 임했으나, 국회 재적 과반수의 의석을 확보하는 데 실패했다. 승부사 김영삼은 무소속과 야당 의원들을 여당으로 끌어들이는 공작을 전개해 신한국당의 의석수를 재적 과반수로 끌어 올렸다. 이어 신한국호의 깃발을 올린 그해가 가기 전인 12월 12일 국회동의를 거쳐 선진국 진입의 관문 격인 경제협력개발기구(OECD)에 29번째로 가입했다.

한국이 '선진국 클럽'에 가입하는 데는 대가가 따랐다. 우선, 한국은 OECD 수준에 맞는 노동관계법 개정 압력을 받았다. 이에 제181회 정기국회를 앞두고 노동법 개정 공방이 치열하게 전개된 가운데, 안기부법 개정안과 함께 묶여 정기국회 회기를 넘기게 되었다. 신한국당은 해를 넘기기 전에 처리하려고 12월 23일 임시국회를 소집했다. 이어 공휴일인 크리스마스 저녁에 신한국당 의원들에게만 본회의 소집 통보를 알리고 군사작전을 하듯이 강행처리 수순을 밟았다.

신한국당 의원들은 12월 25일 밤부터 이튿날 새벽까지 서울 마포의 가든호텔 등 4개 호텔에 나뉘어 모였다. 이들은 새벽 5시 50분 관광버스를 타고 국회 본회의장에 잠입했다. 의원들 손에는 곧 처리될 11개 법안 관련 서류 봉투가 하나씩 들려 있었다. 새벽 6시쯤 신한국당 의원 157명 중 국회의장 김수한 등 3명을 제외한 154명이 입장을 끝내자, 오세응 국회부의장이 개회를 선언했다. 안기부법과 노동관계 4개 법률안 그리고 6개 일반법률안 등 11개 법안이 통과되는 데는 7분밖에 걸리지 않았다.

오세응 부의장은 안기부법에 대해 야당이 제출한 무기명투표 요구안과 여당의 기명투표 요구안을 모두 부결시킨 뒤 이의 여부를 묻는 방식으로 안기부법 개정안을 원안대로 의결했다. 개정안이 통과됨에 따라 안기부는 국가보안법상 고무 – 찬양 및 불고지죄에 대한 수사권을 다시 갖게 되었다. 이날 통과된 근로기준법은 정리해고 사유를 △계속되는 경영 악화 △생산성 향상을 위한 구조조정 △기술혁신 등 긴박한 경영상 필요가 있을 때로 한정하고, △일정 규모 이상 인원을 해고할 경우 대통령령에 따라 노동위원회의 승인을 받도록 요건을 강화했다. 또 노동조합 및 노동관계조정법은 상급단체의 복수노조 설립 허용 시기를 1997년에서 2000년으로 3년 늦췄다.

오세응 부의장은 7분 동안 의사봉을 48번 두드렸고, 신한국당 의원들은 여섯 차례 앉았다 일어서기를 반복했다. 서울에 해가 뜨려면 한 시간 반이나 남은 이른 시각에 벌어진 '날치기'였다. 야당은 야당 의원들에게 본회의 소집 통보를 하지 않은 점과 국회 본회의는 오후 2시에 개의하고 시간을 변경할 때는 원내교섭단체들과 협의해야 한다는 절차법(국회법)을 위반한 점을 문제 삼아 무효화 투쟁을 전개했다. 노동계와 학계는 사용자의 정리해고와 변형근로제를 허용하면서 복수노조 허용 시기를 3년 유보시킨 점, 공무원의 단결권을 불허한 점 등 그 내용을 문제 삼아 총파업을 단행하였다. 날치기로 인한 정국 혼란은 이듬해 3월까지 지속되고, 김영삼 정부의 지지율은 곤두박질쳤다.

나라 밖 환경도 좋지 않았다. 1996년은 판문점 북풍 사건에서부터 강릉 잠수함 침투사건까지 북한 변수로 국내 정치와 남북관계가 크게 출렁였다. 그러나 북미 제네바합의[7] 이후 북한과 미국이 뉴욕에서 10회에 이르는 당국 간 접촉을 갖는 등 북미관계가 진전됨에 따라, 김영삼 정부는 북미관계가 남북관계보다 앞서가는 것에 조바심을 냈다.

북한은 1996년 한해가 넘어가기 직전인 12월 29일에야 강릉 잠수함 침투사건에 대한 사과 성명을 발표했다. 북한 당국은 한국에 '깊은 유감'을 나타내는 외교부 대변인 명의의 국문 및 영문 사과 성명을 각각 〈평양방송〉과 〈조선중앙통신〉을 통해 공식 발표했다.

"조선민주주의인민공화국 외교부 대변인은 위임에 의하여 막대한 인명 피해를 초래한 1996년 9월 남조선 강릉 해상에서의 잠수함 사건에 대하여 깊은 유감을 표시한다. 조선민주주의인민공화국은 그러한 사건이 다시 일어나지 않도록 노력하며 조선반도에서의 공고한 평화와 안정을 위하여 유관 측들과 함께 힘쓸 것이다."

9월 18일 잠수함 사건이 발생한 지 100여 일 만이었고, 11월 7일 17시를 기해 무장공비 토벌작전이 종료된 지 한 달 보름여 만이었다. 이에 앞서 북한과 미국은 11월 28일 미국 뉴욕에서 10차 접촉을 열어 실무회담을 마무리하면서 잠수함 사건에 대한 '사과'와 4자회담 설명회 등 4개 항을 일괄타결하고, 이런 합의사항을 담은 내부문서를 작성했다.

이에 따라 잠수함 사건으로 조성된 한반도의 긴장과 대결 국면은 3개월여 만에 끝나고, 4자회담 이행을 둘러싼 남북한 및 북미 간 협상 국면이 조성되었다. 통미봉남(通美封南)[8]으로 인한 남북관계의 북미관계 종속을 우려하는 비판

주7 _ 1994년 10월 21일 북한의 핵문제를 해결하기 위해 제네바에서 미국과 북한이 체결한 비공개 양해록. 북한이 핵을 동결하는 대신 미국 측은 경수로형 원자로 발전소 2기를 건립하는 동시에 경제원조로 연간 50만 톤의 중유를 지원하고, 정치·경제적 관계의 완전한 정상화를 추진한다는 내용이 골자였다.
주8 _ 미국과의 실리적 통상외교를 지향하면서 남한 정부의 참여를 봉쇄하는 북한의 외교전략. 1993년 핵무기비확산조약(NPT) 탈퇴 선언을 한 북한이 핵 개발을 무기로 미국과 막후 협상을 벌여 1994년 미국으로부터 중유 및 경수로를 제공받기로 한 제네바합의를 체결하면서부터 등장했다.

을 의식해서인지, 유종하 외무부 장관은 11월 29일 북한의 사과 성명 발표 전에 잠수함 사건을 놓고 한국 쪽이 내놓은 최종 사과문안을 북한이 수용했다고 강조했다.

북한은 1.21 청와대 습격 미수 사건, 판문점 도끼 만행 사건, 아웅산 폭탄 테러 사건, KAL 858기 폭파 사건 등 그때까지 많은 군사 도발과 테러 사건을 일으켰지만 한 번도 공식 사과를 하지 않았다. 옴짝달싹할 수 없는 잠수함이란 물증 때문일지언정, 과거의 행각에 비추어 보면 북한의 유감 표명은 진일보한 거였다. 당장 경수로 사업과 식량 지원을 받아야 할 북한으로서는 내키지 않지만, 사과를 하지 않으면 안될 만큼 내부 사정이 긴박했던 것이다. 그래서 북한 주민들과 단절된 대남 – 대외용 매체인 평양방송과 조선중앙통신을 통해 외교부 대변인의 성명발표 형식을 취한 것이었다.

북한의 '깊은 유감' 표명 이후 남북한 및 북미 관계는 잘 짜인 각본에 따라 진행되었다. 한국 정부는 남북 경제협력사업과 대북 식량 지원을 재개하겠다고 밝히고, 그해 12월 판문점을 통해 무장공비 유해 24구(사살 13, 자폭 11)를 북측에 인도했다. 그러나 북한의 재발 방지 약속은 지켜지지 않았다. 불과 2년도 지나지 않은 1998년 6월 22일에도 9명을 태운 북한 동해함대 사령부 소속 유고급 잠수정이 강원도 속초 해안으로 침투했다가 어망에 걸려 표류하던 중에 추격을 받자 승조원 9명이 모두 집단 자살했다.

속초 잠수정 나포 작전은 어선의 신고로 시작되어 시중에는 어선과 택시 기사의 신고가 없으면 해군은 잠수함 못 잡는다는 우스갯소리가 유행했다. 그러나 해군은 강릉 잠수함 침투사건 이후 잠수함 견학(20회, 4,693명)을 지원하고, 어민 신고 계도교육(51회 31,334명)과 잠수함 식별 유인물 배포(9종, 15,000매) 등 대국민 신고체제를 확립한 성과라고 주장했다. 또한, 국산 잠수함구조함(청해진함)을 처음 실전 투입해 정상 부력을 상실한 잠수정을 완벽하게 원형 그대로 나포한 것은 세계 역사상 찾아보기 힘든 쾌거라고 강조했다.

북한 기록영화에 '영웅'으로 등장하는
강릉 잠수함 침투 사건 당시 사망자들

그러나 해군의 침이 마르기도 전에 북한은 조수 간만의 차이가 크고 수심이 얕아 잠수함 활동이 훨씬 더 어려운 서해에도 잠수함을 침투시켰다. 1998년 11월 20일, 강화도 해역에 출몰한 북한 잠수정은 해군의 추격을 피해 북으로 도주했다. 같은 해 12월 18일에는 여수 앞바다에 출몰한 북한 반잠수정이 격침되었다. 이 사건에 대해 북한 측은 '남조선의 자작극'이라고 주장했다.

북한 김정은 정권은 강릉 잠수함 침투사건 당시 사살되거나 자폭한 무장공비들을 6.25전쟁 전사자들과 나란히 대접하고 대대적 추모행사를 열어 예우하고 있는 것으로 나중에 확인됐다. 북한 조선중앙TV는 2017년 3월 31일 '위대한 동지 제5부: 당을 받드는 길에 인생의 영광이 있다'라는 제목의 기록영화를 방영했다. 기록영화는 "20여 년 전 온 세상을 놀래웠던 강릉의 자폭용사들"이라고 언급하며 "용사들의 유해를 전화의 영웅들과 나란히 조국해방전쟁(6.25전쟁) 참전 열사묘에 안치하도록 하시어 조국을 위해 바친 전사들의 삶이 후세토록 빛나게 해 주신 우리 원수님(김정은)이시었다"고 주장했다.

3개월여 만에 복원한 '밀가루 북송' 기사

미국이 북한의 옆구리를 찔러 받은 '마지 못한 억지 사과'였지만, 남북경협 사업과 대북 식량 지원이 재개되었다. 공식 식량 지원이 재개된 마당에 비공식 '밀가루 지원' 사건은 '약발'이 떨어질 수밖에 없었다. 게다가 연말에는 여당의 노동법 – 안기부법 '날치기 파동'이라는 더 큰 정치권 이슈가 정국을 강타함에 따라 청와대와 시사저널의 '밀가루 전쟁'도 사람들에게 잊혀 갔다.

그러던 차에 엎친 데 덮친 격으로 1997년 새해 벽두부터 한보(韓寶)사태라는 건국 이후 최대의 권력형 금융 부정 및 특혜 대출 비리 사건이 터졌다. 재계 서열 14위인 한보그룹의 부도가 도화선이 되어, 이른바 '정태수 리스트'에 오른 정치인 33명이 소환되어 조사를 받았다. 또 사건에 연루된 대통령 차남 김현철과 안기부 운영차장 김기섭(金己燮)이 구속되는 상황이 벌어졌다. 김영삼 대통령은 1997년 2월 25일 취임 4돌 대국민 담화에서 "아들의 허물은 곧 아비의 허물"이라며 "국민 여러분께 고개를 들 수 없다"고 사과했다.

한보 사건에 대한 검찰 수사가 '깃털'에서 '몸통'으로 직진할 때쯤인 2월 14일 시사저널의 '밀가루 북송' 보도로 인한 명예훼손 사건(96고단 12247) 첫 공판이 열렸다. 하지만 그때는 시사저널을 고소한 청와대도, 기소한 검찰도 흥미를 잃거나 전의를 상실한 듯 보였다. 공소유지를 맡은 검사도 하기 싫은 재판에 나와 울며 겨자 먹기로 '의무 방어전'을 치르는 모양새였다. 그러나 기사를 삭제당한 시사저널 기자들은 한보사태의 와중에서도 기사 복원의 전의를 불태웠다.

시사저널은 김영삼 대통령이 대국민 사과를 한 다음 날에 발매된 제384호에 '청와대, 북한에 밀가루 극비 제공' 제하의 10쪽짜리 커버스토리 기사를 내보냈다. 이흥환 특파원과 이교관 기자, 그리고 김당 기자가 각각 베이징과 단둥, 그리고 서울에서 3각 취재를 통해 완성한 기사였다. 원래의 '밀가루 북송' 기사가 삭제된 지 3개월여 만이었다.

시사저널은 이 커버스토리 기사에서 밀가루 구입 비용 100만 달러를 현대 그룹이 '협찬'한 가운데 청와대가 1996년 여름 3천400t을 북한에 전달한 사실을 화물송장과 수출계약서 등 물증과 함께 공개했다. 시사저널에 따르면, 재미동포 김양일 씨와 박경윤 회장이 밀가루 지원 사업을 실질적으로 추진했다. 시사저널은 현대 외에 다른 대기업 세 곳이 225만 달러를 제공해 황장엽 노동당 비서의 수양딸 박명애(선양 명흥경무공사 총경리) 씨가 북한에 밀가루와 생필품을 지원해온 사실도 밝혀냈다.

　김당 기자가 박명애 씨를 만난 것은 1995년 12월이었다. 황장엽 비서가 한국으로 망명하기 전이었다. 당시 박명애는 노정호 대표의 초청으로 방한해 서울과 제주도 등지를 여행했다. 박 씨는 특이하게 임수경 씨를 만나고 싶어했다. 박 씨는 임씨가 1989년 평양 세계청년학생축전[9]에 전대협 대표로 참석했을 때 받은 북한 주민들의 열렬한 환호와 강렬한 인상을 잊지 못했다. 그래서 서울에 가면 '통일의 꽃' 임수경 씨를 만나고 싶어했다. 노정호 대표의 부탁을 받은 김당·정희상 기자는 임수경 씨와 박 씨의 만남을 주선해 시사저널 근처 커피숍에서 함께 만났다. 임 씨를 만난 박명애는 평양에 가면 자랑할 것이라며 기념사진을 찍고, 아이돌 스타를 만난 팬처럼 기뻐했다.

　당시 박명애는 비보도를 전제로 자신이 황장엽 비서의 수양딸이라고 밝혔다. 이번에 한국을 찾은 것은 "수해로 인한 북한의 심각한 식량난과 물자난을 해결하기 위해 남한 기업들의 지원을 호소할 목적"이라고 했다. 박 씨는 시사저널 취재팀과 만나기 직전에도 종근당 제약에 다녀오는 길이었다. 박 씨는 돈이건 현물이건, 자기를 통하면 북한에 물자를 지원할 수 있으니 대북 식량 지원을 촉구하는 캠페인 기사를 써주면 좋겠다고 부탁했다. 이런 인연이 있었기에 '밀가루 전쟁'이 터졌을 때, 시사저널 취재팀이 노정호 대표와 함께 선양으로 날아가 박명애에게 도움을 요청했던 것이다. 이듬해 시사저널 취재팀은 황장엽 비서 망명 요청 사건이 터지는 바람에 다시 한번 박명애 씨를 찾았다.

　1997년 2월 12일 북한 노동당 황장엽 비서가 베이징 주재 한국총영사관을 찾아가 망명을 요청한 사건이 발생하자, 세계의 이목이 베이징 한국대사관에 집중되었다. 주체사상을 창시한 황장엽은 김정일 총비서의 가정교사였다. 황장엽은 이튿날 대사관에서 찍은 비디오테이프로 발표한 개인 성명에서 "오늘

주9 _ 2차대전 이후 사회주의 국가의 청년·학생들이 반제자주와 반전평화의 기치를 내걸고 함께 모여 개최한 행사로 제13회 축전은 '88 서울 올림픽'을 의식한 북한이 1989년 7월 평양에서 개최했다.

날 북조선의 모든 화근은 개인 독재에 있다. 북조선은 개인에 대한 숭배를 절대화하고 있다"고 김정일에 직격탄을 날렸다. 남북한은 황 씨의 신병을 둘러싸고 사활을 건 외교전을 펼쳤다. 김정일 위원장은 '혈맹국'인 중국에 어떠한 일이 있어도 황장엽을 서울로 보내선 안 된다고 압박했다.

김영삼 대통령은 모든 수단과 방법을 총동원해 황 비서를 서울로 데려오라고 외교부와 안기부에 지시했다. 김영삼 자신도 중국 장쩌민 국가주석에게 두 차례 비밀편지를 써 한국으로 보내 달라고 요청했다. 중국은 고심 끝에 필리핀을 경유지로 선택해 추방했고, 김영삼은 반기문 외교안보수석을 대통령특사로 보내 라모스 필리핀 대통령을 만나 교섭했다. 김영삼은 황 비서를 서울로 보내주는 대가로 라모스에게 퇴역한 군함 두 척을 한 척당 100달러씩 받고 사실상 공짜로 선물했다.

김영삼 대통령이 이렇게 두 달여 동안 황장엽 망명에 공을 들인 데는 그럴 만한 이유가 있었다. 북한은 당시 김일성 사망과 겹친 경제난과 극심한 식량난으로 '고난의 행군'의 수렁 속에 빠져들고 있었다. 김영삼은 황장엽 망명을 북한 정권 붕괴의 신호탄으로 간주했다. 또한, 대내적으로는 한보사태를 계기로 집권 이후 최저치까지 떨어진 지지율을 회복할 절호의 기회로 삼으려 했다.

이런 판국에 김영삼 정부에게 밀가루 사건 재판은 '계륵'이나 마찬가지였다. 검찰이 의욕을 잃자 공판도 띄엄띄엄 열렸다. 결국, 재판이 흐지부지 열려 사건이 잊혀진 가운데 고소인 겸 고발인 김광일은 1997년 9월 27일 서울지방법원에 고소를 취하했다. 그는 고소 취하장에 이렇게 주장했다.

"96고단 12247 사건에 관하여 고소인은 피고소인 측(시사저널 발행인 및 편집인)이 문제된 기사가 취재 잘못으로 사실이 아닌 부분이 있었음을 인정해 진사하였고, 앞으로는 이런 일이 생기지 않도록 엄정한 언론의 사명을 다하기로 약속하였으므로 피해자들이 처벌을 각 불원하여 이 사건 고소 및 고발을 취소합니다."

김광일 대통령 비서실장의 고소 – 고발장(왼쪽)과 시사저널 제384호

신중식 발행인이 김광일 비서실장에게 사과한 것은 맞지만, 발행인을 제외하곤 시사저널에서 그에게 사과한 사람은 아무도 없었다. 그러니 스스로 고소하고, 스스로 고소 취하한 셈이다. 김광일 실장이 직접 고소인이자 김영삼 대통령을 대신한 고발인이 되어 시작한 '밀가루 전쟁'은 이렇게 10개월 만에 싱겁게 끝났다. 그러나 김영삼 정부는 '건국 이후 최대'의 권력형 금융 부정 및 특혜 대출 비리 사건(한보사태)을 거쳐 '단군 이래 최초'의 국가 부도 사태(IMF 긴급구제금융)라는 늪으로 빠져들고 있었다.

장 선생 "김심(金心)은 이인제한테 가 있습니다"

시사저널 제384호에는 '청와대, 북한에 밀가루 극비 제공' 제하의 커버스토리 말고도 독자의 눈길을 끄는 이색적인 특별취재 기사가 하나 더 있었다. '한국 광고회사, 북한서 TV 광고 만든다'는 4쪽짜리 단독 기사였다. 기사의 골자는 '커뮤니케이션 아자(Aza)'(박기영 대표)라는 광고대행사가 북한의 대남 경제협력 사업을 총괄하는 광명성경제련합회(회장 김봉익) 산하 금강산국제관광총회사(총사장 방종삼)와 'TV – 인쇄광고 촬영계약'을 맺고, 평양시와 개성, 백두산, 금강산, 묘향산, 칠보산 등지에서 상업광고를 제작하기로 합의했다는 것이다.

원산~금강산 철도를 곧 완공하는 등 금강산 관광 개방을 완료했다는 방종삼 총사장 인터뷰 기사와 "백두산에서 계순희를 모델로 광고를 찍고 싶다"는 박기영 대표 인터뷰 기사도 함께 실렸다. 그런데 유심히 살펴보면, 북한이 '자본주의 꽃'인 상업광고를 처음 허용했다는 흥미로운 소식을 전한 이 기사와 사진에는 기자의 바이라인과 크레딧이 표기되지 않았다. '글 – 사진 특별취재반'으로 처리해 기자 이름을 숨긴 것은 기사 실명제를 내세운 시사저널의 보도 및 편집 원칙에 어긋나는 것이었다. 그만큼 민감한 사안이었다는 반증이었다. 사정은 이랬다.

한보사태로 정치권이 벌집 쑤셔 놓은 듯 어수선할 때인 1997년 2월 초 김당 기자는 장 선생으로부터 여의도 맨하탄 호텔 그릴에서 만나자는 연락을 받았다. 정치권이 노동법 – 안기법 개정 날치기로 한바탕 홍역을 치른 뒤끝이었다. 집권여당인 신한국당은 이른바 '9룡'이 서로 승천하겠다며 할거하고, 야당인 국민회의와 자유민주연합은 이른바 DJP연합으로 단일대오를 형성하기 시작한 무렵이었다.

장 선생은 이날 '서울1우 1332' 번호판을 단 잿빛 구형 그랜저V6를 타고 왔다. 두 사람은 한보 사건으로 누가 사법처리 될 것인지와 베이징 특파원 운영비를 화제로 얘기를 나눴다. 장 선생은 "중국이 경제적으로 아직 후진국이지만 체재비가 많이 든다"며 불평을 했다.

"중국이 돈맛을 알아 외국인들에게 바가지를 씌운다. 대우에서 베이징에 나와 있는 지인한테 들으니, 사무실 유지비를 포함해 1년에 30만 달러가 든다고 하더라."

30만 달러면 한국 돈으로 3억4천만 원 가량의 큰돈이었다. 김당은 시사저널은 워싱턴과 도쿄, 그리고 베이징에 특파원을 두고 있는데, 특파원 한 명 유지비에 1억 원 정도가 드는 것으로 안다고 말했다. 장소가 여의도인 탓인지, 장 선생은 정치 이야기를 많이 했다. 장 선생은 "여권이 왜 무리하게 노동법 – 안기부법을 개정했다고 보느냐?"고 묻고선, 김 기자가 대답하기도 전에 자답했다.

"역사에 치적을 남기기 위해서? 그건 천만의 말씀입니다. 저 사람들의 지상 최고의 목표는 정권 재창출입니다. 그래서 야당 반대를 무릅쓰고 노동법 – 안기부법 개정을 강행해 자기 페이스대로 가려고 하는데, 민심이 이반해 상황이 어려워지자 한보 사건을 계기로 여야 막론하고 동반자살하는 국면으로 가고 있습니다. 여권부터 치고 (연루자가) 나오는 족족 야권도 다 치겠다는 것이죠."

여권에서는 김영삼 대통령의 오른팔인 최형우 장관이 한보 사건에 연루돼 있다는 소문이 나돌 때였다. 김 기자는 "최형우가 가만있겠냐"고 반문했다. 장 선생은 기자가 그런 것도 모르냐는 야릇한 표정으로 웃으며 말했다.

"그자는 민주계 중에서 약점이 제일 많은 정치인입니다. 한보사태를 계기로 9룡 중에서 일부는 자연스럽게 정리가 될 겁니다."

김 기자는 다시 반문했다.

"정치권의 동반 침몰을 막기 위해서 '제2의 6.29선언' 같은 것을 할 수도 있지 않을까요?"

장 선생은 마치 모든 정치권 정보를 꿰뚫어 보고 있는 것처럼 자신감 있는 말투로 말했다.

"그런 비슷한 구상을 했는데, 효과도 별로 없고 이미 실기했다고 봅니다."

그러고는 대뜸 "누가 될 것 같냐"고 묻고선, 이번에도 김 기자의 답변이 나오기 전에 스스로 답변을 이어갔다.

"우리가 알기로는 김심(金心)은 이인제한테 가 있습니다. 다른 것 다 떠나서, 지금 누구한테 대권을 주겠느냐 하면, YS는 이인제한테 줄 겁니다."

장 선생은 이 대목에서 한 템포 쉬더니, "김형은 이걸 아셔야 합니다" 하면서 대화를 이어갔다.

"세계 어느 나라든 정보기관은 국가원수에 대해 감시를 합니다. 좋은 의미에선 국가원수를 보호하기 위해서지만, 나쁜 의미에선 권력에 대한 견제를 위해서 합니다. 그것은 YS와 현철이의 대화 내용을 들어보면 압니다. 지난 대선 때 가동한 연예인 팀을 비롯해, 김현철 사조직이 지금 거의 다 이인제 캠프에

가 있습니다."

　한때 김영삼 대통령은 자신의 후계 구도와 관련 '깜짝 놀랄 인사'라고 얘기한 것으로 보도되었다. 그래서 김영삼 대통령이 정치적 양자설이 나돈 이인제 의원을 후계자로 낙점하는 것 아니냐는 관측이 제기되었다. 그런데 장 선생이 제기한 근거는 정치권의 풍문이 아니라, 도·감청에 의한 정보였다. 장 선생은 도·감청이라는 표현을 사용하진 않았다. 그러나 대통령에 대한 정보기관의 '감시'는 도·감청을 암시했다. 그도 "YS와 현철이의 대화 내용을 들어보면"이라고 말했다. 대통령과 그 아들의 정치적 대화를 들을 수 있는 수단은 사실상 정보기관의 도·감청뿐이었다.

　장 선생은 이내 목소리를 낮추더니 김 기자에게 다가가 정중하게 말했다.

　"실은 대기업과 관련된 일을 해주다가 문제가 좀 생겼습니다. 그래서 김형한테서 호출을 받았지만 연락을 할 수가 없었습니다. 그 점은 미안합니다."

05 _ 한국 광고회사, 북한서 TV광고 찍는다?

박채서의 '커밍아웃'

김당은 LG가 대북 사업 건으로 문제가 되었다는 보도를 떠올렸다. 그는 "LG 쪽을 도우신 거냐"고 물었다. 장 선생은 LG는 아니라고 했다. 김 기자는 내심 '그렇다면 삼성일 것'으로 짐작했다. 장 선생은 김 기자의 내심과 다음 질문을 눈치챈 듯, 밀가루 건은 진전이 있느냐고 말을 자르고, 본론을 꺼냈다.

"중국 오가면서 생각했는데 내가 도와주는 데는 어차피 한계가 있습니다. 그래서 처음 만나서 말했던 것처럼, 김 선생이 그쪽 관계자를 직접 만나서 입증 자료를 구하는 게 좋겠다는 생각이 들어 만나자고 한 것입니다."

그쪽 관계자는 밀가루지원사업에 관여한 북측 인사를 의미했다. 장 선생은 김 기자에게 자신이 연결해줄 테니 북한 인사를 직접 만나서 수출입 계약서 같은 증빙자료를 확보하라는 얘기였다. 그때만 해도 재외교포를 제외하곤 남북한 민간 교류나 접촉은 극히 드물 때였다. 김당은 기자로서 호기심이 발동했으나, 북한 인사와의 접촉은 회사의 승인이 필요한 사안이었다. 그래서 확답을 하는 대신에 밀가루 건에 대해 안기부가 개입한 사실을 거론했다.

"밀가루 건은 진전이 좀 있었습니다. 그 일에 관여한 조선족 사업가한테서 연락이 와 베이징 특파원이 만났습니다. 그런데 그쪽 회사 주재관이 어떻게 알고 그 조선족 사업가한테 만나자고 연락을 해선, 무슨 취재를 했는지, 무슨 자료를 넘겨줬는지 캐묻더란 얘기를 그 사업가한테서 들었습니다."

장 선생은 그때까지 김 기자에게 한 번도 자신이 안기부에서 일한다고 밝힌 적이 없었다. 그런데 김 기자는 방금 '그쪽 회사 주재관'이라고 지칭했다. 우리는 당신이 안기부 일을 하는 것을 알고 있다는 암시를 담은 말이었다. 장 선생은 김 기자가 자신의 신분을 알든 모르든 신경 쓰지 않는다는 표정을 짓고서는, 남의 말 하듯 대수롭지 않게 말했다.

"거기 특파원들 전화는 100% 다 도청한다고 보면 됩니다."

김 기자는 장 선생의 제안에 관심을 두고 있다는 뜻을 전하고 싶었다. 그는 "기자들이나 특파원들은 북한 취재를 할 때 접촉 신고를 하고 하냐?"고 물었다. 장 선생은 마치 반문하듯 답했다.

"베이징 특파원은 만나는 북한 사람이 한둘이 아닐 텐데 어떻게 다 신고를 하겠어요? 특파원들은 안기부 주재관들하고도 다 알고 지내는데, 설령 접촉 신고 안 한다고 별 문제가 있겠어요?"

장 선생은 목소리를 한결 더 낮추어 말했다. 낮지만, 힘은 더 들어가 있는 음성이었다.

"지금 김 선생한테 말하는 건은 어느 언론사에도 얘기하지 않았고, 아무도 모르는 일입니다. 저쪽에서 지금 사람이 (베이징에) 나와 있는데 정부 차원이건 민간 차원이건, 저쪽에서는 (강릉 잠수함 사건 이후) 처음 나온 것입니다. 더구나 이 건은 남북한의 쌀 협상이나 무역 문제가 아니고 광고 촬영 건입니다. 광고는 흔히 '자본주의의 꽃'이라고 합니다. 상업광고가 저쪽에 진출하는 것은 획기적인 사건입니다."

장 선생은 그동안 비밀리에 물밑에서 일을 추진하다 보니 본명을 밝힐 수가 없었다고 양해를 구하고, '아자 전무'라는 직함과 함께 자신의 본명을 '박채서(朴采緒)'라고 밝혔다. 그는 본명을 밝히기 전에 어느 순간부터 김 기자에게

'김 선생'이나 '김형'이라고 호칭했다. '김 선생'은 동무 같은 북한식 호칭으로 들렸고, '김형'은 그가 나이로 여섯 살이 위였으니 딱히 어색할 것은 없었다.

그러나 박채서는 여전히 안기부와의 업무 연관성에 대해서는 명확히 밝히지 않고, 'NCND(긍정도 부정도 아니하다)'를 유지했다. 김당도 그의 신원을 캐묻지 않은 가운데, 안기부에서 특수한 임무를 수행하는 '블랙'(대북 공작관이나 공작원)일 것으로 짐작했다.

장 선생, 아니 박채서 전무는 본격적으로 광고사업 이야기를 이어갔다.

"사실은 광고사업은 오래 끌어온 사안입니다. 작년 강릉 잠수함 사건만 없었어도 광고제작팀이 진즉 북한에 들어갔을 것인데, 늦어도 오는 4월 초쯤이면 들어갈 수 있을 겁니다. 김형이 가게 되면, 우리나라 기자 중에서 정부 대표단을 따라가지 않고 북한에 가서 단독 취재하는 첫 번째 기자가 될 겁니다. 기자 신분으로 가든, 광고회사 관계자로 가든, 상호 양해하면 됩니다. 저쪽은 남측 기자들이 취재 오는 것을 좋아하지 않지만, 나중에 보도할 것을 전제로, 기록을 위해 기자 한 사람이 취재하는 것까지는 양해를 받아 놓았습니다."

박 전무는 이번 기회가 여러모로 좋을 것 같아서 만나자고 한 것이니 김 선생이 회사와 상의해 결정해 주기 바란다고 말했다. 김당에게는 성사 가능성을 떠나서 솔깃한 제안이었다. 김당은 밑져야 본전이라는 생각에 일단 긍정적인 답변을 전했다.

"저로서는 이 광고사업이 꼭 밀가루 건과 직접 연결되지 않더라도, 기자로서 한번 해보고 싶은 취재입니다."

그러자 박 전무의 표정이 밝아졌다. 그가 말했다.

"밀가루 건은 김 선생의 취재 능력에 달린 문제입니다. 밀가루 건이 아니어도, 그쪽 사람을 직접 만나보면 여러 방면의 재미있는 이야기를 많이 들을 수 있을 겁니다. 같이 술집도 가고, 노래방도 가보면 그쪽 사람들이 어떤 생각을 갖고 있는지 많은 것을 알 수 있을 겁니다. 김형이 원하면 기자로서는 처음으로 광고팀과 함께 직접 백두산 – 금강산도 가보고 취재할 수 있을 겁니다.”

"대략이라도 취재 계획을 잡으려면 향후 계획을 알아야 합니다. 회사 보고에도 필요하고… 광고팀의 향후 일정은 어떻게 되는 겁니까?”

"일단 김 선생이 한번 들어갔다가 오면 양측 합의하에 기사를 쓰고, 그다음에는 무비 카메라팀이 들어가 광고를 찍게 됩니다. 그러고 나서 광고 스폰서인 삼성이 금강산개발 건과 러시아 시베리아 가스전 사업 건을 합의해, 이건희(李健熙) 회장이 북한에 가서 김정일과 악수 한번 하는 것으로 돼 있습니다. 자금 때문에 아직 개발을 못 하고 있는 북한 서해 유전 건도 있는데, 선경(SK)에서 하려다가 삼성 쪽으로 넘어가 있습니다.”

"김 선생이 북한에 가면 스파이가 아닐지 의심할 겁니다”

북한의 명소를 배경으로 상업광고를 찍는 사업으로 알았는데, 아자의 사업은 김 기자가 생각했던 것보다 판이 훨씬 더 컸다. 김 기자는 지인 김재열 씨한테서 "국내 상당수 대기업이 대북 사업에 관심을 갖고 있고, 대우도 광고사업에 진출할 계획을 갖고 있다”는 이야기를 들은 바 있었다. 김재열은 순천고를 다녔으나 컴퓨터에 빠져 대학 진학도 포기하고, 청와대 내부 전산망을 해킹해 유명해진 청년이었다. 그의 재주를 눈여겨본 김우중 회장이 수감생활을 마치고 나온 그를 특채해, 대우(大宇) 기획조정실을 거쳐 회장 비서실에서 근무하고 있었다.

김당은 후배인 경제부 김방희 기자의 소개로 그와 몇 차례 술자리를 가졌다. 기획 보고서 작성에 소질이 있는 김재열은 '국내 대기업의 대북 사업 현황과 관심 추진 사업'이란 짤막한 보고서를 보내주기도 했다. 김당은 기획특집부 소속이라서 취재 분야의 제한은 없지만, 본래 경제부 영역이라서 그 보고서를 그냥 읽고 말았는데, 다시 한번 살펴봐야겠다는 생각을 했다.

대우는 1995년 처음으로 남북 경협사업 승인을 받아 남포공단에서 합영기업을 운영해왔다. 이어 1996년에는 대우가 북한에서 광고 촬영을 추진하는 방북계획서를 통일원에 제출한 것으로 일부 언론에 보도되었다. 당시 언론은 대우 측이 평양 거리와 금강산 등 주요 지역을 배경으로 대우자동차 광고를 찍을 구상을 국내 3개 광고회사에 발주해 둔 상태라고 보도했다. 그러나 이는 오보이거나 대우측의 '자가발전'이었던 것으로 보였다.

김당은 박 전무에게 과연 대기업이 대북 사업에 뛰어들 만큼 북한의 개방 의지가 있는지를 물었다. 박 전무는 확신에 찬 표정으로 답변했다.

"지금 저쪽은 개방을 위한 만반의 준비가 되어 있습니다. 우리 쪽에서 오히려 꺼리고 있는데, 정권 차원에서 남북관계를 이용하면 국민만 불행해집니다. 지금 통일의 시간은 우리한테 있고, 우리가 어떻게 하느냐에 달려 있는데, 그것을 못하고 있으니 한심한 일입니다. 나는 작년부터 쌀을 주자고 했고, 지원을 늦추다가 미국 - 일본보다 늦으면 우리만 우습게 된다고 했습니다. 지금 미국은 50만t을 주게 돼 있어요. 어차피 줄 거라면 미국보다 먼저 줘야 합니다. 심지어 작년에 저쪽에서 쌀 지원 건으로 차관급이 통일원[10]과 접촉하려고 중국에 나와 열흘간 대기했는데 청와대 반대로 무산된 적도 있습니다. 그래서 대북 접촉라인을 뚫어 놓은 사람만 신용을 잃고 말도 못 꺼낼 형편이 되었습니다."

박 전무가 내색을 하진 않았지만, 김 기자는 그가 말한 '차관급 대북 접촉라인을 뚫어 놓은 사람'은 박 전무 본인일 것으로 짐작했다. 또한, 김 기자는 그가 '작년부터 북한에 쌀을 주자고 (정부에) 얘기했다'는 이야기를 듣고서, 왜 작년에 시사저널에 전화해 격려를 했는지에 대한 의문도 비로소 풀렸다. 그가 추진해온 광고사업을 성사시킬 사업상의 목적이었든, 아니면 대북 지원으로 북한의 개방을 촉진할 목적이었든, 그에겐 대북 식량 지원의 의지가 있었던 것이다.

주10 _ 통일 및 남북교류에 관한 사무를 맡아보던 중앙행정기관으로 1998년 2월 28일 정부조직 개편에 따라 부총리제가 폐지되어 현재의 통일부로 개편되었다.

박 전무의 신분과 의지를 확인한 김 기자는 예전보다 한결 편한 마음으로 대화를 이어갔다. 김 기자가 무엇부터 준비할지를 묻자, 박 전무는 "저쪽이 제일 싫어하는 것은 사업이 진행되는데 중간에 사람이 바뀌는 것"이라며 "우선, 누가 갈지부터 정해야 한다"고 말했다.

"이 사업이 성공적으로 진행되면 남북 교류협력사업의 한 획을 긋게 될 겁니다. 그러니 취재진이 처음부터 따라붙어 준비 상황부터 진행 과정과 전 과정을 끝까지 취재해야 합니다. 앞으로 사업 진행을 위한 종합 토론회도 할 텐데, 거기에도 참석해야 합니다. 이 사업은 삼성이 스폰서인데, 삼성은 철저히 비밀로 진행하려고 하겠지만, 다른 사업은 몰라도 이번 광고사업은 오픈해서 해야 합니다."

김 기자는 자세한 내막을 물어보진 않았지만, 삼성이 아자가 기획한 광고 사업에 돈을 대는 스폰서이고, 삼성과는 광고사업 외에 모종의 다른 대북사업도 협의 중인 것으로 짐작했다. 또한, 광고사업 협의 과정에서 삼성 측은 대북사업의 민감성을 감안해 언론 취재를 오픈하지 말 것을 요청했으나, 박 전무가 언론 취재를 밀어붙인 것으로 보였다. 박 전무는 이어 금강산개발 등 삼성의 대북사업 추진 현황에 대해서 간략히 귀뜸해 주었다.

"계획대로라면 삼성 이건희 회장이 4월 말~5월 초 사이에 (북한에) 들어갈 것입니다. 원래는 작년에 금강산종합개발계획을 만들어 가지고 발표를 하려고 했는데, 남북관계의 여건이 좋지 않아 늦춰진 것입니다. 이번에 가면 이건희가 김정일하고 악수 한번 하고, 삼성의 대북사업 투자계획을 밝히는 '그림'을 준비하고 있습니다. 그건 방북할 때까지 대외비이지만, 광고사업은 내가 오픈시키자고 했습니다."

강원도 통천이 고향인 현대그룹 정주영 회장이 금강산 관광개발에 큰 관심을 갖고 있다는 것은 알려진 사실이었다. 하지만 삼성이 실제로 관심을 갖고 사업을 추진하고 있다는 것은 뜻밖이었다. 그때까지 북한에 가서 금강산을 둘러

본 대기업 총수는 대우 김우중과 현대 정주영, 그리고 고합그룹 장치혁(張致赫) 회장뿐이었다. 평북 영변이 고향인 장 회장은 특히 전국경제인연합회 산하 고향투자협의회 회장으로서 이북 출신 기업인의 대북투자에 앞장서 왔다.

박 전무는 남북한 광고사업팀의 첫 미팅이 2월 10일 베이징에서 열리므로 자신은 사전 준비를 위해 2월 7일 출국하고, 저쪽 광고팀은 하루 전인 2월 9일 나온다고 알려주었다. 박 전무는 김 기자에게 출국 전에 '커뮤니케이션 아자'의 박기영 대표를 만나 얘기를 들어보면, 훨씬 더 자세한 진행 상황을 들을 수 있을 것이라고 말했다. 그리고 베이징에서 걔네들(북측 광고사업팀)한테 직접 물어보면 '그림'이 그려질 것이라고 말했다. 그러면서 박 전무는 느닷없이 '스파이'를 거론하며 겁을 줬다.

"김 선생이 북한에 가면 저쪽에선 혹시 스파이가 아닐지 의심할 겁니다. 그러나 그 문제는 내가 책임지고 해결하겠습니다. 비자만 받아 놓으면, 그 밖의 특별한 준비는 필요 없을 겁니다. 김 기자가 중국에 오면 내가 저쪽 사람을 소개해줄 테니, 비자 문제는 그 사람과 의논하면 됩니다. 그리고 김 선생이 사진도 찍을 수 있으면 좋겠습니다. 저쪽의 상대역은 금강산국제관광총회사입니다."

CF 200편 찍은 '커뮤니케이션 아자'의 박기영 대표

북측이 남측 기자의 취재는 허용하지만, 보안 유지를 위해 기자 한 명이 취재뿐만 아니라 사진까지 찍어야 한다는 주문이었다. 김 기자는 그동안 틈틈이 현장 사진을 찍어와 기본적인 사진 취재는 가능했다. 하지만 혼자 방북한다는 점이 다소 부담스러웠다. 김 기자가 다소 걱정스러운 표정을 짓자, 박 전무는 웃으며 평안도 말투로 농을 했다.

"김형은 기자 정신이 투철하니, 걔네들을 만나면 머리에 뿔난 것부터 확인해 보시라우!"

공산당원의 머리에 뿔이 났는지부터 확인해 보라는 얘기였다. 김 기자가 어색한 웃음을 짓자 박 전무는 곧이어 정색을 하고 말했다.

"우리 사업에 우호적인 언론사 기자 한 명이 기록을 위해 취재하기로 양측이 합의해 기자 신분은 철저히 보장되니까 걱정 안 해도 됩니다."

박 전무가 안심을 시켰으나 김 기자로서는 북한 주민 접촉신청부터 방북까지 준비해야 할 것이 한둘이 아니었다. 남북교류협력법[11]이 제정되고 해외에서의 북한 주민 접촉이 늘어남에 따라 북한 주민 접촉 신고의무는 과거보다 느슨해졌다. 하지만 사후신고로 갈음해도 되는지는 확인이 필요했다. 박 전무도 같은 의견이었다.

"일반인과 달리 기자들은 사후신고로 해도 괜찮겠지만, 일반 국민들은 지금도 안기부가 걸려고 마음먹으면 걸립니다. 김 선생은 안기부가 주시하는 기자이니, 다른 기자들이 북한 취재할 때의 관행을 따르는 게 좋겠습니다. 다만, 방북 승인은 '아자' 광고팀 명의로 한꺼번에 초청장을 받아 일괄 신청할 테니 신경 안 써도 됩니다."

김 기자는 나중에 사후 신고할 생각으로 통일부에 북한 주민 접촉신청을 내지 않았다. 조만간 방북 취재로 이어질 해외 출장 준비로 이것저것 준비해야 할 것이 많은 데다가, 독자적으로 북한 주민 접촉을 추진한 것이 아니고 광고사업을 취재하는 접촉이어서 안기부에서 문제 삼지는 않을 것으로 판단했다. 김 기자는 그 대신에 베이징에 가기 전에 박기영 대표를 만나서 사전 취재를 하기로 했다.

박기영(朴起影) 대표의 아자 사무실은 서울 마포구 연남동의 경성고등학교 근처에 있었다. 박기영 대표는 진한 경상도 말씨를 쓰는 전형적인 대구 남자였다. 중앙대 연극영화과(영화연출 전공) 재학 중에 단편 영화로 청소년 영화제 수

주11 _ 남북한 사이의 상호교류와 협력을 원활하게 할 수 있도록 필요한 사항을 규정하기 위해 제정한 법(1990. 8. 1. 법률 제4239호)

상 등 두각을 보였다. 졸업 후 롯데계열의 대홍기획에 공채 1기로 입사해 상업광고(CF) PD가 되었다. 그는 채시라 씨를 발굴해 롯데제과 가나초콜릿 광고에 출연시켜 '쟁이'로서 실력을 인정받았다.

그는 한-중 수교 전인 1980년대 후반에 '북한에서 한국산 제품 광고를 찍는' 엉뚱한 기획을 기안해 올렸다. 남북대화가 없었던 당시로서는 다소 황당한 발상이었으나, 한번 추진해 보라는 남상조 대홍기획 사장의 지원으로 시쳇말로 '맨땅에 헤딩'을 시작했다. 작가 김주영 씨를 모델로 중국 쪽 백두산에서 찍은 칠성사이다 광고로 주목을 끌었으나, 북한 광고에 대한 미련을 버리지 못했다. 남북 교류협력사업으로서 광고에 대한 통일부의 반응도 우호적이었다.

그는 1990년 1월 통일부 김호연 사무관을 비롯한 관계자의 도움을 받아 중국으로 날아가, 중국의 신세계광고문화공사를 통해 북한과의 접촉을 시도했다. 그러다가 연변 조선족 자치주 정부 비서장인 문용길 씨를 만나 북한 사람들을 소개받았다. 그는 사업을 성사시키려고 회삿돈 수천만 원을 기획비로 썼으나 광고가 뭔지도 모르는 북한 사람을 설득하기는 쉽지 않았다. 그는 비싼 '수업료'를 치르고서 CF 감독 12년 차인 1994년에 사표를 냈다. 남 사장은 회사 안에서 하라고 붙잡았지만, 그는 회삿돈을 너무 많이 써서 동료들 보기가 미안하다며 회사를 나와 북한 광고를 전문적으로 하기 시작했다.

대북 사업은 남북관계의 특성상 정세에 출렁일 수밖에 없는데, 정세는 나쁘지 않았다. 1993년 김영삼 정부 출범 이후 "어느 동맹국도 민족보다 더 나을 수는 없다"며 비전향 장기수 이인모 노인의 송환을 발표하는 등 분위기 역시 무르익었다. 1994년이 되자 북한 핵 문제가 불거졌지만, 남북정상회담 개최 합의로 분위기가 반전되었다. 그러자 정부 눈치를 보던 현대·대우·삼성·LG·고합 등 대기업들이 앞다퉈 북한과 접촉을 시도했다. 박기영 대표의 머릿속에선 백두산에서 삼성 애니콜 광고를 찍고, 평양-남포 고속도로에서 현대 소나타 광고를 찍는 광경이 손에 잡힐 듯이 다가왔다. 그러나 손에 잡힐 듯 말 듯 하면서도 막상 손을 내밀면 저만치 멀어지며 거리를 유지했다.

박기영에게 운명처럼 나타난 박채서

박기영 대표는 고민 끝에 독립했다가 박채서와 만나 의기투합해 1995년 12월 '커뮤니케이션 아자'라는 북한 전문 광고기획사를 차렸다. '아자'라는 이름은 알파벳 A가 Z를 거쳐 다시 A로 이어진다는 사업의 선순환 메시지를 담아, 응원 구호인 '아자, 아자, 아자'에서 음차(音借)했다. 당시 국내 광고대행사는 롯데의 대홍기획, 삼성의 제일기획, 그리고 현대의 금강기획이 '빅3'로 불리며 광고시장을 장악했다. 박 대표는 CF 200편을 찍은 베테랑 감독이었지만 현실의 벽은 높았다. 북한 광고는 고사하고 일반 광고도 수주하기가 어려웠다

시작이 반이라는 말이 있지만, 북한 광고는 첫발을 떼는 것부터가 힘들었다. 사무실을 운영하느라 퇴직금도 바닥이 날 즈음에 박기영 대표에게 박채서라는 인물이 운명처럼 나타났다.

박기영 대표는 대홍기획을 퇴사하기 전에 회사에 다닐 때 가입한 주택조합이 완공되자, 1994년 초에 서울 강서구 염창동에 새로 지은 우성아파트로 이주하게 되었다. 박 씨는 1303호에 입주했는데, 이 집과 마주한 1304호는 아직 입주하지 않은 빈집이었다. 이웃으로 누가 올지 궁금해했는데 3개월쯤 지나 원(原) 분양자와 동서(同壻)지간이라는 박채서 씨네가 입주하게 되었다. 대개 그렇듯이 부인들끼리 먼저 수인사를 했는데, 두 집 모두 딸만 둘인 데다가 둘째 딸들이 동갑내기여서 아이들끼리도 왕래가 잦은 이웃사촌이 되었다.

이삿짐을 푼 지 얼마 안 되어 안주인들이 아이 아빠들이 집에 있는 날을 잡아 박채서 씨네 집에서 차를 한잔하며 처음으로 인사를 텄다. 박기영 씨는 대홍기획에서 북한 광고 프로젝트를 추진하느라 연변 조선족의 소개로 북측 인사들과 자주 접촉했는데, 성과가 없어 책임을 지고 회사를 퇴직했다고 자신을 소개했다. 회사를 그만둔 뒤에도 미련을 떨치지 못해 몇 번이나 압록강과 두만강

을 둘러보았다고 했다. 박기영 씨는 자신이 겪은 어려움을 털어놓으면서 스스로 감정에 북받쳐 "북한 광고 사업을 보란 듯이 성공시키겠다"며 눈물이 글썽였다. 박채서 씨는 박기영 씨가 회사 동료들로부터 '라만차의 기사'[12] 취급을 받아 무척 자존심이 상한 것처럼 느꼈다.

박채서는 "작년 4월에 국군 정보사령부에서 육군 소령으로 전역해 현재는 대북 사업을 하고 있다"고 자신을 소개했다. 당시 박채서는 국군 정보사 공작관에서 국가안전기획부로 옮겨, 대북 공작을 위한 여건을 조성하는 단계를 밟고 있었다. 그는 구체적인 사업 아이템도 얘기했다.

"혹시 고려신덕샘물이라고 들어보셨나요? 신덕샘물이 일본에서 팔리게 된 것도 내가 개입해서 한 겁니다. 지금은 중국과 무역사업을 하는 친구를 돕고 있습니다. 친구 회사에 고용돼 일하는 것이 아니라, 독립된 상태에서 아이템별로 돕고 있습니다."

북한은 1980년대 전국의 샘물을 요해(了解)하는 작업을 했다. 만청산연구원 과학기술통보실에서 낸 보고서에는 '질 좋은 샘물은 외국에 수출해 외화를 획득할 수 있는 원천'이라는 내용이 포함돼 있었다. 보고서를 받아 본 김정일은 전국의 샘물들을 분석하라는 지시를 내렸다. 이에 금수산의사당 경리부장은 만수무강연구소에 샘물 성분 분석 과제를 떠맡겼다. 만수무강연구소는 평남 대동군 강서약수와 온천군의 신덕약수, 강원도 세포군의 삼방약수, 강원도 고산군의 광명약수 등 전국의 이름난 샘물과 약수를 분석했다. 그중에서 김일성과 김정일이 마실 물로 '신덕샘물'을 선정했다.

신덕샘물은 평안남도 온천군과 룡강군의 경계에 있는 신덕산(해발 410m) 기슭에서 솟아나는 약수다. 신덕샘물에는 철, 구리, 붕소, 칼슘, 마그네슘, 몰리브덴 등 건강에 좋은 미량원소들이 적당히 들어있는 반면에, 다른 샘물이나 강

주12 _ 라만차(La Mancha)는 스페인 중남부의 지방으로 세르반테스의 《돈키호테》로 널리 알려져 있다. '라만차의 기사'는 돈키호테를 가리킨다.

물에서 흔히 발견되는 질산성 암모니아나 질소를 비롯한 인체에 유해한 원소들이 전혀 들어있지 않아 위, 대장 등 소화기 계통과 내장계통의 질병과 고혈압, 간염 등의 치료에 효과가 좋은 것으로 분석됐다. 신덕샘물의 1일 분출량은 약 120㎥ 정도로 1리터짜리 물통으로 12만 개, 성인 6만 명이 하루 마실 수 있는 양이었다.

1989년 평양에서 개최한 제13차 세계청년학생축전은 김정일에게 물이 돈이 된다는 사실을 확인시켜 주었다. 세계청년학생축전에 참가한 외국인들에게 '금강산샘물'과 '강서약수'를 팔았는데, 호평이 자자했던 것이다. 물로 외화를 획득할 수 있다는 사실을 새삼스레 깨달은 김정일은 1995년 '조선국제합영총회사'에 일본 조총련과 합작해 '고려신덕산샘물 합작공장'을 설립하도록 했다.

'조선국제합영총회사'는 1986년 8월 조선민주주의인민공화국 합영사업추진위원회와 재일본국조선인총련합회 합영사업추진위원회가 공동으로 설립한 합작회사였다. 이 회사는 조총련의 아이코상사와 합작해 평안남도 룡강군 삼화리에 연건평 1만여㎡의 '고려신덕산샘물 합작공장'을 건립했다. 이때부터 북한의 외화벌이 회사들도 먹는물을 상품화하는 데 적극적으로 뛰어들었다. 박채서는 이 때 조총련계 재일교포 시바다 아리요시(서재호)를 통해 조선국제합영총회사 사람들을 소개받아 신덕샘물 수출에 관여하게 되었다.

박 씨의 대북 사업은 돈벌이가 목적이 아니라 국가안전기획부의 대북 사업, 즉 대북 공작의 일환이었다. 대북 사업은 대북 공작을 은폐하기 위한 위장 사업이었다. 물론, 박채서는 박기영에게 대북 사업가라고 소개했을 뿐, 자신의 신분을 숨겼다. 박채서는 이웃사촌으로서 박기영의 광고사업을 도와주고 싶었다. 다른 한편으로는 무역업도 해보고, 컨설팅 업체도 시도해 봤지만, 사업을 잘 모르는 자신이 서재호에게 전적으로 의지하는 것도 썩 내키지 않은 상황이었다.

그는 이럴 바에야 자신이 주도해서 광고사업을 궤도에 올려놓으면, 안정적인 대북 사업에 올라타는 편승공작(便乘工作)이 될 것 같다는 공작적 판단을 했다. 편승공작은 이미 대북 사업을 펼칠 의사가 있는 사람에게 접근해, 그 사업을 도와주는 방법으로 침투하는 공작이었다. 광고사업이 성사만 되면 불확실한 컨설팅업보다 사업의 수익성도 훨씬 더 좋고, 박기영은 서재호와 달리 조종 – 통제할 수 있어 공작의 성과도 클 것으로 예상했다. 그는 박기영에게 동업할 수 있다는 신호를 보냈다.

"나는 광고의 '광'자도 모르는 문외한이지만, 대북 사업을 하면서 저쪽에 쓸 만한 '라인'을 좀 만들었습니다. 내가 한번 북한 당국과 광고사업을 주선해보겠습니다."

박채서는 컨설팅업에서 광고사업으로 수익사업 방향을 전환하여 북측에 취지를 설명하고 도와줄 것을 요구하였다.

제2장

언 땅에
'자본주의 꽃'을 심다

미국 중앙정보국(Central Intelligence Agency, CIA)

...

진리를 알지니,

진리가 너희를 자유롭게 하리라

You shall know the truth and

the truth shall make you free

06 _ 국군 정보사 공작관 박채서 소령

청운의 꿈과 냉엄한 현실

박채서는 충북 청원군 남이면 구미리에서 태어났다. 그의 부모는 자식 농사를 잘 지어 7남매를 낳았지만, 재산은 논 열두 마지기(2,400평)가 전부였다. 아버지가 팔을 걷어붙이고 농사를 지어도 아홉 식구 1년 양식을 대는 것도 모자랐다. 그런데도 아버지는 평생을 삽질 한번, 지게 한번 지지 않은 분이었다. 그러니 7남매를 건사해야 하는 어머니가 감당해야 할 고초는 이루 말할 수가 없었다.

어린 채서는 초등학교 2학년 때부터 지게를 지고 나가 밭일을 하며 집안일을 도와야 했다. 학교가 파하면 책가방을 던져 놓고 노는 아이들, 새 학기가 되면 새 책을 받아보는 동무들이 그렇게 부러울 수가 없었다. 6년 12학기 동안 한 번도 새 교과서로 공부한 적이 없었다. 한 학년이 두 학급뿐인 시골 학교지만, 그래도 채서는 6년간 한 번도 1등을 놓치지 않았다. 그런데도 부모로부터 귀에 못이 막히도록 들은 말은 "공부 잘해라"가 아니라 "너는 더 이상 공부할 생각하지 말라"는 것이었다.

그래도 채서는 배움의 꿈을 잃지 않았다. 어린 채서에게 꿈을 심어준 것은 선생님도, 선배도, 부모도 아닌, 책이었다. 시골 학교의 때 묻은 아동문고는 말할 것도 없고, 중학생 형이 가져오는 책을 읽는 것이 가장 큰 즐거움이었다. 그리고 부모 몰래 시험을 쳐서 충북에서 최고의 명문 학교인 청주중학교에 합격했다. 시골에서 농사꾼으로 썩지 않겠다는 각오로 악착같이 노력한 결과였다. 명문 학교에 입학하자 부모도 배움의 뜻을 꺾지 못했다. 대신에 방학 때는 말할 것도 없고, 주말에도 집에 가서 농사일을 거들어야 했다.

청주에서는 친척 집에 얹혀서 자취했지만 무엇보다 견디기 어려운 것은 배고픔이었다. 점심 도시락을 준비하지 못할 때면 점심시간에 슬그머니 수돗가로 가서 수도꼭지에 입을 대고 허기진 배를 채워야 했다. 그럴 때마다 자신의 운명을 개척하지 못하고 술과 노름에 빠진 아버지처럼 살지는 않겠다고 마음을 다잡았다. 어린 채서가 '어머니 살아생전에는 절대로 술·담배를 하지 않겠다'고 약속한 이래, 지금껏 그 약속을 지키고 있는 것도 아버지처럼 살지 않겠다는 각오의 결과였다. 그 탈출구는 군문(軍門)이었다.

1960년대 후반은 남북한이 가장 치열하게 체제경쟁을 하던 시기다. 6.25전쟁 이후 군사적으로 가장 극렬하게 충돌한 시기이기도 하다. 북한은 1960년대에 접어들어 이른바 '4대 군사노선'을 발표하고, 1970년대 '남조선 적화통일'이라는 목표 아래 각종 무력 도발을 한층 강화했다. 특히 1968년 1월에는 청와대 타격을 목표로 한 1.21 사태[13]와 미 첩보함 푸에블로호 납치 사건(1.23)[14]을 일으켰다. 이에 박정희 정권은 제2, 제3의 사관학교와 향토예비군을 창설하는 것으로 맞섰다.

국방력 강화 및 군 정예화 방침에 따라 1968년 8월 16일 육군본부 일반명령 제12호에 의거 영천사관학교(가칭) 창설위원회가 구성되었고, 1968년 10월

주13 _ 1968년 1월 21일 북한 민족보위성(民族保衛省) 정찰국 소속의 특수부대인 124군부대 소속 31명이 청와대 습격과 정부 요인 암살 지령을 받고, 한국군 복장과 수류탄 및 기관단총으로 무장하고 휴전선을 넘어 야간을 이용해 서울 세검정 고개까지 침투한 사건. 이 사건을 계기로 박정희 정부는 제2, 제3사관학교를 만들고 북한의 비정규전에 대비하기 위한 향토예비군을 창설하였다.
주14 _ 1968년 1월 23일 북한 원산항 앞 공해상(公海上)에서 미국의 정보수집함 푸에블로호(Pueblo號)가 북한의 해군 초계정에 의해 납치된 사건. 사건 발생 후 11개월이 지난 그해 12월 23일 북한은 판문점을 통해 승무원 82명과 유해 1구를 송환하고 함정과 거기에 설치된 비밀 전자장치는 몰수했다.

15일 육군 제2사관학교와 제3사관학교가 각각 창설되었다. 제2·3사관학교라고 명명한 것은 1968년 9월 20일 육군본부 정책회의에서 육군사관학교를 '제1사관학교'라고 하고 새로 창설되는 단기사관학교를 숫자 순서에 따른 것이었다. 제2사관학교는 육군뿐만 아니라 해·공군에도 창설되었다.

육군 제2사관학교는 전남 광주의 육군 보병학교를 감편하여 창설하였고, 제3사관학교는 4개 병과학교(정보, 헌병, 부관, 경리학교)가 있던 경북 영천에서 전후방으로부터 차출된 새로운 창설 요원들에 의해서 창설되었다. 육군 제2·3사관학교는 보병학교에서 분리되었지만, 당시 교육시설과 환경이 열악하고, 월남 파병으로 인한 초급장교의 소요가 급증해 단기과정의 후보생 교육에 치중하지 않을 수 없었다. 육군 제2·3사관학교는 동시에 창설되었지만 제2사관학교는 교육생 수용 준비가 늦어지는 바람에 제1기생은 제3사관학교에서 교육했다.

이후 두 개의 단기사관학교가 있으면 부작용이 야기될 수 있으므로 하나로 통합할 것을 대통령이 지시함으로써 1972년 4월 제2사관학교를 제3사관학교에 흡수-통합하면서 생도 7기와 8기를 통합하고 교육 기간도 62주에서 102주(2년)로 연장했다. 이어 1974년 12월 21일 단기사관학교설치법이 공포되고, 1975년 4월 4일 대통령 제7587호로 동시행령이 발효되면서 학교는 명실상부한 2년제 단기사관학교로서의 체제와 면모를 갖추게 되었다.

청주고를 졸업한 박채서는 일반대학에 진학하는 대신에, 1975년부터 단기사관학교설치법[15]에 따라 2년제 초급대학 학력을 인정받게 된 육군 제3사관학교에 진학했다. 단기사관학교설치법 시행령 발표 이후 처음 입교(1975. 8. 5)한 제14기 사관생도는 1,679명이었다. 1977년 제14기 사관생도 졸업 및 임관식에

주15 _ 육군 제3사관학교는 2004년 12월 '단기사관학교 설치법'을 '육군3사관학교 설치법'으로 개정하면서 '육군3사관학교'로 개칭해 현재에 이르고 있다. 과거에는 매년 육군 초임장교의 52% 이상을 배출하였으나, 학사사관·여군사관·간부사관 및 특수사관의 양성기능이 2012년부터 육군 학생군사학교로 이전됨으로써 지금은 사관생도만을 양성하고 있다. 지금은 육군3사관학교를 졸업하면 군사학 학위와 더불어 일반 대학교와 똑같이 4년제 학사학위를 수여받는다.

서 박채서 사관생도를 포함한 1,398명이 소위 계급장을 달았다.

박채서는 군 생활이 힘들고 험해도 남자로서 해볼 만한 길이라고 생각했다. 남들보다 더 열심히 해 능력을 인정받는 야전 지휘관이 되는 게 초급장교 시절 청운의 꿈이었다. 그래서 그는 군 생활을 하면서 정규대학을 졸업하고, 대학원 석사과정까지 마쳤으며, 군에서도 고등군사반 교육은 물론, 육군대학 졸업 성적까지 최상위권을 유지했다. 일반 출신 장교들도 들어가기 어려운 장교 영어반 교육과정에도 합격해 1년 동안 교육을 받았다. 서울 근무 때는 일본문화원에 등록해 야간 8개 학기를 다니며 일본어 공부를 하는 등 유능한 지휘관이 되기 위한 만반의 준비를 했다.

그러나 현실은 냉엄했다. 아무리 노력해도 자신의 꿈에 한계가 있다는 것을 깨닫는 데는 그리 시간이 오래 걸리지 않았다. 3사 출신 1, 2기 선배(중령)들이 1986년 대령 1차 진급심사에서 한 명도 안 되는 것을 보고 개인의 노력만으로 어찌할 수 없는 제도의 벽이 있음을 깨닫게 되었다. 그동안 열심히 쌓아온 기본 자력이 좋아 소령까지는 쉽게 진급이 되었지만, 그 이상은 앞날이 불투명했다. 육사 출신과 똑같은 대우를 바란 것은 아니지만, 적어도 3사 출신 선두그룹의 진급 시기는 균형을 잡아줄 것으로 알았는데, 그게 아니었다.

적어도 박정희 대통령 시기에는 군에서 그런 가능성과 균형추를 맞추려고 노력했다. 예를 들어 매년 장군 진급에서 육사 출신과 일반 출신의 비율을 5:5 또는 6:4로 하여, 일반 출신들도 노력하면 얼마든지 진급의 문이 열린다는 가능성을 보여주었다. 그러나 1979년 12.12사태를 계기로 하극상(下剋上)이 벌어지면서 군에서 그러한 배려나 균형도 무너졌다. 진급이나 보직에서 육사 출신, 그중에서도 '하나회' 같은 특정 지역을 중심으로 한 사조직이 끼리끼리 나눠 먹게 되어 버린 것이다.

박채서는 앞으로 남은 자신의 삶과 가족의 생활을 걸기에 군에는 설 자리가 없다고 생각해, 군을 떠나기로 마음먹었다. 직업군인은 자신이 좋아서 스스로 선택했지만, 처자식한테 이류 인생의 모습을 보여주긴 싫었다. 절이 싫으면 중이 떠나는 수밖에 없었다. 그는 야전군 지휘관의 꿈을 포기하고 서울 소재 대학(단국대) 학군단 교관으로 나와 제3의 길을 모색했다. 그러다가 기대하지도 않았는데 소령으로 진급하게 되어 국방대학원 석사과정(국제관계 전공) 2년을 마치게 된다.

정보사 공작단과 '검은 머리 미국인'들

박채서 소령은 1990년 5월 육사 출신들과의 경쟁 속에서 육군대학[16]을 3등으로 졸업해 국군정보사령부 공작단 본부로 인사명령이 났다. 정보사 공작부서 간부들은 대개 야전에서 소대장을 마친 뒤 초급장교 시절에 선발된다. 초급장교들은 6개월~1년간의 보수교육을 받고 대북 특수임무수행팀 팀장을 맡아 스쿠버다이빙 · 공중강하 · 육상침투 등의 특수훈련을 거치며 정예 요원화된다.

통상 정보요원은 일반 야전 전투 요원보다 포로가 될 확률이 10배 이상 높다고 얘기한다. 따라서 포로가 되어도 적에게 노출될 내용이 없도록 하는 게 간부 교육에서 중요하다. 그래서 아군 전투서열(The order of battle) 같은 것은 정보사 장교에게 교육하지 않는다. 주로 초급장교 때 차출하는 것도 그런 사정을 감안해서다. 그런 점에서 박채서가 소령 계급장을 달고 정보사 공작단으로 배치된 것은 예외적인 사례였다.

당시 정보사 공작단은 국가안전기획부의 예산 감독과 지휘하에 대북 군사공작을 전문적으로 실시하는 준장 지휘하의 특수임무집단으로 운용되었다. 그가 정보사에 가서 신고를 하자, 인사처 인사과장은 '장교 자력표'를 쓱 훑어보더니 불쑥 내뱉었다.

주16 _ 영관장교의 직무보수교육을 담당한 육군 최고의 교육기관으로 소령급 장교를 대상으로 입교 전 교육(원격교육 10주), 기본과정(소집교육 16주), 정규과정(소집교육 33주), 사이버정규과정(원격교육 6개월 이상) 교육을 실시하는 한편, 대대장 및 연대장 요원을 대상으로 지휘관 부임 전 교육을 수행하였다. 2011년 12월 국군의 합동성 강화를 목적으로 창설된 합동군사대학교에 통합되었다.

"공부 되게 많이 했구먼. 그런데 명심해, 이곳은 공부 잘하거나, 육대 우등생이 진급하는 곳이 아니라는 것을. 오히려 이곳은 육대 성적 '하(下)' 급자들이 진급하는 곳이야."

박채서는 대수롭지 않게 여겼는데 차츰 그 말의 의미를 깨닫게 되었다. 며칠 지나지 않아 공작단 과장급 간부들이 "신참이 전입 와서 술을 사지 않는다"고 대놓고 핀잔을 주었다. 심지어 어떤 과장은 "대학원 나오고 육대 성적이 좋으면 다냐", "누구 빽으로 왔는데 인사도 안 하고 건방지냐"며 노골적으로 술접대를 요구했다.

박채서 소령이 보기에 정보사, 특히 공작단은 아직 1960~70년대에 갇혀 사는 군상들의 집합소였다. 그도 그럴 것이 간부의 상당수는 과거 북파공작 부대인 '설악단 B팀(HID 무력보복팀)' 출신으로, 군 복무기간의 대부분을 사회에 동떨어져 육체적 훈련으로 단련되었지만, 변화하는 시대의 흐름에 적응하지 못하고 있었다. 박채서는 국방대학원 시절에 '워드 프로세서'로 리포트를 제출하고, 석사학위 논문도 PC로 작성했는데, 공작단에 오니 모든 보고서를 공타(孔打)로 작성했다. 그러다 보니 국방장관이나 안기부장, 혹은 청와대에 보내는 보고서에 오타가 발생하면, 퇴근한 전문 타자수 여직원(군무원)을 사무실로 모셔 오는 촌극을 벌이기도 했다. 그래서 워드 프로세서의 필요성과 장점을 설명하며 도입을 주장했지만, 오히려 그를 이상한 사람으로 취급했다.

박 소령을 가장 힘들게 한 것은 보직을 주지 않고 본부에 대기시키는 것이었다. 당시 사령부 인사처장(육사 28기, 대령)이 직접 찾아와 이병조 공작단장(갑종, 육군 준장)에게 보직 문제를 상의하고 조처를 건의했지만 감감무소식이었다. 오죽이나 답답했던지 나중에 공작단장 보좌관이 박 소령에게 "단장 집으로 직접 찾아가 인사를 하라"고 귀띔해 주었다. 빈손으로 갈 수 없어 몇몇 선임자에게 경험을 물으니 대강 300만 원의 견적이 나왔다.

그러나 그의 성격상 현금을 싸 들고 가서 보직을 흥정할 수는 없었다. 그래서 생각해낸 것이 고가의 신형 핸드폰 선물이었다. 당시 모토로라의 마이크로 텍 폴더 휴대폰은 가격이 350만 원쯤 했고, 신청해도 번호를 받는 데 6개월이 나 걸렸다. 그는 국군정보사령부 협조공문을 갖고 서울이동통신(현 SK텔레콤)사 를 직접 방문해 즉석에서 사용번호를 받아 공작단장 집을 찾았다.

박채서는 공작단 본부에서 3개월간 보직 없는 공작분석관으로 근무하다 가, 1990년 9월경 서울 대방동 소재 한-미 합동 902정보대의 'A-23팀장'으로 발령받아 미군 측 공작관들과 합동 근무를 하게 되었다. 대학에 편입해 일본어 를 전공하고, 1년간 장교영어반 과정을 이수한 것이 고려되었다. 서울 대방역 앞 붉은 벽돌로 지은 미8군 공병대 창고 건물에 위치한 902정보대는 한국 측 'A-23팀'을 포함한 2개의 A팀과 여러 개의 C팀(전선공작팀)으로 구성되어 각각 의 한-미 공작팀이 합동 근무하는 형태였다. A-23팀은 미국의 자금을 지원받 아 미 CIA와 함께 대북 우회침투 공작을 하는 비밀 조직이었고, 나중에 해체된 C팀은 전선에 직접 침투하는 공작팀이었다.

미국 측 공식 명칭은 'S.S.A팀'인데 미국 측이 고용한 한국팀과의 협조관(통 역)조차도 그들의 정확한 신원을 몰랐다. 협조관에 따르면, 미 국방정보국(DIA) 과 중앙정보국(CIA)의 혼성팀으로 추정되었다. S.S.A 본부는 미8군 용산기지 내에 있고, 대방동에는 관계팀만 나와 있었다. S.S.A 지부장은 업무상 필요할 때만 대방동에 나와 합동 공작 회의에 참석했다. 미국 측은 팀장 1, 부팀장 1, 협조관 1(한국인)로 구성되었고, 한국 측은 팀장 1, 부팀장 1, 행정선임하사 1로 구성되었다.

박채서 팀장의 사무실에는 대형 캐비닛이 3개나 있었다. 안에는 미제 골프 공과 위스키, 초콜릿 등으로 가득 차 있었다. 미국이 저개발국에서 활용하는 공 작 지원 물품이었다. 박채서는 한 달이 다 되도록 캐비닛 물품에 손도 대지 않 았다. 그런데 어느 날 미국 측 김태우 협조관이 박 팀장에게 결재서류를 가져와 서명을 요구했다. 살펴보니 지난 한 달 동안 위스키 68병, 양담배 72보루, 골프

공 30박스 등을 한국팀이 사용한 것으로 기재돼 있었다. 물론 박 팀장은 사용한 적이 없었다. 박 팀장은 "내 결재가 필요하다는 것은 곧, (사용할 때) 내 허가가 있어야 한다는 뜻이 아니냐"고 물었다.

박 팀장이 서명을 거부하자, 협조관은 난감한 표정을 지으며 되돌아갔다. 이튿날 협조관은 '차후에는 반드시 사전 허가를 받겠다'는 미국 측의 약속을 전하며, 캐비닛 지원 물품은 1개월 단위로 지급되는 공작활동 지원 물품이므로 소비한 것으로 처리할 수밖에 없다고 양해를 구했다. 그러나 박채서는 캐비닛의 지원 물품에 손을 대지 않았다. 그는 한국군 중에는 자신 같은 사람도 있다는 것을 미국 측에 보여주고 싶었다. 그리고 시간이 지나자 미국 측도 그의 근무 태도를 이해하고 서로 긴밀한 협조 관계를 유지했다.

S.S.A 한국 지부장은 '유 시몬스(YOO Simmons)'였다. 재미교포 2세인 시몬스는 4살 때 부모를 따라 이민 가서 중학교 때부터 미국 정보기관에 선발되어 한국전문 공작요원으로 양성되었다. 협조관이 들려준 바에 따르면, 시몬스는 미국 정보기관에 몇 안 되는 한국 전문요원으로, 일본이나 타이완에서 몇 년 근무 후 한국으로 다시 돌아올 것이라고 했다. 박채서가 A-23팀장으로 근무한지 3개월쯤 되었을 때, 시몬스는 한국 근무를 마치고 귀국하게 되었다. 송별회가 열려 1차로 용산의 미국대사관 드래곤스클럽에서 저녁 식사를 마치고, 이태원의 한 술집에서 가진 2차 술자리에서 만취한 시몬스는 박채서에게 충격적인 말을 했다.

"박 실장님, 한국 사람을 조심하십시오. 내가 비록 미국 시민권자로서 미국의 국익을 위해 일하는 정보요원이지만, 내 몸에는 한국인의 피가 흐르고 있습니다. 그래서 말씀드리는 건데, 미국인보다 미국을 좋아하는 한국 사람을 조심해야 합니다. 나는 지금 이 시각 청와대 외곽 몇 번 초소가 근무교대 하는지, 요즘 기무사 방위산업 담당 조 소령이 어떤 무기도입에 관련된 보고서를 쓰고 있는지 훤히 알고 있습니다. 대북공작도 중요하지만, 방첩보안에도 신경을 써야 할 겁니다."

시계를 보니 시침은 자정을 향해 가고 있었다. 만취 상태에서 한 말이었지만, 그의 성정에 비추어 허투루 한 이야기는 아니었다. 오히려 취중진담이라고 술기운을 빌려 한 충고라는 생각이 들었다. 시몬스의 말에 충격을 받은 박채서는 한－미합동공작대에서 3년 가까이 근무하는 동안, 개인적 호기심에서 한국인이지만 미국의 이익을 위해 일하는 '검은 머리 미국인'들이 얼마나 되는지 파악해 보았다. 박채서는 합동공작 회의 때마다 미국 측 협조관(통역관)으로 참석하는 김태우 씨와 의기투합해 2년 이상 은밀하게 관련 정보를 취합했다. 김 씨는 한국전쟁 때 미군 통역병으로 근무한 인연으로 미 정보기관에서 근무하다가 정년 퇴임 후에도 계약직으로 일하고 있었다.

380여 명의 '검은 머리 미국인'들

청와대와 기무사 안에도 한국 정보를 제공해주는 '검은 머리 미국인'들이 있다는 시몬스의 경고는 사실이었다. 청와대와 기무사는 시몬스가 민감한 정보를 다루는 상징적인 기관으로 언급했을 뿐, '검은 머리 미국인'은 정치, 국방, 경제, 사회, 문화, 언론 등 한국 사회 각 분야에서 지도급 인사로 행세하고 있었다. 김태우 씨와 함께 취합해보니 무려 380명에 이르렀다. 미국은 과학 기술을 이용해서 들여다보는 것 말고도 사람들의 눈과 귀를 통해서도 우리 내부를 손바닥 보듯이 들여다보고 있는 것이었다.

'검은 머리 미국인'들의 존재는 그로부터 20년 뒤에 〈위키리크스〉[17]가 폭로한 미국의 외교문서를 통해 사실로 입증되어 한국 사회에 충격을 주었다. 특히 2006년 한－미 FTA(자유무역협정) 협상 당시 알렉산더 버시바우 주한미국 대사가 미 국무부에 보낸 전문에는 "김현종 통상교섭본부장이 '미국의 입장을 관철시키려고 죽도록 싸웠다(fighting like hell)'고 말했다"고 한 부분이 나온다. 또한,

---

주17 _ 폭로 전문 웹사이트인 '위키리크스'는 2011년 9월 2일 25만여 건의 미국 외교 전문을 공개한 바 있다.

조태용 외교통상부 북미국장은 개성공단과 관련 청와대와 김종훈 당시 한-미 FTA 협상 수석대표 간에 이견이 있다고 미국 측에 알렸다.

2007년 9월 버시바우 대사가 보낸 전문에는 청와대 경제정책비서관실의 한 비서관(Kim Seung-ho)이 "FTA 문서가 노무현 대통령의 책상 위에 있으며 오늘 중으로 사인을 할 것 같다"고 보고한 대목이 있다. 전문에 따르면, 버시바우 대사는 김승호에 대해 한-미 FTA 및 쇠고기 문제와 관련해 청와대가 어떤 생각을 갖고 있는지 내부의 중요한 정보를 제공하는 '소중한 취재원(valued contact)'이라며 '강력히 보호해야 한다(strictly protect)'고 보고했다.

심지어 위키리크스가 공개한 외교 기밀문서에는 2008년 5월 당시 이명박 대통령의 형인 이상득 의원(한나라당)이 자신의 동생인 이 대통령에 대해 "뼛속까지 친미이고 친일이니 그의 시각에 대해 의심할 필요가 없다"고 말한 대목까지 들어있다. 외교 전문 내용을 100% 사실로 받아들일 수는 없지만, 위키리크스 문건은 적어도 한국에는 외교관부터 대통령까지 '뼛속까지 친미'인 관료들이 많고, 미국의 정보원들이 곳곳에서 미국을 위해 일하고 있다는 사실을 보여주었다.

박채서는 미국 정보요원들이 어떻게 이들을 포섭했는지가 궁금했다. CIA 공작교범에서 포섭공작의 네 가지 요소는 MICE, 즉 Money(돈), Ideology(이념), Compromise(타협), Ego(자존심)이다. 그런데 미국 정보요원들이 이들을 포섭하는 데 사용한 가장 확실한 미끼는 돈도, 이념도, 지위도 아니었다. 바로 미국 시민권이었다. '검은 머리 미국인'들은 미국에 협력한 대가로 한국에서 제2의 6.25전쟁이 터졌을 때 미국으로 피신할 수 있는 '비상 탑승권'을 쥔 것이다.

박채서는 한국 사회 각계각층의 지도급 인사로 행세하는 '검은 머리 미국인'들의 추악한 단면을 두고 볼 수가 없었다. 상부에 보고하면 어떻게 해서든지 개선책이 나올 것으로 기대했다. 그런데 더 놀라운 사실은 '검은 머리 미국인'의 실태를 공작단장에게 보고했을 때 나온 반응이었다. 안기부 군(軍)담당 부서를 통해 전달된 보고에 대한 상부의 반응은 격려가 아니라 '안 들은 것으로 할 테니 규정된 업무 외의 사안은 신경 끄라'는 '주의' 조처였다.

'한–미 정보의정서'에 의하면, 대북공작에 한해서만 상호 합의와 협조하에 공작업무를 수행하도록 규정되어 있었다. 규정상으로는 활동 범위가 제한되었다. 그러나 공작의 속성상, 규정과 원칙대로만 수행할 순 없었다. 필요할 경우 팀장이 융통성을 발휘해 미국 측의 고유 업무에 협조하기도 했으나 비공식 업무가 대부분이었다. 합동공작의 경우 모든 지원은 미국 측이 부담하고, 한국 측은 인원과 기술을 제공했다.

박채서의 전임자들은 대부분 적당히 그들과 타협하면서, 그들이 제공하는 물질적 호의를 발판으로 자신의 개인적 커리어를 쌓아 갔다. 미국 요원들은 박채서 팀장에게도 중간의 협조관을 통해 각종 물질적, 경제적 회유를 해왔지만, '검은 머리 미국인'들의 행태를 들여다본 그는 자신과 한국인의 자존심을 걸고 자신의 원칙을 견지하며 그들과 합동 근무를 했다. 평생을 미국 정보기관과 일한 김태우 씨는 박 팀장에게 많은 도움을 주었다. 미국 정부에 고용되어 한국 측과의 협조관계를 조정하는 역할이지만, 평생 지득한 그의 방대한 업무 지식은 큰 도움이 되었다.

박채서 소령이 미국 정보요원들과 합동 근무하면서 어깨너머로 본 미국은 법과 제도의 나라였다. 제아무리 상급자라 해도 정해진 법과 규정을 벗어나 개인적으로 독단 행동을 할 수 없었다. 그런데 미국 정보기관들은 국익을 위해 미국에 생활한 적이 없는 한국인들에게 예외적으로 시민권을 제공했다. 또한, 한국에서 정보활동을 하는 미국인들은 대부분 아내가 한국인이었다. 주거지도 용산 미군기지나 한남동 유엔빌리지 같은 편한 곳보다 한국인 거주지에 섞여 살았다. 그것이 거대한 미국을 지탱하는 힘의 원천이었다.

902정보대의 첫 합동공작은 리비아 공작

시몬스의 후임은 영국계로 DIA 출신의 윌슨(Wilson) 팀장이었다. 윌슨은 처음에는 박채서를 껄끄러워했으나, 점차 그를 파트너로 인정하고 먼저 상호 협력할 것을 요청해 왔다. 서로 신뢰감이 형성되자, 한국 측에서 요구하는 업무 관련 사항은 거의 100% 수용해 주었고, 박채서 또한 규정을 벗어난 것까지도 가능한 한 미국 측에 협조해 주었다. 대표적인 사례가 대(對)리비아 합동공작이었다.

리비아 국가원수 카다피(Kaddafi)는 종종 미국 시사주간지 〈타임〉과 〈뉴스위크〉의 표지에 '세상에서 가장 위험한 인물(The Most Dangerous Man in The World)'로 묘사되곤 했다. 특히 레이건 대통령은 집권 초기부터 카다피를 '중동의 미친개'로 부르며 반감을 노골적으로 드러냈다. 당시 윌리엄 케이시 CIA국장과 알렉산더 헤이그 국무장관은 그를 '미국에 대한 위협'으로 공식 규정했다. 그리고 마침내 미군 사망자 1명이 포함된 베를린 디스코장 폭발 사건이 발생하자, 레이건 대통령은 1986년 4월 수도 트리폴리와 벵가지를 공습하는 '엘도라도 캐년 작전(Operation El Dorado Canyon)' 명령을 지시했다. 이 공습으로 100여 명의 사상자가 발생했다.

미국과 리비아의 관계는 1990년대 초반 다시 최악의 상황으로 치닫고 있었다. 엘도라도 캐년 작전 이후 한동안 잠잠했던 카다피는 미국인을 포함한 서방의 외국인들을 추방하는 등 미국에 대해 거침없는 적개심을 드러냈다. 미국은 이미 리비아에서 휴민트(HUMINT, 인간정보) 기반을 상실한 상태였다.

그러던 어느 날 김태우 협조관이 박채서 A-23팀장에게 조심스럽게 의사 타진을 해왔다. 요지는 미국과 리비아 관계가 악화되어 CIA의 리비아 거점이 상실되어 정보활동이 거의 불가능한데, 미국이 리비아에서 활동하는 한국과 북한의 근로자들을 활용한 정보 수집 및 공작여건 조성을 위한 기반 구축을 할 수 있도록 도와줄 수 있냐는 거였다. 한-미 정보의정서에 의하면 대북 공작업무

외에는 협조 사안이 아닌데도 협조를 요청해온 것은 그만큼 다급함을 시사했다. 박채서는 미국의 정보공동체(IC)가 전세계의 I.O들에게 특별임무를 하달한 가운데 임무를 받은 S.S.A 역시 자신에게 협조 요청을 한 것으로 판단했다.

우선 리비아 진출 현황 자료를 살펴보니, 마침 대우건설이 대규모 토목공사를 수주해 공사를 하느라 많은 인력을 상주시키고 있었다. 박채서는 대우그룹 인사부장으로 근무하는 사촌 형 박균서를 찾아가 사정을 설명하고, 리비아 공사현장에서 최근 귀국한 직원을 만나볼 수 있도록 주선해 달라고 부탁했다. 그런데 사촌 형이 소개해준 후배 부장은 뜻밖에도 트리폴리 시내에서 카다피의 비밀 방공호 건설공사를 하고 귀국했는데, 놀랍게도 매일 공사일지를 기록한 바인더를 갖고 있었다. 공사일지에는 방공호의 위치와 규모, 내부 구조, 재질, 그리고 양복점으로 위장한 출입구까지 세밀하게 기록돼 있었다.

박 팀장은 마음속으로 쾌재를 부르며 방공호 설계도면을 복사해 가서 김태우 협조관을 통해 미국 측에 여건을 통보했다. 윌슨 지부장은 뜻밖의 성과에 놀라는 눈치였다. 한 달 뒤에 미국 본토에서 리비아 담당 책임자가 날아와 카다피 타격을 위한 단기 공작이 시작되었다. 박채서는 정보사 공작단에서 수행한 첫 공작을 미국의 해외공작으로 시작하게 되었다. 미국이 주도한 공작이었지만 박채서는 합동공작을 수행하면서 공작계획 수립부터 공작 작전 수행까지 공작 사이클의 전 과정을 이해하고 경험과 지식을 습득했다. 그는 리비아 합동공작을 계기로 정보사에 근무하는 동안, 교육단의 자체 교육 및 안기부 정보학교 위탁 교육 등 체계적인 공작 전문교육을 수료하게 된다.

대(對)리비아 공작계획 작성 과정에서 불거진 가장 큰 논란은 '본공작의 최종목표를 어디에 둘 것이냐'였다. 즉 카다피를 완전히 제거할 것이냐, 아니면 카다피에게 공포심을 극대화하는 미국의 힘을 과시하는 선에서 그칠 것이냐였다. 장시간의 토론 끝에, 카다피를 제거하면 중동지역에서 힘의 균형이 무너진다는 미국 수뇌부의 전략적 판단에 따라 후자의 공작목표가 수립되었다.

미국은 이후 한국팀이 제공한 방공호 위치 정보와 설계도를 바탕으로 첩보위성을 통해 카다피의 방공호 출입을 24시간 감시했다. 그리고 작전 D-데이에 카다피가 양복점을 통해 방공호로 들어간 직후에 지중해 상의 미군 함정에서 쏜 토마호크 미사일로 출입구를 강타함으로써 '미국은 언제든지 너를 죽일 수 있다'는 강력한 경고 메시지를 전했다. 미국을 향한 카다피의 독설도 눈에 띄게 줄었음은 물론이다.

902 한-미합동정보대는 공작계획의 기본자료를 제공한 대우건설 부장에게 포상을 하기로 했다. 박 팀장은 사촌 형과 상의해 그룹 계열사인 대우자동차의 에이스(ACE) 승용차를 선물했다. 대우그룹 내규에 부장급이 탈 수 있는 승용차가 에이스급이라는 조언에 따른 결정이었다. 미국 정부는 박채서 팀장에게 포상금과 함께 포상으로 특별한 카드를 발급해 주었다. 카드를 소지한 차는 물론, 이 카드를 소지한 사람이 보증한 차량 1대와 탑승자 3명까지 한국 내 미군 시설을 출입할 수 있는 에스코트 카드였다. 그는 이 카드로 용산 미군골프장을 드나드는 데 애용했고, 가족들은 여름에 용산기지 내의 수영장을 이용하는 것을 좋아했다.

2018년 6월 29일 주한미군 및 유엔군 사령부가 용산 기지를 떠나 평택으로 이전함으로써 '평택 시대'의 막이 올랐다. 미군이 용산에 첫 주둔한 1945년 이후 73년 만이다. 사령부 본부가 자리한 '캠프 험프리스'는 해외 미군 기지 중 최대 규모로, 약 1천400만㎡ 부지에 미8군을 비롯해 40여개 부대가 주둔하고 있다. 또 종합병원과 방송국, 초·중·고등학교는 물론, 영화관과 올림픽 규격 수영장을 갖춘 체육관과 쇼핑몰 등이 운영돼 사실상 작은 도시를 이루고 있다. 캠프 험프리스 건립에는 미화 108억 달러가 투입되었는데, 이 중 한국이 90%를 부담했다.

07 _ 우회침투에서 직접침투로

북한 핵개발 첩보 수집 위한 조선족 교수 포섭 공작

박채서 소령이 902 한-미합동정보대에 근무하는 동안, 한-미 정보당국에는 북한의 핵개발 여부를 탐지하는 것이 초미의 관심사였다. 한-미 대북 공작관들에게 부여된 최우선 공작임무가 북한 핵개발에 관한 첩보 수집이었다. 당시 정보사의 북한 핵개발 관련 첩보에 의하면, 북한은 처음 소련(蘇聯; 소비에트연방)의 기술 지원하에 핵을 개발하다가, 소비에트연방의 붕괴와 조-소간 외교적 냉각기로 인해 중국과 밀착해 중국의 기술지원을 받은 것으로 판단되었다. 박채서는 북한이 핵개발을 시도했거나 개발했을 거라는 가정하에서 계획을 수립했다. 북한이 중국의 지원을 받았다면, 필시 중국 국적의 조선족 동포들이 관여했을 가능성이 컸다.

박채서 팀장은 관련 첩보를 수집하며 공작요소를 물색하던 중에 상당수의 중국 조선족 동포들이 86아시안게임과 88서울올림픽을 계기로 한국에 입국해 활동했으며, 그중 일부가 관계 당국의 주선으로 한국에 체류하고 있다는 사실을 알게 되었다. 이에 관련 부서와 경제단체 그리고 기업을 통해 포섭할 만한 대상자를 탐문하던 중에 엘리베이터를 제작하는 LG산전에서 중국부장으로 근무하는 김만효라는 조선족 동포를 찾아냈다. 그는 88올림픽 행사를 마치고 직장과 주거를 보장받는 조건으로 한국 체류를 허가받았다.

김만효 부장을 박채서가 주목한 것은 중국 과학기술대학을 졸업한 휴대용 대공미사일 유도장치 전문가였기 때문이다. 중국 정부가 군사기술 전문가를 외국에 내보낸 것이 의아했지만, 일단 그를 대상자로 선정해 가족관계와 직장 동료 등 주변을 탐문 조사한 뒤에 자연스럽게 접촉을 시도했다. 알고 보니 김만효는 중국에서 대우받은 혁명가 집안이었다.

그의 부친은 마오쩌둥과 장정(長程)을 함께한 홍군(紅軍)의 핵심 참모였는데 국민당 군에 의해 암살당했다. 그래서 혁명 유가족 자격으로 여동생과 함께 중국 공산당에서 대학까지 마칠 수 있게 후원을 받았다. 여동생은 선양 검찰원의 처장으로 근무하고 있었다. 그가 한국 정부로부터 88올림픽 준비요원 제안을 받았을 때도 규정상 어려웠지만, 국가 원로급인 부친의 친구들이 보증을 해줘 보안서약을 쓰고 한국에 올 수 있었다.

그는 지독한 일벌레였다. 회사에서 마련해준 개포동의 주공아파트에서 88올림픽 한해 전에 완공된 여의도 LG트윈 빌딩까지 자가용으로 출퇴근하는 것 말고는 서울 시내를 다녀본 적이 거의 없었다. 친구도 없었고, 돈을 아끼는 구두쇠였다. 박채서는 주말이면 강화도부터 시작해 도고온천과 법주사, 그리고 설악산 등지까지 여행을 함께하면서 친밀도를 높여갔다.

김만효는 모르는 사람과 사귀는 것을 경계했으나 다행히 돈은 경계하지 않았다. 그 점은 포섭해 조종 통제하기 쉬운 요소였다. 박채서는 그의 아내를 대치동 학원가에 중국어 강사로 취직시켜 주고, 장모를 한국으로 초청해 집안 살림을 거들게 해주었다. 중국어 열풍이 불 때여서 그의 아내는 남편 봉급보다 몇 배의 수입을 올릴 수 있었다. 그가 중국 인맥을 활용해 엘리베이터 판매 실적을 초과 달성했음에도 별다른 성과급이 없어 불만이 크다는 사실을 알고, 그룹 비서실을 통해 성과급을 받을 수 있도록 주선해 주었다.

이렇게 공을 들이자 그의 입에서 드디어 박채서팀이 바라던 정보가 나오기 시작했다. 중국 과학기술대 재학 시절에 김상헌이라는 조선족 교수가 있었는데, 그의 전공이 핵물리학이며 자세한 내막은 모르지만, 북한을 자주 왕래하고 때로는 북한 사람들이 찾아오곤 했다는 정보였다. 박채서는 그동안 취득한 정보를 바탕으로 보고서를 작성해 미국 측에 전달했다.

미국은 박채서가 작성한 보고서 내용을 중국 주재 미국대사관을 통해 6개월에 걸쳐 확인한 뒤에 대부분 사실이라는 통보를 해왔다. 중간중간에 추가 정보와 추가 확인 작업이 진행되었음을 감안해도 최종 확인 통보는 예상보다 훨씬 시간이 오래 걸렸다. 한국 같으면 대통령이나 안기부장이 관심을 갖거나 지시한 사안이면 급조를 해서라도 입맛에 맞는 성과물을 내놓았을 텐데, 시간이 걸리더라도 기초 정보부터 확인하는 업무 태도는 배울 점이었다.

미국 정부의 공식 확인은 곧, 공작 착수 허가를 의미했다. 처음부터 박채서가 발굴한 협조자(김만효 부장)를 통해 여건이 조성되었기에 공작 수행의 주체는 박 팀장이 되었다. 리비아 공작과 달리 이번에는 박채서가 주도해 여건 조성계획을 세우고, 본공작 계획도 세워서 미국 정보 당국의 승인과 추진까지 성사시켜야 했다. 공작을 개시할 초기에는 답답할 정도로 속도가 더디고 절차가 복잡했지만, 공작이 본궤도에 오르니 모든 것이 사전에 잘 짜인 각본처럼 미국 측의 지원과 협조가 빈틈없이 착착 진행되었다.

중국에서는 공안의 눈길을 피하기 어려우므로 김상헌 교수를 한국으로 불러들이는 것이 급선무였다. 김만효 부장을 통해 가족관계와 재정 상태를 파악해 보니, 김 교수의 한 달 봉급은 미화로 45달러 정도였고, 화학과 교수인 부인의 봉급도 비슷했다. 자식은 아들만 둘인데 국비장학생으로 해외유학을 보내려고 부부가 안간힘을 쓰고 있었다. 이에 박채서 팀장은 미측과의 긴밀한 협조하에 연세대가 주최한 세계평화포럼 세미나에 김상헌 교수를 초청하도록 했다. 중국 정부의 허가를 받는 데는 김만효 부장의 도움을 받았다.

미국은 북한 핵개발 정보를 한국과 공유하지 않았다

표적인 김상헌 교수 부부가 한국에 체류한 기간은 단 일주일이었다. 그 일주일 동안에 포섭해야 했다. 박 팀장은 김상헌 부부가 체류할 마포의 가든호텔(현 홀리데리인 호텔) 객실을 장기 임대해 미국 측의 기술 지원으로 몰래 카메라, 도청 장치, 미국 측과의 직통 핫라인 전화, 경호시설 등 공작에 필요한 제반 설비를 갖추었다. 표적의 심리 변화를 추적하기 위한 공작의 기본 설비였다.

세미나 첫날에는 증빙용으로 사진만 몇 장 찍고, 김만효 부장과 함께 김 교수 부부를 안내해 접대만 했다. 다음날 아침 식사 후에 박채서는 호텔 방에서 김 교수와 단 둘이 만나 본론으로 들어갔다.

"교수님, 저희가 왜 김 교수님을 초청했는지 아십니까?"

그가 단도직입으로 묻자, 김 교수는 일순 당황한 표정을 지었다.

"혹시 짐작하셨을지 모르지만, 저는 한–미 합동정보기관에서 일하고 있습니다. 저희가 교수님을 초청한 까닭은 교수님이 북한 핵개발에 참여했다고 들었기 때문입니다."

그가 초청한 의도부터 밝히자, 김 교수는 뜻밖에도 핵개발에 참여했음을 선선히 인정했다. 그러나 그 이상의 협조 의사는 내비치지 않았다. 그는 미국 측과 사전에 짠 각본대로 본격적인 제안을 했다.

"교수님께서 저희에게 협조해 주시면, 미국 정부가 미화 100만 달러를 원하는 해외계좌로 입금하고, 두 아드님의 미국 유학을 알선해 졸업 후에는 미국 내 취업을 보장할 것입니다."

그러자 김 교수는 제안에 관심을 보이며 어떻게 담보할 수 있을지, 입증을 요구했다. 그가 신호를 보내자, 옆방에서 상황을 체크하던 미국 측 S.S.A 요원이 들어와 자신의 신분을 밝히고, 제안을 수락하면 김 교수 부부가 귀국하기 전에 해외계좌 입금을 완료하고, 두 아들의 미국 유학 초청이 3개월 안에 이뤄질 것이라고 약속했다. 비로소 김 교수의 말문이 술술 풀리기 시작했다.

예상했던 대로 북한은 초기에 소련의 기술지원을 받았으나, 소련이 붕괴함에 따라 중국의 기술지원을 받고 있었다. 핵무기 개발은 김정일 위원장의 주도 아래 이뤄졌는데, 김정일의 권력 승계 시 자신의 업적을 과시하려는 의도가 크게 작용했다는 것이다. 핵개발 주관 부서가 평안북도 평성의 국가과학원이라는 사실도 처음 알았다. 김 교수의 말에 따르면, 북한은 중국 군부의 지원으로 고비사막에서 핵실험을 하려고 했으나, 중국 국가 지도부의 반대로 핵실험을 하지 못했고, 저급한 수준의 핵무기 2개 정도를 개발한 상황이었다. 중국 지도부의 반대에 부딪힌 북한이 지금은 파키스탄에서 활로를 찾고 있다는 사실도 김 교수를 통해 처음 알게 된 정보였다.

김 교수가 한국에 체류하는 동안 털어놓은 북한 핵개발 정보는 예상보다 방대했다. 김 교수는 이와 관련된 증빙 - 참고 자료를 중국 주재 미국대사관 요원들을 통해 제공하기로 약속했다. 다만 그 시기는, 한국 방문 뒤에 예상되는 중국 공안의 감시의 눈길을 피해 두 아들이 유학 초청장을 받아 미국 유학길에 오른 뒤로 정했다. 미국 측은 이후 거의 8개월 동안 김 교수가 제공한 정보와 증빙자료를 확인한 뒤에 본공작의 성과를 결론지었다. 미국 정보 당국에 의해 북한 핵개발이 공식 확인된 것이다. 그때가 1992년 4월경이었다.

박채서는 북한 핵개발 사실이 공식 확인되었으니 엄청난 후폭풍이 몰려올 것으로 예상했으나 의외로 잠잠했다. 박채서는 자신이 공작의 세계에서 순진한 초짜 공작관이었다는 사실을 2년 뒤인 1994년 6월, 한반도에 1차 북핵 위기가 발생하고 나서야 깨닫게 되었다. 한국 정부는 그때까지 북한의 핵개발 정보에 '깜깜이' 신세였다가, 미국의 북한 핵시설에 대한 '서지컬 스트라이크(surgical strike)'[18]가 제기되자 갈팡질팡한 것이다.

결론적으로 미국은 1992년 당시 확보한 북한의 핵개발 정보를 한국과 공유하지 않았다. 미국이라는 강대국의 냉혹한 단면이었다. 박채서는 김상헌 포섭공

주18 _ 외과 수술처럼 문제가 되는 지역을 도려내듯이 폭격해 화근을 제거하는 공격전술을 가리킨다.

작을 주도했지만, 미국이 공작 성과를 당연히 한국과 공유할 것으로 예상하고 한국 측에는 별도의 보고체제를 갖추지 않았다. 박채서가 두고두고 후회하는 판단 착오였다.

적(敵)의 심장부에 직진해 들어가는 공작

박채서 소령은 북한 핵개발 첩보수집 공작을 수행하면서 궁극적으로 자신이 할 일은 북한에 선(線)을 구축해 필요한 대북 정보를 수집하는 것이라는 결론에 도달했다. 공작관이 되어 정보사 공작단과 902정보대의 공작 실태를 살펴보니 대부분이 우회침투 공작이었다. 즉, 일본 조총련(朝總聯; 재일본조선인총연합회) 출신 재일교포를 통한 공작이 대부분이고, 가끔 미국이나 캐나다의 미주교포를 통하거나, 1992년 8월 한-중 수교로 이제 막 왕래의 문이 열리기 시작한 중국 조선족 교포를 활용하는 공작이 고작이었다.

우회공작은 제한적인 요소가 많았다. 제삼자를 경유하다 보니 정확한 메시지 전달이 어렵고, 중간 협조자의 능력과 자질에 따라 첩보의 양과 질이 현격하게 차이가 났다. 협조자의 이해 부족으로 엉뚱한 정보가 수집되는 경우가 허다했고, 협조자가 과장되거나 조작된 첩보를 제공하는 경우도 빈번했다. 그리고 무엇보다도 큰 문제점은 협조자들의 보안상 취약점이 노출되어 역공작에 이용될 수 있다는 점이었다.

거짓 첩보나 적의 역공작에 의한 결과물은 적(敵)의 의도에 대한 판단과 국가 대응 전략에도 과오를 불러오는 공작 참사였다. 실제로 그러한 사례가 종종 발생했음에도 불구하고, 담당 공작관과 공작원, 그리고 공작 실무자들은 공작 보안 노출에 대한 추궁과 공작 성과 부실의 책임을 회피하기 위해 사실을 은폐하여 나중에 걷잡을 수 없는 후폭풍에 휘말리기도 했다. 이런 공작 참사는 시스템의 문제이기에 앞서, 상당 부분 공작관과 공작원의 인성과 자질 문제에서 발생했다. 갈수록 디지털 기술의 중요성이 커지고 있지만, 비밀공작에서 중요한 것은 기술적 요소보다 인간적 요소였다.

박채서는 기존의 우회침투 공작 유형에서 벗어나 적(敵)의 심장부로 직진해 들어가는 공작을 만들기로 작정했다. 그는 수많은 포섭 대상자와 여건을 물색하던 중에 마침내 바라는 목표에 근접한 대상자와 여건을 접할 수 있었다. 청주중·고교 1년 선배로 조그만 오퍼상을 운영하는 김영진 씨였다. 김영진은 학생회장을 지낸 중학생 시절부터 운동으로 다진 탄탄한 몸과 훤칠한 외모에다가 공부까지 잘해, 남학생들에게 우상 같은 존재였고, 여학생들에게는 선망의 대상이었다.

김 씨는 청주고 졸업 후 서울대 외교학과에 진학, 외무고시에 합격해 외교관 생활을 했다. 그러나 아프리카 한 국가의 공관에 근무할 때 안기부 영사와 잦은 업무 마찰로 직업에 대한 회의에 빠져 일찍 외무부를 나왔다. 그는 무역업을 하다가 주식에 빠져 퇴직금까지 날리고, 서울 반포에 여럿이 사무실을 공동 운영하는 오퍼상을 차려, 고교 동기의 형인 '시바다 아리오시(한국명 서재호)'의 도움을 받아 중국산 농산물을 수입하고 있었다.

박채서가 주목한 것은 이들이 호두, 땅콩, 고구마순, 버섯 같은 값싸고 구하기 쉬운 중국산 농산물을 북한으로 보내 북한산으로 둔갑시켜 국내로 들어와 많은 차익을 내고 있었고, 속칭 '포대갈이'라는 '농산물 세탁' 과정에서 북한 사람들이 중국 현지에 나와 중개 역할을 해주고 있었다는 점이다. 박채서팀이 파악한 바로는 당시 북한 실권자의 한 사람인 장성택의 형 장성우 북한 인민군 중장의 아들인 장현철이 김영진이 하는 중개무역에서 북한 측 '농산물 세탁 해결사'였다.

당시 한국 정부는 북한과의 거래를 활성화시키기 위해 북한산 수입 농산물을 내부 거래로 간주해 관세를 면제해 주는 정책을 취했다. 관계 당국은 일부 무역업자들의 그러한 불법적인 행태를 알면서도 모른 척했다. 북한과의 교류를 확대해 접촉면을 늘리려는 의도에서였다. 초기에 일부 무역업자들은 이러한 국가 시책을 활용해 값싼 중국산 농산물을 북한산으로 둔갑시켜 수입해 시중에 팔아 이중으로 이익을 취해 재미를 톡톡히 봤다.

다만, 김영진은 까다로운 통관절차와 무질서한 유통 문제로 애를 먹고 있었다. 예나 지금이나 농수산물의 수입절차는 복잡하고 까다롭다. 특히 노태우 대통령 말기에는 국내 항만 인프라가 부족해 교통, 물류의 정체는 극을 이루고 있었다. 특히 서울 경동시장 농산물 도매상들의 횡포는 말할 수 없을 정도로 심했다. 김영진이 경동시장 도매상과 수입계약을 해 물건을 인천항에 들여와도, 갖은 핑계를 대고 물건을 인수하지 않으며 수입업자를 골탕 먹이고, 때로는 도매상들끼리 단합해 수입업자가 들여온 농산물을 보세창고에서 썩게 만드는 횡포를 부리기도 했다.

박채서팀은 공작여건을 조성하기 위해 국가의 힘을 빌려 인천세관과 항만청, 농산물검역소의 협조를 얻어 편의를 제공해주었다. 마침 박채서의 청주고 선배들과 국방대학원 동기 등이 관계 요로에 포진해 있어, 수입농산물 하역과 검역 등에서 협조를 얻기가 수월했다. 또 박채서팀은 관할 세무서의 협조를 받아, 경동시장 도매상들이 김영진의 수입농산물에는 횡포를 부리지 못하게 편의를 제공해주었다. 김영진 본인은 몰랐지만, 그는 정보사 대북공작팀의 여건 조성의 일환으로 편의 제공을 받은 덕분에 상당한 돈을 벌었다.

안기부 대북공작국이 주목한 '포대갈이' 사업

중국산 농산물은 값싸고 물량도 많았지만, 수입에 여러 가지 제한이 따랐다. 반면에 북한산 농산물은 국내에 수입할 때 내부 거래로 취급되어 관세가 면제되었다. 따라서 국내에서 인기있는 농산물을 중국에서 값싸게 대량 구입하여 북한 남포항에서 포장만 바꾸고, 북한 당국의 원산지 표시 증명만 받으면 많은 이익을 남기는 사업이었다. 하지만 당시 관련 업자는 상당히 제한적이었다. 우선, 북한 측 고위 인사의 협조가 없으면 원산지 표시 증명이 불가능했고, 안기부나 정보사 같은 기관의 협조 없이는 북한산으로 둔갑된 중국산 수입이 불가능했기 때문이다.

당시는 중국 여행조차도 정부 당국으로부터 '특정국가 여행허가'를 받아야 할 만큼 제한되어 있었다. 하물며 북한 사람을 만나 사업을 논의하고 협조 관계를 유지하는 것은 극소수의 한국인들만 가능했다. 그러한 현실에서 중국 농산물을 '포대갈이'로 북한산으로 둔갑시켜 수입하는 김영진의 무역업은 박채서팀이 중국과 북한에 자연스럽게 접근할 수 있는 절호의 사업 여건이었다.

한국과 중국, 그리고 북한을 잇는 김영진의 '포대갈이' 3각 무역업에 올라탄 박채서의 사업은 국가안전기획부 대북공작국의 주목을 끌었다. 국가정보기관인 안기부는 정보사 같은 부문정보기관에 대한 기획 – 조정권을 갖고 있다. 정보기관은 보안 유지가 생명이다 보니, 원천적으로 기관 간의 업무 중복을 막기가 어렵다. 그렇다고 해서 정보기관이 다른 기관에 업무를 공개할 수는 없다. 그래서 업무 중복에 따른 예산 낭비를 피하기 위해, 국가정보기관에 부문정보기관에 대한 기획 – 조정권이 주어진 것이다.

국가안전기획부법(현 국가정보원법) 제3조의 제①항 제5호에는 '정보 및 보안 업무의 기획 · 조정'이라는 문구가 있다. 이 조항에 근거해 안기부는 국내 모든 정보기관의 업무를 통제하면서 예산을 지원했다. 안기부의 업무 조정은 복수의 정보기관이나 여러 공작팀이 북한의 한 인물이나 한 기관을 상대로 동시에 공작하는 것을 예방하는 수단이기도 했다. 그럴 경우에는 업무 중복과 예산 낭비를 넘어선 충돌로 인해 보안이 깨지기 십상이다.

기획 – 조정의 핵심은 사업, 즉 공작에 대한 예산통제와 결산 그리고 평가이다. 안기부에서 대북공작으로 잔뼈가 굵은 남영식(南永植) 8국장과 송봉선(宋鳳善) 8국 공작2단장은 정보사 공작단의 박채서 팀장이 올라탄 '포대갈이 사업'을 면밀하게 주시해왔다. 그리고 기획 단계인 '광고제작 사업'도 투자할 만한 가치가 있는 '우량주'라는 결론에 이르렀다. 남영식 국장은 박채서팀에 예산을 지원하는 대신에 M&A(인수합병) 방식을 선택했다. 안기부가 정보사의 박채서 공작관을 스카우트해서 직접 사업을 진행하는 방식이었다. 그렇게 하려면 박채서 소령은 전역을 해야 했다. 물론, 전역 사유도 군 인사 및 진급 누락에 따른 불평불만으로 위장을 해야 했다.

이미 지휘관의 길을 포기한 박채서는 '정보사 공작관'에서 '안기부 공작원'으로 변신하는 데 동의했다. 그로서는 안정 궤도에 오른 공작여건을 가진 안기부 비밀 공작요원이 되어 큰 배로 갈아탄 격이었다. 안기부로서는 정보사가 진수시켜 안전하게 항해 중인 공작선 한 척을 선장과 함께 '턴키 베이스'로 사들인 격이었다. 결국 공작선의 '마스트헤드'가 정보사에서 안기부로 바뀐 셈이었다.

정보기관의 비밀공작 요원이 되는 과정은 그 자체가 공작비밀로 간주된다. 본인이 되고 싶다고 다 되는 것도 아니고, 정보기관에서 필요하다고 다 되는 것도 아니다. 또한, 이 두 가지가 모두 충족된다고 해서 되는 것도 아니다. 가장 중요한 요소는 능력과 여건이다. 즉, 본인의 의지와 능력, 그리고 해당 기관의 수요가 기본적으로 충족될 때, 엄격한 심사와 절차를 거쳐 비로소 공작원 후보로 선발되고 비밀공작원으로 교육-훈련되는 것이다. 선진국은 이러한 전문공작요원을 어릴 때 비밀리에 선발해 오랜 기간에 걸쳐 목표 국가를 대상으로 한 전문요원으로 양성했다. 이에 비해 한국은 군 장교와 경찰, 외교관 등 기존의 정보공작 인력풀에서 대상자를 찾다 보니 그 대상이 제한적일 수밖에 없었다.

박채서가 한-미 합동 902정보대와 일본 조총련 우회침투공작에서 경험한 미국과 일본 요원들은 달랐다. 대개는 중학생 시절부터 한국을 들락거리며 유학과 어학연수, 여행 등을 통해 한국에서 다양한 경험과 인적 네트워크를 쌓아 장차 대(對)한국 공작활동 때 지원받을 수 있는 토대를 미리 만들었다. 한결같이 한국어가 유창하고, 부인이나 남편이 한국인이어서 자연스럽게 한국인의 정서를 이해했다.

박채서는 수차례 일본을 방문해 조총련계 시바다 아리요시(서재호)와 만나 그의 신임을 얻어, 신덕샘물 등 몇 가지 아이템으로 대북사업 실적을 쌓아 갔다. 그리고 1994년 초부터 베이징에서 북측 인사들을 접촉하면서 대북공작이 본 궤도에 오른 가운데, 1995년 3월경 안기부의 공식인가를 받은 대북공작 활동이 본격적으로 시작되었다. 박채서는 안기부 소속 서기관급 국가공작원으로 정식 채용되었다.

08 _ '흑금성 공작'

'흑금성 공작'의 가동과 공작 계선

안기부 시절 국내 및 해외에서의 대북공작은 구(舊)8국과 203실(해외조사실) 담당이었다. 8국 또는 203실의 통상명칭은 '해외조사실'이지만 실제로는 '조사'가 아니라 '대북공작'인 것이다. 국정원에서는 '해외사업국'으로 부르지만, 실제하는 일은 역시 '사업'이 아니고 '대북공작'이다.

대북사업은 사업별 담당관제를 채택한다. 담당관을 통칭 공작관이라고 부르지만, 처장(3급 부이사관) 같은 보직을 맡지 않고 공작에만 전념하는 고참 공작관을 '전문공작관'이라고 부른다. 통상 일반 공작관이 맡은 공작보다, 경험 많은 노련한 전문공작관이 맡은 공작이 더 중요하고 공작 평가 급수가 높다.

모든 공작에는 이름표가 붙는다. 박채서를 지휘하게 될 이강복 전문공작관의 공작계획서에는 '흑금성(黑金星)'이라는 암호명이 붙여졌다. 대한민국의 국가정보기관인 국가안전기획부의 공작원이 조선민주주의인민공화국 국가안전보위부에 침투하는 '흑금성 공작'이 가동된 것이다.

당시 박채서의 공작 계선은 '박채서 공작원(직급은 서기관 대우), 이강복 전문공작관(부이사관), 송봉선(宋鳳善) 공작2단장(이사관), 남영식(南永植) 8국장(관리관: 이후 안기부 조직개편으로 이대성 '203실장'), 권영해(權寧海) 안기부장'이었다.

즉, 이강복, 송봉선, 남영식, 이대성, 권영해 5인을 제외하면 '흑금성'의 신원과 공작 내용을 아는 사람은 아무도 없었다.

모든 공작은 보안이 생명이다. 보안은 물리적 보안(physical security)과 인원 보안(personnel security), 그리고 활동 보안(operational security)을 포함한다. 그 중에서도 활동 보안은 공작 분야에서 자신을 지키는 수단으로써 특히 중요하다. 활동 보안은 '최소 인원 지득의 원칙(The Rule of Need-to-Know)'을 철저하게 지킬 것을 요구한다. 즉, 민감한 정보일수록 한 조각이라도 그것을 알아야 하는 구체적인 필요성이 있는 사람만 그 정보에 한정해 접근할 수 있도록 제한되어야 한다는 원칙이다.

활동 보안의 목적은 사전 예방이다. 적의 정보기관에 위장 포섭되어 침투해 이중스파이 공작을 수행하는 흑금성한테는 안기부에 그의 신원을 아는 사람이 많을수록 생명이 위태로워진다는 것을 의미했다. '최소 인원 지득의 원칙'에 따라 흑금성이 하는 일을 알아야 하는 구체적 필요성이 있는 사람만 그 정보에 제한적으로 접근할 수 있을 뿐, 그 밖의 모든 사람들은 흑금성의 존재를 몰라야 했다. 심지어 박채서 본인조차도 자신이 수행하는 공작계획 상의 암호명이 '흑금성'이란 사실을 몰랐다.

모든 공작은 불법적인 요소를 안고 있다. 스파이 활동 자체가 정보를 훔치는 것이며, 다른 사람 혹은 다른 나라의 법을 위반하는 행위다. 따라서 공작은 공작계획서에 대한 국가의 공식 승인이 나와야 모든 활동 면에서 국가공작 시스템의 지원을 받을 수 있다. 물론, 사전에 공작 여건 조성 과정에서 이미 세밀한 검증과 보안 측정(비밀 유지), 공작의 주된 참여 요원을 비롯한 모든 요원의 인적 검증, 목표 달성과 그 효과 및 예산의 타당성 분석 등 제3의 부서의 철저한 종합검증을 통과해야 된다.

철저한 검증을 통과한 공작계획서는 중요도에 따라 대통령에게 직접 결재를 받거나, 대부분 대통령의 위임을 받은 국가정보원장(또는 국가안전기획부장)

의 승인하에 국가 예산과 시스템의 지원을 받아 시작된다. 또한, 공작을 시행하는 중에도 계속해서 보안 측정과 공작 평가를 제3의 부서를 통해 받게 된다. 그리고 한번 시행되면 어떠한 경우에도 공작 보안은 생명과 같이 철저하게 지켜야 되는 것이 공작의 철칙이다.

흑금성 공작은 기본적으로 북측 정보기관에 포섭되어 침투하는 이중스파이 공작이었다. 따라서 박채서 소령은 군에서 진급과 보직인사에 불만을 품고 군대를 뛰쳐나온, 불평불만으로 가득 찬 장교여야 했다. 그는 '흙수저' 출신임에도 신분 상승의 사다리를 타기 위해 각고의 노력을 기울였으나, 강고한 기득권층의 벽에 막혀 좌절하고, 열패감을 보상받으려고 돈벌이에 물불을 가리지 않는 인물이어야 했다.

적(敵)을 속이기 위해선 주변부터 속여야 했다. 적은 반드시 포섭 대상의 주변 인물을 통해 검증해 오기 때문이다. 그는 검증에 대비해 자신을 신용 불량자로 만들고, 부동산 투자 등 각종 사기행위를 저질러 전과자가 되는 '역(逆)신분세탁' 과정을 거쳤다. 이러한 신분 세탁과 위장 작업은 상당한 시간 동안 여건 조성과 동시에 성공적으로 진행되었다.

팽팽한 긴장감 속에 '입질'이 시작되자 박채서는 슬며시 미소를 지었다. 북측 정보기관 요원들이 자신을 잘 아는 주변 사람들을 탐문하고 있다는 것이 감지된 것이다. 그들도 전문가여서 미끼를 덥석 물지는 않았다. 박채서가 신분을 세탁해 위장한 시간만큼은 아니어도, 그들도 남한의 고첩(고정간첩)을 동원해 상당한 시간과 노력을 들여 박채서라는 타깃의 뒷조사를 했다. 그리고 박채서를 잘 아는 주변 인물들과 그를 뒷조사한 자들의 타깃에 대한 평판이 일치했을 때 비로소 미끼를 물었다.

조총련계 시바다 아리요시(서재호)와의 만남
당시 김영진에게 중국산 농산물을 북한산으로 세탁하는 문제를 해결해줄 북한측 인사(장현철)를 소개해준 사람이 청주고 동기의 형인 일본 조총련계 재일교포 서재호(시바다 아리요시)였다. 원래 청주 출신인 서재호는 아버지가 월북자여서 어릴 때부터 차별과 멸시를 당했다. 그는 한국에서는 희망이 없다고 판단해 일찌감치 일본으로 건너가 일본 여자와 결혼해 일본에 귀화했다. 서재호는 당시 평양 만수대창작사에서 보석 세공소를 차려, 일본과 평양을 오가며 북한 인력에 세공기술을 전수해 기술자를 양성하고 있었다.

박채서는 김영진으로부터 서재호를 소개받은 뒤에, 대북 사업을 구실로 수차례 도쿄를 방문해 그의 회사와 집까지 방문하게 되었다. 일부러 친해지기 위해 후지산 등산을 함께 하기도 했다. 두 사람은 '흙수저' 출신이라는 공통점이 있었다. 서재호는 월북자 가족이라는 멸시를 받은 한국에 반감이 컸고, 박채서는 비육사 출신으로 진급에서 차별을 받은 군에 반감을 가졌다는 점에서 동병상련을 느꼈다. 두 사람은 가까워지자 한국은 물론, 베이징에서도 만났다. 이제 서재호의 주선으로 북한 사람을 만나는 것도 시간문제로 보였다.

서재호는 대북사업을 하려는 박채서에게 북한산 '신덕샘물'이나 '금강샘물'을 국내에 도입해볼 것을 제안했다. 박채서는 북한산 먹는 물에 관심을 갖고 있는 ㈜진로 등 몇 개 회사와 접촉해 타당성을 타진해 보았으나, 현지 취수공장 조성과 물류 등 문제점이 적지 않아 국내 도입을 중단했다. 그다음으로 제안받아 역점사업으로 추진했던 아이템은 러시아 블라디보스톡의 폐군함을 해체해 국내 제철소에 파는 '고철 장사'였다. 연방 해체로 극심한 경제난을 겪은 러시아의 극동함대 기지에는 팔리기를 기다리는 폐군함이 수두룩했고, 군함은 철의 재질이 좋아 포항제철과 동국제강에서도 관심을 보였다.

대북 직접 침투공작을 추진하는 박채서의 입장에서는 북한 군부에 접근할 수 있는 통로라는 점에서 좋은 기회였다. 계약이 성사되면 북한의 값싼 노동력을 블라디보스톡 현지에 파견해 해체 작업을 시키게 되는데, 상대가 북한 해군에서 운영하는 '청봉'이라는 대외 무역회사였다. 초기 자본은 서재호가 부담하기로 하고, 북한은 노동력을 제공하기로 했다. 러시아 해군과의 업무 협조는 전통적으로 소련 해군과 밀접한 유대관계를 유지해온 북한 측이 맡기로 했다. 박채서는 선박 해체용 절단기 공급과 국내 판로 개척을 맡아 사업을 추진했다.

두 사람은 이번 사업이 성공하면, 블라디보스톡의 폐선박을 북한 청진항 등으로 예인해 북한 현지에서 해체 작업을 하는 것으로 사업영역을 확장하기로 했다. 그런데 문제가 생겼다. 서재호가 자신의 능력을 과시하느라 러시아의 폐잠수함 5척을 북한 청진항으로 입항시켰다가, 미국과 일본의 정보당국에 발각되어 국제 문제로 부각된 것이다. 특히 일본 언론은 폐잠수함이 북한 해군의 잠수함 전력으로 전용될 가능성을 제기하며 예민하게 반응했다. 서재호는 일본 공안의 조사를 받아야 했다.

그뿐이 아니었다. 이를 계기로 '영유통'이라는 회사가 구소련 극동함대의 주력 항공모함이었던 민스크호(號)와 노보시비르스크호까지 청진으로 입항시켜 해체 작업을 시도했다. 그러나 여의치 않자 마산 앞바다로 예인해 국내에서 해체를 시도해 한동안 국내에도 이슈가 되었다. 함께 반입된 노보시비르스크호가 포항에서 먼저 해체되는 과정에서 상당한 해상 오염을 가져와, 환경단체와 어민들이 반대하는 바람에 2만7천t짜리 고철 덩어리 민스크호는 여러 항구를 떠돌다가 미국 회사에 팔려 인도(印度)에서 해체되었다.

박채서는 나중에 대북 공작을 본격적으로 추진하는 과정에서 서재호 루트를 통해 러시아 극동함대의 '동해 해저지도' 밀반출 제안을 받기도 했다. 당시 러시아는 극동함대 운용을 구실로 돈이 되면 뭐든 팔아서 해치웠다. 동해 해저지도는 한국군에 군사적으로 매우 요긴한 자료였다. 게다가 해저지도 제작기술이 일천한 한국이 해저지도를 제작하려면 훨씬 더 많은 비용과 시간을 들여야 했다. 그들은 처음에 500만 달러를 불렀지만, 실제로는 현금 100만 달러면 구매가 가능했다. 두고두고 아쉬운 아이템이었다.

청진 수성천의 모래를 파서 청진항에서 국내로 들여오는 모래 반입사업도 시도했다. 노태우 대통령의 200만호 주택공급 사업의 여파로 불순물이 많은 중국산 모래와 염분이 있는 바닷모래까지 들여와 철근콘크리트에 사용할 만큼 국내 건설시장의 골재 부족 현상이 심각했다. 서재호는 블라디보스톡 극동함대의 병력 수송선을 이용해 모래를 청진에서 삼척, 포항 등 동해안의 하역장으로 싣고 와, 수송단가를 최대한 낮추는 방안을 강구했다. 문제는 대부분의 건설 현장이 위치한 수도권 지역까지 수송하는 방안이었다. 동해안에서 태백산맥을 넘어가는 물류비용이 상당했는데, 그에 대한 대책이 없었다. 서재호가 청진 현장을 수차례 방문해 북한 당국과 협의를 마쳤음에도, 결국 북한산 모래 반입 건은 무산되었다.

정보사의 '초짜 공작관'이었던 박채서 소령은 공작을 실행하기 전에 공작계획의 타당성을 사전에 찾아내 문제점을 검토하는 그때만 해도 공작여건 조성 단계에서는 상부의 지원을 받을 수 없고, 기대해서도 안 된다고 생각했다. 그러나 이는 업무의 미숙함과 경험 부족 때문이었다는 것을 나중에 알게 되었다.

베이징 루프트한자 센터의 캠핀스키 호텔

박채서는 정보사 공작단에 근무하는 동안 전세로 도곡동 대림아파트에서 살았다. 노태우 대통령의 200만 호 주택건설 정책에도 불구하고 아파트값은 계속 오르기만 했다. 그는 1988년에 롯데계열의 조합주택으로 짓는 염창동 우성아파트의 입주권 딱지를 매입해 1994년 4월에 처음으로 '내 집'을 마련해 이사했다. 아이들 교육을 감안하면 강남이 나았지만, 업무상 공항을 자주 이용해야 하는 그의 사정을 가족들이 이해해 주었다.

그는 이웃사촌으로 만난 박기영 씨의 사정이 안쓰러워 '북한 당국과 광고사업을 주선해보겠다'고 큰소리를 쳤지만, 어떻게 풀어가야 할지 고민되었다. 그는 아파트 베란다에 앉아 한강의 해넘이를 바라보면서 그동안의 사업을 반추해 보았다.

북한에서 먹는 샘물과 고철, 그리고 모래 반입사업까지 추진하면서 그는 사업 능력의 한계를 절감했다. 사업을 해본 경험이 없고 이해가 부족한 가운데 대북공작 연계 의욕만 앞서다 보니 차질을 빚는 경우가 다반사였다. 편승공작은 일단 올라탈 대상인 본사업이 본궤도에 올라야 안정적으로 공작을 진행해 공작목표를 달성할 수 있었다. 그러나 광고사업은 달랐다. 성사만 되면, 자신에게 특별한 노하우나 경험이 없어도 전문가인 박기영과 보조를 맞추어 안정적으로 자신의 '사업'을 진행해 나갈 수 있을 거라는 자신감이 들었다.

무엇보다도 박기영 대표는 광고사업에 대한 의욕이 충만했다. 그가 특정한 회사나 조직에 매인 신분이 아니어서, 박채서의 입장에서는 조종–통제하기도 쉽겠다고 판단했다. 광고사업은 무형의 자산을 판매하는 사업이기에 설령 실패하더라도 금전적 책임에서 자유로울 수 있었다. 또한, 박기영 대표가 기왕에 먼저 추진하던 사업이어서, 공작 대상자는 물론, 나중에 북한으로부터 의심을 받지 않고 올라탈 수 있는 구실과 알리바이가 충분했다. 공작 추진 여건으로서 최적이었다.

관건은 벽창호 같은 북한 인사들에게 '자본주의의 꽃'이라는 상업광고 사업을 어떻게 이해시키고 승낙을 받을 것이냐였다. 이 사업은 북한의 최고 권력자여야 결정할 수 있는 사안이었다. 특히 광고사업이니만큼 선전 매체와 예술 분야의 전문가인 김정일 총비서만이 결정할 수 있을 것으로 판단되었다. 그만큼 사업에 대한 저쪽의 심사절차도 까다로울 수밖에 없었다. '자본주의의 꽃'에는 독침을 품은 벌도 숨어 있을 가능성이 컸다. 하지만 공작에서 위험이 크다는 것은 그만큼 성공의 과실이 크다는 것을 의미했다.

이 사업을 성공시키면 북한 고위급 인사는 물론, 김정일까지도 접촉할 수 있다는 생각에 이르자, 박채서는 자신도 모르게 주먹을 불끈 쥐었다.

박채서는 베이징에서 서재호와 만나 광고사업의 개요를 설명하고, 북측 인사를 직접 만나게 해줄 것을 요청했다. 한국 국적기는 베이징 서우두국제공항

베이징 루프트한자센터의 캠핀스키 호텔

(北京首都国际机场)[19]에 취항하지 못하고 텐진(天津)까지만 운항해, 버스나 택시를 타고 베이징으로 가는 번거로움을 겪어야 했다.

그때만 해도 베이징의 밤은 칙칙했다. 깜박거리다가 전깃불이 나가면 새벽 4시까지 어둠 속에서 밤을 지새워야 할 때가 잦았다. 그나마 중국 무장경찰과 홍콩 기업이 합작해 만든, 베이징에서 몇 안 되는 5성급 호텔인 쿤룬판디엔(崑崙飯店)이 그 정도였으니, 그 밖의 숙박 시설은 더 말할 것도 없었다. 그때까지 그가 다니던 한국식당은 도가니탕을 먹을 수 있는 '신라' 하나뿐이었다.

마침 대우건설이 독일 루프트한자(Lufthansa) 그룹과 합작해 만든 캠핀스키 호텔[20]이 들어서자, 그는 그곳으로 거처를 옮겼다. 대우건설은 당시 270억 원을 투자해 캠핀스키 호텔을 운영하는 베이징 루프트한자 센터 지분의 25%를 취득했다. 캠핀스키에는 한국인 매니저가 있어 의사소통이 편리했다. 또한, 신축한 호텔 중에서 객실의 방음설비가 가장 좋았고, 독일계 호텔이어서 중국 공안의 감시로부터 자유롭다는 장점도 있었다. 게다가 루프트한자 센터 지하상가에 문을 연 한식당 '서라벌'은 메뉴가 다양해, 그도 도가니탕에서 벗어나 여러

주19 _ 중국의 수도 베이징에 있는 국제공항으로 베이징으로부터 북동쪽으로 28㎞, 베이징의 중심인 톈안먼(天安門) 광장에서 25.35㎞ 떨어져 있다.
주20 _ 베이징 캠핀스키 호텔은 1997년 15대 대선을 앞두고 박채서와 북한의 대선공작반이 치열한 첩보전을 펼치는 전쟁터가 된다. 대우건설이 지분(25%)을 보유한 이 호텔은 2016년 매출액 951억 원, 당기순이익 279억 원을 기록했다.

가지 한식 요리를 맛볼 수 있었다.

그는 베이징에 가면 캠핀스키 호텔을 거점으로 서재호와 함께 시내를 이곳 저곳 구경 다녔다. 때로는 혼자서도 여기저기 기웃거리며 일부러 흔적을 남겼다. 언제 닥칠지 모를 북한 인사들과의 접촉 때에 자연스러운 환경을 조성하기 위한 사전 포석이었다.

북한에 포섭되기 위한 신분 세탁과 미끼 던지기

정보기관에게 예측 가능성만큼 큰 축복은 없다. 정보활동은 불확실성을 조금이나마 극복하기 위한 업무이다. 그래서 정보기관은 다른 나라의 중요한 정보 대상목표가 된다. 상대국의 정보기관이 무엇을 알고 있고, 무엇을 모르고 있는지, 그리고 어떻게 일을 수행하고 있는지를 파악해 두면 언제든지 유용하게 활용할 수 있기 때문이다.

북한 정보당국에 직접 침투하는 방법은 두 가지다. 상대방을 포섭하거나 자신이 상대방에게 포섭당하는 것이다. 자신이 타깃이 되어 위장포섭당하려면, 상대방이 자신을 유인할 만한 명분과 실리가 있어야 했다. 그러나 첩보의 세계에서 위장포섭은 늘 경계 대상 1호이다. 일단 밑밥을 던져 놓고, 상대방이 미끼를 물 때까지 인내심을 갖고 기다리는 수밖에 없다.

박채서는 직접 침투공작을 계획하면서 북한의 대남 공작기관 중에서도 노동당 중앙당에서 직접 운영하는 '조사부'와 연계되기를 바랐다. 그러나 서재호가 북한에서 지원을 받는 기관은 국가안전보위부였으며, 그와 상대하는 실무책임자는 '김영수'라는 고참 과장이었다. 그의 직무는 반탐(反探), 즉 한국 정보기관의 방첩(防諜) 업무에 해당했다. 대남 전문공작기관이 아닌 북한 체제와 정권을 보위하는 기관이어서 조금 실망했지만, 그가 임의로 선택할 수 있는 상황은 아니었다.

국가안전보위부는 북한에서 가장 중요한 체제 보위·규율 기관의 하나이다. 흔히 남한의 국가정보원과 비교하지만, 국가안전보위부는 기본적으로 반탐 업무와 해외정보 수집 및 공작, 체제 저해요소 색출·제거, 대남 접촉회담 지원 업무 등을 수행한다. 이러한 업무분장에 근거하여 사상·동향 감시, 반체제 사범 및 지도층 비방 사건 수사, 정치범 관리 등 체제 유지와 정권 위협요소를 색출·제거하는 반탐 활동이 핵심 임무다. 국가안전보위부는 남한의 경찰에 해당하는 인민보안부와 함께 국방위원회 소속이었으나, 2016년 국방위원회가 폐지되고 국무위원회[21]가 신설되면서 각각 국가안전보위성과 인민보안성으로 바뀌었다.

그러나 지금도 북한 인민들은 통상 '보위부'라고 부른다. 보위부는 형사재판 제도와 별개로 운영되는 북한 최고의 정치사찰 전담 기구로서, 정치사상범의 감시, 구금, 체포, 처형 등을 법 절차 없이 임의로 결정하는 권한을 행사하는 공포의 기구다. 2013년 12월 조선중앙TV가 공개해 큰 충격을 주었다시피, 장성택이 최고의결기구인 조선로동당 정치국 확대 회의에서 보위부 요원 2명에 의해 끌려나가는 장면은 보위부의 권한과 역할을 상징적으로 보여준다. 장성택은 그해 12월 13일 국가안전보위부 특별군사재판에서 사형 선고를 받고 처형되었다.

이처럼 보위부는 각급 행정기관 내의 수사, 사회단체·공장·기업소 감시, 북송교포 감시, 우편검열, 유무선 통신 도청, 비밀문서 관리, 장병 동태 감시는 물론, '3대 세습체제' 구축과정에서 야기되는 저항요소를 척결하는 역할까지 수행한다. 보위부는 중앙에서부터 도·시(구역)·군 및 리·동, 기관·기업소 및 군부대에 이르기까지 요원을 파견해 동향을 감시한다. 한편, 남한의 경찰에 해당하는 인민보안성은 공공질서의 유지·강화 및 국가의 재산 보호 기능을 수행

주21 _ 북한은 2016년 6월 29일 최고인민회의 제13기 제4차 회의에서 국방위원회를 폐지하고 대신 국방 분야에 한정되었던 '국방위' 기능을 포함하여, 통일·외교·경제분야로 기능과 역할을 확대한 '국무위원회'를 신설해 권력 기구를 개편했다. 이에 따라 '선군정치'의 상징이었던 국방위원회는 44년 만에 역사 속으로 사라지고, 그동안 북한 국정을 주도한 국방위원회의 기능이 국무위원회로 변경됐다. '국방'이라는 명칭 대신 '국무'라는 명칭을 부여해 '비상국가체제'가 아닌·'정상국가로서의 체제를 갖추려고 하는 포석으로 해석되었다.

한다. 인민보안성은 각 도와 시(구역)·군에 '보안서'를 두고 있으며 '분주소(파출소)'를 운영하고 있다.

방첩기관이라고 해서 방어만 하는 것은 아니다. 방첩에는 수집과 방어, 그리고 공격의 세 가지 유형이 포함되어 있다. 보위부 입장에서 '수집'은 남한 정보기관의 정보수집 능력에 대한 첩보를 수집하는 것이다. '방어'는 남한 정보기관의 자국 정보기관 침투를 막는 것이다. '공격'은 자국 정보체계에 대한 침입을 확인한 뒤에 침입자에게 허위정보를 제공해 역이용하거나, 침입자를 포섭해 이중간첩으로 활용하는 것이다.

박채서는 산전수전 다 겪었을 북한 보위부 고참 반탐과장에게 군에 불만을 품고 스스로 뛰쳐나온 남조선의 부적응 장교로 보여야 했다. 이를테면 그는 집안 형편상 2년제 단기사관학교를 나왔지만, 군에서 정규대학을 졸업하고 대학원까지 마친 석사 장교이며, 고등군사반(대위)과 육군대학(소령) 이수 성적도 최상급이며, 부수적으로 장교영어반(21기)과 전략정보(25기) 과정을 이수해 영어와 일본어가 가능한 장교임에도 인사와 진급에서 차별받은 것에 불만을 품고 뛰쳐나온 자였다.

또한, 그는 군 재직 시절에 상급자와의 잦은 마찰로 조직에서 다루기 힘든 장교였으며, 군을 떠나기 전에는 육사 출신 상급자와 금전 문제로 갈등을 겪다가 불명예스럽게 전역한 장교였다. 전역 전에 국군 정보사에서 한-미 합동 902정보대 공작팀장으로 근무하면서 대북공작 경험을 쌓았고 지금은 자신의 정보사 복무 경험을 살려 생계 수단으로 대북사업을 하면서 돈벌이에 혈안이 된 퇴역 소령이었다.

특이한 점이 있다면, 한-미합동 공작팀장으로 근무할 때인 1992년에 당시 김영삼 대통령후보의 사촌 처남 손성훈 씨(사회복지법인 한얼재단 이사장)와 특별한 인연을 맺어, 김덕룡 의원 등 김영삼 대통령의 측근들과 '연줄'이 있었다는 점이다. 이러한 연줄로 인해 공작여건을 조성하는 단계에서 큰 덕을 보기도 했지만, 반대로 금전적으로 큰 손해를 겪기도 했다. 실제로 그는 손성훈 씨를 통해 알게 된 고급 정보 덕분에 보위부의 신임을 얻었지만, 한편으론 군 생활을 하면서 봉급을 절약해 모은 돈으로 사 놓은 강원도 원주시 문막의 임야 2만 평과 충남 부여 규암면의 대지 5천 평을 손해배상으로 날리기도 했다.

박채서는 일부 사실과 조작된 정보가 혼재된, 자신에 대한 이런 부정적인 평판을 '밑밥'으로 던져 서재호의 귀에 자연스럽게 들어가도록 했다. 박채서는 서재호가 '신분 세탁'한 자신의 일거수일투족을 감시해 이미 북한 정보당국에 보고하고 있음을 직감하고 있었다. 그가 베이징에서 서재호와 만나는 동안 몇 차례 북한 인사들을 접할 기회는 있었다. 그러나 만나는 상대는 베이징 주재 북한대사관 참사나 인민군 중좌 계급의 피라미 급이었다. 실무자인 그들은 말과 행동이 경직되고 결정권이 없어 보였다. 이왕이면 대어급이어야 했다. 그러나 미끼가 되어 물기를 기다리는 박채서에게 달리 선택권은 없었다.

베이징에서 획기적인 전환점을 모색하던 박채서에게 기회가 찾아왔다. 장성택의 친형인 장성우 인민군 상장의 외아들인 장현철이 중국 선양에 근거지를 두고 중국산 농산물을 매입해 북한 남포항에서 '포대갈이'를 한 뒤에 한국으로 보내는 중개무역을 하고 있다는 사실이었다. 그 '포대갈이'의 주된 사업 파트너가 박채서의 청주고 1년 선배인 서울교역 김영진 대표였다.

서재호에게 탐문해 보니, 장현철은 장성우-장성택-장성길 3형제의 자식 중에서 유일한 아들이었다. 또한, 김정일의 여동생 김경희의 시댁인 장씨 집안의 대를 이을 장손이었다. 그런데 당이나 군의 요직에 진출하지 않고 외화벌이를 하고 있었다. 북한의 지배계급이 소련과 동구권 국가들이 몰락하는 과정에서 당-군의 중심에 있던 자들이 쇠락하고, 자본을 가진 자들이 신흥세력이 되는 것을 지켜보면서 자식을 바깥세상에 내보낸 것이 아닐까 하는 생각이 들었다. 박채서는 바로 그 '약한 고리'를 파고 들기로 작정했다.

여건 조성 : 장성택의 장조카, 장현철에 올라타기

박채서는 서울교역에 정월 대보름에 대비해 북한산 호두와 잣 등을 평소보다 물량을 크게 늘려 주문하도록 했다. 그는 사전에 경동시장 도매업자들을 움직여 주문하도록 유도해 김영진 대표도 내막을 모르게 했다. 평소 15~20만 달러어치에서 3배가량 늘려 수입가로 50만 달러어치를 넘게 구매했다. 당시까지 북한산 단일 농산물 수입액으론 최대였다.

그는 다른 나라와의 무역거래와 달리 대북한 무역은 신용장(L/C)이 조건부 결제라는 점도 활용했다. 즉, 북한과의 무역거래는 예기치 않은 문제가 자주 발생해 상대국에서 선적할 때 자동 결제하는 방식이 아니라 국내에서 하역 후에 물품 확인절차가 끝나면 결제해주는 방식이었다.

박채서는 구매한 농산품이 인천항에 들어오자, 관세당국에 미리 손을 써서 보세창고에 쌓여 있는 북한산 농산물을 검역한다는 구실로 인천항 출입 기자들을 대동하고 공개 확인하도록 했다.

정부는 그동안 일부 무역업자들이 중국산 농산물을 북한산으로 위장해 반입하는 정황을 감지했지만, 대북 교역의 활성화 차원에서 눈감아 주고 있었다. 그러다 보니 북한 당국이나 국내 수입업자들도 관행적으로 북한 남포항에 들러 원산지 표시 증명 확인만 받아오는 것이 다반사였다. 남포항에서 북한산으로 둔갑시키는 '포대갈이'조차 제대로 하지 않은 채 형식적으로 원산지 증명만 받아온 것이다. 그러니 검역 결과는 불을 보듯 뻔했다. 그날 저녁 9시 뉴스에 헤드라인 뉴스로 보도되었고, 이튿날 신문에도 대서특필 되었다.

신용장이 결제되면 중국인들에게 지불하기로 약정한 선양의 장현철은 곤란한 처지에 빠졌다. 중국의 농산물 수출업자들이 장현철에게 대금 지급을 독촉하자, 여윳돈과 예비비까지 몽땅 털어 지급하고도 15만 달러의 미수금이 발생했다. 그러자 수출업자들은 중국 공안에 장 씨를 고소하는 지경에 이르렀고, 중국 당국은 10일 이내로 물품 대금을 완납하라는 최후 통첩과 함께 출국할 수

북한 국가보위부가 운영한 '해당화'에서 노래하는 박채서

없게 연금 조처했다. 놀랍게도 북한에서 막강한 장 씨 집안이 15만 달러를 구하지 못해 중국 공안에 사실상 구금이 된 것이다.

북한 측 '포대갈이' 사업 관련자들은 장 씨가 연금되자 어찌할 바를 모르고 호떡 집에 불난 듯 야단법석이었다. 박채서는 어둠 속에서 혼자 미소를 지으며 불구경을 했다. 그러다가 최후통첩 10일을 하루 앞둔 마지막 날에 서재호를 앞세워 남은 물품 대금을 정리해 주었다. 박채서는 이로써 장씨 일가에 큰 빚을 안기며 북한 수뇌부에 다가갈 수 있는 징검다리를 하나 걸쳐 놓았다.

여건 조성 단계에서 망외의 소득은 북한의 외환 관리 실태와 위기상황 대처 능력을 가늠해볼 수 있었다는 점이다. 북한 당국은 남측이 알고 있는 이상으로 외환 관리통제가 철저했다. 김정일의 누이(김경희)의 시댁인 장 씨 일가에서 15만 달러를 변통하지 못한 것은 외환이 예외 없이 통제되고 있다는 것을 의미했다. 한편, 저들의 상황 대처 능력은 제로(0)에 가까웠다. 시키는 일만 습관적으로 하다 보니 스스로 해결할 방안을 찾는 것에 익숙하지 못해서 생긴, 어찌 보면 당연한 결과였다.

박채서가 '병 주고 약 준' 포대갈이 적발 사건이 있고 나서, 베이징에서 접촉하는 북한 인사에도 변화가 생겼다. 그가 장교 출신이어서 그에 대한 배려(?) 차원이었는지 북측은 처음에 임태식 중좌(중령급)를 파트너로 내세웠다. 박채서는 베이징 외곽의 허름한 아파트 단지 내에 있던 북한식당 '해당화'에서 그와 주로 만났고, 이따금 아시아선수촌 내의 '유경식당'에서도 만났다. 그때만 해도 테이블 4개에 방 1개가 전부였던 '해당화'는 국가안전보위부에서 운영하고 있었다. 베이징 주재 북한대사관에서 운영한 유경식당은 베이징의 북한식당 중에서 규모가 가장 컸다. 특히 단고기(개고기) 요리를 즐기는 고객들이 유경식당을 찾았다.

임태식 중좌는 식당에서 단고기를 먹다가도 대화 중에 김일성이나 김정일 이야기만 나오면 벌떡 일어나 부동자세를 취할 만큼 사고가 경직되어 있었다. 식당이나 가라오케에서 노래를 불러도 적기가(赤旗歌) 아니면 김일성 - 김정일 부자와 조선노동당 찬양가 일색이었다. 그는 박채서가 대화 중에 습관적으로 사용한 '북한'이란 표현에도 '북한이 아니라 조선'이라며 시비를 걸었다.

자연히 대화를 할수록 불화와 다툼이 커져갔다. 급기야 '해당화'의 방에서 육탄전 일보 직전까지 간 박채서는 서재호를 통해 '도무지 말귀가 안 통하는 파트너를 다른 사람으로 바꿔주지 않으면 사업을 그만두겠다'고 최후통첩을 하는 데까지 이르렀다. 물론, 비빌 언덕이 있었기에 가능한 행동이었다.

리철의 등장과 노동당 조사부의 100만 달러 유혹

장현철 사건에서 '해결사' 역할을 한 성과는 파트너 교체로 나타났다. 박채서에 대한 북측의 태도도 몰라보게 바뀌었다.

박채서 앞에는 김영수 보위부 반탐과장과 함께 새로운 파트너가 등장했다. 1954년생 동갑내기인 리철은 김일성종합대학 경제학부 수석 졸업자로, 현 직위는 '조선민주주의인민공화국 대외경제위원회 심의처장'이었다. 그는 황장엽 씨가 김일성대 총장으로 있을 때 정치경제학과에서 자본주의 경제학을 가르치는 상급교원(교수)이었다. 그는 1994년 한국으로 귀순한 조명철 대외경제정책연구원 연구위원과 김일성대 박사원에서 동문수학했다.

베이징 캠핀스키 호텔에서 광고에 대한 설명을 듣고 있는 리철 참사(맨오른쪽)

리철의 부친은 상장 계급의 군인이고, 장인은 양강도 당비서, 부인은 로동신문 기자였다. 그의 장인 리길송은 나중에 함경남도 책임비서를 지냈다. 그는 박채서와 접촉할 때는 '리철'이라는 본명을 사용했으나, 다른 기업을 상대할 때는 '리철운'으로 행세했다. 2000년대부터는 '리호남'이란 가명을 사용했다.

서재호는 자신이 리철을 추천해 당에서 파트너로 정해줬으니 앞으로는 싸우지 말고 잘 해보라고 생색을 냈다. 리철의 첫인상은 머리숱은 적지만 단정하게 빗어넘긴 깔끔한 외모에 북한 말투가 크게 두드러지지 않은 학자풍이었다. 말투는 어수룩하면서도 경제사업과 이권을 챙기는 데는 비상한 재주를 가졌다. 박채서도 처음에는 리철과 서로 눈치를 보느라 서먹서먹했지만, 입만 열면 '공영방송'을 반복하는 임태식 중좌보다 대화하기가 훨씬 더 편했다.

그러나 광고사업에 대해서는 처음부터 하나하나 설명해야 했다. 그들은 '상업광고'라는 용어 자체를 낯설어했다. 그러니 광고사업의 파트너 역할을 할 사람도 기관도 없었다. 그나마 가장 유사한 업종의 기관을 찾아내 사업 파트너로 내세운 곳이 '금강산국제관광총회사'였다. 북한을 찾는 외국인 관광객을 모집하고 관광객 기념사진과 관광지 홍보 사진을 찍는 것이 전부인 기관이었지만 카메라를 다룬다는 것이 파트너로 선정한 주된 배경이었다.

북한과의 광고사업은 무(無)에서 유(有)를 창조하는 작업이었다. 북한의 명소를 배경으로 하는 광고제작 사업을 제시하니 의외로 그들은 광고의 개념 자체를 모르고 있었다. 그러나 잘 이해시키고 설득하면 가능할 것 같았다. 차라리 아주 모르는 편이 사업추진을 위해서는 더 좋을 경우가 있었다. 설익은 지식으로 '감 놓아라. 배 놓아라' 하는 것보다 이쪽에서 유도하는 대로 사업을 추진하는 것이 더 순조로울 수 있다고 낙관적으로 생각했다. 박채서는 금강산국제관광총회사 직원 5명을 베이징으로 불러내 박기영 대표로 하여금 캠핀스키 호텔에서 1주일 동안 광고의 기본 개념부터 교육시키도록 했다.

박채서는 처음부터 북한 당국에 부담을 주지 않으려고, 일단 북한 내의 명소를 배경으로 한국 기업과 제품을 홍보하는 광고를 제작하기로 했다. 그 뒤를 이어서 공항과 주요 도시 거리에 입간판을 설치하고, 남북한 연예인들이 공동 출연하는 CF 촬영으로 활동 범위를 넓혀갈 계획이었다.

박채서는 대북 광고사업을 추진하면서 두 가지 유혹에 시달렸다. 하나는 사업의 주체를 박기영 대표의 개인 회사인 아자 대신에 좀 더 규모 있는 회사로 바꾸는 것이었다. 박기영은 무리하게 광고사업을 추진하느라 이미 빚을 져 아파트까지 처분한 상태였다. 그렇다고 해서 아자에 공작 자금을 투입할 수는 없었다. 아자에 조금이라도 출처가 의심스런 돈이 투자된다면 북측의 의심을 살게 뻔했다. 북측이 실적이 없는 아자를 불신하는 것도 유혹에 한몫을 했다.

한편으로는 광고에 대해 알아가고 광고사업을 추진할수록 묘한 호기심이 발동하고 매력이 느껴졌다. 광고사업이 성사되면 회사의 이익 창출도 상당할 것으로 추산되었다. 그러니 이익 창출을 극대화할 수 있는 회사가 사업의 주체가 되는 것이 바람직했다. 본사업이 안정되면, 최소 5년 최대 30년 정도의 장기계약을 맺을 수 있어서 안정적인 장기공작도 가능했다. 그러나 박기영 씨가 대홍기획을 퇴직한 후에 피아노 개인교습으로 두 딸의 학비와 생활비를 벌어온 부인을 마주칠 때마다 그런 유혹을 떨치곤 했다.

북한 측에서도 돈으로 사업 파트너를 바꿀 것을 유혹했다. 박채서가 베이징 쿤룬호텔에 묵고 있을 때, 리철과의 면담에 몇 번 동석한 적이 있는 북한대사관 직원이 박채서에게 '만나고 싶어하는 분이 있는데 시간을 내주실 수 있냐'며 정중하게 요청해 왔다. 박채서가 응낙하자 30분 뒤에 대사관 직원이 50대 중반 정도의 남자를 그의 호텔 방으로 안내해 주고 사라졌다. 50대 남자는 자신을 '리인'이라고 소개하고, '조선노동당 조사부 베이징 책임자'라고 거침없이 신분을 밝혔다. 그는 대화를 통해 박채서에 대해 소상히 알고 있음을 은연중에 드러냈다. 박채서가 현재까지 접촉해온 북측 인사는 물론, 추진하는 사업 내용까지 알고 있었다.

리인이라는 자는 단도직입으로 박채서에게 제안했다.

"우리랑 같이합시다. 우리랑 손잡으면 박 선생한테 선불로 100만 달러를 조건 없이 지원하겠습니다."

파격적인 미끼였다. 1994년에 100만 달러는 큰돈이었다. 리인은 박채서에게 "선생 같은 조건을 갖춘 사람이 김영수나 리철 같은 사람들과 일을 하는 것은 맞지 않다"고 말했다. 그의 말에 따르면, 박채서가 접촉한 김영수와 리철은 국가안전보위부 라인이었다. 서재호의 북한 내 사업이 안착하는 데 도와준 기관이 보위부여서 박채서의 광고사업도 보위부와 연결되었는데, 사업의 성격상 보위부와는 맞지 않다는 것이었다. 리인은 직선으로 치고 들어왔다.

"박 선생은 대북공작을 했던 분인데, 반탐(反探) 업무가 주임무인 보위부에서 그쪽 전문가인 김영수 반탐과장을 내보냈으니 근본이 맞지 않습네다."

요컨대, 반탐 전문기관보다는 공작 전문기관인 자신들과 손을 잡고 일을 하는 것이 성과를 내고, 금전 지원도 충분히 받을 수 있다는 직설적인 제안이었다. 그의 말대로 노동당 조사부는 노동당의 전폭적 지원을 받는 정평 있는 공작기관이었다. 더구나 현금 100만 달러라는 거액의 지원금을 약속했다. 박채서가 그 유혹에 잠깐 고민한 것은 사실이지만, 결단은 빨랐다.

박채서는 곧장 김영수를 불러내 자초지종을 얘기하며 불같이 쏘아붙였다.

"당신들이 나를 시험하느냐? 내가 그런 사람으로밖에 보이지 않느냐? 그럴 바에는 여기서 정리합시다. 내가 다른 무슨 일을 하더라도 우리 식구를 굶기겠냐?"

박채서의 분노에는 일정 부분 진심이 담겨 있었다. 리인이라는 자가 자신의 신상과 과거는 물론, 현재 진행 중인 사업에 대해서도 소상히 알고 있어, 그리 판단할 수밖에 없었다. 그런데 나중에 알고 보니 정보사 공작관 경력을 가진 박채서의 조건을 탐낸 조사부에서 실제로 그를 가로채려고 했던 것이다.

아무튼, 그로 인해 보위부와 김영수는 박채서를 더 신뢰하게 되었다. 그러나 사업추진에는 더 애를 먹게 되었다. 그가 100만 달러를 제안받은 사실을 보위부에 제보하자 보위부와 조사부 사이에 알력이 생겼다. 또 제안을 했다가 거절당하고, 제안 사실까지 공개된 조사부가 노골적으로 방해하는 바람에 광고사업은 상당 기간 진척을 보지 못했다.

그러나 박채서는 처음부터 대북공작에서 그들에게 정공법을 쓰기로 다짐했다. 아무리 그들에게 포섭되는 상황이더라도, 최소한의 자존심을 유지하고, 그들의 사상과 체제를 받아들일 수 없다는 것을 분명히 해둘 필요가 있었다. 그는 오로지 처자식을 먹여 살리고, 돈을 벌기 위해 협조할 수 있는 것은 최선을 다해 협조하겠지만, 안 되는 것은 안 된다고 분명히 선을 그었다. 그런 가운데 북측이 박채서에 대한 뒷조사를 끝내고 여건이 맞는다고 판단했는지, 1995년 5월 그는 서재호의 안내로 첫 방북을 하게 된다.

09 _ 박경윤과 금강산국제그룹

박종근 금강산국제무역개발 사장과 박경윤 금강산국제그룹 회장

평양에 갈 때는 조선민주주의인민공화국의 유일한 국가항공사인 고려항공 (高麗航空, AIR KORYO)[22]을 이용했다. 러시아 투폴레프(Туполев)사가 제작한 TU-154 기종에 한반도를 상징하는 날아가는 두루미 모습을 마크로 사용했다. 고려항공 승무원들은 친절했으나 기내식은 형편없었다. 기내의 홍보 책자에는 북한 유일의 민영항공이라고 돼 있지만, 북한에서 순수한 민간 항공사가 존재 할 수 있는지 의문이었다. 실제로 유엔에서 국제사회의 대북 제재가 논의될 때 면, 고려항공은 조선인민군 공군 소속이므로 고려항공에 대한 지원은 무기 금 수(禁輸) 조항에 위반된다고 밝혀 입길에 오르곤 했다.

평양직할시 북쪽 순안(順安) 구역에 위치한 순안국제공항은 국제공항이라 는 말이 무색할 만큼 단출한 규모였다. 여객터미널 옥상에는 '평양'이라는 한글 과 'PYONGYANG'이란 영문 입간판 사이에 큼지막한 김일성 초상화가 우뚝 세 워져 있어 멀리서도 눈에 띄었다. 북한 유일의 국제공항인 순안공항은 고려항 공의 허브공항으로, 국제항공수송협회(IATA) 코드는 FNJ, 국제민간항공기구

주22 _ 1955년 9월 창립 당시의 명칭은 조선민항(朝鮮民航)이었는데, 소련과 동구권 붕괴 이후인 1992년 3월 북한 정 부의 결정에 따라 현재의 고려항공으로 개칭했다.

평양 5.1경기장을 방문한 박채서

(ICAO) 코드는 ZKPY이었다. 공항 활주로는 두 개뿐이었다.

순안공항은 그로부터 5년 뒤인 2000년 6월 역사적인 남북정상회담에 참석하기 위해 김대중 대통령이 공항에 내려 김정일 국방위원장의 영접을 받는 장면이 실시간으로 중계되어 전 세계의 이목을 집중시켰다. 그러나 그전까지는 베일에 싸인 은둔의 공항이었다. 그 은둔과 비밀 속으로 남한의 국가공작원이 첫발을 내딛은 것이다.

박채서의 방북으로 그가 던진 미끼를 북측이, 그것도 반탐을 주 업무로 하는 보위부가 물었다고 해석할 수 있었다. 그의 방북 전후로 그들이 끈질기게 알고 싶어 하며 꼬치꼬치 물은 속내는, 혹시라도 그가 안기부와 연관된 것이 아니냐는 불안감 때문이었다. 만에 하나 그가 안기부 공작원인데 받아들이는 실수를 했을 경우, 그들이 겪어야 할 책임 추궁은 남측과는 비교할 수 없을 정도로 가혹했다. 아무튼, 박채서의 첫 방북으로 안기부의 편승공작은 순조롭게 스타트를 끊었다.

그렇다고 박채서 개인까지 순조로운 것은 아니었다. 저들은 평양을 처음 방문한 박채서를 평양시 중구역의 양각도(羊角島)국제호텔에 1주일 동안 홀로 두고 식사만 겨우 함께할 정도로 방치했다. 양각도호텔은 대동강의 하중도(河

中島)로 섬의 모양이 양의 뿔처럼 생겼다는 양각도에 있어서 외부인들에게는 갇힌 섬이나 마찬가지였다. 외부와 고립되어 있어 통제가 쉽기 때문에 주로 외국인 단체 방문단이나 남한 사람들에게 숙소로 제공했다. 인근에는 9홀짜리 골프장과 평양국제영화회관이 있었다.

북한과 프랑스 기술진의 합작으로 1995년에 건립된 이 특급호텔은 1984년 합영법 발효 이후 서방국가와 맺은 유일한 합작 사업의 성과물이었다. 48층짜리(지하 1층, 지상 47층) 건물에 1,001개의 객실과 식당 4개, 그리고 실내수영장, 사우나, 볼링장, 당구장, 노래방, 미용실, 화폐교환소, 서점, 사진관 등 부대-편의시설을 갖추고 있었다. 특히 47층에는 회전식 전망 레스토랑이 있어 식사를 하면서 평양시 전경을 볼 수 있었다.

박채서는 회전식 전망 레스토랑에서 평양시 전경을 내려다보면서 오히려 자신이 '원형감옥(panopticon)' 속에 갇혀 있음을 절감했다. 그가 어디를 가든 도처에서 자신을 감시하는 눈들이 번뜩이고 있음을 육감으로 느낄 수 있었기 때문이다.

애초에 박채서는 서재호와 같이 대북한 무역업을 위주로 하는 전문 컨설팅 사업을 할 계획이었다. 대우 김우중 회장을 비롯한 대기업 총수들이 북한 방문과 대북투자계획을 경쟁적으로 하고 있어 컨설팅사업으로 위장하면 수익도 거두면서 북측 고위층에 침투할 수 있을 것으로 기대했던 것이다.

1990년대 초중반에 중국 선양에 나와 있던 조선노동당 조사부 책임자는 박종근(朴鍾根) 과장이었다. 나중에 금강산국제무역개발 사장으로 베이징에 나온 박종근은 재미교포 박경윤 회장이 추천한 한국 대기업 회장들의 방북과 대북사업을 주선해 주고 상당한 뒷돈을 챙겼다.

당시만 해도 북한의 아태평화위원회라는 창구가 개설되기 전이고, 대북사업 초기여서 대기업 회장들이 북한에 뒷돈을 주면서 경쟁적으로 방북할 때였다. 1989년 정주영(鄭周永) 현대그룹 명예회장의 첫 방북부터 시작해, 1990년 김우중(金宇中) 대우그룹 회장, 1991년 문선명(文鮮明) 세계평화연합(통일교) 총재 등 굵직굵직한 인사들이 모두 박경윤 회장을 통해서 북한 땅을 밟았다.

1934년생인 박경윤(朴敬允)은 1959년에 미국으로 건너가 대학에서 마케팅과 회계학을 전공한 미국 국적자였다. 미국에서 재일교포 사업가인 박노정(朴魯貞)을 만나 결혼했는데, 우연히 두 사람 다 충북 청주 출신이었다. 재일거류민단(민단) 부단장을 지낸 박노정 씨는 5.16 군사정부가 들어선 뒤에 중앙정보부의 특혜를 받아 세운 한국 최초의 자동차회사인 '새나라자동차'의 창업주였다. 그러나 정부와의 불화로 새나라자동차를 국가에 강제로 빼앗기다시피 하고, 밀항선을 타고 일본으로 피신할 만큼 한국 정부와 사이가 좋지 않았다.

여장부인 박경윤은 남편과 사별 후 1988년에 평양을 처음 방문했다. 그때 북측 인사들이 재미교포 자산가인 그녀에게 '돈 버는 방법을 가르쳐 달라'고 하자, 박 회장은 이렇게 말했다고 한다.

"사람이 오가야 돈이 벌립니다. 가장 손쉬운 방법은 관광입니다. 북조선에는 천혜의 관광자원인 금강산이 있으니 우선 금강산을 개발하면 좋겠습니다."

마침 평북 정주가 고향인 문선명 총재가 박 회장의 주선으로 1991년 12월 6일 김일성을 만났다. 김일성 - 문선명 만남 이후 통일교는 대북투자에 나섰다. 그때 통일교와 박 회장, 그리고 북한 당국이 합작해 1992년 2월에 홍콩에 설립한 회사가 그가 회장으로 있는 '금강산국제그룹'이다. 금강산국제그룹은 산하에 금강산국제항공, 금강산국제관광, 금강산국제무역개발, 고려상업은행 등을 거느렸다. 금강산국제그룹은 1993년 홍콩 컨설팅 회사에 용역을 준 금강산개발 타당성 조사 보고서를 김일성 주석에게 올려서 1994년 초 정무원[23]으로부터 금강산 관광개발 승인서와 개발권에 대한 위임장을 받았다. 통일교는 지금도 평화자동차, 보통강호텔, 세계평화센터 등을 북한에서 운영하고 있다.

1980년대 말 북한은 원유 수입의 60% 이상을 소련과 중국에 의존했다. 소

주23 _ 북한의 내각에 해당하는 행정집행기관으로 1998년 개정 헌법에 따라 폐지되었다.

련과 동구권의 붕괴는 북한에 에너지난을 가져왔다. 소련은 1990년부터 북한에 원유 수입 대금의 현금 결제를 요구했다. 이로 인해 1991년 북한이 소련으로부터 수입한 원유는 1990년의 10분의 1 수준으로 급감했다. 에너지 수입의 급감은 북한 경제에 직격탄을 날렸다. 에너지 부족은 1990년대 중반 북한 식량난의 원인 중 하나로 작동했다. 북한이 외국의 투자를 유치하려면, 먼저 한국의 투자와 경제협력 사업을 끌어내야 했다. 대외-대남 경제 업무를 총괄하는 아태평화위원회가 만들어지기 전까지는 금강산국제그룹이 그 창구 역할을 했다.

'짝퉁 롤렉스' 시계로 공작의 막힌 곳을 뚫다

대기업 회장들에 대한 방북 초청장 발급 권한을 가진 대남 공작기관인 노동당 조사부가 광고사업을 조직적으로 방해하니 천하의 보위부도 어쩔 수가 없었다. 박채서가 나중에 보위부에 침투해 입수한 정보에 따르면, 박종근은 김정일의 측근이었으나 대기업의 방북 및 대북투자 알선을 구실로 약 4천만 달러의 뒷돈을 챙겨서 2천만 달러만 김정일에 상납하고 절반은 빼돌린 혐의로 실각되었다. 박경윤 회장도 이 때문에 상당 기간 대북 사업 관련 접촉을 제한받아 영향력이 예전만 못하게 되었다.

대북경협 러시 속에서도 조사부가 평양으로 들어가는 베이징의 길목을 누르고 있으니, 평양에서는 그 누구도 김정일 총비서에게 광고사업에 대해 보고하기를 꺼렸다. 광고사업이 돌파구를 찾지 못한 가운데 어느 날 리철이 박채서에게 중요한 정보를 귀띔해 주었다.

"박 선생, 내일 평양에서 중요한 손님이 베이징에 옵니다. 김정일 장군님께 언제든 독대해 보고할 수 있는 분입니다. 그분을 잡으면 광고사업이 성사될 수 있을 테니 잘 해보시요."

이튿날 캠핀스키에 나타난 손님은 50대 중반에 깐깐하고 까칠한 인상이었다. 양복 대신에 점퍼를 걸쳤으나 머리는 올백 스타일로 넘긴 것이 과묵한 남자임을 시위하는 것처럼 느껴졌다. 리철이 '부총사장'이라고 부른 그는 박채서가 인사를 해도 시큰둥한 반응이었다. 그런 위인의 비위를 맞추기 위해 알랑방귀를 뀔 박채서도 아니었다. 박채서는 일부러 사흘 동안 함께 식사할 때 말고는 별다른 접촉을 시도하지 않았다. 하는 일 없이 호텔 방안에 갇혀 있는 것이 얼마나 답답한지 알기에 한 일종의 심리전이었다.

박채서가 평양을 처음 방문했을 때 저들은 그를 평양 시내 양각도호텔에 1주일 동안 홀로 두고 식사만 함께했다. 그때 겪은 대접을 고스란히 되돌려준 셈이다. 그의 지위가 높은 탓인지, 그의 파트너인 리철도 부총사장이 부르기 전에는 나타나지 않았다. 박채서는 사흘이 지나 그의 좀이 쑤실 때쯤 되어 그의 방을 두드렸다. 그가 베이징의 3대 백화점으로 꼽히는 루프트한자 센터의 엔사백화점 구경을 제안하니 이 과묵하고 까칠한 남자는 못이기는 척하고 따라나섰다.

박채서는 그의 평양에서의 지위를 감안해 옷 가게 구경은 관심이 없을 것으로 판단해 곧바로 외국산 제품을 파는 3층 귀금속 및 전자제품 상점으로 안내했다. 시계 매장에는 라도(RADO), 롤렉스(ROLEX), 세이코(SEIKO), 오메가(OMEGA) 같은 명품 시계가 진열돼 있었다. 부총사장은 그중에서 롤렉스 진열장 중앙의 회전식 전시대에 걸려 있는 시계에 관심을 보였다. 그는 만년필 같은 고급 문구류와 전자제품 코너를 둘러본 후 다시 그 회전 전시대 앞으로 돌아와 시계를 꼼꼼히 살펴봤다. 호기심을 넘어 탐을 내는 눈치였다.

남녀용 세트로 구성되어 전시된 시계는 7만 달러의 정가표가 매겨진 롤렉스 금장 시계였다. 당시 북한에서 처녀·총각들이 가장 선호하는 결혼예물이 시계였다. 그의 나이에 비추어 보면 분명 혼기를 앞둔 자녀가 있을 것으로 짐작되었다. 박채서는 함께 간 일행에게 스위스제 다용도 주머니칼을 하나씩 선물하고 호텔로 돌아와 리철에게 "부총사장에게 결혼을 앞둔 자녀가 있냐"고 물었다. 리철은 깜짝 놀라며 '올가을에 아들과 딸이 한 달 간격으로 혼례가 예정돼 있다'는 것이었다. 그의 예상이 들어맞았다. 비록 사줄 돈은 없을망정, 자식 혼례에 명품 시계를 선물하고픈 부모의 심정이 전시대 앞에 머물게 한 것이었다.

그러나 아무리 북한 고위층이라고 해도 그런 거액이 있을 리 없었다. 재정적 궁핍이나 탐욕은 가장 손쉬운 포섭의 취약점이자 동기이다. 박채서는 잠깐 고민했다. 남녀 세트로 구입하려면 7천만 원이 넘는 거금이었다. 공작여건 조성용이라고 해도 현지에서 직접 구매하기에는 만만치 않은 금액이었다. 얼마 전에 들은, 서울 세운상가의 시계골목에 가면 '진품 같은 명품 짝퉁' 시계가 있다는 이야기가 생각났다. 한국과 홍콩에는 실제 수입량보다 세 배쯤 되는 물량의 롤렉스와 오메가 같은 스위스 명품시계 짝퉁이 유통되어 심각성을 인식한 스위스 당국에서 전문가들 대동해 현지 방문조사를 했는데, 전문가들도 진품과 짝퉁을 구별하기 힘들 만큼 정교하고 제품 성능도 탁월했다는 것이다. 그는 경과 보고도 할 겸 서울에 다녀와 결정하기로 했다.

박채서는 청계천 세운상가에서 시계점을 운영하는 아는 형님을 찾아가 확인해 보니, 엔사백화점에서 본 바로 그 남녀 세트 롤렉스 시계가 눈에 띄었다. 값을 물으니 진품의 10분의 1인 700만 원이 정상 거래 가격인데 200만원에 주겠다는 거였다. 시계점 주인은 제품이 워낙 정교해서 스위스 전문가들도 구별할 수 없다고 자신만만해 했다. 짝퉁치고는 엄청난 고액이어서 놀랐지만, 정품과 같은 성능과 품질을 보장한다는 말에 공작용품으로 구입하고 상부에 보고했다. 백화점 정찰가 7만 달러에 비하면 '새 발의 피'였다.

그는 베이징에 돌아오자마자 부총사장 방을 찾았다. 서울 다녀온 기념품이라며 포장된 시계 상자를 건넸더니 반응이 시원치 않았다. 아마도 포장이 공항 면세점에 흔히 볼 수 있는 정사각형 던힐(Dunhill) 담배 케이스처럼 생겨서 담배 선물인 줄 알고 그런 것 같았다. 박채서가 방으로 돌아온 지 얼마 안 되어 전화벨이 울렸다. 부총사장은 흥분된 것인지 화난 것인지 모를 격앙된 목소리로 자기 방으로 와 달라고 했다. 호텔 11층에서 8층으로 가는 짧은 시간에 별의별 생각이 들었다. '나를 뭘로 보고 하는 짓이냐'며 노발대발하려는 것일까, 아니면 '고맙지만 너무 과한 선물'이라며 자존심을 세워 돌려주려는 것일까?

방문을 열고 들어가자마자 지금까지 본 것과는 전혀 다른 얼굴을 한 부총사장이 그를 기다리고 있었다. 그동안 한껏 무게를 잡고 근엄한 체하던 모습은 온데간데없고, 한껏 상기된 표정의 부총사장이 그의 손목을 덥석 부여잡고 "박 선생, 고맙소"를 연발했다. 그리고 마침내 박채서가 듣고 싶은 말을 했다.

"박 선생, 내 공화국법이 허용하는 한, 박 선생을 도와주겠소."

그도 천상 부모였다. 그가 선물한 짝퉁 롤렉스 시계는 북한 사회에서 보기 힘든 최고의 예물로, 앞으로 두고두고 화제에 오를 것이 분명했다. 어쩌면 부총사장은 그런 평판을 떠올리며 벌써부터 흐뭇한 표정을 짓고 있는 것처럼 보였다. 나중에 알고 보니, 부총사장은 국가안전기획부 차관급에 해당하는 현역 중장 윤기철 국가안전보위부 부부장으로 김정일이 신임하는 보위부 내의 실세였다.

그때부터 북한 측과의 광고사업은 물 흐르듯 막힘없이 진행되었다. 순간적으로 포착한 공작 여건에 부합된 '짝퉁 롤렉스' 시계로 공작의 막힌 곳을 뚫고, 나아가 광고사업의 물꼬를 트는 결정적 계기를 마련한 것이다. 반백 년 넘게 분단되었지만, 남과 북의 시속과 풍속, 그리고 감정은 크게 다르지 않다는 깨달음은 그가 대북공작을 수행하는 데 큰 도움이 되었다. 물론 실패한 경험도 있었다.

안상운 목사 납치 사건과 정보사 장교 납치 공작

박채서는 리철 등 북한 인사들을 주로 베이징에서 만났다. 그러나 가끔은 선양이나 단둥에서도 접촉이 이뤄졌다. 대개 긴급상황이거나, 중국 당국에 노출되는 것을 꺼리는 북한 측 주요 인물을 접촉할 때였다. 당시 중국 단둥과 북한 신의주 사이에는 승용차 한 대가 양측의 CIQ²⁴ 수속을 받지 않고 왕래할 수 있도록 묵계가 되어 있어, 그 승용차 편으로 중국 측 인사가 신의주에 들어가거나 북측 인사가 단둥으로 나오곤 했다.

1995~1996년 무렵에는 북한 주민들이 공개적으로 탈북해 한국으로 입국하는 일련의 사건이 종종 발생했다. 그러자 북한 당국은 한국의 기획 탈북공작에 의한 납치라고 억지 주장을 하며, 공공연하게 중국 내의 한국인들을 월북시키겠다고 떠들었다. 한국 정부는 외교부를 통해 자국민에게 중국 여행을 가급적 자제하도록 하고, 중국에 거주하는 교민들에게도 주의를 당부했다.

실제로 1995년 7월에 중국 지린성(吉林省) 옌지(延吉)에서 선교활동을 하던 안승운(安承運, 당시 50세) 목사가 납치되는 사건이 발생했다. 북한 당국은 자진 망명이라고 발표했다. 안 목사는 한때 북한의 선전용 동영상에서 모습을 드러냈으나, 2000년 이후 생사를 알 수 없다가 2010년에 사망설이 전해졌다. 이후 김동식 목사 등 탈북자를 대상으로 선교활동을 하다가 납치된 목회자들이 여럿 생겨났으나 당시만 해도 안 목사가 처음이어서 충격이 컸다.

함북 무산군 보위부 반탐과 지도원으로 15년간 근무하다가 1998년 9월 북한을 탈출해 같은 해 10월 한국에 온 최초의 '북한 국가안전보위부 소좌(한국의 소령급에 해당; 보위부 요원들은 모두 현역 군인 신분임)' 출신인 윤대일(尹大日)은 국정원에 상당히 구체적으로 납치 경위를 진술했다.

윤 씨에 따르면 당시 보위부 본부에서 김영삼 정부 대북정책의 흐름과 안기부의 차후 대북공작 방향을 파악하기 위해 중국 동북지방에서 활동하는 안기부 요원을 납치하라는 밀명을 해외 거점에 나가 있는 보위부 요원들과 국경 시·군의 보위부 부장들에게 하달했으며, 반탐정국 312호실 소속의 리경춘이란 지도원이 옌지에서 교회 활동을 하던 안 목사를 안기부 요원으로 알고 유인 납치했다는 것이다. 이후 한국 정부의 강력한 항의로 중국 정부는 리경춘을 체

주24 _ 세관(Customs), 출입국관리(Immigration), 검역(Quarantine)의 약칭으로, 출입국 때 반드시 거쳐야 하는 3대 수속을 가리킨다.

포해 실형을 선고해 수감했다가 1997년 8월 석방과 동시에 북한으로 추방했다. 윤대일에 따르면, 리경춘을 마중하기 위해 함경북도 보위부장이 회령시 세관까지 나가 영웅 칭호를 수여했다고 한다.

그러나 박채서가 탐문한 납치 경위는 달랐다. 순복음교회 소속인 안 목사는 교단과 교회의 전폭적인 지원을 받아 옌지를 중심으로 선교활동을 전개했다. 그런데 중국 당국의 선교 활동에 대한 규제가 심해지자, 안 목사는 현지에서 식당이나 가라오케, 소규모 숙박 시설을 운영하면서 선교 활동을 할 것을 교단에 제안해 중국인과 합작으로 투자사업을 진행했다. 교단의 지원으로 합작사업이 성황을 이루자 중국인들이 사업체를 가로챌 요량으로 옌지에 주재하는 북한인들과 공모해 안 목사를 유인 납치했다는 것이다.

안 목사가 중국인과 합작한 계약서에는 어느 일방이 부재 또는 유고 시에는 대리인에게 권한이 승계되는 반면에, 어느 일방이 행방불명 시나 오랜 기간 사업체에 관여하지 않을 경우에는 상대방이 사업권을 가진다고 돼 있었다. 이런 조항은 중국 측이 사업장 물색과 당국의 허가 등을 맡고, 한국 측은 투자금 지원, 경영을 맡는 쪽으로 상호 동의하에 약속한 문구였지만, 행불 사건이 발생하고 보니 중국 측이 처음부터 불순한 의도를 갖고 이 조항을 계약에 넣었을 가능성도 배제할 수 없게 되었다. 아무튼, 북한 당국이 자진 월북이라고 주장하고, 안 목사가 북한에 체류하고 있는 사실이 확인됨에 따라, 중국인과 북한 측인사가 옌지에 투자한 사업체를 나눠 가졌다는 것이다.

그 무렵 리철의 소개로 단둥에서 만난 북한 인민군 소장(한국의 준장에 해당)은 박채서에게 대뜸 박중윤 중령을 아느냐고 물었다. 박채서는 그가 알고 묻는 것임을 직감하고 잘 안다고 말했다. 박중윤은 박채서와 3사관학교 14기 임관동기였다. 지휘관 생도여서 생도 시절부터 알고 지냈으며, 국방대학원에 응시할 때도 먼저 입교해 재학 중인 박중윤이 입시 정보와 관련 자료를 제공해주었다. 이런 인연으로 대학원 재학 중에 같은 군인아파트 단지에 살며 가족들끼리도 가깝게 지낸 사이였다. 공교롭게 그도 딸만 둘이었고, 정보사에도 그가 먼저 와서 공작부서에 근무하고 있었다.

그런데 인민군 소장은 박채서에게 '박중윤을 공화국으로 데리고 가겠다'고 통보했다. 그 말은 납치를 의미했다. 소장은 말미에 비아냥거리듯 한 마디를 덧붙였다.

"그런데 이곳 단둥에서 한국군 장교를 공화국으로 데려가려면, 한국 국방부가 중국 당국에 어떻게 해명할지 궁금합네다."

조롱이었다. 국제법상 현직 장교는 상대국의 허가를 받지 않으면 장기 체류할 수가 없었다. 소장의 말은 엄포가 아니었다. 그들은 이미 박 중령을 데려가기 위한 만반의 준비를 마친 상태였다. 박중윤은 당시 단둥에 임가공 공장을 차려 중국과 북한 사이에서 의류제조업을 하는 ㈜쌍방울 단둥지사의 이사로 위장 근무하고 있었다. 그런데 북한 정보당국은 처음부터 박 중령의 신분을 알고서, 그를 역공작으로 옥죌 시기만을 엿보고 있던 터였다.

그 순간 박채서에게는 박 중령의 두 딸이 먼저 떠올랐다. 그가 납치될 경우 한국에 남은 두 딸의 처지를 생각하니 남의 일 같지 않았다. 북측은 납치를 위한 무력팀까지 대동한 상태였다. 그대로 두면 납치는 시간문제였다. 앞뒤를 재고 말고 할 시간적 여유가 없어 보였다. 일단 김영수 과장에게 부탁을 하면서 그를 북에 데려가지 말아야 할 이유를 설명했다.

"내가 박중윤과 친한 사이이고, 정보사에서 함께 근무한 사실을 많은 사람이 알고 있습니다. 또한, 한국 정보기관은 내가 베이징과 단둥을 오가며 대북 사업을 하고 있는 사실을 알고 있습니다. 그런데 하필 내가 단둥에 머무는 동안 박중윤을 북으로 데려가면, 내가 가장 먼저 의심받게 될 것이 뻔합니다. 그런 사태가 벌어지면, 나는 한국 정보기관의 집중 감시를 받게 되어 더 이상 당신들과 사업을 진행할 수가 없습니다. 그런 상황을 원하는 것입니까?"

박채서는 김영수 과장의 도움으로 납치를 겨우 막았지만, 시간을 늦추었을 뿐이지 안심할 상황은 아니었다. 박중윤의 신분이 노출된 이상 그가 추진하는 사업은 당장 취소되어야 했다. 그렇지 않으면 보안 노출로 인한 역공작이 언제 들어올지 모르는 상황이었다. 박채서는 귀국과 동시에 곧바로 상부에 보고하였고, 박중윤은 안기부의 조정 – 통제하에 귀국 조치를 당했다. 정보사에서는 박중윤이 단둥에 위장 근무하는 사실을 박채서가 북측에 노출시켰다고 보고했지만, 안기부는 정보사의 보고를 믿지 않았다.

10 _ 실패한 정보사 공작

무분별하게 덤비다가 실패한 정보사 공작

정보사는 1992년 8월 한-중 수교를 계기로 중국에서 적극적으로 대북공작을 수행해 초기에 상당한 성과를 거두었다. 그러나 해를 거듭할수록 타성에 젖어 보안에 실패한 경우가 여러 번 있었다.

규정상 정보사 공작관은 적진에 직접 침투할 수 없다. 침투할 마땅한 방법도 없다. 대북 공작의 경우, 주로 중국 현지에서 포섭한 공작원에게 임무를 주고 투입시킨 뒤 해당 공작원이 받아온 첩보를 본부로 보고하는 식이다. 필드에서 뛰는 대북 공작관의 최고 직급은 대개 현장 팀장을 맡는 중령까지다. 대령 승진을 하면 본부에서 지휘·감독하는 일종의 '데스크' 역할을 한다.

공작에서 보안은 생명줄이다. 아무리 공작계획을 완벽하게 잘 짜서 여건과 성과가 좋다고 해도 보안이 노출되면 즉시 그 공작은 중단되어야 한다. 그리고 반드시 보안 누설의 원인을 찾아내 책임 규명을 하고 넘어가는 것이 원칙이다. 그런데 정보사는 기밀 누설의 원인을 찾아내 대책을 강구하기보다는 자신의 잘못을 떠넘기고 은폐하기에 급급했다. 그 책임 회피와 은폐의 결과는 결국 다른 장교의 납치 사건으로 이어졌다.

박중윤을 데려가는 데 실패한 북한 정보당국은 1998년 3월 같은 목적으로 중국에 나가 활동하던 정OO 중령(3사 17기)을 납치했다. 정OO 중령은 중국 단둥의 한국 고려인삼공사 지사장으로 위장해 근무하던 터였다. 정보사는 중국 현지에 비밀리에 수습팀을 파견했으나 연락이 닿지 않자 임무 수행 중 납치돼 죽었다고 1차 결론을 냈다. 하지만 북한 공작원의 소행인지 단순한 강도사건인지 규명하지 못하고 미제사건으로 남았다. 정보사에서는 정 중령이 북한의 미인계에 빠져 자진 월북했다는 소문이 돌았다. 이후 정보사에서는 이 일을 쉬쉬하며 '정OO'의 이니셜을 따 'CKW 사건'이라는 음어명으로 불렀다.

그런데 정보사 수뇌부가 전혀 예상치 못한 반전이 생겼다. 북한 당국이 예상과 달리 납치한 정OO 중령을 6개월 만에 풀어준 것이다. 정OO이 풀려난 사실을 공작 라인을 통해 중국에서 즉시 보고하자, 정보사 수뇌부와 공작부서 책임자는 납치되었다는 소식을 들었을 때만큼이나 놀라서 까무러칠 지경이었다. 정 중령은 한국대사관에서 여행증명서를 발급받아 서울행 비행기를 탔다. 정 중령은 서울에 도착하자마자 건강검진을 받고 곧바로 관계 당국의 신문조사를 받았다. 정 중령이 밝힌 납북 경위는 이랬다.

중국에서 '블랙'으로 활동하던 정 중령은 임무 중 한 조선족 여자를 알게 됐다. 그의 신분을 수상하게 여긴 이 여성은 오빠에게 정 중령이 '특무(특수임무를 하는 정보요원)'인 것 같다고 알렸다. 그런데 이 오빠는 북한에 중국산 물품을 반입해 파는 일을 하던 중 북한 세관 측에 밀수 혐의가 포착돼 붙잡히자 무마해주는 대가로 북측의 국가안전보위부에 정 중령의 존재를 알려줬다. 이후 정 중령의 신분과 위치를 추적한 보위부 요원들이 숙소를 급습해 그를 북으로 끌고 간 것이다. 문제는 그가 어떻게 풀려났을까 하는 점이었다.

정보당국이 정 중령을 상대로 강도 높은 신문을 벌이자 정 중령의 입에서 충격적인 발언이 쏟아졌다. 정 중령은 북한 심문관들이 고문하면서 가족의 신상까지 파악해 죽여버리겠다는 협박하자 버티기 어려워 베이징과 선양(瀋陽)의 중국 내 우리 대북 공작망을 북측에 대부분 알려줄 수밖에 없었다고 했다. 정 중령은 또 북한 당국이 자신을 상대로 김일성·김정일에 대한 충성맹세를 강요하는 통에 북측 공작원으로 활동하겠다고 약속한 뒤에 몰래 도망 나온 모양새를 취하기로 하고 풀려났다고 했다. 또 우리 정보기관의 대북정보 활동의 상세한 내용을 월 1회 중국의 포스트에 보고하라는 임무도 주어졌다고 실토했다. 그에게 이중스파이 임무를 준 것이다.

정 중령이 납치된 가운데, 그의 부인은 중앙일보에 제보를 했고, 중앙일보는 특별취재팀을 꾸려 취재에 들어갔다. 김대중 정부의 초대 국방부 장관인 천용택은 언론 보도를 막아야 했다. 비록 과거 정권에서 발생한 일이라 해도, 현역 장교가 북한에 납치된 것은 군에는 치욕적인 사건이었다. 더구나 정보사 현역 장교의 북한 납치 사건이 언론에 공개되면, 현역 장교가 중국에서 공작활동을 한 사실로 인해 외교 문제가 발생할 수밖에 없었다. 천용택 장관은 직접 중앙일보 편집 간부진을 만나 국익을 위해 보도하지 말아 줄 것을 설득하는 한편, 정OO을 군무원 2급으로 특채해 정보사에 계속 근무하도록 해 사건을 종결지었다.

그 뒤로도 1997년에는 정보사 공작단의 이OO 중령(3사 13기)이 북한 군 당국의 초청으로 방북하는 타이완 첩보부대 방북단에 슬쩍 편승해 들어갔다가 현지에서 신원이 탄로 나 체포되자 자살을 기도한 사건이 발생했다.

이OO 중령이 대만 첩보부대의 협조를 얻어 방북을 성사시키는 데까지는 성공한 공작이었다. 그런데 준비가 부족한 데다가 북한의 능력을 과소평가했다. 박채서가 수집한 북측 관계자의 말에 따르면, 북한 당국은 타이완 대표단 9명 중에서 금방 이 중령을 찾아냈다. 대표단의 안내를 맡은 북측 요원은 어려서부터 중국에서 자라고 대학까지 마친 반(半)중국인이었다.

북측 요원은 어눌한 중국어를 구사하는 이 중령에 주목했다. 특히 식사할 때 숟가락으로 밥을 떠먹은 것이 결정적 실수였다. 중국인들은 밥을 먹을 때도 젓가락을 사용하는데, 이 중령만 숟가락을 사용해 밥을 떠먹는 것을 보고 수상하게 여긴 것이다. 그는 신분이 발각되자 조사받는 중간에 손목을 그어 자살을 기도했다. 북한 당국은 치료 및 보호시설의 부족과 타이완 첩보부대와의 교류 및 우호 관계를 감안해 얼마 뒤에 이 중령을 석방했다.

그 사건에 앞서 1995년경에는 박OO 대위(육사 39기)가 중국 선양에서 공작 활동을 하다가 체포되어 곤경에 빠졌다. 박 대위는 현지에서 기무사 수사관을 사칭하면서 선양의 조선족들과 접촉해 활동했는데, 중국 공안 당국과 북한 정보요원들이 요란하게 반공개적으로 활동한 그의 신분을 모를 리 없었다. 북측 정보요원들은 아예 그의 전화를 상시적으로 도청한 가운데, 사업을 핑계로 접근해 고의적으로 빚을 지게 해 곤경에 빠뜨렸다. 때로는 채권 – 채무 관계를 구실삼아 중국 조폭을 시켜 감금해 놓고 린치를 가하기도 했다.

박채서는 북측 요원들이 자랑삼아 들려준 도청 녹음을 통해 그런 사실을 알게 되었다. 박 대위가 한국의 지인들에게 국제전화로 돈을 빌리는 대화 내용과 가끔 중국 여자들과 나눈 그렇고 그런 대화 내용이 전부였다. 박채서는 북한 정보당국이 자기에게 그런 도청 녹음을 들려준 의도가 무엇인지 궁금했지만 물어볼 수는 없었다. 박 대위는 신분이 노출되었음에도 육사 출신이어서 그런지 계속 진급했다. 그리고 놀랍게도 2000년대 초반에 베이징 주재 한국대사관 육군 무관(대령)으로 근무했다. 초급장교 시절 중국 공안과 북한 정보요원의 노리갯감이었던 그가 과연 무관으로서 어떤 정보활동을 했을지 의문이다.

북한의 미인계에 걸린 정보사 공작단 장교

1996년 초여름 김영수 반탐과장은 베이징의 량마허(亮马河) 호숫가에 자리 잡은 위양판덴(渔阳饭店) 바로 옆의 북한 그림 판매소에서 박채서에게 조선족 아가씨 한 명을 소개해주었다. 박채서도 잘 아는 아가씨였다. 박채서가 베이징에 오면 통역 겸 가이드를 해준 조선족 아가씨의 옌지 학교 친구였다. 박채서는 김영수의 권유로 그녀가 근무하는 위양호텔 근처의 아파트촌에 따라갔다. 아파트 출입문 바로 옆 책상 위에는 낯익은 흉상이 있고, 침실에는 골프백이 세워져 있는데 거기에는 '조OO'라는 이름표가 붙어 있었다.

조OO 소령(육사 37기)은 박채서가 공작단 902정보대에 근무할 때 인간정보 담당인 공작단 공작2과에 근무했다. 그가 베이징에 조그만 오퍼상을 차려 놓고 신분을 위장해 공작원으로 와 있던 것이다. 나중에 알고 보니 그 오퍼상의 사무원으로 채용된 그녀는 조OO의 정보원이자 북한 정보요원들과 가까웠다. 국가안전보위부 반탐과장 김영수는 조OO가 사무실 직원 겸 정보원으로 채용한 조선족 아가씨를 역포섭해 그를 훤히 들여다보고 있었다.

북한에서 공화국 창건을 기념한 대규모 군사퍼레이드를 준비할 즈음에 조OO는 정보원 아가씨를 여행객으로 위장해 평양을 방문해 첩보를 수집하도록 했다. 그런데 그 방법이 미숙하고 우스꽝스러웠다. 조선족 아가씨 정보원은 주위에 이렇게 묻고 다녔다. 이번 군사 퍼레이드에 어떤 단위 부대가 참가하는가, 새로운 무기들은 얼마나 참가하는가, 김정일 동지는 참석하는가 등등.

군사 지식이라곤 전혀 없는 젊은 여성에게 군사 정보 수집을 시켰으니 결과는 뻔했다. 경험과 지식이 전혀 없는 여성이 북한 안내원에게 외워서 질문을 하니 어설픈 스파이 행각은 금방 들통이 났다. 북한 정보기관은 그녀를 단체 여행객에서 떼어내 1주일 동안 안가에 연금했다. 그리고 젊은 요원 3명을 붙여 약물을 주사해 밤낮으로 섹스 행각을 벌이는 고문을 했다. 여성은 입을 열었고 충성서약까지 썼다. 이 모든 과정은 몰래카메라로 녹화했다. 물론, 그녀를 돌려보낼 때는 적당한 군사 자료와 선물을 챙겨 주었다.

조OO는 자신의 정보원이 북한에 포섭된 줄도 모른 채 '성과 거양'으로 포장해 포상케 하고 한국에 초청해 보름간 국내 관광을 시키는 극진한 대접을 했다. 조OO의 위장 사업 아이템은 북한산 농수산물을 국내에 수입하는 것이었는데, 그의 신원을 파악한 북한 정보당국이 농간을 부려 6천만 원가량의 개인채무를 지게 만들었다. 현장 경험이 부족한 공작관이 무리하게 사업을 추진해 발생한 과오였다. 안기부에서 정보사에 지급되는 공작자금은 중간에서 이런저런 명목으로 빼먹는 것이 관행이던 시절에 소령 봉급으로는 감당할 수 없는 금액이었다. 채무 관계를 어떻게 해결했는지 몰라도, 조○○ 소령은 대령까지 진급했다.

1997년 5월경에 안기부, 기무사, 외교부, 경찰 외사국의 베이징 주재원들이 각각 본국의 소속 기관에 긴급 보고를 타전했다. 베이징 주재 한국대사관 육군 무관보좌관 이○○ 중령(육사 38기)의 신변 위험에 대한 보고였다. 이○○ 중령은 초급장교 시절에 홍콩 유학을 다녀온 군내 중국통이었다.

그는 베이징 주재 육군 무관보좌관으로 정보수집 공작 활동을 의욕적으로 하다가, 중국의 대표적 폭력조직인 산허우이(三合會)[25]와 북한 당국 간의 마약 거래선을 침범한 모양이었다. 1996년 10월 국회 국정감사에서 안기부가 보고한 바에 따르면, 북한 정부는 외화난을 극복하기 위해 '슈퍼노트'라고 부르는 100달러짜리 초정밀 위조지폐를 찍어내고, '백도라지' 같은 위장 명칭을 사용해 양귀비 재배면을 2천200만 평까지 크게 늘려, 해외공관이나 당 소속 무역회사가 당시 50개 조직 15만 명에 이르는 삼합회 조직을 통해 밀매했다. 이에 구역을 침범당한 삼합회 측에서 보복 살해를 공언하자, 관련 첩보를 입수한 각 기관의 주재원들이 본국에 타전한 것이다. 각 기관의 정보를 접한 한국 정부는 대사관에서 마련한 특별 비상루트를 통해 이 중령을 긴급히 국내로 도피 송환시켜 사태는 일단락되었다.

산허우이(三合會)의 보복 살해 위협받은 국방무관

그로부터 8년이 지난 2005년 9월 초 박채서는 중국 허베이성(河北省) 샹허(香河)의 한 골프장에서 산허우이(三合會) 회주(會主)와 라운딩을 하다가 그로부

주25 _ 18세기 반청(反清) 운동에 앞장섰던 중국의 비밀결사조직이 기원으로, 청나라가 몰락한 뒤 일부가 금품을 강탈하는 등 범죄집단으로 전락했으며, 이들이 홍콩으로 이주해 오늘날 세계 최대 규모의 조직범죄 단체인 산허우이의 뿌리가 됐다.

터 다시 이○○ 중령 이야기를 들었다. 회주는 격한 반응을 보이며 "한국대사관 무관 이○○ 대령을 죽이겠다"고 호언하는 것이었다. 박채서는 그로부터 얘기를 듣기 전까지는 한국대사관 무관이 누구인 줄 몰랐다. 그에 따르면, 과거 자신들의 보복을 피해 도망간 자가 다시 베이징에 나타난 것은 산허우이 조직을 무시하는 처사이므로 묵과할 수 없다는 것이었다.

골프 핸디가 프로급인 박채서는 골프장에서 우연한 기회에 그를 알게 되어 그의 골프 선생이 되었다. 물론 그가 산허우이 회주라는 사실은 상당한 시간이 지난 뒤에 알게 되었다. 한번 보복 대상으로 찍으면 끝까지 추적하는 삼합회 조직의 생리가 놀라웠다. 그가 박채서에게 허튼소리를 할 까닭은 없었다. 과거에 유사한 보복 살해 사건도 있었다.

1996년경 귀국을 한 달 앞둔 베이징 주재 한국대사관의 문화 참사가 새벽 2시경 화두호텔(華都飯店) 앞 도로에서 차에 치어 숨지는 사고가 발생했다. 당시 중국 공안 당국과 한국대사관은 단순한 뺑소니 사고로 간주하고 사건을 종결했다. 그러나 실상은 치정에 얽힌 살인 사건이었다.

문화 참사는 베이징에 근무하면서 한 중국인 여성과 교제했는데, 이 여성은 참사를 따라 한국에 가고 싶어 했다. 이에 참사는 귀국을 앞두고 그녀에게 한국 입국과 일자리를 약속하고, 실제로 관련 수속을 밟고 있었다. 그런데 하필 그 여자는 산허우이 중간 간부의 애인이었다. 애인의 달라진 태도를 수상히 여긴 중간 간부는 부하들을 시켜 뒷조사를 했고, 한국대사관 직원과 몰래 교제하며 한국행을 준비 중이라는 사실을 알게 되자, 부하들을 시켜 뺑소니로 위장해 살해한 것이다.

산허우이 회주는 태연하게 이런 이야기를 박채서에게 들려주면서 "이○○ 무관을 죽이는 것은 일도 아니다"라고 말했다. 박채서는 다음날 곧바로 귀국해 국방정보본부 해외운영처장인 고영일 준장(육사 34기)을 만나 자초지종을 설명했다. 고영일 장군과는 오래전부터 잘 아는 사이였는데, 마침 고 장군은 해외 무관을 관리하는 자리에 있었다. 박채서는 사정을 설명하며 퉁명스럽게 말했다.

"이런 장교를 중국에 보낸 국방부의 처사를 이해할 수 없네요."

고영일 장군은 자신과는 무관한 사정을 말했다.

"이 대령이 중국에 나가려고 윗선에 손을 쓴 것 같아. 명색이 내가 무관 관리 책임자인데 나도 모르게 명령을 냈더라."

박채서는 이해할 수 없다는 투로 캐물었다.

"예전에 베이징 근무 당시 문제가 생겨 송환된 기록도 있을 텐데, 이의 제기를 한 사람이 없었나요?"

고 장군은 언짢아 하면서도 박채서의 성미를 아는지라 아는 대로 대꾸해 주었다.

"예전 일을 아는 지휘관들은 현재 남아 있지 않아. 실제로 인사에 이의를 제기하는 사람이 아무도 없었어. 그래서 이○○가 무관으로 부임하면서 장관한테서 장군 진급을 내락받았다는 소문이 돌고 있어."

베이징 주재 한국대사관 국방무관은 미국 등과 마찬가지로 장군 직위자를 보임하게 돼 있었다. 그럼에도 대령인 이○○를 보임한 것은 국방부 장관이 장군 진급을 내락한 것이라는 소문이 돌고 있다는 거였다. 아무튼 장군이든 대령이든, 대한민국 국방무관이 외국에서 조직 폭력단한테서 위해를 당하면 본인은 물론, 국가도 망신이었다. 고영일 장군은 정보본부 소속 장교를 베이징으로 보내 주의 사항을 전달하고, 대사관 이외의 바깥 활동을 일절 하지 말라고 지시했다. 신변 안전을 고려해 귀국할 의사가 있는지도 떠보았으나, 이○○ 대령은 본국 송환을 완강히 거부했다.

공교롭게도 고영일 장군은 그해 장군 진급심사에 정보병과 심사위원으로 선발되어 진급심사에 참여했는데, 이미 청와대에서 이○○ 대령을 장군 진급 심사대상에서 제외하라는 지침이 내려와 있었다. 사유는 박채서가 얘기한 내용과 같았다. 이 대령은 산허우이에 협조하는 조건으로 보복 살해 위협을 모면했다.

그는 무관으로 전역 후 베이징 현지에 사단법인 '한-중OOOO포럼' 사무실을 차려 대표로 활동했다.

북한 역공작에 말려든 금창리 핵시설 의혹

정보사의 정보 실패와 관련 빼놓을 수 없는 것이 금창리 핵시설 의혹 사건이다. 미국 정부는 1998년 정보사 첩보를 바탕으로 북한의 금창리 핵시설 의혹을 제기하고 사찰단까지 파견했으나, 금창리 지하시설이 핵시설이 아님이 공식적으로 밝혀져 망신을 샀다.

금창리 지하 핵시설 의혹은 1998년 8월 17일 뉴욕타임스가 북한의 핵 재개발 의혹을 제기하면서 시작됐다. 핵 재개발 의혹이 사실이면, 북한이 미국의 경수로 건설 지원을 조건으로 핵동결에 합의한 1994년 '제네바 합의'를 정면으로 위배한 것이었다.

뉴욕타임스는 당시 영변 북동쪽 40km 지점으로 보도해, 영변 북서쪽에 위치한 평북 대관군 금창리와는 동떨어진 지역을 지목했다. 그 뒤에 연합뉴스가 8월 26일 지하 핵의혹 시설의 소재지를 "평북 영변군의 북서쪽 약 40km 지점에 위치하고 있다"면서 평북 대관군 금창리라는 지명을 처음으로 명시했다. 그런 가운데 북한이 돌연 8월 31일 인공위성을 발사해 붙는 불에 기름을 끼얹은 격이 됐다.

미국 의회는 그해 10월 "1999년 5월까지 북한의 핵과 미사일 의혹을 해소해야 한다"며 북미 기본합의문에 따른 대북 중유 공급에 필요한 예산집행을 거부했다. 북한은 외무성 대변인 성명을 통해 "핵시설 아닌 것으로 판명될 경우 보상해야 한다"고 주장했다. 미국이 금창리에 대한 사찰을 요구하자, 북한은 미국이 기어이 현장조사를 하겠다면 '모욕'에 대한 대가를 내야 한다고 반발했다.

미국과 북한은 4차례의 회담을 가진 끝에 1999년 3월 뉴욕에서 협상을 체결했다. 북한은 미국의 금창리 방문을 허용하고, 미국은 이에 대한 대가로 세계식량계획(WFP)을 통해 북한에 50만t의 식량을 지원하고, 씨감자 1천t과 감자 증산계획에 필요한 식량 10만과 지난해에 지원키로 했던 식량 30만t을 약속대로 제공키로 했다. 협상한 대로 미국이 1999년 5월 실무대표단을 파견해 조사한 결과, 금창리 지하시설은 핵시설이 아닌 것으로 밝혀졌다.

통상 군 관련 공작은 국정원이 직접 하지 않고 정보사를 통해서 한다. 금창리 핵시설 확인도 정보사가 포섭한 조선족 공작원을 투입해 금창리 부근 토양을 채취해 분석한 결과 핵시설로 판명된 것이다. 미국 정부는 한국과의 정보 협조를 근거로 금창리 지하시설을 핵시설로 확신했다. 한국 정부도 금창리 토양 채취 공작을 수행한 정보사와 국정원 관계자들에게 훈장도 주고 포상했다.

그런데 금창리 핵시설 의혹은 북한의 역공작에 말려든 것이었다. 나중에 흑금성 공작원 박채서가 북한에 침투해 파악한 바로는, 북한은 국정원 – 정보사의 조선족 활용 공작을 꿰뚫고 있었다. 북한은 한 – 미 대북공작에 혼선을 주기 위해 조선족을 포섭해 관련 자료와 핵물질이 든 토양까지 제공해 역용한 것이었다. 국정원 – 정보사는 그런 줄도 모르고 대어를 낚은 것처럼 반기고 관계자들을 포상했던 것이다.

이 모든 것은 박채서 소령이 정보사 공작단을 나온 뒤의 일이다. 당시 공작단장은 이효명 준장(갑종189)이었고, 역공작에 말려든 그의 부하들이 금창리 핵시설 의혹을 확인한 대북공작을 수행한 공로로 훈포장을 받았다.

국정원이 밝힌 '외국 스파이 포섭공작'

국가정보원이 펴낸 《SPY, 당신을 노리고 있다》(2013년 5월)에는 외국 스파이의 포섭 공작 방식과 대상인물, 포섭에 활용되는 취약점과 징후 등이 담겨 있다. 국정원은 "업무상 외국인과 자주 접촉하거나 조직의 기밀을 다루고 있는 사람들에게 외국 스파이들의 포섭 방식 및 대상, 포섭된 자들의 징후 등을 소개함으로써 외국 스파이들의 위험으로부터 스스로를 보호하는데 도움을 주고자 제작되었다"고 밝히고 있다.

첩보의 세계에서 첩보와 방첩은 창(槍)과 방패에 비유된다. 국정원이 소개한 '외국 스파이의 포섭 공작'은 국내에서는 방첩의 지침이지만 해외에서는 국정원이 해외 방첩망을 뚫기 위한 창이 될 수 있다. 이에 '외국 스파이의 포섭 공작'을 요약하면 다음과 같다.

포섭공작의 4단계

포섭은 상당히 은밀하게 진행되는 비밀공작이므로 이에 대한 지식이 전혀 없다면 포섭절차가 상당히 진행될 때까지도 자신이 포섭대상이 되었는지조차 알 수 없다.

외국인과 공·사적으로 접촉을 하게 될 경우에는 세심한 주의가 필요하다. 접촉 시 업무적인 이야기 외에 자신의 불만사항, 가정의 우환이나 회사 내부 사정등에 대해서 이야기하는 것은 매우 위험할 수 있다. 외국 스파이들은 이러한 말들을 통해 자신이 만나고 있는 사람이나 그의 동료가 포섭할 가치가 있는지를 판단하기 때문이다.

만약 외국 스파이가 누군가를 통해 정보를 수집하고자 한다면, 그는 인간적인 만남의 기회를 가능한 한 많이 만들 것이다. 술자리를 갖고 운동을 같이 하며 때로는 여행을 제안하는 등 사적 접촉을 자주 할 것이다. 사적 접촉을 통해 스파이들은 대상자의 마음을 움직일 방법과 그의 자아를 충족시켜 줄 수 있는 방법을 찾기 위해 최선을 다한다.

일단 거리감이 좁혀졌다고 판단되면 외국 스파이들은 대상자가 '이 정도는 이야기해도 될 거야'라고 생각하는 수준의 정보들을 요구하기 시작한다. 이후 모든 과정이 순조롭게 진행된다면 대상자는 포섭공작이 상당히 진행된 후에야 자신이 포섭대상임을 알게 된다. 경우에 따라서는 끝까지 눈

치채지 못하거나 그러한 사실을 인정하지 않기도 한다. 자신도 모르는 사이에 공작원이 되어 버린 것이다

일반적으로 포섭공작은 ▲물색 ▲평가 ▲여건조성 ▲포섭이라는 4단계를 거쳐 진행된다. 전략적으로 중간과정을 생략하거나 최초 접촉시 포섭을 시도하기도 한다.

마치 세일즈나 마케팅 계획과도 같이 포섭공작은 단계별 진행전략, 예상되는 반응에 대한 대응책 등 치밀한 구상에 따라 전개된다. 즉, 포섭공작은 정보 접근 가능성이 있는 사람들 중에서 포섭 가능한 사람을 선별해 나가는 과정이다. 대개, 정보 접근 가능성이 있는 인물 100명 중 10명 정도가 평가 대상자로 선정된다. 이들 중 약 3명 정도가 여건 조성 접촉 대상으로 선별되며 그중 1명 정도만이 신뢰받는 정보원으로 걸러지고 공작원으로 최종 포섭될 것이다.

1단계 – 물색(Spotting) 이 단계에서 외국 스파이들은 자신이 필요한 정보를 상대방이 가지고 있는지를 판단한다. 상대방이 유용하다고 판단되면 지속적으로 접촉할 수 있는 논리적인 근거를 만들어 2차 접촉을 성사시키려 할 것이다. 2차 접촉이 성공하는 경우는 10건 중 1건 정도이다. 학술회의, 국제 비즈니스 모임, 세미나 및 각종 온·오프라인 동호회 모임 등은 스파이들의 주요 활동무대이다. 단시간에 많은 사람들과 접촉을 할 수 있기 때문이다.

2단계 – 평가(Assessing) 평가는 잠재적 공작원 후보를 체계적으로 찾는 과정이다. 스파이들은 대상자의 약점이나 성향을 이용할 수 있을지, 혹은 대상자 포섭이 가능할지를 가늠하려 한다. 쉽게 말해 대상자가 시간과 돈을 투자할 만한 가치가 있는 사람인지를 판단하는 것이다.

스파이가 이를 단기간에 파악하게 된다면 다음 단계의 접촉을 성사시키기 위해 더 많은 시간을 투자할 것이다. 다음 단계의 접촉이 성사되는 경우는 전체 평가접촉 중 약 30% 정도이다. 일반적으로 이 단계에서 외국 스파이들은 비밀이 아니거나 민감하지 않은 사항에 대해 문의하기도 하는데, 이는 대상자를 평가하기 위한 시험 과정일 뿐이다.

3단계 – 여건조성(Development) 이 단계에서 외국 스파이들은 대상자의 마음을 움직일 수 있는 인간적 요인을 파악하고, 그의 취약점과 불만 등을 알아내어 이를 통해 신뢰 관계를 형성한다. 최

종 포섭을 위한 마지막 단계의 공작을 진행하는 것이다.

스파이들은 접촉을 지속하면서 대상자의 개인적 이익이나 만족감을 충족시켜 줄 것이다. 대상자가 '빚'을 갚아야겠다는 부담감을 가지게 하는 것이다. 그렇게 해서 정보를 제공받는 단계에 도달하게 되면, 우선 대상자의 소관 업무상 평이하고 문제를 야기할 소지가 없는 정보들을 요구하기 시작한다. 이러한 것들은 잡지에 실린 기사에 관한 것일 수도 있고, 소속 회사의 상품 팸플릿에 대한 단순한 기술적 설명일 수도 있으며, 직장 동료 등에 대한 사소한 정보일 수도 있다.

여건 조성 단계에서 가장 중요한 것은 아무리 무가치하다 할지라도 매번 정보를 준비하여 약속 장소에 나오도록 대상자를 '길들이는 것'이다. 조직의 내부 전화번호부를 요구하는 것은 이 단계의 접촉이 심화되었다는 증거이다. 스파이들은 전화번호부를 통해 핵심정보를 취급하는 직원의 이름을 파악하기 때문이다.

4단계 - 포섭(Recruitment) 외국 스파이들은 여건 조성 접촉을 통해 신뢰할 만한 정보원을 선별한다. 신뢰받는 정보원이란 가치 있는 정보를 정기적으로 제공하는 자들을 말한다. 외국 스파이들은 이들이 진실을 이야기하고 있으며 보안을 유지하고 있다고 판단하면 정보 전달 방식을 다양화시킬 것이다.

정보원들은 그들의 '친구'가 외국의 스파이임을 모르고 있거나 이를 받아들이지 않을 수도 있다. 이러한 관계가 심화되면 정기적으로 제공하는 가치 있는 정보와는 별도로 비밀문건을 제공하거나 정보제공의 대가로 돈을 받는 공작원으로 포섭될 수 있다.

만약 누군가가 포섭되어 정보를 제공하게 된다면 외국 스파이들은 정보원들을 기밀 유출 공범으로 만들기 위해 다양한 시도를 할 것이다. 대상자가 죄의식을 느끼고 정보제공을 그만두려 한다면 스파이들은 사전에 확보한 정보제공 현장 사진이나 대상자의 녹음파일 등을 제시하며 계속적으로 정보를 제공하도록 위협할 것이다. 대상자는 법에 따른 처벌이 두려워 또다시 그들에게 협조할 수밖에 없는 악순환에 빠지게 된다.

제3장
'자본주의 꽃'에 숨은
편승공작

멕시코 안전조사총국(Centro de Investigacion y

Seguridad Nacional, CISEN)

...

과거를 기억하라, 현재를 이해하라, 미래를 예견하라

Recordar el pasado,

entender el presente,

pronosticar el futuro

11 _ 대북 광고사업과 삼성

대북 광고사업과 삼성-묘향산 동굴 속의 골동품

국가안전보위부 반탐과장 김영수와 보위부 베이징 연락책 리철은 가끔 골동품을 한두 점씩 가지고 나와 처분을 부탁했다. 박채서는 오죽 경제 사정이 어려우면 이런 부탁을 할까 싶어서 가급적 도와주려 했다.

골동품 시장은 요지경 속이었다. 골동품을 처분하려면 상당한 기본 지식이 필요했다. 직접 골동품 책을 찾아 읽고 전문가들을 만났다. 처음에는 단순히 돈을 마련하려고 골동품을 처분하는 것으로 생각했던 박채서도 처분 건수가 늘어나면서 다른 의도가 있음을 알게 되었다.

박채서는 처음부터 그들에게 확실하게 선을 그었다. 판매 대금의 10%는 경비로 제하겠다는 것이었다. 실제로 그는 국내에서 판매한 대금에서 꼬박꼬박 10%를 제했다. 보위부가 무슨 수를 쓰는지 모르지만, 그들은 박채서가 한국에서 판매한 골동품 가격을 정확히 알고 있었다.

박채서는 물건을 받아올 때마다 골동품계의 숨은 실력자인 한광무 선생에게 보였다. 한 선생은 골동품 거래에서는 '하급'이 나오는 라인에서는 하급만 나오고, '상급'이 나오는 라인에서는 상급만 나온다고 했다. 그런데 지금까지 가져온 물건을 살펴보았을 때, 물건들에 흠이 있어 비록 상품 가치는 떨어지지만

'상급' 이상의 라인을 유지하고 있어 골동품으로서 가치는 크다는 것이었다.

박채서는 골동품의 출처를 시험해 보기로 작정하고, '상품 가치가 없어 매매가 불가능하다'는 핑계를 대고 의뢰한 물건을 북측에 반납했다. 그러자 한 선생이 예측한 대로 훨씬 더 수준 높은 물건이 의뢰품으로 건네졌다. 보위부가 박채서를 시험하고 있던 거였다. 그것은 단순히 경비를 마련하기 위한 골동품 판매가 아니라, 김영수와 리철의 뒤에서 누군가 고위 인물이 시험 삼아 골동품을 흘리면서 조종하고 있음을 암시했다. 한 선생도 물건을 보니 '큰손'이 작동하고 있는 것 같다고 공감을 표시했다. 이런 예상은 오래되지 않아 현실로 나타났다.

북측에서 박채서에게 신뢰할 만한 골동품 감정사를 대동하고 방북해 달라는 요청을 전해 왔다. 박채서가 상부에 보고하니 '믿을 수 있는 사람을 선택해 방북하라'는 지시가 떨어졌다. 박채서는 처음부터 북한 측 의뢰품을 감정해온 한광무 선생과 함께 방북길에 올랐다. 그들이 맨 먼저 안내한 곳은 묘향산 국제친선관람관[26] 근처의 산속 동굴이었다. 놀랍게도 그곳에는 국보급 골동품들이 보관되어 있었다. 북측은 남한 전문가의 감정을 통해 이 골동품 전체의 실제 거래 가격을 알고 싶어했던 것이다.

박채서는 한 선생이 감정에 들어가기 전에 한 가지를 당부했다. 감정가를 최저 감정가 이하로 산정해 달라는 부탁이었다. 북측이 극비리에 보관해온 골동품의 감정을 요청한 것은 매각할 의사가 있다는 뜻이었다. 북측이 골동품을 팔려면, 보안을 유지해야 하므로 지금처럼 박채서를 통해 매각할 가능성이 컸다. 그런데 지금 북측에 실거래가로 감정가를 알려주면, 박채서로서는 감당하지 못할 사태를 겪을 수 있었다. 북측이 박채서에게 실거래 감정가로 팔아줄 것을 요구하면, 판매 대금을 실거래가에 맞춰줘야 하기 때문이다.

북측이 감정을 의뢰한 골동품들은 비전문가인 박채서가 보기에도 대단한

주26 _ 평안북도 향산군 묘향산 중턱에 위치한 전시관으로 김일성 주석과 김정일 국방위원장이 세계 각국에서 받은 선물이나 기념품을 보관, 전시하는 곳이다.

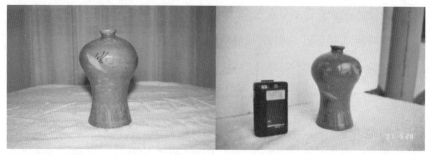
북측이 감정을 의뢰한 골동품들. 골동품계의 숨은 실력자인 한광무 선생이 감정한 금액은 자그마치 한국 돈 1조원가량이었다.

물건으로 비쳤다. 중국은 역사가 오랜 나라답게 골동품 시장도 세계 최대 규모를 자랑한다. 그는 중국의 골동품 시장을 구경하려고 판자위안(潘家園)에 간 적이 있다. 베이징 싼환(三環, 제3순환도로) 동남쪽에 위치한 판자위안은 48,500㎡ 규모에 노점 3,000개가 즐비한 중국 최대의 골동품 시장으로 손꼽는다. 서예, 그림, 문방사우, 도자기, 목제가구 등 종류가 다양해 없는 게 없을 정도로 규모가 큰 '도깨비 시장' 또는 '박물관'이라고 불렀다. 북한 골동품들은 판자위안에 내놓아도 특상품으로 꼽힐 만했다.

한 선생은 의뢰받은 골동품들을 하루 종일 꼼꼼하게 감정했다. 감정과 동시에 진품 여부와 예상 거래 가격을 판별했다. 북측에는 개별 골동품의 진위 여부와 대략적인 전체 감정가를 통보해 주었다. 가품으로 판단된 것은 10개 내외였다. 전체 감정가는 한국 돈으로 8천억~1조 원 정도였다. 감정을 의뢰한 북측 인사들의 귀가 입에 걸렸다. 한 선생은 박채서에게 제대로 거래가 성사되면 실거래가는 북측에 제시한 감정가의 3~4배를 받을 수 있을 것이라고 귀띔해 주었다.

한 선생은 그날 밤 향산호텔에서 밤새 잠을 이루지 못하고 뒤척였다. 그는 평생 골동품만 들여다보고 살았지만, 이렇게 많은 진품을 한꺼번에 감정해 보긴 처음이었다. 그는 박채서에게 진심으로 고마워했다.

"박 선생, 고맙소. 우리 업계에서 전설로 전해지는 물건을 구경하고 감정한 사실만으로도 가문의 영광이오."

그러면서 한 선생은 인상 깊은 골동품 몇 가지를 꼽으며 그 가치를 박채서에게 설명해 주었다. 한 선생은 그러고도 도저히 흥분을 억누를 수가 없는지, 침대에 누웠다 벌떡 일어나기를 되풀이했다.

김일성 - 김정일 부자의 골동품을 팔아 달라

박채서는 다음날 평양으로 돌아와서 기대했던 답을 들을 수 있었다. 묘향산의 국보급 골동품들은 김일성 - 김정일 부자가 대를 이어 수집해 놓은 개인 소장품이었다. 김정일 총비서는 그 모두를 처분해서 현금화하고 싶어 했다. 그런데 김씨 집안의 소장품이다 보니, 그동안 골동품을 한두 점씩 내보내 박채서에 대한 신뢰도와 감정 실력을 측정해본 것이었다. 그러니 박채서가 골동품을 판매한 돈에 욕심을 부렸다면 일이 틀어졌을 것이었다.

더 놀라운 것은 이 모든 골동품 기획을 주관한 사람이 바로 김정일 총비서의 여동생이자 장성택의 부인인 김경희(金敬姬)라는 사실이었다. 김경희는 박채서가 밖에서 생각했던 것보다 힘과 위상이 훨씬 더 막강했다. 김일성 - 김정일 부자의 개인 소장품을 매각하는 것은 김정일 일가의 비자금, 즉 통치자금을 관리하는 것을 의미했다. 북한 내에서 김경희의 위상이 어느 정도인지를 가늠해볼 수 있는 사례였다.

김일성 - 김정일 부자가 소장해온 국보급 골동품의 매각은 박채서가 현장에서 결정할 사안이 아니었다. 일단 긍정적으로 방법을 모색해 보겠다고 답변을 했다. 박채서는 그날 초대소에서 북측 인사들과 많은 얘기를 나누었다. 북측 인사는 한반도에너지개발기구(KEDO) 사업으로 함경남도 신포에 건설 예정인 경수로 공사에 전선이나 몇 가지 부품을 납품하는 일을 맡아줄 기업을 소개해 달라고 했다. 그 과정에서 국제 기준의 리베이트를 받으려고 한다는 말을 서슴

없이 했다.

이에 박채서는 골동품 감정 전문가가 평양에 온 김에 함께 개성을 방문해 둘러보자고 제안했다. 그는 같이 온 한 선생을 38년 경력의 '호리꾼'[27]이라고 소개하고, 이참에 개성에 묻힌 고려 왕릉을 찾아내 발굴해 보자고 했다. 국립중앙박물관장을 지낸 혜곡 최순우 선생이 생전에 "한국에는 고고학자는 없고 호리꾼들이 고고학자 노릇을 하고 있다"고 한탄했을 만큼, 호리꾼은 국내 고미술품 시장의 '흑역사'를 상징하는 부정적인 용어이지만 달리 표현할 용어가 마땅치 않았다.

그런데 설령 골동품 처분 사업과 경수로 납품사업이 제대로 성사된다고 해도, 그로서는 1원 한 푼 손대지 못하고 김경희의 관리계좌로 입금해야 했다. 만약 누구든지 김정일의 통치자금을 마련하기 위한 외화벌이에 손을 댔다가는, 지위의 고하와 이유의 여하를 막론하고 처형될 것이 분명했다. 그즈음에 북한의 대성상사 직원들이 금괴 처리 과정에서 부정을 했다가 발각되어 32명이 총살당하는 사건도 있었다. 대성상사는 김정일이 직접 운영하는 외화벌이 창구였다.

그러나 북한 체제가 아무리 엄해도 그곳도 사람이 사는 곳이다. 그들도 돈을 보면 욕심이 생기는 것은 어쩔 수 없다. 김정일－김경희의 지시만으로 모든 것이 일사불란하게 이뤄질 수만은 없다. 또 그들에게 모든 것을 의존하는 방식은 한계가 있을 수밖에 없다. 박채서는 실제 자신과 일하는 부서와 책임자들을 챙겨줘야 한다는 생각에서 한 가지 제안을 했는데, 북측은 의외로 주저하지 않고 그 제안을 받아들였다. 그리고 그의 제안은 나중에 업무를 수행할 때 큰 효과로 나타났다. 박채서는 단도직입으로 말했다.

"솔직히 말해 이 일을 하려면 나도, 선생들도 먹어야 하지 않겠습니까? 죽

주27 _ 호리는 데 능하거나 남의 과거를 캐 보기를 좋아하는 사람. 일본 강점기 일본인들이 총독부를 등에 업고 굴총 (掘塚)을 했고 그들의 하수인을 '호리'라고 부르다가 우리말인 '꾼'이 덧붙어 호리꾼이 되었다.

도록 일해서 생긴 돈을 다 갖다 바쳐야 한다면 무슨 재미로 일합니까? 고려 왕릉 하나만 온전하게 제대로 발굴하면 최소 3천만 달러를 챙길 수 있다고 합니다. 거기서 3분의 2를 드리겠습니다.”

고려 왕릉을 발굴하게 해주면 2천만 달러, 한국 돈으로 약 220억 원이라는 거액을 주겠다는 제안이었다. 김경희의 대리인은 깜짝 놀라 물었다.

“그래요? 고려 왕릉이 그 정도로 값어치가 나갑네까?”

박채서는 골동품 발굴 책을 읽어 그만한 지식은 있었다. 그는 자신 있게 힘주어 말했다.

“그렇습니다. 고려시대 무덤은 발굴하기가 아주 쉬워서, 입구만 찾아내면 크게 파헤치지 않아도 조용히 무덤 속 부장품을 처리할 수 있습니다.”

상대는 구미가 당기는 눈치였다. 이번에는 처분 방법을 물었다.

“처분은 어떻게 하실 작정입네까?”

“고려 왕릉 부장품은 묘향산 물건을 처리할 때 같이 처분해서 해외계좌로 안전하게 입금시켜 드리겠습니다.”

박채서는 상대가 관심을 보이자, 내친김에 구체적 방법까지 설명했다.

“발굴 시기는 광고사업팀이 방북해서 백두산을 배경으로 촬영할 때, 개성 지역을 마지막 촬영지로 해서 1주일간 촬영시간을 끌며 발굴 지역에 텐트를 치고 작업을 하면 됩니다. 물건은 촬영 장비를 담았던 알루미늄 상자에 담아서 반출시키면 됩니다.”

개성 방문 건은 순간적인 상황 판단으로 내린 결론이었는데 의외로 효과가 컸다. 박채서와 한 선생은 평양 민속박물관을 둘러보고, 개성박물관과 개성의 명승지를 관광한다는 핑계로 개성을 찾았다. 급조한 일정임에도, 보위부 개성 지부 책임자가 직접 나와서 안내하고, 식사와 숙소까지 제공해 주었다. 덕분에 박채서는 2박 3일 동안 체류하며 개성박물관, 박연폭포, 성균관, 공민왕릉 등을 둘러보았다. 박채서와 한 선생은 보위부 지부장의 안내로 휴전선 일대까지

리철(맨오른쪽)과 38년 경력의 '호리꾼'이자 골동품 전문가인 한광무(오른쪽에서 두번째) 선생이 북한 보위부 직원들과 개성 일대의 문화재를 둘러보다가 야외에서 도시락으로 식사하고 있다.

들어가 개성을 찾은 목적을 100% 달성했다.

38년 경력의 '호리꾼' 한 선생의 눈에 띈 발굴 예상지는 여섯 군데였다. 매의 눈으로 쓱 훑어본 한 선생은 여섯 군데에서 부장품이 발굴될 확률은 80% 이상이라고 말했다. 박채서는 슬며시 자신의 입술에 손가락을 대며 낮은 목소리로 한 선생에게 말했다.

"머릿속에만 그리고, 북측에 알려주지 말고, 나한테도 말하지 마십시오."

"회장님이 특히 묘향산 물건에 관심이 크다"

개성에 머문 동안 동태를 살펴보니, 그곳 군 지휘관들은 고려 왕릉이나 고려 시대 고관들의 무덤을 찾는 데 혈안이었다. 그도 그럴 것이, 당시 북한에서 외화를 만질 수 있는 가장 손쉬운 방법은 골동품을 수집하거나 도굴해서 한국과 일본 등지에 파는 것이었다. 군의 고급 장교와 그 수족들에게 한정되었지만, 상당히 활발하게 움직이는 눈치였다. 심지어 개성박물관에 진품이 거의 없을 만큼 문화재를 빼돌리고, 개성에서 평양으로 골동품을 운반하는 전문 조직이 있을 정도였다.

단둥에 근거지를 둔 중국인 모(毛) 씨 형제가 평양에 무역사무실을 차려 놓고, 북한 고위직들이 소장하고 있는 골동품을 수집하거나 도굴된 문화재를 매입해 일본과 한국 골동품상에게 입찰 방식으로 판매해 8천만 달러를 벌었다는 이야기가 공공연하게 나돌았다. 모 씨 형제가 북한의 중요한 국가 행사 때면 김일성 – 김정일 부자에게 200~400만 달러씩 헌납해온 점을 감안하더라도, 북한 골동품으로 엄청난 부를 축적한 셈이었다. 이 때문에 단둥에는 압록강 너머를 목 빠지게 바라보며 대박의 꿈을 꾸는 한국인 중개업자들도 수십 명이나 되었다.

박채서는 서울에 돌아와 새로운 변수에 새로운 대응작전을 짜서 상부에 보고하고 승인을 받아야 했다. 우선, 북측이 요청한 골동품 처분을 원만하게 해결해야만 했다. 그 많은 국보급 골동품을 시장에 쏟아내면 값이 폭락하는 것은 말할 것도 없고, 시장 질서가 무너져 난리가 날 것이 뻔했다. 그가 아무리 머리를 굴려도, 그 골동품을 단 한 쾌에 조용히 처리할 곳은 삼성(三星)밖에 없었다. 그렇다면 경수로 부품 납품 건도 삼성에 맡기는 것이 순리였다.

그는 지인들을 동원해 한행수 삼성건설[28] 주택사업본부장(사장급)을 소개받았다. 한 본부장에게 경수로 건을 설명하니 곧바로 삼성 본관으로 안내해 이필곤 삼성물산 부회장에게 소개하며 적극적인 관심을 보였다. 삼성 측에서는 경수로 부품 납품 건뿐 아니라, 경수로 건설에도 참여하길 원한다며 현지답사 명목으로 방북을 주선해 달라고 요청했다. 당시는 KEDO에서도 경수로 건설을 위한 현지답사를 하지 않은 상태였다. 그런 상황에서 삼성이 북한의 협조로 현지답사를 선도함으로써 업체 선정에서 유리한 고지를 확보하려는 속셈으로 비쳤다. 그런데 나중에 알고 보니 삼성은 원자력 건설 면허를 보유하지 못한 상태여서 무리한 욕심을 부린 것이었다.

박채서는 삼성 측의 요구를 받아들여 방북을 성사시켜 주고, 다음 단계로 광고주 문제와 묘향산 물건을 처리한다는 사업계획 보고서를 올려 상부의 승인

주28 _ 삼성건설(주)은 1995년 삼성그룹 조직 개편으로 삼성물산(주)의 건설부문으로 흡수합병되었다.

을 받았다. 이강복 공작관은 "회장님이 특히 묘향산 물건에 관심이 크다"고 분위기를 전했다.

박채서는 마음속으로 생각했다. 권영해 부장이 김일성 – 김정일 부자의 골동품에 관심이 크다는 것은 무슨 뜻일까? 골동품 사업(공작)에 관심이 크다는 것일까, 아니면 골동품 자체에 관심이 크다는 뜻일까? 어쩌면 둘 다일지 모른다는 생각이 들었다.

안기부는 삼성의 방북 건을 전적으로 박채서에게 일임했다. 박채서는 생각했던 것보다 일이 술술 잘 풀려 오히려 불안했다. 1996년 9월 삼성 방북팀이 방북 승인을 받아 방북 전 교육을 이수하고, 방북을 1주일 정도 남겼을 때였다. 아니나 다를까, 난데없이 강릉 잠수함 침투사건이 터졌다. 강원도 일대에서 무장공비 소탕 작전이 벌어진 가운데 남북관계는 군사적으로 최악의 상황으로 치달았다. 모든 남북관계가 얼어붙은 가운데 김영삼 대통령은 대북 교류협력 전면 중단을 선언했다.

그러나 공작사업은 본디 시국과 상관없이 지속적으로 진행되어야 했다. 그런 사정을 알 턱이 없는 삼성 측은 겁을 집어먹고, 대북사업을 국가에서 문서로 보장해 줄 것을 요구했다. 기업에 편승한 공작사업을 국가가 보장하는 것은 할 수도 없는 일이지만, 해서도 안 되는 일이었다. 사업에서 발을 빼기 위한 삼성의 영리한 계략일 수도 있었다.

결국 삼성을 매개로 한 사업은 엎어졌다. 박채서는 사업 조종을 잘못했다는 이유로 질책을 받아야 했다. 공작의 세계에 발을 디딘 후로 처음 겪은 가장 호된 질책이었다. 그로 인한 후유증도 오래갔다. 좌절감으로 몸도 마음도 한동안 움츠러들었다. 그는 비싼 수업료를 치르고서 기업의 냉정한 생리를 뼈저리게 체험했다. 그러나 그는 삼성에 진 '빚'을 1997년 12월 김대중 후보가 대통령에 당선된 뒤에 똑같은 방법으로 삼성에 되갚아 주었다.

1단계 사업인 삼성의 방북이 엎어지면서 사업계획을 수정해야 했다. 북한의 명승지를 배경으로 하는 광고제작 사업은 더 이상 미룰 수가 없었다. 오히려 북측은 내부적으로 결론을 내렸는지 광고사업에 더 적극적으로 나왔다. 북한 체제의 생리상 결정권자의 승인이 나면 그들은 거칠 것이 없었다. 처음에 그 벽을 뚫기가 어렵지, 일단 벽을 뚫으면 그다음부터는 사업을 쉽게 추진할 수 있었다.

1996년 11월 찬바람이 불 때쯤에 무장공비 소탕 작전이 종료되었다. 그리고 얼마 안 가서 노동법-안기부법 날치기 파동으로 정국이 요동쳤다. 청와대와 여당은 분위기 전환의 일환으로 남북관계에서 돌파구를 찾으려 하는 것 같았다. 광고제작 사업에 속도를 내서 추진하라는 지시가 박채서에게 반복적으로 내려왔다. 남북은 이미 합의한 광고제작 촬영을 하기 전에 아자 광고팀이 방북해 현지 로케이션 및 타당성 조사를 한다는 일정에도 대체로 합의했다.

12 _ 베이징 캠핀스키 호텔의 남북 협상 테이블

광고사업 협상 첫째날 : 만찬장의 시바스 리갈과 '풀죽'

1997년 1월 12일 아자는 북한 금강산국제관광총회사(방종삼 총사장)로부터 '귀사와 광고사업을 하겠으니 2월에 베이징으로 사람을 보내달라'는 팩스를 받게 되었다. 잠수함 침투사건 이후 북한이 처음으로 남측에 보내온 '청신호'였다. 비로소 광고사업과 편승공작이 본궤도에 오르는 순간이었다.

박채서는 그간 북측의 광고에 대한 인식과 지식이 전무한 상태에서 교육과 토론, 수많은 자료 제공을 통해 광고제작 사업에 동의를 이끌어냈다. 이러한 사실을 증명하고 기록으로 남기기 위해 펜 기자와 방송카메라 기자를 한 명씩 동참시키기로 했다. 그는 시사저널 '밀가루 북송' 보도 사건을 계기로 친분을 쌓은 김당 기자와 MBC의 하영석 북경지국장을 초청했다. 광고주에게 믿음을 주기 위해 삼성의 임원들도 참관하도록 했다.

김당은 평소 거래하던 여행사에서 급행비자를 발급받아 2월 9일(일)부터 14일(금)까지 5박 6일 일정으로 긴급 해외취재를 떠났다. 숙소는 아자팀이 머물고 있는 캠핀스키호텔로 잡았다. 아자팀은 박채서 전무와 박기영 대표, 그리고 박 대표의 처남인 변승우 사진작가 등이 참석했다. 삼성그룹 측에서는 이필곤 중국 담당 부회장과 삼성중공업 건설담당 대표, 해외담당 부사장 등이 참관했다.

북측에서는 광명성경제연합회 산하 금강산국제관광총회사의 방종삼 총사장, 박수일 종합과장, 류병욱 촬영과장, 장훈일 촬영기사 등이 참석했고, 광명성경제연합회 베이징 대표부의 리재철도 참관했다. 5명 모두 김일성 배지를 달고 있었다. 방종삼을 뺀 직원들은 베이징이 초행길이었다. 그 외에 이들 실무진을 정치적으로 감독하기 위해 광명성경제연합회 명성회사를 대표해 윤기철 부총사장과 리철 과장이 참관했다. '명성'은 광명성경제연합회 산하 조직과 회사를 지도하는 당 소속 직할조직으로 부총사장은 자신의 역할을 '막힌 데를 풀어주는 것'이라고 소개했다.

첫째 날은 남북한 광고사업 협상팀이 캠핀스키 호텔에서 만나 상견례를 하고 박기영 대표가 루프트한자 센터 지하상가의 한식당 서라벌에서 주최한 만찬을 함께 했다. 술은 남측에서 미리 '시바스 리갈'을 준비했다. 박정희 대통령이 궁정동 최후의 만찬에서 마신 양주가 시바스 리갈이란 사실이 알려져 북한 사람들에게 최고의 술로 통했다. 박기영 대표가 첫날 북측 협상팀을 만나자마자 양주와 담배, 면도기 등 선물을 안겨 만찬장 분위기는 화기애애했다.

기자 출신의 방종삼은 광고사업을 낙관적으로 전망했다. 그는 박기영 대표가 사업을 추진한 지는 5년째라고 하지만 자신과 줄이 닿은 것은 2년째라며, 리철운(리철) 선생을 통한 접촉은 제대로 라인을 잡은 것이라고 추켜세웠다. 점퍼 차림의 윤기철 부총사장은 "리철 과장이 여러 사업을 성사시키기 위해 가족과 떨어져 오래 나와 있다"고 노고를 치하했다. 리철은 못사는 친정을 위해 한 푼이라도 더 챙기려는 시집간 딸처럼 얼굴에 철판을 깔고 행동했다.

여흥이 한창 무르익자 참석자들이 각자 돌아가며 사업에 임하는 소회를 밝히며 건배사를 했다. 그런데 변승우 작가가 "이번 사업으로 북한은 미국 달러를 벌어서 좋고 나는 예술하는 사람으로서 좋은 작품을 만들면 되니, 누이 좋고 매부 좋은 일"이라고 했다가, 방종삼이 노골적으로 불쾌한 표정을 드러내는 바

박채서가 북측 인사들에게 광고사업 계획을 설명하고 있다.

람에 한때 분위기가 어색해졌다. 이를 눈치챈 변 작가가 사과해 가까스로 무마되었다. 방 총사장은 전채로 죽이 나오자 이렇게 말했다.

"우리 공화국이 외부 여건과 기후 때문에 고난을 겪고 있는 것은 사실입네다. 나는 본래 죽을 좋아하지 않지만, 풀죽을 먹더라도 김정일 장군님을 옹위할 것입네다."

광고사업 협상 둘째날 : 사업계획 프리젠테이션

둘째날에는 아자팀이 역할을 분담해 북측에 광고사업 계획안을 프리젠테이션을 했다. 먼저 박채서 전무가 광고사업의 취지를 설명했다.

"남한에서 초등학생들한테 북한 인민을 그려 보라고 하면 머리에 뿔 달린 사람으로 그립니다. 이것이 우리의 서글픈 현실입니다. 광고사업은 북조선과 인민에 대한 인식을 새롭게 함으로써 경제문화 교류를 촉진하고, 공화국의 라진-선봉 개방사업 등에 투자를 활성화하는 계기가 될 것입니다. 우리는 50년 단절된 인식을 잇는 작업의 일환으로 광고합작사업을 추진하는 것입니다.

1차는 시험적으로 인쇄광고부터 했으면 합니다. 인쇄광고는 이미 촬영한 사진 자료만으로도 가능한 시도입니다. 촬영 시기는 3월 말부터 4월 중순까지로 하고, 장소도 민감한 평양을 피해 시범적으로 명산부터 합시다. 2차는 TV-

인쇄광고를 동시에 진행하고, 로케 촬영 장소에도 평양을 포함시킵시다. 3차는 97년 가을 풍경을 담으려고 합니다. 광고촬영을 위해서도 풍년이 들어야 합니다. 광고사업의 형태와 촬영 시기 및 장소는 차후에 다시 토론합시다."

이어 박기영 대표가 프리젠테이션을 진행했다. 상대가 광고 문외한들인지라 광고 기초부터 설명해야 했다.

"광고는 나 또는 기업을 널리 알리는 작업입니다. 광고의 종류에는 크게 인쇄광고와 TV광고가 있습니다. 인쇄광고는 통상 지면광고라고 하고, TV광고는 통상 15초짜리와 30초짜리가 있습니다…."

박기영 대표는 서울에서 가져온 중앙일보와 시사저널 그리고 뉴스위크에 실린 인쇄매체 광고를 이들에게 샘플로 제시하며 보여줬다. TV광고물 샘플은 비디오테이프를 건네주며 이를 '30초의 승부'에 비유했다. 박기영이 "남한에서는 신문사들도 자기 신문을 텔레비전에 광고한다"고 설명하자, 북측 인사들은 이해할 수 없다는 표정이었다. 그러자 박 대표는 이미 제작해온 인쇄광고 시안을 직접 보여주며 예를 들어 설명했다.

백두산을 배경으로 한 광고 시안은 현대와 삼성 그리고 LG를 광고주로 가정해서 만든 것이었다. 삼성 '애니콜' 광고 시안은 '휘파람' 소리를 들려주며 "조선반도의 끝과 끝을 이어주고, 북과 남의 목소리를 이어주는 애니콜, 통일도 혼선 없이!"라는 카피를 전달하는 것이었다. 평양을 배경으로 한 광고 시안은 현대자동차를 광고주로 가정해서 만든 것이었다. 모델이 평양 – 개성 고속도로를 자동차로 주행하면서 계획도시의 쾌적한 환경을 배경으로 "달리고 싶다, 길이 있는 곳이면 어디든 간다!"라는 카피를 메시지로 했다.

박 대표는 광고 시안을 보여주면서 "이상은 어디까지나 이해를 돕기 위해 예로 든 것일 뿐, 호상 간에 협의에 따라 얼마든지 조정이 가능하고, 광고주에 따라 그 내용이 달라질 수밖에 없다"고 강조했다. 그러자 박 전무가 부연해서 설명했다.

"사업계획에 포함되지 않은 것도 많습니다. 광고사업이 성사되면 남한에서는 그 자체가 엄청난 뉴스거리이자 국제적 관심사가 될 수 있습니다. 본격 광고사업을 하기 전에 전체적인 진행 과정이 시사저널 같은 매체에서 특집으로 보도되고, 텔레비전에도 방영되어 소개될 것입니다. 따라서 남과 북, 해외를 포함해 사전 홍보계획도 협의 – 조정될 필요가 있습니다.

또 중요한 것은 상품광고 이외의 광고사업입니다. 금강산국제관광총회사의 관광사업의 광고 및 홍보도 아자가 대행해 줄 수 있습니다. 금강산총회사의 해외 관광객 모집 시기와 절차, 라진 – 선봉투자설명회에 대한 해외광고도 할 수 있습니다. 라진 – 선봉투자설명회에 대한 보도기사는 나왔지만, 상업광고는 없습니다. 어차피 자본주의를 받아들이려면 자본주의 방식대로 자본주의의 꽃인 상업광고를 활용해야 합니다."

제삼자인 김당 기자는 '자본주의를 받아들이려면 자본주의 방식대로 해야 한다'는 표현에 북측 인사들이 거부감을 표시하지 않을까 걱정했는데, 다행히 그런 일은 일어나지 않았다. 오히려 박 전무가 "이번 사업이 성사되면 아자를 대행사로 해서 북한의 유무형 상품과 용역에 대한 광고물을 제작할 수 있다"며 "신덕샘물과 개성인삼도 남한이나 해외에서 광고할 수 있다"고 설명하자, 방 총사장은 "사실은 일본 총련계에서 한번 광고물을 제작한 적이 있다"고 밝혔다.

다시 박기영 대표가 광고제작 사업계획서를 토대로 다음과 같이 프리젠테이션을 이어 갔다.

❖ 광고제작 합작사업 목적

이번 합작사업은 적어도 남쪽 사람들에게 북을 제대로 인식시키는 커다란 계기가 될 것으로 확신한다. 즉 민족의 영산인 백두산, 금강산, 묘향산, 칠보산 등의 수려한 풍광을 직접 보여줌으로써 △왜곡된 북에 대한 인식을 새롭게 해 △북과 남의 경제교류에 도움을 줌은 물론 △라진 – 선봉 자유무역지대와 같은 지역에 투자를 활성화시키는 계기가 될 것이고 △그것은 궁극적으로 민족 이질감을 해소해 민족 최대 염원인 통일에 밑거름이 될 것이다.

❖ **광고 제작사업 추진일정(1997년)**

1차사업 기간 : 1997년 3월말~4월 중순

촬영장소 : 금강산 묘향산 칠보산 백두산

제작물 : 인쇄광고

2차사업 : 1997년 5월, 금강산 묘향산 칠보산 백두산 평양, TV광고와 인쇄광고

3차사업 : 1997년 9월, 금강산 묘향산 칠보산 백두산 평양, TV광고와 인쇄광고

❖ **인쇄광고 시안**

1) 금강산을 배경으로 한 현대그룹 기업PR 인쇄광고

△1차광고

헤드라인 : 반갑습니다! 반갑습니다! 여기가 금강산입니다.

바디 카피 : 남과 북이 하나 되도록. 민족 동질성 회복하는 일을 현대가 시작합니다.

내용 설명 : 금강산의 절경. 만물상을 배경으로 아름다운 북의 여성이 금강산을 소개한다.

△2차광고

헤드라인 : 기다렸습니다. 기다렸습니다. 여기가 금강산입니다.

바디 카피 : 남과 북이 하나 되도록. 민족 동질성을 회복하는 일을 현대가 시작합니다.

내용 설명 : 금강산의 절경. 구룡폭포를 배경으로 아름다운 북의 여성 2명이 금강산을 자랑스럽게 소개한다.

△3차광고

헤드라인 : 다시 만납시다. 다시 만납시다. 여기가 금강산입니다.

바디 카피 : 남과 북이 하나 되도록. 민족 동질성을 회복하는 일을 현대가 시작합니다.

내용 설명 : 금강산의 4대 사찰 중 하나인 표훈사 앞에서 조선 의상배우 리정조 등 북한 여성 4명이 손을 흔들면서 미소 짓는다.

△기아자동차 '스포티지' 인쇄광고

헤드라인 : 여기가 금강산. 길이 있는 곳, 어디든 간다!

내용 설명 : 세존봉 중턱에서 사진작가 변승우 씨가 내금강 절경을 바라보며 금강산의 아름다움에 감탄한다.

2) 묘향산을 배경으로 한 삼성전자 '애니콜' 인쇄광고

△1차광고

헤드라인 : '휘파람'을 아시나요

바디 카피 : 북의 노래 '휘파람'을 혼선 없이 깨끗하게. 통일도 혼선 없이 깨끗하게. 삼성 애니콜!

내용 설명 : 묘향산을 배경으로 북의 인민배우 전혜영이 노래 부르는 모습을 보여주면서, 북에서 잘 알려진 '휘파람' 노래를 소개하고 통일염원을 나타낸다.

❖ TV광고 시안 설명(생략)

❖ 광고 제작사업 소개

인쇄광고는 통상 전단부터 5단광고까지 제작한다. TV는 30초 광고물 제작에 통상 700~800만원 제작비가 소요된다. 제작 시일은 북에서 촬영 후 인쇄물은 한 달 내, TV광고는 한달 보름 내에 광고를 내야 한다.

북에서의 촬영 기간은 인쇄광고는 2주나 보름쯤 예상하고 있다. 그러려면 슈팅하기 좋은 장소를 알려주고, 좋은 스틸 작품사진 등을 사전에 제공해 줘야 한다. 또 금강산총회사에서 코디네이터 역할을 해줘야 한다. 예를 들어 통상 해외 광고촬영

나가면 섭외 담당자 두듯이, 총회사가 북한에서의 섭외를 전담해주고 긴밀한 협조
및 협의를 해야 한다.

제작팀 인원은 1차 인쇄광고는 7명으로 잡고 있다. 멤버는 이번 참석자를 중심으
로 한두 명이 더 추가될 것이다. 장비는 1차 때는 카메라 8대 등이다.

※별첨 : 이것은 총회사에서 확인해야 할 사항이다. 예를 들어 변승우 감독 카메라
가 8대 있는데, 평양에서 지원해줄 수 있는 것이 있을 것이다. 전문가 인원, 장비
등 보유한 것, 지원하거나 빌려줄 수 있는 것, 조명 장비 등 장비 기자재가 엄청나
기 때문에 세부지원 리스트 작성에 총회사의 협조가 필요하다. 통상 해외로케 때
에 대여료는 실비 개념으로 지급한다.

"계순희 선수 광고모델료는 4천만 달러는 내야"

남과 북의 참석자들은 이상으로 공식 회의를 마치고 자유롭게 방담을 이어
갔다. 딱딱한 회의 분위기를 누그러뜨릴 요량인지, 아니면 자신은 광고에 대해
잘 이해하고 있다는 것을 표시하려고 그랬는지, 방종삼 총사장이 객쩍은 농담
을 했다.

"박 전무는 안기부 같은 데 근무하면 어울릴 사람이라고 광고하면 되겠습
네다."

김당은 그 순간 박 전무의 표정을 살폈다. 박 전무는 방종삼의 농담을 무시
하는 듯 별다른 표정 변화를 보이지 않았다.

리철은 사업이 지연된 경위를 설명했다. "1995년 7월 아자의 1차 사업계획
서를 금강산총회사에 송부한 이후 이번이 사실상 4차 사업계획서에 해당한다"
면서 "그동안 사업계획서에 대한 검토 결과를 주지 못한 것은 치밀한 준비를 위
한 것이었다"고 양해를 구했다. 그는 "사업이 무르익지 않은 상태에서 공개되
면 괜히 말썽만 난다"면서 "어쨌건 이렇게 직접 만나서 담화하고 확인하니 잘

된 것 아니냐"고 덧붙였다. 그러자 박채서가 나서 아자 사업에 대기업이 참여할 것임과 과당경쟁을 경고했다.

"남한에서는 골프선수 1명이 광고모델로 나서는 데 500만 달러를 받은 적이 있습니다. 이번 사업이 오픈되면 대그룹들이 서로 광고주로 나설 것입니다. 대기업들한테는 남북 합작 광고사업의 첫번째 광고주가 된다는 것이 엄청난 상징적 선전효과가 있을 것이기 때문입니다. 대우그룹은 계열사에 광고대행사도 없으면서도 지난 4월에 북한에 광고사업 진출한다고 치고 나온 적이 있습니다. 현재 아자가 광고사업을 추진하고 있는 사실을 알고 있는 대기업은 삼성과 대우뿐입니다."

그러자 방종삼이 광고에 대한 이해를 과시하려는 듯이 "삼성이면 삼성, 이런 대기업에서 돈을 빼내야지"라고 맞장구를 쳤다. 박 전무는 "광고는 시기가 중요하다"면서 자신이 관여한 '신덕샘물' 사례를 들어 설명했다.

"신덕샘물의 경우, 국내기업 58개사가 경쟁적으로 통일원에 협력사업 신청을 남발했고, 북에서는 사업을 3년째 지연시켰습니다. 현재는 일본 아이코 회사를 통해 판로를 모색한 끝에 부산으로 들어오게 되었습니다. 그러나 사업이 지연되다 보니 영업전략에 큰 차질을 빚게 되었습니다.

신덕샘물과 마찬가지로 이번 광고사업 시기도 한계에 와 있습니다. 97년 중반부터는 남북관계가 호전될 것입니다. 잘 되리라고 믿습니다. 그러나 계순희 동무가 모델로 나서면, 동무가 원하는 대로 돈을 줘야 할 것입니다."

계순희 광고모델료는 박기영 대표한테 한 농담이었다. 계순희는 1996년 애틀랜타 올림픽 유도 여자 48kg급에 만16세의 나이로 출전해 여러 강호를 차례로 꺾더니 결승에서 당시 84연승을 달리던 세계 최강의 일본 유도 영웅 다무라 료코를 꺾고 금메달을 차지하여 세계를 놀라게 한 북한의 유도 영웅이었다. 계순희의 금메달은 조선민주주의인민공화국 유도 사상 최초의 올림픽 금메달이었고, 그녀는 당시 유도부문의 최연소 올림픽 금메달리스트이기도 했다. 박채서는 비밀방북 당시 L.A올림픽의 유도 영웅인 계순희와 코치를 만나 기념사진을 찍은 적이 있다.

그러자 리철이 박채서의 농담을 농담으로 되받았다.

"계순희 선수 정도면 총회사 차원의 힘으로는 안 될 것입네다. 남조선 인구가 4천만이니 산술적으로 계산해도 4천만 불은 내놔야 하는 것 아닙네까?"

계순희 선수는 남한 선수들이 한 번도 이기지 못해 무패를 자랑한 일본 유도 영웅을 꺾은 조선의 인민영웅이니 남한 동포들도 함께 모델료를 보태야 한다는 뼈 있는 농담이었다. 방종삼이 리철의 모델료 농담을 진담처럼 받아 흥정을 붙였다.

"광고상품의 가치라는 것이 등락이 심하니 시기가 중요합네다."

리철은 다시 나름의 셈법으로 진담처럼 말했다.

"남북교류협력 절차에 따른 비용을 계산하면 2억 불 범위이니 모델비를 4천만 불로 해도 아자한테는 1억6천만 불 남습네다. 이는 한 회사 차원이 아니고, 전 인민 차원으로 셈해 4천만 불은 줘야 합네다."

농담처럼 한 말이 진담처럼 되어 가자, 박기영이 나서 불을 껐다.

"리철 참사가 말한 남북 교류협력 절차는 무역·제조업에 적용되는 것입니다. 광고 같은 무형의 문화사업은 한 번도 승인이 난 적이 없어, 남북 교류협력 기금을 대출받은 사례가 없습니다."

계면쩍은 리철이 잠시 옆길로 샌 담화를 다시 본줄기로 끌어왔다.

"호상 간에 사상과 리념 그리고 제도의 차이가 있어 몰래 진행시킬 수는 없는 것이고, 앞으로 4~5월 꽃피는 시기까지 아직 시간은 충분하다고 봅네다."

박 전무는 언론 보도의 중요성을 강조했다.

"광고사업이 상업적 사업이지만 어느 사업보다 남북관계에 효과와 영향이 큰 사업이므로 언론에서 보도를 잘 해줘야 하는데, 여기 김당 기자가 논의 과정을 직접 지켜보았으니 잘 보도해 줄 것으로 믿습니다."

방종삼도 "얼마 전에 재미교포 사업가와 관광사업을 진행하다가 언론이 잘 못 보도해 낭패를 당한 경험이 있다"면서 언론이 잘 보도해 줄 것을 역설했다.

호텔 820호의 실세와 1천만 달러 요구

오전 회의가 끝나자 아자팀과 북측은 각각 따로 모여 오후 회의 전략을 짰다. 박 전무는 북측의 내부 사정을 꿰뚫어 말했다.

"이번 회담의 공식 창구는 형식상 '광명성경제연합회 북경 대표부'이지만, 실제로는 호텔 820호에 있는 광명성 부총사장(실제로는 명성 부회장)이 다하고 있습니다. 이 사람이 긴급전화로 2시간에 한 번씩 평양에 보고하면서 결정하고 있습니다. 예를 들어 금강산총회사 측은 3월 말~4월 초에 조기 입국이 가능한 것처럼 말하고 있으나, 실제로는 부총사장이 평양에 전화해 4월 20일~5월 초경으로 이미 못 박았습니다. 왜냐하면 4월 15일 김일성 주석 생일행사가 있어서, 그 뒤로 입국 시점을 물리기로 돼 있습니다."

박 전무의 이야기를 들어보면, 그가 호텔 820호에 있는 광명성 부총사장(명성 부회장)의 전화를 마치 도청이라도 하는 것처럼 느껴졌다.

북한 당국은 1996년 말에 남한 기업과의 임가공, 투자 유치, 교류협력사업에 관여한 모든 총회사(무역회사)를 광명성경제연합회(회장 김봉익)로 통폐합했다. 방종삼 총사장의 명함에 광명성경제연합회의 영문 이니셜 'KKEA'와 마크가 있는것은 금강산총회사도 광명성 산하임을 표시한 것이었다. 대남 사업의 대외교섭을 전담하는 광명성경제연합회는 명성회사로부터 사업 지도를 받았다. '명성'은 안기부의 '세기문화사'처럼 국가보위부의 위장 회사 명칭이었다. 명성 부총사장 윤기철은 보위부 부부장이었다.

박 전무는 광고사업비 협상 건에 대해서는 북측이 1차로 1천만 달러를 요구했고, 지불 방법은 정부의 사업승인을 받은 뒤에 하기로 합의했다고 말했다. 또 북측과는 사업의 특수성상 500만 불로 이면계약을 하되, 계약금과 사업 진행

광고사업 계약서에 서명하는 아자 박기영 대표
(가운데)와 금강산관광총회사 방종삼 총사장(맨
오른쪽)을 지켜보는 박채서 전무

시기별 지불액은 액수 대신에 백분율(%)만 정하기로 했다고 말했다. 참석자들은 5년간 500만 불이면 좋은 조건이라고 공감을 표시했다.

실은 박 전무는 2월 7일에 베이징에 미리 와서 북측 대표(리철과 방종삼)와 만나 사전 정지작업을 하면서 담판을 지었다. 당시 베이징의 북한식당은 대사관이 직영하는 유경식당과 고려원, 해당화 등 3곳인데, 마침 구정(2월 8일)과 겹쳐서 중국 식당들도 모두 춘절 휴무였다. 그러다 보니 북한대사관 직원들이 아이들을 포함해 가족들과 함께 북한식당에 와서 식사하고 노래를 부르는 모습을 지켜볼 수 있었다. 이들이 부르는 노래는 북한 노래가 아니고 〈만남〉, 〈멍에〉, 〈소양강 처녀〉 같은 한국 노래 일색이었다.

오후 회의가 2시부터 속개되었다. 남측은 김당 기자를 포함해 아자측이 5명, 북측은 리철 과장을 포함해 금강산 측이 5명이었다. 박기영 대표가 앞으로 촬영을 하게 될 금강산에 호랑이가 있냐고 말문을 열자, 방종삼은 특유의 입담으로 '공영방송'(공식 발언을 뜻하는 은어)을 시작했다.

"조국해방전쟁 때 적들이 평양과 금강산 일대를 폭격해 잿더미가 되어 동물들도 자취를 감추었습네다. 그러나 우리 로동당의 자연보호 원칙과 위대한 수령동지의 '유익한 동물을 보호할 데 대하여'라는 교시 아래 자연을 보호해, 평양 근교에는 노루와 꿩이 흔하게 되었습네다. 금강산 호랑이의 존재 여부는 내가 있다, 없다 말하는 것보다는, 여기 계신 여러 선생들이 직접 와서 확인하시기 바랍네다."

'직접 와서 확인해 보라'는 말은 사실상 '금강산에 호랑이가 없다'는 말이었다. 그런데도 '직접 와서 확인해 보라'는 방종삼의 말 속에는 광고사업의 합의에 대한 낙관적 전망이 들어있었다. 다만, 이들은 남측과 합의하되 가능한 한 유리한 조건으로 합의할 것을 목적으로 베이징에 온 것처럼 보였다. 제삼자로서 회담을 지켜본 김당은 북측이 계약에 합의하면 마치 남조선 일대가 북한에서 찍은 광고로 도배될 것처럼 오해하는 듯해서 불편했다.

박 전무는 "남북 교류협력 상으로는 고향 방문이 가장 바람직하지만, 현실 제약을 감안해 고향의 흙과 경치라도 볼 수 있다면 아쉽지만 좋은 것 아니겠냐"며 "이번 사업이 성사되면 더 많은 기회를 제공해줄 것으로 믿는다"고 기대감을 표시했다. 방종삼은 작정한 듯, 써온 대로 '공영방송'을 이어갔다.

"반역자와 제국주의자들의 책동으로 나라가 두 동강 나 있습네다. 한 나라 한 민족 한 강토에 사는 남조선 인민들에게 북조선의 경치와 건물을 보여주는 것은 의미 있는 일입네다. 북조선의 아름다운 경치와 건물은 어버이 수령님의 업적을 한 순간도 생각하지 않고서는 불가능한 것입네다. 북조선의 경치와 건물을 소개하는 이런 사업을 주도해온 박기영 사장에게 감사드립네다.

그동안 뜻이 통하지 않다 보니 사업에 지장 받은 것이 사실입네다. 위대한 수령 김일성 주석과 경애하는 지도자 김정일 장군님의 영도 아래 지도된 기념 건축물은 만천하의 자랑거리입네다. 두 분께서는 정치를 해도 오직 인민을 위한 정치, 경제를 해도 오직 인민을 위한 경제를 해오시고, '이팝에 고깃국' 염원을 실현하기 위해 노력해 오셨습네다. 세금을 모르는 나라에서, 병이 나도 무상 치료되는 나라에서 탁아소-유치원부터 11년제 무상교육을 하는 나라에서…."

방종삼은 한번 말문이 트이자 스스로 제 말에 취해 신이 난 듯, 공영방송을 그칠 기미를 보이지 않았다. 방종삼의 나라 자랑은 월사금(수업료)과 세금이 없는 나라에서 문화 유적지로 이어졌다.

"문화 유적지도 자연 그대로 보전하고, 원쑤들이 파괴한 것을 원상복구해 평양 모란봉에도 향산에도 절간이 있고, 평양 시내에도 교회당이 있습네다. 경애하는 지도자 김정일 동지도 김일성 주석님의 유언대로 구월산을 인민의 휴식처로 지정하고, 칠보산 역시 현지 지도하시고, 묘향산 가는 옆에 용문대굴을 발굴하는 등 깊은 관심을 보이셨습네다.

이렇게 잘 꾸며진 내 나라, 내 조국에서 날새들도 자유롭데 오가는데 이렇게 베이징에서 담화하는 비애를 느낍네다. 조국의 아름다운 강토를 남조선 인민들에게 보여주면, 남조선 인민들의 조국통일 의지가 불타오르고 조국통일을 위한 노력이 더해질 것입네다.

공화국 인민들이 자연재해로 인한 고초를 겪는 것은 사실입네다. 그러나 이는 정치를 잘못한 것이 아니라 제국주의자들이 방해, 간섭하는 탓에다 자연재해가 겹친 탓입네다. 비록 공화국의 지금 현실은 '고난의 행군'을 하고 있습네다만, 우리는 풀죽을 먹고 살더라도 김정일 장군님을 보위하고, 유훈을 실천하는 길에 매진할 것입네다.

위대한 수령 김일성 동지는 '조국통일을 위한 전 민족 대단결 10대 강령'에서 이렇게 지시하셨습네다 …(중략)… 이런 일에 선생들이 앞장서 공헌하는 것입네다. 비록 나라 허리에는 콘크리트 장벽이 있어서 오가기 어려워도 여기 계신 선생들은 자유롭게 왕래하게 될 것을 보장하면서 몇 가지 사업에 대한 원칙을 말하겠습네다."

13 _ 함께 찾아온 위기와 기회

방종삼의 '공영방송'과 리철의 두 가지 질문

여기까지가 방종삼 총사장이 준비해온 '공영방송'의 서론이었다. 본론은 지금부터였다.

"첫째, 이번 사업은 1년 동안 검토한 것입네다. 이번 사업에 대한 원칙적인 반대는 없지만, 세부 내용에 대해서는 광명성 베이징 대표부와 내 수표(서명)를 박기영 대표가 직접 하거나 권한을 위임하는 인물을 통해 내용상의 문제를 해결하는 것이 바람직할 것입네다.

둘째, 광고주 선정 문제는 선생들의 자주권의 문제이므로 우리는 관여하지 않겠습네다.

셋째, 먼저 인쇄광고를 하고 나중에 TV광고를 하는 데 있어서, 우리가 이미 촬영한 것 또는 우리 측 전문가가 촬영하고 지원기관들이 방조(지원)하는 것을 담보하겠습네다. 그것이 실현되면 촬영기일이 그렇게 늦어지지는 않을 것입네다.

넷째, 기자재 문제는 돌아가서 지참할 기자재에 대한 의견을 제시하는 것이 좋을 듯합네다.

다섯째, TV 녹화촬영 부분은 아직 이해하지 못했습네다. 또 계약서보다는 합의서

형식으로 수표했으면 하는데 선생의 견해는 어떤지 알고 싶습네다."

박기영이 기자재 문제와 관련 "지적한 RE3는 35밀리 영화를 찍기 위한 것인데 이를 방송용(베타캠, 비디오)으로 옮기기 위해 필름과 비디오의 장점을 획득하기 위해서이다. 실제 광고 촬영작업을 이렇게들 하고 있다"고 설명했다.

방 사장은 "인쇄할 수 있는 네가 필름과 TV광고용 베타 카메라를 제공하면 되는 것 아니냐"며 "우리가 일본 총련과 광고사업을 했을 때 제작한 베타캠 일제 소니 비디오카세트도 가지고 있다"고 말했다. 다 찍으려 하지 말고, 일부는 기존에 자신들이 찍어놓은 필름과 비디오테이프를 활용하라는 것이었다. 박 전무가 나섰다.

"그래서 시범사업으로 인쇄광고를 먼저 하고 TV광고를 나중에 하자는 것입니다. 그러나 광고제작팀이 가지도 않고서 북측이 찍은 것을 갖고 광고하는 것은 어불성설입니다. 남측 광고 전문가들이 직접 들어가서 찍는 것이 중요합니다. TV광고팀의 사전답사는 생략하더라도, 인쇄광고팀이 사실상 TV광고 사전답사 헌팅까지 할 수 있어야 합니다."

박 대표가 양측의 상호 연락망을 교환하자고 제안하자, 방 사장은 "시작이 절반이라는 속담도 있듯, 이미 절반은 합의한 것 아니냐"면서 "상호 연락망은 합의서를 도출할 때 확정하자"고 미뤘다. 박 대표는 "총회사에서 광고모델, 출연자뿐만 아니라 장소 등에 관한 정보를 제공해줘야 한다"면서 "아까 나온 용문대굴 같은 곳도 좋은 촬영 장소가 될 수 있다"고 말했다.

금강산총회사 측에선 방종삼을 제외하곤 아무도 말을 하지 않았다. 박 전무가 다른 동무들도 한 말씀 하라고 권유하자, 박수일 종합과장이 마지못해 한마디 했지만, 말은 짧고 무의미했다.

"이번 광고사업은 애국적 소행이라고 봅네다. 통일 의지를 조직해 계획한 이번 사업에 대한 합의가 이뤄지면 종합계획을 조직해, 실무작업은 여기 촬영

과장 등이 도울 것입네다."

박 전무는 이어 "이번 사업이 성공적으로 진행되는 데는 베이징에서 신속한 연락이 가장 중요하다"면서 "남북 호상 간에 좋은 반응이 나온다면 그 일등 공신은 리철운 선생이다"라고 추켜세웠다. 리철은 "남북 교류협력 차원에서 시작된 금강산-아자 실무회담이 성과적으로 진행된 데 감사하면서 두 가지를 말씀드린다"고 전제하고 이렇게 말했다.

"첫째, 이번 사업은 김일성 주석의 유지를 받들어 1995년 7월 29일 박기영 선생한 테서 처음 접수해 금강산회사에 보낸 것에서 시작되었다. 그 결과 이제 원만한 대답이 나왔다. 그러나 주의할 것은 신속한 연락이다. 광고주 문제를 아자 측에 위임한 것은 특전을 제공한 것이다. 남북교류협력법 시행세칙에 보면, 남측은 대북교역협력자로 100만 불 예치하면 10배를 대부해 준다. 아자에 특전을 제공한 것은 북에 부담을 주지 않도록 해달라는 것이다. 실제로 남포 대우공업단지는 북남 교역 경험과 상호 신뢰 쌓기 위한 좋은 사례이지, 남한 언론이 보도하듯이 '북한 진출 교두보 확보'가 아니다. 따라서 광고주 선정 문제는 잘해 줄 것으로 믿는다. 우리는 국제 정세 상황과 3년간에 걸친 자연재해로 엄청난 고난을 겪고 있다.

둘째, 이번 사업은 전적인 상호 합의하에 전개해야 한다. 특히 사업에 중요한 영향을 미치는 언론 보도 문제도 상호 합의하에 진행되어야 하는데, 이 문제에 대해 김 당 선생께 질문 두 가지를 하겠다. 우선, 시사저널은 어떤 회사인지 회사 소개와 이번 회담에 임하는 김 선생의 사명감을 밝혀 달라. 그다음에 금강산총회사-아자 간의 광고 합작사업에 대한 보도 및 성과를 구체적으로 어떻게 처리할지에 대해 말해 달라."

방종삼이 좀 전에 광고주 문제는 귀측의 자주권의 문제이므로 간여하지 않겠다고 했는데, 리철이 '특전'이라고 재론하면서 북측이 처한 고난을 강조한 것은 광고주인 대기업으로부터 북한에 대한 지원을 챙겨 달라는 암묵적 요청으로 들렸다. 리철이 김당에게 질문한 언론 보도 문제에 대해서는 박 전무가 대답을 대신해 주었다.

"언론 보도 문제는 어차피 양측이 다시 논의해 합의해야 합니다. 김당 기자는 이번 사업을 민족 이익의 관점에서 보도할 것으로 충분히 신뢰할 만한 진보적인 기자입니다. 그러나 김당 기자는 이번 사업을 취재하러 온 사람이므로, 이 자리에서 직접 답변을 구하는 것보다는 따로 만나 얘기하는 것이 좋겠습니다. 참고로 시사저널은 남한에서 가장 발행 부수가 많고, 영향력 있는 시사주간지입니다."

리철의 질문에 박 전무가 대신 답을 했지만, 김당은 간략하게나마 직접 답변하는 것이 좋겠다고 판단했다. 김당이 말했다.

"시사저널은 지난 1989년에 한국의 타임지를 표방하며 창간한 시사주간지입니다. 다른 언론매체와는 달리 신문사를 끼고 있지 않은 유일한 독립 시사주간지로서 방금 박 전무가 말한 대로, 가장 발행 부수가 많고 특히 남북문제와 관련 한겨레 신문과 함께 가장 공정한 보도를 하고 있다는 평가를 받고 있습니다. 이번 사업에 대해서도 당연히 양쪽 모두에 이익이 되는 쪽으로 보도할 것이나, 구체적인 보도 방향에 대해서는 나중에 말씀드리겠습니다."

교류협력사업 투자 상한액 700만 불

박 전무가 다시 리철이 제기한 문제에 대해 보충 답변을 했다.

"남북교류협력자금에는 네 가지 종류가 있다. 이는 남북한의 제도상의 차이 때문에 만든 것이다. 정부에서 차액을 보충 – 보전하도록 빌려주는 것이다. '20년 거치 30년 상환' 등 은행이자(11.5%)의 3분의 1 금리로 싸게 해준다. 그밖에 통일원 사업승인 결정받기 전에 광고주 선정해 광고비를 바로 해결하겠다. 광고주 문제는 정부에서 간섭할 문제가 아니므로 별문제가 없다.

숙제는 언론 보도와 자금 이동 문제이다. 리 참사가 대우 공단의 '북한 진출 교두보' 보도 문제를 지적했는데, 남한에서 언론은 정부와는 독립된 영역으로 누구도 통제하지 못한다. 따라서 신중하게 보도 문제를 다뤄야 한다."

리철이 다시 박 전무의 말을 받았다.

"대우-럭키(LG)가 돈 주는 문제와는 다른 민족문제 차원에서 접근해야 한다. 대우-럭키에서 200~300만 달러씩 주겠다고 제안했다. 예를 들어 광고사업은 '계순희 대 4천만 명'의 문제다."

방종삼이 리철의 말을 받아 다시 계약금 문제를 이어갔다.

"지난해 받은 3차분 사업계획서에 따르면, 쌍방이 합의-계약한 시점에서 총액의 50%를 먼저 지불하고, 베이징에서 입국사증을 받은 시점에서 나머지의 50%(총액의 25%)를, 나머지는 필름 제작 시점에 지불키로 돼 있다."

돈 문제가 쟁점이 되자, 박기영 대표가 나서 말을 받았다.

"문서의 구속력은 계약서가 합의서보다 앞선다. 계약금 지불 방식은 계약서에 정하면 되는 것이다."

박 전무가 다시 거들었다.

"합의서보다 합의서와 계약서의 중간 단계인 '계약서 초안'을 만들어 남과 북이 소지하되, 정부의 정식 허가가 떨어진 순간부터 정식 계약서로서 효력이 발생한다고 기재하면 좋을 듯하다. 대기업의 1년분 광고비는 전년도 9월에 책정된다."

리철이 다시 말했다.

"계약 시점에 계약금을 지급하는 것은 당연하다."

방종삼이 다시 거들었다.

"이번 사업은 위임권을 받은 광명성경제연합회를 창구로 하고 아자를 통해서만 광고가 가능하도록 수표해, 이를 모든 인민이 알도록 할 것이다."

남북 양측이 돈 문제에는 한 치의 양보가 없어 보였다. 3차 회의는 회의를 효율적으로 하기 위해 실무팀과 협상팀으로 분리해 진행하기로 합의했다. 어차피 금강산총회사 측 실무자들은 회의 내내 꿀 먹은 벙어리 신세였으므로 그게 더 편했다.

박 전무가 호텔 820호를 도청한 결과인지, 아니면 그 방 주인과 담화를 나눈 결과인지 몰라도, 다시 진행 상황을 설명해주었다.

"4월 16일이 김일성 생일이라 축하 방문 사절 외국인들은 4월 18일 전에 출국하게 된다. 그러면 4월 20일~5월 5일 기간에 촬영할 수 있도록 최종 방침이 이미 김 부총사장 – 평양 라인에서 내려왔다. 제작 행사 일반인 공개, TV광고(2차) 촬영은 6월 초, 9월에 3차 광고 촬영 방침이 결정되었다. '계약서(초안)' 형식으로 작성해 '정부 당국의 허가를 득한 날로부터 며칠 이내에 지급한다'고 정하면 된다. 그런데 교류협력사업 투자 상한액은 700만 불(대우 남포공단)이지만, 우리 것은 문화사업이다. 문화사업은 그런 전례가 없다. 아마 통일원에서는 북에 10만 불 주는 것도 많다고 할 것이다."

결국, 정상적 문화교류협력 사업이라면, 광고사업의 대가로 북측에 주기로 한 최소 500만~최대 1천만 달러로는 '답'이 나오지 않았다. 나중에 알게 되지만 아자 광고사업이 편승공작이기에 가능했던 것이다.

셋째날은 남북한 양측이 각자의 일정이 있어 회의 일정을 잡지 않았다. 박채서 전무는 밖에서 광고주가 될 삼성 측 임원들을 만나고, 박기영 대표는 금강산총회사측 실무팀과 별도의 미팅을 가졌다. 한편, 호텔 820호의 윤기철 부총사장은 보도 방향을 의논하기 위해 잠깐 만나자고 김당 기자를 찾았다.

김당은 고민했다. 국내에서라면 사전검열에 해당하는 있을 수 없는 일이지만, 북한의 특수성을 감안해 대강의 보도 시안을 만들어 보여주기로 했다. 김당은 '자본주의의 꽃, 광고 북한에 첫 진출'이라는 제목으로 남한 광고대행사 아자와 북한 금강산국제관광총회사가 광고사업을 계약했다는 스트레이트 기사를 쓸 것이라고 말했다. '자본주의의 꽃'이라는 표현이 거슬리지 않을까 걱정했는데, 윤기철은 "꼭 이런 표현을 써야 하느냐"는 말로 그냥 넘어갔다.

김당이 별다른 일정이 없어 서울에 연락해 보니, 한국에서는 한보스캔들 수사가 본격적으로 진행되고 있었다. 검찰은 2월 10일 김영삼 대통령의 측근 인사인 홍인길 총무수석과 정재철 의원 등을 소환 조사한 데 이어, 2월 11일에는 김대중 국민회의 총재의 측근인 권노갑 부총재를 소환 조사했다. 그밖에도 언론에는 문정수, 김덕룡, 박종웅, 박성범 등이 5천만 원씩을 수수한 것으로 보도되었다.

김영삼 대통령 직계와 최형우계가 포함되었지만, 대부분은 김덕룡계 정치인들이었다. 이 때문에 세간에선 김덕룡이 말한 음모설이 힘을 얻고 있었다. 즉, 신민주계(강삼재 – 이원종 라인)에서 구민주계의 대선 후보군(김덕룡 최형우)에 대한 검찰 조서를 흘리는 것이란 의혹이었다. 김당은 그렇다면 이들과 가까운 검찰의 PK 인맥은 누구인지를 생각해 보았다.

다 된 밥에 재 뿌린 황장엽 망명 작전

모든 협의가 순조롭게 진행되어 베이징 미팅 4일째인 2월 12일에는 캠핀스키 호텔에 마련한 회의실에서 합의서를 체결하는 일만 남겨두었다. 남북한의 실무팀과 협상팀이 별도의 회의를 한 것이 성과를 거둔 셈이다.

광고주로 내정된 삼성 측의 제의로 상견례와 자축 파티를 겸한 성대한 저녁 식사 자리가 마련되었다. 베이징의 고급 식당들이 즐비한 푸첸루(阜城路)의 해물요리 전문식당 순펑(順峰)에서 남북 양측 인사들이 사업의 성공을 기원하는 덕담을 주고받으며 한창 분위기가 무르익을 무렵에 북한 측 인사 한 명이 황급히 들어와 방종삼 총사장에게 귓속말을 전하는 것이었다.

박채서는 뭔가 불길한 예감이 들어 방 총사장의 표정을 살폈다. 아니나 다를까, 웃음기가 싹 가시고 낯빛이 달라졌다.

"황장엽 비서가 베이징 한국대사관으로 들어갔답니다. 식사 중에 미안하지만, 우리는 인차 가봐야 하겠습니다."

방종삼과 리철 등이 황급히 자리를 뜨자, 곧바로 삼성 측도 상황을 파악하기 위해 자리를 떴다. 화려한 장식으로 번쩍이는 넓은 홀에 덩그러니 남은 박채서와 박기영은 한동안 말없이 눈을 끔벅이며 자리를 지켰다. 강릉 잠수함 침투 사건 때처럼 그동안 기울인 온갖 노력이 물거품이 되고, 또다시 먼 길을 돌아가야 할지 모른다는 불안감이 엄습해 왔다.

황장엽 비서의 망명이 사실이라면 그 여파는 불을 보듯 뻔했다. 황장엽 본인의 자진 망명이 아니라, 우리 쪽의 기획 망명에 의한 것이 아닐까 하는 우려가 박채서의 머리를 스쳐 지나갔다. 주체사상의 일인자가 베이징에서 망명한 마당에 베이징에서 북측과 광고사업을 협의한다는 것은 무의미해 보였다. 안기부 본부에서도 사건에 휘말리지 말고 철수하라는 지시가 하달되었다. 그러나 박채서는 사태의 추이를 좀 더 지켜보기 위해, 방종삼 총사장과의 사업 결산을 구실로 며칠 더 말미를 얻었다.

북측은 황장엽의 망명 사실 자체를 애써 축소하려는 듯했다. 리철이 다음 날 오전 10시경 전혀 기대하지 않았던 소식을 전해 왔다. 리철이 전한 바에 의하면, 보위부로부터 황장엽 망명을 보고받은 김정일의 일성은 '배신자는 갈 테면 가라'였다. 그 이후 노동신문이 보도한 공식 반응도 "배신자여, 갈 테면 가라"였다. 리철이 전한 김정일의 훈령은 "배신자는 배신자고, 일은 일이다"였다. 격랑이 몰아칠 것으로 예상했던 순간에 김정일이 광고사업을 원래대로 진행하라는 교시를 내린 것이다. 황장엽 망명 직후 김정일은 이처럼 그의 망명에 대해 애써 큰 의미를 부여하지 않았다. 상황이 그렇게 정리된 것은 당시 사태를 보고받은 보위부 윤기철 부부장의 강력한 지원 덕분이었다는 것을 박채서는 나중에 리철을 통해 알게 되었다.

그런데 남북한의 치열한 외교전 끝에 황장엽 비서가 필리핀을 경유해 4월 20일 한국으로 입국한 뒤에는 사정이 달라졌다. 언론이 치밀한 사전 계획에 의

아자와 금강산총회사의 대표가 광고사업에
서명하는 것을 지켜보는 박채서

해 망명이 이뤄졌다고 대대적으로 보도하자, 분노한 김정일은 황장엽 – 김덕홍
에 대한 보복을 지시하는 쪽으로 바뀌었다. 그리고 공교롭게도 황장엽이 망명
을 요청한 지 3일 후인 2월 15일 밤 김정일의 처조카 이한영이 아파트 입구에
서 괴한의 총격을 받고 사경을 헤매다가 끝내 숨지는 사건이 발생했다.

　박채서가 뒤에 알아본 바에 따르면, 황장엽은 오래전부터 민간인 조직과
안기부 쪽에 망명 의사를 직간접으로 타진해 왔다. 그러나 안기부 실무 담당관
들은 황장엽이 망명할 경우 남북관계에 악영향을 끼치고, 그가 노동당 국제담
당 비서이지만 권력의 최측근은 아니어서 정보 획득의 효용성은 크지 않다는
점에서 신중하게 접근해야 한다는 의견이었다.

　그런데 1996년 연말에 노동법 – 안기부법 날치기 파동으로 정국이 요동치
고, 1997년 연초부터 한보사태가 터지자 상황이 바뀌었다. 황장엽 망명 의사를
알게 된 청와대 참모들과 김현철 라인에서 망명 카드를 국면 돌파 수단으로 삼
아 남영식 8국장을 움직여 망명 작전을 실행한 것이다. 박채서로서는 공작 계
선 상의 직속상관이 다 된 밥에 재를 뿌린 격이었다. 이후 남영식 국장은 황장

엽 망명을 막후에서 지휘한 공로를 인정받아 차장급인 특보로 승진하고, '203실'로 편제가 바뀐 대북공작국장에 이대성 주일(駐日) 공사가 부임하게 된다.

대형 악재 속에 나온 김정일의 O.K 사인

박기영 대표와 박채서 전무는 마침내 1997년 2월 14일 금강산국제관광총회사와 'TV‑인쇄광고 촬영 계약서'에 서명했다. 계약의 세부 내용에 따르면, △계약 범위는 인쇄·텔레비전 광고 및 제작사업으로 하되 △촬영지는 백두산·금강산·묘향산·칠보산·평양·개성 외 기타 갑방(금강산총회사)이 추천하는 장소로 하고 △텔레비전 제작은 1차 사업(인쇄 광고 촬영 및 제작) 기간에 세부 사항을 결정하기로 했다.

또 쌍방은 인쇄 및 텔레비전 광고에 필요한 촬영·편집·해설문·음악을 공동 책임지고, 우선 이 사업을 '5년간 전적으로'(독점) 진행하되, 1997년 사업 계획은 △1차로 4월께 인쇄 광고 촬영(15일간) △2차로 6월께 텔레비전 광고 촬영(4주간) △3차는 9월께 인쇄 및 텔레비전 광고 촬영(4주간) 순으로 진행하기로 합의했다.

아자 측이 통일원에 제출한 대북 광고사업 계획서 및 계약서에 대한 사업 승인이 차질 없이 진행될 경우, 4월에는 광고 촬영을 위한 제작팀의 방북이 최초로 이루어질 전망이었다. 계약자 쌍방은 '본계약서 초안은 을방 당국(통일원)의 사업승인이 있는 날로부터 정식 계약서로 효력을 발생한다'라는 조항을 두고 '사업승인 후 갑방(금강산총회사)이 을방(아자)의 제작팀과 광고주를 방북 초치한다'라고 합의했다.

광고 촬영 및 제작을 위한 남북협력 사업은 전례가 없었다. 그동안 진행된 임가공과 교역 및 합영사업과는 달리 최초로 합의한 무형의 문화사업이고 오히려 다른 경협사업보다 더 부담이 없는 사업이었다. 사업승인 및 광고주 선정이 끝나는 대로, 빠르면 5월께 한국 주민들은 평양과 금강산 등지에서 '조선 인민

배우'와 '인민 영웅', '평양 어린이 예술합창단' 등을 CF모델로 하여 촬영·제작한 상업광고를 신문·잡지에서 처음으로 보게 될 것이었다.

김당 기자는 베이징에 오기 직전에 서울에서 설을 앞두고 김영일 효원물산 대표가 북한 흙을 봉투에 담아 실향민들에게 나눠줘 큰 반향을 끈 것을 보았다. 광고사업이 성사되면 실향민들은 분단 이후 한 번도 가보지 못한 고향의 산하를 광고로 생생하게 볼 수 있게 될 것이다.

강릉 잠수함 침투사건의 여파가 남아 있던 지난해만 해도 노정호 씨피코국제교역 대표가 북한 주민들이 만든 크리스마스 카드와 연하장을 반입했으나, 정부에서 통관을 금지시켜 보세창고에 묶여 있었다. 조선의 풍광을 그림으로 소개하는 것조차 무산된 상황에서 광고사업은 활동사진을 반입하는 것이었다.

상업광고는 '자본주의의 꽃'이라는 상징적 의미가 있다. 북한이 자본주의 꽃을 제작하는 팀을 입국하도록 허용해 현지에서 상업광고를 촬영하도록 한 것은 라진 – 선봉자유무역지대 개방에 못지않은 북한의 대외경제 개방 의지를 드러낸 것으로 볼 수 있었다.

남북한이 처음으로 역사적인 광고제작 계약서를 체결한 시점은 황장엽 망명(2. 12), 이한영 피살(2. 15), 중국 덩샤오핑 사망(2. 19) 등 대형 사건이 겹친 와중이었다. 1990년에 야전지휘관의 길을 포기하고 대북공작의 세계에 뛰어든 박채서는 7년 만에 해냈다는 도취감에 만감이 교차했다. 아자가 따낸 독점적인 광고 사업권은, 자신을 포함한 광고제작팀이 5년 동안 1년에 네 번씩 보름에서 한 달에 걸쳐 자유롭게 북한을 왕래할 수 있는 권리를 보장하고 있었다. 그로서는 대북 이중스파이 공작을 안정적으로 수행할 수 있는 절호의 기회를 잡은 것이다.

특히 황장엽 망명이라는 대형 악재 속에 언론의 공식 취재가 진행되는 가운데 김정일이 O.K 사인을 내준 것은 공작사업의 전망을 밝게 해준 청신호였다. 박채서는 마음속으로 김정일이 묘향산의 골동품 처리에 중요한 의미를 부여하고, 개성지역에서 돈 벌 궁리에 들뜬 보위부 관계자들이 우호적인 보고를 했을 것으로 짐작했다. '위기는 위험이자 기회'라는 말이 있듯이, 황장엽 망명 사건은 북측의 심중을 헤아려 공작 방향과 목표를 재확인하게 해준 기회가 되었다.

통일부의 '몽니'와 김현철 라인의 뜻밖의 훼방꾼

그런데 국내에서 예기치 않은 일이 발생했다. MBC가 특종 보도 욕심에 그날 저녁 9시 뉴스데스크에 광고사업 계약 체결 소식을 헤드라인 뉴스로 내보낸 것이다. 그것도 단순 스트레이트 기사만 내보낸 것이 아니라, 자세한 해설기사까지 붙여서 내보냈다. 중대한 약속 위반이었다. MBC의 신사협정 위반에도 불구하고, 김당 기자는 약속한 날짜에 맞춰 시사저널에 기사를 내보냈다.

언론에 보도되자 박기영 대표에게 연일 인터뷰가 쇄도했고, 일본 NHK나 미국 언론들도 관심을 갖고 회사를 방문했다. 박기영은 쇄도하는 인터뷰 요청에 싱글벙글하느라 입이 귀에 걸렸다. 그런데 통일부는 자기들과 사전 조율 없이 일방적으로 언론플레이를 했다며 노발대발했다. 박기영과 박채서는 광고제작 사업의 남북 합작이라는 역사적인 의미가 있는 과업은 주관 부처인 통일부가 직접 발표하도록 해 그 공을 통일부에 돌리는 것이 순리라는 것을 나중에야 알게 되었다. 그러나 이미 엎질러진 물이었다.

방북 및 사업 인허가를 쥐고 있는 통일부에 밉보이게 되자, 5월에 로케이션 및 사전답사를 하기로 합의한 내용이 물거품이 될 것이 분명했다. 북한 체제의 경직성을 감안할 때, 정해진 일정을 지키지 못하면 어떠한 일이 벌어질지도 불을 보듯 뻔했다. 더욱이 북측 관계자들은 이 사업이 김정일의 허가를 받은 사실을 알았고, 극소수 관계자는 골동품 비밀 처분과 연계돼 있는 점도 알았다. 그래서인지 오히려 북측이 더 어찌할 바를 몰랐다.

통일부에서는 방북 건에 대해 말도 꺼내지 못하게 했다. 대북 사업자가 북측과 어렵게 접촉해 사업이나 계약을 합의해도, '미운털'이 박히면 접촉 승인, 방북 허가, 사업자 승인, 사업승인 등 통일부가 가진 단계별 인허가권으로 사업을 지연하거나 불허해 '군기 잡기'를 하는 경우가 허다했다. 그렇다고 해서 내곡동에서 개입할 수도 없는 노릇이었다. 내곡동에서 개입하면 통일부 내에 금방 '안기부 사업'이라는 소문이 돌 것이고, 그리되면 기자들이 먼저 알게 되고, 곧 북측도 의심을 품게 될 것이기 때문이다. 결국, 박기영 대표와 박채서 전무가 풀어야 할 숙제였다.

MBC 보도로 아자 광고사업의 발목이 잡혀 있는 사이에 베이징의 보위부 연락책 리철이 깜짝 놀랄 엉뚱한 소식을 전해왔다. 한국의 '제일영상 심현우 대표'라는 사람이 베이징의 북한대사관을 찾아와 파격적인 조건을 제시하며 아자가 하려는 사업을 자신들이 하겠다고 제안했다는 것이다. 더 놀라운 사실은 심현우 대표에게 아자와 박기영 대표에 대한 나쁜 평판을 제공하며 북한대사관과의 접촉을 주선해 준 사람이 베이징 주재 한국대사관의 통일관(統一官)이었다는 것이다. 통일부의 조직적 '몽니'가 베이징에까지 뻗치고 있다는 느낌이었다.

박채서는 즉각 내곡동 본부에 상황을 보고했고, 진상조사가 착수되었다. 노동법 - 안기부법 날치기 파동과 한보사태로 궁지에 몰린 김영삼 정권의 소통령으로 불린 김현철과 청와대와 정부의 현철 인맥이 KBS PD 출신의 심현우 대표를 내세워 아자의 광고사업을 파고든 것이었다. 이강복 공작관이 전하는 바에 따르면, 광고제작 사업 가로채기에 관여한 '현철 인맥' 중에는 내곡동 대북 3차장 산하의 간부도 포함되어 있었다.

그러나 공작이 우선이었다. 대북공작국은 '혼선'을 제거하기 위해 신속하게 움직였다. 심현우 대표가 북측에 제시한 '파격적인 조건'을 이행하기 위해 출국한 6월 23일 밤, 김포공항 출국장 CIQ에서 그의 짐이 털렸다. 놀랍게도 그의 가방 속에서 위조한 여행자수표(TC) 200만 달러와 미화 32만 달러 등이 발견되었다. 미화 1,000달러짜리 위조여행자 수표 2,000장과 여행자수표 30만 달러,

그리고 미화 2만 달러를 숨겨 밀반출하려다가 적발된 것이다.

뉴스전문 채널 YTN은 '김포공항 개항 이래 최대 외화 밀반출 기도 사건'이라고 보도했다. 심현우 씨는 베이징으로 출국하기 1주일 전에 영등포의 한 인쇄소에서 1000달러짜리 여행자수표 2,000장을 컬러복사기로 위조한 것으로 밝혀졌다. 나중에 언론에 보도된 바에 따르면, 유가증권법 위반 및 외화 밀반출 혐의로 구속된 심현우 대표는 검찰에서 북한 영상물을 들여오기 위해 북한 측에 위조여행자수표를 보여주기만 하고 사용하지는 않을 계획이었다고 진술한 것으로 전해졌다.

14 _ 보위부 제1부부장과 김정일을 만나다

박채서의 등골 오싹게 한 적(敵)의 테스트

6월이 되어도 통일부는 여전히 '몽니'를 부리며 요지부동이었다. 방북 허가를 내주지 않아 사업이 계속 지연되자, 다급해진 리철이 베이징에서 박채서에게 전화를 해왔다.

"박상이 직접 들어와서 현재의 상황을 설명하고, 앞으로 어떻게 할지 방안을 제시해줘야 하겠습니다."

동갑내기 리철은 박채서와 가까워진 뒤로 그를 일본식 호칭으로 '박상'이라고 불렀다. 리철은 박채서에게 "박상의 골상을 보면, 아무래도 조상이 일본계인 것 같다"고 농담을 하던 터였다. 리철은 박채서가 대학에서 일본어를 전공했고, 처음에 조총련의 서재호를 통해 북측과 연결되었기 때문에 자연스럽게 '박상'이라고 부르게 되었는지도 모른다. 리철은 전화를 몰래 엿듣는 '귀때기'를 의식해 들어오라는 장소를 생략했지만, 둘 사이에 '직접 들어오라'는 말은 '평양으로 들어오라'는 말을 뜻하는 것으로 약조가 돼 있었다.

평양에 도착하니 광고사업 지연 건과는 관계가 없는 '업무 아닌 업무'가 그를 기다리고 있었다. 그것은 언젠가 한 번은 찾아올 것으로 예상은 했지만, 참으로 곤혹스럽고 괴로움을 동반하는 시험이었다. 그는 평양에서 광고사업과 전혀 관계가 없는 사람들을 만나서 듣기에 거북한 이야기를 들으며, 시험을 통과해야 했다.

고려호텔 지하의 민족식당에는 뜻밖에도 김영룡 국가안전보위부 제1부부장이 나와 있었다. 김영룡은 부장이 수년째 공석인 보위부의 제1부부장을 맡아, 사실상 부장이나 다름없는 김정일의 측근이라는 이야기가 있었다. 그때까지 안기부에는 김영룡 부부장의 사진 등 신원 정보도 없을 만큼 베일에 싸인 인물이었다. 그런데 그런 부부장이 저녁을 함께 하자며 박채서 앞에 나타난 것이다.

동석한 보위부 국장은 식사가 나오기 전에 박채서에게 서울 염창동의 아파트 마당에서 놀고 있는 작은딸과 중학교 1학년인 큰딸이 등교하는 모습, 심지어 고향의 시골집 텃밭에서 김을 매는 어머니의 모습이 담긴 사진까지 보여주었다. 우리는 당신에 대한 모든 것을 알고 있으니 허튼수작을 부리거나 우리를 배반하면 다친다는 무언의 협박이었다. 아무리 맛있는 산해진미가 나와도 입맛이 달아날 판이었다. 무엇보다도 그가 놀란 것은 충남 부여군 규암면에 사 놓은 땅 이야기였다.

김영룡 부부장은 식사 중에 지나가는 말처럼 불쑥 땅 이야기를 던졌다.

"박 선생, 부여에 사논 땅은 잘 되고 있소?"

그 순간 박채서는 '등골이 오싹해진다'는 표현을 이럴 때 쓰는구나, 하고 생각했다. 그들이 자신을 포섭하려고 찍을 때부터 철저히 뒷조사를 한 사실을 알기 때문에 그들의 테스트 관문을 통과하는 의례가 있을 것을 어느 정도 각오하고 예상도 했다. 하지만, 부여 땅만큼은 전혀 예상하지 못했다. 이중스파이 공작의 이른바 '다층화 공식(Doctrine of Layers)'[29]으로 보자면 부여 땅은 캔버스의 맨 밑바닥에 그린 그림에 해당했다. 그는 그들이 감응도가 더 좋은 X-선 기계로 공작첩보가 켜켜이 쌓인 자신의 뇌를 투시하는 느낌이 들었다.

주29 _ 스파이들이 겹겹이 쌓인 첩보의 여러 단계를 더 깊이 파고 들어가 더 바닥 쪽에 은닉한 공작활동의 실체를 들여다볼 수 있도록 이중스파이 활동을 일종의 게임으로 시각화하는 것을 지칭한다.

부여 땅은 그가 국방대학원 석사과정에 재학(1988~1989년) 중일 때 같은 대학원에서 교육 중인 중앙부처 공무원 몇 명이 지인의 소개로 각각 5천 평씩 사놓은 '쌈지땅'이었다. 그 땅은 한 원생이 입수한 부여 '백제랜드' 개발 정보를 공유한 친한 원생 몇 명이 장차 시세 차익을 남기기 위해 쉬쉬하며 매입한 땅이었다. 다들 공무원이나 군인 신분이어서 부동산 명의도 본인이 아닌 차명으로 등기했다.

박채서도 전주의 장모한테 사정을 말하고 이 땅을 장모 명의로 등기를 해두었다. 장모는 오히려 처남들이 알면 오해할 수 있으니 철저히 비밀로 해달라고 당부했다. 그러니 매입 사실을 아는 사람은 아내와 장모뿐이었다. 박채서는 기획부동산 업자의 유혹에 빠져 사기를 당한 사실을 나중에야 알게 되었다. 군 생활을 하면서 모은 적금과 중학교 교사인 아내의 퇴직금까지 투자한 어리석음은 순전히 자신이 감당할 몫이었다. 그에게 견딜 수 없는 수치는 친척들과 지인들한테까지 소개해주어 그들한테까지 경제적으로 피해를 입힌 것이었다. 부여 땅은 박채서에게 인생 최대의 '오점'이었다.

그런데 김영룡 부부장은 박채서에게 지금 부여 땅의 '안부'를 묻고 그의 반응을 체크하고 있었다. 흔히 '거짓말 탐지기'라고 부르는 폴리그래프(polygraph) 기계를 사용하지 않았을 뿐, 일종의 거짓말 탐지 테스트였다. 물론, 박채서는 정보사 공작관으로 근무하면서 '거짓말 탐지기'를 사용해 보았고, 현장의 비밀 공작원이 되어서는 북한에서 강제로 거짓말 탐지기 테스트를 받을 경우에도 대비했다.

거짓말 탐지기는 여러 질문에 대한 응답자의 신체 반응, 예를 들어 맥박이나 호흡 횟수 등을 체크하는 기계다. CIA와 DIA(국방정보국), NSA(국가안보국) 같은 미국 정보기관에서는 신입 직원뿐만 아니라 기존 직원들도 몇 년마다 한 번씩 거짓말 탐지기 테스트를 받는다. 그러나 미국에서 스파이 활동으로 체포된 래리 우타이 친(Larry Wu-tai Chin)[30]과 올드리치 에임스(Aldrich Ames)[31]는 거짓말 탐지기에서 아무런 이상 반응을 나타내지 않았다. 박채서는 신경안정제를 복용하지 않고서도 "당신은 남조선 스파이입니까?"라는 질문에 전혀 흔들림 없이 혈압과 맥박, 땀, 그리고 호흡의 규칙성을 유지해 폴리그래프 테스트를 통과할 수 있도록 반복된 훈련을 받았다.

비록 적이지만 박채서는 저들의 정보력에 놀라지 않을 수 없었다. 남한의 고첩이나 정보기관에 침투한 '두더지(mole)'를 통해 크로스 체크(교차 확인)한 결과일지도 몰랐다. 어떤 결과물이건, 박채서를 겁주기 위한 의도였다면 그들은 충분히 성공한 셈이었다.

등골이 오싹해진 박채서에게 '과연 저들이 어디까지 알고 있을까' 하는 두려움이 몰려 왔다. 이중스파이에게 가장 위험한 것은 '적이 이미 얼마나 많이 알고 있는지를 정확히 알지 못하는 것'이었다. 이럴 때 적에게 허위 첩보를 제공하는 것은 죽음을 재촉하는 '쥐약'이었다.

보위부장 "박 선생, 6.25가 남침이요, 북침이요?"

김영룡 부부장은 그의 복잡한 머릿속을 헤집기라도 하려는 듯, 또 한 번 질문을 던졌다.

"박 선생, 6.25가 남침이요, 북침이요?"

박채서는 이번에는 머릿속이 하얘지는 느낌이 들었다. 방북하기 전부터 테스트에 대비해 수차례 사전 모의연습을 했지만, 전혀 예상치 못한 돌발 질문이었다. 하지만 그 짧은 순간에도 적의 시험을 통과하려면 0.5초 이내에 판단하고 0.5초 이내로 답을 해야 한다는 생각이 퍼뜩 스쳤다. 저들의 테스트 질문에 망설이고 주저하거나, 길게 머리를 굴려 답을 하면 신뢰하지 않을 것이 분명했

주30 _ 중국계 미국인인 친(Chin)은 미국 정부(미군)와 CIA에서 근무하면서 수십 년 동안 중국의 공산 정권을 위해 스파이 활동을 하다가, 그의 공작관이 미국으로 망명하는 바람에 1985년 FBI에 의해 체포되었다.
주31 _ CIA 간부 에임스는 1985년부터 9년동안 옛 소련의 KGB에 미국의 외교·군사·안보정책에 관한 엄청난 양의 정보를 넘겨준 이중스파이로 1994년에 체포되었다. 그는 스파이로서는 사상 최고인 270만 달러(한화 약 21억 6천만 원)의 거금을 받았다.

다. 그동안 저들은 상대가 예상치 못할 질문을 불쑥불쑥 던지며 수없이 그를 시험해 왔던 터였다. 그는 평소 소신대로 정공법을 택하기로 했다.

박채서는 질문이 떨어지자마자 이렇게 답했다.

"남침이냐 북침이냐가 뭐 그리 중요합니까? 중요한 것은 6.25가 우리 민족의 통일 전쟁이었는데, 외세의 개입으로 실패했다는 것입니다. 북은 중국이, 남은 유엔군이 개입해 실패했습니다. 북이 통일을 위해서 전쟁했다면 남침이고, 남이 통일을 위해서 전쟁했다면 북침이 되는데, 6.25 전쟁은 북이 한반도 통일을 위해서 일으킨 전쟁 아닙니까? 그러니 6.25는 남침입니다."

김영룡은 묵묵히 밥만 먹으며 아무런 대꾸를 하지 않았다. 박채서는 속으로 저 정도의 지위에 있는 자가 6.25가 남침인지 북침인지 몰라서 묻지는 않았을 터인 바, 자신의 의지와 심기를 시험하려는 것으로 간주했다. 그는 저들이 예전에도 과거 전대협 학생 임수경과 문익환 목사, 그리고 황석영 작가가 방북해 보인 언행과 행적을 담은 비디오테이프를 틀어주며 한 말을 기억했다. 저들은 '공영방송'으로는 "위대한 수령님의 품에 안겼다"고 이들을 칭송했지만, 사석에서는 "북이든 남이든, 조국을 배반하는 줏대 없는 자들은 경계해야 한다"며 경멸했다.

김영룡은 6.25에 대해서는 가타부타 이야기하지 않은 채, 한동안 박채서를 뚫어지게 쳐다보았다. 박채서도 마치 눈싸움을 하듯, 두 눈에 힘을 주고 마주 보았다. 그러자 김영룡은 뜻밖의 제안을 했다.

"박 선생, 이참에 김정일 장군님과 공화국에 충성서약을 하고, 조선로동당에 입당하는 게 어떻겠습니까?"

사실 노동당 입당 건은 이미 양측의 입장 정리가 된 사안이었다. 그동안 보위부 김영수 반탐과장과 윤기철 부부장도 일종의 포섭된 증거로 수차례 충성서약과 입당을 요구했지만, 박채서는 그때마다 일관된 논리로 그 요구를 거부했다. 그의 논리는 이랬다.

"나는 태어나서 어릴 때부터 반공교육을 받고 자랐다. 중·고교 시절에도 학생회 간부로서 누구보다 교련 등 반공 – 군사훈련에 적극적으로 참여했고, 사관학교를 졸업해 대한민국 장교로 임관해 16년간 안보 전선에서 복무했다. 특히 국군 정보사에서는 대북 공작관으로 근무해 북의 실상을 누구보다 잘 아는 반공주의자이다.

그런 내가 갑자기 북의 체제와 사상을 동경하고, 북의 지도자를 존경한다면 당신들은 믿겠는가? 마음에도 없는 거짓으로 당신들의 마음에 드는 행동을 할 수는 없다. 내가 비록 돈을 벌기 위해 당신들과 협조하는 관계를 맺고 있지만, 내 본심을 벗어난 행동은 할 수 없다. 그것은 당신들에 대한 인간적 예우이며, 나 자신의 확고한 의지에 대한 믿음이다."

박채서는 이번에도 같은 논리로 거부 의사를 밝혔으나, 김영룡은 막무가내로 계속 충성서약과 입당을 요구했다.

"박 선생의 뜻은 충분히 이해합니다. 그러나 우리는 말보다 믿을 수 있는 증표가 필요합니다. 우리가 박 선생의 본가와 외가, 처가를 다 뒤졌지만, 공화국과 관계된 친인척이 전혀 없습디다. 그러니 선생의 의지와 관계없이, 형식적으로라도 서명을 해주시오."

박채서는 그의 끈질긴 요청에 짜증이 났지만, 한편으로 이상하다는 생각이 들었다. 북측이 자신을 대하는 태도가 평소 분위기와는 많이 다르게 느껴졌다. 그러나 그것이 오히려 박채서를 꿋꿋하게 버티게 하는 요인으로 작용했다. 드디어 언성이 높아지고, 얼굴을 붉히는 지경까지 갔지만, 이왕 사지에 온 이상 그로서도 여기서 밀리거나 타협할 수는 없었다. 그러나 상대의 언행이 위험 수위를 넘어섰다는 생각에, 한편으로는 '이게 아닌데, 이게 아닌데'라고 마음속으로 속삭이면서 스스로를 위안했다. 그런데 그게 아니었다. 더는 분을 참지 못한 듯, 김영룡 부부장은 순식간에 권총을 빼내 총구를 그의 이마에 갖다 대며 쌍욕을 퍼부었다.

"쌍놈의 새끼, 내래 쏴 죽이겠써."

박채서는 물러서지 않았다. 그는 악을 쓰며 머리를 총구에 더 가까이 더 밀었다.

"그래, 죽일 테면 죽여라."

그러자 그는 한 발 뒤로 물러서 씨근덕거리면서도 조금 수그러진 말투로 말했다.

"박 선생은 오늘부터 우리 공화국의 포롭니다."

박채서는 상대가 물러선 틈을 놓치지 않고 더 세게 나갔다.

"죽이든 포로로 잡든, 마음대로 하시오. 그것이 당신들 공화국에 이익이 된다면 그렇게 하시오. 그런 게 무서웠으면 이곳에 오지도 않았소."

그는 상대가 강하게 나오다가 틈을 보이자 더 강하게 밀어붙여 상대의 기를 꺾어 놓을 심산이었다. 더욱이 상대는 자신의 이런 행동과 반응조차도 시험의 한 수단으로 간주할 것이 분명했다. 이럴 때는 확실하게 '깽판'을 치는 것이 정답이라고 판단했다. 그는 일어서며 밥상을 차 엎고 방 밖으로 나와 버렸다.

밖에 나오니 박채서가 북한에 갈 때마다 안내를 전담해온 평양 외국어대 출신의 노영옥이 얼굴이 하얗게 질린 채 부들부들 떨며 그를 책망했다.

"선생님, 저분이 어떤 분인데, 그리 말씀하십니까?"

그는 그에 대한 답변을 그녀가 아닌, 김영룡 부부장이 들으라고 방을 향해 소리쳤다.

"젠장, 죽기밖에 더하겠냐!"

박채서도 흥분한 나머지 공화국에 대한 반탐 공작과 체제 수호의 근간인 국가안전보위부 책임자에게 겁도 없이 '말 펀치'를 날렸지만, 내심으로는 불안했다. 자신의 예상과 판단이 틀리면, 그는 북에서 영영 묶이는 몸이 될지도 몰랐다. 다행히 그의 예상과 판단은 적중했다. 한 달쯤 뒤에 리철은 그때의 테스트와 관련해 의미심장한 말을 건넸다.

"박상, 만약 그때 6.25가 북침이라고 하고, 충성서약과 입당 원서에 서명했으면 박상은 우리와는 끝났을 것입네다."

결과적으로 목숨을 건 도박이 성공한 셈이었다. 사실 그가 생각해도 아찔하고 미친 짓을 한 순간이었다. 서울에 있는 아내와 사랑스런 두 딸, 그리고 고향의 홀어머니를 생각하면 도저히 해서는 안 될 도박이었다. 반면에 그날의 목숨을 건 도박으로 저들과 엮이면서 그의 인생도 파란과 역경의 늪으로 빠져들어 갔다. 만약 그가 그날 테스트와 위기의 순간을 적당히 넘겼으면, 북한 최고지도자와의 예기치 못한 면담의 순간도 오지 않았을 것이기 때문이다.

"박상, 깨끗한 옷으로 갈아입고 10시까지 자지 말고 기다리시오"

호텔 방으로 돌아온 박채서는 방에서 한 발짝도 움직이지 않고 저들의 반응을 기다렸다. 저녁 식사 시간이 지날 무렵에 노크 소리가 들려 문을 여니 리철이 들어왔다. 리철은 그에게 저녁은 먹었냐고 묻고, 짧게 용건을 말했다.

"박상, 10시까지 자지 말고 기다리시오. 깨끗한 옷으로 갈아입고… 가능하면 샤워도 하고."

리철은 누구를 어디에서 만나는지 아무런 언급도 하지 않고 나가 버렸다. 이는 누군가 중요한 인사를 만난다는 신호였다. 그동안 여러 번 평양에 왔지만, 한밤중에 의관을 정제하고 누구를 만난 적은 없었다. 그렇다면 김정일이 아닐까? 김정일이 심야에 업무를 처리하는 것을 좋아해 북한 고위층은 밤잠을 제대로 자지 못해 힘들어한다는 첩보를 올린 사실을 떠올리며, 김정일과 대면하는 순간이 올지 모른다는 예감이 들었다.

저녁 9시 30분경 리철이 다시 찾아와 정장 차림을 요구했다. 옷을 입고 10시에 방을 나서니 호텔 앞에 벤츠 승용차가 기다리고 있었다. 그를 태운 벤츠는 20분쯤 달려 그동안 한 번도 본 적이 없는 고급스런 초대소로 안내했다. 누구와 만나는지 아무도 얘기해주지 않았지만, 응접실에서 10여 분간 누군가를 기다리는 침묵의 시간을 통해 상대가 김정일임을 짐작할 수 있었다. 잠시 후에 김영룡 부부장과 함께 김정일이 들어왔다. 그는 으레 악수 정도는 할 줄 알고 일어서서 대기했으나, 김정일은 그에게 그냥 앉으라고 권하고는 상석에 가서 앉았다. 김정일은 약간의 쇳소리가 섞인 허스키한 음성으로 말문을 열었다.

"내가 알기로, 박 선생은 의지가 굳고 대가 센 것으로 알고 있소. 부모에 대한 효심도 강하다고 하던데, 공화국에서는 그런 사람을 신뢰하오."

김정일이 평양에서 보인 그의 행각과 어머니 이야기로 말문을 연 것은 그의 의지와 효심을 칭찬하면서도, 동시에 공화국을 배반하지 말라는 위협으로 들렸다. 김정일은 원론적인 말을 했지만, 자신이 하고자 하는 메시지를 함축적으로 분명하게 전달했다. 광고사업에 관한 구체적인 말은 하지 않았지만, 그동안 사업 진행 과정과 박채서의 행적을 소상히 알고 있는 것처럼 느껴졌다.

면담에서 그가 표명한 가장 중요한 관심사는 묘향산 골동품 처리와 그해 12월에 있을 한국 대통령선거였다. 그동안 보위부 간부들과 여러 번 한국의 정세에 관한 대화를 나누었지만, 한국의 대선과 관련된 언급은 공교롭게도 최고 권력자인 김정일한테서 처음 듣는 것이었다. 결국, 김정일이 북한 체제에서 예민할 수밖에 없는 광고제작 사업을 허가한 배경은 위의 두가지 관심사를 자신의 의지와 타임 스케줄에 맞추어 원활하게 진행하기 위한 거였다. 김정일과 보위부는 그러한 목적을 이루기 위한 도구로 박채서를 선택한 거였다.

박채서는 자신과 이강복 공작관이 계획했던 것보다 너무 일찍 공작목표에 도달한 것에 일말의 불안감을 가졌지만, 공작목표에만 정신을 집중해 공작 성과를 거양하는 데만 주력하기로 마음을 다잡았다.

박채서는 공작계획과 그동안의 성과를 되짚어 보았다. 김정일이 박채서에 대해 상세하게 알고 있다는 것은 김정일이 그가 하는 일에 관심을 가지고 있으며, 김정일한테도 그가 하는 일이 그만큼 중요하다는 반증이었다. 김정일은 동석한 김영룡 부부장에게 이렇게 지시했다.

"김 부부장 동지는 박 선생과 잘 협조해서 일을 마무리 하라우. 박 선생은 공화국의 중요한 손님이니 대접도 잘 하고…"

김정일은 마지막으로 박채서에게 "앞으로 관계되는 사업 일꾼들과 합심해서 자신과 공화국을 위해 열성적으로 해 달라"고 당부하고, 그와 깊숙이 포옹하는 것으로 30분간의 면담을 끝냈다.

호텔로 돌아와 정신을 차리고, 모든 상황을 머릿속 테이블에 꺼내 놓고 주시해도 선뜻 믿기지 않았다. 김정일과의 면담으로 그동안 마음을 졸이고 애를 끓인 모든 상황이 정리될 것이 분명했다. 골동품 처분은 광고사업과 연계되어 있으니 광고사업이 순조롭게 진행될 것으로 보였다. 그런데 골동품 처분과 달리 대통령선거 관여는 마음 한구석에 걸렸다.

김정일의 두 가지 관심사

김정일을 만난 뒤로는 김영룡 부부장을 비롯한 북측 관계자들의 태도가 180도 달라져 '급공손 모드'로 바뀌었다. 김영룡은 어제 낮에만 해도 이마에 권총을 들이대고 협박하던 살기등등한 모습에서 사뭇 점잖은 신사로 돌아와 차근차근 사업에 대해 토의했다. 다른 북측 인사들도 그를 대하는 태도가 한결 부드러워졌다. 다만, 리철만이 평소와 다름없이 그를 대하는 것처럼 느껴졌다.

다음날에는 장소를 옮겨 김정일의 두 가지 관심사에 대한 본격적인 토의가 시작되었다. 광고사업은 묘향산 물건과 연계해 김영룡 부부장과 리철 등과 논의했다. 대통령선거 관련 업무는 조평통(조국평화통일위원회)[32]의 안병수 부위원장과 강덕순 참사와 토론을 진행했다. 본명이 '안경호'인 안병수는 이 사업의 '얼굴마담' 격이고, '박충'이라는 가명을 사용한 강덕순이 박채서의 주된 대화

주32 _ 북한의 대남 통일전선 사업을 담당하는 국무위원회의 직속기구. 4·19혁명 이후 남한 내 진보진영에서 남북협상과 통일에 대한 논의가 활발해지자, 이에 대응하기 위한 통일전선기구의 필요성을 느낀 조선노동당의 외곽단체로 출범했다. 2016년 6월 국방위원회를 폐지하고 국무위원회를 신설하면서 당 외곽기구에서 국가기구로 승격됐다. 기관지 〈조국통일〉을 주 2회 발행하며, 중국 선양에서 '우리민족끼리'라는 인터넷 선전매체도 운영한다.

상대였다. 그들은 박채서에게 리철과 강덕순을 두 사업의 파트너로 정해준 셈이었다.

박채서가 대화를 해보니 북측은 97년 대선에 상당한 관심을 갖고 준비하고 있었다. 그보다 더 놀라운 사실은, 북측이 예상과 달리 친북 인사로 알려진 김대중 후보를 배척하고, 이회창 후보에 대해서는 '친일분자의 후손'이라는 이유를 들어 싫어한다는 점이었다. 북측은 상대적으로 이인제 후보를 선호했다. 박채서는 이회창 후보의 부친이 일본강점기 북한 황해도 지역에서 검찰서기로 근무할 때 독립운동가를 탄압했다는 얘기가 있어 그럴 수 있다고 생각했다. 하지만, 그들이 왜 김대중 후보를 배척하는지 그 이유가 궁금했다. 그가 군에서 들은 김대중에 대한 평판은 친북 인사 내지는 용공분자인 반면에, 북한에선 대남 선전매체를 통해 '민주투사'나 '선생'으로 알려졌기 때문이다.

강덕순 참사는 박채서의 의문에 다음과 같이 조목조목 설명해주었다.

첫째, 김대중은 아주 노련한 정치인이다. 국제적으로도 널리 알려진 명망 있는 정치 지도자여서 대통령이 되면, 북에서 다루기가 어렵고 까다로운 존재이다.

둘째, 김대중은 1971년 대통령선거에서 박정희에게 위협적인 존재가 된 이후 오랜 기간 용공분자라는 이미지가 덧씌워져 사상을 의심받아 왔다. 따라서 집권하면, 과거 남로당원이었던 박정희가 5.16 군사쿠데타로 집권 후 미국의 의심을 불식시키기 위해 반공을 국시(國是)로 표방하고 반공정책을 펼쳤듯이, 김대중도 의심을 불식시키기 위해 반공정책을 펼칠 가능성이 크다.

셋째, 북한 당국은 지금까지 선전 매체를 통해 김대중을 박정희 도당의 핍박을 받은 '민주투사'로 선전해 왔다. 그런데 김대중이 남한 민주세력의 지원을 등에 업고 대통령에 당선될 경우, 북한 주민들에게 그를 비방할 명분이 없게 된다.

넷째, 김대중은 나이가 많고 노련한 정치인이어서 그가 대통령이 되면, 남한이든 북한이든 노인을 공경하고 연장자를 우대하는 풍토에서 김정일이 상대하기가 상대적으로 껄끄럽다. 그에 비해 이인제는 김정일보다 나이가 여섯 살 아래여서 상대적으로 대하기가 편하다.

박채서가 보기에, 연장자여서 껄끄럽다는 대목은 이해할 수 없는 대목이지만, 김정일 1인 독재국가임을 감안하면 북측 나름대로의 논리는 정연했다. 강덕순이 김정일을 중심에 두고 설명한 남한 대통령 후보에 대한 일종의 SWOT 분석[33]은 북한 수뇌부와 김정일의 의견이 반영된 것으로 보였다. 박채서는 우선 저들의 의도와 계획을 파악하는 것이 급선무라는 생각에, 설명을 듣는 가운데 계속해서 질문을 던져 깊숙이 파고들었다. 그로서는 그들이 한국의 대선에 어떤 음모를 꾸미고 있는지, 또 그 음모를 실행하기 위해 국내의 어떤 정치 세력과 손을 잡고 공작을 진행하는지를 알아야 했다. 그것은 안기부 공작원으로서 의무가 아니라, 대한민국 국민으로서 가져야 할 사명감이었다.

주33 _ 기업의 내부 환경과 외부 환경을 분석하여 강점(strength), 약점(weakness), 기회(opportunity), 위협(threat) 요인을 규정하고, 이를 토대로 경영 전략을 수립하는 기법을 지칭한다.

15 _ '김대중 – 이회창 죽이기'와 '이인제 띄우기'

강덕순 "이회창 집안은 친일분자"

그는 평양에서 강덕순과의 수차례 토의를 거쳐, 북측이 의중에 두고 있는 '김대중 – 이회창 죽이기'와 '이인제 띄우기'의 개요를 파악할 수 있었다. 그들은 이회창 후보를 비롯해 세 후보에 대한 많은 조사자료를 축적해 두고 있었다. 그가 북측의 의도를 파악한 바로는, 이회창은 당선되면 안 되는 후보였지만, 필요하면 그를 활용해 이익을 취한다는 것이었다. 그들이 들려준 바에 따르면, 이회창의 부친 이홍규(李弘圭)는 일제시대 황해도 서흥 등지에서 검찰서기로 근무하면서 우국지사와 독립운동가를 체포하는 데 앞장섰다.

강덕순은 박채서에게 관련 기록을 보여주며 말했다.

"이홍규는 독립운동가들만 잡아 가둔 게 아닙니다. 무고한 황해도 주민들을 독립운동과 연계시켜 무리하게 기소한 친일분자입니다. 우리는 (이홍규가 기소한 사건 중에서) 오히려 일본인 판사가 증거 불충분과 고문에 의한 허위자백을 이유로 무죄를 선고한 사건 기록을 세 건 찾아냈습니다."

박채서가 기록에 관심을 보이자 강덕순은 이회창 후보가 네댓 살 무렵에 황해도 서흥에서 아버지와 함께 찍은 사진을 보여주었다. 오래되어 빛이 바랜 사진이지만, 한눈에 밤톨 같은 머리를 한 이회창임을 알 수 있었다. 아버지와 아들이 기모노의 일종인 유카타(浴衣)를 입고 찍은 기념사진이었다. 강덕순은 사진에 기록된 날짜를 손가락으로 짚으며 말했다.

"우리가 조사한 바로는 사진에 기록된 이 날짜는 일본제국주의가 황해도에서 맨 처음 창씨개명을 시행한 날짜와 일치합니다. 이회창 집안은 황해도에서 맨 처음 창씨개명을 한 친일 조선인입니다."

박채서는 저들이 한반도 북쪽에 조선민주주의인민공화국을 세우면서 친일파를 철저하게 응징한 것은 알고 있었지만, 이회창 후보 집안의 친일 관련 기록을 이렇게 조사해 보유하고 있을 줄은 몰랐다. 강덕순은 이런 기록을 제삼자를 통해서 남쪽 언론에 흘리면 이회창 후보에 상당한 타격을 줄 것으로 예상하는 눈치였다. 박채서는 "이런 사진이 있군요"라고 공감을 표시했다. 또한 어릴 적부터 김일성과 항일 빨치산 활동을 펼친 항일혁명열사들을 숭배하고 혁명전통 교양을 학습받아온 저들이 이런 생각을 하는 게 자연스러워 보였다.

그러나 박채서의 판단은 달랐다. 그들에게 공감을 표시했지만, 오래전에 연좌제(緣坐制)가 없어진 남한에서 코흘리개 시절에 아버지와 함께 유카타를 입고 찍은 사진이 얼마나 공분을 불러일으킬 수 있을지 회의적이었다. 문제는 '김대중 죽이기'였다. 일제 36년과 거의 맞먹는 30여 년 동안, 경상도 출신의 박정희-전두환-노태우 군사정권을 거치면서 '전라도 빨갱이'로 낙인찍힌 김대중 후보에 대한 낙선 공작은 남한 사회에서 통할 가능성이 컸기 때문이다.

저들은 김대중 후보의 이미지와 평판을 훼손해 선거에서 떨어뜨릴 공작을 구체적으로 준비하고 있었다. 그들은 첫 번째 공작으로, 선거전이 본격화되면 김대중 후보와 가까운 천도교 교령 오익제를 자진 월북시켜 김대중과 연계시킨다는 계획을 세워 두고 있었다. 구체적으로 김대중 후원회 활동을 한 오익제가 김대중 후보에게 편지를 쓰게 해 활용하는 방안, 특정 인물을 내세워 기자회견을 하는 방안, 선거 직전에 부풀리거나 조작한 김대중-북한 연계 자료를 공개해 선거판을 흔드는 방안 등을 다양하게 준비하고 있었다.

반면에 저들이 선호하는 이인제 후보에 대해서는 그의 대북 정책과 선거 공약 등을 적극 지지하거나 호응해서 입지를 강화시켜 준다는 공작을 준비했다. 예를 들어 이인제 후보가 선거 유세에서 이산가족 문제 해결을 공약하면 이산가족 문제에 긍정적인 반응을 내놓고, 그가 남북 화해협력 분위기 조성과 군축회담을 제안하면 회담에 응할 것을 답변하는 식으로 단계별 계획을 갖고 있었다.

특히 이산가족 상봉 시나리오는 나중에 대통령 선거전이 본격적으로 전개되었을 때의 구체적인 액션 플랜까지 마련되었다. 당시 이산가족 인구는 700만 명으로 추산되었는바, 이들은 이념과 정파를 떠나서 가족 상봉과 자유 왕래 및 지속적 교류를 구현할 정치인을 최우선으로 꼽았다. 이인제 후보가 8.15 광복절을 기해 이산가족 문제 해결 공약을 발표하면, 북측 조평통이 대남 선전매체를 통해 즉각 호응해 김영삼 정부와 획기적인 가족 상봉을 실현한다는 플랜이었다. 획기적이라 함은 기존의 이산가족 상봉 방식과 규모를 초월해, 서울은 물론 전국 대도시에서 선거 전까지 매달 상봉 행사를 개최해 전국을 울음바다로 만든다는 복안이었다.

이인제 후보 당선을 위해 북측이 준비한 정치공작의 대미는 9월경에 김영삼 대통령이 남북정상회담을 제안하면, 두 달 정도의 준비 기간을 거쳐 11월 말쯤에 남북정상회담을 실제로 개최한다는 시나리오였다. 저들의 의도대로 전국이 울음바다가 된 가운데, 남북정상회담 준비 기간 두 달 동안 수차례의 예비회담을 통해 이슈를 선점한다면 결과는 뻔했다. 김대중 후보가 현재 1위를 달리고 있지만, 젊고 진취적인 이인제가 김대중을 따라잡는 것은 시간문제로 보였다.

박채서는 침착하게 사실에 접근하는 것이 자신의 임무라고 판단했다. 우선, 저들이 세운 정치공작은 일방적으로 추진할 성질의 것이 아니었다. 저들의 공작은 남측에 동조하는 세력이 없으면 불가능한 것이었다. 동조하는 세력이 누구일지 정황상 짐작은 했지만 확실한 물증이 필요했다. 박채서는 자기 말고도 협력자가 있겠지만, 자기가 해야 할 역할이 존재한다면 저들은 이중 플레이를 하며 목표 달성을 극대화 시키려 할 것으로 예상했다. 박채서가 '경애하는 지도자 동지'를 만난 사실을 아는 강덕순은 그의 협조를 기정사실로 간주하고, 그가 평양에 머문 동안 자신의 의도와 계획을 거침없이 쏟아냈다.

금수산 궁전의 '황금 거북이'와 '고난의 행군'

북측은 박채서와 두 가지 사업과 정세 대화를 하는 틈틈이 모란봉 기슭의 주석궁[34]과 대성산 혁명열사릉을 구경시켜 주었다. 주석궁의 홀 입구에는 순금으로 만든 '황금 거북이'가 유리관 속에 진열돼 있었다. 조선시대 왕실에서 사용한 어보(御寶)를 연상케 하는 큼직한 거북이를 박채서가 유심히 살펴보자, 김영수 반탐과장은 거드름을 피우며 말했다.

"대우그룹 김우중 회장이 장군님께 바친 진상품입네다."

김 과장은 이어 "박 선생한테만 특별히 해설을 해주겠다"고 생색을 냈다. 그 진상품에 얽힌 사연은 이랬다.

'남북교류협력에 관한 법률'이 제정된 것은 1990년 8월이다. 이를 계기로 이듬해 9월 곽선희 소망교회 목사 일행이 남북교류협력법 제정 이후 처음으로 민간 차원의 방북허가를 받아, 평양 봉수교회에서 설교를 했다. 그러나 정주영 회장과 김우중 회장은 그 이전에 안기부의 허가를 받아 비밀 방북한 바 있다. 김우중은 이후 1992년 1월 박경윤 회장의 주선으로 김일성 주석과 면담한 것을 계기로 경공업 분야에서의 합작 및 남포 경공업 단지 개발, 석탄 등 지하자원 개발 및 제품 반입, 제3국 건설시장 및 제조업 분야 공동진출 등에 기본 합의를 했다.

그러나 대우는 김영삼 정부 출범 이후 냉·온탕을 거듭한 대북정책으로 별

주34 _ 김일성이 1994년 7월 사망하기 전까지 관저로 사용한 금수산의사당을 일명 '주석궁'이라고 불렀다. 김일성 사망 1주기를 앞두고 '금수산기념궁전'으로 바뀌었다가, 김정일 사망 이후 2012년 2월 '금수산태양궁전'으로 개칭되었다. 금수산은 모란봉의 다른 이름이다.

다른 진전을 이루지 못하다가, 1995년 5월 남포 경공업단지 개발사업에 대해 통일부 사업승인을 받아, 이듬해 4월 ㈜대우와 조선삼천리총회사 간에 최초의 남북합영회사인 '민족산업총회사'를 설립했다. 남북한 최초의 공동출자 합영회사인 민족산업총회사의 출자비율은 5:5. 대우 측은 1차로 512만 달러를 현금 출자했고, 북한 측은 토지와 건물, 그리고 준비 기간 중의 인건비를 투자했다.

민족산업총회사의 사장은 삼천리총회사 사장이 맡고, 부사장은 대우 측이 맡았다. 생산품목은 남성 와이셔츠와 여성 블라우스 등 섬유 – 봉제품이 주이고, 골프가방을 위탁가공해 수출했다. 생산 규모는 반입 기준으로 연간 1천만 달러, 주요 시장은 한국과 독일 등 유럽 국가였다. 남포경공업공장은 총인원이 1,300명인데 북한에서 현장 근로자 1,200명을 고용해 총 3개 라인을 가동했다. 북한 측은 인력 관리를 위해 분단 이후 최초로 한국 기업인의 상주를 허용하고, 대우 기술인력의 체류 기간도 3개월로 연장했다. 그런데 안기부가 공장 건설 초기에 최상재 등 베테랑 공작요원 2명을 대우 측 기술 – 관리 인력으로 위장해 침투시켰다가, 북한 보위부에 발각이 되었다.

보위부 보고를 받은 김정일이 김우중 회장에게 해명을 요구하자, 대우 측은 처음에 두 사람의 재직증명서와 관련 서류를 제시하며 강력히 부인했다. 그러자 북한 보위부는 남한 국세청의 근로자 원천징수 서류를 제시했고, 이에 대우 측은 두 손을 들고 말았다. 김우중은 안기부의 요구를 거부할 수 없는 민간 기업의 사정을 설명하고, 사죄의 의미로 몇 가지 고가품을 선물했는데 그중 하나가 50만 달러 상당의 '황금 거북이'라는 것이다. 박채서는 김일성의 시신이 안치된 곳에 굳이 남한 자본가가 선물한 '황금 거북이'를 전시해 놓은 것을 이해할 수 없지만, 그것이 반탐 공작의 성과물이라는 점에서 내심 뜨끔했다.

북측은 금수산기념궁전과 혁명열사릉에서 관람만 안내하고 참배를 강요하지는 않았다. 충성서약과 노동당 입당을 강요했다가 총부림까지 갔던 사건을 겪은 탓도 있지만, 박채서는 그들과 본격적으로 접촉해 처음 방북했을 때부터

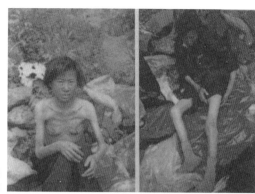

'고난의 행군' 당시 기아에 허덕인
북한 주민들 (출처/좋은벗들)

이런 취지로 분명한 선(線)을 그었다.

'당신들이 한국의 실상을 잘 알고 있을 터이지만 나 또한 북에 오기 전부터 조선의 실상을 어느 정도 알고 왔다. 그러니 서로 마음에 없는 말이나 사실을 은폐하는 말, 그리고 실체를 왜곡시키기 위한 불필요한 행동을 하지 말자. 그러면 서로 피곤하고 힘들 뿐이다. 상대방의 실상과 처지를 서로 인정하고, 상대의 자존심을 건드리지 않는 범위를 정하고 대화하자.'

그래서인지 박채서의 파트너인 리철은 그에게 체제 선전이나 정권 홍보를 하지 않았고, 상대와의 대화에서 특별한 제한을 두지 않았다. 평양을 방문했을 때도 안내원 없이 평양역을 혼자서 구경하게 해주었고, 지방 방문도 비교적 자유로웠다. 덕분에 이제 막 시작된 평양과 인근의 장마당도 구경할 수 있었다. 북한 방문이 극히 제한되었던 시기에 국가공작 업무를 수행하는 스파이가 적성국의 내부를 스캔하고, 심지어 수뇌부까지 만나 대화한 것은 공작목표의 성과 면에서 대단한 것이었다.

그 시절에 북한은 소위 '고난의 행군' 중이었다. 그 기간에 적게는 수십만 명에서 많게는 수백만 명이 기아로 죽었다. 북한 어린이 3명 중 1명은 영양 실조에 시달리고 있었다. 북한은 1948년 건국 이후 주민들에게 식량 배급제를 시행해 왔다. 정상적인 상황이라면 1인당 하루 식량 배급량은 600g이다. 그런데

'고난의 행군' 기간에 식량 배급량(성인 250g, 어린이 150g)은 절반 이하로 떨어졌다. 박채서는 금수산 궁전의 50만 달러짜리 '황금 거북이'를 팔아 밀가루 2천t을 사서 배급하면 2천만 인민이 두세 끼를 먹을 수 있을 텐데, 하는 상상을 해봤다.

그러나 '고난의 행군' 기간에 도탄에 빠진 북한 주민의 비참함을 전하는 것은 그의 임무에서 벗어난 것이었다. 다만, 그는 북한을 왕래하면서 자신과 자신의 가족이 한반도 북쪽이 아닌 남쪽에서 태어난 것에 감사할 따름이었다.

평양골프장에서 골프 친 공작원과 미인계

박채서에 대해 샅샅이 조사한 보위부는 그가 프로골퍼 수준의 핸디를 가진 골프광이라는 사실을 알고 있었다. 그래서 박채서가 평양에 오면, 보위부가 가장 크게 선심을 써서 준비한 접대는 평양골프장 라운딩이었다.

조총련이 1987년 4월에 건설해 북한 정부에 기증했다는 평양골프장은 평양에서 남포 가는 길에 위치한 거대한 인공호수인 태성호를 끼고 7km 구간에 펼쳐져 있는 18홀짜리 정규 코스였다. 클럽하우스의 부대 시설로는 목욕탕, 한증탕, 휴게실, 청량음료점 등이 마련되어 있었다. 행정구역상 평남 강서군 태성리에 위치한 평양골프장[35]은 평양 시내에서 승용차로 40분 거리였다.

김영철 반탐과장은 박채서에게 "박 선생은 한국 여권 소지자로서는 처음으로 평양골프장에서 골프를 치는 것"이라고 생색을 냈다. 조총련계 재일교포나 재미교포 말고는 평소 골프장을 이용하는 주민이 없는 탓도 있지만, 박채서가 골프장에 가는 날은 언제나 라운딩하는 팀이 하나도 없었다. 보위부에서는 박채서에게 그가 골프장에 가는 날은 일부러 손님을 받지 않았다고 했다. 그 말의 사실 여부는 알 수 없지만, 아무튼 그가 평양골프장에 들른 날은 골프장 직원들에게 잔칫날(?)이었다.

주35 _ 이후 행정구역 개편으로 평양골프장 주소지는 남포시 강서구역 태성리로 바뀌었다.

그는 평양골프장에 갈 때마다 라운딩을 시작하기 전에 지배인에게 500달러를 미리 줬다. 그러면 지배인이 라운딩이 끝난 뒤에 2층 식당에 전 직원이 모여 한바탕 여흥을 즐길 수 있는 상차림을 마련해 놓았다. 인근 마을에 가서 닭을 사 찜닭 요리를 하고, 남포항에 가서 백합조개를 사와 백합조개탕을 끓이는 등 푸짐하게 상을 차렸다. 술은 항상 맥주였다.

박채서는 대북공작의 세계에 뛰어들면서 늘 염두에 둔 것이 있었다. 적(敵)에 대한 적개심을 버리고 인간적 관계가 형성되면 공작이 왜곡된다는 경계심이었다. 공작은 그 자체가 인간의 심리를 파고드는 고도의 게임이기 때문에 동성 간의 '인간관계 형성'이나 이성 간의 '애정 관계'는 적의 함정으로 빠지게 하는 지름길이었다. 북측은 개혁개방을 통해 경제개발을 하려고 해도 적국(미국)의 위협 때문에 옴짝달싹할 수 없다는 현실을 강조함으로써 공감과 동정심을 유발해 도움을 주도록 유도할 수 있다.

또 북한 여성을 자연스럽게 안내원으로 소개시켜 경계심을 무디게 할 수도 있다. 포섭은 대상자의 마음을 움직일 수 있는 인간적 요인을 파악하고 그의 약점과 불만 등을 알아내어 이를 통해 신뢰 관계를 형성하는 것이다. 공작에서 인간의 심리를 효과적으로 활용하기 위한 수단으로 미인계(honey trap)를 흔히 사용하는 것도 그런 연유에서다.

보위부도 그에게 평양 외국어대를 졸업한 노영옥(당시 24세)을 안내원으로 붙여 유혹했다. 그와 가까운 리철은 물론 김영수 과장도 은근히 둘만의 시간을 만들어주며 노영옥과 관계를 맺기를 부추겼다. 가까이는 평양에 현지처를 만들게 하고, 멀리는 그의 혈육을 만들어 인질로 삼으려는 의도였다. 그러나 그는 술을 한 방울도 입에 대지 않기에 그런 유혹에 흔들리지 않았다. 또한, 그는 미인계라는 것을 알기에 적개심과 경계심을 풀지 않았고, 유혹에도 넘어가지 않았다.

그러나 그가 가장 좋아하는 골프장에 갈 때만큼은 적개심을 버리고 직원들

평양 골프장을 방문한 흑금성 공작원 박채서

과 함께 어울렸다. 평양 시민들도 힘겹게 보릿고개를 넘어야 했던 '고난의 행군' 시절에, 단 하루일망정 50명의 직원이 배고픔을 잊고 흥겹게 먹고 마실 수 있는 시간을 마련해 주고 싶었다. 산해진미는 아니지만, 찜닭과 백합조개탕, 그리고 맥주 한두 잔을 앞에 놓고도 흥에 겨워 춤을 추고 노는 모습을 보면서, 그는 순박하고 꾸임이 없고 흥이 많은 민족이라는 동질감을 느꼈다.

라운딩이 시작되면 '경기보조원'이라고 부르는 캐디 말고도 우산, 의자, 간식과 음료수를 갖고 따르는 직원이 4~5명 더 있었다. 한국처럼 라운딩 도중에 간식을 먹거나 용변을 볼 수 있는 고정된 그늘집이 아니라, 그가 앉아서 쉬고 싶은 곳에 설치하는 일종의 이동식 간이매대인 셈이다. 골프라는 것이 여럿이 어울려 대화를 하면서 해야 흥미가 배가되는데, 혼자 하는 골프가 재미있을 리없었다. 그는 골프장에 가면 중간중간에 직원들에게 간식과 음료수를 풀게 하고 노래를 시키곤 했다. 어떤 직원은 먹지 않고 집에 가져가곤 했다.

평양골프장에서 2만 달러 내기 골프

서울에 비하면 평양의 밤 문화는 수수함 그 자체였다. 박채서는 평양에 체류할 때 밤이면 가장 자주 가는 곳이 고려호텔 건너편의 '화면반주음악장'인 '창광 가라오케'였다. 1992년에 평양의 외국인 전용 거주지인 창광아파트 단지 내에 문을 연 북한 최초의 가라오케인 창광(蒼光)은 제주도 출신으로 일본에 귀화한 임홍길 씨가 북한 보위부와 합작 형태로 운영했다. 1층은 식당과 매점, 2층은 단란주점식 가라오케로 운영되었다.

박채서는 평양에서 할 일이 없을 때는 밤에 '창광'에 가서 새벽까지 노래를 부르며 놀다 오곤 했다. 처음에는 전통민요와 '아침이슬'을 주로 불렀다. '아침이슬'이 그가 애창하는 '18번'이어서 부른 게 아니고, 가라오케 반주가 있는 유일한 한국 가요이기 때문이었다. 그러다가 차츰 북한 노래를 배우기 시작해 나중에는 북한 가요를 북한 주민들보다 더 많이 알고, 더 잘 부르게 되었다.

그런데 그가 평양에 갈 때마다 보위부 고위층 인사들이 그에게 '창광 가라오케 주인을 한번 혼내주라'고 말하곤 했다. 이유는 단순했다. 창광 사장은 외국 대사관이나 국제기구의 평양주재원이나 외국 유학생 출신의 북한 고위층 자제들을 불러내 내기 골프로 돈을 따기 일쑤였다. 창광 사장이 평양에서 내기 골프로 자신을 이긴 사람이 없다고 거드름을 피우니 박채서더러 콧대를 눌러 달라는 거였다. 그런데 공교롭게도 박채서가 평양에 올 때마다 임 사장이 자리에 없었다. 그러다가 마침 임 사장과 식사와 노래 그리고 술자리까지 함께 하는 절호의 기회가 왔다.

술자리가 이어지자 임 사장은 박채서가 말하지 않아도 먼저 내기 골프 이야기를 꺼냈다. 임 사장은 평양에서는 아직 내기 골프에서 자기를 이긴 사람이 없다면서 최소한 현금 1만 달러를 보여주지 않으면 내기에 상대조차 안 한다고 거들먹거렸다. 슬며시 미소를 지은 박채서는 조용히 일어나 숙소에 다녀와서 100달러짜리 한 뭉치로 1만 달러를 내놓았다. 그러자 임 사장도 가게에서 1만 달러를 가져와 그 위에 얹었다. 박채서는 김영룡 부부장에게 내기 골프에서 심판을 맡아 달라고 부탁하면서 2만 달러도 함께 맡겼다. 그러면서 이렇게 덧붙였다.

"내가 승리하면 1만 달러를 회수하고, 남은 1만 달러는 심판을 봐준 대가로 드리겠습니다.”

김영룡은 믿기지 않은 듯, 그에게 연거푸 세 번이나 정말이냐고 되물었다. 그리고 이튿날 새벽 6시에 김영룡은 박채서가 묵은 호텔 앞에 차를 대고, 골프장에 가자며 재촉했다. 천하의 북한 보위부 부부장에게도 달러는 위력을 발휘했다. 박채서는 그를 진정시켜 호텔에서 아침 식사를 한 뒤에 골프장으로 향했다. 게임은 싱겁게 끝났다. 핸디가 80대 중반인 임 사장은 4홀을 돌 때쯤 자기는 박채서의 상대가 되지 않는다며 손을 들었다.

싸움은 말리고 흥정은 붙이라고 했는데, 박채서의 승리로 1만 달러를 횡재한 김영룡 부부장은 입이 귀에 걸렸다. 김영룡은 그날 밤 창광 가라오케에서 축하파티를 열었다. 파티가 시작되자마자 김영룡의 수행원 중에서 이영철이란 자가 박채서에게 귓속말을 건넸다. 자기를 포함해 수행원들 부인들한테도 가라오케를 구경시켜 주면 좋을 성싶으니, 부부장한테 말씀을 해달라는 부탁이었다. 이영철은 가라오케는 내국인 출입금지 구역이지만, 부부장님의 허가가 있으면 문제없다는 말을 덧붙였다.

박채서는 그 자리에서 김영룡에게 가족들을 소개해 달라고 청을 했다. 그러자 1만 달러를 횡재해 기분이 좋은 김영룡은 흔쾌히 수락해 운전사를 불러 동석한 참모와 수행원 5명의 부인들을 데려오라고 지시했다. 당시 평양의 버스 운전사 한 달 봉급이 1달러 30센트였으니, 평양에서 1만 달러는 한국에서 1억 원 이상의 가치였다. 운전사는 30분쯤 뒤에 한 명도 빠지지 않고 부인들 5명을 태우고 왔다. 부인들은 처음 와본 가라오케가 신기한 듯 연신 사방을 두리번거렸다. 박채서는 그들이 돌아갈 때 아이들 주라고 일본산 과자와 캐러멜, 초콜릿 등 선물 보따리를 하나씩 안겨 주었다.

최덕근 영사와 이한영 피살 미스터리

박채서는 평양에 오기 전에 이강복 전문공작관을 통해 상부로부터 미션을 부여받았다. 그것은 최덕근(崔德根) 영사와 이한영(李韓永) 피습 사건에 대한 북한 측의 반응을 탐문해 보라는 것이었다. 박채서는 김영룡과의 내기 골프와 술자리를 통해 가까워진 틈을 타서 자연스럽게 반응을 떠보았다.

최덕근 영사는 러시아 극동 블라디보스토크 주재 한국영사관에서 근무하던 1996년 10월 1일, 일을 마치고 퇴근하던 길에 자신의 아파트 계단에서 숨진 채 발견됐다. 최 영사의 시신에서는 북한 공작원들이 독침에 사용하는 독극물 성분이 검출됐다. 또 부검 결과, 원통형 물체로 머리를 8차례나 가격당해 심한 두개골 손상을 입고 있었고, 예리한 물체로 오른쪽 옆구리 부분을 찔린 것으로 나타났다.

당시 최 영사는 북한의 달러 위조와 마약 밀매를 추적하고 있었던 것으로 알려졌다. 안기부는 이런 정황을 고려해 북한이 남측 외교관의 대북 정보활동을 위축시키기 위해 최 영사를 독극물로 살해한 것으로 추정했다. 하지만 블라디보스토크가 러시아 극동 마피아의 거점이고, 살해 수법이 흉기로 후두부를 여덟 차례나 강타하는 등 전형적인 마피아식 청부살인과 닮았다는 점 때문에 이권을 침해받은 마피아 조직이 총영사관에 불만을 품고, 또는 북한 측의 청부를 받아 최 영사를 살해했을 가능성도 점쳐졌다.

그런데 그로부터 4개월여 뒤인 1997년 2월 15일 밤, 김정일의 전처인 성혜림(成蕙琳)의 조카 이한영(본명 리일남)이 성남시 분당 아파트의 대학 선배 집으로 들어가다가 괴한이 쏜 권총 2발을 머리와 가슴에 맞고 살해되었다.

이 사건은 미제사건으로 남을 뻔했으나, 피살 7개월 후인 1997년 10월 27일 안기부가 부부간첩 최정남·강연정(체포 후 음독자살)을 체포하면서 이한영 씨를 살해한 괴한은 남파된 북한 공작원임이 확인되었다. 안기부는 11월 20일 부부간첩 사건 발표에서 "남파간첩 최정남을 조사한 결과, 이한영 씨 피격 사망 사건은 북한 사회문화부 소속 테러 전문요원인 '최순호' 등 2명의 특수 공작조가 사건 발생 한 달 전에 남파돼 일으킨 사건으로 나타났으며, 이들은 북한으로 귀환한 뒤 영웅 칭호를 받았다"고 밝혔다.

하지만 이한영 피살 사건 발생 한 달여 후인 1997년 3월 말경 상부에서는 박채서에게 최덕근 – 이한영 사건에 대한 북한 측의 반응을 떠보라는 임무를 하달한 터였다. 북한 측의 관련 여부와 그들의 소행인지 알아보라는 지시가 아니라 반응을 알아보라는 것이었다. 박채서는 김영룡과 골프를 치면서 자연스럽게 그 사건으로 대화를 유도한 가운데 의문점을 툭 던졌다.

"그렇지 않아도 두 사건에 대해 마피아 소행이라는 둥, 북한 특수기관의 소행이라는 둥 말들이 많습니다. 그런데 통상 암살을 할 때는 은밀하게 흔적을 남기지 않는 법인데, 최덕근 영사의 경우 잔인하게 몽둥이를 사용했고, 이한영의 경우 범인의 신분이 쉽게 드러날 수 있는 권총으로 살해한 까닭을 이해할 수 없습니다."

그러자 김영룡은 이해 못 하는 것이 당연하다는 듯한 표정으로 말했다.

"최덕근은 우리 공화국의 무역거래에 너무 깊숙이 추적해 들어오길래 몇 번을 경고했는데 듣지를 않았어요. 그래서 경고의 의미로 몽둥이로 때려죽인 겁니다. 이한영은 안기부에 가서 물어보시라우."

그가 말한 '무역거래'는 마약 거래를 의미했다. 극동에서의 마약 거래는 러시아 마피아와도 연계돼 있다. 그의 말에 따르면, 북한 당국이 직접 살해했는지, 아니면 러시아 마피아를 시켜 청부 살해했는지는 불확실했다. '안기부에 가서 물어보라'는 말에 뜨끔했지만, 여기서 중단하면 더 이상해 보였다. 박채서는 슬쩍 넘겨짚으며 다시 물었다.

"한국 수사기관에서는 북한 특수조의 보복 살해로 단정 짓고 권총과 실탄 등 물증까지 제시하지 않았습니까?"

그러자 김영룡은 호기롭게 말했다.

"우리는 이한영이 같은 배신자를 죽이려면 고도로 훈련된 특수부대원을 시켜서 보란 듯이 잔인하게 죽입네다. 그럴 경우 몽둥이와 도끼를 사용해 효과를 극대화합네다. 권총 같은 무기는 사용하지 않습네다. 부득이하게 권총을 사용하더라도 잘 훈련된 명사수들인데 남조선이 발표한 것처럼 미숙하게 사격했을 턱이 있나요? 배신자 이한영이 같은 경우 더욱 잔인하게 죽이는 것이 우리의 확고한 방식입네다."

실상 박채서는 임무를 부여받을 때까지 이한영이 누구인지도 몰랐고 알려고 하지도 않았다. 그냥 자신이 받은 임무를 능력껏 수행해 관련 첩보를 수집해 보고하면 그뿐이었다. 그런데 임무 보고과정에서 뜻밖의 사실을 알게 되었다. 상부에서는 다음과 같이 아주 자세하고 구체적으로 이한영에 대해 알려주었다.

△1982년 스위스 어학연수 중 한국으로 망명 당시 회사(안기부)에서 차관급 대우를 약속했음 △망명 후 15년 동안 수차례 사업 실패와 무분별한 낭비벽으로 인해 과도하게 금전을 소비했음 △지속적인 사업지원 요구와 경호 문제의 어려움 때문에 회사가 애를 먹음 △최근 언론(월간조선)과의 접촉 등 통제 불능 상태로 골치를 썩였고, 장기간의 보호와 금전 지원으로 관계 부서에서 거의 포기 상태였으며, 더 이상 이용 가치가 없어졌음 △특히 성혜림이 한국 망명 의사를 밝혀 왔지만, 이한영에게 시달림을 당한 수뇌부의 미온적인 대응으로 성사되지 못했음.

박채서는 당시 상부로부터 임무 부여에 대한 설명을 들으면서 이한영의 죽음은 북한 측의 소행이 아니라는 확신을 가졌다. 그런데 김영룡의 반응과 상부로부터 들은 이야기를 종합해 보면 북한 측 소행이 아님은 더욱 더 분명했다. 특히 박채서가 2010년 6월 1일 자택에서 국가보안법 위반 혐의로 긴급 체포되어 국정원 대공수사국에서 조사를 받을 당시, 첫날 첫 번째 수사를 맡은 박○○ 수사관은 심문 전에 뜬금없이 이렇게 말했다.

"이한영을 죽이는 데 사용한 권총이 도봉산 나무 밑에서 발견되었다."

박채서는 수사관이 갑자기 그런 말을 하는 것이 의아하면서도 불쾌했다.

그래서 이렇게 쏘아붙였다.

"지금 내게 그 말을 하는 의도가 뭡니까? 이한영 살해의 진범이 누구인지 밝혀질까 두려워서 그런 겁니까, 아니면 나에게 겁을 주려는 겁니까?"

그러자 수사관은 말끝을 흐리며 얼버무렸다.

"그냥 알아 두는 게 좋을 것 같아서…"

최덕근 영사 피살 사건은 2018년 현재, 사건 발생 20년이 넘었지만, 아직도 정확한 진상이 드러나지 않고 있다. 처음부터 러시아 당국은 북한과의 관계를 고려해 북한 공작원 개입 의혹 규명에 미온적 태도를 보였다. 정부가 공식 발표한 것처럼 북한의 소행일 소지가 가장 크겠지만, 마피아 등 다른 집단에 의한 범행일 소지도 배제할 수 없다.

북한이 아닌 다른 집단에 의한 범행은 당시 한보 스캔들로 터진 김영삼 정부의 비리에 대한 관심을 황장엽 망명과 이한영 씨 피살로 돌리려 했다는 음모론과 연관되어 있다. 뉴욕타임스는 1997년 2월 18일 자에 이렇게 보도했다.

"한국 정부가 반북(反北) 불씨를 더욱 키워야 하는 국내 사정이 있을 수 있다. 김영삼 대통령 측근이 부패 혐의로 구속된 가운데 황장엽 씨 망명과 이한영 씨 피살 사건이 터져 부패 스캔들에 대한 관심이 멀어지고 있는 것이다."

당시 세상을 떠들썩하게 하던 2월 12일 황장엽 망명 이후 모든 언론 지면은 이 사건으로 뒤덮였다. 그전까지는 김영삼 대통령의 영원한 집사로 불리던 홍인길 청와대 총무수석비서관이 비리 혐의로 구속된 것과 나중에 김현철 씨 구속으로 이어지는 한보 비리 사건이 언론 지면을 가득 채우고 있었다. 1997년 2월 18일 자 동아일보는 "한보에서 안보로…정가 '난기류'"라는 제목으로 이한영 씨 피살 사건 속보를 내보냈다.

제4장
김대중 과녁을 향해 날아온 '3중살'

러시아 군사정보국(Главное Разведывательное Управление, GRU)

...

생각은 신중하게,
행동은 은밀하게, 결단은 자비심 없이

16 _ 평양에서 받은 선물과 고민 보따리

박채서가 평양에서 떠안고 온 고민거리

평양을 떠나오면서 박채서는 김정일 면담이라는 공작 성과 거양(擧揚)의 선물 보따리와 함께 고민 보따리도 떠안고 왔다.

방북 횟수를 거듭해도 평양을 떠나기 전까지는 늘 피를 말리는 긴장의 연속이었다. 순안공항에서는 현상된 필름만 밖으로 가져갈 수 있게 돼 있었다. 사용하지 않은 필름은 상관이 없지만, 현상하지 않은 사용한 필름은 검색대에서 압수해 반출을 막았다. 만약 사전에 신고하지 않은 필름에서 보안시설을 찍은 컷이나 김일성 동상의 목이 잘리게 찍은 컷이 발견되면 자칫 간첩 혐의나 반(反)공화국 적대행위 혐의로 체포될 수 있었다.

평양 순안공항을 이륙한 고려항공 여객기가 압록강을 건너 중국 영공에 진입하자, 박채서는 비로소 안도의 한숨과 함께 새로운 고민거리를 만지작거렸다. 그는 정보사 교육단과 안기부 정보학교에서 공작 전문교육을 받을 때, 담당 교관이나 순환 교수가 강조했던 말을 떠올렸다.

"귀관들은 어느 한 사람의 위정자나 정권을 위해서 존재하는 것이 아니고, 오직 국가와 민족을 위해서만 존재한다."

공작원이 정권의 눈치를 보며 정보활동을 하면, 정권의 입맛에 맞는 첩보만 수집하거나 정보를 왜곡 보고하게 되므로 오로지 국익만을 생각해 있는 그대로의 첩보 수집활동을 해야 한다는 의미였다. 공작원이 조직 내부의 눈치를 보거나 정권의 유-불리를 따져 첩보활동을 하는 순간, 그 공작은 목표를 이탈하게 돼 공작원의 생명도 위태롭게 되었다. 공작의 세계에서는 상대를 동정하거나 상대의 처지를 이해해서도 안 되었다. 특히 적의 반탐기관에 침투한 이중공작원은 철저한 디브리핑(debriefing)[36]이 요구되었다.

이중스파이는 첩보가 양방향으로 이동하는 경로이기도 하다. 그래서 방첩·공작에서 '최소 인원 지득의 원칙(The Rule of Need-to-Know)'과 함께 중요한 차단의 원칙 중의 하나는 '수단의 비인지성 원칙(The Rule of Unwitting Tools)'이다. 공작에서 절대적인 활동 보안(operational security)이 이뤄지려면 이중공작원이 자신도 모르는 채 기만의 수단이 되어야 한다는 것이다. 상대를 기만하려면 기만 수단의 전달자인 이중공작원 스스로가 기만당하는 것이 가장 완벽하기 때문이다.

박채서는 북한의 대선 개입 의도를 있는 그대로 공작관에게 보고하는 순간부터 안기부로부터 역공작을 지시받을 것이 뻔했다. 그렇게 되면 그는 본의 아니게 남과 북의 한 가운데에 서서, 자칫 본래의 공작목표를 벗어나 정치적 소용돌이에 휘말릴 가능성이 컸다. 북측에선 이미 그에게 묘향산 골동품 처분과 대선 공작 협조라는 혼자서 감당할 수 없는 과제를 떠안겼다. 그가 김정일 면담을 포함해 방북 결과를 디브리핑하면, 남측(안기부)에선 북측의 대선공작에 협조하면서 동향을 파악하라는 특별임무가 지속적으로 하달될 것이 분명했다. 이 또한 감당할 엄두가 나지 않았다.

그는 세 가지 선택지를 떠올렸다. 하나는 그가 위장포섭된 북측의 협조 요청과 남측의 지시를 충실히 따르는 것이다. 두 번째는 임무 지시를 따르되 적당

주36 _ 공작임무를 마치고 귀환한 공작원이 공작관에게 상황을 보고하는 과정을 말하며, 공작지에 파견되었던 공작원이 귀환하는 즉시 시작하는 게 원칙이다.

히 임무를 지연시키는 방법이다. 세번째는 임무 수행을 거부하고 모든 것을 포기하는 것이다. 그는 평양에서 베이징으로 돌아오자마자 고민에 빠졌다.

한국에서는 김대중 후보가 각종 여론조사에서 한 번도 지지율 1위를 놓치지 않고 선두를 유지하고 있었다. 두터운 기득권층의 거부에도 불구하고 변화를 기대하는 많은 국민들은 건국 이래 최초의 수평적 정권 교체 가능성을 조심스럽게 점치는 상황이었다. 하지만 이러한 국민 여망에 반해서 북측이 '김대중 죽이기' 공작을 전개하고, 남한의 일부 세력이 이에 호응한다면 수평적 정권 교체는 불가능해 보였다. 그런데 그는 평양에서 보위부와 통전부[37] 간부들과 대화를 하면서 이들이 남한의 특정 세력과 연계되어 있다는 확신을 가졌다.

박채서는 김대중이라는 야당 정치인에 대해 잘 몰랐다. 그는 보수적인 충청도에서 성장한 지역적 기반이나 사관학교 출신으로 군과 정보기관에서 근무한 직업적 안보관에 비추어 생래적으로 김대중 후보에 호감을 갖기 어려웠다. 그러나 평양에서 북측의 공작을 통해 알게 된 김대중은 그가 막연하게 알고 있던 김대중과 달랐다. 공작의 세계에서 '적의 적은 친구'라는 금언도 있지만, 주적인 북한이 대통령을 뽑는데 개입해 민의를 농락하고, '김대중 죽이기' 공작으로 선거를 왜곡하는 것은 지켜볼 수 없었다. 그래서 그는 베이징에 오자마자 고민에 빠진 것이다.

그는 곧바로 귀국하지 않고 캠핀스키 호텔에서 사흘 동안이나 뒹굴며 머릿속을 정리했다. 그는 호텔 방에서 긴급보고 사안과 디브리핑 자료를 따로 정리하면서 비로소 평양에서의 상황을 명확하게 정돈할 수 있었다.

적진의 이중스파이 공작은 목숨 건 게임

범죄집단을 제외하면, 지구상에 존재하는 그 어떠한 직업도 스파이 활동처

주37 _ 통일전선부(약칭 통전부)는 남북교류, 조총련 및 해외교포 공작사업, 대남심리전 및 통일전선공작, 한민전(구국의 소리) 등을 담당하는 조선노동당 산하의 대남공작 기구이다.

럼 철저하게 음지에서 이루어지는 경우는 없다. 스파이는 자신의 신분보호를 위해 지인, 친구, 심지어 자신의 가족에게도 신분을 숨겨야만 하는 고독한 직업이다. 신분 노출은 그들의 '직업적 생명의 최후'를 의미하는 것임과 동시에, 다른 나라의 정보기관·조직 등에 의해 육체적 생명까지도 위협받을 수 있는 무방비 상태로의 전환을 의미한다.

그중에서도 적진에서의 이중스파이 공작은 목숨을 걸고 하는 게임이다. 당시 안기부나 현재의 국정원은 전 세계 50개 거점도시에 '해파(해외파견관)'를 두고 첩보-공작 활동을 하지만, 그때나 지금이나 지구상에서 유일하게 본인 자신은 물론 가족의 생명까지 걸고 임무를 수행해야 하는 곳이 바로 북한이다. 아무리 치밀하게 공작계획서를 수립하고 철저하게 상황별 모의 연습을 해도, 개인의 소지품이나 간단한 메모, 그리고 사소한 실수 하나로도 신분이 드러날 수 있다. 그러니 신분을 감춰야 하는 심적 부담감과 그로 인한 스트레스는 상상을 초월한다.

스파이 활동은 기본적으로 상대방의 정보와 품고 있는 생각을 훔치는 것이다. 그런데 이중스파이는 이런 활동을 항상 적진에서 해야 한다. 문제는 적진에서는 언제, 어디서 불심(不審) 점검을 받을지 모르기 때문에 어떤 메모나 흔적도 남겨서는 안 된다는 점이다. 보고 듣고 느낀, 모든 상황을 머릿속에만 정리해 둬야 한다. 어떤 경우에도 기록은 절대 금물이다. 만에 하나 기록이 그들의 손에 들어가면 꼼짝할 수 없는 증거가 되기 때문이다. 설령 긴박한 기록이나 보고가 필요하더라도 '배가 잘 들어와 물건을 잘 받았다'거나 '태풍이 왔다' 같은 식으로 음어를 쓸 뿐이다.

공작원은 반드시 기억해야 할 키워드와 숫자를 훈련받은 연상기억(聯想記憶, associative memory)으로 저장해 나중에 끄집어내지만, 인간의 기억력에는 한계가 있다. 모든 상황을 머릿속에만 정리하다 보면, 미처 그 진의를 파악하기도 전에 머릿속에 쌓아 두는 것에 급급하기 마련이다. 따라서 적진을 벗어나면 즉시 연상기억 장치를 가동해 상황을 재편성하고, 그 진의를 분석-판단해야 했다.

저들은 박채서가 북에 접근한 진의를 파악하려고 마찬가지로 온갖 노력을 기울였다. 그의 학력과 교우 관계, 친인척 관계, 그리고 직업과 근무 행태까지 살아온 흔적을 방북 전에 샅샅이 조사하고 추적했다. 그러고도 그가 방북했을 때는 전혀 예기치 못한 시간과 장소에서, 예상치 못한 수단과 방법으로 지속적으로 그를 시험했다. 적진에서의 활동은 늘 그의 빈틈과 허점을 찾으려는 보위부의 '창'과 공작원 신분을 들키지 않으려는 그의 '방패'가 부딪치는 긴장의 연속이었다.

평양에서는 저들이 그의 짐을 몰래 뒤지는 것은 일상적인 일이었다. 문제는 저들이 의심의 눈초리를 거두는 시점을 알아내는 것이었다. 그것은 저들이 그를 어느 정도 신뢰한다는 징표를 의미했다. 물론 그 자체도 위장 징표일 수는 있다. 그는 저들의 신뢰의 징표를 확인하기 위해 외출할 때마다 숙소의 양복 옷걸이 위에 긴 머리카락 한 가닥을 올려놓고 흔적을 점검했다. 가방 속의 물건을 누가 손을 댔는지 자신만이 알 수 있는 방식으로 정리해 놓았다. 저들은 그가 평양을 네 번째 방문했을 때부터 옷과 가방을 뒤지는 것을 그만두었다. 비로소 감시의 끈을 늦춘 것이다.

상황이 이럴진대, 1998년 3월 '이대성 파일'이 언론에 공개되어 박채서의 비밀공작원(이중스파이) 신분이 드러났을 때, 일부 언론에서는 그가 북한을 제집 안방 드나들 듯하며 북한 고위층과 수시로 접촉해 대북사업을 따냈다고 보도했다. 스파이에 대한 대중의 선정성의 입맛에 맞춘 언론은 박채서가 마치 유람하듯, 아주 쉽게 북한 땅을 드나들었다고 보도했지만, 정작 본인은 방북 자체가 가장 큰 고역이자 스트레스의 연속이었다.

북에서 보고 듣고 느낀 모든 상황을 매일매일 중첩해 머릿속에 쌓아 기억하다 보면, 어느 순간부터 머리가 터질 듯이 아파지기 시작했다. 그의 기억 한

계용량은 열흘 정도였다. 그래서 9박 10일 정도의 방북 출장을 마치고 나면, 평양 순안공항을 이륙한 고려항공이 압록강을 넘었다는 기내 방송만 들어도 안도의 한숨이 절로 나왔다. 그때부터 그는 긴장을 풀고 연상기억 장치를 가동해 9박 10일 동안 기억한 전체 줄거리의 가닥을 잡고, 머릿속을 해체해 정리하고, 베이징 서우두국제공항에 도착하자마자 긴급보고 사안과 디브리핑 할 것을 구분해 놓곤 했다.

김대중에게는 '우군'이 없었다

박채서는 캠핀스키 호텔 방에 틀어박혀 사흘 동안 고민한 끝에, 일단 상황을 있는 그대로 보고하고 사태 추이를 좀 더 지켜보기로 했다. 디브리핑은 평소와 달리 네 차례에 걸쳐 이뤄졌다. 보고 내용에 대한 상부의 추가 질문이 계속 이어지면서 질의에 보충하는 브리핑이 길어진 탓이었다. 그만큼 상부에서 지대한 관심을 보였다. 이번 방북 성과에는 상부에서 관심을 가질 만한 요소가 충분했다. 그가 공작 원칙과 지켜야 할 수칙을 떠나 있는 그대로 보고한 것은, 보고를 받은 상부와 청와대의 반응이 궁금해서이기도 했다.

상부의 반응은 곧바로 나왔다. 회장(권영해 안기부장)은 개인적으로 이인제에 대해 '비호감'이었으며, 김대중에 대해서는 더더욱 비호감이었다. 회장은 김대중에 대한 저들의 활용 자료를 적극적으로 수집하고, 이인제 측과의 접촉을 모색하라는 지시를 내렸다. 결국, 회장의 의도는 '이회창 대통령 만들기'였다. 청와대(김영삼)와 안기부(권영해) 그리고 북한(김정일)의 의도가 각각 다른 셈이었다.

그렇다면, 청와대와 북측이 통하는 라인과 한나라당과 북측이 통하는 라인이 각각 존재하고, 회장(권영해 안기부장)은 그 사이에서 흑금성 공작원을 통해 독자적인 노선을 구축해 북한의 공작에 대한 역용(逆用)공작을 추진하려는 형국이었다. 결국, 북측은 박채서로 하여금 남한의 정세 파악을 하도록 해 정국 상황별 대응책을 마련하려 했고, 회장은 박채서를 통해 북한의 대선전략을 파악하고 자신이 의도한 대로 정국을 조종해 이회창 당선을 꾀하려 했다.

이런저런 생각을 하느라, 박채서의 머릿속에 여러 가지 의문이 꼬리를 물었다. 대통령의 핵심 측근인 안기부장이 대통령의 뜻과 다른 길을 가는 상황을 어떻게 이해해야 할까? 김영삼 대통령은 권영해 안기부장이 딴마음을 먹고 있는 사실을 알고 있을까? 청와대와 북측의 '이인제 대통령 만들기'와 안기부장의 '이회창 대통령 만들기', 그리고 이들 3자 공동의 '김대중 죽이기'는 어떻게 전개되어 어떤 결말을 지을까? 분명한 사실은 김대중에게는 '우군'이 없다는 점이었다.

박채서의 고민이 길어졌다. 그러나 선택할 시간은 길지 않았다. 타이밍을 놓치면 이도 저도 아닌 선택 속에서 정국의 격랑에 휩쓸려 갈 가능성이 컸다.

그러던 어느 날 MBC 대북사업 건으로 보도국 간부(구본홍 해설위원)와 식사 자리를 가졌는데 그는 보수성향임에도 사견임을 전제로 "우리한테 김대중이라는 걸출한 인물이 있음에도 그를 활용하지 못하고 흘려보낸다면 민족의 커다란 손실이다"라고 말하는 것이었다. MBC 간부의 한 마디는 고민하던 그가 결심을 굳히는 촉매제 역할을 했다. 그 결심은 그의 운명을 질곡의 수레바퀴로 밀어 넣었다.

그의 결심은 국가 비밀공작원 기본 임무에서의 일탈을 의미했다. 물론 그에 따른 후폭풍은 스스로 감내해야 할 몫이었다. 그는 일이 잘못되어 삼수갑산(三水甲山)[38]을 갈망정, 본능이 이끄는 대로 행동하기로 했다.

박채서는 김당 기자를 만나 그의 생각은 어떠한지 조심스럽게 물어 보았다. 박채서는 김 기자와의 몇 차례 접촉을 통해 그가 친(親)김대중 성향의 기자임을 간파하고 있었다. 박채서는 김당에게 이렇게 물었다.

"김형은 이번 선거에서 김대중의 집권 가능성을 어느 정도로 봅니까?"

"글쎄요. 3자구도여서 앞으로 변수가 많이 남아 있어, 집권을 장담할 수는

주38 _ 우리나라에서 가장 험한 산골이라 이르던 삼수와 갑산. 조선 시대에 귀양지의 하나였다.

없습니다. 그러나 3자구도와 'DJP 연합'이 끝까지 지속되면 그 어느 때보다도 정권 교체 가능성이 크다고 봅니다."

김당이 조심스럽게 정권 교체를 낙관하자, 박채서가 다시 물었다.

"북쪽에서 이번 대선에 개입하려는 징후가 있습니다. 내가 나설 상황은 아니지만, 어떻게 해서든지 정치권에 경고를 하려고 하는데, 김 기자 같으면 이런 상황에서 어떻게 하겠습니까?"

"알아서 하시겠지만, 지지 후보가 누구냐에 관계없이, 북측이 남한 선거를 좌지우지하는 일은 막아야 한다는 것이 제 생각입니다."

박채서의 정동영 접촉과 '오익제 입북' 제보

고민하던 박채서는 김당에게 자신의 세 가지 신념을 털어놓았다.

첫 번째는 북한이 대선에 개입해 한국의 대통령 선출을 좌우하는 상황만큼은 절대 막아야 한다는 신념이었다. 그가 파악한 북한 수뇌부의 의중에 따르면, 북한은 1996년 4월 판문점 무장병력 시위를 통해 총선에 개입한 이후, 자기들이 한국의 대통령을 선택할 캐스팅보트를 쥐고 있다는 자신감을 가지고 있었다. 그래서 그는 북한이 한국의 대통령을 선택하는 상황만큼은 자신이 역으로 막을 수 있다는 자신감과 또 막아야 한다는 신념을 갖게 되었다고 했다.

대북 첩보 전선에서 뛰면서 그가 갖게 된 두 번째 신념은, 김영삼 대통령의 대북 정책 실패가 다음 정권에서도 되풀이되어서는 안 되겠다는 것이었다. 적어도 남북관계에서만큼은 대통령의 지도력이 얼마나 중요한 영향을 미치는지를 특수임무를 수행하면서 절실하게 깨달았다고 했다. 그가 첩보현장에서 목격한 냉탕과 온탕을 오간 일관성 없는 대북정책과 공작원의 목숨을 위태롭게 할만큼 출처 보호에 무신경한 태도 등이 영향을 미쳤다.

세 번째 신념은, 그가 공작 임무를 수행하면서 얻은 논리적 귀결로, 적(북한)이 낙선시키려 하는 국가 지도자라면 역으로 우리한테 가장 필요한 지도자가 아니겠냐는 것이었다. 그 지도자는 바로 김대중 후보였다. 그가 북측과 접촉해 의중을 파악한 바에 따르면, 북한은 세 후보 중에서 이인제 후보를 가장 선호했고, 김대중 후보를 가장 기피했다. 이회창 후보는 김영삼 정권의 연장선상에 있었고, 심각한 경제난 때문에 한국과의 적당한 관계 개선을 원하는 북측의 대화 상대로는 마땅치 않은 후보였다. 김정일 총비서의 처지에서도 나이나 경륜으로 볼 때 김대중 후보보다 이인제 후보가 훨씬 더 상대하기 쉬운 대통령이었다.

김당 기자는 맞장구를 치며 전적으로 동감을 표시했다. 세 가지 신념에서 의견 일치를 본 박채서와 김당은 이 같은 신념을 실천할 구체적 방도를 찾았다. 박채서가 다시 물었다.

"혹시 김형이 아는 참신하고 개혁적인 정치인 중에서, 아무런 사심 없이 김대중 후보에게 다이렉트로 직보할 수 있는 참모가 누가 있을까요?"

김당은 잠깐 고민하더니, '밀가루 북송' 기사 삭제 사건을 점화시킨 정동영 의원을 지목했다.

"정동영 의원이 대중에게 개혁적인 이미지를 갖고 있지요. 정동영은 초선이지만 당 대변인을 맡고 있어서, 김대중 총재 일산 자택에서 날마다 현안을 점검하는 조찬 회의에 참석하는 고정 멤버이기도 합니다. 그러니 수시로 김 총재한테 직보할 수 있습니다."

김당은 내색하지는 않았지만, 그가 자신의 얘기를 김대중 후보에게 가감없이 전해줄 사람을 찾는다고 직감했다. 그의 직업상 전해줄 얘기는 필시 북한과 관련된 것일 가능성이 컸다. 그 후 박채서는 정동영과 접촉하고 있다는 얘기를 김당에게 한 적이 없지만, 김당은 그가 정동영 의원을 은밀히 만나고 있다는 것을 눈치채고 있었다. 왜냐하면, 평소 잘 알던 천용택 의원이 보좌관을 통해 의원회관에서 좀 보자고 하더니 그에 대해 꼬치꼬치 물어본 적이 있기 때문이다.

15대 국회 당시 정동영 – 천용택 의원은 소속 상임위가 국방위원회로 같았다. 게다가 두 사람은 국회 의원회관에서도 사무실을 서로 마주하고 있어 보좌진끼리도 가깝게 지냈다. 실제로 육군 중장 출신의 전략통인 천용택과 방송 앵커 출신의 정동영은 국방부 국정감사에서 서로의 장점을 살려, 이양호 국방장관과 무기중개상 린다 김이 얽힌 로비 사건을 폭로하는 데 찰떡공조를 과시한 바 있다. 이처럼 정동영과 가까운 천용택 의원이 김 기자에게 박채서에 대해 캐묻는 것은 박채서가 정동영과 만나고 있음을 시사하는 것이었다.

아무튼, 기자가 정치인에게 묻고 취재하는 자리가 아니라, 정치인이 기자를 심문하는 모양새가 되었다. 천용택 의원은 별일 아닌 듯 물었지만, 김당 기자는 신중하게 답변하면서 질문의 행간에서 현재 진행되고 있는 모종의 사건 징후를 포착하기 위해 안테나를 바짝 세웠다. 천 의원은 처음에는 빙빙 돌려 물었다.

"내가 아는 박 전무라는 사람이 혹시 김 기자가 아는 사람과 '동일한 소스'인가?"

김당은 전에 박채서가 "천용택 의원은 어떤 사람이냐"고 물은 적이 있어, 그와도 만나거나 만날 것으로 짐작했다. 김당은 이미 알고 있다는 듯 웃으며 답했다.

"네, 그럴 겁니다."

그러자 천 의원은 본론으로 들어갔다.

"김 기자는 박채서라는 사람을 어떻게 알게 되었소?"

"작년에 시사저널 '밀가루 북송' 기사 삭제 사건으로 국회 예결위가 파행을 겪은 것 기억하시죠? 그때 처음 박채서 씨가 제보 전화를 해와 알게 되었습니다. 우리도 처음에는 안기부 역공작이 아닌지 의심했는데, 여러 번 접촉해 보니 신뢰할 만한 사람이라는 판단이 들었습니다. 대북공작을 하는 '블랙' 같은데, 정보사인지 안기부인지 확인해 보진 않았습니다."

"박채서가 본명이요?"

"네, 본명입니다. 집에 가본 적이 있는데 거기서 확인을 했습니다."

"박채서가 육사를 졸업한 게 맞소?"

"그건 잘 모르겠습니다. 사관학교 출신이라는 얘기는 들었는데, 육사인지, 3사인지는 확실치 않습니다."

"육사에 알아보니, 박채서라는 이름을 가진 졸업생은 없다고 합니다."

천용택은 박채서의 신원을 파악하기 위해 백방으로 알아봤으나, 아직 제대로 파악하지 못해 좀 더 확인하고 있는 눈치였다. 김당은 이렇게 말했다.

"그가 자기 입으로 안기부 요원이라는 말을 한 적은 한 번도 없습니다. 다만, 제가 만난 안기부 요원 중에서는 가장 국가관이 투철하고 신뢰할 만한 사람입니다. 그러니 믿으셔도 됩니다."

그러자 천 의원이 김당에게 물었다.

"김 기자가 '개런티' 할 수 있소?"

"그의 집에도 가보고, 부인도 만나보았지만, 아내도 남편의 신분을 모를 만큼 보안 의식이 철저한 '블랙'입니다. '개런티' 할 수 있습니다."

실제로 중학교 수학 선생이었던 그의 아내 최숙희는 몇 해 전에 남편의 책상 서랍에 있는 평양에서 찍은 사진을 보고 남편이 북한을 드나드는 위험한 일을 한다는 것을 처음 알았을 정도였다. 그의 부인은 그때까지만 해도 남편이 중국 출장을 다녀오는 것으로만 알았다.

17 _ 아자의 광고사업과 편승공작

통일부 교류협력국장 "아자 사업이 국가사업과 관련이 있습니까?"

일반적으로 정책이 국가가 다른 국가들과의 관계에서 의도하는 행동 양식이라면, 전략(strategy)은 정책을 집행하기 위해 모든 인력과 자원을 할당하는 행위이다. 그리고 전술(tactics)은 전략이 실행되게 하는 구체적 수단이다. 스파이 업무에서 정책은 스파이 활동에 대항해 장기 표적을 선정하는 결정이며, 전략은 미래 어느 시기에 필요하게 될 첩보를 훔칠 첩보원을 채용하고 육성하는 일이다. 전술은 공작활동 단계마다 사용하는 스파이 활동 및 방첩활동의 전문 기술을 가리킨다.

비밀공작은 정책의 목적을 달성하기 위한 대안적 수단일 뿐 아니라, 정보기관이 자신의 능력과 가치를 증명할 수 있는 기회이다. 그래서 종종 정책과 정보의 경계는 모호해질 수밖에 없다. 박채서는 본업인 편승공작, 즉 대북광고사업을 추진하는 한편으로, 북한이 대선에 개입해 한국의 대통령 선출을 좌우하는 상황만큼은 막아야 한다는 신념을 구현하는 일을 '부업'으로 조심스럽게 시작했다.

박채서는 김당을 만난 뒤에 MBC 통일문제연구소에 근무하는 주헌일 부장을 찾았다. 그는 박채서의 청주고 선배였다. MBC 사회부 기자 시절에 5.18 광주민주화운동 당시 제작거부에 동참해 해직되었다가 나중에 복직해 통일문제 연구소에 근무하고 있었다. 박채서는 불문곡직하고 MBC 후배인 정동영 국민회의 대변인을 소개해 달라고 부탁했다. 주헌일 부장은 정동영 의원에게 전화해 박채서를 이렇게 소개했다.

"안기부인지 정보사인지는 모르나, 정보기관에 근무하는 고교 후배가 대선과 관련해 중요한 얘기가 있다며 정 의원을 만나고 싶어 하는데 한번 만나보지 않겠나."

김대중 후보에 대한 용공음해를 막는 데 도움을 주겠다는데, 정동영으로서는 만나지 않을 까닭이 없었다. 박채서는 6월 말에 주헌일 선배의 주선으로 서울 여의도 MBC방송국 후문 근처 미원빌딩의 카페 '아라'에서 정동영을 처음 만났다.

박채서는 먼저 이런 전제조건을 달아 정동영 의원에게 말했다.

"내가 누구인지 알려고 하지 마십시오. 단지, 대북사업을 하는 가운데 김대중 후보에게 제보해주고 싶은 게 있어 만나자고 했으니, 그대로 전해주면 됩니다. 나는 제보에 대한 어떤 대가나 보수도 바라지 않습니다. 내 이야기를 듣고 내부에서 판단해 내 도움이 필요하다면 도와주겠습니다. 혹여라도 내 말을 공작이나 이런 것으로 의심하지 말고, 순수하게 그대로 이해해 주십시오."

이런 전제하에 박채서는 두 시간에 걸쳐 자신이 파악한 남북한 정세와 북한의 대선 개입 의도를 설명하며, 몇 가지 북풍 공작 징후와 북풍 주의보를 전했다. 전제조건 탓인지, 정동영은 별다른 이의제기 없이 받아 적기만 했다. 박채서는 북한의 의도를 설명하면서 특히, 천도교 교령 오익제의 입북이 성사되면 '김대중 죽이기'의 신호탄이 울린 것으로 보면 된다고 귀띔해 주었다.

정동영은 반신반의하는 눈치였다. 정동영도 기자 출신인지라 안기부 역공작 가능성을 우려해 일단 박채서의 신원 확인에 들어갔다. 정동영은 박채서의 청주고 1년 선배인 한국일보의 송대수 베이징 특파원을 통해 안기부와 관련이 있다는 사실을 확인했다. 그 뒤로도 박채서의 신원을 파악해 보았지만, 안기부에서 무슨 일을 하는지는 잡히지 않았다.

그러나 박채서와의 첫 만남에서 들은, 난데없는 '오익제 입북설'이 그해 8월에 현실로 나타나자, 정동영은 '기획 입북설'을 제기하고, 국민회의는 서둘러 국회 정보위 간사인 천용택 의원을 팀장으로 한 '북풍대책팀'을 구성하게 된다. 국민회의는 이후 대선일이 다가올수록 '북풍 주의보'가 '북풍 경보'로 확대됨에 따라, 2단계(팀장 정대철 부총재)와 3단계(팀장 조세형 총재권한대행)로 북풍대책팀을 확대 개편하게 된다.

한편, MBC의 단독 보도로 아자의 광고사업에 강한 불쾌감을 표시하고 태클을 걸었던 통일부도 시간이 지나자 차츰 앙금을 풀고 광고사업에 긍정적 신호를 보내기 시작했다. 통일부 교류협력국의 소봉석 사무관은 박기영 대표에게 남북 경협 사업자 선정과 사업승인을 위해서는 개인 회사인 아자의 법인 설립과 확실한 사업 기반이 필요하다고 조언해 주었다. 광고사업이 사업승인을 받아 지속가능한 사업이 되기에는 아자의 실적과 물적 토대가 너무 빈약하니 사업에 투자할 '물주'를 잡으라는 얘기였다.

박채서는 정보사 공작관 시절의 인맥을 활용해 정보사 공작단에서 활동했던 조OO 씨의 소개로 ㈜미진아이디 정진호(鄭鎭虎) 대표를 소개받았다. 정 대표는 주로 베트남과 거래하는 무역회사도 운영했는데, 미진양행 베트남 지사장의 친구 중에 정보사 출신 예비역 소령인 조씨가 있었다. 정 대표가 대북사업을 하고 싶어 한다는 것을 아는 지사장이 조 씨를 통해 들은 박채서 씨 이야기를 전함으로써 정 대표가 박채서 – 박기영 씨와 연결된 것이다.

연세대 상대를 나온 정 씨는 충남 공주 출신으로 치안국장과 내무부장관을 지내고 6선 의원인 정석모 자민련 부총재의 장남으로 강남의 노른자위 땅인 강남역 사거리에 1년 전에 준공한 22층짜리 미진프라자 빌딩의 소유주였다. 사업의 개요를 설명하자, 지인을 통해 어느 정도 사업성을 알아보았는지, 정 대표는 흔쾌히 제안을 받아들였다. 이렇게 해서 1997년 8월 ㈜아자를 설립하면서 회사 명칭을 '커뮤니케이션 아자'에서 '아자 커뮤니케이션'으로 바꾸었다.

아자의 사장은 박기영이 맡아 광고업무를 담당하고, 박채서는 전무로 대북 접촉을 담당했다. 정진호는 자신이 소유한 미진프라자 빌딩에 사무실을 제공하고 고문이라는 직함으로 자금 문제를 담당했다. 지분은 정진호가 70%, 박기영과 박채서는 각각 15%씩 갖기로 합의했다. 이로써 박채서는 안기부의 공작금을 쓰지 않고도 자유롭게 북한과 접촉해 공작을 펼칠 기회를 마련하게 되었다.

정진호 고문은 미진프라자 16층에 아자 사무실을 오픈하고, 동원그룹, 대동벽지, 제일백화점 등 자신과 친분이 있는 기업과 기업인으로부터 투자를 유치해 ㈜아자를 키워 나갔다. 상업광고 스폰서(광고주)는 김영일 한국경제신문 사장의 주선으로 처음에는 ㈜대우를 선정해 진행했으나, 삼성전자 윤종용 부회장이 적극 참여하면서 삼성전자가 아자가 북한에서 제작한 광고를 독점하는 것으로 합의했다.

광고제작을 위한 사전답사팀이 모든 준비를 마치고 관련 서류를 통일부에 제출해 방북 허가를 기다렸으나 통일부는 차일피일 미루며 피를 말렸다. 하루는 조건식 통일부 교류협력국장이 박기영 대표가 아닌 박채서 전무에게 따로 만나자고 연락해 왔다. 3년간 안기부 파견 근무 경험이 있는 조건식 국장은 이렇다 할 대북사업 실적이 없는 아자가 북한을 상대로 광고제작 사업을 따낸 실력을 미심쩍은 눈으로 주시하던 터였다. 그래서 아자 구성원 중에서 전무라는 직함을 가진 수상쩍은 인물을 찍어 단도직입으로 의문을 풀려는 의도였다.

늦은 저녁을 겸한 술자리에서, 조 국장은 거두절미한 채 박 전무에게 아랫배에 잔뜩 힘을 실어 물었다.

"아자 사업이 국가사업과 관련이 있습니까?"

묻는 말에 솔직하게 답변하지 않으면 불허하겠다는 고압적인 태세였다. 박채서 전무는 빙그레 웃으며 조곤조곤 말했다.

"태평양 전쟁 당시 맥아더 사령관의 부대에서 구타 행위가 벌어졌다는 얘기를 들은 종군 기자단이 맥아더에게 사실 여부를 확인해줄 것을 요구했습니다. 그러자 맥아더 장군은 이렇게 말했습니다. '당신들이 군의 입장에서 묻는다면 예스(Yes)이고, 기자의 입장에서 묻는다면 노(No)라고 대답하겠다.' 조 국장님이, 맥아더의 답변을 저의 대답으로 받아 주시면 안 되겠습니까?"

그로부터 3일 뒤에 통일부의 방북 승인이 떨어졌다. 박기영과 박채서, 그리고 박기영의 사진작가 변승우 3인은 수유리의 통일교육원에서 서둘러 방북 전(前) 교육을 마쳤다. 박기영의 손아래 처남인 변승우는 해외에서 활동하는 상업광고 전문 사진작가인데 매부의 요청으로 결합했다. 두 사람은 귀를 쫑긋 세우고 통일교육원 강의를 들었다. 하지만 박채서는 북한에 한 번도 가본 적 없는 통일교육원 강사가 이미 몇 차례 비밀방북을 한 자신에게 '방북 시 주의사항'을 강의하는 현실이 우스꽝스러웠다.

MBC의 병 주고 약 주기, 박채서의 약 주고 병 주기

아자의 광고사업이 순조롭게 진행되자, 언론에서도 관심을 표명하고 취재 경쟁을 벌였다. 그중에서도 특히 MBC는 아자에 음으로 양으로 도움을 주며 광고사업에 관심을 피력했다. 이득렬 MBC 사장은 당시 통일원을 출입하는 김현경 기자를 통해 통일원 분위기를 전해주고, 통일원 장-차관에게 직접 아자 광고사업의 중요성을 강조하는 등 매우 적극적이었다. MBC가 약속을 깬 단독 보도로 아자를 곤궁에 빠뜨리더니, 이번에는 약(藥)을 갖고 접근한 셈이다.

박채서는 김현경 기자의 끈질긴 권유로 이득렬 사장을 만나 MBC의 광고 제작 사업 참여에 대해 일단 구두 합의를 해주었다. 아자는 북한에 500만 달러를 주기로 하고 대북 광고사업권을 따냈다. 여기에는 아자가 북한에서 TV 프로그램을 찍을 수 있는 권리도 포함되어 있었다. MBC는 4월 말에 아자가 북한과 체결한 총금액(500만 달러)의 절반(250만 달러)을 부담하는 조건으로 아자가 확보한 북한에서 TV 프로그램을 촬영하는 권리를 양도받기로 합의했다.

북한에서 MBC가 TV 프로그램을 촬영하는 실무는 PD 출신의 유흥렬 전무가 맡기로 했다. 그런데 MBC는 아자의 사전답사 단계부터 동행하기를 원했다. 박채서는 MBC가 정부 허락을 받으면 동행해도 좋다고 동의했다. 이 말은 곧, 북한 측의 방북 허가 문제는 자신이 책임지겠다는 말이었다.

실제로 1997년 5월 26일 아자와 MBC는 북한을 방문해 달라는 초청장을 받았다. 두 회사는 각각 통일원에 방북신청서를 제출했다. 통일원은 7월 4일 아자에 방북 허가를 통보했다. 그러나 7월 30일 통일안보정책조정회의에서 MBC에 대해서는 "언론사의 과당 경쟁이 우려된다"며 방북 보류를 통보했다.

김영삼 정부 시절에는 통일부총리가 주재하는 통일안보정책조정회의에서 대북정책을 조율했다. 멤버는 의장인 통일부총리, 안기부장, 외교부장관, 국방부장관, 청와대 외교안보수석 등이고 대통령 비서실장은 옵서버로 참여했다. 논란이 생기면 대체로 의장인 통일부총리가 다수결로 결론을 냈다. 그 결론을 외교안보수석이 대통령에게 보고하면 그것으로 끝이었다. 다만, 가끔은 외교안보수석이 회의 결과를 정리해 보고하는 과정에 대통령이 코멘트를 하면 구체적인 시행과정에서 약간의 변화가 있었다.

이득렬 사장은 비서실장을 통해 김영삼 대통령에게 MBC의 방북을 허가해 달라고 간곡하게 요청했다. 김영삼 대통령은 반기문 청와대 외교안보수석에게 회의에서 논의해 보라고 지시했다. 반기문 수석은 통일안보정책조정회의에 유흥렬 MBC 전무의 방북 건을 의제로 올렸다. 그러나 권영해 안기부장이 강력하게 반대하자 반 수석은 슬그머니 뒤로 물러섰다. 권영해 부장은 유흥렬 전무의 방북을 이인제 후보를 지원하기 위한 대통령의 대북 밀사(密使)로 의심했다. 그래서 특사 방북을 막아야 된다고 판단한 것이다.

이런 가운데 아자가 북한 측에 주기로 한 총 500만 달러 가운데 순차적으로 지불하기로 한 첫 번째 중도금 지불 날짜가 도래했다. 첫 번째 중도금은 60

만 달러였는데, 아자와 MBC의 계약대로라면 두 회사는 이 돈을 절반씩 부담해야 했다. 그러나 MBC의 방북이 불투명해서 아자의 정진호 고문이 60만 달러를 마련해 먼저 지불하기로 했다.

그해 8월 9일 정진호 고문은 60만 달러와 기타 비용 등을 준비해 베이징행 비행기에 탔다. 이때 정 고문이 가장 염려한 것은 '이 많은 현금을 들고 김포공항 검색대를 과연 통과할 수 있을까'였다. 박채서 씨는 "염려말고 검색대를 통과하라"고 말했다. 정 고문이 검색대에 돈 가방을 올려놓으니 X-레이 화면에 두부모처럼 쌓인 돈다발이 자신의 눈에도 보였다. 그런데 검색요원은 아무 말 없이 들어가라고 했다. 박채서 전무가 상부에 보고해 세관에 조치를 취한 덕분이었다. 돈다발을 찍은 X-레이 필름은 증거를 없애기 위해 아예 파쇄되었다. 이로써 정 고문은 60만 달러를 무사히 북한 측에 전달할 수 있었다.

그런데 아자의 사전답사 방북팀이 8월 9일 베이징에 도착하자, 유흥렬 전무 일행이 뒤를 따라왔다. 박 전무가 유 전무에게 어떻게 된 일이냐고 묻자, 유 전무는 권영해 안기부장이 휴가 간 틈을 이용해 반기문 외교안보수석이 통일부에 조치해 급히 방북 허가를 받았다고 말했다.

박 전무는 일행에서 슬그머니 빠져나와 상부에 돌발상황을 보고했다. 보고를 받은 권영해 부장은 휴가를 취소하고 돌아와 모든 수단과 방법을 동원해 유 전무의 방북을 막으라고 특별 지시를 하달했다. 유 전무의 대통령 친서 휴대 여부를 탐지하라는 지시도 함께 떨어졌다. 막판 끼워 넣기로 달려든 유 전무의 방북은 애당초 실현 불가능한 시도였다. 아무리 언론사 간부라고 해도, 국가안전기획부장이 기를 쓰고 막는 다음에야, 배겨 날 재간이 없었다.

결국 유흥렬 전무의 방북은 무산되었다. 이번에는 박 전무가 MBC에 약(藥)을 주고 병(病)을 준 셈이었다. 박 전무는 내심으로 이인제의 대권가도에 '빨간불'이 켜진 것이라는 느낌을 지울 수 없었다.

인민군 직승기(헬기)를 타고 금강산
온정리에 내린 박기영 대표와 방종삼
총사장, 박채서(왼쪽부터)

아자 답사팀의 방북과 겹친 오익제 입북 사건

박기영 대표와 박채서 전무 그리고, 박기영의 처남인 변승우 사진작가로 구성된 아자 사전답사팀의 방북은 1997년 8월 10일부터 21일까지 순조롭게 진행되었다. 고려항공을 타고 평양 순안비행장에 도착한 이들은 번호판에 빨간 별을 붙인 벤츠승용차 석 대에 나눠 타고 제일 먼저 김일성 동상을 찾아가 헌화했다. 그리고 서재골초대소로 안내되어 여장을 풀었다.

사전에 북측과 협의를 거쳐 답사 코스는 평양을 기점으로 해서 묘향산, 금강산, 백두산을 거쳐 마지막으로 개성을 방문하는 것으로 정했다. 이동에 걸리는 시간을 절약하기 위해 금강산은 인민군 헬리콥터를, 백두산은 고려항공 항공기를 이용했다. 박채서는 아자 답사팀이 이런 특별한 대접을 받은 것이 군부의 실세이자 장성택의 형인 장성우의 특별한 배려 덕분이었음을 나중에 알았다.

금강산 온정리에 착륙한 인민군 헬기에서 남쪽 사람들로 추정되는 민간인들이 내리자, 놀란 마을 주민들이 몰려나와 야단법석을 떨었다. 금강산 일대는 군사보호 지역이어서 민간인 헬기 운항이 불가능했다. 실제로 나중에 현대그룹이 금강산 관광 및 개발사업을 추진할 때, 현대 측은 연로한 정주영 회장의 건강을 고려해 헬기 운항을 강력히 요청했으나 군사지역이라는 이유로 거부되었

흑금성 공작원 박채서는 수시로
평양을 오갔다.

다. 그런데 아자 답사팀에게는 인민군 헬기가 제공된 것이다.

백두산 삼지연 공항으로 갈 때는 고려항공 전세기를 이용했는데, 아자 대표단과 북측 안내 및 감시 인원을 합친 인원보다 승무원이 더 많은 기현상이 벌어졌다. 답사팀은 세계자연문화유산으로 지정된 백두산 일대가 잘 보존 - 관리되어 있다는 느낌을 받았다. 천지를 중심으로 장엄하게 펼쳐진 원시림은 영화에서나 봄 직한 풍광을 연출했다. 백두폭포와 삼지연은 그 높은 고지대에서도 물줄기를 품어 대는 광경이 경이롭기까지 했다. 광고제작 실무와 관련이 없는 박 전무는 웅장한 백두산의 남성적인 매력에 흠뻑 빠져 정취를 즐겼다.

답사팀은 평양에서 김일성의 생가인 만경대를 방문해 뜻밖의 인물을 만났다. 바로 천도교 교령을 지낸 오익제 씨가 조평통 서기국장을 지낸 백남순[39] 통일전선부 부부장의 안내를 받아 만경대를 참관하던 중이었다. 아자 답사팀은 오익제 씨가 월북하기 전에 이미 방북했기 때문에 오 씨의 입북 사실을 몰랐었다. 그런데 평양에서 오 씨와 마주친 것이다. 사실 외부인의 북한 방문 일정에는 안내하는 장소가 지극히 제한되어 있다. 같은 시기에 방북하게 되면 외부인끼리 마주칠 확률이 높다는 얘기다. 아자 방북팀은 대동강변의 냉면집 옥류관에서도 오익제 씨와 마주쳤다.

주39 _ 백남순(1929~2007)은 이듬해 9월 북한 외무성 외무상에 기용되었다.

그러나 박채서는 이미 두 달 전에 정동영 의원을 만나, 오익제 월북 가능성을 경고한 바 있어서 그를 보고도 놀라지 않았다. 박채서는 북측의 소개로 오익제와 인사를 나누고, 일부러 기념사진도 함께 찍었다. 물론, 사진은 기념이 목적이 아니고 상부 보고용이었다.

사전답사 일정을 무사히 마치고 귀국하니, 중반전에 접어든 대선 정국이 요동치고 있었다. 1995년 국민회의 창당 때 고문으로 입당한 오익제 전 천도교 교령이 8월 15일 베이징을 통해 입북한 사건이 터진 것이다. 오 씨는 종교특위 위원장을 맡기도 했다. 한 대북사업가가 정동영 의원을 통해 국민회의 측에 경고한 오익제 월북 가능성이 눈앞에 현실로 나타나자, 김대중 후보 진영은 어찌할 바를 모르고 허둥지둥했다.

정동영은 두 달 전에 박채서가 귀띔한 "오익제의 입북이 성사되면 '김대중 죽이기'의 신호탄이 울린 것으로 보면 된다"고 했던 경고를 떠올렸다. 김대중 집권의 최대 고비이자 일촉즉발의 순간이었다. 정동영은 화급하게 박채서를 찾았으나 휴대폰이 계속 꺼져 있어 달리 연락할 방법이 없었다. 박채서가 북한에 있는 사실을 모르는 정동영으로서는 마냥 그와 연락이 닿기만을 기다릴 수가 없었다.

정동영은 신원을 확인하지 못했지만, 정보기관과 연관된 것으로 추정되는 인사로부터 두 달 전에 '오익제 입북 가능성'을 통보받은 사실을 조세형 총재권한대행에게 알렸다. 김대중 후보 진영의 '북풍대책팀'은 8월 19일 긴급대책회의를 거쳐 정동영 대변인이 제보를 통해 확인했다며 '안기부의 기획 입북설'을 제기하는 식으로 역공을 취했다.

'기획 입북설'에는 나름 근거가 있었다. 고위 공직자들의 보안조사를 담당하는 안기부는 이른바 '신원 특이자' 명단을 가지고 대공 취약 인물들을 관리했다. 이들을 A, B, C급으로 분류하여 A급은 직접 감시하고 그 외는 경찰을 시켜 관리했다. 오익제 전 교령은 민족종교 직능대표로 민주평통 자문위원이었는데, 전처와 딸이 북한에 있었다. 게다가 최덕신 전 천도교 교령은 1986년에 입북해 '김일성을 민족의 주체'로 칭송한 바 있다. 오 씨는 최덕신의 처 유미영의 중개로 중국에서 당국의 허가를 받지 않고 딸을 만나, 이미 안기부에 '요주의 인물'로 찍혀 있었다.

실제로 오익제는 중국에서 북한의 천도교 인사 및 재북 가족과 접촉한 혐의로 두 차례에 걸쳐 출국금지(1995. 5. 3~6. 29 및 1995. 7. 7~8. 19) 조치된 바 있다. 또 1995년 12월 5일부터 1997년 8월 3일 출국 때까지는 남북교류를 담당하는 안기부 담당 부서에서 북한 주민 접촉신청 등 업무에 참고하기 위하여 외국 출입국 동향을 확인하기 위한 '출입국시 통보자'로 분류되어 있었다. 이런 정황도 오익제의 출국 과정에서 안기부가 방조한 것이 아닌가 하는 의혹을 키웠다.

그러나 안기부는 국민회의 측이 기획 입북 증거를 대지 못하면 법적 대응을 취하겠다며 강력하게 반발했다. 제보자(박채서)와 연락이 닿지 않은 국민회의 측은 하는 수 없이 8월 22일 유감을 표명했다. 정동영도 '기획 입북'은 밀파나 공작이 아니라 '입북 방치'를 의미한 것이라고 한발 물러섰다. 물론, 평양에 체류한 박채서는 이런 정치 공방을 귀국해서 알게 되었다. 당시 서울은 기아(起亞) 사태를 계기로 실물경제가 나빠진 가운데 IMF 외환위기라는 시한폭탄이 째깍째깍 움직이고 있었다. 그러나 15대 대선의 열기는 뜨거운 8월의 날씨만큼이나 뜨겁게 달아오르고 있었다.

통일부의 입을 쩍 벌어지게 한 아자의 방북결과보고서

박채서 전무가 안기부에서 디브리핑을 하는 동안, 박기영 대표는 방북팀을 대표해 '아자 방북결과보고서'를 작성해 통일부에 제출했다. 아자의 방북결과보고서를 받아본 통일부 교류협력국은 입이 쩍 벌어졌다. 1989년에 분단 이후 처음으로 남북교류가 처음 시작되고, 1990년대 남북교류협력법 제정 이후 수많은 기업인들이 북한을 다녀와 방북결과보고서를 제출했지만, 이렇게 군용 헬기와 전세기를 타고 북한 전역을 누비고 다닌 방북팀은 처음이었다. 게다가 대기업 총수도 아니고, 그간 대북사업 실적도 없는 영세기업이 이런 극진한 대접을 받은 것은 믿기지 않을 정도였다.

박채서는 방북결과보고서를 작성하기 전에 박기영 대표에게 일부러 방북 성과를 과시하기 위해서 보고서를 화려하게 장식하도록 주문했다. 전문 사진작가가 금강산, 묘향산, 백두산의 절경을 찍은 컬러사진까지 첨부한 생생한 방북 결과보고서는 효과 만점이었다. 사업승인을 내줄 때만 해도 긴가민가했던 통일부 교류협력국 관계자들은 아자의 대북사업 능력을 인정하지 않을 수 없었다.

사전답사 이후 아자의 광고제작 사업은 탄력이 붙었다. 당장 삼성전자는 300만 달러에 광고주로 가계약을 체결했다. 삼성이 계약을 체결하자, 정진호 대표는 여건을 최대한 활용해 다른 기업들의 투자를 이끌어냈다. 박 전무는 사전답사팀이 찍어 특수용지에 프린트한 대형 백두산 천지 사진을 아자 사무실에 걸어 놓고 분위기를 띄웠다. 정 대표는 창업투자회사인 '국제창투'의 투자를 이끌어내는 등 최초 자본금 2억 원으로 시작한 ㈜아자를 시가총액 560억 원의 법인으로 탈바꿈시켰다. 물론 글로벌 기업인 삼성전자와의 계약이 회사를 키우는 데 지대한 역할을 했다.

광고사업이 본 궤도에 오르자 무엇보다도 아자 전무 직함을 가진 박채서의 활동이 자연스러워지고 그 반경도 넓어졌다. 전직 정보사 공작관이라는 경력도 대북사업을 하는 회사의 전무라는 위상과 자연스럽게 어울렸다. 본격적인 편승 공작을 시작할 수 있는 물적 토대와 안정적 여건을 조성한 것이다.

애초에 흑금성 공작은 흑금성이 북측에 포섭되어 적의 내부로 침투해 첩보를 수집해내는 형태였다. 이에 따른 정석대로 짜인 공작계획에 따라 그 과정과 절차를 진행시켜 나갔다. 흑금성 공작원이 대북 광고사업을 추진하는 ㈜아자에 전무라는 직책을 가지고 침투해 정상적인 대북사업으로 위장해 활동하는 편승공작이었다.

돌이켜 보면 북측은 자신들이 표적(포섭 대상)으로 찍은 박채서에게 첫 방북을 허용하기까지 여러 번 반복해서 검증하고 시험했다. 그리고 100% 신뢰는 아닐지라도, 그들이 설정한 테스트의 커트 라인을 통과했을 때, 어느 정도 신뢰를 담보한 첫 방북이 이루어진 것이다. 흔히 스파이 영화의 한 장면처럼, 안기부와 흑금성은 그가 그들의 소굴에 들어가 있을 때 신분이 들통날 경우, '국가는 아무런 관계가 없고 개인의 귀책사유로 종결된다'는 데 합의했다.

북측은 그를 평양으로 불러 검증하는 과정에서 고향에 계시는 어머니와 아파트 놀이터에서 노는 어린 딸, 그리고 아내의 근황을 사진으로 보여주며 은근히 정보력을 과시하는 한편으로 위협을 가했다. 실제로 그들은 박채서가 그들을 속인 것이 확인되면, 그는 말할 것도 없고 어머니와 가족까지도 위해를 가할 것이라는 점을 서슴없이 말했다. 그러나 그런 위협은 역설적으로 그들이 박채서에게 관심이 있고, 이용 가치가 있다고 판단하고 있다는 반증이었다.

스파이 영화나 첩보 소설 속에서나 볼 수 있는 상황이 직접 본인의 눈앞에 닥쳤다고 상상해 보라. 그야말로 강철 같은 의지와 흔들림 없는 국가관이 없이는 그런 상황에 대처하는 것이 불가능하다. 특히 업무에 대한 개인의 확고한 의지와 투지가 없으면 감당할 수 없는 분야가 공작이다. 안기부나 국정원이 해외에서 수행하는 여타 국가에 대한 공작사업은 추방은 될지언정 최소한 생명의 위협은 없다. 북한은 유일하게 공작원의 목숨은 물론, 가족의 생명까지 걸고 임무를 수행해야 하는 지구상의 유일한 국가이다.

18 _ 금강산 가는 문을 열다

"금강산 문 열면 비자금 모을 수 있다"

금강산 관광 활성화라는 아이디어는 서재호가 처음 제기했다. 그때까지 금강산 관광은 조총련을 중심으로 해서 재일교포 위주로 이뤄졌다. 생존에 급급한 북한 내부 주민들의 금강산 관광은 국가 유공자에 대한 포상 휴가 차원이 고작이었다. 서재호는 일본인 관광객 유치 방안으로 유람선을 이용하는 방안을 제시했다. 일본에서 관광객을 모집해 배에 싣고 와서 속초, 강릉 같은 한국의 동해안 도시에서 한국인 관광객을 태워 금강산에서 2박 3일 일정의 관광을 실시하는 방안이었다.

금강산 관광을 관장하는 북측의 주무부서는 금강산국제관광총회사였다. 이와 관련 방종삼 총사장은 박채서에게 많은 질의를 해왔다. 박채서는 그에게 북한이 금강산 관광을 활성화하는 데 진정으로 뜻이 있다면, 광고제작 사업의 스폰서인 삼성의 협조를 받으라고 권유했다. 박채서는 이렇게 조언했다.

"'금강산도 식후경'이라고 하지 않습니까? 관광의 3요소는 보고 먹고 자는 것인데, 금강산은 숙박시설부터가 턱없이 부족합니다. 숙박시설부터 정비해야 합니다. 그런데 금강산개발을 하려면 막대한 자본이 소요됩니다."

방종삼은 그러면 어떻게 하면 좋겠냐고 물었다. 박채서는 이렇게 답했다.

"그럴 돈을 투자할 수 있는 기업은 삼성과 현대뿐입니다. 마침 삼성전자는 광고제작 사업의 광고주이니 자연스럽게 금강산개발 건을 상의할 수 있을 겁니다. 다만, 삼성이 하는 대로 끌려가지 않으려면, 북측이 금강산을 어떻게 개발할 것인지, 자체 사업 계획안을 만들어 접촉하는 것이 좋겠습니다."

그러자 방종삼은 박채서에게 남측의 관광개발 전문가를 소개해 달라고 부탁했다. 이에 박채서는 상부에 보고한 뒤에 허가를 받아 건설업에 종사하는 지인을 대동하고 금강산 지역에서 3박 4일 체류하며 그들과의 토론을 거쳐 대략적인 개발 모델의 청사진을 제시해 주었다. 이와 동시에 기존의 금강산호텔 리모델링과 과거의 일제 총독부 휴양시설 개조 방안도 제안했다.

이후 삼성의 협조를 얻어 용인 '에버랜드' 설계도가 북측에 제공되었으며, 금강산호텔은 컴퓨터를 활용한 리모델링 설계 및 조감도를 만들어 대략적인 소요 경비까지 산출했다. 금강산 관광이 실현되면 정진호 대표가 조건부로 그 비용을 부담하겠다는 제의도 북에 전달했다. 삼성도 금강산 관광 및 개발에 적극적이었다. 박채서는 금강산 관광 및 개발계획과 관련해 아래와 같은 다섯 가지 원칙을 북측에 제안했다.

첫째, 금강산 관광은 기존의 시설을 최대한 활용해 그 수용시설 규모에 맞는 인원으로 일차적으로 실시한다.

둘째, 금강산 관광은 남북이 상호 왜곡된 인식을 해소하는 차원에서 이산가족을 대상으로 우선 실시한다.

셋째, 금강산 관광이 확대되면, 삼성 등 한국 대기업의 참여하에 관광개발을 시행한다.

넷째, 금강산 관광에 맞춰 확장 – 개발하는 부대 시설은 자연환경 파손을 최소화하기 위해 금강산 외곽에 설치하도록 한다.

다섯째, 금강산 추가 개발이 완료되면 일본 등 외국인 관광객을 유치한다.

금강산호텔 리모델링이 이뤄지면 6개월 동안 배편을 활용하되, 노약자 등은 한국 항공사의 헬기로 수송하는 방안도 포함시켰다. 이는 강원도 고성에서 금강산까지 임시도로를 개통하는 데 걸리는 시간을 고려해서 정한 것이다. 그리고 2년 이내에 기존의 경원선(京元線)과 금강산선(金剛山線)[40] 철도를 복원한다는 계획까지 포함시켰다.

북한 수뇌부가 금강산 관광에 적극적으로 나선 배경에는 극심한 경제난을 타개하기 위한 공식적 이유 말고도, 다른 비공식적인 이유가 작용했다. 박채서는 북측에 금강산 관광을 제안하면서 "현금 장사인 관광사업을 통해 비자금 조성이 가능하다"고 솔깃한 유혹을 제시했던 것이다. 박채서는 이를 뒷받침하기 위해 상부의 허가를 받아 설악산과 제주도 지역 관광지의 유흥업소 수익구조를 상세히 조사해 북측에 넘겨 주었다. 이렇게 정보를 주고받은 과정에서, 박채서는 북측 통치자금을 김정일의 누이동생인 김경희가 관리하고 있음을 알게 되었다.

그러나 이듬해 3월 '이대성 파일'의 공개로 아자 전무로 위장한 흑금성 공작원의 신분이 노출됨에 따라, 삼성전자가 스폰서인 광고제작 사업은 물거품이 되었다. 이에 따라 삼성이 참여하는 금강산 관광 및 개발계획도 모래성이 되고 말았다. 그러나 북측은 당시 토의된 관광 개발계획과 청사진을 토대로 이후 현대 측과 협의해 골프장, 온천장, 식당 등 상가, 해금강 개발 등을 이뤄냈다.

추석 연휴 김우중 회장의 수상한 비밀방북

김대중 후보 진영에서는 8월 15일 오익제 월북 사건을 계기로 북풍 공작의 위험성을 실감했다. 본격적으로 '북풍대책팀'을 가동했다. 나중에 국민회의 측은 조세형 총재권한대행이 팀장을 맡을 만큼 북풍대책팀 가동에 총력을 기울였다. 안기부 기조실장을 지낸 정보통인 이종찬 부총재와 국회 정보위 야당 간

주40 _ 경원선의 지선인 금강산선(金剛山線)은 강원도 철원군의 철원역과 금강산의 내금강역을 연결하는 철도로, 당시 한국 최초의 전기 철도였기에 '금강산전철'이라고 불렀다.

사인 천용택 의원 등이 팀원이었다. 육사 16기 동기인 두 사람은 나중에 김대중 정부가 출범하자, 각각 초대 국정원장과 두 번째 국정원장을 맡았다.

박채서는 정동영과 간헐적으로 접촉해 남북 양측의 동향을 전해줌으로써 사전에 대비하도록 했다. 처음에는 여의도의 카페에서 만났으나, 앵커 출신인 정동영은 얼굴이 많이 알려져 있어 보안 유지를 위해 여의도 목화아파트 등 안가로 장소를 옮겨가며 접촉을 유지했다. 그런데 어느 날 약속 장소에 천용택 의원이 함께 나와 있었다. 천용택 의원은 국회 국방위 소속이자 정보위 야당 간사를 맡고 있었다. 또한, 김대중 후보 진영에서는 '북풍대책팀' 소속이었다.

천 의원은 먼저 박채서에게 사전에 고지하지 않은 점에 대해 양해를 구하며 자신이 나오게 된 사정을 이렇게 밝혔다.

"정 의원한테서 박 선생 얘기를 많이 들었습니다. 박 선생이 제보해주신 내용이 우리한테는 너무나 중요합니다. 정 의원이 본인의 전문 분야가 아니어서 관련 내용을 북풍대책팀에 전달하기가 힘드니 같이 가자고 해서 나왔습니다."

박채서는 군 출신이자 정보위 간사인 천용택 의원이 중간에 끼어들어 자신의 활동에 제약을 받을 수 있겠다는 생각을 얼핏 했지만, 대수롭지 않게 받아들였다. 그 무렵 대우그룹 김우중 회장이 추석 연휴(9.14~20)를 이용해 비밀리에 방북한 사실이 감지되었다. 박채서로부터 김우중 회장과 오광성 상무 등 5명이 추석 연휴에 비밀 방북한 사실을 전해 들은 정동영 - 천용택 의원은 통일부에 방북 여부와 그 배경을 탐문했다. 통일부는 전혀 사실무근이라며 방북 사실 자체를 부인했다.

그러자 박채서는 김당 기자와 청주고 선배인 송대수 베이징주재 한국일보 특파원에게 김우중 회장 비밀방북 사실을 귀띔해 주었다. 두 기자가 취재에 들어가자 대우그룹과 통일부는 이를 부인했다. 그러나 두 기자는 다른 경로를 통해 김우중 회장이 중국 선양에서 5박 6일 일정으로 고려항공 전세기를 타고 방북했고, 돌아올 때는 새벽에 베이징 서우두공항에 도착한 사실과 방북단 구성원의 면면까지 보도했다.

그러자 상황이 바뀌었다. 김대중 후보 진영과 일부 언론에서는 통일부의 이중적인 태도에 강력히 항의했다. 통일부는 "김우중 회장 일행이 남포공단 사업장에 격려차 방북했다"고 궁색한 변명을 했다. 박채서의 제보와 두 매체의 보도로 김우중 회장의 비밀방북 사실이 확인되자, 국민회의는 북풍대책팀을 정대철 부총재를 팀장으로 하여 확대 개편했다. 북풍대책팀은 이후 대선 직전에 국회 통일외교 · 정보위 소속 정재문 의원(한나라당)의 대북 비밀접촉 사실을 확인하면서, 조세형 총재권한대행을 팀장으로 3단계로 확대 개편하게 된다.

청와대나 안기부의 지시나 지원 없이는 민간인의 비밀방북은 불가능했다. 청와대의 내락을 얻은 김우중 회장의 비밀방북은 일종의 '청와대 특사'를 의미했다. 그렇지 않아도 집권여당과 북한 측과의 거래설에 촉각을 세우고 있던 국민회의로서는 김 회장의 비밀방북 목적이 무엇인지 신경 쓰지 않을 수 없는 상황이었다. 박채서는 김영삼 대통령과 김 회장이 대선과 관련 모종의 시나리오를 가동해 비밀방북을 했으나, 언론에 들통이 나자 김 회장이 수행하기로 한 역할을 동결시킨 것으로 판단했다.

김우중 방북 사건 이후 한국방송협회와 한국신문협회가 주최하고 MBC가 주관한 김대중 후보에 대한 정치 · 외교 · 통일분야 TV토론회(9월 24일)가 열렸다. 다음 날 박채서는 정동영을 만나 김대중 후보의 대북정책과 통일관에 대해 얘기하는 자리에서 전날의 TV토론 녹화테이프를 요청했다. 정동영은 며칠 뒤에 비서관을 시켜 녹화테이프를 박채서에게 전달했다. 이후 박채서는 북측이 김대중 후보에 대해 갖고 있는 편견을 불식시킬 요량으로 리철에게 그 녹화테이프를 건네며 이렇게 말했다.

"이 선생, 김대중 후보가 당선될 가능성도 있으니, 김 후보의 대북관에 대해서도 알아 두어야 할 것이 아닌가."

10월 중순경 베이징에서 잠시 귀국한 박채서는 김당 기자를 찾았다. 김당은 김우중 방북 첩보 덕분에 특종을 했다며 그에게 감사를 표했다. 그는 심각한 표정을 짓더니 불쑥 이렇게 말했다.

"김우중 건은 상황이 종료된 것 같네요. 그런데 김형, 편지 건이 터질 모양입니다. 그 건으로 DJ(김대중)가 치명상을 입을지도 모릅니다. 일단 그렇게만 알고 계세요"

밑도 끝도 없는 이야기였다. 그러나 국민회의 북풍대책팀 등에 알아보니, 그 무렵에 베이징 주재 북한 기관원들의 동태가 심상치 않고, 한국 기관원들과의 접촉도 활발하다는 첩보가 포착되었다. 양쪽 관계자들의 실명이 거론되고, 이와 관련 국회 정보위에서도 논란이 있었다. 믿기 힘든 남북한의 '편지 거래설'이었다. 편지가 공개되는 시점은 10월 말~11월 초라는 관측이 제기되었다.

그러나 더는 확인하기가 어려웠다. 김당은 누군가 언론을 이용하려고 '설'을 일단 흘린 뒤에, '증거'를 들이밀려는 역공작일지 모른다는 생각도 들었다. 게다가 얼마 뒤에는 안기부의 한 직원이 김당에게 직접 물어 오기도 했다.

"혹시 편지 이야기 들어본 적 있어요? 우리 쪽 첩보에 따르면, 김 기자가 편지 건에 대해 잘 알고 있다고 하는데…"

김당은 종잡을 수가 없었다. 그러고 나서 바로 울산에서 남파 간첩이 체포되었다는 첩보를 접했다. 밑도 끝도 없는 '편지 거래설'도 잊어버렸다.

그런 가운데 10월 20일 통일부가 느닷없이 MBC 측에 방북을 허가했다. 통일부는 그동안 언론의 과당경쟁을 이유로 방송사의 방북을 허가하지 않았다. 그러자 아자 측과 TV프로그램 제작 파트너십을 유지해온 MBC 유흥렬 전무가 "북한 방문 비자를 받아 달라"고 요청했다. 이에 박채서 전무는 베이징에 나와 있는 북한 대표단을 통해 황급히 비자를 마련해주었다.

유흥렬 전무와 김윤영 교양제작국 PD로 편성된 MBC 방북단은 10월 25일 베이징을 거쳐 북한에 들어갔다가 11월 1일 베이징으로 돌아왔다. MBC 측은 김윤영 PD와 함께 '금강산 사계' 다큐 프로그램 촬영 협의차 방북해 북측 관계자들과 만나 협의하고, 평양 시내와 묘향산 등지를 둘러보고 11월 1일 귀국했다고 밝혔다.

그러나 과당경쟁을 이유로 언론사의 방북을 허가하지 않던 통일부가 15대 대선이 얼마 남지 않은 시점에 MBC의 방북을 허가한 이유는 무엇일까에 정치권의 관심이 쏠렸다. 권영해 부장은 송봉선 단장에게 박채서를 통해 방북 목적을 북측에 탐문해 보라고 지시했다. 권영해 부장은 8월 MBC의 방북 미수(?) 건도 있어서, 김영삼 대통령이 MBC 유흥렬 전무를 통해 친서를 전달했을 가능성을 염두에 둔 것이다.

박채서가 나중에 리철에게 들은 바에 따르면, 김영삼 대통령이 친서를 북측에 전달하기 위해 MBC의 방북을 황급히 허가했으며, 유 전무가 김대중 후보를 낙선시키기 위한 비디오테이프를 제공받았다는 것이었다. 이런 내용은 나중에 '해외공작원 정보보고'가 포함된 이른바 '이대성 파일'이 공개되어 다시 논란이 되었다. 그러나 유흥렬 전무는 나중에 검찰 조사에서 "친서는 없었다"고 말했다.

정동영 – 천용택 접촉과 흑금성의 위기일발

김우중 비밀방북 건으로, 박채서가 제공한 정보 가치를 한결 더 신뢰하게 된 정동영 – 천용택 의원은 박채서와 긴밀한 협조 관계를 유지했다. 만남의 형식도 주로 두 의원의 요청에 따라 이루어졌다. 그런데 10월 하순쯤 이강복 공작관이 박채서에게 "야당 정치인을 만나고 있냐"고 물어왔다. 박채서는 강하게 부인했다.

공작관(case officer)과 비밀공작원(covert action operator)은 바늘과 실, 또는 포수와 투수에 비유된다. 공작관은 공작원과 '불가근불가원(不可近 不可遠)'의 관계를 유지하면서도 공작원의 모든 것을 꿰뚫고 있어야 한다. 그러기 위해서는 포수가 상대가 눈치챌 수 없는 다양한 수신호로 투수를 리드하듯이 공작원을 리드해야 한다. 다만, 공작관과 비밀공작원이 접선을 할 때는 '공작원의 시계'에 맞추는 게 이 세계의 관행이다. 공작관은 붙박이 근무이지만 공작원은 상대국의 주시와 누군가의 감시를 받는 가운데 늘 움직이고 있기 때문이다.

그런데 11월 5일 이강복 공작관이 박채서를 재소환했다. 접선한 지 며칠 되지 않아 재소환한다는 것은 뭔가 심각한 문제가 발생했음을 암시했다. 두 사람은 미진프라자 22층에 문을 연 스카이 라운지 바에서 만났다. 아니나 다를까, 이강복은 박채서를 만나자마자 강하게 질책했다.

"천용택 의원이 우리 회사 직원들을 통해 당신의 존재에 대해 묻고 다니고 있소. 그래서 타(他)부서 요원들이 당신 주위를 감시하고 있소. 최소한 우리 부서에서는 알고 있어야 도움을 주든지 할 거 아니요? 사실대로 말하시오."

공작관이 말한 '우리 회사'는 안기부, '타부서'는 감찰실을 의미했다. 회장(권영해 부장)과 실장(이대성 203실장) 그리고 공작원(박채서)의 중간에 있는 공작관의 처지는 충분히 이해할 수 있었다. 그러나 그는 북측이 남한의 선거를 왜곡시키는 것만은 막기 위해 김대중 후보 측과 접촉하고 있는 자신의 내심을 털어놓을 수는 없었다. 그는 완강히 버텼다.

"내 직업을 떠나서 나도 내 정치적 신념에 따라 자유롭게 후보를 선택하고, 좋아하는 후보 측 사람을 만날 수 있는 것 아닙니까? 그런 행위가 문제가 된다면 내가 책임을 지면 될 것 아니요?"

안기부 감찰실에서 박채서를 미행·감시하거나 도청하기 시작했다.

안기부 조직은 크게 지휘 직할 부서와 실무 부서, 그리고 지원부서로 분류된다. 지휘 직할 부서는 감찰실, 감사관 등 부장의 지휘를 뒷받침하는 참모 부서이다. 실무 부서는 대공정보, 대공수사, 보안방첩, 해외정보, 해외공작, 북한정보, 대북전략 등 안기부의 주업무를 수행하는 근간 조직이다. 신문사나 방송사에 비유하면, 편집-보도국이다. 실무 부서들은 국내담당 1차장과 해외담당 2차장, 그리고 북한담당 3차장이 관장하는 지역담당제로 편제되어 있다. 지원 부서는 말 그대로 실무 부서를 지원하는 기획조정실, 총무관리국 등이 해당된다.

감찰실은 통상 안기부 직원들의 직권 남용이나 돈·여자 문제 등으로 발생하는 민원을 처리하는 감찰과, 보안 누설이나 직원들의 통화 내용 등을 감청해 비위를 예방·적발하는 보안과, 그리고 관련 업무를 수행하기 위한 행정지원을 담당하는 행정과 등으로 구성되어 있다.

부장의 지휘 직할 부서인 감찰실이 미감(尾監)[41]하고 도청한다는 것은 박채서의 일거수일투족이 권영해 부장에게 직보된다는 것을 의미했다. 박채서는 두 야당 의원을 왜 만나는지를 디브리핑으로 공작관에게 적당히 보고할 수밖에 없었다. 또 그는 일부러 허위 정보보고를 올리기도 했다.

실상 박채서는 만약의 사태에 대비해 모든 행위를 공작 수행의 일환인 양 보고서를 작성해 보고했다. 이회창 – 이인제 후보 관련 대목은 물론, 때로는 김대중 후보에게 불리한 내용도 가감 없이 디브리핑에 적시했다. 어차피 이런 내용들은 본래의 공작계획에서 일탈한 것들이어서 상부에 거리낄 것이 없었다. 박채서는 적어도 자신이 대선이 끝날 때까지만이라도 대선 관련 업무를 계속 수행하기 위해서는 회장 등 수뇌부가 원하는 첩보를 수집 보고해야 한다고 판단했기 때문이다.

어쨌건 그가 정보 보고한 내용의 '일부'가 나중에 한겨레에 공개된 '이대성 파일'의 일부인 '해외공작원 정보보고' 문건에 담겨 있는 것들이다. 그리고 이 문건이 공개됨으로써 '흑금성'이라고 부르는 이중공작원의 신분이 드러난 것이다.

베이징 21세기호텔에 진을 친 북한의 대남 대선공작반

대선일을 불과 두 달 앞둔 1997년 10월 남과 북의 정보당국은 각자의 목표 달성을 위해 총력전을 펴고 있었다. 북측에서는 안병수[42] 조평통 위원장(대리)을 책임자로 하는 대남 대선공작반이 베이징의 일본대사관 맞은편의 21세기호텔 (二十一世纪大酒店) 11층에 베이스캠프를 차리고 강덕순[43] 아태평화위 대남담당

참사와 권민 과장이 전면에서 활동했다(권민은 노무현 정부 시절에 개최된 남북 장관급회담에서 북측 단장을 지냈다).

남측에서는 청와대와 이회창 후보 진영, 그리고 안기부가 각자의 대북 라인을 가동해 대북 접촉을 시도하느라, 캠핀스키 등 베이징의 호텔은 남북한 인사들로 문전성시를 이뤘다. 더욱이 상부로부터 질책까지 받은 상황에서 '김대중 죽이기'를 막으려는 박채서의 활동 공간은 위축될 수밖에 없었다.

다른 한편으로, 박채서는 김대중 후보를 위한 활동을 할 의욕을 잃었다. 그렇게 비밀 유지를 위해 보안에 각별히 신경을 써 달라고 부탁했건만, 감찰실의 감시 대상이 되고 만 것이다. 박채서가 정동영을 처음 만난 자리에서 '내가 누구인지 알려고 하지 말라'고 경고를 했던 것은 바로 이런 위험성을 예상했기 때문이다.

박채서는 이강복 공작관으로부터 재소환을 당한 11월 5일 저녁, 여의도 목화아파트 안가에서 정동영 – 천용택 의원을 만나서는 평생 배운 욕설을 다 쏟아부어 분풀이를 했다. 그렇게 한바탕 쏟아붓고서는 분이 좀 풀리자, 그는 정식으로 결별을 통보했다.

"내가 단 한 번이라도 당신들한테 거짓 정보를 준 적이 있습니까? 아니면 정보를 제공하면서 대가를 요구한 적이 있습니까? 정히 내가 의심스러우면 나를 상대하지 않으면 될 것 아닙니까? 다 그만둡시다."

왜 이런 일이 벌어졌는지, 그 까닭을 아는 천용택 의원은 해명하느라 진땀을 뺐다.

"그건 오해요. 박 선생이 오히려 너무 정확한 정보를 제공해 안기부 내의

주41 _ 정보기관에서 흔히 사용하는 '미행–감시'의 줄임말

주42 _ 1970년대 남북조절위원회 수행원을 시작으로 조평통에서 과장, 상무위원, 서기국장, 부위원장, 위원장 대리를 역임한 남북대화의 산증인이다. 1999년부터 본명인 '안경호'를 사용하기 시작해, 노동당 대남공작 기구인 통전부 부부장(2000. 11), 6.15공동선언실천 북측위원회 위원장(2004. 12) 등을 지냈다.

주43 _ 김일성의 외가를 지칭하는 칠골 강씨 집안인 강덕순은 김일성 외삼촌의 맏아들로 국가안전보위부 중장, 조평통 서기국장, 아평화위 참사 등을 거쳐 2017년 2월 김정남 암살 당시 '강철'이라는 이름으로 말레이시아 주재 북한대사를 지냈다.

지인을 통해서 신원을 알아본 것이요. 박 선생에 대해 김대중 총재한테도 보고를 드렸는데, 우리도 최소한 신원은 확인해야 하는 것 아니겠소."

천용택의 만류에도 불구하고, 박채서는 다시는 볼 일이 없을 것이라고 일방적으로 결별을 선언하고 헤어졌다. 본연의 업무가 아닌 '위험한 부업'을 훌훌 털어버린 박채서의 발걸음은 가벼워 보였다. 다만, 이들이 앞으로 대선일까지 전개될 '김대중 죽이기' 공작을 견뎌낼 수 있을지에 대한 일말의 걱정과 아쉬움은 어쩔 수가 없었다.

다행히 행운의 여신은 김대중에게 기울고 있었다. 신한국당 대통령 후보 경선에서 이회창에게 패한 이인제는 좀처럼 반등할 기미를 보이지 않는 이회창 후보 지지율을 구실로 자신의 지지층과 청와대의 지원을 믿고 그해 9월 경선에 불복해 국민신당을 창당해 대선 레이스에 뛰어들었다. 북측은 이인제의 움직임을 예의주시해 창당 전 정강정책 등 관련 자료를 입수했는데, 박채서가 파악한 바로는 북측에 자료를 제공한 주체는 안기부 라인이었다.

김영삼 대통령이 그해 10월 강삼재 신한국당 사무총장의 이른바 '김대중 비자금 의혹' 폭로를 묵인한 것도 이인제에 대한 미련을 버리지 못한 탓이었다. 김영삼이 '이인제 띄우기'의 끈을 놓지 못한 데는 권영해 부장이 추진 중인 대북공작에 대한 '오해'가 작용했다. 김영삼은 권영해 부장의 북풍 공작을 '이인제 대통령 만들기'로 잘못 알고 있었던 것이다. 다른 한편으로는, 권영해 부장이 미필적 고의로 대통령을 속인 것이었다.

아무튼, 이인제 지지율이 반등하지 못함에 따라, 북과 남이 호응한 '이회창 죽이기'와 '이인제 띄우기' 작전은 더 이상 진전을 보지 못했다. 그런 가운데서도 대선 북풍 공작은 서서히 수면 위로 떠 오르고 있었다.

19 _ 김대중을 향해 날아온 '3중살'

1997년 북풍의 서막, 부부간첩 사건

10월 27일 남파 부부간첩 최정남 – 강연정이 울산 코리아나호텔 커피숍에서 국가안전기획부와 경찰 보안수사대에 의해 체포되었다. 곧이어 고영복 서울대 사회학과 명예교수가 이들과 접선한 혐의로 체포되었다. 불똥이 어디로 튈지 몰라, 정치권은 긴장했다. 1997년 북풍의 서막을 장식한 이른바 '부부간첩' 사건이었다.

처음부터 조사에 순순히 응한 최정남은 검거 당일 안기부로 이송된 지 몇 시간 만에 공작 장비를 숨겨놓은 '드보크'를 자백하고, 자신이 지도검열 임무를 맡은 고영복·심정웅 씨의 고첩 활동 사실을 털어놓았다. 반면에 강연정은 체포된 다음 날 화장실에서 몸 속에 숨겨둔 '독가스 앰플'을 깨물어 의식불명에 빠져 사흘 뒤인 31일 서울 강남의 삼성의료원에서 숨졌다.

국민회의 측은 삼성의료원 관계자로부터 여간첩이 사망했다는 첩보를 입수했다. 이어 안기부가 내사 중인 고영복 서울대 명예교수 관련 인사 중에 국민회의 소속 의원 7명이 포함되어 있다는 정보를 입수했다. 안기부는 생포한 최정남의 진술에 의존해 '고영복 리스트'를 만들었다.

고영복 교수는 1973년 남북 적십자회담 자문위원 자격으로 방북했다가 숙부를 만난 것으로 알려졌다. 그 뒤 고 씨는 1989년에 남파된 조카에게 '포섭' 된 혐의를 받았다. 안기부는 이후 고 씨의 1989년 이후 행적을 집중 수사해 고정 간첩 혐의로 구속기소 했다. 그러나 고 씨와 그 가족은 북에서 온 친척과 접촉한 혐의는 인정하지만 고정간첩 혐의는 인정하지 않았다. 대법원도 국가보안법 위반(회합-통신) 혐의로 고 씨에게 징역형을 선고했지만, 간첩 혐의에 대해서는 무죄를 확정 선고했다.

최정남은 체포된 뒤에 "월간 〈말〉 1997년 1월호 부록 '21세기 움직일 한국의 진보인사' 100명의 명단을 토대로 포섭 대상을 선정했다"고 진술했다. 최정남은 울산대 총학생회장 출신으로 재야단체 간부로 있는 정대연이 '한청협(한국민주청년단체협의회)' 기관지 〈자주의 길〉에 실은 "세상은 바뀌어도 원칙은 바뀌지 않는다"는 기고문[44]을 읽고, 정 씨를 사상적 토대가 확고한 인물로 평가해 포섭 대상자로 선정했다. 그는 진보인사 명단에서 정 씨의 인적 사항과 연락처를 파악했다.

실제로 최정남은 울산연합(울산 전국연합)[45]의 정대연 사무처장을 만나 남한 운동권 '주사파'의 대부인 김영환'을 팔면서 "우리는 북한에서 왔다"고 대담하게 신분을 밝히고 포섭을 시도했다. 1997년 10월 당시 김영환은 북측과 거리를 두고 '푸른 사람들'이라는 청년 단체를 이끌고 있었다. 김영환은 부부 간첩이 체포되어 안기부 감시를 받다가, 김대중 정부 출범 이후 국정원의 추적으로 민혁당[46] 사건 관련자들과 함께 검거되었다.

최정남은 10월 21일 정대연 사무처장에게 처음 전화를 걸어 이렇게 접근했다.

주44 _ 정대연 씨는 기고문에서 "제국주의 사회제도를 갈아엎고, 집단주의에 기초한 민중 중심의 새 사회제도를 세우지 않고서는 아무것도 해결할 수 없다"고 전제하고, "현 시기에 있어 가장 중요하고 핵심적인 과제는 사회변혁투쟁이다"고 주장했다.
주45 _ 정식 명칭은 민주주의민족통일 전국연합(전국연합) 산하 지역 조직인 '민주주의민족통일 울산연합'이다.
주46 _ 민족민주혁명당은 김영환, 하영옥 등이 1989년 주체사상을 지도이념으로 하는 청년혁명조직인 '반제청년동맹'을 결성한 뒤에, 1992년 전국적인 조직사업을 위해 당으로 전환해 결성한 지하당이다. 이들은 남한 사회를 '식민지 반자본주의사회'로 규정하고, 반미 자주화와 반파쇼 민주화를 투쟁노선으로 채택해, 민족해방인민민주주의혁명(NLPDR)을 달성하는 것을 목표로 활동했다.

"저는 김영환 선생님 친구인데, 만나서 얘기를 나누고 싶습니다. 지금 학성공원에 있으니 시간을 좀 내주십시오."

정 씨는 학성공원에서 한 여자와 함께 서 있는 낯선 남자를 만나 근처의 '학다방'으로 갔다. 다방에 들어가 구석으로 자리를 정한 남자는 주위를 살피더니, 대뜸 이렇게 말했다.

"실은 우리는 북에서 왔습니다. 장군님께서 정 선생의 글을 읽고 이남에도 이런 훌륭한 사람이 있나 하고 칭찬하시면서, 격려해 주라고 해서 찾아왔습니다. 정 선생을 오랫동안 보아왔는데, 확고한 믿음을 갖고 있습니다."

정 씨가 처음에는 농담인 줄 알고 어리둥절해 하자, 옆에 있던 여자가 끼어들었다.

"정 선생님의 글도 봤는데, 감명을 많이 받았습니다. 그래서 함께 일할 사람이라고 판단해, 공화국에 같이 가실 수 있나 해서 찾아왔습니다."

두 사람은 재야단체 '한청협'의 기관지인 〈자주의 길〉에 실린 논문에서 정 씨가 김영환과 논쟁을 벌인 사실을 거론했다. 정 씨는 황당했지만, 한편으로는 기관원의 프락치 공작이 아닌가 의심했다. 정 씨는 일단 완곡하게 거절했다.

"나는 소신에 따라 민주화운동을 해온 것은 사실이지만, 그 이상에 대해서는 한 번도 생각해본 적도 없고 그럴 의사도 없습니다."

그러나 두 사람은 물러서지 않고 채근했다.

"여기는 자리가 불편하니 공원에 가서 더 얘기합시다."

정씨가 더 이상 할 말이 없다고 거절하자, 두 사람은 "사흘 뒤에 다시 연락을 하겠으니 꼭 만나 달라"고 사정했다. 정씨는 "그렇게 하시라"고 하고 자리를 서둘러 떴다. 사무실로 돌아온 정 씨는 아무래도 찜찜했다. 진짜 간첩이 저렇게 신분을 밝힐 리 없다는 생각에 안기부의 프락치 공작일 가능성이 크다고 판단했지만, 진짜 간첩이라면 국가보안법상 '불고지죄'로 엮일 수도 있었다.

정 씨는 프락치이든 진짜 간첩이든, 신고해두는 것이 좋겠다는 생각에 112

에 전화했다. 반 시간쯤 뒤에 울산 중부서에서 사건 경위를 조사해 갔고, 3시간 뒤에 경찰의 요청으로 울산공항 안기부 분실에서 진술 조사를 받았다. 정 씨는 다음날 상경해 전국연합 사무실에서 앞서의 사건 개요와 경위를 밝히는 기자회견을 했다. 공안 당국이 대선을 앞두고 재야운동권을 탄압하거나 정치적으로 이용하기 위한 것이 아닌가 하는 의심을 떨칠 수 없었기 때문이다. 그러나 기자회견이 보도되면 간첩을 놓칠 우려가 있다는 이유로 회견은 보도가 통제되었다. 당시만 해도 PC통신을 이용하고, 인터넷은 활성화되기 전이었다.

보도가 통제되긴 했지만, 부부 간첩은 그런 줄도 모르고 10월 27일 정 씨에게 다시 전화해 다시 만날 것을 제의했다. 안기부와 경찰은 이미 도청장비를 설치해 놓고, 전화가 오기만을 기다리고 있던 터였다. 울산에 '수도관(간첩 용의자)'이 터져 '배관공사(방첩활동을 위한 지원조직 설치)'를 나온 대공수사국 요원들은 그렇지 않아도 사흘을 넘겨도 아무런 전화 연락이 없어 좀이 쑤셔 오던 시점이었다. 그러다가 신고 6일째에 전화가 걸려왔고, 두 사람은 약속 장소인 코리아나호텔 커피숍에 갔다가 현장에 잠복한 안기부 · 경찰 합동 검거팀에 체포되었다.

한편, 두 직파간첩이 정 씨와 처음 접촉할 때 거론한 '푸른 사람들' 임원들도 안기부 조사를 받았다. 따라서 부부 간첩이 접촉한 재야단체 회원들의 불고지(不告知) 혐의가 문제될 가능성이 커졌다. 〈말〉지의 100인 명단에 오른 진보 인사들이 2년 전의 간첩 사건 때처럼 대거 연북(聯北) 혐의로 조사를 받을 수 있는 상황이었다.

'부여 간첩 김동식' 사건의 재판(再版)?

부부간첩 사건은 1995년 10월에 체포된 '부여 침투 무장간첩 김동식 사건'의 재판(再版)이 될 가능성이 커 보였다. 김동식은 당시 같이 남파되었다가 사살된 박광남과 함께 북에서 직접 보낸 '직파 간첩'이었다. 해방 이후 지금까지 북한은 수많은 공작원을 남파했지만, 1970년대 이후 직파 간첩이 체포된 적은 거의 없었다. 그동안 체포된 간첩은 대부분 1970년대 이전에 남파된 고첩(고정간첩단)이거나 해외 간첩(재일동포 간첩단 등), 또는 국내외 조직 사건의 자생 간첩 혐의자였다.

게다가 김동식은 이전 간첩들과는 '출신 성분'이 다른 '새세대 공작원'이었다. 그동안 북한은 주로 남한 출신이나 월북자를 공작원으로 훈련해 남파해 왔으나, 1980년대부터는 '혁명 유자녀' 등 '혁명2세대'를 공작원으로 선발해, 이들에게 남한의 말과 생활 풍습, 행동방식, 사회환경 등을 가르치는 '적구화(敵區化) 교육', 즉 '이남화 교육'을 시켜 남파해온 사실이 '새세대 공작원' 출신인 김동식의 진술을 통해 처음 확인되었다.

공작원 적구화 교육을 담당한 강사들은 모두 남한 출신이었다. 자진 월북자도 있지만, 늙수그레한 납북 어부 출신도, 고등학생 때 해수욕장에 놀러 갔다가 납치된 젊은이도 있었다. 김동식은 이 선생, 마 선생, 하 선생 등 성(姓)씨만 아는 강사들로부터 남조선에서 유행하는 춤을 배우고, 유행가도 100곡 넘게 배웠다. 남조선 신문을 보고 스포츠 선수와 가수, 연예인들도 달달 외웠다.

과거 공작원들은 통상적으로 분실하거나 훔친 주민등록증에 사진만 바꿔 신원을 가장(假裝)해 활동했다. 이에 비해 신세대 공작원들은 남한의 실존 인물 명의로 정교하게 위조한 주민등록증 여러 장을 소지하고 수시로 바꿔 사용하면서 활동했다. 김동식은 '이남화 교육'을 받고 1990년 1차 침투 공작에 성공해 '공화국 영웅' 칭호까지 받은 자였다. 그래서인지 김동식은 1995년 2차 침투 때는 신세대 공작원답게 386세대를 중심으로 진보인사 10명을 선정해 대담하게 자신의 신분을 밝히고 포섭을 시도했다.

예를 들어, 김동식은 서울 시내의 한 커피숍에서 학생운동권 출신 이인영(당시 전대협 동우회장, 현 더불어민주당 의원)을 만나 자신을 "북한에서 온 당 연락 대표"라고 밝히고 포섭을 시도했다. 그런데 이인영이 안기부 역공작이라고 생각해 자리를 박차고 나가버려, 김동식은 이인영을 다시 접촉할 수가 없었다. 덕분에 이인영은 화(禍)를 면했다.

안기부는 당시 김동식이 공작원 신분을 밝히고 허인회(국민회의 당무위원), 함운경(자주평화통일 민족회의 조직부장), 이인영(전대협 동우회장), 우상호(청년정보문화센터 소장), 황광우(전 민중당 지구당위원장), 정동년(광주·전남연합 의장), 고은(시인) 등 7명을 만나 포섭하려 기도했으나, 황광우·정동년·고은 3명만 신고했을 뿐, 4명은 불고지했다고 밝혔다. 또 안기부는 김씨가 이미 다른 공작원에게 포섭된 박충렬(전국연합 사무차장)·김태년(성남 미래준비위원장)에게 무전기를 전달하는 임무를 띠고 왔다고 밝혔다.

결과적으로 김동식은 남파될 때 북한에서 열 명의 공작대상을 선정해 왔지만, 그 가운데 7명만 만날 수 있었고, 단 한 명도 포섭하지 못했다. 한국 노래를 100곡이나 부를 수 있는 수년간의 '이남화 교육'에도 불구하고, 북한의 공작지도부와 공작원들은 남한 실정을 잘 몰랐던 셈이다. 남한 실정을 모르기는 2년 뒤에 남파된 신세대 부부간첩 최정남도 마찬가지였다. '주사파의 대부'인 김영환을 팔면 쉽게 포섭할 줄 알고, 재야단체 간부에 접근했다가 쉽게(?) 검거된 것이다.

그런데 안기부는 김동식이 접촉한 허인회·함운경·박충렬·김태년을 구속했다. 허인회·함운경의 실정법 위반 혐의는 국가보안법상 '불고지죄(제10조)' 위반뿐이었다.

구속영장에 적시된 박충렬·김태년의 범죄 사실도 압수수색으로 추가된 이적표현물 소지죄(제7조) 위반 혐의가 대부분이고, 회합·통신 혐의는 김동식의 모호한 진술에 기대고 있었다. 김동식의 진술에 따르면, 두 사람이 '성명 불상의 간첩에게 포섭돼, 일자 미상, 불상의 장소에서 내용 불상의 지령을 수신'한 혐의뿐이었다.

두 사람의 변호사들은 회합·통신 혐의도 고문에 따른 허위 자백이라고 주장했다. 또한, 1996년 12월 안기부법 '날치기' 통과 전에 한 차례 개정된 국가안전기획부법은 그 직무와 관련해 국가보안법 제7조와 10조에 규정된 죄의 수사를 금하고 있었다. 그런데도 안기부는 국민회의 당무위원인 허인회와 김대중 총재에 우호적인 재야인사들을 무리하게 구속함으로써 국민회의에 타격을 안겼다.

김동식의 '봉화 1호' 대동 입북 임무

부여 간첩 사건을 취재해 이런 사정을 잘 아는 김당 기자는 이인영·우상호 등과 가까운 임수경 씨로부터 부부 간첩 관련 첩보를 입수해, 재야단체와 박채서 전무에게 크로스 체크를 해보았다. 박 전무는 "안기부에서 여자 간첩이 자살을 시도해 내곡동이 시끄럽다"고 확인해 주었다. 다만, 여자 간첩의 생사 여부는 불확실했다.

김당은 11월 5일에 발매된 시사저널에 "울산에서 부부로 위장한 2인조 남녀 간첩이 체포되어 안기부 조사를 받고 있는데, '부여 간첩' 사건 때처럼 '불고지' 파문이 재연될 가능성이 커 보인다"고 단독으로 보도했다. 그때까지는 남녀가 부부로 위장한 간첩이라고 생각했지, 실제 부부 간첩일 줄 몰랐다. 아무튼, 안기부는 발칵 뒤집어졌다.

안기부는 그날 즉시 '북한 남파간첩 수사 관련 보도 자제 협조' 제목의 보도자료를 냈다. 안기부는 보도자료에서 "시사저널이 간첩 검거 경위를 보도함으로써 수사에 중대한 차질이 초래될 것이 예상된다"면서 각 언론사에 엠바고(embargo, 보도 유예)를 공식 요청했다. 안기부는 시사저널 편집 간부들에게도 강력 항의했다. 이어 11월 8일에는 관련 기사를 작성한 김당 기자를 호텔 안가로 불러내 여섯 시간 동안 취재 및 보도 경위를 조사했다.

신세대 직파간첩 김동식의 주 임무는 재야운동권 포섭을 통한 지하당 구축보다 '봉화1호'의 대동 입북이었다. 즉, 1980년 4월에 남파되어 충남 부여 정각사의 스님으로 위장 은신해 있는 '봉화1호'라는 공작대호(隊號)[47]를 가진 공작원을 접선해 대동 복귀하라는 것이었다.

'봉화1호'의 신원은 공개된 바 없다. 다만 봉화1호가 검거된 시기로 보면, 1980년 봄에 검거된 고위급 공작원 '도원1호(박병엽)'나 그와 함께 검거된 다른 익명의 공작원일 가능성이 커 보인다. 남파간첩의 희소성에 비추어 같은 시기에 검거된 간첩은 거의 없기 때문이다. '도원1호'는 한홍구 교수가 "남북의 간첩 역사에서 반드시 기억해야 할 사건"이라고 밝힌 '박병엽 사건'의 그 박병엽(1922~1998)이다.

1979년 10.26 사건으로 박정희가 죽자, 북한은 남한의 고위 공직자들의 동요가 있을 것으로 예상하고, 이들을 포섭하기 위한 특수공작계획을 세운다. 그때 공군 참모총장 출신의 옥만호 대만 주재 대사를 포섭 대상으로 선정해 우회 남파한 고위급 공작원이 '도원1호'이다. 북한은 과거에도 4.19혁명과 5.16군사정변 직후에 핵심 인사들을 포섭하기 위해 고위급 공작원을 남파한 바 있다.

10.26 당시 북한의 대남사업부서의 핵심적인 자리에 있던, 옥만호의 '불알 친구'였던 박병엽은 대만에 잠입하려는 계획을 세웠다. 그러나 대만의 정보당국이 이 계획을 포착하여 대만에 잠입하려던 도원1호(박병엽) 등 두 명을 체포하여 이들을 남한 당국에 넘겨주었다. 봉화1호는 그 도원1호와 동일 인물이거나 아니면 함께 체포된 익명의 다른 공작원으로 추정된다.

체포 뒤에 전향한 '도원1호'는 놀라운 기억력의 소유자로서 북한의 대남사업과 관련하여 엄청난 분량의 고급 정보를 제공했다. 그는 특히 남파공작원의 신상에 관한 정보를 많이 제공해 이 정보가 단초가 되어 남파 가능성이 큰 월북자들과 그들의 연고자들에 대한 내사가 광범위하게 진행되었다.

봉화1호나 도원1호 같은 '공작대호'는 부대의 공작조나 공작원들의 신상이 보안 사항이기 때문에 '인원 보안'을 유지하기 위해 지은 암호명이다. 남한의 대

주47_ 한 부대의 정식 이름 대신으로 쓰는, '부대의 번호나 암호'를 뜻하는 북한의 군사용어

북공작 기관이 사용하는 공작암호명이나, 북한의 대남공작 부서에서 사용하는 공작대호에 특별한 기준은 없다. 공작관이 그때그때 구분하고, 부르기 쉬운 이름을 붙인다. 다만, 그동안 공개된 암호명만 보면, 남측은 흑금성, 백금성 등으로 별 이름을 선호하고, 북측은 관악산1호, 고봉산, 봉화1호, 도원1호 등 산 이름과 숫자를 선호하는 경향성을 띠었다.

그러나 이유는 단순했다. 대남공작 부서에서 포섭해 입당시킨 대상자가 서울대 출신이면 '관악산', 고양시에 거주하면 '고봉산', 같은 지하당 그룹에서 서울대 출신이 여럿이면 관악산1호와 2호, 이런 식이었다. 최정남이 '지도검열' 임무를 수행하기 위해 접선한 고영복 교수의 공작대호는 '공수산'이었고, 심정웅 서울지하철공사 동작설비분소장의 공작명칭은 '철마산'이었다.

'봉화1호'와 남해 미조리 간첩선 사건

김동식이 남파되기 전에 파악한 바에 따르면, '봉화1호'는 남한 출신이었다. 6.25 때 월북해 7남매를 낳고 살다가 대남공작원으로 차출됐고, 마지막 침투 시점인 1980년 이전에도 여러 차례 남한에 침투해 임무를 수행한 적이 있는 베테랑 공작원이었다. 그런데 1980년 4월에 남파된 뒤에 그해 12월 그와 접선하려고 은밀히 침투하던 공작선이 영문도 모른 채 남측 해군의 기습공격을 받아 격침되는 일이 발생했다.

당시 대간첩대책본부(본부장 신현수 중장)가 12월 2일 오전에 발표한 바에 따르면, 1일 밤 11경 무장간첩 3명이 개인수중추진기를 이용해 경남 남해군 삼동면 미조리 해안으로 접근하는 것을 해안경계 근무 중이던 육군과 경찰이 발견, 조명탄을 쏘고 집중사격을 가해 2명을 사살하고 도주한 1명은 추격 중이었다. 또한, 같은 시각 미조리 부근 해상에서 초계 중이던 우리 해군 함정이 어선을 가장한 괴선박 1척을 발견, 검문하려 하자 이에 불응해 사격을 가하며 도주하는 것을 해 - 공군 합동작전으로 추격해 30분간 교전 끝에 격침시켰다는 것이다.

이후 대간첩대책본부는 남은 1명을 나흘 뒤에 사살함으로써, 간첩선에 타고 있던 것으로 추정되는 6명을 포함해 총 9명을 소탕하는 성과를 거두었다. 아군은 육군 수색부대의 중대장(39사단 남해대대 8중대장)을 포함해 3명이 전사했다.

그런데 이는 북한을 교란시킬 목적으로 대간첩대책본부가 일부러 사실과 다르게 발표한 것이었다. 실제로는 1일 오후 10시 20분쯤 남해군 목도 남방 7km 지점에서 은밀히 접근하는 괴선박을 포착해 레이더로 계속 추적한 끝에, 남해군 상주리 부근 해상까지 이동하는 것을 확인했다. 이에 인근 해안에 매복조를 배치해 수중추진기를 타고 해안으로 침투하는 간첩을 사살하고, 간첩선을 격침시킨 것이다. 즉, 해안경계병이 먼저 무장간첩을 발견해 교전을 벌이고 간첩선을 추격해 격침시킨 것이 아니고, 해군이 간첩선을 먼저 발견해 무장간첩의 상륙을 기다렸다가 사살하고 간첩선을 격침시킨 것이다.

그런데 실제로는 해군이 간첩선을 먼저 발견한 것도 아니었다. 당시 '한국함대' 사령부(사령관 이은수 중장) 소속 구축함 '전북함'과 유도탄고속함 '백구-58함' 및 '백구-61함' 등은 함대사 작전명령에 따라 11월 29일 토요일 14시에 진해항을 출항했다. 해상 대간첩작전 외해(外海) 차단 단대에 배속된 전북함 등 함정 3척은 남형제도 부근에서 사격훈련을 실시한 뒤에, 11월 30일부터 거제도 도장포 근해에 닻을 내리고 간첩선을 기다렸다. 간첩선이 일본 영해 대마도 쪽으로 도주할 경우 차단 작전을 수행할 대비 태세였다.

한편, 같은 해상 대간첩작전에 함께 투입된 구축함 2척을 비롯한 다른 함정들은 내해(內海)차단 단대에 배속되어, 남해도의 고정간첩 접선 예상지점을 다중 포위하는 임무를 부여받았다. 이미 해군 함정 7척이 길목에 배치되어 간첩선이 나타나기를 기다리고 있었던 것이다.

그렇다면 해군은 어떻게 간첩선이 오는 것을 알고 길목을 지키고 있었던 것일까? 바로 안기부 역용공작의 성과였다. 안기부는 1980년 4월에 침투한 '봉화1호'를 체포한 뒤에 그를 포섭해 역공작에 활용했다. 그에게 '나를 북으로 데려가 달라'는 무전을 치도록 해, 공작선이 내려오게 유인한 것이다. 이런 이유 때문에 합동참모본부와 해군본부는 관련 전투기록을 30년 동안 공개하지 않은 것이다.

공작선이 발각되어 격침된 사건이 발생하자, 북한에서는 그의 피검(被檢) 및 전향 여부를 둘러싸고 격렬한 논쟁이 벌어졌다. 대남공작 부서는 그의 전향 가능성을 의심했지만, 15년 동안 논쟁만 한 채 결론을 내리지 못했다. 그가 대남공작 부서와 무전과 방송 등 약정된 절차에 따라 지속적으로 연계연락을 취했고, 부여된 임무도 수행했다고 보고했기 때문이다. 북한 입장에서는 15년 동안 농락당한 셈이다.

그런 상황에서 1995년 노동당 창건 50주년을 맞이해 대외연락부는 봉화1호를 복귀시키기로 결정했고, 그와 대동 복귀하는 임무가 김동식에게 주어진 것이다. 그리고 김동식은 봉화1호와 접선하기 위해 1995년 10월 24일 부여 정각사 근처에 갔다가, 잠복해 있던 안기부와 경찰에 검거되어 15년 공작원 생활에 종지부를 찍었다.

안기부는 당시 월북전파 감시 활동을 하다가 부여 정각사 인근에서 월북전파가 송출되는 것을 포착해 고첩과 접선하려던 김동식 일당을 체포했다는 취지로 검거 경위를 밝혔다. 안기부가 정통부 산하 중앙전파관리소 등 관련 기관의 전파감시 전문요원을 양성해 월북 전파 감시 활동을 펼치고, 간첩통신 자동수집시스템을 운영하는 것은 사실이다. 그러나 부여 침투 간첩 김동식 사건의 경우, 봉화1호를 위장하기 위해 검거 경위를 그렇게 발표했을 가능성이 있다.

부부 간첩 최정남을 활용한 공작선 유인 공작

안기부는 봉화1호를 활용해 공작선을 유인해 일망타진하고, 부여 침투 간첩단을 검거한 것처럼, 오랜만에 검거한 직파간첩 최정남을 최대한 활용하기로 했다.

최정남 – 강연정은 부부공작조이면서도 각자 독자적인 무전기와 대북통신 망을 갖고 있었다. 두 사람은 8월 2일 거제도에 침투한 이후 4회의 대북 보고와 2회의 지령 수신으로 6회에 걸쳐 노동당 사회문화부(이후 대외연락부) 공작지휘 부와 통신 연락을 취했다. 공작지휘부가 10월 11일 자정에 평양방송(657KHZ)을 통해 내린 두 번째 지령은 "새로운 공작원 포섭사업을 빨리 진행할 것"과 "제2 접선 장소인 영종도에서 접선할 수 있는지 보고할 것"이었다.

안기부는 '복귀 장소 답사' 지령에 착안해, 최정남에게 "신분이 노출되어 활 동이 어려우니 공작 모선을 보내 달라"고 무전을 치도록 해 공작선이 접근하면 일망타진할 계획을 세웠다. 북한이 무전에 응해 간첩선이나 잠수함을 내려보내 면 '대간첩 작전의 쾌거'로 지면이 장식될 판이었다. 자칫 간첩이 내륙으로 도망 쳐, 1년 전 강릉 잠수함 침투사건 때처럼 대대적인 토벌작전이 벌어지면, 선거 일까지 살얼음판을 걷는 안보선거가 될 판이었다.

공작지휘부는 11월 3일 최정남에게 답신을 보냈다. 국민회의에는 다행(?)스 럽게도 "6일까지 강연정이 직접 무전을 치도록 하라"는 답신이었다. 점조직으 로 움직이는 간첩들은 자신만의 고유 난수표를 갖고 있는데, 강연정이 남편보 다 상부선이었다. 북측은 복귀를 요청하는 무전을 강연정이 아닌 최정남이 보 낸 것이 미심 찍어 확인절차를 요구한 것이다. 최정남은 죽은 강연정을 대신해 무전을 보낼 수가 없었다. 결국, 안기부의 간첩선 유인 작전은 실패로 끝났다.

안기부는 작전이 실패한 분풀이를 부부 간첩 검거 사실을 보도한 기자에게 했다. 안기부는 김당 기자에게 취재 경위에 대해 조사할 게 있으니 내곡동으로 와 달라고 공보담당관을 통해 통보했다. 김당은 김훈 국장과 상의해 "안기부가 아닌 제삼의 장소라면 조사를 받겠다"고 안기부 공보관에게 전했다. 안기부 이 광수 공보관은 대공수사국과 조율한 뒤에 김당 기자에게 다시 전화해 이렇게 전했다.

"간첩 사건에 절차상 필요한 조사이니, 부담 갖지 말고 받으세요. 수사국과 잘 얘기가 되었으니, 8일 오전 10시까지 역삼동 르네상스호텔 커피숍으로 가면 됩니다."

김당이 김훈 국장에게 경과보고를 하자, 김훈 국장은 함께 가겠다고 했다. 약속한 날 르네상스호텔 커피숍에 가니, 이광수 공보관은 없고 공보관실 직원만 나와 있었다. 김당 기자가 공보관실 직원과 인사를 나누는 사이, 옆에 있던 건장한 남자 둘이 김당의 양팔 겨드랑이에 팔을 끼워 "잠깐 방으로 갑시다" 하더니 객실 엘리베이터로 데려갔다. 순식간에 벌어진 일이어서 김훈 국장은 손을 쓸 틈도 없었다. 김당은 김훈 국장을 향해 애써 태연한 모습을 보였다. 공보관실 직원도 별일 없을 것이라며 김훈 국장을 안심시키는 눈치였다.

대공수사국 요원들은 김당을 호텔 14층 맨 왼쪽 끝으로 데려갔다. 안기부 안가로 쓰이는 곳이었다. 맨 끝방은 수사관이 참고인을 심문-조사하는 방이고, 그 옆방은 조사한 내용을 다른 수사관이 검토-확인하는 방이었다. 수사관은 김당 기자가 그동안 쓴 기사는 물론, 심지어 대학 시절에 〈외대학보〉와 학회지에 쓴 글까지 복사한 서류철을 한 무더기 쌓아 두고 있었다. 한마디로 '우리는 너의 모든 행적을 다 알고 있으니 묻는 말에 순순히 답하라'는 무언의 시위처럼 보였다.

김당은 안기부가 수사한 몇 건의 간첩 사건 취재를 통해 그들의 취조 방식에 대해 어느 정도 알고 있었다. 내가 그동안 저렇게 많은 기사와 기록을 남겼나? 김당은 심문관의 책상에 쌓인 서류의 아랫부분은 어쩌면 자신의 행적과는 무관한 속임수일 수 있다는 상상을 해보았다. 젊은 수사관은 기자를 심문하는 성가신 업무를 맡아 짜증이 난 표정이었다. 기소할 것이 아닌 바에야, 기자를 심문하는 것은 잘해야 본전이기 때문이다.

어차피 윗분에 대한 보고용 조사인데, 자칫 조사에서 실수를 해서 언론에 기사라도 나면 난감한 일이었다. 공보관의 말처럼 '절차상 필요한 조사'이지만, 그렇다고 해서 수사관이 조사를 요식행위로 끝낼 수는 없었다. 윗선에서 조사 결과 보고서를 보고 그가 성실하게 조사를 했는지, 대충대충 했는지 살펴볼 것이라는 점을 알기 때문이다.

"당신 때문에 간첩선 놓친 것 알기는 합니까?"

젊은 수사관은 김당이 자리에 앉자, 마치 자신이 최대한 자제심을 발휘해 조사를 하고 있다는 인상을 주려는 듯, 낮게 가라앉은 목소리로 윽박질렀다.

"당신 때문에 간첩선 놓친 것을 알기는 합니까?"

김당은 짐짓 모른 체했다.

"무슨 말인지 잘 모르겠는데요."

수사관은 답답하다는 듯 목소리를 높였다.

"북한 공작선이 내려오기로 돼 있는데, 당신이 부부간첩이 체포되었고, 여 간첩이 자살했다고 보도하는 바람에 산통이 깨진 것 아닙니까. 알 만한 분이 이게 이적(利敵) 행위라는 걸 모릅니까? 어떻게 책임지겠습니까?"

수사관은 남파 간첩을 역이용해 북한 측이 공작선(工作船)을 내려보내도록 교신하는 과정에, 시사저널 보도가 나간 탓에 수사에 중대한 차질을 빚게 되었다고 책임을 전가했다. 그러나 김당이 취재한 안기부 내부 '소스(source, 취재원)'는 수사 차질과 관련, "시사저널 보도로 수사(역공작)에 혼선을 빚은 것은 인정되지만, 그보다는 여자(강연정)가 자살한 탓이 더 크다"고 말했다. 물론 김당이 그런 주장을 할 수는 없었다. 그렇게 말하면 '그런 주장을 하는 취재원을 대라'는 피곤한 꼬리 물기 말싸움이 계속될 뿐이었다.

수사관은 대놓고 요구하지는 않았지만, '윗분'께 보고할 뭔가를 원하는 눈치였다.

김당은 그 뭔가를 '기사로 인해 심려(?)를 끼친 것에 대한 사과나 유감 표명'

으로 짐작했다. 김당은 이렇게 말했다.

"1992년 10월 제14대 대선을 두 달 앞두고 안기부가 거물 간첩 이선실(李善實)과 중부지역당 사건을 발표해, 김대중 후보에 대한 '색깔론'을 부추겼고, 결과적으로 선거에 큰 영향을 미쳤습니다. 김낙중(金洛中)과 장기표(張琪杓), 황인오(黃仁五)씨 등 60여 명이 구속되고 수배자가 300명이나 됐습니다.

특히 민주당 김대중 대표의 비서 이근희(李根熙)가 군사기밀 유출 혐의로 구속되고, 김부겸(金富謙) 부대변인이 이선실과 접촉해 500만 원을 받은 혐의로 대통령 선거운동 기간에 구속되고, 여당이 국회에서 야당 현역 정치인 6~10명 연루설을 집중 거론해 정치권에 엄청난 회오리바람을 몰고 왔습니다. 그러나 막상 선거가 끝난 뒤에는 연루된 현역 정치인이 한 명도 없었습니다.

그런데 이번에도 그때와 비슷한 시기에 간첩 사건이 터져, 국민의 알 권리를 보장해 선거에 대한 영향을 최소화 한다는 차원에서 간첩 체포 사실과 여간첩의 자살 소식을 보도한 것입니다. 다만, 제 기사 때문에 본의 아니게 간첩 수사에 지장을 주었다면 유감입니다. 아울러 기자의 직업 윤리상 취재원을 밝힐 수 없다는 점을 양해해 주기 바랍니다."

김당은 지리한 공방 끝에, 언론사에 입사할 때 자기소개서를 써본 이후 10년 만에 호텔 방에서 자기소개서를 쓰고 나왔다. 물론, 10년 전에 쓴 것과는 비교할 수 없을 만큼 분량은 길고, 내용은 무미건조한 자소서였다.

국가안전기획부는 11월 20일 부부 간첩 사건 관련자를 검찰에 송치하면서 '북한 직파 부부간첩 및 연계 고첩망 수사결과'를 공식 발표했다. 남파간첩 최정남을 체포해 고정간첩 고영복, 심정웅, 심재훈, 김유순 등 4명을 검찰에 구속 송치하고, 남파간첩과 고첩망의 진술과 안기부에서 수집한 자료 등을 근거로 관련 혐의자 200여 명에 대해 참고인 조사 및 동향 내사를 계속하겠다는 요지였다. 안기부는 수사결과 발표에서 '수사과정에서 드러난 문제점'을 지적하는 것을 잊지 않았다.

"모 시사주간지에서는 사건의 중요성을 외면한 채, 신고자의 기자회견 내용을 그대로 인용하여 검거 사실을 공개함으로써, 수사보안이 요체인 간첩사건이 사전에 누설되어 이후 수사 활동에 막대한 지장을 초래했다."

안기부가 공식 수사결과 발표문에서 적시한 '모 시사주간지'는 시사저널을 지칭한 것이었다. 그런데 안기부가 '북한 직파 부부간첩 및 연계 고첩망 수사결과'를 공식 발표한 11월 20일, 공교롭게도 석 달 전에 밀입북한 오익제가 평양에서 쓴 편지가 서울로 날아들었다. 더 공교로운 것은 같은 날, 베이징에서 이회창 후보의 한 측근이 안병수 조평통 위원장(대리)을 비밀리에 만나 '모종의 거래'를 한 것이다. 더구나 이 세 사건은 하나같이 김대중 후보에게 불리한 것이었다.

우연의 일치라고 하기에는 너무 '무시무시한 우연'이었다. 왜냐하면, 대선이 한 달도 안 남은 11월 20일, 서울과 평양, 그리고 베이징에서 날아든 화살이 모두 김대중이라는 과녁을 향하고 있었기 때문이다.

야구에서는 세 타자가 한꺼번에 아웃 되는 '트리플 플레이'를 '3중살(三重殺)'이라고 부른다. 11월 20일은 그 3중살(三重殺)이 아니라, '김대중이라는 과녁을 향해 세 군데서 날아온 화살'을 뜻하는 '3중살'의 날이었다. 김대중이 이 '3중살 협공'에서 살아남는다면 그것은 기적이었다.

제5장
북풍의 분수령
오익제 편지 사건

스페인 국방정보본부(Centro Superior de Informacion
de la Defensa, CESID)

...

알면 승리한다
(Sabes Para Vences)

20 _ 평양에서 날아든 오익제 편지

'평양시 중구역' 소인이 찍힌 오익제 편지

남과 북이 서로 호응한 '김대중 죽이기' 대선공작의 분수령은 선거가 한 달도 안 남은 시기에 터진 '오익제 편지' 사건이었다.

밀입북한 오익제 씨가 평양에서 김대중 국민회의 총재 앞으로 발송한 편지가 1997년 11월 20일 통신제한조치 집행위탁을 받은 서울국제우체국에서 적발되었다. 통신비밀보호법 상의 '통신제한조치'는 대상자의 우편물을 검열하거나 전기통신을 감청하는 것이다. 감청은 검찰-경찰이나 국정원이 법원에 서면으로 신청한 뒤 영장을 받아 집행하고, '긴급한 경우'에는 영장을 발부받기 전이라도 집행할 수 있다. 그리고 집행 과정에서 인터넷서비스업체나 통신사에 협조 요청이 가능한데, 통상 우편검열은 국제우체국 등에 집행을 위탁해 시행한다.

북한에서 발송된 우편물은 통신비밀보호법 제7조에 따라 전량 통신제한조치, 즉 우편검열 대상이다. 그러나 과거에 비하면 북한 우편물 업무량은 거의 전무한 편이다. 지금은 오히려 국제 테러에 대비한 중동지역 발착신 우편검열 업무량이 많아졌다. 당연히 아랍어 전문 어학 요원의 수요가 많아졌다. 지금은 인터넷과 SNS(소셜 네트워크 서비스) 등 통신수단의 다양화로 편지 우편 자체가 줄었고, 북한 우편물 발송은 전무한 실정이다.

1990년대만 해도 가물에 콩 나듯 북한 우편물이 발송되었다. 당시 편지 봉투에는 '평양시 중구역'으로만 되어 있어 외관상으로는 오익제가 발송한 편지임이 확인되지 않았다. 하지만 평양우체국 소인이 찍혀 있는 북한 우표가 붙어있어, 북한에서 발송된 우편물로 판단했다. 이에 목동의 서울국제우체국에서 통신제한조치에 따라 편지를 개봉해 내용을 확인한 결과, 발신자가 오익제인 것으로 밝혀졌다.

북한은 지구상에서 우리나라와 직접 서신 왕래가 불가능한 유일한 국가이다. 하지만 북한에서 중국이나 일본 등 제3국을 경유해 편지를 발송할 경우, 중개국에서는 만국국제우편협약에 따라 별도의 우편요금 징구나 소인을 찍지 않고 수신국인 한국으로 편지를 송달할 의무가 있다. 다만, 북한에서 국내로 잘못 배달된 오착(誤着) 우편물은 역시 만국국제우편협약에 의거해 즉시 반송 조치한다.

안기부가 서울국제우체국에 확인한 결과, 오익제 편지는 11월 19일 일본에서 보낸 항공우편행랑 122개의 분류 작업 중 발견되었다. 하지만 이 편지가 보통우편물로 왔기 때문에 구체적으로 어느 항공편으로 온 것인지는 확인이 불가능했다. 편지 내용의 요지는 다음과 같았다.

"여기에는 통일의 열망도 대단하며 특히 선생님께 유리한 대선 정국을 놓고 이북의 여러 인사들도 후광 선생의 대승을 기대하고 있습니다. 선생님께서도 이북의 영도자와 합의하여 통일을 성취하겠다는 소신을 표명하였다는 것을 저도 알고 있습니다.

제가 권고하고 싶은 것은 김정일 영도자께서 1997년 8월 4일에 발표하신 로작 〈위대한 수령 김일성 동지의 조국통일 유훈을 철저히 관철하자〉를 어떤 일이 있어도 보셔야 한다는 것입니다. 후광 선생님이 집권을 하시면 금세기 안에 반드시 통일성업을 성취할 수 있을 것으로 믿어 의심치 않습니다."

편지를 압류한 안기부 고성진 103실장(대공수사실장)은 필적을 감정해 오익제의 친필로 확인되자, 11월 25일 권영해 안기부장에게 이렇게 보고했다.

"통신제한조치에 따라 편지 원본은 이미 당부(當部)가 입수 보관 중이며, 3개월간은 별도의 조치없이 유치할 수 있음. 편지에 △북한 우표가 부착되어 있고 △평양 우체국 소인이 찍혀 있으며 △발송지가 '평양시 중구역'인 점 등을 고려할 때, '북한 대남공작 부서에서 편지 공개나 수사 착수 시 야당과 공안당국의 충돌을 유발시켜 이간시킬 목적으로 우송한 것으로, 편지를 공개할 경우 북한의 계략에 말려들 우려가 있음."

김영삼 "공개하지 말라", 권영해는 공개 방안 강구

권영해 부장은 주례 보고 때에 김영삼 대통령에게 오익제 편지 사건을 보고했다. 그러나 김영삼 대통령은 11월 29일 권영해 부장에게 "편지를 공개할 경우 물의를 야기할 우려가 있으니 공개하지 말라"고 지시했다. 그러나 권영해 부장은 대통령의 지시를 따르면서도 편지를 공개할 수 있는 방안을 강구했다.

고성진 103실장은 12월 3일 정보위 간사인 천용택 의원에게 오익제 편지 사본을 제공하며, '오익제가 월북 전 미국에서 김대중 총재에게 편지를 보낸 사실이 있는지' 등을 묻는 질의서를 전달해 압박했다. 12월 6일까지 서면 질의에 회신해 달라는 요청과 함께, 일단 비공개 수사를 진행한 것이다. 물론 권영해 부장의 지시에 따른 것이었다. 김대중 후보가 회신을 하면 답변을 검토한 후에 수사 여부를 결정하고, 답변을 거부하면 대선후보가 관련된 대공사건이라는 구실로 편지를 공개할 명분이 생기는 '꽃놀이패'였다.

국민회의 북풍대책팀의 대책회의에서 격론이 벌어졌다. 대선의 길목에서 가장 중요한 2차 TV합동토론회(12월 7일)를 앞두고, 안기부가 지지율 1위를 달리는 대선후보에게 서면답변을 요구하는 것은 일종의 '선전 포고'였다. 설령 질의에 회신해 줄 경우, 안기부가 그 답변을 흘리기라도 하면 TV토론회는 '오익제 토론회'가 될 판이었다. 결국, 안기부 요구대로 TV합동토론회 전에 서면답변을 하는 것은 안기부에 칼자루를 쥐여 주는 형국이었다.

누가 보기에도 오익제 편지가 공개되면 12월 18일로 예정된 대통령선거에서 김대중 후보에게 불리한 영향을 미치게 될 것임은 자명했다. 더구나 문제의 편지는 통신제한조치에 의하여 이미 적법하게 유치되어 있기 때문에 압수절차가 시급하지도 않았다. 이런 점을 들어, 천용택 의원은 북풍대책팀에서 논의한 대로, "질의서에 대한 답변을 12월 7일로 예정된 대통령 후보 2차 TV합동토론회 이후로 연기해 달라"고 권영해 부장에게 요청했다.

권영해 부장(육사15기)과 천용택 의원(육사16기)은 사관학교 선후배 관계로, 선후배가 기숙사에서 집단생활을 하는 생도 시절 3년을 함께 지내 서로를 잘 알았다. 천용택은 권영해에게 연기 요청을 하면서 지난달 신한국당 강삼재 사무총장이 '김대중 비자금' 사건을 폭로하며 검찰 수사를 촉구했지만, 김태정 검찰총장이 사회 혼란 등을 이유로 비자금 수사를 대선 이후로 유보한 전례를 따르라고 충고했다. '대통령의 칼'인 검찰총장도 중립을 지키니, '대통령의 눈과 귀'인 안기부장도 중립을 유지하라는 무언의 압박이었다.

그러나 권영해 부장은 고성진 실장에게 '오익제 밀입북 사건에 대한 수사 재개 차원'에서 압수수색 영장을 신청하도록 지시했다. 그것은 비공개 수사에서 공개수사로의 전환을 의미했다. 권 부장이 국가안보와 대공수사라는 명분을 내세워 오익제 편지 발송 사실과 그 내용을 공개하기로 결정한 것이다. 안기부가 압수수색 영장을 신청하면, 이제 영장이 기각되든 발부되든 편지 내용이 언론에 공개되는 것은 시간문제였다.

오익제 편지 압수영장 청구와 권영해의 노림수

고성진 실장의 지시를 받은 실무 수사팀은 오익제의 밀입북 경위와 북한에서의 행적, 그리고 편지 내용 중에서 북한을 찬양－고무한 부분, 즉 오익제의 밀입북과 관련된 부분을 발췌해 '압수수색 영장 신청서'를 작성해 고 실장에게 보고했다. 발췌한 내용은 다음과 같았다.

"(평양은) 서울에서 듣던 바와는 아주 다르게 믿음으로 충만한 위민위천의 인덕정치가 실현되고 있으며, '고난의 행군'이라는 어려움 속에서도 오히려 사람들의 기세는 일심단결의 자부심과 긍지로 신심에 넘쳐 있습니다."

그런데 웬일인지 고성진 실장은 실무진이 작성한 압수수색 영장 신청서의 결재를 반려했다. 수사국장이 실무진이 작성한 영장 신청서의 결재를 반려한 것은 지극히 이례적인 일이었다. 실무 수사팀의 의문은 금세 풀렸다.

고 실장은 오익제 주거지에 대한 압수수색에서 △김대중 후보와 오익제가 함께 찍은 사진 △김대중 후보의 명함에 기재된 메모 서신 △오익제의 국민회의 당비 영수증 등이 압수되었다는 사실과, 김대중과 오익제가 여러 차례 단독으로 만났다는 오익제 운전기사의 진술을 영장 신청서에 추가하라라고 지시했다. 오익제의 밀입북 경위와는 관계없는 '김대중 후보와 오익제의 친분관계'를 강조하는 내용을 추가하라는 거였다.

그뿐이 아니었다. "이북의 여러 인사들이 후광 선생의 대승을 기대하고 있음을 감지하고 있다", "선생님께서도 이북의 영도자와 합의하여 통일을 성취하겠다는 소신을 표명하였다는 것을 알고 있다" 등 구체적인 편지 내용도 영장 신청서에 좀 더 많이 추가할 것을 지시했다. 영장 신청서에 북한 당국이 김대중 후보에 호의적이라는 인상을 주는 편지 내용을 기재해, 언론에 자연스럽게 공개되게 하기 위한 술수였다.

12월 5일 오후 4시경 서울지방법원에서 압수수색영장이 발부되자, 안기부가 의도한 대로 4시 30분부터 연합통신 등 각 언론에서 오익제 편지 적발 사실과 압수수색 영장 발부 사실을 보도하기 시작했다. 김당은 그때서야 10월 중순께 박채서 씨가 귀띔해 준 '편지 거래설'이 이것이라는 생각이 퍼뜩 들었다.

압수수색 영장 청구로 비상이 걸린 김대중 후보 진영은 조세형 총재권한대행(12월 5일)과 김대중 대통령 후보 공동선거대책회의 김종필 의장(12월 6일)까지 나서 기자회견을 열고, 안기부의 조작 의혹을 제기하는 등 총력전을 펼쳤다. 그러나 상대는 음지에서 일하는 '보이지 않는 적'이었다. 북풍대책팀은 상대가 언제, 어디서, 어떻게 공격해올지 모든 정보망을 총가동했다.

권영해 부장은 12월 6일 오전 10시 박일용 1차장, 엄익준 3차장, 이청신 1특보, 남영식 3특보, 임광수 101(기획판단)실장, 임경묵 102(대공정보)실장, 고성진 103(대공수사)실장, 이광수 공보관 등 차장들과 관련 부서장들을 소집해 대책회의를 개최했다. 권영해는 간부들에게 야당의 공세에 대한 전 부서 차원의 대응 방침을 역설했다.

"오익제 편지는 북한이 공작 차원에서 보낸 것이 명백하나, 야당 측이 조작이라고 주장하므로 편지 전문을 공개할 수밖에 없습니다. 야당 측의 공세에 대한 안기부 차원의 대응이 필요합니다."

권영해는 이어 각 부서별로 다음과 같이 임무를 부여했다.

'△101실은 관련 부서 실무자로 종합팀을 편성하여 대응논리 종합 및 대책 방향을 제시할 것 △102실은 정치권과 언론계 동향 파악 및 홍보, 유관기관과의 연락체계를 구축할 것 △103실은 사건 내용을 발표하지 않으면 국민회의 측 주장을 인정하는 결과가 되므로, 국민의 알권리를 충족시키고 안기부의 명예를 회복하는 차원에서 발표하게 되었다는 대응 논리로 언론에 보도되도록 할 것 △공보관과 2특보는 사건 발표 후 언론의 문의에 대비하여, 사건 관련 자료를 지원받아 사건 내용을 소상히 파악할 것 △박일용 1차장은 언론 보도에 관한 사항을 종합 시행하도록 할 것'

안기부 vs 김대중, 사생결단의 전면전

국민회의 북풍대책팀은 권영해 부장이 오익제 편지를 대선에 활용하기 위한 공작을 지시한 사실을 발 빠르게 입수했다. 이때부터 안기부와 김대중 후보 진영 사이에는 서로 한 치도 물러설 수 없는 사생결단의 전면전이 시작되었다. 안기부의 전신인 중앙정보부를 창설하고, 초대 부장을 지낸 '원조 보수'인 김종 필 의장이 기자회견을 자청해 과거의 '친정'에 직격탄을 날렸다.

"안기부가 오익제 편지를 공개해 선거판을 시끄럽게 만들고 있는데, 이게 뭡니까? 김대중 후보에 대한 색깔 시비를 촉발해, 경제 파탄으로 지지도가 급 락하고 있는 이회창 후보를 긴급 구출하려는 정치공작 기도라는 것은 세상이 다 압니다."

안기부장은 안기부 직원들에게 생사여탈권을 쥔 신(神) 같은 존재다. 신적 존재인 '부장님의 지침과 지시 말씀'이 떨어지기가 무섭게, 계선 조직은 일사불 란하게 움직였다. 선임 국장인 임광수 101(기획판단)실장은 박세규 종합기획관 (3급)에게 '오익제 편지 사건 관련 기본대응계획'을 작성하도록 지시했다. PK(부 산-경남) 출신에 사시 합격자인 박세규 종합기획관은 당시 정형근 의원의 직계 로 알려졌다.

한편, 김종완 판단2처장(3급, 언론분석 담당)에게는 '오익제 편지 사건 언론 보도 실태 및 후속대책'을 작성하도록 지시했다. 이어 12월 7일 임광수 실장은 101실 종합기획관과 102실, 103실 각 담당 단장 및 공보관이 참석한 검토회의 를 거쳐 최종 보고서를 완성한 후, 권영해 부장과 박일용 1차장에게 보고해 그 내용을 확정했다.

'오익제 편지 사건 기본대응계획'이라는 가치 중립적인 제목으로 위장했지 만, 보고서의 본질은 오익제 편지를 대선에 활용하기 위한 공작 계획이었다. 즉, 오익제 밀입북 사건의 실체적 진실 규명을 위한 수사와는 무관한 정치 공세 를 통해 김대중 후보에 대한 비방 여론 조성을 다각도로 획책하기 위한 대응계 획으로 가득 채운 보고서였다. 그 주요 내용은 다음과 같았다.

오익제 편지 사건의 파문이 확산될 경우, 정국의 이슈가 경제파탄 책임론, (이회창 후보 집안에 대한) 병역 시비에서 사상 문제로 전이되고, 김대중에 대한 사상 시비, 색깔론 부분으로 안보단체 등 범보수세력의 결집 계기가 조성되어, 국민회의의 DJT(김대중·김종필·박태준)연합, 군·경찰 등 보수인사 영입 노력이 희석될 것임. 향후 대책으로, 부내 유관부서 태스크포스(TF)팀을 구성하여 상황 종료 시까지 가동하되, 각 부서별로 업무를 분담하여 상황에 따라 기민 대처하고, 단계별로 구분, △1단계(12. 6~12. 10)는 조작극이라는 주장을 조목조목 반박하여 공방 확산을 유도하고 △2단계(12. 11~13)는 자유총연맹·재향군인회·상이군경회 등을 통해 오익제 사건과 관련한 김대중의 의혹 부분에 대해 조속한 해명을 촉구하고 △3단계(12. 14~17)는 해방 직후 좌익 행적·김일성 사망조문 옹호행위 등에 대한 파상공세를 병행하여 대선일 직전까지 색깔공세를 지속 전개하며, 언론이 기사화할 수 있는 관련 자료를 적절히 제공함으로써 김대중과 오익제의 연계사실 등을 지속 쟁점화하고, 자유민주민족회의 등 체제수호 단체의 성명 발표 등을 유도하여 보수세력 결집 및 규탄 분위기를 조성

한편, 김대중 후보에 대한 부정적 여론 조성을 목적으로 '오익제 편지 사건 언론 보도 실태 및 후속대책'을 마련했다. '언론 대책'의 골자는 다음과 같았다.

언론은 오익제 편지사건에 대해 중립적 논조를 보임으로써 김대중 이미지 저상(沮喪) 효과가 의문시되고 있어 쟁점을 지속시킬 수 있는 후속대책 마련이 긴요하므로, 기삿거리가 있을 때만 보도하는 언론의 속성을 감안, 수사 상황 등 후속 기삿거리를 계속 제공하여 보도 지속을 유도하고, 남은 2차례 합동토론회를 활용하여 국민회의 조작·공작 주장의 허구성을 집중 공박

21 _ 평양발 '김대중 죽이기'에 올라탄 편승공작

정보기관의 공작은 대부분 불법을 전제로 한다. 다만, 그것을 이행할 때 현장에서 맞닥뜨리는 다양한 돌발변수와 상황 변화로 인해 계획이 변경되거나 시행이 보류되는 경우가 많다. 그런데 '오익제 편지 사건 기본대응계획'은 오히려 이행 단계에서 원안보다 더 강화되어 실행되었다. 그만큼 안기부장과 차장 등 안기부 수뇌부의 의지가 강했기 때문이다.

'기본대응계획'은 △기자간담회 개최 △전국 지부 홍보활동 전개 △오익제 평양방송 연설내용 발췌 편집-배포 △해외언론 보도를 통한 국내 역유입 공작(오대산 공작) 등으로 순차적 또는 동시다발적으로 전개되었다.

박일용 1차장은, 권영해 부장의 지시에 따라 '오익제 편지가 조작이 아니고 실제 북에서 발송되어 온 사실임을 증명'하는 언론사 배포용 발표문안을 작성하던 고성진 실장에게 "보도자료를 언론사에 배포하는 것만으로는 부족하므로, 관련 자료도 함께 준비하여 기자간담회를 통해 직접 설명하라"고 지시했다. 박 차장은 또한 오익제 편지 전문(全文)이 첨부된 보도자료 및 관련 자료를 배포할 것과 대통령후보 2차 TV합동토론회 전날인 12월 6일 중으로 기자간담회를 개최하라고 지시했다. TV합동토론회 전날에 언론의 집중 보도를 유도해

찬물을 끼얹으려는 의도였다.

이에 고성진 대공수사실장은 토요일인 6일 오후 4시경 서울지방검찰청 기자실에서 방송 – 신문기자 20여 명에게 '월북 오익제의 김대중 후보 앞 편지 수사와 관련하여'라는 보도자료를 발표하고, 긴급 기자간담회를 개최했다. 고 실장은 이 자리에서 오익제 편지 전문을 공개하고, 오익제 밀입북 사건과는 무관한 김대중 총재의 명함 메모 서신 사본, 김대중 총재와 오익제가 함께 찍은 사진 등을 배포해 그 내용이 각 언론에 보도되도록 했다. 그러나 우편검열과 도 · 감청 등 통신비밀보호법 상의 통신제한조치에 의하여 입수된 통신 내용은 사생활 보호를 위해 공개가 금지돼 있었다.

박일용 차장은 또한 월요일인 12월 8일 103실에 "고성진 실장의 기자간담회 관련 자료 일체를 전국 12개 지부 가운데서 광주지부와 전북지부를 제외한 10개 지부에 배포하라"고 지시했다. 이에 103실 수사담당 단장은 오익제와 김대중 후보가 함께 찍은 사진 260매, 오익제 편지 사본 60매 등을 복사한 뒤에, 발표문과 함께 광주 · 전북 지부를 제외한 10개 지부에 송부했다.

당시 안기부 전국 지부(支部)는 울산출장소가 1997년 6월에 지부로 승격해 총 12개였다. 이 가운데서 부산 · 대구 · 광주 · 대전광역시 지부와 경기 지부가 1급 관리관이 부서장인 1급지였으며, 인천 · 경남 · 강원 · 충북 · 전북 · 제주 · 울산 지부는 2급 이사관이 부서장인 2급지였다. 전국 지부는 부(副)지부장과 정보 · 수사 · 보안과를 두고 있었다. 안기부 조직에서 특이한 점은 본부 과장과 지부 과장의 직급이 같다는 점이다. 지부의 규모는 급지에 따라 차이가 크지만, 각 지부 관할 출장소와 방호원을 포함해 2급지는 200명, 1급지는 300명 수준이었다.

그런데 안기부 국내 담당 차장이 전국 12개 지부에 업무 지시를 하면서 특정 지역(광주 · 전북) 지부를 제외하도록 한 것은 그 업무 지시가 불법임을 인지하고 있다는 반증이었다. 설령 불법 지시가 아니더라도, 특정 지역 지부만 배제한 것은 정보기관을 사유화하고 '정보의 정치화'를 초래하는 것이었다. 이는 국가정보기관의 존립 근거를 부정하는 행위였다.

임광수 101실장은 전국 지부에 △103실에서 배포한 기자간담회 자료를 활용해 언론에 확대 보도되도록 하고 △우익단체로 하여금 오익제 밀입북과 김대중 후보 간의 관계를 밝힐 것을 촉구하는 신문광고, 성명서 발표, 규탄대회 개최를 추진해 홍보활동을 전개하라고 지시했다. 국내 담당 차장과 안기부 선임국장(101실장)까지 직접 나서 독려하다 보니, '오익제 편지 사건 기본대응계획'은 우익단체들을 중심으로 전국 각지에서 실행되었다.

12월 9일 자유총연맹 경남지회, 재향군인회 등 9개 단체에서 회원 등 500여 명이 참석한 가운데 '오익제 편지와 김대중 관계 진상규명 규탄대회'를 개최하는 것을 시작으로 전국 각지의 우익단체들이 각본대로 움직였다. 이들은 대선 이틀 전인 12월 16일까지 오익제 편지 사건의 즉각적인 수사를 촉구하고, 김대중 후보를 비난하는 내용의 결의문, 성명서 등을 발표했다. 일부 지방 언론은 안기부가 사주한 규탄대회를 구실 삼아, 오익제 편지 사건에 관한 기사를 지속적으로 보도했다. 예를 들어 〈충청일보〉는 12월 11일 '오익제 편지사건 진상 밝혀라'는 제목의 사설을 게재하기도 했다. 안기부 대전 지부가 언론플레이 공작을 한 결과였다.

'오익제 녹음테이프' 공작과 '오대산' 공작

'오익제 편지 사건 기본대응계획'으로 위장한 안기부의 오익제 편지 공작은 파급력이 큰 방송을 활용한 '오익제 녹음테이프' 공작과 해외언론 공작으로까지 확대되었다. 대선일이 1주일 앞으로 다가온 가운데 김대중-이회창 후보의 지지율 차이가 오차범위 이내로 좁혀진 것도 공작에 영향을 미쳤다. 자신감을 얻은 권영해 부장과 박일용 차장은 파급력이 큰 방송을 활용해 선거에 더 대담하게 적극적으로 개입했다.

권영해 부장은 선거를 닷새 앞둔 12월 13일 대북심리전을 담당하는 김선태 303실장에게 전날 평양방송에 보도된 오익제 연설 내용 중 김대중 후보와 관련된 부분을 녹음테이프로 제작하도록 지시했다. 이때만 해도 국내 언론은 북한 방송을 직접 청취해 방송할 수가 없었다. KBS '남북의 창'이나 MBC '통일전망대'는 안기부 '303실(심리정보실) 개발과'에서 공급한 프로그램만 방송할 수 있었다.

안기부 심리정보실은 북한 방송 수신을 독점하는 〈내외통신〉을 통해 방송사의 특수자료(북한 방송 프로그램) 보도를 통제했다. 즉, 방송사는 당시에 내외통신이 수신해 편집해서 제공한 북한 방송 프로그램만 방영할 수 있었다. 그래서 안기부는 외신에 북한 자료를 제공해 보도하게 한 뒤에 이를 국내 언론이 인용 보도하도록 하는 '국내 역유입 공작'을 추진했던 것이다.

내외통신은 원래 중앙정보부 부설 내외문제연구소가 1974년에 북한에 관한 뉴스와 연구자료를 국내외 언론기관과 관계기관에 공급하기 위해 설립했다. 그 뒤로 사단법인 내외통신으로 독립했으나, 여전히 안기부 심리전국의 조종·통제를 받았다. 그러다가 김대중 정부 출범 이후 이종찬 국정원장이 1998년 12월 내외통신을 국정원으로부터 독립시켜 〈연합통신(현 연합뉴스)〉에 흡수 통합되었다.

CIA는 미국 내에서 정보활동을 할 수 없다. 그러나 CIA가 해외에서 선전활동을 통해 조작한 정보들이 미국 방송국의 해외지국이나 특파원을 통해 국내로 보도되는 경우가 종종 있다. 이와 같은 선전 활동을 CIA는 '역류(blowback)' 공작이라고 부른다.

권영해 부장의 지시에 따라 303실장은 30분 분량의 오익제 연설 중에서 "국민회의 후보와는 월북 직전까지 통일 문제를 자주 상론해 왔다", "국민회의 후보는 자신의 3단계 연방제안이 북의 연방제 통일방안과 일부 상통한 것으로 생각하고 있었다" 등 김대중 후보와 관련된 7분 분량만 발췌해 녹음테이프를 제작했다. 안기부 통제를 받는 내외통신은 12월 14일 오익제 방송 테이프를 보도하고, 같은 날 안기부는 이 테이프를 KBS-TV 등 4개 TV 방송국과 5개 라디오방송국 등 언론사에 배포해 보도를 조종했다.

같은 날 박일용 1차장은 이병기 해외담당 2차장에게 "오익제의 평양방송 연설은 외신의 보도 후에 국내보도가 이루어져야 하므로 해외언론에서 먼저 기사화해 국내 언론이 이를 인용 보도할 수 있는 방안을 강구해 달라"고 요청했다. 이에 이병기 차장은 정영철 202(해외정보)실장에게 "오익제의 평양방송 내용을 입수해, 해외언론에서 보도되도록 해 국내 언론이 인용 보도할 수 있게 하라"고 지시했다. 202실장은 안기부의 해외 50개 거점망을 포함해 전세계 해외 공관에 나가 있는 '해파(해외파견)' 요원들을 관리하고, 해외공작을 담당하는 자리였다.

정영철 실장은 사업계획을 '오대산 공작'으로 정해, 우리 교민들이 밀집해 있는 북경, 동경, 홍콩 등 5개 해외 거점장들에게 "오익제 월북이 국민회의 후보와 관련이 있는 것"처럼 부각시킨 '보도 요지'를 시달하면서, 주재국 언론으로 하여금 이를 보도하도록 하라고 지시했다. 물론, 안기부가 보도의 출처로 인용되는 것은 절대 금물이라는 '출처 보안' 지시를 덧붙였다. 해외 언론플레이를 통한 '국내 역유입' 공작이었다. 안기부는 주로 북한 정보에 관심이 큰 일본 극우 매체에 관련 정보를 흘려 보도하게 한 뒤에, 국내 언론이 이를 인용 보도하게 하는 언론플레이 공작을 즐겨 사용해왔다.

'간발의 차이'로 사법처리 면한 이병기 차장

해외 거점장들은 보도 출처를 누설하지 않도록 보안에 만전을 꾀하는 가운데, 주재국 언론인들을 접촉해 오익제 평양방송 녹음테이프를 제공하면서 보도를 요청했다. 그런데 이튿날 이병기 차장은 박일용 차장으로부터 "국내 부서에서 언론과 협조가 되어 잘 처리되었다"는 연락을 받고, 202실장에게 활동 중지를 지시했다. 이 '간발의 차이' 덕분에, 이병기 차장은 나중에 검찰의 북풍 사건 수사에서 사법처리를 면했다. 박일용 차장이 말한 '국내 부서'는 국내정보 수집을 총괄하는 102(대공정보)실을 의미했다.

한편, 박 차장의 기대와 달리, KBS를 비롯한 방송사에서는 안기부가 배포한 '오익제 녹음테이프'가 연설 전문(全文)이 아닌 짜깁기한 편집본이고, 시기적으로 늦었다는 이유로 방송을 하지 않았다. 그러자 임경묵 102실장은, 방송국에 압력을 넣으라는 권영해 부장의 지시로, 12월 15일 홍두표 KBS 사장에게 "오익제가 평양방송에 나와 방송한 내용을 배포했는데, 왜 방송을 하지 않느냐, KBS가 도대체 무엇 하는 곳이냐"고 거칠게 항의했다.

임경묵 실장의 맹목적인 과잉 충성은 이것으로 그치지 않았다. 임 실장은 12월 16일에도 재미교포 윤홍준의 김대중 후보 비방 기자회견 내용을 방송하지 않은 것에 항의하고, 선거 전날인 12월 17일에도 김대중 후보의 동생 김대의 씨의 사망 사실을 보도하지 않은 것에 대해 항의했다. 심지어 그는 홍두표 사장에게 전화를 해서 유균 KBS 정치부장을 인사 조처 하라고 압력을 넣었다. 비밀 정보기관이 국민의 알 권리를 내세워 언론에 특정 후보에게 불리한 특정 사안을 보도할 것과 인사 조처까지 요구할 만큼, 안기부는 선거 막판까지 정치공작에 안간힘을 기울였다.

그러나 안기부는 서울국제우편국에서 오익제 편지를 적발한 직후에 이미 우편 검열과 필체 및 내용 분석을 통해 '이적성 감별'을 완료했다. 북한 정보 분석관들은 오익제가 북한에서 자유롭게 편지를 발송할 수 있는 신분이 아니며, 편지의 외관이나 내용에 비추어 당국의 적발을 예상하고 발송한 것으로 분석했다. 즉, 북한 대남 공작부서에서 15대 대선과 관련한 '대남 교란 책동의 일환'으로 발송한 것으로 판단한 것이다.

특히 김대중 후보에 대한 '오익제 월북 사전 교감'이나 '북한의 통일방안 동조' 의혹 등은 사실관계를 검증한 결과, 오익제를 활용해 북한과 김대중 후보

간에 밀약이 있는 것처럼 음해하기 위해 편지를 허위로 작성한 것으로 확인했다. 이처럼 북한의 오익제 편지 발송이 '김대중 죽이기' 공작이라는 사실을 안기부 수뇌부가 뻔히 알면서도 오익제 편지를 활용해 '기본대응계획'을 실행한 것은 그 의도가 명백한 '김대중 낙선공작'이었다. 북한의 '김대중 죽이기' 공작에 올라탄 일종의 편승공작인 셈이다.

결국, 오익제 편지 사건은 대선 기간에 북한의 대남 공작부서가 의도적으로 보낸 오익제 편지가 적발된 것을 계기로, 안기부 수뇌부에서 색깔논쟁의 확산을 통해 김대중 후보의 낙선을 기도한 안기부의 조직적 정치·선거 개입 사건이었다. 이로 인해 권영해 부장 등 안기부 간부들이 안기부법과 공직선거법을 위반한 혐의로 대거 사법처리 되었다. 그럼에도 국가정보원은 15년 뒤인 2012년 대선 기간에 온-오프라인 공간에서 같은 유형의 정치 및 선거 개입의 과오를 되풀이해 이른바 '적폐 청산'의 대상으로 전락하는 수모를 겪어야 했다.

"도와 달라", 김대중의 간곡한 요청

박채서가 정동영-천용택 의원에게 결별을 선언하고 얼마 안 되어, 김대중 후보는 박채서에게 "도와 달라"고 간곡하게 요청했다. 김대중은 정동영-천용택 의원으로부터 박채서에 대해 보고를 받아 그의 존재를 알고 있었다. 그런데 정동영-천용택으로부터 결별 소식을 듣고, 김우중 비밀방북과 오익제 월북, 그리고 편지 공세 가능성을 사전에 경고해준 박채서에게 직접 도와 달라는 메시지를 전달한 것이다. 그만큼 김대중은 절박했다.

'나는 대통령이 되고 싶다. 대통령이 되려면 북풍을 막아야 가능하다. 그러니 북풍을 막을 수 있는 박 선생이 도와 달라.'

박채서에게 전달된 메시지는 간결하고 솔직했다. 국가와 민족을 내세워 집권의 당위성을 주장하지 않고, 대통령이 되고 싶다는 욕망을 솔직하게 드러내 도움을 요청한 것이 박채서의 마음을 움직였다. 정동영-천용택에게 결별을 선

15대 대선 전, 박채서는 21세기호텔에서 북측공작원들이 미화 100달러짜리 묶음을 세는 현장을 목격했다. 북측 인사들에 따르면, 돈을 건넨 사람은 이회창 후보 측근이었다.

언한 뒤에 국민회의 측과 접촉을 끊었으나, 김대중 후보의 간곡한 요청을 받고 미력이나마 그를 도와 보탬이 되는 일을 하기로 결심한 것이다.

박채서는 다시 남과 북, 안기부와 통전부, 보위부가 치열한 수(手) 싸움을 펼치는 베이징의 공작 현장으로 뛰어들었다. 그는 남은 선거 기간에 거의 베이징에서 살다시피 하면서 북한 조평통 · 보위부 합동 대선공작반과 함께 움직였다.

그들을 가까이서 지켜보니, 북측 대선공작반은 '이인제 대통령 만들기'라는 목표를 상실해, '김대중 죽이기'보다는 자신의 '잇속 챙기기'에 더 바빠 보였다. 이들은 남조선 사람이라면 누가 되었건 만나서 경비를 받고, 주는 대로 돈을 수금했다. 박채서는 공작이나 사업상 목적으로, 대북 접촉을 원하는 남측 기업인들을 이들에게 소개해 '돈벌이'를 알선해 주고 이들의 환심을 샀다.

그러던 어느 날(11월 20일), 박채서는 강덕순 참사와 권민 과장이 캠핀스키 호텔 근처의 창청판뎬(长城酒店, 장성호텔)에서 한국 사람들을 만나고 21세기호텔(二十一世纪大酒店)로 돌아오면서, 북측 수행원들에게 돈을 담은 여행 가방을 들려 끌고 오는 것을 목격했다. 그들은 베이스 캠프가 있는 11층 호텔 방에 들어오자마자, 가방의 돈다발을 꺼내 놓고 여럿이 달라붙어 세었다. 그가 옆에서 지켜보니, 커다란 중국제 여행 가방에 가득 든 미화 100달러짜리 100장을 묶은

1만 달러 뭉치를 자기들 가방에 옮겨 담는 중이었다. 그들의 대화를 들으며 눈대중으로 셈을 해보니 360만 달러나 되는 거액이었다.

강덕순과 권민은 셈을 마치자, 이 돈을 준 한국 사람들과 나눈 대화 내용을 안병수 부위원장에게 전했다. 이야기를 들어보니, 돈을 건넨 한국인들은 이회창 후보의 외교특보인 정재문 의원과 재미교포 사업가 김양일 씨 등이었다. 이들이 선거 직전에 휴전선 일대에서 준전시 상태를 방불케 하는 무력시위를 해달라고 요청하면서 1천만 달러의 사례를 약속했고, 선불금 조로 돈 가방을 건넸다는 것이다. 믿기 힘든 이야기지만, 1996년 총선 직전에 판문점에서 느닷없이 무력시위가 벌어진 전례와 눈앞의 돈다발을 보니 믿지 않을 이유가 없었다.

박채서는 즉각 이런 사실을 상부에 긴급 보고했다. 동시에 김대중 후보 진영에도 귀띔해 주었다. 권영해 부장은 국회 정보위 소속인 정재문이 귀국하는 즉시, 정 의원을 역삼동 르네상스 호텔 안가로 모셔, 접촉승인을 받지 않고 북한 사람들을 만난 경위를 조사했다. 이후 김대중 후보 측 안테나에도 정재문 의원이 국정원 요원들에 의해 르네상스 호텔에서 두 차례 조사받은 사실이 포착되었다.

천용택 의원은 권영해 부장에게 정재문 의원을 조사한 사실을 거론하며 대북 접촉 배경을 밝히라고 압박했다. 권영해 부장은 "여야를 떠나서, 어느 진영이든 북한과 불법 접촉을 하면 엄정하게 조사해 의법처리 하겠다"고 약속했다. 물론 그 약속은 지켜지지 않았다.

22 _ 정재문 의원의 '북풍 뒷거래' 의혹

북한의 '편지 공세'와 '오익제 비디오테이프'

박채서는 12월 초 한국에 잠깐 귀국했을 때, 짬을 내서 김당 기자를 만났다. 그는 김당에게 막판 선거 판세와 정치권 동향에 대해 이야기하다가, 불쑥 편지 이야기를 꺼냈다.

"김형, 혹시 김장수나 김병식, 오익제 편지에 대해 들어본 적 있어요?"

"아니요, 금시초문인데요. 김병식은 조총련 부의장을 지낸 그 김병식을 말하는가요?"

"맞아요. 부주석을 지냈을 겁니다. 오익제 편지가 곧 공개될 겁니다. 그러면 오익제 편지를 신호탄으로 해서 다른 편지들도 공개될 겁니다. 그리고 편지뿐만 아니라 '오익제 비디오테이프'도 나올지 모르니 국민회의에도 대비하라고 하세요."

북측에서 김대중 후보에게 보내는 일련의 편지 공세를 펼치려 한다는 것이었다. 또한, 북측이 오익제를 평양방송에 출연시켜 이를 비디오테이프로 녹화한 '오익제 비디오테이프'를 흘려 선거판을 흔들려고 하니 주시하라는 주문이었다. 그리고 그는 마지막으로 한나라당 정재문 의원의 대북 비밀접촉 사실을 귀띔해 주었다.

"한나라당의 막판 움직임이 심상치 않은데, 김형은 뭐 들은 거 없습니까?"

"아니요. 저는 요즘 이회창 아들 병역 비리 의혹을 취재하느라 별로 들은 게 없는데요."

"혹시 정재문 의원 잘 아세요?"

"아뇨, 잘은 모릅니다. 그런데 제 학교 선배가 보좌관이어서 금방 알아볼 순 있습니다."

"정재문이 최근 베이징 장성호텔에서 안병수를 만났습니다. 김형 회사의 '밀가루 사건' 하고도 관계가 있습니다. 재미교포 김양일이라고 아시죠?"

"알죠. 저희와 통화도 했고, 제가 지난봄에 김양일의 중개로 현대그룹이 자금을 지원해 북한에 밀가루 3,400t을 제공했다고 보도하지 않았습니까."

"김양일의 중재로 정재문이 안병수를 만나 북풍을 요청하고 그 대가로 거액을 제공한 겁니다. 리 선생한테 확인해 보니 '막대기 360개'를 받았다고 합니다."

그가 말한 '리 선생'은 리철을 가리켰다. 지난 2월 황장엽 망명 당시 베이징에서 아자의 광고사업을 취재할 때 만나서 친해진 이후로, 리철이 베이징에 오면 가끔 김당에게 국제전화도 하는 사이였다. 미국 달러를 왜 '막대기'라고 하는지는 모르지만, 300개도 400개도 아닌 360개라고 한 것을 보면, 리철이 없는 말을 꾸며낸 것 같지는 않았다.

정재문 의원은 국회 통일외무위원장이자 정보위 소속으로 이회창 후보의 대북·외교 정책 분야 핵심 참모 노릇을 했다. 정 의원은 또 경기고 총동창회 부회장을 지냈기 때문에 동문인 이회창·이회성 형제와 가까운 관계였던 것으로 알려졌다. 뭔가 수상쩍었다. 김당은 대학 선배인 정찬수 보좌관에게 확인해 보기로 했다. 정찬수 보좌관은 김덕 안기부장이 외국어대 정치외교학과 교수로 재직할 때 조교를 해서 안기부를 취재하느라 알게 되었다. 정 보좌관은 김덕 의원의 소개로 당시 정재문 의원 보좌관으로 일했다.

김당 기자는 마감 전에 기사를 거의 써놓고, 일부러 시사저널 기사 마감을 하루 앞둔 12월 7일 일요일에 정 보좌관에게 슬쩍 지나가는 얘기인 것처럼 떠보았다.

"정 선배, 정재문 의원이 베이징에서 북한 사람들과 비밀 접촉해 모종의 거래를 했다는 얘기가 안기부에서 나오네요. 혹시 그런 얘기 들어보셨나요?"

"정 의원이 11월에 중국에 간 사실은 있지만, 혼자 가신 게 아닌데… 한·중 포럼 참석차 김덕 의원 등과 함께 갔지. 정 의원이 평의원도 아니고, 명색이 통일외무위원장이고 정보위 최고참 의원인데, 북한과 비밀 접촉해 거래를 했다는 것은 상상할 수도 없는 일이지."

정 보좌관은 대북 접촉 거래설을 일축했다. 그의 성품으로 보건대, 거짓말 하는 것 같지는 않았다. 김당은 정 의원의 측근이 북풍 거래설은 물론, 북한과의 접촉 자체를 부인하니, 기사에 실명을 박을 수가 없었다. 김당은 기사에는 '정 아무개 의원'으로만 보도했다. 그런데 북한과의 '모종의 거래설'을 보도한 시사저널이 12월 10일부터 배포되고, 13일 국민회의가 정 의원의 거래 개입 의혹을 제기하자, 정 의원 측은 뒤늦게 접촉 사실을 시인했다. 국민회의 박홍엽 부대변인은 이날 성명에서 이렇게 주장했다.

"정재문 의원이 지난 11월 북경에서 두 번에 걸쳐 북한 조국평화통일위원회 안병수 위원장(대리)과 비밀 회담을 했다는 사실이 알려졌다. 정 의원과 안병수 위원장은 한국의 대선을 한나라당에 유리한 방향으로 유도하기 위해 남북경협과 관광개발 등에 대한 교섭을 했고, 그 대가로 북한에 상당한 금품을 주기로 협의한 것으로 알려졌다."

안병수 위원장 비서가 김양일에게 보낸 팩스

국민회의 박홍엽 부대변인은 정재문 – 안병수 교섭의 근거로 지난 11월 17일 안병수 조평통 위원장 비서인 리상대가 이 교섭을 주도한 재미교포 김양일 씨에게 보냈다는 팩스 서신의 사본을 공개했다. 리상대 비서가 김양일 씨를 '회장님'이라고 부르며 보낸 서신의 전문(全文)은 이랬다.

'보내주신 확스(팩스 - 편집자주) 모두 정확히 받았으나 회답이 늦어져 대단히 죄송합니다. 서로 간의 계약 건에 대해선 별다른 문제가 없으며 예정대로 진행될 것입니다. 우리 계약 대표단은 현재 하르빈(하얼빈 - 편집자주)에서 귀 대표단을 대기하고 있는 중입니다. 김 회장이 걱정하고 있는 대표단은 귀대표단에 만족을 줄 수 있으므로 더 의심하지 않아도 되겠습니다. 다만 일정에 변동이 없고 약속된 대로 계약이 성사되도록 마지막까지 힘써 주시기 바랍니다. 20일 약속된 장소에서 반가운 재회를 기대합니다.'

박 부대변인은 이어 정부 당국이 이 같은 사실을 조사한 적이 있는지, 정 의원이 통일원의 승인을 받고 접촉했는지, 정 의원의 대북 접촉이 실정법을 위반한 것은 아닌지 등을 통일원에 공개 질의했다. 통일원은 12월 13일 오전까지만 해도 정 의원의 접촉 사실을 부인했다. 그러나 국민회의가 추가 입증자료를 거론하는 등 낌새가 심상치 않게 전개되자, 통일원은 정 의원이 11월 20일 북경 장성호텔에서 안병수 조평통 위원장 대리를 만난 사실이 있다고 밝혔다.

통일원은 또 정 의원이 이와 관련된 '북한 주민 접촉 보고서'를 12월 12일 통일원에 제출했다고 밝혔다. 이어 정 의원이 접촉 보고서에서 그 경위를 '11월 20일 아들을 만나기 위해 북경을 방문했을 때, 안병수 위원장이 숙소인 장성호텔로 전화를 걸어와 이 호텔에서 만나 옛이야기를 나눴다'고 보고했다고 덧붙였다. 즉, (중국에서 사업을 하는) 아들을 만나러 갔다가, 우연히 안병수로부터 연락이 와 만났다는 것이다.

그러나 앞서 안병수 위원장의 비서가 보낸 서신에는 '20일 약속된 장소에서 반가운 재회를 기대합니다'라는 문구가 있다. 따라서 두 사람의 만남은 사전에 비밀리에 준비된 접촉임을 알 수 있다. 또 이 서신은 베이징 접촉이 개인 자격의 만남이 아니라, 남북 '대표단' 간의 어떤 '계약 건'과 관련된 회담임을 보여준다. 또한, 공개되지 않은 1차 접촉(11월 5일)이 '우연한 만남'이라면 몰라도, 2차 접촉(11월 20일)이 '우연한 만남'이라면 1차 접촉의 경위는 무엇인지 해명이 안된다.

김당 기자는 대선 이틀 전인 16일 발매된 시사저널(제426호)[48]에 정재문 의원이 북측에 거액의 달러를 제공하고 오익제 편지 공세 등 북풍(北風)을 요청했다는 내용을 담은 "한나라당, '북풍 만들기' 뒷거래 의혹"을 단독으로 보도했다. 또한, 김당은 기사에서 "통일부가 뒤늦게 밝힌 접촉 경위와 해명은 설득력이 없는 '짜맞추기'"라고 비판하고, 이를 뒷받침하는 근거로 '안기부가 정 의원을 조사했다는 사실'을 폭로했다.

"안기부는 정재문 의원이 11월 5~9일, 11월 20~21일 두 번에 걸쳐 북경에서 북한의 대남공작 책임자 가운데 한 사람인 안병수 위원장 대리와 접촉한 배경을 조사했다. 정 의원은 서울 강남의 라마다 르네상스호텔과 인터콘티넨탈호텔의 안기부 전용 룸에서 두 번 조사를 받았다. 따라서 정부 당국이 비밀접촉 사실을 인지하고 있다는 것을 알면서도 정 의원은 통일원에 접촉 보고서를 제출하지 않았던 것이다."

김당이 안기부가 정재문 의원을 두 번 조사한 날짜와 장소(호텔 안가)를 적시해 보도할 수 있던 것은 박채서를 연결 고리로 국민회의 측과 3각 협조체제를 유지한 덕분이었다. 김당은 '북풍 뒷거래 의혹' 기사에서 '대북 관계에 정통한 한 소식통'을 인용해, 리상대 비서 서신의 '계약 건'과 관련해 "그 계약에서 1차로 현금 300만 달러가 건네졌다"고 증언했다고 보도했다.

"이 소식통은 그에 대한 북한 측 '선물'이 바로 오익제 편지를 포함해 특정 후보를 겨냥한 일련의 '편지 공세'라고 말했다. 이 소식통은 한나라당과 정보기

___

관의 일부 극소수 인원이 참여한 이 대북사업은, 당초 북한 측 협상 파트너가 오익제 씨를 북경이나 심양에서 기자회견을 하게 하는 것이었으나 우여곡절 끝에 '평양발 편지 공세'로 바뀌었다고 말했다. 그러나 12일 오 씨가 평양방송에 출연해 DJ를 음해하는 발언을 한 것으로 밝혀져 시사저널이 지난 호에서 보도한 이른바 '오익제 비디오테이프' 건은 여전히 유효한 셈이다."

김당이 기사에 인용한 '대북 관계에 정통한 한 소식통'은 바로 박채서 씨였다.

김양일 "알선 대가로 500만 달러를 받기로 했다"

정재문 의원은 나중에 검찰 조사에서 11월 20일 개인 사정으로 출국해 베이징 장성호텔에서 체류 중 안병수 부위원장으로부터 만나자는 전화를 받고 '우연히 접촉'하게 되었다고 주장했다. 그러나 검찰은 정재문 의원의 자택 팩스 사용내역, 의원회관 전화 및 국제전화 통화내역서 등을 제시하고, 접촉을 주선한 재미교포 김양일로부터 받은 팩스 전문 등을 제시하며 정재문 의원을 추궁했다.

검찰이 수사한 결과, 정재문 의원은 1997년 10월경 롯데호텔에서 만난 김양일로부터 북한의 고위층이 정 의원을 만나고 싶어 한다는 말을 듣고, 김양일에게 접촉을 주선해 줄 것을 요청했다. 이후 정재문은 11월 16일 "북한 측과 약속되었다"는 김양일의 국제전화를 받고, "11월 20일 북경 장성호텔에서 만나자"는 '치밀한 사전 약속' 하에 안병수와 접촉한 것으로 드러났다.

김양일이 11월 16일 22:57(미국 시간) 정재문 의원에게 보내 11월 17일 15:00경(한국 시간) 착신한 김양일의 1쪽짜리 팩스 전문 내용은 이렇게 돼 있었다.

"정 의장님과 말씀드린 대로 모든 준비를 완료하였음. 날짜는 정 의장님이 말씀하신 대로 11월 20일에 도착하셔야 하며 15시부터는 상호 간에 인사가 있겠습니다. 상대는 의장님과 같은 중량급입니다. 장소는 이미 확인이 된 것으로 사료됩니다. 이번 일에 모든 준비 관계의 일체는 의장님께서 충분히 인지하셨고 재가하였으므로 착오 없기 바랍니다. 저는 직행하여 대기해 있겠으며 저에게도 이 팩스를 받는 즉시 회답을 서울 시간 11월 17일 밤 10시 전에 자택으로 연락바랍니다."

팩스 전문을 받아본 정 의원은 같은 날 21:46경 위 김양일의 요청대로 국제전화로 약 1분 20초간 김양일에게 그 내용을 재확인했다. 정재문 의원은 안기부 조사(1998. 3. 31) 때는 팩스로 답신하였다고 진술하였으나, 검찰 조사(1998. 5. 8) 때는 팩스로 답신한 사실이 없고, 국제전화 통화만 했다고 진술을 번복했다. 팩스 통신이건 전화 통화건, 결국 정재문 의원은 사전에 치밀한 계획하에 베이징 장성호텔에서 안병수 등과 비밀리 접촉하였음이 밝혀졌다. 문제는 정재문 의원이 어떤 목적으로 안병수와 접촉했는지, 그 배경이었다.

정재문 의원은 검찰에서 안병수와 접촉한 배경과 나눈 대화 내용에 대해 이렇게 답변했다.

"11월 18일 국회 통일외무위원장직을 사직한 후에, 대선을 앞둔 시점에서 이회창 후보에게 기여할 수 있고, 이회창 후보가 당선되면 대북관계 등 외교활동을 주도할 수 있는 정치적 입지를 강화하는 계기를 마련할 목적으로 안병수를 만났습니다. 11월 20일 오후 3~4시 동안 베이징 장성호텔에서 안병수-강덕순과 만나 특별한 주제 없이 '차기 대통령은 이회창 후보가 될 것 같다. 남북정상회담과 4자 본회담은 추진되어야 한다' 등 대선 전망과 남북교류 필요성을 제기했습니다. 그밖에는 '이회창 후보가 당선되면 다시 만나 남북문제 해결에 도움이 될 수 있도록 서로 협조하자'고 약속하는 등 의례적인 대화를 나누었습니다."

정 의원은 검찰 조사에서 북풍을 요청한 적도, 360만 불을 제공하거나 합의문을 작성한 사실도 없다고 부인했다. 그러나 그 당시 김양일을 만난 재미교포는 안기부의 참고인 조사(1998. 3. 14)에서 이렇게 진술했다.

"제가 1997년 11월 27일경 롯데호텔에서 김양일을 만나 그로부터 '11월 20일 남측특사와 안병수가 남북협력 4개 항에 대한 회의록 형식의 합의문을 작성했고, 그 알선 대가로 11월 24일까지 500만 불을 주기로 했으나 약속을 지키지 않는다'는 말을 들었습니다. 또한, 12월 3일경 미국 L.A쉐라톤호텔에서 김양일을 만났더니 그가 정재문, 안병수의 서명이 되어 있는 합의문을 잠시 보여주고 그 내용을 불러주어, 제가 직접 받아적은 뒤에 김양일이 수정까지 한 적이 있습니다."

이 재미교포는 합의문을 직접 목격했다면서 합의문 메모사본을 검찰에 제출했다. 이 재미교포는 또한 검찰에서 "김양일이 '알선 대가로 1997년 11월 24일까지 500만 달러를 받기로 했으나 약속을 지키지 않는다, (비밀접촉 사실을) 안기부에 폭로하겠다고 겁을 주니 12월 8일까지 해결하겠다고 했다'는 말하는 것을 들었다"고 진술했다. 흑금성 공작원도 이와 관련 검찰 조사에서 이렇게 진술했다.

"1997년 11월 22일 베이징에서 북한 국가보위부 북경 연락책 리철로부터 '정재문 의원이 북풍을 요청하고 돈을 주었다. 강덕순이 대선 직후 돈을 받은 것이 문제가 되어 갑자기 평양으로 소환되어 갔다'는 말을 듣고 공작관에게 그대로 보고했습니다. 당시 북경 특파원 사이에는 정재문 의원에 대한 이와 같은 소문이 무성했습니다."

검찰은 나중에 국세청 전산실에 협조를 요청해, 1997년 10~11월 동안 중국 베이징에 보낸 거액 외화 송금내역을 조회한 바, 정재문 의원과 관련이 있는 것으로 보이는 송금 내용은 없었다고 밝혔다. 검찰은 재미교포 김양일 씨에 대해 계속 수사하여 그 진상을 철저히 규명하겠다고 했다. 그러나 김양일 씨는 미국 시민권자여서 강제 수사권이 없었다. 박채서는 이와 관련, 김당 기자에게 "검찰이 번지수를 잘못 짚었다"면서 "정 의원이 중국에서 사업하는 아들을 통해 송금한 것으로 안다"고 말했다.

제2탄은 오익제 비디오테이프?

박채서는 오익제 편지가 공개되자, 김당에게 이렇게 귀띔해 주었다.

"우려했던 상황이 터졌네요. 그러나 이제부터가 시작입니다. 제2탄은 오익제가 출연한 비디오테이프가 될 겁니다."

설마 했던 북풍(北風)은 이번 선거에도 어김없이 다가오고 있었다. 그런데 오익제 비디오테이프를 확인할 방도가 없었다. 김당은 그럼에도 언론이 권력의 감시견(watch dog)으로서 최소한의 경고는 해야 한다고 생각했다.

김당은 기사 마감 직전에 "제2탄은 오익제 비디오테이프?"라는 제목의 반쪽짜리 기사를 써서 12월 10일 발매된 시사저널(제425호)에 끼워 넣었다. 그런데 12월 12일 오익제 연설이 평양방송에 보도되고, 안기부가 이 가운데서 김대중 후보와 관련된 부분을 짜깁기해 녹화테이프로 제작해 TV방송 등에 배포함으로써 "제2탄은 오익제 비디오테이프?" 기사는 결과적으로 특종이 되었다.

그런데 당시 김대중 후보를 겨냥한 북한의 대남 편지 공세는 오익제 편지만이 아니었다. 김당 기자가 확인한 편지만 4종이었다. △안기부가 12월 5일 목동 국제우체국에서 압수한 오익제 편지(10월31일 '평양발'로 작성 후 11월 20일 베이징에서 발송) △국민회의 김원길 의원 앞으로 보낸 '김장수 편지'(11월 20일께 베이징발로 김대중 후보 음해 내용) △12월 8일께 중앙일보에 팩스로 보낸 김병식 편지(11월 중순 작성해 김대중한테 보낸 3장짜리 편지) △김덕수 편지(12월 6일자로 제목은 '김대중의 련북관계') 등이었다.

조총련 출신 김병식 조선사회민주당 위원장 명의로 된 편지는 당초 유성환 전 의원(국민신당)에게 보낸 것을 유씨가 안기부에 신고한 것인데, 누군가 언론에 보도되게 할 목적으로 중앙일보에 팩스로 넣은 것이었다. 내용은 김대중 후보가 1971년 일본 한민통[49] 활동과 관련해 20만 달러를 지원받았다는 것이다.

한편, 김덕수 편지의 핵심 내용은 김대중 후보가 11월에 전직 의원을 북경에 보내 접촉케 했고, 12월 초에는 의원 출신 해외 교포를 북한에 보냈다는 것이다.

두 편지는 공교롭게도 12월 11일 오후 재미교포 사업가를 자처한 윤홍준 씨의 베이징 기자회견 내용과 일맥상통했다. 1996년부터 6회 방북했다는 윤 씨는 이날 김대중 후보에 대한 '김정일 비자금 지원설'을 폭로하는 기자회견을 자청해, 베이징 주재 한국 특파원들에게 10장짜리 유인물을 돌렸다.

본인이 북한을 왕래하면서 직접 경험하거나 중국 조선족 허동웅으로부터 들었다는 전제하에, 김대중 후보가 북한으로부터 대선 자금을 수수했으며, 국민회의 조만진 조직국장과 중국 조선족 허동웅이 김대중의 대북창구 역할을 수행했다는 주장이 회견의 골자였다.

내용은 상당히 구체적이지만 결론이 황당한, 이 주장이 언론에 보도되지 않자 윤 씨는 12월 13일 다시 도쿄에 가서 기자회견을 했다. 그리고 도쿄 회견도 보도되지 않자, 윤 씨는 선거 이틀 전인 12월 16일 서울에 입국해 여의도 63빌딩에서 같은 내용으로 기자회견을 했다. 윤홍준은 회견을 마치고 즉시 김포공항을 통해 도피했다.

윤홍준이 미국 국적의 재미교포여서 이 사건은 미궁에 빠질 수도 있었다. 다행(?)인 것은, 기자회견 다음 날이자 대선 하루 전인 12월 17일 그 바쁜 시각에 국민회의가 윤홍준에 대한 고발장과 출국금지신청서를 서울지검 남부지청에 접수한 것이다. 더 다행(?)인 것은, 남부지청 김오수 검사가 기자회견 내용을 검토하고 관련자를 조사한 결과 공직선거 및 선거부정방지법에 위반됨을 확인하고 윤홍준에 대한 출국금지 조치를 취한 점이다. 마지막으로 더 다행(?)인 것은, 윤홍준이 자기가 출국 금지된 입국 통보대상자인 줄 모르고 입국해 버젓이 특급호텔에 투숙한 점이다.

주49 _ 1973년 8월 15일 재일 한국인들이 한국의 민주화와 조국통일을 목적으로 설립한 '재일한국민주회복통일촉진국민회의'의 약칭이다. 김대중이 1972년 10월 유신 이후 국외에서 민주화운동을 벌이기 위해 미국과 일본을 오가며 조직했다. 1989년 재일한국민주통일연합(한통련)으로 명칭을 바꾸었다.

권영해 안기부장이 친히 공작명을 붙여준 친전(親展) 공작인 '아말렉 공작'은 이렇게 허망하게 들통이 났다.

4.11총선 당시 '북풍 뒷거래' 의혹

1997년 대선 북풍의 뿌리는 한해 전인 4.11 총선 당시 북풍(북한군의 판문점 무력시위)이다. 박채서는 김당에게 일련의 '북풍 뒷거래' 의혹을 제기하며 "국민의 심판(대선)이 끝난 뒤에는 정권을 재창출하기 위해 북풍을 유인하고 거래한 이적 행위에 대한 사법적 심판도 반드시 뒤따라야 할 것"이라고 말했다. 박채서가 이렇게 말한 까닭은 베이징에서 북한 대선공작반과 함께 움직이면서, 그들로부터 북풍 뒷거래 의혹이 사실임을 보여주는 정보를 입수했기 때문이다.

박채서는 관련 첩보를 모으기 위해 이들과 만날 때면 몰래 녹음을 했다. 그리고 디브리핑과 파일 관리를 위해 녹음테이프를 녹취-정리해 축적했다. 또한, 그것으로 그치지 않고, 녹음테이프에 나오는 대화 내용이 사실인지를 추적해 입수한 제3국에서의 대북 지원 화물 송장과 수출증명서 같은 증빙 서류를 따로 모았다.

박채서는 김용순(아태평화위 위원장), 장성택(노동당 조직부 제1부부장), 김영룡(국가보위부 제1부부장 겸 부장직무대리), 안병수(조평통 위원장대리), 전금철(아태평화위 부위원장), 강덕순(아태평화위 참사 겸 통일전선부 국장) 등 당시 북한 고위급 인사들을 만날 때마다 대화를 녹음했다. 특히 강덕순은 1997년 10월~12월 19일 동안 베이징에 상주하며 대남 대선공작을 지휘한 실무 총책으로서, 대선 직전에 정재문 의원과, 총격전을 요청한 한성기·장석중 씨를 만난 장본인이다.

이들의 대화 내용에는 △4.11 총선 전 무력시위 배경 △대북 식량 및 물자 지원을 대가로 북풍(무력시위)을 요청한 한국 정부 기관과 핵심 인물 △한국이 비밀 지원한 물자와 돈을 댄 한국 기업들 △김영삼 대통령을 비방하면서 총선 때 신한국당을 지원한 북한의 의도 △대선 때 김대중 낙선 공작을 펼친 북한의

'DJ 불가론'의 논거 같은 1996 · 1997년 북풍 의혹을 둘러싼 궁금증에 대한 해답이 담겨 있다. 대화 내용을 분석해 정리하면 4.11 총선 전 판문점 무력시위는 이렇게 전개되었다.

4.11 총선을 앞두고 당시 여권(청와대 · 신한국당)과 안기부 간부들은 대북 비선(밀사)을 통해 북한의 대남공작 지도부인 안병수 · 전금철 라인을 가동했다. 당시 김영삼 정부는 1995년 6월 지자체 선거에서 참패한 이후 1996년 총선을 앞둔 각종 여론조사에서도 참패가 예견되었다. 더구나 총선 직전인 3월에 터진 김영삼 대통령부속실장 장학로 씨의 뇌물 사건으로 휘몰아친 '장풍'의 영향력 때문에 여권으로서는 '특단의 조처'를 취하지 않고서는 참패가 뻔했다.

특단의 조처는 바로 '북한 변수'였다. 대북 밀사를 동원해 북한의 체제 유지에 필요한 식량과 물자를 지원해 주는 대신에, 총선 전에 '적정한 수준의 무력시위'를 해 달라는 주문이었다. 이같은 공모에는 청와대에서는 장 · 차관급 고위 관계자 2명, 신한국당에서는 핵심 중진 의원 2명, 안기부에서는 국장급 2명과 특보급 간부 1명이 가담했다. 안기부는 주로 대기업을 동원한 대북 비밀 물자 지원 업무를 맡았다. 대북사업을 하고 있는 현대 · 삼성 · 대우 · 진로 그룹 같은 대기업들이 동원되었다.

이 중 대북 물자 지원을 가장 많이 한 기업은 삼성과 진로 그룹이었다. 이 기업들은 철저히 보안을 유지하기 위해 중국이나 홍콩의 무역회사를 통해 물자를 지원했으며, 대금은 현지 법인이 결제하는 무상 지원 방식을 택한 것으로 보인다. 이를테면 삼성의 경우, 홍콩에 본사를 두고 평양에도 지사를 두고 있는 ㈜ㄱ회사(대표 리〇〇)를 통해 물자를 지원했다. 호주 교포이면서 미국 시민권도 갖고 있는 리 씨는 그동안 북한의 은하 · 대성총국과 거래해 왔다.

진로그룹 장진호(張震浩) 회장은 부친인 고(故) 장학엽(張學燁) 회장의 뜻에 따라, 고향인 평남 용강지역에 종합식음료 단지와 열병합발전소 투자사업을 명분으로 내세워 유사한 형태로 대북 물자 지원을 해왔다. 진로의 모태는 1924년고(故) 장학엽 회장이 용강에서 설립한 '진천양조상회'이다. 진로그룹은 고문이 판문점 무력시위 직전에 북한을 비밀 방북해 의혹을 샀고, 특히 장 회장은 이른 바 총풍(銃風) 사건을 기획한 한성기 씨에게 운영자금 7천만 원을 제공하는 등 정치권에도 깊숙이 연루되었다.

결국 시사저널이 1996년 11월 처음 보도하려다 청와대·안기부의 압력으로 기사화하지 못했다가 1997년 3월에 보도한 이른바 '밀가루 북송' 사건은 1996년 4~11월에 남북한 간 뒷거래로 진행된 대북 지원사업이라는 '빙산'의 일각이었던 셈이다.

박채서는 또한 이들과의 대화에 등장하는 기업들과 그 기업들이 물자를 보낸 시점과 수량 등이, 당시 관련 기업들이 중국에서 무역회사를 통해 물자를 보낼 때 작성한 화물 송장과 수출 증명서 같은 근거 서류와 정확히 일치한다는 점을 확인했다. 예를 들어 한국 정부 당국은 1995년 지자체 선거 직전에 '쌀 주고 뺨 맞은' 이후 1995년 9월 베이징 쌀회담(이석채-전금철 대표)마저 결렬되자, 정부 차원은 물론 민간 차원의 대북 식량 지원을 중단했으며, 1996년 9월은 강릉 잠수함 침투사건으로 온 나라가 떠들썩했다. 따라서 잠수함 침투 사건의 와중에 물밑으로 식량을 지원했다는 것은 남북 지도부 간의 뒷거래가 아니고서는 설명이 되지 않았다.

그런데 북한 당국은 당초 거래에서 약속받은 물량의 절반에도 못 미치는 지원을 받은 것으로 보였다. 녹음 테이프에는 북한 고위층이 이에 대해 불만을 표출하는 대목도 들어있었기 때문이다. 이같은 발언은 1996년 6월 '남북한 지도부 공모설'을 공식 제기한 조영환 박사가 김영삼 정부의 대북 밀사였던 재미교포 김양일씨한테서 들은 북한 고위 관계자의 발언과도 일치했다. 다만, 한국 측이 당초의 약속을 지키지 않은 이유는 알 수 없었다. 물자 북송이 장기화하면서 비밀 거래가 노출될 위험에 처했거나, 예기치 못한 잠수함 침투 사건이 불거져 중단하지 않을 수 없게 되었으리라고 추정할 뿐이었다.

23 _ 김현철 사단의 정권 재창출 프로젝트

북한 붕괴 대비한 김현철 사단의 '국정 운영 제언서'

물은 위에서 아래로 흐른다. 그러나 정보는 아래에서 위로 거슬러 올라간다. 국가정보기관의 정보는 정보수요 발생→첩보 · 자료수집 활동→분석 · 판단보고서 작성→정보지원 서비스의 순서로 진행된다. 정보가 유통되는 조직이 공조직이 아닌 사조직일수록, 가치가 큰 정보일수록 정보의 역류 현상은 더 심하다. 특히 권력 유지나 통치 행위와 직결된 정보는 정보 수집 및 분석을 거쳐 최고통치권자에게 곧바로 전달된다.

또한, 대통령의 주변에는 정국의 흐름을 제대로 파악해 국정운영의 방향과 기조를 잡을 수 있도록 돕는 조언 그룹이 존재한다. 국정 운영에 대한 조언의 대부분은 청와대 참모진과 집권당, 그리고 정보기관 등 공조직이 담당한다. 그러나 일부는 공조직과 일정 정도 거리를 유지하면서 대통령에게 조언하는 비공식 라인, 이른바 '사조직'이 담당하기도 한다. 사조직은 조직 논리에서 자유롭기 때문에 공조직에 비해 좀 더 유연하고 객관적인 조언이 가능하다는 장점이 있다. 반면, 조직과 책임에서 자유로운 사조직이 특정 정파의 이해만을 위해 활동할 때, 그러한 순기능은 언제든지 역기능으로 바뀔 수 있다.

임기 초반에 군 사조직 '하나회'를 척결하는 등 사정과 개혁 드라이브로 역대 최고의 지지율(90%대)을 얻은 김영삼 대통령이 임기 후반에 역대 최저인 한 자릿수 지지율(8.4%)로 급락한 데는 IMF 외환위기를 초래한 무능함의 탓이 크 지만, 그 저변에는 한보스캔들로 불거진 아들 김현철 씨의 국정농단 의혹에 대 한 불만이 깔려있었다. 김영삼 대통령의 아들 김현철 씨 사조직이 국정 운영에 대한 조언을 넘어 농단으로 치달은 것에 대한 불만이었다.

한국은 학맥 사회다. 명문 경복고와 고려대를 졸업한 대통령의 아들에게는 아버지(YS)의 정치적 고향인 부산 출신과 이른바 K2(경복고)와 고려대 인맥이 포진해 있었다. 청와대와 안기부에 포진한 '김현철 사단'은 차기 정권을 재창출 하는 방안을 모색했다. 김 씨의 공 · 사 조직 라인이 결합된 김현철 사단(대선 기 획팀)에서는, 차기 정권 재창출을 위한 가장 확실한 방법은 정상회담 추진 같은 남북관계의 획기적 개선밖에 없다고 판단했다. 신동아가 입수해 1996년 9월호 에 '여권 사조직의 청와대 비밀 보고서'라는 제목으로 폭로한 '국정운영에 관한 제언서'가 그 근거이다.

물론, 그 전부터 공조직에서 올라온 보고서도 김영삼 대통령의 대북 인식 에 영향을 미쳤다. 김일성 사망(1994. 7)과 북한 경제난이 겹치면서 탈북자들이 대량으로 발생하자, 안기부는 물론, 국방연구원도 △북한 급변사태 전개 전망 및 대책(1994년, 대외비) △북한의 위기징후와 북중관계(1994년, Ⅱ급 비밀) △남북 군사통합 방안 연구(1994년, Ⅱ급 비밀) △북한위협 소멸 후 중장기 한 - 미 안보 협력 발전방향(1995년, Ⅱ급 비밀) 등 북한 붕괴론에 입각해 급변사태에 대비하 는 국책 과제를 집중 수행했다. 안기부에서는 북한군이 석유 등 에너지난으로 공군 전투기를 띄우지 못하고 있다고 보고했다.

김영삼 대통령은 1995년 12월 1일, 취임 이후 처음으로 통합방위중앙회의 를 주재하고, 조순 서울시장과 국방부 관계자 등 참석자들과 즉석에서 북한 정 세에 대해 일문일답을 하면서 북한을 '고장 난 비행기'에 비유해 말했다.

"북한은 김일성 사망 후 1년 6개월이나 됐는데 아직 후계자도 못 정하고,

꼭 고장 난 비행기가 떠다니는 것처럼 이게… 고장 난 비행기가 물에 떨어지면 좋겠지만 서울이나 이런 데 불시착하면 밑에 있던 사람들이 다 죽는다 …(중략)… 미그17기와 19기가 전방 배치돼 있는데, 3개의 비행장인데 바로 휴전선 근방인데, 우리 서울까지 내가 보고 받기는 5분 내로 온다고 이렇게 알고 있거든요… 이런 상황에서 북한이 자포자기식 대남도발을 자행할 가능성이 있다는 점을 경계해야 합니다."

김영삼 대통령은 이후에도 줄곧 북한을 '고장 난 비행기'에 비유해, 북한 붕괴론을 기정사실로 못 박았다. 김영삼은 이듬해 취임 3주년 기자간담회(1996. 2. 25)에서 "북한은 현재 확실한 내일을 모르는 '고장 난 비행기'와 같은 존재다"고 강조했다. 또 도쿄신문과의 기자회견(1996. 6. 21)에서도 "북한의 경제 위기는 구조적인 것으로, 북한은 현재 '고장 난 비행기'와 같아서 외부의 어떤 지원으로도 해결될 수가 없다"며 오히려 미국과 일본 등 '외부의 대북 관여'가 남북통일이라는 장기적인 국가전략에 영향을 줄 것이라고 우려를 표명했다. 북한이라는 '감'이 떨어지기만 기다리며, 김칫국부터 들이킨 셈이다.

북한의 붕괴를 기정사실로 간주하고 흡수통일에 대비해야 한다는 대통령의 인식은 정권 재창출 프로젝트를 기획한 김현철 사단에도 영향을 미칠 수밖에 없었다. 청와대 안팎의 김현철 사단이 1996년 6~7월에 작성한 앞서의 '국정운영 제언서'에는 △'DJ대세론' 사전 차단 △남북정상회담으로 집권 후반기 정국 주도 △북한의 붕괴 상정한 거국내각 구성 검토 등의 제언이 담겨 있다.

특히 눈길을 끄는 대목은 북한체제 변화 가능성을 분석하고 제언한 대응 시나리오이다. 제언서는 북한체제가 급격히 붕괴할 경우 "대통령선거를 치를 수 없는 긴급상황으로 현 정권을 유지하면서 거국정권 구성의 방향으로 나가야 할 것"이라며 "헌법 개정, 4년 대통령 중임제 고려" 등을 제시했다.

북한의 내부 변화를 가상해 우리 정부의 권력 구도와 연계해 시나리오를 작성한 이 보고서에는, 남북관계를 정략적으로 이용하려는 대목이 자주 언급되어 있다. 이를테면 △남북 정상회담이 성사될 경우 아(我)측에서는 집권 후반기를 통일 분위기로 주도할 수 있다 △정상회담은 국내 현안 및 DJ·JP의 정략 정치를 압도할 수 있는 파괴력이 있다 △남북정상회담은 가능한 한 빨리 성사시키는 것이 좋다고 판단된다 같은 '정략적' 표현들이다.

대선 기획팀은 한보·김현철 커넥션 의혹이 불거지기 전까지만 해도 이 보고서의 연장선에서 정권 재창출 및 대북 프로젝트 추진에 관한 보고서를 작성해 왔다. 단계별 시나리오를 상정한 이 보고서의 핵심은 역시 남북정상회담을 통한 정권 재창출이다. 그러나 김현철 씨를 정점으로 한 이 사조직은 한보 사태 와중에서 K2 라인의 핵심 인사인 이원종 정무수석과 오정소 안기부 차장이 경질됨으로써 해체의 길로 들어섰다. 한보 사태가 터져 정권 재창출을 위한 대북 프로젝트가 더 이상 작동하지 못한 것이다.

김현철과 재벌2세 '황태자 그룹'

1997년 4월 한보 국정조사 청문회에서 제기된 김현철의 대북 프로젝트 관련 의혹은 △한보의 대북 투자사업 △한보와 관련된 미국 곡물 메이저 카길사의 대북 곡물 판매 △황장엽 비서 망명 △남북정상회담 메시지 전달 등 네 가지였다. 이 중에서 한보의 대북 투자사업을 제외한 세 건은 1996년 9월 김현철 씨가 중국을 방문한 것과 관련이 있다.

김현철은 측근과 함께 9월 4~14일 동안 중국을 방문했다. 김현철 씨 부부와 그의 측근인 최동렬 청와대 행정관 부부를 포함해 8명이 동행한 중국 방문에는 김 씨의 비서실장 격인 정대희 행정관과 중간에 합류한 박상희 중소기업 중앙회 회장, 그리고 두 행정관과 가까운 사업가 한 사람이 여행 비용을 대는 '물주'로 함께 했다. 당초 현철 씨 측근들은 중국 방문 자체를 숨겼다. 그러나 김현철 씨 관련 녹음 테이프를 공개한 박경식 G남성클리닉 원장이 방문 사실을 폭로했다. 그러자 처음에는 중국 방문 자체를 부인했던 측근들도 "중국에 휴가 여행을 다녀왔다"고 해명했다.

김현철은 경복고-고려대 선배인 오정소 차장이 관리한 재벌 2세들의 모임인 경영연구회의 이른바 '황태자 그룹'을 통해 대북사업을 추진하도록 했다. 김현철의 '이너 서클'인 황태자 그룹의 멤버 중에서 김씨와 주로 술자리를 함께한 핵심 4인은 대호건설 이성호 사장, 코오롱그룹 이웅렬 회장, 진로그룹 장진호 회장, 한보그룹 정보근 회장이었다. 공교롭게도 당시 이들 30대 4인이 소유한 기업 그룹은 모두 대북 투자사업을 활발하게 추진해 왔다.

이 중 가장 주목되는 이는 현철 씨와 재계 2세 그룹을 연결하는 고리 역할을 한 것으로 알려진 대호건설 이성호 사장이다. 일부 언론과 박경식 G남성클리닉 원장은 대호건설이 서초종합유선방송 사업권을 따내고, 자회사인 세미냉장이 영동고속도로 소사휴게소 운영권을 확보하는 데 현철 씨가 개입했다는 의혹을 제기한 바 있다. 또 대호건설은 국내 기업 가운데 가장 먼저 옌볜 선호기업집단(리철호 총경리)을 통해 라진-선봉 지대의 공단 개발·이용·임대권을 확보해 관심을 끌었다.

이웅렬 코오롱그룹 회장은 김현철 씨와 같은 고려대 출신으로 비슷한 시기에 함께 미국에서 유학해 가까워진 것으로 알려졌다. 이 회장은 △코오롱그룹이 제2이동통신 지배 주주로 선정된 것 △김현철의 친구이자 나사본 사무국장 출신인 ㈜심우의 박태중 대표가 출자한 의류업체 파라오를 거액을 주고 인수한 것 △심우와 함께 원목 수입 사업을 추진한 것 등과 관련, 김 씨와의 유착 의혹이 제기되었다. 코오롱그룹 또한 김양일 '금강산국제그룹 고문'의 중개로 대북 투자사업을 벌였다. 시사저널이 보도한 '밀가루 북송' 사업을 주도한 그 김양일이었다. 진로그룹 또한 다른 대기업들과 함께 청와대가 요청한 대북 식량 및 물자 지원에 가담한 것으로 확인되었다.

김현철 씨는 1995년 10월께 한보 정보근 회장에게 비자금을 이용해 라진-선봉 자유무역지대에 투자할 것을 권유했다. 한보의 대북 투자 합작 파트너인 중국 연변 용흥집단공사의 최원철 회장은 시범사업으로 삼은 운수업 투자 계약을 하는 과정에 서울을 방문했을 때 김현철 씨가 자신을 수차례 만나 한보의 대북 진출을 적극 도와 달라고 요청했다고 증언했다.

또한, 한보그룹은 정부 허가를 받지 않고 북한 황해제철소의 경영권을 인수하기 위해 330만 달러(29억7천여만 원)를 불법 투자했다. 1995년부터 추진된 이른바 'NK 프로젝트'라고 부른 한보의 황해제철소 불법 투자(선철 수입 및 경영권 참여) 의혹은 제정구 의원(민주당)이 이미 제기한 바 있는데 사실로 확인된 것이다. 한보가 공식 경로를 무시하고 북한에 투자할 수 있었던 것은 1996년 북한에서 수입한 마그네사이트 대금을, 김현철 씨가 북한에 쌀을 제공할 미국 카길사에 주는 방안을 추진했던 것과 관련이 있었다.

김현철 대북 프로젝트의 최종 목표는 다른 여러 프로젝트와 마찬가지로 남북정상회담 추진을 위한 고위급 회담에 있었던 것으로 보인다. 그러나 황태자 그룹과 대북 비선들이 가동된 현철 씨의 대북 프로젝트는 강릉 잠수함 침투 사건이라는 예상치 못한 돌발변수와 전문성 부족으로 상당 부분 실패했다.

한보 청문회에서 불거진 '김현철 사조직'과 황장엽 망명 개입

한보 청문회에서 도마에 오른 김현철 사조직은 '광우회'와 '나사본'이다. 광화문 팀에서 이름을 타온 '광우회'는 1992년 대선 직전에 김영삼 후보를 돕기 위해 급조된 '민주사회연구소(민사연, 서울 중학동 미진빌딩팀)'가 원류다. 회원은 15명 안팎으로 상당수는 청와대 정무 – 민정수석실 3~4급으로 근무하고, 청와대 밖의 젊은 정치개혁 그룹과 연결돼 각종 국정 운영 보고서를 만들어 문민정부 출범 이후 국정을 주무른 '작은 청와대' 역할을 했다.

김영삼 대통령이 후보 시절에 만든 선거 사조직인 '나사본'은 대선 이후 해단식을 갖고 해체되었다. 그러나 최형우 총괄본부장과 김혁규 기획실장 등이 자금을 댄 이 전국 조직은 해체 뒤에도 상당 기간 김현철에 의해 '관리'되었다.

'나사본'은 김영삼 대통령 집권 초기 인기가 치솟을 때 대통령 휘장을 넣은 '영삼 시계'를 일부 만들어 팔아 수입을 챙겼다.

또한, 김현철의 친구로 '나사본' 사무국장을 지낸 박태중이 설립한 ㈜심우는 '나사본'을 관리하기 위한 위장업체라는 의심을 샀다. ㈜심우 직원으로 있다가 청와대에 들어가 나중에 무적(無籍) 근무 사실이 문제된 정대희 행정관과, 동아대 학생회장 출신으로 서석재 의원 비서관을 거쳐 김현철 씨와 연결되어 '나사본 청년사업단(청사단)'에서 대구·경북을 담당한 최동렬 행정관 등이 그런 의혹을 부채질했다. 실제로 심우 사무실에서는 청와대 현황과 배치표가 발견되기도 했다.

원목 수입업체인 ㈜심우의 박태중 대표는 1993년부터 사업상 알게 된 황장엽의 수양딸로 알려진 박명애(중국 선양 明興經貿公司 총경리) 씨를 두 달에 한 번 꼴로 만났다. 박태중은 황장엽의 대리인인 김덕홍(여광무역총회사 총사장)과 황 씨의 망명을 중개한 김숙향(천보산업 고문) 씨와도 여러 번 접촉했다. 김 씨는 황 씨의 친서를 박태중 - 김현철 라인을 통해 김영삼 대통령에게 전달했다.

김현철과 김영삼 대통령은 주체사상의 창시자인 황장엽의 친서를 읽고, 북한 정권이 붕괴할 날이 다가오고 있다는 확신을 갖게 되었다. 김현철 사단이 북한 급변사태에 대비한 '국정운영 제언서'를 만들고, 김영삼 대통령이 '고장 난 비행기' 발언은 한 것은 이런 배경에서다.

황장엽이 망명하기 전에 황 씨나 황 씨의 대리인인 김덕홍 씨를 접촉한 남한 인사는 수십 명에 이르나, 두 사람의 망명을 결정적으로 중개한 핵심 인물은 이연길 북한민주화촉진협의회 회장과 김숙향 천보산업 고문, 두 사람이다. 여성 사업가인 김숙향 씨가 '본의 아니게' 황장엽 망명이라는 거대한 공작의 중개인으로 말려들었다면, 또 다른 핵심 중개인 이연길 씨는 '자발적으로' 망명 공작에 가담했다.

이연길 씨는 함경남도 원산 출신으로 월남 후 미군 첩보대 KLO(속칭 켈로부대) 지대장으로서 대북 첩보공작의 최전선에서 활동했다. 이 씨는 소규모 사업체를 운영해 오다가 한국이 중국·소련과 수교한 이후 1993년 말에 '민간 차원의 대북 첩보 공작'을 구상했다. 이 씨는 1994년 봄에 '공작적 차원의 통일 방안'을 내건 북한민주화촉진협의회(북민협)라는 단체를 정식 출범시켰다. 즉 김정일 암살 및 반김정일 세력 지원 등 '공작 차원의 북한 흔들기'를 통해 북한 주민들을 해방시키겠다는 대북 선전 포고였다.

이 단체의 핵심 멤버는 안춘생(안중근 의사의 조카), 최장규(의병장 최익현의 손자), 전태준(안명근 의사의 손자 사위) 등 항일 민족주의 성향의 인사들이다. 이 씨는 북민협 출범 이후 수십 차례나 중국·러시아를 방문해 공작 활동을 펼쳐왔는데, 그중 하나가 바로 황장엽·김덕홍 씨 망명 공작이었다.

이 씨는 1993년 러시아에서 투병 중인 이춘배 장군(전 북한 인민군 4성 장군)을 통해 황장엽씨와 처음 접촉을 시도했다. 이후 이 씨는 1995년 하반기부터 1996년 초 사이에 북경에서 김덕홍씨를 비밀리에 만나 대화하는 과정에서 '김일성·김정일 세습정권 타도'라는 북민협 활동 목표에 서로 의기투합했다. 이 씨는 이후 황장엽 씨와 접촉하는 과정에서 △김정일 해외 망명 유도 △민중 봉기 유도를 통한 김정일 정권 타도 △비밀결사 조직을 통한 김정일 제거라는 황 씨의 망명 정부 수립 구상 및 망명 의사를 직접 확인했던 것이다.

김숙향 씨는 1980년대부터 금강산 관광·개발을 추진해온 김철호 명성그룹 회장의 대리인 자격으로 베이징에 머무르며 북한 인사들을 접촉하던 중에 1994년 베이징에 여광무역 회사를 개설한 김덕홍과 접촉하게 되었다. 여광무역은 황장엽 씨가 이사장인 국제주체재단의 대외 위장 명칭으로 해외교포 대상 기부금 모금, 무역 중개, 남한 기업인의 재북가족 상봉 등 각종 외화벌이 사업을 했다. 1994년 김덕홍씨와 처음 접촉한 장승학(한민족평화통일협회 이사장)에 따르면, 여광무역이라는 이름도 그때 지은 것이다. 이 무렵 김숙향 씨는 금강산 개발을 추진해온 김철호 회장을 김덕홍 씨에게 소개했다.

장승학 씨는 망명 전까지 황장엽 씨를 직접 만나지는 않았지만, 장 씨의 사촌형(장승렬)이 황 씨와 평양상업학교 동기 동창이어서 김덕홍 씨와 황 씨에 대한 대화를 많이 나누었다. 장승학 씨는 황장엽 망명 직후 자신을 찾은 김당 기자에게 이렇게 말했다.

"김덕홍과 여러 차례 만나 대화하는 과정에서 망명을 암시하는 분위기를 느꼈지만, 확신하지는 못했다. 황장엽 비서가 망명하자 직감적으로 이 작품(망명)은 김덕홍이 만든 것이라는 느낌이 들었다."

황 씨의 망명과 관련해 김숙향 씨의 역할이 언론에 익명으로 처음 등장한 것은 망명(1997년 2월 12일) 직후인 2월 15일 일본 NHK 방송을 통해서였다. 당시 베이징 소식통을 인용한 NHK 보도 내용은 다음과 같았다.

'황장엽과 함께 망명한 김덕홍 씨가 1996년 8월 북한 금강산개발 문제로 자신과 접촉하던 한국의 전직 대학 교수인 여성 실업가에게 한국 망명 의사를 처음 타진했다. 이 여성 실업가는 자신과 개인적으로 친한, 김영삼 대통령과 극히 가까운 인물에게 이 문제를 상의했으며, 최측근 인사는 다시 김 대통령에게 직접 보고함과 동시에 작년 9월 북경에 가서 김덕홍씨를 만나 황 비서의 망명 의사를 확인했다.'

정부는 부인했으나 NHK의 보도 내용은 나중에 대부분 사실로 확인되었다. NHK가 망명 중개인이라고 보도한 여성 실업가가 바로 김숙향 씨다. 김덕홍과 김숙향이 만남을 거듭하면서 신뢰 관계가 형성되자, 김덕홍은 1995년 10월께 중국 선양에서 김숙향 씨를 황장엽 씨에게 소개했다. 정·관·재계 유력 인사들과 교분이 두터운 김숙향 씨 또한 홍정길 목사(남서울 은혜교회)를 황 씨에게 소개하고, 대북 투자를 원하는 국내 기업인들을 중국에서 북한 인사들에게 소개하는 중개인 역할도 해왔다.

황장엽 씨는 자신의 김정일 제거 시나리오가 실현될 가망이 없고 망명 정부 수립을 위한 거점 확보도 여의치 않은 데다 신변 위험이 느껴지자, 김정일 체제에 결정적인 타격을 가할 수 있는 방법으로 한국행을 결심하게 되었다. 김숙향 씨가 김현철 씨의 측근인 박태중 씨를 소개한 것은 황장엽 씨의 요청 때문이었다.

1996년 7월 황 씨가 처음 자신의 망명 의사를 내비쳤을 때 김 씨는 이를 말렸다. 그러나 그 뒤로 망명할 뜻을 굳힌 황 씨는 망명 이후의 신변을 보장받기 위해 남한 내 최고 권력자(김영삼 대통령)의 직접적인 담보(보장)를 받을 수 있도록 믿을 만한 인사에게 선을 대달라고 김 씨에게 요청했다. 김 씨는 그 뜻을 평소 알고 지내던 박태중 씨에게 전달했고, 박 씨는 이 메시지를 김현철 씨에게 전달했다. 1996년 9월에 박태중·김현철 씨의 방중 목적은 바로 황 씨의 망명 메시지를 직접 확인하는 데 있었던 것이다.

황장엽 망명이 '실패한 공작'인 까닭

김현철 씨가 황장엽 씨의 요청으로 망명에 개입하게 된 것은 황 씨가 청와대와 안기부 같은 권력 핵심 조직조차 믿지 않았기 때문이다. 남한 권력의 핵심과 공조직에 대한 불신은 이연길 회장과 접촉하는 과정에서 한 다음과 같은 말에서 잘 드러나 있다.

"각별히 유념해야 할 것이 있습니다. 그쪽(남한) 권력 깊숙한 곳에 이곳(북한) 사람이 박혀 있습니다."

사실 여부와 관계없이 황장엽 씨는 남한 권력 핵심에 간첩망이 닿아 있다고 굳게 믿었던 것이다.

그러나 황씨가 공조직이 아닌 대통령 측근이라는 사조직과 접선했음에도 김숙향 씨는 황 씨의 친서와 함께 여러 문건을 안기부에도 전달했다. 대북사업을 추진해온 김숙향 씨는 이미 안기부 203실의 협조자였기 때문이다.[50] 김숙향 씨가 안기부 협조자라는 사실은 나중에 또 다른 안기부 203실 협조자인 재미교포 윤홍준 사건 수사에서도 알 수 있다. 김 씨는 203실 송봉선 단장의 요청으로 윤홍준을 보수단체인 '자유민주민족회의(이철승 회장)' 및 '대한민국 건국회'에 소개해, 윤홍준이 12월 16일 오후 3시 서울 여의도 63빌딩에서 기자회견을 할 수 있도록 도와줬다.

황장엽·김덕홍 씨는 망명 과정에서 김숙향·이연길 두 라인을 가동하는 이중 플레이를 한 것으로 보인다. 우선 김덕홍 씨는 두 사람 모두에게 황 씨의 친필 서신과 〈조선문제〉 같은 문건을 제공했다. 김숙향 씨는 이 문건들을 청와대뿐만 아니라 안기부에도 제공했다. 반면에 이연길씨는 김덕홍으로부터 받은 문건들을 평소 알고 지낸 월간조선 기자에게 제공했다. 안기부는 뒤늦게 자신들이 확보한 문건을 월간조선에서도 갖고 있다는 사실을 알고 이 씨에게 수거 압력을 넣고 조선일보사 측에도 보도 통제를 요청했으나 조선일보는 이를 받아들이지 않았다.

안기부는 김숙향 씨뿐만 아니라 이연길 씨를 통해서도 망명 의사를 확인하려고 직접 접촉을 시도했으나, 황 씨로부터 거절당했다. 황 씨 본인이 안기부를 통한 망명은 '자살 행위'로 인식해 완강히 거부했기 때문이다. 안기부에 대한 황 씨의 불신은 황 씨에 대한 안기부의 불신으로 이어졌다. 안기부로서는 당연히 고도의 정치공작이 아니냐는 의혹을 가질 법했던 것이다. 또한, 공작의 아마추어인 사조직이 개입해 대사를 그르칠지도 모른다고 우려했다. 안기부는 친서를 대통령에게 전달하고 황 씨에게 신변보장 메시지를 전달하는 문제로 김현철 씨를 포함한 사조직과 갈등을 빚었다.

김현철이 개입하면서 최동열 행정관은 청와대 민원 업무를 담당하면서도 수차례 중국을 방문했고, 1996년 9월에는 현철씨의 중국 방문을 수행했다. 그

주50 _ 김숙향 씨는 2010년 황장엽 비서 사망 이후 조선일보와의 인터뷰에서 "당신의 정체는 무엇인가? 대북사업가란 말도 있고 공작원이라는 말도 있다"라는 질문에 "나는 장사하는 사람이 아니고, 정보기관과도 아무런 관계가 없다. 난 기독교인이다. 북한 선교의 사명을 갖고 활동했다. 당초 기독교방송국을 평양에 세우려는 게 우리 목표였다"고 답했다. 그러나 국정원 공작문건에는 원에서 관리하는 '협조자'라고 돼 있다.

러나 남북관계나 대북 프로젝트는 박태중이나 최동렬 행정관 같은 김현철 사조직의 아마추어들이 다루기에는 너무 방대하고 전문적인 영역이었다. 황장엽 망명 이후 당시 안기부 해외정보실장은 김당 기자에게 이렇게 말했다.

"현철 씨 팀은 혈기방장하고 의욕만 넘쳤지, 전문성과 보안 의식이 부족했어요. 그 대표적인 실패 사례가 황장엽 비서 망명 개입 건입니다."

황장엽 비서가 망명에 성공해 현철 씨 캠프는 '한 건' 했을지 모르지만, 대북 공조직은 대통령의 아들이 개입함으로써 공작에 실패했다는 말이었다. 왜 이런 일이 벌어진 것일까?

어느 나라 정보기관이든, 공작은 먼저 대상을 선정한 뒤에 기본 목표와 임무를 선정한다. 황장엽 비서는 오래전부터 안기부에서 공을 들여온 '포섭 대상'이었다. 이는 단기 공작에서 흔히 부여되는 '유인 – 납치 대상'과는 중요한 차별성을 지닌다. 즉, '포섭 표적'은 신변에 위협이 올 때까지 최대한 박아두고 상대국의 정보를 활용하는 데 있지만, '유인 표적'은 주로 중요 군사 정보를 가진 인물을 빼돌려 적에게 타격을 주는 데 있다. 황장엽 비서는 학자 출신 이론가이지 군 및 정보기관과는 무관한 인물이었다.

따라서 황장엽은 처음부터 유인 대상이 아니었고, 실제로 안기부는 황 비서가 측근인 김덕홍 여광무역 사장을 통해 여러 번 망명 의사가 담긴 '사인(sign)'을 보내왔지만 이를 거부해 왔다. 그 까닭은 황 비서의 망명이 남북관계에 이익이 되지 못할 것이라는 판단 때문이었다. 오히려 안기부는 황 비서가 한국보다는 북한에 남아서 통일사업을 수행하는 것이 더 나을 것이라고 판단했다.

그러나 한건주의에 사로잡힌 김현철 캠프가 안기부의 특급 정보(망명 의사)를 가로채 일부 조직을 동원해 접촉하고 개입함으로써 황 비서는 망명하지 않으면 안 될 상황에 빠졌고, 오랫동안 공을 들여온 안기부는 공작목표를 포섭에서 유인으로 변경하지 않을 수 없었던 것이다.

김영삼 대통령 또한 안기부라는 공조직보다 사조직을 더 선호했다. 김영삼은 사조직으로부터 '걸어 다니는 주체사상'의 망명 의사를 사전에 인지한 것을 계기로 기존의 대북 연착륙 정책에서 공작에 의한 붕괴 가능성을 맹신하는 대북 강경책으로 선회했다. 돌이켜보면 1996년 APEC 회담 및 벳푸 정상회담에서 김영삼 대통령이 미국 클린턴 대통령과 일본 하시모토 총리에게 내보인 '과도한 대북 자신감'이 그 징후였다.

당시 김 대통령은 마치 '당신들이 북한에 대해 뭘 아느냐'는 식으로 비장의 카드가 있는 것처럼 자신감을 내비쳤다. 이는 황장엽 망명을 염두에 두고, 한국이 북한을 얼마든지 요리할 수 있다는 지나친 자신감에서 말미암은 것이었다. 북한이 붕괴하는 상황이 오면 1997년 대통령선거가 없을지 모른다는 김현철 사단의 국정운영 제언 보고서가 나온 것도 이런 배경에서였다.

김영삼 대통령은 안기부로부터 '황장엽 비서가 망명하려는 것 같다'는 보고를 미리 받았다. 그러나 '조국의 평화적 통일' 의무를 진 대통령이 황장엽 비서의 망명 의사를 사전에 인지한 것은 장기적인 대북정책으로 연결되지 못했다. 심지어 "황장엽 비서가 베이징주재 한국영사관으로 넘어왔다"는 안기부 보고를 처음 받았을 때도 김영삼 대통령은 북한 붕괴론의 미망(迷妄)에 사로잡혀 있었다. 김영삼은 황장엽 사망 당시 월간조선 인터뷰(2010년 11월호)에서 이렇게 말했다.

= 황장엽 망명이 북한체제에는 어느 정도의 영향을 줄 것이냐, 어떤 의미가 있을 것인가, 그런 부분에 대해서 어떻게 생각했습니까?

"그때는 그런 생각을 했지요. 김정일 체제는 무너진다, 북한체제는 무너진다, 이렇게 완전히 판단했어요."

황 씨의 망명은 결과적으로 김정일에게 충격을 주었을지는 모르지만, 남북관계를 오히려 더 악화시켰다. 어쩌면 이는 황장엽 망명을 정권 재창출을 목적으로 사조직에 의존해 공작 차원에서 추진한 '전략 없는 대북정책'이 빚은 당연한 결과였다.

24 _ '북풍 공작'에서 '총풍 공작'으로

박관용 비서실장의 대북 비선 '장석중 – 김진송 라인'

김현철은 1996년 총선 때만 해도 청와대에 포진한 자신의 인맥과 안기부 여론조사를 활용해 공천에 개입하는 등 국정 운영에 영향력을 행사했다. 그러나 1997년 벽두부터 터진 한보스캔들과 국정 개입 의혹으로 김영삼 대통령은 그해 5월 국민 앞에 머리를 숙이고 아들이 구속되는 것을 지켜봐야 했다.

큰 판(대선)을 앞두고 주군(主君)을 잃은 청와대의 민주계 출신 젊은 비서관·행정관들은 이른바 김심(金心; 김영삼 대통령의 의중)의 향배를 두고 난상 토론을 벌였다. 참석자들은 '이회창 대세론'과, YS와 이회창의 껄끄러운 관계를 의식해 중립을 지키는 쪽으로 나뉘었으나, 대세는 이회창을 따르자는 쪽이었다. 특히 11월에 김영삼 대통령이 한나라당을 탈당하자, 이들은 부담 없이 청와대 안에 이회창 후보 비선 조직을 만들어 정권 재창출을 위한 대북 프로젝트를 기획했다.

청와대 내의 '이회창 사단'은 이산가족 상봉 같은 '포지티브 카드'와 대북 지원을 대가로 한 북풍 거래 같은 '네거티브 카드'를 동시에 준비했다. '브레인스토밍' 차원에서 제기된 대북 프로젝트 중에는 판문점에서 총격전을 벌여 전시 상황을 조성해 대선을 무기한 연기함으로써 YS 임기를 자동 연장시키는 안까지 있었다. 대선일이 다가와도 이회창의 지지율이 좀처럼 반등할 기미를 보이지 않자, 초조해진 이들은 '아이디어' 차원에 머물렀던 대북 카드를 실행에 옮기기로 했다.

처음에는 '포지티브 카드'를 쓰려 했던 신한국당이 한나라당으로 바뀐 뒤에 '네거티브 카드' 쪽으로 돌아선 것도 병풍(兵風)[51]을 맞아 떨어진 이 후보의 지지율을 만회하기 위해서였다. 1996년 2월 민주자유당이 당명을 바꿔 새로 창당한 김영삼 정권의 집권당인 신한국당은 1997년 11월 한나라당으로 당명을 바꾸어 재창당했다.

신한국당 시절에는 '포지티브 카드'를 쓰기 위해 대북 비선을 관리해 온 신한국당 중진 의원들이 가동되었다. 1997년 9월 당시 이명박 의원은 선거법 위반 사건으로 '제 코가 석 자'인데도 비밀리에 베이징으로 가서 북한 국가보위부가 직영한 식당주점 해당화에서 아태평화위원회 강덕순 참사(대남 공작기관인 통전부 국장 겸임)를 만나 이산가족 상봉 방안 등을 논의했다.

한편, 1997년 11월 20일 신한국당이 한나라당으로 바뀔 무렵에 정재문 의원은 베이징 장성호텔에서 강덕순 아태평화위 참사와 안병수 조평통 부위원장을 두 차례 만나 대북 지원을 대가로 '북풍 뒷거래'를 했다. 정재문 국회 통일외무위원장은 중진 의원인데도 한나라당 창당대회 일에 베이징에서 북측과 비밀회동을 했다. 정 의원은 선거일이 한 달도 채 안 남은 상황에서 '한가하게' 이회창 후보 당선 뒤의 남북관계를 의논했다고 말했다.

청와대에서 아이디어 차원의 대북 프로젝트를 실행에 옮기는 데는 오정은(吳靜恩, 45) 행정관이 주도적 역할을 했다. 부산 출신인 오정은은 연세대 졸업 후 프랑스에서 유학하고 귀국해, 외삼촌인 박관용(朴寬用) 청와대 비서실장의 추천으로 청와대에 들어가 민정비서실에 근무했다. 오정은은 자신을 '민정수석실 대북담당 과장'이라고 소개할 만큼 북한 문제에 관심이 많았다. 박관용 의원

주51 _ 이회창 후보 아들 병역 비리 의혹

은 김영삼 정부 초대 대통령 비서실장 시절부터 남북정상회담을 염두에 두고 대북 비선을 가동해 왔는데, 비서실장에서 물러난 뒤에 대통령 정치특보를 하면서도 대북 비선을 유지했다. 그 비선 가운데 하나가 오정은이 소개해준 '장석중 – 김진송 라인'이다.

오정은과 장석중(張錫重 47, 대호차이나 대표)은 1994년 12월 당시 장 씨가 거래한 현대종합상사 우○○ 부장의 소개로 알게 되었다. 오정은은 장석중의 대북무역업에 편의를 봐주고, 장석중은 대북무역을 하면서 얻은 북한 관련 정보를 오정은에게 제공하며 서로 친교를 맺었다. 대구에서 상고를 나와 명지대 무역학과를 졸업한 장석중은 무역회사를 운영하면서 박상희 중소기업중앙회장과도 친분을 맺었다. 이후 오정은은 장석중으로부터 "김정일과 통하는 대북 라인이 있다"는 말을 듣고, 1995년 5월 장석중 – 김진송을 당시 대통령 정치특보였던 외삼촌에게 소개했다.

오정은과 한성기(韓成基 38, 진로그룹 고문)는 1997년 3월 고려대 언론대학원 최고위 과정을 함께 다니면서 알게 되었다. 한성기는 고려대 언론대학원 말고도 최고위 과정만 10여 개를 다녔다. 이후 7월경 한성기가 오정은에게 ㈜진로의 부동산 매각 및 화의신청이 성사되도록 힘써 달라는 청탁을 하고, 정치권에 대한 정보를 제공하면서 가까워졌다. 경남 고성 출신으로 창원대를 졸업한 한 씨는 부산에서 잠시 교사로 근무하다가 상경해 특별한 직업 없이 고위층 인사들과의 교분을 활용해 행세하곤 했다.

한편, 한성기와 장석중은 두 사람을 다 아는 오정은의 소개로 알게 되었다. 1997년 11월 중순 장석중은 현대종합상사로부터 차용한 2억 원의 채무를 변제하지 못해 담보로 제공된 가족의 부동산에 대한 경매를 통보받는 어려운 처지가 되자 오정은에게 해결을 부탁했다. 장 씨는 중국을 통해 북한 농산물을 수입해 현대에 납품하고 대금 2억 원을 받았는데, 나중에 중국산으로 판명되자 2억 원의 손해배상 요구를 받게 된 것이다. 이에 오정은이 정 – 재계에 발이 넓은 한성기를 장석중에게 소개해줌으로써 두 사람이 알게 되었다.

옥수수 박사 김순권 방북 중개한 '장백산' 장석중

장석중(대호차이나 대표)은 북한 수산물을 들여오는 교역사업을 하면서 북한 군부에 인맥을 쌓아 북한에 네 번 다녀왔는데, 그중 두 번은 필리핀 국적의 위조 여권으로 밀입북한 것으로 알려졌다. 장석중은 현대그룹 정주영 회장의 고향 강원도 통천(通川)의 생가와 친척들을 비디오로 찍어와 서울 계동 현대 사옥에서 틀어 정 회장을 감동케 한 일화도 있다.

그가 이처럼 북한을 드나들 수 있었던 데는 중국에서 수산물 교역사업을 하면서 김진송이라는 확실한 '줄'을 잡은 것이 계기였다. 중국 선양(瀋陽)의 조선족 사업가인 김진송(민족경제개발공사 총경리)의 어머니는 김일성과 함께 항일 빨치산 활동을 한 서순옥이다. 서순옥은 어머니 없이 자란 김정일 · 김경희 남매를 키워 준 양어머니 같은 존재였다. 김일성이 사망하자 김정일은 서순옥을 평양 근교 별장으로 불러들여 김일성의 항일 빨치산 활동을 구술케 했다.

김진송은 이러한 어머니 덕분에 북한을 마음대로 오가고 고위층도 만날 수 있었다. 장 씨는 이런 김 씨를 후원하며 대북사업을 시작했다. 김진송이 북한에서 중국으로 수산물과 한약재를 가져오면, 중국 현지에서 장 씨가 밀가루를 주고 이를 받는 물물 교환 방식이었다. 그가 김진송을 매개로 장 씨와 거래한 북한쪽 파트너는 인민군 후방총국이 운영하는 룡흥무역(사장 김양구)이었다. 이 때 장 씨는 북한 측의 요구로 '장백산'이라는 이름을 사용했다.

중국을 통한 남북한 중개 무역을 계속하던 장 씨는 1995년 7월 7~21일 안기부 묵인 아래 필리핀 사람으로 위장해 '필립스 장'과 '장백산' 명의로 된 여권을 만들어 김진송과 함께 중국 단둥에서 기차를 타고 신의주를 통해 북한으로 들어갔다. 장 씨는 평양을 거쳐 금강산 부근 철책선까지 둘러보고 중국으로 빠져나왔다. 이 시기에 장 씨는 김진송의 이름을 딴 배 '진송 1호'와 '진송 2호'로 남포와 인천·군산을 오가며 북한 수산물을 실어 날랐다. 사업 파트너인 룡흥무역은 남포 외항에 이 배를 위한 접안 시설까지 따로 만들어주었다.

장 씨는 한국의 민간 기업을 북한에 연결해 주고 대북 경협사업을 자문하는 컨설팅 사업도 했다. 물론, 대북사업 컨설팅은 돈벌이를 위한 거였다. 장 씨는 대북사업을 하는 민간 기업이라면 대기업이건 중소기업이건 가리지 않고 브로커 역할을 하며 돈을 챙겼다. 그러나 남북한 사이에서 서로에게 이익이 되는 컨설팅도 여럿 했다.

1996년 3월 북한과 합의한 '북한 원산지 표시 증명 제도'도 그가 관여했다. 당시만 해도 중국산 농수산물을 북한산이라고 속여 파는 경우가 많아, 대북 무역업자들이 피해를 보는 사례가 많았다. 장 씨는 한국농촌경제연구원 김운근 박사, 청와대 오정은 행정관, 북한의 대외경제위 리철운(리철) 과장과 이 문제를 토론한 뒤, 남북한을 오가며 협상을 벌여 북한산 농수산물의 원산지 증명 제도를 정착시켰다.

장석중은 '옥수수 박사'로 유명한 경북대 김순권(金順權) 교수를 북한으로 데리고 가서 남북한 농업 협력의 물꼬를 트기도 했다. 북한 노동당 사회문화부가 남파한 부부 간첩 최정남－강연정은 고영복 명예교수를 검열하고, 고 교수에게 김순권 박사가 개발한 '슈퍼 옥수수' 종자를 입수할 방안을 강구해 달라고 할 만큼 식량난을 해소하는 데 필사적인 노력을 기울였다. 장 씨가 남파간첩도 못한 일을 해준 셈이다.

장 씨가 대북사업과 컨설팅을 하면서 수행한 '위험한 부업'은 청와대와 안기부에 북한 정보를 제공하는 것이었다. 김영삼 정부 초기 남북정상회담 이야기가 나오던 무렵, 그는 북한의 주석궁 내부를 찍은 비디오테이프를 안기부에 건넸다. 김진송이 찍어 준 이 자료는 정부에서 아주 요긴하게 쓰였다. 김영삼 대통령이 남북정상회담을 위해 평양에 가면 경호 등 여러 가지 문제로 주석궁의 내부 구조를 알아야 했기 때문이다. 이처럼 그는 한때 유능한 안기부 협조자 노릇을 했다. 장 씨는 정보 협조를 대가로 안기부로부터 매월 2천 달러씩 받았다.

당시 장 씨는 김진송과 함께 진송2호를 타고 한국에 두 번 밀입국했다. 김영삼 정부 초기에 대북 밀사 노릇을 한 김 씨는 조선족 사업가로 알려져 있으나, 안기부는 조선족 사업가로 위장한 북한 공작원으로 판단했다. 안기부는 평양의 메시지를 갖고 밀입국한 김진송과 장석중이 오정은의 소개로 박관용 대통령 정치특보와 서울 서교호텔 일식당에서 만난 것을 나중에 확인했다. 박관용 특보는 장 씨를 청와대로 불러 "북에 핵이 있는지 알아봐 달라"고 부탁하기도 했다. 이로 인해 고유 영역을 침해당한 안기부는 청와대와 갈등을 빚기도 했다.

김영삼에서 이회창으로 갈아탄 '나사본' 출신들

박관용 의원은 민주계이지만 신한국당 사무총장 시절 당내에 이른바 '이회창 대세론'을 전파했으며, 대선 때는 한나라당 부산 선거대책위원장을 맡아 다른 민주계 의원들처럼 이 후보를 적극 지원했다. 그런데 대선의 판세를 뒤집기 위해 선거 막바지에 북한을 선거에 끌어들이려는 이회창 후보 진영의 안간힘은 집권이 지상목표인 정치인들에게만 국한된 것은 아니었다.

오정은은 별정직 3급 공무원으로서 김영삼 대통령 퇴임 후의 신분유지에 불안을 느껴오던 터였다. 오정은은 한성기에게 자신의 고민을 얘기하며 "대선에서 무언가 역할을 해보고 싶다"고 말했다. 한성기는 오정은에게 이렇게 제안했다.

"이번에도 여당에서 정권 창출을 해야 할 텐데, 여당에서는 이회창 후보밖에 대안이 없습니다. 오 국장님도 자리보전이 불안한 청와대에 있는 것보다, 이번 기회에 열심히 뛰어서 정계로 진출하는 게 낫지 않겠습니까. 오 국장님이 이회창 후보가 대통령에 당선되도록 대선 사조직을 만들면, 장진호 회장에게 이야기해 자금을 지원받을 수 있도록 해보겠습니다."

한성기와 이회창 후보 선거운동을 위한 비선조직을 구성키로 합의한 오정은은 1992년 대선을 앞두고 당시 김현철이 이끈 김영삼 후보 사조직인 '나라사랑실천운동본부(약칭 나사본)'에서 활동하면서 대선 기획업무 경험이 있는 청와대 민정비서실의 조청래 행정관을 끌어들였다. 같은 부산 출신인 조청래는 김현철 씨가 소장으로 있던 중앙조사연구소를 확대 개편한 민주사회연구소 출신으로 청와대에 근무하면서 1996년 9월 김현철의 중국 방문을 수행한 바 있다. 오정은은 조청래가 작성한 〈비선 참모조직 및 전국 규모의 청년홍보단 운영계획〉이란 기획안을 토대로 두 가지 형태의 조직을 가동시키기로 했다.

하나는 비선 참모조직팀이었다. 이 후보의 대선전략 기획, 이미지 관리, 후보 득표력 제고를 위한 이벤트 창출을 목적으로 소규모로 기민하게 상황 대처할 수 있도록 오정은, 조청래, 윤만석(이명박 의원 보좌관), 고성국(정치평론가) 등 4인으로 단출하게 구성하기로 했다.

다른 하나는 '나사본' 같은 대중조직이었다. 후보의 대선 유세 지원, 홍보활동을 목적으로 20~30대 청년들로 전국 규모의 청년홍보단을 조직하는 것이었다. '나사본 청년사업단 조직본부장' 출신의 최동렬 청와대 행정관과 그가 물색한 나사본 출신 조직원 10여 명을 중앙관리단에 배치하고, 전국에 시 – 도 지부를 구성하기로 했다.

오정은과 한성기는 10월 중순경 서초동의 장진호 회장 집을 방문해 〈비선 참모조직 및 전국 규모의 청년홍보단 운영계획〉안에 소요자금 15~20억 원을 기재해 보고했다. 두 사람은 10월 하순 일단 장진호 진로 회장으로부터 비선조직 운영자금으로 7천만 원을 제공받아, 한성기가 2천만 원을 가져가고, 오정은은 5천만 원을 조직운용비 등으로 사용했다.

조청래는 11월 초순 서울 평창동에 소재한 송담빌딩 3층에 사무실을 마련했다. 조청래는 이곳에서 윤만석 · 고성국과 함께 '몇 가지 고려사항'이라는 제목의 보고서를 비롯해, '대통합 정치 구현', '합동토론회 대응방안' 등 이회창 후보의 이미지 제고 및 현안문제에 대한 대응방안, 상대 후보 진영의 동향 등을 담은 대선전략 보고서 18건을 작성해 오정은을 통해 12월 초순까지 약 10회에 걸쳐 이회창 후보에게 전달했다.

오정은은 평창동 비선팀이 밤을 새워 작성한 따끈따끈한 보고서를 품에 안고 매일 아침 서울 구기동 이회창 후보의 자택 앞에서 기다렸다가, 아침 7시에 출근하는 이회창 후보의 승용차 안에 직접 전달했다. 이 같은 전달 방식은 한성기가 이회창 후보의 동생인 이회성(李會晟, 전 에너지경제연구원장)에게 대선전략 보고서를 '직보할 수 있는 방법을 제시해 달라'고 요청해 승낙을 받은 것이었다.

한성기는 1996년 9월 16일 미국 L.A에서 귀국하는 비행기에서 옆자리에 앉은 이회성 당시 에너지경제연구원 고문과 명함을 교환하면서 처음 알게 되었다. 그 후 한 씨는 이듬해 7월경 '에너지가 사라진다'라는 다큐멘터리를 기획한다는 명목으로 이회성을 찾아가 면담하고, 그 후 8월에 그가 신한국당 대통령 후보로 선출된 이회창의 친동생이라는 사실을 알게 되자 이 씨에게 더 접근했다. 이후 한 씨는 9월에 부도 위기에 몰린 '진로그룹 고문' 명함으로 활동하면서, 이 씨에게 장진호 회장을 소개해 두 사람의 만남을 세 번이나 주선했다.

한성기는 오정은이 전달한 '평창동팀 보고서'와 별도로 자신만의 '주특기'를 살려 개인 플레이를 하기도 했다. 한 씨는 당시 박찬종(朴燦鍾) 한나라당 고문이 탈당해 국민신당에 입당하려는 움직임을 알고서, 이 내용을 이회창 후보에게 전달할 목적으로 12월 2일부터 8일까지 박찬종의 이탈 시기 등 박찬종 고문에 관한 동향 보고서 4건을 직접 작성해 이회창 후보의 아침 출근길에 이 후보의 운전기사를 통해 전달했다.

한성기는 보고서만 전달한 게 아니라 장진호 회장과 함께 정치 현장에 직접 뛰어들기도 했다. 한성기는 12월 7일 밤에 박찬종 고문의 거취를 최종 논의하기 위한 자리를 장진호 회장이 서울 프라자 호텔에 마련하도록 한 뒤에 '이날 나오지 않으면 박 고문을 놓치게 돼 선거에 질지 모른다'는 메시지를 전하고 이회창 후보를 기다렸다. 그러나 이 후보가 끝내 나타나지 않자, 박 고문이 다음

날 새벽까지 술을 마신 뒤 곧바로 국민신당에 입당해 버려 모든 것이 물거품이 되었다고 한탄했다.

장진호 회장은 그해 9월쯤 외환위기가 찾아오면서 진로그룹이 부도를 내자 이회성 씨에게 진로의 부동산 매각과 화의신청이 성사될 수 있도록 도와 달라고 부탁했다. 장 회장은 부동산이 매각되면 당시 탈당설이 나돌던 박찬종 고문에게 자금을 지원해 이회창 후보 진영에 남도록 유도하는 것은 물론, 이 후보에게도 대선자금을 지원하겠다고 약속했다. 그러나 '대선자금을 먼저 지원해 달라'는 이회성 씨의 요청에 장 회장은 '부동산 매각이 우선'이라며 거부해 '거래'는 성사되지 못했다.[52]

소요자금이 15~20억 원인 청년홍보단도 가동되지 못했다. 오정은은 청년홍보단 운영을 위해 11월 초순경 최동렬에게 활동자금으로 1천500만 원을 제공하고, 서울 강남구 도곡동에 17평 규모의 사무실을 마련해 준비작업에 들어갔으나, 장 회장으로부터 조직 가동을 위한 자금 지원이 이뤄지지 않아 활동을 중단했다.

총풍 3인방의 '007 코스프레'와 충격 요청 '불장난'

세 사람은 11월 내내 오정은 – 한성기가 매일 아침 보고서를 제출하는 등 이회창 후보의 대선 승리를 위해 노력하고 있음에도 이 후보의 지지율이 답보상태를 벗어나지 못하자, '특단의 대책'이 필요하다는 점에 공감했다.

이 무렵 오정은은 청와대에서 가까운 삼청동의 카페 하비비에서 장석중에게 한성기를 소개했다. 세 사람은 김순권 박사의 방북을 고리로 현대의 대북사업을 지원함으로써 장석중의 현대에 대한 채무를 연기받는 방안을 논의하다가,

---

주52 _ 문어발식 확장으로 재계 10위까지 올랐던 진로그룹은 2003년에 법정관리와 계열사 분할매각을 통해 공중분해되었다. 장진호 회장은 2003년 수천억 원에 달하는 분식회계와 비자금 횡령 등으로 징역 2년6월, 집행유예 5년을 선고받았다. 집행유예 기간이던 2005년 캄보디아로 도피했다가, 2010년 중국으로 거처를 옮겨 재기를 노렸으나, 2015년 4월 베이징에서 심장마비로 사망했다.

"북한에서 절실히 원하는 김순권 박사를 보내면 장 사장의 사업뿐 아니라, 대선과 관련해 활용할 수도 있을 것 아니냐"고 제의했다. 장석중은 10월 16일 북한 아태평화위로부터 방북 초청장을 받아 김순권 박사의 방북을 추진하던 중이었다. 이렇게 해서 일단 김순권 박사의 방북 건을 대선과 연계시키는 방안을 고려해 보기로 했다.

이어 11월 하순 오정은과 한성기는 카페 하비비에서 다시 만나 대선 후보 지지도 여론조사 결과를 분석하면서 이 후보 지지율을 제고하는 방안을 논의했다. 한성기는 자신이 입수한 고급 첩보라며 이렇게 말했다.

"국민회의에서 이회창 후보의 아들 병역 문제와 관련해 1탄, 2탄을 준비하고 있다고 합니다. 1탄은 국민회의가 휴전선 철책에 근무하는 초병을 탈영하게 해 서울에서 이회창 후보의 퇴진을 요구하는 시위를 벌인다는 계획이고, 2탄은 이 후보 부인인 한인옥 여사로부터 뇌물을 받은 브로커나 병무 담당자를 찾아 양심선언을 하게 해 이 후보를 낙선시키려는 움직임이 있습니다. 이대로는 이 후보의 당선이 어려우므로 특단의 대책이 필요합니다. 국민회의 공작에 대처하는 유일한 방법은 휴전선 총격전인데, 시시한 것 갖고는 안되고 한번 '쾅'하고 크게 터져야 합니다. 마지막 대안은 북한 카드밖에 없습니다."

당시 국민회의는 군 출신 임복진 – 천용택 의원을 중심으로 이회창 후보 아들의 병역 비리 의혹을 집중 제기해, 이 후보는 '대쪽 이미지'에 상처를 입고 수세에 몰린 상황이었다. 또한, 국민회의는 서울지방병무청 직원 이재왕 씨를 접촉해 12월 10일 "이회창 후보의 아들 이정연 씨가 '고의 감량'을 통해 병역면제를 받았다"고 폭로하는 기자회견을 하도록 주선했다. 따라서 한성기가 입수한 '고급 첩보'는 나름 근거가 있었다. 그러나 철책 근무 초병의 시위나 병무청 직원의 양심선언 공작은 자칫 국지전으로 번질 수 있는 휴전선 총격 요청과는 차원이 다른 문제였다. 오정은은 다소 주저하면서 말했다.

"만약 그런 사건을 일으키면, 오히려 여당이 덮어쓸 가능성이 많을 텐데.

북한 사정은 장 사장이 정통하니, 장 사장을 만나 북한의 동향을 들어보고 의논해 봅시다."

한성기는 거듭 총격 요청을 제안했다.

"선거에 임박해 이틀 정도 (총격을) 하면, 야당이 대응할 여유가 없어요. 내가 북경에 가서 북한 사람들을 만나보겠습니다."

3인방이 이런 모의에 동의한 데는 나름대로 꿍꿍이속이 있었다. 이 후보가 당선될 경우, 오정은은 청와대 별정직 3급 공무원으로서 현직 유지가 가능하고, 승진하거나 출신 지역에서 정계 진출의 발판을 마련하는 기회를 삼을 수 있다고 판단했다. 한성기는 선거에 공을 세워 내심 이회성을 통해 안기부장 특보직을 받을 것으로 기대했다. 장석중은 당시 북한에 농업용 자재와 기술을 제공하고 농산물을 받아오는 계약재배사업을 성사시키기 위해 오정은 – 박관용 라인을 통해 김순권 박사의 방북을 추진하고 있었다. 따라서 김 박사의 방북을 성사시키면 현대의 2억 원 채무변제는 물론, 앞으로 오정은 – 박관용을 배경으로 원활한 대북사업을 할 수 있는 등 보상이 있을 것으로 기대했다.

오정은 · 한성기 · 장석중 3인은 11월 말경 삼청동 총리총관 뒤편 골목에 있는 오복집에서 만나 대선 상황을 점검하고 방안을 논의했다. 오정은은 김순권 박사 방북 건으로 북한 측과 접촉해온 장석중에게 먼저 북한의 최근 동향을 이야기해 달라고 했다. 장석중은 이렇게 말했다.

"북쪽은 북경에 100여 명의 공작원을 상주시키면서 국내의 각 상사 주재원 등을 통해 국내 대선 첩보수집에 혈안이 되어 있습니다. 북한은 김정일이 DJ를 상대하기 어렵다고 여기기 때문에 DJ가 당선되는 것을 바라지 않습니다. 당초 이인제가 젊어 상대하기가 쉬울 것으로 판단하고 이인제를 선호했으나, 당선 가능성이 없기 때문에 지금은 이회창 쪽으로 선회한 것 같습니다. 북한에서는 휴전선 총격전을 비롯해 DJ의 친북 활동 및 북한자금 유입설 유포, DJ의 통일정책 지지 등 다양한 방법으로 대선에 개입할 수 있다고 봅니다."

'베이징에 상주한 100여 명의 북한 공작원'은 다소 과장되었지만, 장석중이 파악한 북한의 정세 판단과 대선 개입 의도는 대체로 정확했다. 한성기는 다시 한번 '총격 요청 카드'를 역설했다.

"이회창 후보의 지지율이 답보상태에 있으니, 선거가 임박한 시점에 4.11총 선 때처럼 판문점에서 무력시위가 있어야 합니다. 홍보가 중요하므로 사전에 북측과 약속된 지점에 미리 카메라를 설치해, 북측에서 총기를 난사하고 내려 오는 장면을 실감 나게 찍어 뉴스 속보로 방영하면 국민에게 충격이 그대로 전 달되어 효과가 극대화될 것입니다."

잠자코 듣고 있던 오정은도 방송카메라 얘기가 나오자 적극 공감을 표시 했다.

"4.11총선 때처럼 판문점에서 군인들이 왔다갔다 이동하는 것이 좋겠습니다. 판문점에는 카메라가 설치되어 자동으로 촬영되므로 이를 활용하면 됩니다."

그러자 장석중이 맞장구를 쳤다.

"그런 문제라면 자신 있습니다. 내가 한 고문을 북측 인사와 만날 수 있도 록 주선하겠습니다."

장석중은 사업가였다. 장석중은 그 대신 오정은에게 "김순권 박사의 방북 승인 일정을 책임져 달라"고 요청했다. 오정은은 통일원에 승인일정을 챙겨보 겠다고 약속했다.

그렇게 해서 오정은은 통일원에서 김 박사의 방북 승인을 얻어내고, 장석 중은 한성기를 베이징으로 안내하여 북측 인물과 접촉을 주선하며, 한성기는 북측 인사들을 만나 대선 직전 북한군의 휴전선 총격 등 무력시위를 요청하기 로 역할을 분담했다. 이렇게 해서 4.11총선의 '북풍 학습 효과'와 '007 코스프레' 에 빠진 청와대 행정관과 사업가, 그리고 아마추어 공작원은 각자의 영달을 목 적으로 이회창 후보를 당선시키기 위해 베이징의 스파이 소굴에 뛰어들었다.

제6장
아마추어 '총풍 공작'과 프로의 '아말렉 공작'

프랑스 국토감시국(Direction de la surveillance
du territoire, DST)

...

음지에서는 엄격하고, 양지에서는 명철하게

Inflexible dans lombre, etincelante dans, la Lumiere

25 _ 총풍은 판문점 북풍 '학습효과'의 산물

유사 시 '알리바이'와 장진호 – 이회성의 역할

1997년 베이징은 북한 통일전선부와 남한 국가안전기획부의 치열한 정보전이 전개된 '거대한 공작 백화점'이었다. 그 공작 백화점에 아마추어 공작원들이 쇼핑하듯 뛰어든 것이다.

장석중은 12월 초순 베이징 방문 시 대선 문제 등을 논의하기 위해 베이징주재 북한 대외경제위원회 리철운 협력처장에게 전화해 사전에 응낙을 받았다.

"이번에 한성기라는 분과 함께 12월 10일 베이징에 갈 예정입니다. 정계에 영향력이 있는 분입니다. 김순권 박사의 방북 건은 틀림없이 이루어질 것이니, 대선과 관련해 긴히 논의할 수 있는 사람을 만나게 주선해 주십시오. 우리는 숙소를 캠핀스키 호텔로 잡았으니, 10일 거기서 만났으면 합니다."

세 사람은 12월 9일 삼청동 오복집에서 다시 만나 리철운과의 통화 내용을 공유하고 무력시위 요청에 관한 '작전 계획'을 최종 점검했다. 한성기는 장진호 회장에게 무력시위 요청 계획을 보고해 사전에 장 회장으로부터 북한 주민접촉 신청에 필요한 무역업 필증 등의 서류를 발급받았다. 유사시 '알리바이'를 위한 사전 준비였다. 세 사람은 만약 공안기관에 노출되면, 김순권 박사의 방북 등 남북교류를 추진할 목적으로 접촉했다고 이야기하기로 입을 맞추었다.

　사업가에게 '위기'는 위험이자 기회다. 한성기는 자신이 이회창 후보의 당선을 위해 얼마나 큰 위험을 무릅쓰고 활동하는지를 동생인 이회성 고문에게 확실하게 각인시킬 필요가 있었다.

　이회성 고문은 대선 기간인 11월 11일부터 12월 20일까지 조선호텔 코너 스위트룸(1124호)을 친구 명의로 빌려 사실상 선거사무실로 사용했다. 한 씨는 11월 하순경에 조선호텔에서 이회성을 만나 "대선에서 특단의 조치가 있어야 한다"면서 "북경에 가서 북한 사람들과 만나 4.11총선 때처럼 북풍을 일으켜 달라고 제안할 생각이다"고 운을 떼어 놓았다. 그리고 출국 이틀 전인 12월 8일 조선호텔 스위트룸으로 찾아가 이회성에게 무력시위 요청 계획을 보고하고, 여비조로 500만 원을 받아 여행 경비로 사용했다.

　한성기는 이듬해 9월 안기부 조사에서 "12월 8일 조선호텔 스위트룸에서 이회성에게 보고하고 500만 원을 받았다"고 진술했으나, 검찰 조사부터는 돈을 받은 사실이 없다고 부인했다. 또한 무력시위 보고에 대해서도 "조선호텔에서 이회성을 만난 것은 사실이나 사람이 많아 무력 시위 요청 건을 말할 분위기가 아니어서, '선거가 위험하니 특단의 조치가 필요하다'고만 말했다"고 부인했다. 그런데 이회성은 검찰 조사에서 오히려 "호텔 커피숍으로 내려가기가 귀찮아 객실로 오라고 해 한성기와 단둘이 만났고, 약 10여 분 동안 선거에 관한 일반적인 이야기를 했을 뿐이다"고 상반된 진술을 했다.

　한성기는 또한 1998년 9월 안기부 조사에서 "12월 16일 조선호텔 1층 로비에서 이회성에게 전화해 '북경에 가서 북한 사람에게 북풍을 일으켜 달라고 했는데 결과가 좋지 않아 죄송합니다'라고 하자, 이회성이 '그런 이야기는 전화로 하지 말고 만나서 이야기하자'고 했다"고 진술했으나, 검찰 조사부터는 이를 부인했다. 그러나 1998년 4월 중순경, 이회성은 강원도 홍천에서 군 복무 중인 아들을 대신 면회 간 한성기에게 이런 편지를 써서 아들에게 건넬 만큼 친밀한 관계를 유지했다.

"선거 때 열심히 하신 분으로 앞으로도 큰 몫을 할 분이다. 네가 야수교(야
전수송교육단)에 남고 싶다고 했는데, 그렇게 될 수 있도록 노력할 수 있다. 너
의 희망을 한 고문께 말씀드리라. 네가 바라는 것 모두를 한 고문에게 이야기
해라."

베이징 캠핀스키 호텔 특실 1538호

장석중과 한성기는 12월 10일 오전 10시 대한항공 851편으로 김포공항을
출발해 오후 1시경 베이징 공항에 도착, 택시를 타고 곧장 캠핀스키 호텔로 가
서 여장을 풀었다. 한성기는 장석중이 소개한 대로 정계에 영향력 있는 '거물
급 인사'로 행세하기 위해 특실인 1538호에 숙소를 정하고, 장석중은 일반실인
1540호에 짐을 풀었다.

장석중은 곧바로 리철운에게 도착 소식을 알리고 캠핀스키 호텔 1538호에
서 오후 4시에 만나자고 약속을 잡았다. 두 사람은 짐을 정리한 뒤에 장석중은
한성기에게 북측 인사를 만나 회담을 할 때 몇 가지 주의점을 상기시켰다. 두
사람은 서로의 역할 분담에 맞춰, 무슨 말을 어떻게 할지 간단하게 예행연습을
마치고, 1538호 응접실에서 북측 손님이 오기를 기다렸다.

그런데 리철운 대위경제위 협력처장과 함께 온 사람은 '한성기와 상대할 거
물급'이 아니라, 김영수 과장이었다. 장석중과는 구면인 김영수는 북측과 접촉
하는 남측 기업인이 안기부 프락치인지를 감별하는 보위부 반탐과장이지 정치
회담의 상대역이 아니었다. 장석중은 리철운에게 한성기를 이렇게 소개했다.

"현재 진로그룹 고문이고, 이회창 후보의 동생인 이회성 씨를 통해 이 후보
를 돕고 있습니다. 김순권 박사의 방북을 성사시키는 데 막강한 영향력을 행사
할 수 있는 인맥을 가진 분입니다."

리철운은 그가 김순권 박사 방북에 힘을 쓰고 있다는 말에 반가움을 표시

했다.

"리철운입네다. 공화국을 위해 좋은 일에 힘을 써 주시는 분을 만나게 되어 반갑습네다."

네 사람이 서로 명함을 주고받으면서 수인사를 마치자, 장석중이 다시 용건을 이어갔다.

"한 고문은 이 일에 관여한 청와대 오정은 국장 대신에 김순권 박사 방북 허가 사항을 전달하러 왔습니다. 김순권 박사 방북 문제는 박관용 의원도 힘을 쏟고 있습니다. 이번에 한 고문과 제가 북경에 온 목적은 첫째, 김순권 박사 옥수수 계약재배에 관한 3자계약을 하자는 것이고, 둘째는 정치회담입니다. 한 고문은 현재 이회창 후보 특별보좌관으로서 일을 하고 있기 때문에 대선에 관한 특별한 사업을 가지고 왔습니다. 그래서 귀측에서 이에 맞는 사람을 선정해서 나와주면 좋겠습니다."

김영수가 나온 것에 대한 불만을 에둘러 말한 것인데, 리철운은 이를 무시하고 단도직입으로 말했다.

"우리한테 무엇을 도와 달라는 것입네까?"

그러자 한성기가 나섰다.

"현재 지지율을 보면, 이회창 후보가 DJ보다 3~4% 정도 떨어지고 있습니다. 이회창 후보가 당선될 수 있도록 여러 가지로 도와 달라는 것입니다. 그리고 이 선생께서 정치회담에 나오실 분에게 혹시 김대중 후보의 친북 자료가 있는지 알아보고, 그 자료가 있으면 부탁을 좀 드리겠습니다."

한성기는 일단 "여러 가지로 도와 달라"고만 했지, 판문점 무력시위 요청은 입 밖에 꺼내지 않았다. 그러자 리철운은 금방 눈치를 채고 이렇게 말했다.

"무슨 말인지 알겠습네다. 대사관에 들어가 저녁에 정치 문제를 논의할 담당자를 데리고 다시 오겠습네다."

"1개 소대만 움직여 주면 됩니다"

오후 8시경 캠핀스키 호텔 1층 커피숍에서 2차 접촉이 이뤄졌다. 북측에서는 리철운과 김영수 외에 '아세아태평양평화위원회 참사 박충'이라고 소개한 사람이 나왔다. 박충은 가명이고 실명은 강덕순으로 북한 베이징 대선공작반의 실무 총책이었다. 한성기는 박충에게 '신한국당 이회창 총재 특별보좌역 한성기'라고 인쇄된 명함을 건네면서 이렇게 말문을 열었다.

"김순권 박사 방북사업을 추진하는 청와대 오정은 국장이 바빠 제가 대신 왔습니다. 김 박사가 북한에 들어갈 수 있도록 영향력을 행사해, 12월 15~20일 사이에는 꼭 들어가게 해주겠습니다. 그런데 현재 대선 상황이 전쟁 상황보다 더 심합니다. DJ 진영에서는 1탄, 2탄, 3탄의 '이회창 죽이기' 작전을 준비하고 있습니다. 그래서 이 문제를 협의하기 위해 이회창 후보의 특보 자격으로 여기에 온 것입니다."

이에 박충이 "될 수 있는 대로 도와 드리겠다"고 하자, 한성기는 장석중에게 "잠시 자리를 비켜 달라"고 했다. 장석중과 리철운, 김영수가 커피숍 입구의 호텔 로비로 옮기자, 한성기는 박충과 단둘이서 이야기를 나눴다.

"현재 지지율을 보면 이회창 후보가 매우 어렵습니다. 그래서 대안을 만들려고 하는데, 그 대안은 TV화면이 잘 잡히는 판문점에서 무장군인 1개 소대가 왔다갔다 하면서 무력시위를 해서 긴장을 조성하는 것입니다. 한국에서 TV 영향력은 대단합니다. 무력시위 장면이 9시 저녁 뉴스 시간에 딱 나가면 선거는 우리한테 결정적으로 유리하게 됩니다. 시기는 선거 3~4일 전에 12월 14일이나 15일이면 좋겠습니다. 요청을 들어준다면 김순권 박사를 12월20일까지 북에 보내주고, 새정부 출범 전까지 수퍼옥수수 종자, 비료, 영농자재 등을 지원해 식량난을 해결해 드리겠습니다."

한성기는 "1개 소대만 움직여 주면 된다"고 강조하며 30분 동안 설득했으나, 박충은 좀처럼 자신의 의중을 드러내지 않았다. 박충은 한성기에게 언제 귀국하는지 묻고, 이렇게 말했다.

"아시겠지만 이런 문제는 내가 결정할 사항이 아닙네다. 일단 평양에 전문을 보내 보고하고, 한 선생이 출국하기 전에 답변을 드리겠습네다."

3차 접촉은 다음날 오전 11시경 캠핀스키 호텔에서 이뤄졌다. 박충을 제외한 장석중, 한성기와 리철운, 김영수 네 사람은 계약재배 건 등 대북 사업계획을 논의하고 식사를 함께했다. 그리고 마지막 4차 접촉은 12월 12일 오전 8시 30분 캠핀스키 호텔 1층에서 5인이 다시 만나는 것으로 잡혔다. 북측이 아침에 호텔 로비에서 만나자는 것은 차만 마시고 헤어지자는 뜻이므로 '거래'가 불발일 가능성이 커 보였다. 박충은 한성기를 따로 불러 이렇게 말했다.

"한 선생이 말한 부분에 대하여 우리 공화국에 전문을 보냈는데 회답이 없습네다. 미안하지만, 제가 답변할 수 있는 것은 현재 답을 드릴 수가 없다는 것입네다."

박충은 한성기와 5분 정도 대화를 나누더니 장석중을 따로 불러 이렇게 말했다.

"우리가 알아보았는데 한성기는 진로 고문이 아닌 것 같습네다. 한 선생이 요청한 것도 우리의 권한 범위를 넘어서고 '아태'에서 할 수 있는 사안도 아니어서 들어주기 어렵습네다."

북측과 오래 거래해온 장석중은 이들이 식사를 함께하지 않을 때부터 답을 예상하고 있었기 때문에 유난히 큰 눈만 끔벅일 뿐, 별다른 반응을 보이지 않았다. 한성기는 "북경에 가면 다 알아서 주선도 하고 일을 추진하겠다고 해놓고 도대체 이게 뭐냐"고 장석중에게 화풀이를 했다. 위험을 무릅쓰고 '특단의 카드'를 준비해 간 한성기는 허탈하게 빈손으로 돌아와야 했다. 장석중은 개인 사업상의 용무로 베이징에 남고, 한시가 급한 한성기는 12월 12일 당일에 서둘러 귀국했다.

그런데 김포공항에는 한성기를 기다리고 있는 사람들이 있었다.

불발로 끝난 총풍 사건의 수사 단서를 어떻게 포착했나

불발로 끝난 판문점 총격 요청 사건은 그로부터 10개월이 지난 1998년 10월 '총풍 사건'으로 공개되었다. 당시 안기부와 서울지검 공안1부(부장검사 홍경식, 주임검사 박철준 부부장검사)가 공식·비공식으로 밝힌 사건의 개요는 △위의 비선 3인조가 1997년 11월부터 이회창 후보 지원 방안을 모의해 '총격 요청'을 계획하는 한편, △대선정책 보고서를 작성해 이회창 후보에게 전달했고 △12월 10일 장석중·한성기가 베이징 캠핀스키 호텔에서 북한 측 인사를 만나 대선 3~4일 전에 총격전을 벌여 달라고 요청했다는 것이었다.

'판문점 총격요청 사건'은 국가의 안녕과 민주주의의 뿌리를 뒤흔드는 국기문란 사건이었다. 정치적 중립을 지켜야 할 공무원인 청와대 행정관과 민간인들이 특정 후보의 당선을 위해 재벌의 자금지원으로 비선조직을 가동하고, 급기야 북측과 내통해 선거에서 긴장을 조성할 목적으로 총격까지 요청했다.

하지만 한나라당 변호인단의 잇단 고문 의혹 제기와 다섯 차례에 걸친 재판부 기피신청 등으로 우여곡절을 겪은 끝에, 총풍 사건은 국기 문란 사건이 아닌 정치적 공방 사건으로 변질되었다. 북한 변수를 선거에 이용한 북풍(北風)공작 사건과, 국세청을 동원해 대기업과 공기업으로부터 선거자금을 모금한 이른바 세풍(稅風) 사건에 이어, 적과 내통해 우리 군에 총부리를 겨누게 한 총풍 사건으로 궁지에 몰린 한나라당이 죽기 아니면 살기로 총력전을 펼친 덕분이었다.

그렇다면 안기부와 검찰은 불발로 끝난 미수 사건의 수사 단서를 어떻게 포착했을까? 그 단서는 1998년 10월 10일 안기부가 국회 법사위에 제출한 '총격 요청 사건 관련 고문 등 사건 조작 주장에 대하여'라는 제목의 문건에서 찾을 수 있다.

안기부는 이 문건에서 1997년 12월 '신뢰할 수 있는 출처'로부터 "진로그룹 고문 한성기 씨가 12월 10일 베이징에서 북측 요원을 만나 '이회창 후보 특보'라고 자신을 소개하고 판문점 총격전을 요청했다"는 첩보를 처음 입수했다고 밝혔다. 안기부는 또 같은 문건에서 "(총격 요청을 하고) 12월 12일 김포공항으로 입국한 한 씨를 조사했으나 혐의 사실을 부인해 조사를 중단했다"고 밝혔다.

이것은 박채서가 정재문 의원의 대북 접촉 사실과 북풍 뒷거래 의혹을 안기부에 보고한 뒤에, 정재문 의원이 귀국하자마자 안기부 조사를 받은 것과 일맥상통했다. 안기부가 신원을 공개할 수 없었던 '신뢰할 수 있는 출처'는 바로 흑금성 공작원 박채서였던 것이다. 안기부로서는 자신들이 운용하는 공작원이 제공한 첩보 사안이었기에 일단 출처를 밝힐 수 없었고, 게다가 그 출처가 신원을 공개해선 안 되는 특수공작원이었기에 더더욱 공개할 수 없었던 것이다.

26 _ 총풍의 전개과정과 '북풍대책팀'의 활약

"리 참사가 한성기에 대해 알아봐 달라고 한다"

안기부가 밝힌 수사 착수의 단서와 경위는, 김당 기자가 박채서 씨로부터 이 사건의 발단에 대해 최초로 인지한 12월 11일 상황과도 일치했다. 김당은 한성기 · 장석중이 12월 10일 캠핀스키 호텔에서 북한 대외경제위원회 리철운(리철) 참사관 · 국가안전보위부 김영수 반탐과장 · 아태평화위원회 박충(강덕수) 참사를 만난 사실을 그다음 날인 12월 11일 알게 되었다. 그날 리철이 박채서에게 한성기라는 인물에 대해 문의했고, 박채서는 베이징에서 한 씨에 대한 신상 조회를 서울의 박기영 아자 대표와 김당 기자에게 부탁했기 때문이다.

박채서가 박기영 대표를 통해 김당에게 한 씨를 알아봐 달라고 부탁한 까닭은, 조회를 의뢰한 리철 참사관을 박기영과 김당이 잘 알고 있기 때문이었다. 정체불명의 남측 인사가 '이회창 후보 특보' 명함을 내밀며 "판문점에서 총격전을 해달라"고 하니, 북측으로서도 신원 파악이 급선무였다. 그런데 사안 자체가 보안을 요하는 민감한 사안이어서 남측의 믿을 만한 사람을 통해 알아봐 달라고 한 것이었다. 물론 박채서는 박기영이나 김당에게 '판문점'이나 '총격전' 이야기는 꺼내지 않았다. 그는 "리 참사가 한성기라는 사람이 '이회창 후보 특보'가 맞는지, 신뢰할 만한 사람인지 알아봐 달라고 한다"고 전했다.

공교롭게도 김당은 전에 장석중과 한성기, 둘 다 만난 적이 있었다. 장석중 씨는 1996년 11월 시사저널의 '밀가루 북송' 보도 이후 시사저널에 직접 전화해 "북한에 밀가루를 지원한 것이 뭐가 잘못이냐"고 항의해 왔다. 그 뒤에도 1997년 2월 김당 기자가 베이징 캠핀스키 호텔에서 아자와 북한 당국이 대북 광고사업 계약을 체결한 사실을 보도하자, 장석중은 그 기사에 실린 리철 참사의 사진을 보고서 "이철운(리철)이는 보호해야 하는데 왜 사진을 공개하느냐"고 따졌다.

김순권 박사의 방북을 성사시켜 농산물 계약재배 사업을 추진했던 장석중은 리철 참사를 통해 김 박사의 북한 입국사증을 교섭했기 때문에 자신의 대북 라인인 리철운 참사가 언론에 노출되는 것을 싫어할 수밖에 없었다. 김당은 이런 계기로 장석중 씨를 알게 되었는데, 장 씨는 당시 서울 제기동에 소재한 남양빌딩에 ㈜대호(大虎)라는 상호의 사무실을 두고 대북교역 사업을 하고 있었다. 당시 통일원 교류협력국에서는 장 씨를 모르는 사람이 없을 만큼 대북 인맥과 열정을 갖고 대북사업을 추진했다.

역사 교사 출신인 한성기는 기획사 PD를 자처하며 SBS 방송에 몽골 사막 오토바이 횡단 르포 프로그램을 기획해 제안할 만큼 방송 제작에 관심이 많았다. 처음에는 그 기획안을 갖고 후원사를 찾다가 시사저널 기획특집부 김당 차장을 찾아갔다. 김당은 그때 한 씨를 처음 만나 그가 들고 온 제안서를 검토했다. 그 이후 한씨가 SBS에 같은 프로젝트를 제안한 뒤로는 소식이 뜸했는데, 남북의 정보기관들이 치열한 첩보전을 펼친 베이징 현장에 나타난 것이다. 당시한 씨는 '진로그룹 고문'이라는 명함으로 경영 위기에 몰린 장진호 회장을 정치권과 연결하는 브로커 역할을 하면서 이회창 후보 진영에 접근해 있을 때였다.

아자 박기영 대표는 김당에게 한성기라는 사람이 '신한국당 이회창 총재 특보'와 '진로 고문'이라고 하는데, 맞는지 확인해 줄 수 있냐고 물어왔다. 김당은 당시 한나라당 사무처 조직국장에게 문의하니 "당과 선거 캠프 공조직에 한성기라는 사람은 없다"고 했다. 경제부 기자를 통해 진로그룹에 직접 문의하니

"그렇지 않아도 고문 행세를 하고 다녀 회사가 피해를 보고 있다"는 대답이 돌아왔다. 사문서 위조 및 사기 행각에 대한 소문도 들렸다.

김당은 박채서에게 이런 정보를 알려주면서, "정치 브로커일 수 있으니 그의 말을 신뢰하지는 말라고 전해달라"고 말했다. 박채서는 리철 참사에게 그대로 전했다. 리철로부터 한성기 – 장석중과의 접촉 내용을 전해 들은 박채서, 즉 안기부의 총격 요청 사건 관련 문건의 '신뢰할 수 있는 출처'인 흑금성 공작원은 '신한국당 이회창 총재 특보' 명함을 가진 한성기라는 인물이 북측 인사들을 만나 총격을 요청한 사실을 즉시 안기부에 보고했고, 아울러 그가 접촉해온 국민회의 정동영 의원 측에도 관련 정보를 귀띔해 주었다.

국민회의에 울린 '북풍 경보'와 북풍 막은 '일등공신'

베이징에서 벌어진 음모의 일단은 10월부터 베이징을 향해 귀를 세워 둔 서울 여의도의 북풍대책팀 안테나에도 포착되었다. 제보 내용은 4.11총선 때처럼 판문점 무력시위와 비슷한 사태를 일으키려 한다는 것이었다. 수도권의 휴전선 인근 접적(接敵) 지역과 접전지(接戰地)에서 10여 석이 날아간 악몽이 되살아났다. 북풍대책팀은 전면에선 북풍을 방어하고, 막후에선 안기부와 담판을 벌이는 총력전을 펼쳤다.

국민회의는 우선 12월 15일 '옥수수 박사' 김순권 교수를 통해 "북한이 남한의 선거에 개입해선 절대로 안 된다"는 내용의 대북 경고 메시지를 발표했다. 이어 16일에는 북풍대책팀장인 조세형 총재권한대행이 특별 경고성명을 내고 "이회창 후보가 북한과의 거래에 나선 것은 국가의 운명과 국민의 생명을 담보로 한 위험한 불장난"이라고 공세를 펼쳤다. 동시에 천용택 의원은 권영해 안기부장과 전화로 담판을 벌이며 이렇게 경고했다.

"판문점에서 뭔가 일을 꾸미고 있다는 정보가 있습니다. 만일 이런 일이 벌어진다면, 우리 당은 김대중 후보의 당락과 관계없이 결코 좌시하지 않을 것입니다."

당시 특별 경고성명이 나간 직접 계기는 국민회의 측이 12월 14일 한 안기부 전직 간부로부터 입수한 '북한 무력 도발설'이었다. 1997년 10월 초부터 북한과 북풍공작 핫라인을 개설한 안기부 수뇌부가 북한 측에 대선 직전인 12월 15~17일에 무력 충돌을 일으켜 달라고 요청했다는 첩보였다. 그러나 이 첩보는 반은 맞고 반은 틀린 것이었다.

안기부가 흑금성 공작원을 통해 10월 초부터 북한 측의 대남 북풍공작을 탐지하기 위한 핫라인을 개설한 것은 사실이지만, 안기부가 북측에 무력 도발을 요청한 것은 아니었다. 이미 그 전에 흑금성 공작원이 안기부에 한성기의 총격 요청 사실을 보고했고, 한씨가 귀국하자마자 안기부가 그를 조사한 사실을 감안하면, 이 전직 간부는 총격 요청 첩보를 뒤늦게 잘못 해석한 것이었다. 조세형 권한대행의 특별경고성명은 '밑져야 본전' 수준에서 제기한 것이지, 실제 가능성을 염두에 두고 한 것은 아니었다.

당시 흑금성이 북풍대책팀 핵심 관계자에게 귀띔한 북풍공작의 D-데이는 12월 14일이었다. 마지막 대선후보 합동토론회가 열리는 12월 14일(일요일)까지 북한이 적극적으로 선거에 개입하지 않는다면, 더 이상의 북풍 개입은 없다는 것이었다. 흑금성이 내세운 근거는, 이미 1996년 4.11 총선 판문점 도발 사건을 경험했기 때문에 대선 직전(12월 15~17일)의 도발은 그 의도가 너무 빤히 들여다보여 약발이 먹히지 않을 것이기 때문이라는 거였다. 선거 직전 도발은 오히려 역효과를 낳을 수도 있기 때문에 위험 부담이 더 컸던 것이다.

사실 흑금성이 14일로 D-데이를 정한 것은 '북측 파트너'로부터 "총격 요청 제안에 응하지 않겠다"라는 '신뢰할 수 있는 답변'을 들었기 때문이다. 12월 11일 흑금성은 리철 참사에게 한 씨를 조회한 결과를 통보함과 동시에, 한 씨의 신분이 불확실하니 제안에 응하지 말라고 충고했다. 북한 측이 한 씨의 총격 요청 제안을 그 자리에서 거절하지 않고 12월 12일 "평양에서 아무런 지시가 없어

지금 답변을 줄 수가 없다"라고 완곡하게 거절한 데도 흑금성의 충고가 영향을 미쳤다. 그런 점에서 바로 흑금성은 북풍 공작을 막아 김대중 후보를 당선시킨 '일등공신'이었던 셈이다.

북한은 왜 총격 요청에 응하지 않았나?

그렇다면 '김대중 낙선 공작'을 추진했던 북한 측 대남공작 지도부는 왜 총격 요청에 응하지 않았을까? 또 리철 참사는 왜 박채서에게 한 씨에 대한 신원조회를 부탁하면서 한씨가 총격 요청을 제안한 사실을 알려 주었을까? 답은 북한의 대남공작 지도부만 알 것이다. 그러나 분명한 사실은 북측의 목표는 이회창 당선이 아니라 돈을 챙기는 데 있었다는 점이다. 또한, 분명한 사실은 박채서와 리철은 오랜 접촉을 통해 인간적인 신뢰감을 갖고 있었다는 점이다.

게다가 당시 선거 판도는 섣불리 개입했다가 그 결과가 어떻게 될지 북한 측도 판단하기 어려운 상황이었다. 따라서 안기부가 '이회창 후보 특보' 행세를 한 한 씨의 총격 요청 사실을 인지했으면서도 적극적으로 개입하거나 막지 않고 방관했던 것처럼, 북한 측 또한 선거 막판에는 개입하기 어려운 상황에 처했거나 실기(失機)했던 것으로 볼 수 있다.

박채서는 과거에 안보상황을 이용해 선거에서 재미를 본 세력들이 여전히 미련을 버리지 못하고 대선판에 북한을 끌어들이는 계략을 꾸미는 것을 보니, 한심하고 역겨웠다. 특히 북한의 대선 공작반 요원들이 남측 인사들의 제안을 받고 자기들끼리 총화(토의)를 할 때 비웃는 모습을 볼 때마다 울화가 치밀어 올랐다. 수십 년씩 대남 전략만 담당해온 노련한 프로들에게 달랑 돈으로 총격을 사기 위해 접근한 남측의 아마추어들은 한갓 저들의 놀잇감에 지나지 않았다.

총풍 사건에 안기부가 개입한 것처럼 사건의 본질이 흐려진 것은 한겨레신문이 대북사업가 장석중 씨가 '아미산'이라는 암호명을 가진 비밀공작원이라고 보도한 데서 말미암았다. 한겨레는 자사가 입수한 안기부 문건에서 이런 사실을 확인했다며, 장 씨가 북한 공작팀의 베이징 현장 책임자인 '통일전선부 참사 강덕순'과 북한 '보위부 리철'을 주요 파트너로 삼아 대북공작 활동을 해왔다고 보도했다. 장 씨가 거물급 공작원인 것처럼 보도한 것이다. 그러나 이는 사건의 내막을 모른 채 이대성 파일을 오독(誤讀)한 결과였다.

우선 장 씨가 만난 '보위부 리철'은 장 씨가 만나서 총격을 요청한 혐의로 구속영장에 기재된 '대외경제위 참사관 리철운'과 이명동인(異名同人)이다. 리 씨는 당시 '대외경제위 합영지도국 처장' 직함이 찍힌 명함을 사용했으나 실제로는 보위부 베이징 연락책으로 활동했다. 리 씨의 주 임무는 외자 유치 및 방첩 활동으로, 특히 방북하려는 남한 인사들의 신원을 파악해 가부 판정을 내리는 거였다. 보위부의 위장 무역회사인 명성은 아태평화위나 해외동포원호위원회의 대남 – 대외 경제 – 문화협력 및 투자유치 사업에 대한 인허가와 입국사증 발급으로 이들을 견제했다.

한편 장석중 · 한성기 씨가 함께 만났다고 영장에 기재된 '아태위 참사 박충'은 강덕순의 가명이다. 1997년 베이징에서 '대선공작반'을 지휘할 당시 현역 장성 신분인 강덕순은 통일전선부의 부부장급 대남공작 실무 총책이었다. 강 씨는 1997년 대선 전에 신한국당 이명박(9월) · 정재문(11월) 의원을 만났을 뿐만 아니라, 중앙일보, MBC, 스포츠 아트, 탤런트 김혜자 씨 등의 방북을 허가한 실력자였다. 당시 중앙일보 통일문화연구소는 30일 동안 방북 조사하는 명목으로 아태평화위원회와 6만 달러에 계약했다고 통일부에 신고해 승인을 받았다. 중앙일보가 강덕순 참사에게 지불한 방북 비용은 50만 달러로 알려졌다.

김일성의 외가인 '칠골 가계'(강반석 집안) 출신인 강 씨는 2017년 2월 북한 정찰총국이 주도한 것으로 알려진 김정남 피살 사건 당시의 강철 주(駐)말레이시아 북한대사와 동일인물인 것으로 밝혀졌다.

장 씨가 사업상 필요에 의해 리철을 접촉했고, 안기부 공작원 노릇을 한 것은 사실이다. 하지만 정식 공작원이라기보다는 사업상 대북 접촉을 할 때마다 안기부에 정보를 제공하는 '비정규직 공작원'이었다. 그래서 장 씨는 북한 측에 총격 요청을 제안할 때 '이회창 후보 특보' 행세를 한 한성기를 내세워 강덕순을 만난 것이다.

장석중은 나중에 검찰 조사에서 검사가 "안기부 공작원이냐"고 묻자, "북한에 갈 때 안기부에서 왕복 비행기 푯값 정도는 받은 적이 있으나 보수는 받은 적이 없고 대북사업을 상의하는 수준이었다"고 진술했다. 구속적부심에서는 "나는 사업가이지 '아미산'도 안기부 공작원도 아니다. 안기부와는 사업상 필요로 5년 정도 관계를 맺었을 뿐이다"라고 진술했다. 장 씨는 '안기부 사람'이라기보다 오히려 통일부 쪽에 더 가까운 대북사업가로서 '대북 비선' 활동을 해왔다.

흑금성의 특수첩보와 권영해의 특수직무유기

공작관은 공작원의 공작 관련 디브리핑은 공작 파일로 축적해 가면서 검증하지만, 공작과 관련이 없지만 중요한 특수첩보는 타 부서에 전파해 검증한다. 203실 이강복 공작관이 흑금성 공작원이 보고한 디브리핑 중에서 떼어내 전파한 것은 다음과 같은 첩보였다.

"12월 10일 '신한국당 이회창 총재 특보 명함'을 가진 한성기라는 인사가 북경 캠핀스키 호텔에서 북측 대선공작반 강덕순 참사 등을 만나, 북측이 휴전선에 1개 소대를 보내 무력시위를 일으키거나, 김대중 후보의 친북 활동 자료를 제공하여 주면, 북한에 식량과 비료 등을 지원해주겠다고 언동"

안기부는 흑금성 공작원의 특수첩보를 검증한 결과, 신빙성이 있다고 판단해 12월 12일 김포공항으로 귀국하는 한 씨를 연행해 총격 요청 혐의를 조사했다. 이들은 전화번호가 기재된 수첩과 장석중이 베이징에서 건네준 대북사업 관련 자료 서류 일체를 압수했다.

이대성 203실장은 한 씨를 조사한 결과, △첩보상의 당사자와 일치하고 △첩보상의 일시·장소에서 북측 인사들과 접촉했다는 점 △이회창 후보 특보라는 명함, 후보 사진, 대선 전략 보고서 등 동인(同人)이 이회창 후보의 대통령 선거운동과 관련이 있을 가능성이 있다고 추정할 만한 물건을 소지하고 있었다는 점 등을 확인했다고 권영해 부장에게 보고했다.

203실에서 조사한 결과, 한성기는 실제 국가보안법을 위반했거나, 위반했을 것으로 강하게 의심이 가는 상황이었다. 또한, 이 사건은 대통령선거에서 특정 후보의 지지율 제고를 위해 북과 내통하여 휴전선에서의 무력시위를 요청한 중대한 국기 문란 사안이었다. 그럼에도 불구하고 권영해 부장은 대공수사실로 관련 첩보 및 증거물 등을 이첩하여 수사하도록 하지 않았고, 퇴임 때까지도 아무런 후속 조처를 하지 않았다.

이대성 실장은 권영해 부장에게 한성기 조사결과와 동행한 장석중이 안기부 공작원이라는 사실을 보고했다. 하지만 권 부장으로부터 별도의 지시가 없자, 이대성 실장은 한성기를 석방했다. 한성기는 안기부 안가에서 1박 2일 조사를 받고 풀려나자마자 베이징에 있는 장석중에게 전화해 "안기부에서 모든 사실을 알고 있다. 당신이 고자질한 것 아니냐"고 따졌다. 또 오정은을 만나서는 "안기부에 북경에서 있던 일을 얘기한 것 같다. 장석중이 이중첩자 같다"고 분한 감정을 토로했다.

안기부 협조자인 장석중은 자신의 공작관에게 이실직고하지 않았고, 아무런 조치도 취하지 않았다. 장석중은 12월 14일 귀국해 다음 날 안기부 203실 이영철 담당관에게 베이징에 갔던 일을 디브리핑 하기 위해 앰배서더 호텔 객실에서 만났다. 이영철 담당관은 장 씨를 보자마자 심각한 표정을 지으며 말했다.

"우리가 그동안 만나서 해온 일보다 오늘 일이 중요하니 솔직히 말해 달라. 베이징에서 한성기가 북한 사람들에게 가방이나 서류를 주지 않았느냐?"

이영철 담당관은 디브리핑 내용을 확인하면서 거의 한 시간 동안 집중 추궁했다. "한성기가 달러를 건넨 것 같다"는 흑금성의 첩보를 확인하기 위해서였다. 장석중은 "리철운과 만났지만 그런 기억이 없다"고 답했다.

한성기는 대선 기간에 오정은의 정책보고서와는 별도로 베이징 출국 전에 '특단카드 협상 정보보고서'를 수행비서를 통해 이회창 후보에게 전달했다. 또 귀국해서는 '존경하옵는 이 후보님께'라는 편지 형식으로 쓴 정보보고서(12. 15)를 운전기사를 통해 전달했다. 마치 공작원의 암호문 같은 편지였다.

"저는 배로 북한을 왕래하는 사람과 오정은 국장의 소개로 북한 고위층을 만나 식량난 이야기와 여러 가지 이야기를 나누었습니다. 특히 북한 고위층의 말을 차마 글로써 모두 적지 못하는 것을 용서 바라며 이 후보님께서 당선 후 말씀을 전하고 싶습니다. 저는 이 후보님이 당선되는 것은 하늘의 뜻이라고 봅니다."

권영해 부장은 자신의 지시가 없을 경우, 수사 부서로 이첩되지 않아 수사가 이뤄질 수 없다는 점을 잘 알고 있으면서도 후속 조치를 취하지 않았다. 이것은 사건을 묻어서 이회창 후보의 당선을 음성적으로 지원한 것으로 판단되었다. 형법상의 '직무유기'는 공무원이 정당한 이유없이 직무수행을 거부하거나 그 직무를 유기함으로써 성립하는 범죄(122조)를 말하는데, 국가보안법에서 규정한 '특수직무유기죄'는 범죄수사 또는 정보의 직무에 종사하는 공무원이 이 법의 죄를 범한 자인 줄 알면서 그 직무를 유기한 경우에 10년 이하의 징역에 처한다(11조)고 되어 있다.

그런데 권영해 부장이 특수첩보와 수사의 단서를 대공수사국으로 이첩하지 않아 결과적으로 국가보안법상의 '적'을 이롭게 한 특수직무유기를 저지른 것은 총풍 사건을 묻어서 이회창 후보의 당선을 '음성적으로 지원'하기 위한 것만은 아니었다. 왜냐하면, 어설픈 아마추어 공작원들이 베이징에서 북측에 총격을 요청하는 '007 코스프레'를 하고 있던 그 순간에, 권영해 부장 스스로가 김대중 후보를 낙선시키고 이회창 후보를 당선시키기 위해 '아말렉'이라는 비밀 공작을 실행하고 있었기 때문에 오히려 그들을 걸리적거리는 걸림돌로 여겼던 것이다.

27 _ 마지막 북풍, 아말렉 공작

북풍 공작의 온상이 된 캠핀스키 호텔

북한 통일전선부와 남한 국가안전기획부의 치열한 정보전이 전개된 '거대한 공작 백화점'에 또 다른 아마추어 공작원들이 뛰어들었다. 특별한 직업이 없이 '진로그룹 고문'으로 활동한 한성기가 '거물급 인사'로 행세하기 위해 베이징 캠핀스키 호텔 15층 특실에 머무는 동안, '007 코스프레'에 심취한 또 다른 아마추어 공작원이 안기부 공작관과 함께 캠핀스키 호텔에 여장을 풀고 특실에 투숙했다. 북한 국가안전보위부에 위장 포섭된 국가안전기획부 특수공작원 흑금성(박채서) 역시 그곳에 머물고 있었다. 1997년 12월 베이징 루프트한자센터 캠핀스키 호텔은 북풍 공작의 온상이었다.

12월 10일 서울에서 베이징으로 출장을 온 두 남자가 캠핀스키 호텔에 짐을 풀었다. 오전에 도착한 남자는 미국 국적의 재미교포 사업가 '윤홍준(尹泓俊)', 오후에 도착한 남자는 한국 국적 위장 여권을 사용하는 안기부 공작관 '이대호'였다. 어느 나라건 비밀정보기관의 공작요원들은 해외공작을 할 때 보안을 유지하기 위해 위장여권을 사용한다. 이대호는 안기부 '203실 2단 6처 5팀 소속 이재일 담당관'이 사용하는 위장 여권 상의 이름이었다.

두 사람은 예약해 놓은 베이징 국제전시관 근처의 래디슨(Radisson) 호텔로

97년 대선 전에 북풍 공작의 온상이 된 캠핀스키 호텔

갔다. 두 사람은 호텔 707호실에서 오후 6시 30부터 밤 10시까지 노트북을 사용해 이재일이 미리 초안을 잡아놓은 기자회견 문안을 검토해 작성했다. 기자회견은 다음 날 오전 11시 한국 교민들이 많이 거주하는 왕징(望京)의 '할러데이 인' 호텔에서 하는 것으로 예약되어 있었다. 해외 파트의 협조를 받아 베이징주재 한국기자단에 알려 기자회견을 주선했지만, 12월 11일 할러데이 인 호텔 회견장에 나온 기자는 베이징 한국기자단 간사인 김영근 한국경제신문 기자와 MBC 기자 등 4명뿐이었다.

윤홍준은 실망스러웠지만, 예정대로 기자회견을 했다. 그는 "나는 재미교포 사업가로서 1996년 10월 이후 1997년 8월까지 모두 6차례 북한 방문을 하였다"고 자신의 신분을 밝히고, 그 과정에서 남북한 인사를 두루 접촉한 결과, 김대중 후보는 북한의 고려연방제를 지지하고 대규모의 식량을 지원하는 대신 북한으로부터 거액의 자금을 받은 연북(聯北) 인사가 분명하다고 주장했다. 그는 기자회견문과 함께 자신의 주장을 뒷받침하는 근거자료로 북한 공작원이라는 중국 조선족 사업가 허동웅(베이징 북방 태화경제무역공사 총경리)과 북한 인사들의 수첩 사진 등을 배포했다.

기자회견이 끝나자 김영근 간사는 다른 기자들과 함께 10쪽짜리 기자회견문과 사진 등 자료를 검토한 뒤에 김대중 후보가 연북 인사라는 주장을 뒷받침할 근거가 희박하고, 기관이 개입한 냄새가 난다는 결론을 내렸다. 이에 따라 특파원들은 본사에 정보보고만 하고 보도하지 않기로 합의를 봤다.

기자들이 이런 결론을 내린 데는 윤 씨가 그간 조선일보와 SBS 등 일부 특파원들을 상대로 방북 취재 주선을 대가로 계약금을 받고 이행을 하지 않아 신용을 잃은 탓도 있었다. 목포고 출신인 김영근 기자는 김대중 후보의 측근인 박지원 의원에게 윤홍준 기자회견 소식과 함께 기자들이 보도하지 않기로 했다는 소식도 귀띔해 주었다.

이재일과 윤홍준은 그런 줄도 모르고 기자회견을 마치자마자 서둘러 호텔을 빠져나와 택시를 타고 서우두국제공항로 향했다. 2차 기자회견 목적지인 일본 도쿄로 가기 위해서였다. 윤홍준이 베이징에서 도쿄로 가는 동안, 내곡동 본부에서는 기자회견이 어떻게 보도될지 초조하게 기다렸으나 한 줄도 보도되지 않았다. 김은상 처장(203실 2단 6처)은 11일 오후 7시쯤 도쿄에 도착한 윤홍준에게 전화를 해 이렇게 지시했다.

"북경 기자회견이 언론에 한 줄도 보도되지 않는다. 계획대로 일본에서 2차 기자회견을 세게 해야겠다."

윤홍준은 이튿날인 12월 12일 오후 5시경 도쿄 임페리얼 호텔에서 같은 방식으로 회견을 하고, 베이징에서와 마찬가지로 기자회견문과 사진을 배포했다. 도쿄 주재 한국기자단 10여 명이 참석해 베이징보다는 분위기가 좋았다. 그러나 이미 베이징 특파원들이 각사에 정보보고를 한 내용인지라 새로운 내용은 하나도 없었다. 국내 언론은 이번에도 기자회견 소식을 보도하지 않았다.

안기부가 김대중 후보의 연북 혐의를 폭로하는 기자회견을 통해 김대중 후보에 불리한 여론을 조성하려고 기획한 '아말렉 공작'은 이렇게 실패로 끝났다. 문제는 아말렉 공작이 공작원의 첩보를 토대로 공작관이 기획한 '바텀업(Bottom-up) 공작'이 아니고 부장 친전(親展)의 '탑다운(Top-down) 공작'이었다는 사실이다.

안기부 103실(대공수사실)이나 203실(해외공작실) 같은 대공수사나 대북공작 실무 부서는 2개단(團)으로 편제되고, 1개 단 아래에는 O개 처(處)-OO개 팀-OO명 담당관으로 편제된다. 안기부가 상시적으로 추진하는 대북사업(공작)의 수효는 200개 정도였다. 한 담당관 또는 전문공작관은 통상 각 사업(공작)마다 협조자나 공작원을 두고 여러 개의 사업(공작)을 추진-관리한다. 안기부가 사업(공작)을 유지-관리하는 데 필요한 공작원과 협조자 수는 최대 1천 명으로 추산할 수 있다.

부장은 안기부에서 신(神)적인 존재이지만, 실제로 전지전능한 신(神)은 아니다. 부장이 모든 공작을 검토할 수는 없다. 통상 공작은 처(處) 단위에서 시작된다. 처장의 책임하에 주관하고, 그 위의 부서장인 단장이나 실장은 공작 추진 중에 도출된 건의사항을 검토·승인하는 구조이다. 처 단위의 공작이 성공적으로 여건이 조성되어 성과가 생기면, 단(團)이나 실(室)-국(局) 단위로 주관 책임자가 격상된다. 수년 동안 공을 들여 안정 궤도에 오른 A급 '국가공작'은 부장에게까지 보고되고 검토·승인을 받는다. 아말렉 공작은 '국가공작'도, 정식으로 예산이 배정된 '인가공작'도 아니었지만, 부장의 '관심 사업'이었다.

'죽은 자식 불알 만지기'와 '위험한 재탕'

모든 공작은 인가공작과 비인가공작으로 구분된다. 인가공작은 예산이 뒷받침되는 장점이 있으나 예산 사용 내역을 예산관에게 통보해야 하고, 감사관이나 예산담당부서의 통제를 받게 된다. 비인가공작은 그 반대이다. 공식적인 국정원 예산을 사용하지 않으므로 감사관이나 예산관의 통제를 받지 않는 대신, 문제가 생기더라도 보호를 받지 못한다. 중대하고도 민감한 사안의 경우, 보안 유지를 위해 비인가공작으로 계속해서 여건 조성 단계를 유지하다가 결정적 계기에 공작인가를 받아 인가공작으로 전환하기도 한다.

공작은 실패하건 성공하건, 협조자에게 대가를 지불하는 것이 철칙이다. 성공하면 '성공보수'가 따르지만, 실패하더라도 보안 유지를 위해서는 보수를 지불해야 뒤탈이 없다. 아무런 성과를 거두지 못했지만, 윤홍준 기자회견 공작이 베이징과 도쿄에서 예정대로 실행되자, 권영해 부장은 12월 13일(토) 이대성 203실장을 불러 노란색 행정봉투에 담은 20만 달러(약 2억 원)를 윤홍준에게 주라며 건넸다. '공사' 전에 건넨 착수금 5만 달러를 합치면 25만 달러였다.

203실 '아말렉 공작'의 공작 계선은 이대성 203실장→ 송봉선 203실 2단장→ 김은상 203실 2단 6처장→ 주만종 203실 2단 6처 5팀장→ 이재일 203실 2단 6처 5팀 담당관→ 윤홍준 협조자로 이어졌다. 실패로 끝난 윤홍준 기자회견 공작은 부장의 지시에 따른 것이었다. 하지만 이를 실행한 이대성 203실장(1급 관리관)과 그 공작 계선 상의 송봉선 단장(2급 이사관), 김은상 6처장(3급 부이사관), 주만종 5팀장(5급 사무관), 이재일 5팀 팀원(6급 담당관)은 공작의 성과가 없자, 부장을 볼 면목이 없었다.

이들은 지지율 1위 후보(김대중)의 눈치를 보는 것 아니냐고 언론에 분통을 터뜨렸다. 그래 보았자 '죽은 자식 불알 만지기'였다. 그런데 본전 생각이 났던 것일까? 송봉선 단장은 윤홍준을 서울로 불러들여 기자회견을 하는 마지막 카드를 꺼냈다.

원래 서울 기자회견은 처음 윤홍준 기자회견 공작을 기획할 때부터 권영해 부장이 요구했던 바였다. 하지만 주일(駐日)공사를 지낸 이대성 203실장이 "국내에서 하면 위험하다"고 반대해, 해외 기자회견만 하는 쪽으로 정리가 된 것이다. 그런데 203실의 2인자이자 대북공작의 베테랑인 송봉선 단장이 '위험한 카드'를 다시 꺼낸 것이다. '위험한 카드'를 '재탕'하는 것은 위험을 몇 배 더 증폭시키는 행위였다. 그럼에도 이번에는 아무도 반대하지 않았다.

그때만 해도 이 사소한(?) 기자회견이 중앙정보부 창설 이후 처음으로 안기부의 수장(首長)이 안기부법 및 공직선거법 위반으로 사법처리 되는 초유의 사태로 이어질지는 아무도 예상하지 못했다. 결과적으로, 실패로 끝난 공작의 불씨를 어떻게든 살려보려는 안기부 수뇌부의 무리수가 국가정보기관의 1급비밀 공작 파일로만 존재할 뿐, 사법의 영역에선 미제사건으로 넘어갈 수 있었던 아말렉 공작을 노출시키는 위기를 자초한 것이었다.

부장에게 서울 기자회견 계획을 보고하고 재가를 받은 이대성 실장, 송봉선 단장, 김은상 처장은 이재일에게 윤홍준을 즉시 귀국시킬 것을 지시했다. 이에 이재일이 일본에 있는 윤홍준에게 연락을 취해, 윤홍준은 12월 13일(토) 오후 2시 30분쯤 서울에 도착했다. 이재일은 서울에서 마지막으로 한 번 더 기자회견을 하자고 설득했다. 윤홍준은 '위험하고 아무런 효과가 없다'며 예정에 없던 서울 기자회견을 거부했으나, 거듭된 설득에 마침내 동의했다.

송봉선 단장은 이재일로부터 '윤홍준이 동의했다'는 보고를 받자, 안기부가 사주했다는 의심을 받지 않기 위해 연막 조처를 취했다. 우선, 친분이 있는 안기부 협조자인 김숙향 씨를 통해 윤홍준을 보수단체인 '자유민주민족회의(이철승 의장)'와 '대한민국 건국회(손진 회장)'에 소개시켰다. 보수우익단체가 윤홍준과 교섭해 기자회견을 섭외했다는 식으로 '알리바이'를 만들기 위해서였다. '건국회'는 이미 12월 8일 김대중 후보가 병역을 기피하고도 허위사실 유포에 의한 선거운동을 했다며 서울지검에 고발한 '반DJ 성향'의 단체였다(권영해 부장은 나중에 '건국회' 회장이 되었다).

송 단장은 또한 김숙향 씨를 통해 이재일이 작성한 기자회견문 초안을 이재훈 변호사에게 건네 명예훼손 제소에 대비한 법률 검토를 거치게 했다. 이 변호사는 초안대로 기자회견을 하면 문제가 발생할 가능성이 있으므로 수사기관에 진정서를 제출하도록 권유했으나, 윤홍준은 기자회견을 강행하고 진정서를 기자회견장에서 기자들에게 배포했다.

송봉선 단장은 대학학군단(ROTC) 장교 출신으로 중위 제대 후 1973년 1월에 중앙정보부에 입사해 해외공작국 근무를 시작으로 주(駐)사우디대사관 2등

서기관, 주이집트영사, 주이집트참사관, 해외조사실 단장 등으로 주로 해외 대북공작 업무를 담당했다. 그가 수행한 대북공작 중에서 대표적 성과는 한-이집트 수교 및 장승일 북한대사 망명 기반 조성과 황장엽 망명공작이다. 송 단장은 나중에 법정에서 "군대보다 더 엄격한 상명하복의 조직체제 속에서 부장의 지시를 거부할 수 없었던 점을 참작해 달라"고 재판부에 호소했으나 유죄 판결을 피할 수는 없었다.

실패할 수밖에 없었던 'C급 공작'

윤홍준은 12월 16일 오후 3시 서울 여의도 63빌딩 3층 샤론홀에서 민족회의와 건국회 등 보수단체 회원들이 참석한 가운데 기자회견을 하고, 기자회견문과 사진 9장을 배포했다. '재미교포 윤홍준 기자회견문'의 주요 내용은 다음과 같았다.

"나는 미국의 영주권자이며 미국의 워싱턴에서 무역과 투자자문회사를 하고 있다. 지난 1996년 1월 초에 캐나다 토론토에서 북한의 대흥선박회사에 근무하는 김철용이라는 사람을 만나게 되어서 북한과의 사업에 관심을 가지게 되었다. 현재 미-북 간의 경제활동이 법적으로 되지 않아서 제대로 사업을 하지 못하고 있으나, 북한 경제를 완벽하게 이해하기 위하여 노력하고 있다. 나는 1996년 10월 이후 1997년 8월까지 모두 6차례의 북한 방문을 하였다.

1996년 6월 이후 김철용은 북경에서 북한인 김미경(여, 34)을 통해 '허동웅'이라는 조선족을 소개하여 주었다. 허는 태화무역공사라는 여행과 무역업을 하는 회사를 하고 있었으며 당시 36세였다. 그 후 수 명의 북한 사람을 소개받았고, 매우 친하게 되었다. 허동웅은 당시 자신은 수십 차례 북한을 왕래하였으며 북한의 장성택 등 고위층과의 인맥을 확인시켜 주었다. 당시 나는 북한에 대한 아무런 지식이 없었던 상태로 허동웅과 매우 친한 관계를 가지게 되었으며, 북한 사업을 할 수 있는 기반을 마련하게 되었다. 그 후 나는 허동웅의 주선으로 라진 - 선봉을 방문하게 되었는데, 당시 허는 라진에 오지 않았다. 그 후 5차례의 평양 방문이 더 있었으며, 1997년 4월 북한의 최고위 인사와의 면담도 있었다.

1996년 8월 초 허동웅은 김대중의 초청으로 서울에 간다고 하였고, 모든 체류의 비용 등을 국민회의에서 부담한다 하였다. 허동웅은 나에게 '이번이 좋은 기회이다. 서울에 와서 체류를 도와주면서 김대중을 비롯한 자기가 소개하는 국민회의 사람들과 유대를 만들라' 하였다. …(중략)… 국민회의 조만진 국장은 공항으로 가면서 자기가 잘못하여 김대중과 만나지 못하게 되어 미안하다면서 반포를 지날 무렵 아침 8시 30분경 자기 휴대폰으로 김대중에게 전화를 걸어 나와 통화를 하도록 바꿔주었다. 김대중은 통화 시 나에게 '조 국장으로부터 훌륭한 청년이라는 말을 많이 들었다. 만나지 못해 유감이다. 조 국장이 얘기하는 것은 나를 위한 일이고 당을 위한 일이다. 이번에 북에 가면 진영걸 사회과학원 부위원장에게 꼭 안부 인사를 전해 달라. 다녀와서 꼭 한번 만나자'라고 말했다. 조 국장도 진영걸을 잘 안다며 꼭 안부를 전하라 했다.

1996년 8월 김대중의 초청으로 허동웅과 함께 서울에 왔던 만백오(전 중국 전인대 상무위원장 만리의 아들)의 비서 '주문'은 '나는 김대중의 비밀접촉을 위해 1996년 7월 만백오와 평양을 방문하여 고위인사를 만났으며 김대중이 1996년 10월에 방중하여 북경대학에서 명예박사 학위를 받은 후 중국 고위관리의 집이 있는 중남해라는 곳에서 북한 고위층 인사와 북한의 고려연방제를 지지하고 대규모의 식량을 지원하는 대신 북한으로부터 거액의 자금을 받기로 했으며 조 국장은 만백오에게 장소 제공 대가로 25만 달러를 주었다'고 말했다…(하략)"

베이징 - 도쿄 기자회견과 달리, 서울 기자회견은 보수단체 회원들이 '박수부대'로 참석한 가운데 63빌딩 샤론홀에서 성대(?)하게 열렸으나, 방송은 물론, 조선 · 중앙 · 동아일보조차도 보도하지 않았다.

사실 누가 봐도 기자회견문의 얼개는 초등학생 수준이었다. 일개 재미교포 청년이 '북한의 최고위 인사'를 면담했다는 것부터가 믿을 수 없는 일이지만, 정당의 당료인 일개 국장이 당 총재에게 전화를 해 얼굴도 본 적 없는 청년을 바꿔준다든가, 평생 정보기관의 색깔론에 시달려온 김대중이 난생처음 보는 청년에게 '북에 가면 진영걸에게 안부 인사를 전해달라'고 했다는 것은 견습기자들이 보기에도 '황당한 시추에이션'이었다. 대통령선거를 사흘 앞두고 한 재미교포가 아무런 근거도 없이 이런 황당한 주장을 한 기자회견을 보도할 만큼 정신나간 언론은 없었다.

결국 아말렉 공작의 마지막 카드조차도 실패로 종결되었다. 이대성 실장은 베이징과 도쿄에 이어, 위험을 무릅쓰고 서울에서까지 기자회견을 실행했음에도 언론에서 보도하지 않은 것이 마음에 걸렸다. 선거가 끝난 뒤에 이 실장은 권 부장에게 "기자회견을 했음에도 기자들이 먹지 않았다"고 위로의 말을 건넸다. 그러자 권 부장은 이렇게 말하며 자위했다.

"이미 모든 자료가 갔는데도 보도가 안 되는 것은 언론이 국민회의 측에 경사되어 있었기 때문입니다. 그보다 더 신빙성 있는 자료를 갖다 주어도 언론이 보도하지 않았을 것입니다."

언론이 허위사실로 가득 찬 기자회견을 보도하지 않은 것에 대해 '기울어진 운동장'을 탓할 만큼 두 사람은 언론에 대해 무지했다. 언론이 기자회견을 보도하지 않은 것은 '운동장이 기울어져서'가 아니라 황당하다고 느낄 만큼 회견 내용이 허술했기 때문이다. 게다가 윤홍준은 이미 1997년 9월경 김대중 총재의 대북연계 의혹 첩보를 가지고 베이징의 한국특파원들과 모종의 거래를 하려고 해 베이징 특파원들 사이에서 '정보 브로커'로 소문이 난 상황이었다.

아무리 실력 있는 요리사도 썩은 식재료로는 맛있는 음식을 만들어낼 수 없다. 아말렉 공작의 원재료는 '고인돌사업'과 '상황사업'이라는 'C급 공작'이었다. 그것이 아말렉 공작이 실패할 수밖에 없었던 근본적 이유였다. 게다가 이 C

급 공작의 첫 단추를 꿴 사람은 권영해 부장 그 자신이었다.

부장님 지시 말씀 "공작명은 '아말렉'··· 금일 착수할 것"

이대성 실장은 서울 기자회견 열흘 전인 12월 6일 토요일 저녁 8시경 권영해 부장으로부터 전화를 받았다. 윤홍준 건으로 의논할 것이 있으니 다음 날 아침 8시에 부장 공관으로 와서 조찬을 함께 하자는 것이었다. 부장이 윤홍준 건으로 의논할 것이 있다면, 짚이는 바가 있었다. 이 실장은 송봉선 단장에게 전화를 걸어 다음 날 사무실로 나오라고 했다. 그러자 송 단장은 김은상 처장에게, 김 처장은 윤홍준의 첩보 자료를 갖고 있는 이재일 담당관에게 전화해 지시 사항을 전달했다.

"실장이 부장님 호출을 받았으니, 내일 아침 관련 자료를 챙겨 사무실에 대기하라신다."

이대성은 12월 7일 일요일 아침 안기부장 공관에서 권영해 부장과 조찬을 함께 했다. 이 실장은 챙겨간 윤홍준 관련 자료를 권 부장에게 보여주며 '고인돌 사업'과 '상황사업' 현황을 보고했다.

원래 '고인돌 사업'은 처(處) 단위의 사업이었다. 공작담당관이 작성하는 사업(공작) 보고서는 담당관이 처장에게 하는 기본보고서와, 처장이 기본보고서를 검토한 뒤에 실 – 국장, 차장에게 보고할 가치가 있다고 판단할 경우에 작성하는 결재용 보고서가 있다. 기본보고서는 협조자 등을 통해 취득한 첩보 내용 일체를 기재하는 데 비해, 결재용 보고서는 기본보고서를 정리·검토해 가감·삭제하게 된다.

윤홍준이 제보한 첩보를 토대로 이재일 담당관이 작성한 '고인돌 사업' 보고서는 초기에는 팀장과 처장까지 보고(기본보고서)되다가, 국민회의 및 김대중 총재 연계 추가첩보가 보강되면서 부서장인 실 – 국장(당시는 남영식 8국장)까지 보고되었다. 그러다가 윤홍준이 북한 라진 – 선봉을 방문해 찍은 비행장과 유류

저장 탱크 사진 첩보, 중국의 만리(萬里) 전 전인대 상무위원장의 아들 만백오 일행이 김대중 총재를 방문했을 때 찍은 사진첩보 등을 제보하면서는 권영해 부장이 큰 관심을 가져 결재용 보고서로 부장까지 보고되었다.

비인가공작인 '고인돌사업'은 부장의 '관심 사업'이 되면서 '상황사업'으로 확대되었다. 안기부는 허동웅의 북한공작원 혐의를 입증하는 '고인돌사업'을 추진하다가, 윤홍준이 허동웅의 수첩에서 보았다는 '상황버섯' 메모가 불거지자, '상황사업(조만진을 핵심으로 한 국민회의와 북한의 연계공작 암호명)'을 새로 추진했던 것이다. 그러나 윗선의 관심이 커질수록 공작이 과장‒왜곡되기 쉽다는 것이 정보 세계의 금언이지만, 금언은 종종 현실에서 무시된다.

이대성 실장은 부장의 관심과 기대에 미치지 못한 공작 성과 때문에 무거운 마음으로 보고를 했다.

"허동웅에 대해서 북한 공작원이라는 첩보가 여러 공작망을 통하여 입수되기는 하였으나 증거를 확보치 못하였습니다. 현재 허동웅은 국내 및 북한과 연락을 거의 하지 않고 있는 것으로 파악되고 있으므로 당분간은 정보수집을 하기가 어려울 것 같습니다."

이 실장은 간단한 구두 보고를 마친 뒤에, 식당 옆에 있는 응접실로 가서 권 부장이 식사를 마치길 기다렸다. 잠시 후 권 부장이 응접실로 들어와 대화가 이어졌다. 권 부장이 먼저 기자회견 제안을 했다.

"윤홍준이 그동안 입수해온 정보가 사안이 매우 중요한데… 사실이 확인되지 못했기 때문에 우리가 어떤 조치를 취할 수는 없지. 하지만 본인이 입수한 내용이니 본인이 기자들에게 직접 이야기할 수는 있지 않겠나?"

"관련 증거도 확보하지 못했고, 전후 관계가 불분명하여 실효성이 있을지 의문입니다."

이 실장이 완곡하게 반대 의사를 피력했으나, 권 부장은 다시 기자회견을 제안했다.

"본인이 입수한 내용을 말하는 것이니, 듣는 사람 나름대로 거기에 대한 평가를 하지 않겠나? 기자들을 모아놓고 그런 얘기를 한번 해보는 게 어떻겠소."

"국내에서 그런 이야기를 하다가는 문제가 생길 수 있습니다. 그러나 해외에서라면 크게 문제없이 될 수 있을는지 모르겠습니다."

이 실장은 부장이 두 번이나 제안하자, 더 이상 반대하기는 어렵다고 판단했다. 그래서 국내가 아닌 해외 기자회견 쪽으로 방향을 틀어 말했다. 권 부장은 몸을 사리는 이 실장이 다소 못마땅한 듯 퉁명스럽게 말했다.

"국내에서 문제가 생겨 붙잡히면, 우리가 신병을 인수해 조사하면 될 것 아닌가!"

이 실장은 다시 완곡하게 반대 의견을 피력했다.

"부장님, 국내에서는 자칫 말썽이 날 소지가 있습니다."

그러자 권 부장은 마지 못한 듯 해외 기자회견을 수용했다.

"뭐, 해외에서 기자회견을 하는 방안도 괜찮겠네."

권 부장은 이 실장이 공관에 오기 전에 이미 지시사항을 메모해 준비해 놓았다. 권 부장은 이 실장에게 메모지와 함께 "우선 이것 가지고 해보라"며 노란 행정봉투를 건넸다. A4 용지 반절 분량의 메모지 2장에는 이렇게 적혀 있었다.

"공작명은 '아말렉'. 윤홍준이 지금도 허동웅에 관한 이야기를 기자들에게 폭로하겠다는 생각을 가지고 있는지를 확인하고, 윤홍준이 그동안 제공한 첩보를 정리하여 기자회견에 참고할 수 있도록 제공하고, 기자들에게 알린 후 윤홍준의 신변보호를 철저히 하라, 금일 착수할 것."

28 _ 아말렉 공작 전개과정과 '자발적 협조자'

착수금 5만 달러와 '아말렉 추진계획'

이대성은 203실장 부임 후 통상 구두(口頭)로 부장의 업무지시를 받아왔다. 메모 업무지시는 처음이었다. 권 부장은 다시 한번 "이 실장이 직접 철저하게 계획해 추진하라"고 강조했다. 권 부장이 건넨 행정봉투 속에는 100달러 지폐로 5만 달러가 들어있었다. 아말렉 공작의 착수금이었다. 이 실장은 이 가운데 2만 달러를 기자회견 비용으로 윤홍준에게 주도록 하고, 3만 달러는 원화로 환전해 두었다가 나중에 윤홍준 – 이재일이 구속되자 변호사 선임비용으로 사용하도록 했다.

그 시각 안기부장 공관에서 5분 거리인 내곡동 본관 203실장 사무실에는 이대성 실장의 호출을 받은 송봉선 단장과 김은상 처장, 그리고 이재일 담당관이 돌아오기를 초조히 기다리고 있었다. 이재일은 원래 8일(월)부터 휴가가 예정돼 있었지만 불려 나왔다. 김은상 처장이 미안해서인지 은근히 불만을 토로했다.

"무슨 일이길래 일요일인데 호출한 겁니까? 단장님은 뭐 들으신 것 있나요?"

송 단장이 퉁명스럽게 대꾸했다.

"장사 하루 이틀 하는 것도 아니고, 우리 일에 토요일, 일요일이 어딨어. 보나 마나 윤홍준 건이겠지."

그러자 이재일 담당관이 머뭇거리며 말했다.

"실은 지난 금요일(5일) 부장님이 주만종 팀장한테 윤홍준이 기자회견 의향이 있는지 물어보셔서 주 팀장이랑 '윤홍준은 의향이 있다'고 부장님께 보고를 드린 적이 있습니다. 그것 때문에 부르신 것 같습니다."

순간 김은성 처장이 버럭 화를 냈다.

"야 임마, 그런 얘기를 왜 이제야 하는 거야!"

송 단장이 나서 진정을 시키는 사이에 이대성 실장이 심각한 표정으로 사무실에 들어섰다. 이 실장은 일단 "윤홍준에게 자기가 제보한 내용을 기자들에게 말하도록 할 수 있겠냐"고 물어보았다. 윤홍준의 공작관인 이재일이 먼저 입을 열었다.

"윤홍준이 애국자이고 반공의식이 투철해 평소에도 그런 생각을 가지고 있어서 가능할 것입니다."

협조자 중에는 돈으로 유혹하거나 꼬투리를 잡아 활용하는 경우가 많지만, 윤홍준은 애국심이 충만한 '자발적 협조자'였다. 게다가 이민 1세대인 부친의 사업을 물려받은 재미교포 사업가로서 비교적 자유롭게 북한을 왕래할 수 있어서 협조자로서 적격이라는 평가를 받았다.

송 단장과 김 처장도 한 목소리로 맞장구를 쳤다.

"충분히 가능할 겁니다."

이 실장은 그때서야 권 부장의 '지시 말씀'과 공작 착수금을 전달하며, 김은상 처장에게 '아말렉'이란 공작명으로 추진계획을 수립해 오라고 지시했다. 부장의 지시가 떨어지자마자 일사천리로 진행되었다. 곧바로 이재일은 미국에 있는 윤홍준과 통화해 기자회견이 가능하다는 확답을 받았다고 이 실장에게 보고했고, 김은상 처장은 '아말렉 추진계획'을 작성해 왔다.

'추진계획'의 골자는 윤홍준이 12월 10~11일 베이징에서 1차 회견을 하고,

12월 12~13일 도쿄에서 2차 회견, 그리고 언론의 반응과 상황을 봐서 대선 전에 서울에서 3차 회견(미정)을 하는 것이었다. '서울 3차회견'은 이대성 실장이 위험하다고 반대해 계획에는 없던 거였다. 그러나 부장의 의중을 간파한 이대성 실장은 부장의 뜻을 거스르는 것 같아 찜찜했다. 또 1, 2차 회견 공작이 성공하면 3차 회견은 굳이 안 해도 되었다. 그래서 이 실장은 일단 '미정'으로라도 계획에는 포함시키라고 김은상 처장에게 지시했던 거였다. 물론 마음속으로 3차 회견까지는 안 하길 바라면서….

이 과장, 주 상무, 김 전무 등 위장 명칭과 위장 여권

이재일은 이 실장의 지시에 따라 이날 오전 10시부터 윤홍준의 디브리핑 파일을 요약한 추진경위서를 토대로 기자회견문 초안을 작성해 김은상 처장에게 보고했다. 김 처장은 "초안이 안기부 보고서 냄새가 난다"고 질책하고, 일부 내용을 서술식으로 직접 수정·가필했다. 이재일은 이날 오후에 김 처장이 고쳐준 대로 회견문 초안을 재작성해, 김은상 처장 – 송봉선 단장 – 이대성 실장 순으로 초안 검토를 거쳤다. 이 실장은 '아태재단은 북한자금으로 설립되었다'는, 윤홍준의 첩보에 없는 허위 내용을 초안에 가필해 이재일에게 돌려보냈다.

한편, 이대성 실장은 이날 오후 4시경 다시 부장 공관으로 들어가서 '아말렉 추진계획'을 보고하고, 지적하실 사항이 없으면 계획대로 시행하겠다고 보고했다. 이재일은 다음날 출근해 이대성 실장이 수정·가필한 대로 초안을 재작성해, 이 실장의 검토를 거쳐 오전 11시경에 기자회견문 초안을 완성했다. 최종적으로 수정·가필된 내용은 '아태재단' 부분 말고도 이런 대목이었다.

△'96. 8. 15 김대중은 일산 자택을 방문한 만백오, 허동웅 일행에게 조찬을 제공하면서 허동웅에 대하여 그간의 비밀사업에 대한 노고를 치하하였다' 중에서 비밀사업 부문

△'김정일의 비자금 제공에 대한 김대중 측의 보답에 대하여 조선반도를 통일하려
면 하나의 통일론이 있어야 한다며 김대중이 고려연방제를 지지해 주는 것임을 밝
혔다'라는 전체 문장

△중국 조선족 엄국진이 '그동안에도 전직 중소기업중앙회 회장이었던 박상규 현
국민회의 부총재와 현재 회장인 박상희의 도움을 받아 상당수 북한인을 한국 국적
으로 속여 서울로 보냈다'라는 부분

주만종 팀장은 8일 출근해서 윤홍준 기자회견 계획이 수립되어 시행될 예
정이라는 것을 김은상 처장과 이재일로부터 들었다. 이재일은 이날 오후 베이징
출장신청서를 작성해 주만종 - 김은상의 결재를 받아, 다음날인 9일 기자회견문
초안과 자료 사진 9장 등을 챙겨 위장 여권을 사용해 베이징으로 출국했다.

한편, 9일 밤 9시께 미국에서 급거 입국한 윤홍준은 '주 상무'에게 연락을 취
했다. 주 상무는 "이 과장이 베이징에 갔으니 김 전무한테 직접 연락을 취하라"
고 전하고, 집 전화번호를 알려줬다. 이재일 담당관과 주만종 팀장이 협조자 윤
홍준을 만나거나 전화 통화를 할 때, 이재일은 '이 과장', 주만종은 '주 상무', 그
리고 김은상 처장은 '김 전무'라는 위장 명칭을 사용했다.

김 전무, 즉 김은상 처장은 이날 밤 9시 30분경 집에서 가까운 마포 가든호
텔(현 할러데이 인)로 윤홍준을 오라고 해 근처 커피숍에서 만났다.

"이 과장한테서 들었겠지만, 회장님의 뜻을 직접 전하기 위해 보자고 했소.
윤형이 나라를 위해 기자회견을 해준다면, 무역업체 인수 및 경영을 보장해주겠
다고 하십니다."

'회장님'은 권영해 부장을 지칭하는 은어였다. 윤홍준이 거듭 기자회견을 하
겠다고 의욕을 보이자, 김은상은 이대성 실장한테서 받은 1만 달러를 경비조로
건넸다. 윤홍준은 다음날인 12월 10일 오전 주 상무에게 전화해 베이징으로 출
국한다고 알렸다. 이재일은 이날 오후 베이징 캠핀스키 호텔에서 윤홍준을 만나

기자회견문 초안과, 주만종 팀장이 1997년 11월 베이징에서 녹음해온 허동웅 관련 녹음테이프, 그리고 기자회견 경비 9천 달러를 추가로 윤홍준에게 제공했다.

안기부의 '자발적 협조자' 윤홍준

인간정보(HUMINT) 공작은 통상 최초의 '물색 및 평가'로부터 출발해 포섭 - 검증 - 임무 부여 단계를 수행하는 가운데, 협조자나 공작원에게 지침을 제공하면서 진행하게 된다. (박스2, 158쪽 참조)

포섭에는 돈이나 이성에 대한 욕망이건, 이념이나 체제에 대한 불만이건 동기가 필요하다. 흔히 포섭을 위한 수단으로는 MICE, 즉 Money(돈), Ideology(이념), Compromise(타협), Ego(자존심)라는 네 가지가 거론된다. 과거 냉전 시기에 영국에서는 킴 필비(Kim Philby)와 그의 케임브리지대 동료들처럼 소련 공산주의에 이념적으로 경도된 자발적 충성자들이 생겨나기도 했다. 또 간혹 스파이 활동의 짜릿함과 스릴을 맛보기 위해 가담하는 경우도 있다. 그러나 가장 손쉽고 흔한 방법은 돈이다. 그래서 정보기관의 공작 부서에는 '여건 조성비'라는 항목이 예산에 반영되어 있다.

여건 조성비가 부족하거나 또는 중요하고도 민감한 내용의 여건을 추진할 경우에는 안기부장이나 국정원장이 관리하는 '특수공작 예비비'에서 지원하기도 한다. 비인가공작인 아말렉 공작이 그런 경우였다. 물론, 돈으로 포섭된 협조자는 상대방이 제안한 '더 많은 돈'에 넘어갈 수도 있다는 점을 늘 염두에 둬야 한다.

순수한 애국심에 의한 자발적인 협조자는 무보수로 관리할 수도 있지만, 공작관이 첩보를 제공받는 대신에 사업 편의를 봐주는 방식으로 관리할 수도 있다. 대북사업을 하려는 윤홍준에게는 안기부가 든든한 '뒷배'일 수 있었다. 또 '뒷배 회사의 회장님'으로부터, 기자회견을 하면 무역업체 인수를 보장해주겠다는 약속까지 받은 터였다.

공작관은 첩보의 건수(件數)와 질에 따라 협조자에게 보수를 지급하기도 한다. 물론 고정급은 아니다. 고정급을 주려면 계약서를 쓰고 공작원으로 채용한다. 고용형태에 비유하면 협조자는 비정규직이고 공작원은 정규직이다. '고인돌사업'의 재미교포 사업가 윤홍준은 정식 사업승인 인가를 신청하지 않고 담당관 수준에서 채용한 비인가사업(공작)의 협조자 신분이었다.

협조자가 일정한 기간이 지나 공작원으로 채용되기도 하지만, 사업상 필요로 공작원을 바로 채용하기도 한다. 또 협조자 본인이 공작관의 '조종'을 받는 공작원이 되기보다는 느슨한 협조관계를 원하는 경우도 있다. 또 협조자 본인은 자신의 행위가 공작에 의한 스파이 활동임을 인식하지 못한 채 공작원이나 협조자로 활동하는 경우도 있다. 가장 성공적인 포섭공작의 결과이다. 정보기관의 기록이 나중에 공개되어 나치의 협조자로 밝혀진 프랑스 패션디자이너 코코 샤넬(Coco Chanel)도 본인이 공작원으로 조종되고 있음을 인지하지 못했을 가능성이 컸다.

여건 조성 단계에서는 고인돌사업, 상황사업 등으로 사업에 암호명을 붙여 관리한다. 통상적으로 '사업'과 '공작'이라는 표현을 혼용하지만, 여건이 조성된 사업이 공작으로 발전하면 공작 암호명을 붙여 구분하는 것이 원칙이다. 수년간의 여건 조성을 통해 A급 공작으로 꽃을 피운 흑금성공작이 대표적 사례였다. 그에 비해 '아말렉공작'이나 '오대산공작'은 부장 지시나 안기부 내부의 필요에 의해서 직접 추진된 '단기공작'이었다. 협조자가 아닌 공작원은 국정원이 정식으로 고용한 직원이 된다.

윤홍준은 안기부 감찰실에 먼저 전화를 걸어온 '자발적 협조자'였다. 재미교포 2세인 윤홍준은 애국심이 충만한 데다가, 재미교포 사업가로서 비교적 자유롭게 북한을 왕래할 수 있어서 협조자 조건으로서 최적의 평가를 받았다. 경제적으로도 여유가 있는 데다가 스파이 활동에 짜릿한 스릴을 느끼는 '자발적 협조자'여서 포섭에도 무리가 없었다. 최초 '평가'에서부터 포섭 – 검증 – 임무 부여 단계의 '포섭'까지 손쉽게 진행되었다.

'고인돌사업'의 단초

'고인돌사업'은 협조자 윤홍준의 "베이징에서 만난 허동웅(재중 조선족 사업가)이 북한 공작원으로 보이는데 아태평화재단, 국민회의, 김대중 총재와 깊이 연결되어 있는 것 같다"는 첩보 보고에서 시작되었다. 이 첩보 내용이 사실이라면 안기부로서는 매우 중요한 사안이었다.

안기부 203실 6처 5팀 소속 6급 직원인 이재일 담당관은 1996년 2월 감찰실로부터 윤홍준이라는 재미교포를 만나 상담을 해보라는 업무 연락을 받았다. 재미교포로서 방북 및 북한 사람과의 접촉에 관한 상담을 요청해 왔으니 만나보라는 거였다. 이후 이재일은 윤홍준과 한 달에 1~2회꼴로 만나고 수시로 전화 통화를 하면서 관련 첩보를 수집했다. 윤홍준이 서울에 체류하면서 중국을 드나들 때는 주 1회꼴로 만나고, 이틀 걸러 한 번씩 전화 통화를 하고 서면이나 팩스로 첩보보고를 받을 만큼 가까웠다.

이재일은 협조자 윤홍준에게 정기적으로 활동비를 주지는 않았고, 윤홍준이 방북하거나 중요한 첩보를 제공할 경우 첩보 활동의 대가로 평균 200만 원 가량의 교통비를 10여 회 지원해줬다. 첩보의 대가로 대략 2~3천만 원을 지원한 셈이다. 윤홍준 또한 서울에 올 때마다 리츠칼튼 호텔에 체류하는 등 경제적으로 여유가 있었기에 첩보 제공에 대한 금전적 대가보다 대북사업에 대한 안기부의 지원을 기대했다. 그러나 북한과의 사업은 정치·사회적 변수가 많아 윤홍준의 대북사업은 별로 재미를 보지 못했다.

윤홍준은 그해 7월 서울 리츠칼튼 호텔에서 이재일을 만나 이렇게 말했다.

"북한 사람 김철용의 소개로 허동웅이라는 재중교포를 알게 되었습니다. 몇 차례 대화를 나눠보니 이 자는 친북성향을 지닌 중국 조선족 사업가였습니다. 그러다가 허동웅과 대화 중에, 김대중 국민회의 총재가 조만진 국민회의 조직국장과 허동웅을 통해 지난 2년간 북측과 비밀접촉을 추진해온 사실을 알게 되었습니다."

이재일은 즉시 조만진의 신상과 중국 출입국 사실을 확인해 상부에 보고하고, 윤홍준을 통해 조만진. 허동웅에 대한 동향첩보를 수집했다. 윤홍준이 이듬해인 1997년 12월 기자회견을 할 때까지, 이재일이 관리한 '윤홍준·조만진 공작첩보 파일'은 250장짜리 서류철로 3권, 1,500쪽이 넘는 분량이었다. 문제는 첩보의 질이었다.

이를테면 윤홍준이 제보한 첩보의 골자는 김대중 총재가 설립한 아태평화재단이 북한의 조선아세아태평양평화위원회(이하 아태평화위)를 통해 자금을 지원받는 등 북한과 연계돼 있다는 것이다. 윤홍준은 허동웅한테서 들었다며 자신이 제보한 이 첩보와 추가첩보를 토대로 안기부가 작성한 회견문을 가지고 1997년 12월 폭로 기자회견을 개최했다. 윤홍준은 기자회견에서 '아태재단은 북한자금을 받아 설립하였고 그 후 북한도 아태평화위원회를 만들고 양쪽의 접촉창구와 통일론의 일관화를 위한 기구로 사용되어 왔다'고 주장했다.

그런데 사실관계를 따져보면, 아태평화재단은 1993년 7월부터 설립준비를 해 1994년 1월 설립허가가 나왔다. 그때는 김대중 총재가 1992년 12월 대선에서 낙선 후 영국 케임브리지에 머물다가 귀국할 무렵으로 그의 정치 재개 여부에 촉각을 세우고 있을 때였다. 김영삼 정부에서 활동을 재개한 현장도청 미림팀을 비롯한 안기부의 감시를 받는 상황에서, 그가 북한의 자금을 받아 재단을 설립한다는 것은 실현 불가능한 일이다. 설령 그가 북한의 자금을 받을 의사가 있더라도 북한이 정치를 떠난 '자연인 김대중'에게 자금을 대줄 리도 만무했다. 그런데 박정희 정권 시절부터 수십 년 동안 '김대중은 빨갱이'라는 잠재의식화된 선입견에 물든 안기부 수뇌부와 직원들은 이런 기본 상식조차 외면했다.

아태평화재단은 외교부의 설립 인가를 받은 재단법인이므로 해마다 결산서를 외교부에 보고하게 돼 있다. 누구나 열람할 수 있는 아태평화재단 1994년 결산서에 따르면, 설립기본금, 사무실 전세보증금 등 1억4천만 원은 설립자인 김대중 이사장과 설립이사인 이희호의 개인 재산으로 출연되었다. 1997년 대선을 앞두고 김대중 후보와 그의 가족들이 평생 동안 사용해온 모든 통장의 입출금 내역을 모조리 긁어모은 총액을 부풀려서 '김대중 비자금'이라고 폭로했던 김영삼 청와대와 여권, 그리고 안기부가 이런 자금의 흐름을 모를 리 없었다.

공교롭게도 북한이 비슷한 시기에 비슷한 이름의 조선아시아태평양평화위원회(아태평화위)를 만들긴 했다. 그러나 상식적으로 북한의 조선중앙통신과 남한의 조선일보가 이름이 비슷하다고 해서 조선일보에 북한자금이 유입되어 설립되었다거나 신문의 정체성을 의심하지는 않는다.

아태평화위는 1994년 10월 김용순 당 중앙위원회 비서를 위원장으로 하여 설립된 북한의 대외정책 전담기구로, 민간 차원의 인민외교를 담당하고 있다. 당초 미국·일본과의 민간교류를 목적으로 하였으나 대외 민간교류가 여의치 않았고, 그 대신 1998년 김대중 정부가 들어서면서 현대의 금강산 관광사업 등을 성사시키는 등 남북교류협력 사업에 전념해왔다. 그러다가 2000년 6월 남북정상회담을 전후해 남북경협과 당국간 경제실무접촉은 민족경제협력연합회로, 일부 남북관계 업무는 민족화해협의회로 이관되었다.

김당 기자는 흑금성 공작원 박채서가 대북 편승공작의 일환으로 추진한 ㈜아자의 광고 사업 건으로 아태평화위 초청 단체 비자를 받아 1998년 3월 말에 안성기·김혜자 등 삼성전자 애니콜 휴대폰 광고모델 및 촬영팀과 방북할 예정이었다. 그런데 3월 중순 '이대성 파일'이 공개되어 흑금성 공작원의 신분이 드러나는 바람에 방북은 물론 광고사업 자체가 무산되었다. 그 후 김당은 2000년 6월 남북정상회담으로 남북관계가 호전되자, 그해 9월 개별적으로 아태평화위의 초청을 받아 남한 기자로는 유일하게 '단독'으로 평양을 방문해 취재했다.

국정원은 우리 국민이 '특정 국가 여행허가'를 신청해 오면 해당자가 북한의 공작에 휘말리거나 포섭될 것을 우려해 통상 2명 이상일 때만 허가하고, 개인의 단독 방북은 허가해주지 않는다. 모든 방북자는 북한에서의 일정을 담은 '방북결과보고서'를 제출하게 돼 있는데, 2명 이상이면 '크로스 체크'가 가능하지만, 단독 방북일 경우에는 그것이 불가능하기 때문에 원칙적으로 개별적인 단독 방북은 허가해주지 않고 있다. 김당은 가능한 한 많은 언론인이 북한을 다녀와 남북관계의 현실을 제대로 보도해야 한다는 김대중 정부의 전향적인 언론정책에 따라, 당시 김보현 국정원 3차장의 도움으로 예외적으로 단독으로 방북하게 되었다.

제7장
'아말렉 공작'과 '007 코스프레'

영국 비밀정보부(Secret Intelligence Service, MI6)

...

언제나 비밀

Semper Occultus

29 _ 아말렉 공작의 첫 단추는 '고인돌 공작'

아마추어 공작원 윤홍준의 '007 코스프레'

윤홍준은 자신이 제보한 임동원 아태평화재단 사무총장 관련 첩보를 토대로 작성한 기자회견문에서 "임동원은 1995년 10월경 북경을 방문해 장성호텔에서 북한 아태평화위 고위간부를 접촉하였으며, 그전에도 '아태들'이 북경에서 수시로 만났다"고 주장했다. 아태평화재단과 아태평화위를 '아태'라는 이름으로 묶어, 마치 이란성(二卵性) 쌍둥이라도 되는 것처럼 덧칠을 했다.

그러나 임동원 사무총장(1995년 초~1998. 2)은 1995년 10월 5박 6일간 동 재단과 중국외교인민학회가 공동주최한 '동북아 평화와 경제협력' 주제의 세미나 참석차 베이징을 방문한 것 말고는, 한 번도 베이징을 방문한 적이 없었다. 또한, 그때는 세미나 일정이 빡빡한 데다가 국내에선 노태우 전 대통령의 비자금 내용이 발표되는 등 정국이 혼란한 상태였다. 참석자들이 북한 측 인사와 접촉하는 개인 활동을 할 수 있는 상황이 아니었다.

아태평화재단과 이북 출신인 임동원 사무총장을 엮으려는 안기부의 색안경은 다른 첩보 루트를 통해서도 감지되었다. 박채서도 대선 전에 김당 기자에게 아태평화재단이 무슨 사업을 하는지와 임동원 사무총장이 어떤 사람인지에 대해 물은 적이 있었다. 박채서는 이어 김당에게 "임동원 사무총장의 연북 혐의가 터질지 모르겠다"고 귀띔했는데, 나중에 공개된 '이대성 파일'을 보면 흑금성 공작원 박채서도 이강복 공작관과 그 윗선으로부터 아태평화재단과 임동원 사무총장의 대북 접촉 및 연계 의혹에 대한 첩보 보고를 요구받았던 것으로 보인다.

윤홍준은 또한 허동웅을 북한 공작원이나, 북한으로부터 월급을 받는 베이징 조교(朝僑) 조직의 총책이라고 안기부에 제보했다. 조교는 북한 국적을 가진 중국 조선족을 지칭한다. 그런데 허동웅은 중국 국적자이므로 조교가 될 수 없다. 게다가 허동웅은 1984년 3월부터 중국 전체 인구의 5%밖에 안 되는 공산당원이었다. 중국 정보기관은 조선족 공산당원이 남북한의 어느 일방을 위해 스파이나 간첩행위를 하는 것을 엄금하고, 철저히 감시하고 있다. 중국 공산당원인 허동웅이 북한 조교니 공작원이니 하는 것은 허무맹랑한 이야기였다.

오히려 윤홍준이 대북사업과 관련, 자신을 과시하면서 '007 코스프레'를 하고 다녔다. 윤홍준은 자신의 이력서에 12살 때인 1977년에 미국으로 이민을 간 것으로 기재했으나, 검찰에서 조사를 받을 때는 1989년에 미국으로 유학을 갔다고 진술했다. 윤홍준은 평소에 "아버지가 한국에서 제일 큰 선박회사를 경영하다가 미국에 거주하고 있다"면서 은근히 부친의 재력을 과시하곤 했다. 윤홍준은 허동웅에게 이렇게 말했다.

"1995년에 리츠칼튼(호텔)이 강남에 생겨 서울에 올 때마다 내 집처럼 이용하고 있습니다. 아버지는 리츠칼튼 앞에 6층짜리 빌딩을 갖고 있고, 산(山)도 갖고 있습니다."

윤홍준은 허동웅이 서울에 왔을 때, 자기 아버지 명의 산이라며 그 산을 함께 오른 적도 있다.

첫 단추부터 잘못 꿴 '고인돌 공작'

허동웅은 1996년 5월 선배가 운영하는 베이징의 한국 식당에 일행과 식사를 하러 갔다가 조만진 국민회의 조직국장을 소개받아 합석하게 된다. 조만진은 허동웅에게 "안후이성(安徽省)에 있는 김교각 스님의 등신불 이전 건으로 중국에 왔다"며 도와줄 만한 사람을 소개해달라고 부탁했다.

고승 김교각(金喬覺, 697~794년)은 신라 성덕왕의 아들로 속명은 중경(重慶)이다. 24세에 당나라에서 출가하여 교각(喬覺)이라는 법명을 받았다. 안후이성 주화산(九華山)에서 화엄경을 설파하며 중생을 구제해온 스님은 열반 후에도 육신이 3년간 썩지 않아, 신도와 승려들이 그를 지장보살(地藏菩薩)의 화신으로 인정하고 육신에 금을 입혀 등신불로 봉헌하였으며, 이로 인해 주화산은 지장보살 도량이 되었다. 그런데 한-중 수교 이후 불교계에서 '김교각 지장보살 한국 봉안'을 추진해 조만진 국장이 도움을 요청했던 것이다.

허동웅은 마침 여행사를 하면서 한국 방문 때 안내한 적이 있는 만백오를 알기에 그와 조만진을 소개해주었다. 만백오는 전 안휘성 성장(省長)이자 중국 전국인민대표자회의 상무위원장인 만리(萬里)의 아들이었다. 그렇게 해서 만백오가 중국 외교부와 불교협회 등을 통해 등신불 이전 건을 알아보았는데, 7월경에 '제2차 세계대전 당시 일본군에 의해 소실되었다'는 뜻밖의 소식을 들었다.[53]

등신불 이전은 성사되지 않았지만, 조만진은 중간에서 애를 써준 것에 대한 감사의 표시로 한중문화협회(회장 이종찬) 명의로 만백오에게 초청장을 보냈다. 그런데 하필 협회에서 초청한 조선족 일부 교포들이 한국에 불법체류 하는 바람에 초청 비자가 나오지 않았다. 그래서 당에 사정을 얘기하고 "중국 고위층의 아들이니 관계를 맺어두는 게 좋겠다"며 김대중 총재 명의로 초청장을 보내, 1996년 8월 만백오 일행과 허동웅이 통역 겸 가이드로 방한하게 된 것이다.

주53 _ 한중 양국 불교계는 수교 15주년째인 2007년 한중교류의 해를 기념하여 김교각 스님 입상을 제작해, 그해 11월 안후이성(安徽省) 츠저우시(池州市) 주화산(九華山) 육신보탑(月身寶塔)에서 '김교각 지장보살 한국봉안'을 위한 중국 정부 차원의 공송(恭送) 법회를 봉행했다. 그리고 다음 날 한국으로 운송해 서울시 삼성동 봉은사에서 '김교각 지장왕보살 입상 한국봉안 한중합동법회'를 개최했으며, 입상은 동국대 정각원에 모셔졌다.

여행업을 하는 허동웅은 이때 만백오의 통역 겸 가이드로 따라간 것이지 국민회의 측과는 아무런 관계가 없었다. 그런데 윤홍준은 허동웅한테서 '김대중 총재의 초청으로 방한한다'는 소식을 듣고 자신도 한국에 가니 함께 보자고 해 승낙을 받았다. 윤홍준은 서울에 도착해 허동웅의 소개로 만백오와 조만진과 인사한 후, "형님(허동웅)과 만백오 일행이 한국에 체류하는 동안에 운전기사와 사진사 역할을 하겠다"고 의도적으로 접근했다. 그렇게 해서 박상규 국민회의 부총재와 김홍일 의원이 제공한 만찬에 참석하고, 설악산 · 제주도 관광에도 동행해 자연스레 사진을 찍게 된다.

그리고 이때 찍은 사진과 몇 가지 팩트(fact)에 허위사실을 섞은 그럴듯한 첩보를 안기부에 제공했다. 윤홍준은 김대중 총재가 일산 자택에서 만백오 일행에게 제공한 조찬 회동에는 참석하지 못했지만, 앨런 덜레스 전 CIA 국장이 말한 것처럼 '첩보 활동의 핵심이 접근'이라면 거의 핵심에 접근한 셈이었다. 윤홍준의 첩보에 처음에는 반신반의했던 이재일과 주만종 5팀장, 그리고 김은상 6처장 등 대북공작실 간부들도 윤홍준을 신뢰하게 되었다.

그러나 협조자가 핵심에 접근했다고 해서 공작이 성공한 것은 아니다. 이재일 공작관은 윤홍준의 경력이나 교우 관계 같은 기본 신상정보에서부터 그가 어떤 사업을 하고 있는지, 사무실은 어디에 두고 운영하는지 등에 대해 구체적으로 확인 · 검증하지 않았다. 첫 단추를 잘못 끼워 검증에 실패한 것이다. 물론 그 이후에도 윤홍준이 제보한 첩보의 사실 여부를 검증할 수 있는 사안들은 많았다. 더구나 이재일 담당관은 1997년 6월에 협조자 윤홍준과 함께 허동웅을 만나 저녁 식사를 함께하고 술도 마신 적이 있다. 공작관이 공작 목표대상을 직접 만나서 검증할 수 있는 기회까지 있었다는 얘기다.

결과적으로 윤홍준이 허동웅으로부터 들었다며 제보한 첩보의 상당 부분은 거짓이었다. 이를테면 1996년 8월 22일 조만진이 운전하는 차를 타고 공항으로 가던 중 조 국장이 김대중 총재에게 휴대폰으로 전화를 걸어 자신에게 바꿔줘 김대중 총재와 직접 통화했다는 전화번호는 나중에 안기부 감찰실에서 확인한 결과, 경기도 일산 자택이 아니라 서울 종로 '나눔의 집' 전화번호였다.

또한 김 총재가 "조 국장으로부터 훌륭한 청년이라는 말을 많이 들었다. 만나지 못해 유감이다. 이번에 북에 가면 진영걸 사회과학원 부위원장에게 꼭 안부를 전해달라"고 말했다는 제보도 거짓이었다. 공당의 대표인 김대중 총재가 얼굴도 모르는 재미교포 청년에게 북한 인사에게 안부를 전해달라는 전화 통화를 했다는 것부터가 상식에 어긋나는 것이지만, 안기부 담당관은 협조자의 과장·거짓 첩보를 의심하지도, 검증하지도 않았다.

윤홍준이 1996년 9월 허동웅, 조만진과 함께 간 베이징 소재 '경락원'이라는 가라오케 주점에서 조만진이 조선족 가수에게 〈김일성 장군의 노래〉를 청해 함께 불렀다고 제보했으나, 실제로는 〈고향의 봄〉을 합창한 것으로 드러났다.

김당 기자는 1996년부터 2000년 사이에 베이징 캠핀스키 호텔에서 진행된 남북한 광고사업 협상과 방북 취재 건 등으로 20회 가까이 베이징에 출장을 다녀왔다. 그때 베이징 특파원 등과 두세 번 들른 경락원은 한국인 사업가가 투자한 주점으로 늘 한국인 손님이 많았다. 그런 곳에서 한국인이 〈김일성 장군의 노래〉를 부른다는 것은 설령 간첩이더라도, 아니 오히려 간첩이라면 해서는 안 되는 일이었다. 그러나 윤홍준의 공작관과 그의 윗선들은 허위 보고를 곧이곧대로 믿은 것이다.

윤홍준은 1996년 9월경 허동웅에게 북한의 라진-선봉 투자지구에 갈 수 있도록 주선해 달라고 부탁해 라진-선봉에 다녀온 적이 있다. 베이징의 허동웅 사무실(북방태화경제무역공사)이 입주해 있는 광운호텔 건물 4층에는 북한 대외경제협력추진위원회(이하 대경추) 북경지사가 있었다. 대경추는 북한이 개방한 라진-선봉지구에 투자를 유치-촉진하기 위해 만든 기구이다.

허동웅은 같은 건물 4층에 사무실을 둔 대경추 북경지사 김종운 국장과 알고 지내는 사이여서, 윤홍준이 라진-선봉지구에 다녀올 수 있도록 해달라고 부탁했다. 윤홍준은 북한에서 발급한 비자를 갖고 다니며, 주변에 자신을 통해야 북한과 통할 수 있다고 자랑하곤 했다. 윤홍준은 베이징에 올 때마다 허동웅의 사무실에 들렀는데 그 횟수는 20회가 넘었다.

'상황버섯' 메모가 상(上)은 北, 황(皇)은 김정일로 둔갑

공작관과 공작원(또는 협조자)은 '불가근불가원(不可近 不可遠)'의 관계를 유지하는 것이 공작의 기본이다. 공작관은 공작원이나 협조자가 자신을 인간적으로 신뢰할 수 있는 가까운 관계를 유지하면서도, 이들이 정해 놓은 공작노선과 공작목표에서 이탈하지 않도록 긴장감을 유지하게 하면서 끊임없이 조종·통제해야 한다. 조종과 통제의 기본은 철저한 디브리핑과 검증이다. 공작관은 협조자가 자신에게 비밀이 없도록 해야 한다. 공작관은 협조자나 공작원이 대북 접촉이나 북한에서 보고, 듣고, 냄새 맡고, 꿈꾸는 것조차도 털어놓게 해야 한다.

그런데 자신이 안기부에 제보한 과장·거짓 첩보가 별다른 검증이나 경고 없이 받아들여지자, 윤홍준의 첩보 각색은 시간이 흐를수록 점점 더 대담해졌다. 심지어 협조자의 첩보와 디브리핑을 검증해야 할 이재일 담당관이 윤홍준의 첩보를 과장해서 기재한 경우도 있었다. 정보활동의 금기 사항인 '확증 편향'과 '정보의 정치화'에 공작관까지 가세한 것이다.

윤홍준은 마치 자신이 직접 목격한 것처럼 이재일에게 이런 식으로 첩보를 제공했다.

"1997년 1월 인천의 한 식당에서 조만진이 허동웅에게 '방북해서 자금을 받아오라'고 지시했습니다. 이에 허동웅이 '이제 지하당 활동을 시작할 때가 아닌가'라고 하자, 조만진이 황급히 허동웅의 입을 막으며 '함부로 지껄이지 말라'고 했습니다."

물론, 이날 조만진과 허동웅, 그리고 윤홍준까지 3인이 인천의 한 식당에서 만난 것 말고는 모두 허위 첩보였다. 그런데 윤홍준이 원래 이재일에게 제공한 첩보 중에는 '자금을 받아오라'는 부분이 없었다. 협조자의 첩보를 검증해야 할 공작관이 오히려 협조자의 첩보를 그럴듯하게 과장해서 각색한 것이다.

윤홍준은 김대중 총재가 일산 자택에서 만백오 일행에게 제공한 조찬 회동에 참석하지 못했다. 이에 윤홍준은 '허동웅에게 들었다'며 "1996년 8월 15일 일산 자택 조찬 때 김대중 총재가 허동웅에게 그간의 사업에 노고를 치하했다"고 제보했다. 그런데 이 첩보를 제공받은 이재일은 "김대중 총재가 '비밀사업'을 치하했다"고 첩보 내용을 각색해, '고인돌 공작'의 계선 상에 있는 상관들이 볼 때는 마치 김 총재가 대북연계 혐의가 있는 것처럼 보이게 했다. 공작·분석관의 금기사항인 상부나 사용자의 입맛에 맞는 쪽으로 '정보의 정치화'가 이뤄진 것이다.

윤홍준이 1996년 8월 허동웅의 수첩에서 보았다는 '상황사업' 관련 첩보도 황당하긴 마찬가지다. 안기부는 수첩에서 '상황'이나 '상황버섯'이라는 용어가 나오자 '상황사업'이라는 명칭을 붙였다. 상(上)은 '위'이니 북한을 가리키고, 황(皇)은 '임금'이니 김정일을 의미한다는 것이 윤홍준의 암호풀이 해몽이었다. 그러나 조만진 국장은 유방암 수술을 받아 항암 치료 중인 아내를 위해 항암효능이 있다는 상황버섯을 구해 달라고 허동웅에 부탁해 수첩에 기재했을 뿐이다. 실제로 조 국장은 중국에서 상황버섯을 구입했다.

그런데 안기부는 허동웅의 북한 공작원 혐의를 입증하는 '고인돌사업'을 추진하다가, 상황버섯이 불거지자 '상황사업(조만진을 핵심으로 한 국민회의와 북한의 연계공작 암호명)'을 새로 추진했다. 안기부가 이처럼 주먹구구식 채증작업을 벌이지 않고 처음부터 신중하게 '팩트 체크'를 했으면 협조자 윤홍준이 거짓 보고를 하고 있다는 사실을 금방 확인할 수 있었다. 그런데 고인돌사업이니 이스턴사업이니 상황사업이니 하는 암호명을 붙여서 공작을 확대하는 가운데, 1,500쪽에 이르는 '쓰레기 정보'를 쌓아가고 있었던 것이다.

고인돌 · 이스턴 · 상황사업… '문어발식 페이퍼 공작'

공작첩보는 원내의 계선조직을 통해 일정한 판단 절차를 거치게 돼 있다. 담당관이 협조자나 공작원으로부터 첩보를 입수해 보고서 초안을 작성해 계급 순으로 순차 보고하면 윗선에서 검토 및 수정을 거치기 때문이다. 윤홍준의 공작관인 이재일 담당관이 소속된 203실 6처 5팀에는 3명의 팀원이 각각의 사업을 진행했다. 팀장은 자신의 사업을 진행하면서 팀원들의 사업을 검토-결재하는 시스템이다. 말하자면 이재일의 사업은 5팀장-6처장-단장-실장의 계선조직을 통해 검증을 받는 것이다.

공작부서는 다른 담당관들이 어떤 공작을 하는지 모르게 점조직 형태로 운영되지만, 피라미드식 상부 계선으로 올라갈수록 상급자는 다른 첩보망을 통해 첩보에 대한 교차확인을 하게 된다. 또한, 일단 수집된 첩보는 추가첩보, 관련 첩보, 기존정보(사실 확인된 정보) 등과 합쳐져 신뢰성 평가가 상향 조정되어 최종적으로 정보로 확정된다. 그런데도 이런 검증과 교차확인이 생략된 것은 공작의 여건을 조성하는 단계에서부터 김대중 총재의 대북연계 혐의가 있다는 편향된 사고와 정치적 의도가 있었기 때문인 것으로 보인다.

게다가 '고인돌사업'은 정식인가를 받지 않고 추진된 비인가공작이었다. 물론 업무 성격에 따라서는 확실한 성과가 나올 때까지 계속해서 여건 조성사업으로 추진하는 경우가 있고, 여건 조성사업 단계이면서도 바로 인가해서 사업을 추진하는 경우도 있다. 권영해 부장은 법정에서 안기부 예산에 반영돼 있는 '여건 조성비'를 사용하지 않고 굳이 안기부장이 관리하는 특수공작 예비비를 써가면서 고인돌 공작과 상황사업을 비인가공작으로 추진한 이유에 대해 묻자 "보안 유지를 위해 계속 비인가공작으로 여건 조성을 유지하다가 결정적 계기에 인가공작으로 전환하려고 했다"고 해명했다.

그러나 고인돌(또는 상황) 사업은 유력한 대선 후보의 북한 연계 혐의와 관련된 극도로 민감한 사안인 만큼 안기부 '내부 보안'보다는 '외부 보안'을 위해 비인가공작으로 추진했을 가능성이 더 크다. 안기부 수뇌부가 처음부터 불법 공작을 상정해 불법성을 은폐하기 위해 부장이 관리하는 특수공작 예비비를 사용하는 비인가공작으로 추진했을 가능성이 크다는 얘기이다. 권영해 부장이 상황사업을 종결 처리하면서 윤홍준의 협조에 대한 대가(실제로는 김대중 후보 비방 기자회견을 실행한 아말렉공작의 대가)로 20만 달러(2억여 원 상당)의 거액을 부장이 관리하는 특수공작 예비비에서 지급한 것도 그러한 가능성을 뒷받침한다.

203실에서는 협조자 윤홍준 관련 공작사업을 고인돌사업, 이스턴사업, 상황사업 등으로 바꾸어 불렀다. 공작을 추진하다 보면, 기존의 공작과 연계해 새롭게 추진할 연계 공작이 파생하기도 한다. 그럴 경우 새로운 공작명을 붙여 연계 공작을 추진하게 된다.

그러나 오랫동안 여건 조성을 하면서 사업을 추진하는 데도 별로 실적이 없을 경우, 여건이 조성되어 진전이 있는 것처럼 보이기 위해 '페이퍼 공작'을 만들어 공작비를 타기도 한다. 처음에 '고인돌사업'으로 추진하다가 공작목표로부터 '상황버섯' 메모가 튀어나오자 '상황사업'이라는 공작명을 붙인 것도 비인가된 여건 조성 단계에서 담당관이 관련 특수첩보를 근거로 자의적으로 사업명칭을 부여한 것으로 볼 수 있다. 공작 성과를 과장하기 위한 '문어발식 페이퍼 공작'인 셈이다.

잇단 채증실패에도 아말렉 공작을 실행한 까닭

고인돌 공작이 1년 정도 진행된 시점인 1997년 2월 권영해 부장은 203실의 정보를 103실(대공수사실)에 내사자료로 이첩해 허동웅의 대공 용의점에 대해 대공수사실이 직접 수사하도록 지시를 내린다. 내사자료의 내용은 조만진 국민회의 조직국장이 간첩 혐의가 있는 조선족 허동웅과 접촉해 밀입북한 혐의가 있으며, 허동웅과 조만진이 김대중 총재와 김정일의 중국 비밀접촉을 추진하고 있다는 것이었다. 그런데 대공수사실이 내사한 결과, 허동웅이 국민회의에 침투한 북한 공작원이라는 증거를 찾을 수가 없어 내사 종결했다.

일반적인 간첩 의심 신고도 아니고, 공작 부서의 내사자료 이첩과 부장의 지시로 진행된 내사 사건이 간첩 잡는 전문가인 대공수사국에서 증거를 찾을 수 없어 종결(중지)되었다는 것은 사실상 혐의가 없다는 것을 의미했다. 만일 내사종결 사건에서 나중에 대공 용의점이 발견되면, 대공수사국 수사팀은 최소 징계나 옷 벗을 각오를 해야 할 일이다. 그럼에도 내사자료를 이첩받은 103실(대공수사실)에서는 제대로 첩보수집도 되지 않은 사건을 넘겼다며 203실(대북공작실)에 불평을 토로했다.

고인돌사업과 상황사업은 여전히 여건 조성 단계를 벗어나지 못했다. 새로운 특별한 증거가 나오지 않는다면 고인돌사업과 상황사업은 대공수사국의 내사종결 상태에서 덮었어야 했다. 그러나 권영해 부장은 윤홍준이 제공한 조작된 허위 첩보에 근거한 김대중 총재와 국민회의의 대북연계 혐의에 대한 미련을 버리지 못했다.

권영해 부장과 이대성 실장은 내사 종결된 사안에 대해 다시 채증활동을 벌인 까닭을 "1997년 7~8월경에 윤홍준이 아닌 다른 공작원과 탈북자 채널을 통해 허동웅이 북한 공작원이라는 첩보를 입수했기 때문"이라고 법정에서 해명했다. 그러나 이 첩보들 또한 사실로 확정되지 않은 첩보일 뿐이었다. 아무리 많은 추가첩보를 확보해도 첩보는 첩보일 뿐, 사실로 확정된 정보는 아닌 것이다.

그렇기 때문에 이대성 실장은 대선을 3개월 앞두고, 1997년 9월 이재일 담당관을 베이징에 보내 허동웅에 대한 채증활동을 벌이게 했다. '이대호' 명의의 위장 여권을 사용한 이재일이 채증에 실패하자, 이번에는 이례적으로 관리데스크인 김은상 6처장을 직접 보내 채증활동을 벌이게 했다. 현장요원이 아닌 김은상 처장은 송봉선 2단장에게 가기 싫다고 했으나 그래도 가야 한다고 하는 바람에 출장을 떠날 수밖에 없었다.

김은상 처장은 해외공작에서 흔적을 남기지 않기 위해 '김상근'이라는 위장 여권으로 이재일 담당관과 함께 1997년 10월 17일 출국해 2주 동안 채증활동을 벌였으나, 역시 채증에 실패했다. 채증에 실패한 김은상은 관리자인 처장의 체면이 말이 아니었을 만큼, 이대성 실장과 송봉선 단장으로부터 모욕적인 질책을 받아야 했다.

이재일 담당관에 이어 김은상 처장마저 채증에 실패하자, 송봉선 단장은 이대성 실장의 지시를 받아 이번에는 주만종 팀장을 보냈다. 송 단장은 이재일 대신에 중국어를 잘하는 203실 직원 곽OO과 함께 주 팀장을 베이징에 보내 2주 동안(11. 13~11. 27) 허동웅에 대한 진술 내용이 담긴 녹음테이프 등 채증활동을 벌이게 했다. 이때 주만종 팀장은 윤홍준에게 허동웅의 언동을 카메라에 찍어오라는 임무를 부여했다.

실제로 윤홍준은 허동웅이 참석한 식사모임 등에 비디오카메라를 들고와 "국민회의나 김대중 총재가 북한과 관련되어 있다는 얘기가 있는데 어떻게 생각하냐"는 유도 발언을 하면서 대화 내용을 녹화하기도 했다. 이때 주만종 등이 녹취한 녹음테이프 4개는 윤홍준이 12월에 기자회견을 할 때 방증자료로 제공하게 된다. 안기부가 국민 세금과 인력을 투입해 수집한 허위 첩보와 녹음테이프를 민간인에게 제공해 기자회견을 하도록 한 것이다. 그러나 주만종 팀장 역시 허동웅의 북한 연계 혐의를 입증할 채증에는 실패하고 돌아온다.

그럼에도 주만종은 11월 29일 귀국한 뒤에 상부로부터 '윤홍준에게 허동웅 건을 기자회견을 통해 발표할 의향이 있는지 타진해보라'는 지시를 받고, 이재일과 함께 허동웅 – 조만진 건을 언론에 폭로하는 방안을 강구해 보기로 했다. 두 사람은 12월 2일 리츠칼튼에서 가까운 서울 역삼동의 한 갈빗집에서 윤홍준을 만나 윤홍준에게 자신이 그동안 수집한 첩보를 토대로 허동웅·조만진 건을 언론에 폭로해 달라고 정식으로 요청했다.

결국, 1997년 3월 103실(대공수사실)의 내사종결, 9월 이재일 담당관의 베이징 현장채증 실패, 10월 김은상 처장 – 이재일의 채증 실패, 11월 주만종 팀장 –

곽○○의 채증 실패가 계속되었음에도, 대선 직전에 다시 아말렉 공작을 추진한 것을 보면, 허동웅에 대한 일련의 채증활동은 대선 전 폭로 기자회견이나 언론 플레이를 염두에 둔 '알리바이성 기획'이나 '면피성 활동'이라는 의심을 지울 수 없다.

30 _ 15대 대선의 '마지막 뇌관'

북한의 마지막 '최후의 카드'

김대중 후보를 낙선시키려는 북한의 의도에 편승한 권영해 부장의 아말렉 공작은 실패했다. 그러나 북한 측에는 아직 마지막 '최후의 카드'가 남아 있었다. 대선 레이스가 결승선에 가까워지자 김대중 후보와 이회창 후보의 지지율 격차는 오차범위 내로 좁혀진 가운데 김 후보가 근소하게 앞서는 불안한 선두였다.

이런 상황에서 북측이 준비한 '최후의 카드'가 김대중 후보에게 날아들면, 대응하기도 전에 선거가 끝날 수도 있었다. 선거는 시간과의 싸움이었다. 베이징 대선공작반의 의중을 파악한 박채서는 정동영 의원에게 저들의 공작 의도를 알려주고 관련성이 있는지 확인을 요청했지만, 정동영 의원은 펄쩍 뛰었다. 그가 말한 '관련성'은 임동원 아태평화재단 사무총장의 대북 접촉 여부와 김대중 후보의 일본 체류 당시 한민통과의 관계를 말했다. 북측은 이와 관련된 사진과 육성 연설 녹음테이프를 공개할 의도를 품고 있었던 것이다.

그런데 선거 막판에 정동영이 화급하게 박채서를 찾아왔다. 북측의 개입을 어떻게든 막아 달라는 요청과 함께 경비에 쓰라며 가방에 돈다발을 담아 왔다. 박채서는 현금다발에는 손도 대지 않고 가방을 물리쳤다. 박채서는 상부에 '북측에서 갑자기 만나자는 연락이 왔다'고 거짓 보고하고 베이징으로 날아갔다. 다만, 그는 떠나기 전에 정동영 의원에게 한 가지를 부탁했다.

"만약 내가 '마지막 카드'를 막지 못하고, 혹시 김 후보가 낙선할 경우, 대선 다음 날 아침 홍콩행 첫 비행기에 처와 두 딸을 태워주기만 해주시오. 그러면 나머지는 내가 책임지겠소."

박채서가 정동영에게 그런 부탁을 한 것은 선거 기간 동안에 상부에서 이회창 후보가 승리할 경우, 임동원, 최재승 등 김대중 후보 측근들을 연북 혐의로 긴급체포할 것이라는 이야기를 들은 적이 있었기 때문이다. 그래서 박채서는 실제로 처와 두 딸의 여권을 준비해 여차하면 무비자 입국이 가능한 홍콩을 거쳐 미국으로 망명할 계획을 세워 두고 있었다.

박채서는 베이징에 도착하자마자 리철을 만났다. 북측이 선거 직전에 사용할 '최후의 카드'가 그날 리철의 손에 전달되면, 그가 중국, 일본, 미국을 통해 국내에 반입하는 임무를 수행할 터였다. 그 때문에 박채서와 리철은 캠핀스키 호텔 방에서 나올 수가 없었다. 아니 박채서가 리철을 잡고 놓아주질 않았다. 밤새 설전이 오갔다. 박채서가 먼저 말문을 열었다.

"북측에서 애초에 계획한 '이인제 대통령 만들기'는 이미 무산되었소. 물리적으로 이인제가 이번 대선에서 대통령이 되는 것은 불가능합니다. 김대중을 죽이면 이회창이 당선됩니다. 이회창 당선은 당신들도 바라는 상황이 아니지 않소? 지금은 이회창과 김대중 중에서 누가 되는 것이 더 유리할지만 생각하시오."

리철은 "박상이 생각하는 것처럼 간단한 문제가 아니다"고 말했다. 박채서는 현실적인 문제를 강조했다.

"무엇보다도 보수적인 이회창이 대통령이 되면 아자 광고사업, 묘향산 물건 처리, 개성지역 왕릉 도굴, 금강산 관광사업이 전면 중단될 공산이 큽니다. 그의 주변 참모들을 보면 당신도 능히 짐작할 수 있지 않소?"

박채서는 리철이 김일성종합대학에서 '박정희의 경제개발정책'을 주제로 박사 논문을 쓴 사실을 알기에 자신의 말뜻을 금방 간파할 것으로 생각했다. 또한, 리철이 "필요하다면 김정일 총비서한테 경제문제에 관해 독대 보고를 할 수 있다"고 한 말을 기억하고, 무려 다섯 시간에 걸쳐 그를 물고 늘어졌다. 그는 리철이 혹여라도 도망 못 치게 허리띠를 잡고 놓아주지 않았다.

과거 구소련의 비밀정보기관인 KGB는 영향력 있는 공작원의 유형을 △통제받는 관계(controlled contact) △신뢰에 기초한 관계(trusted contact) △조종되지만 조종되고 있다는 점을 의식하지 못하는 관계로 구분했다. 박채서가 리철을 붙잡고 늘어질 수 있었던 것은 두 사람이 서로 적대 관계의 공작원임에도 불구하고, '통제받는 관계'가 아니고 '신뢰에 기초한 관계'를 형성했기 때문이다.

마침내 밤 11시가 되어서야 '최후의 카드'가 봉인되었다. 박채서는 만약의 경우에 대비해 여권을 챙기고 있던 서울의 아내에게 전화를 했다.

"여보, 물건은 이상 없으니 안심하라고 여의도 친구한테 전해줘."

'물건'은 북측이 공개하려던 사진과 육성 녹음테이프를 의미했다. 그는 베이징으로 오기 전에 아내를 통해 결과를 전하겠다고 정동영 의원과 사전에 약속을 했던 터였다. 대한민국 제15대 대통령 선거를 뒤흔들지 모를 '마지막 뇌관'을 제거한 박채서는 자신도 떳떳한 한 표를 행사하기 위해 선거 전날인 12월 17일 서울로 돌아왔다. 그리고 정동영에게 전화로 마지막 인사를 했다.

"나는 할 수 있는 바를 다 했습니다. 처음 정 의원을 만나서 약속한 대로 아무런 보수나 대가도 바라지 않습니다. 혹시 나중에 우연히 만나게 되더라도 우리는 서로 모르는 사이입니다. 행운이 함께 하기를 기원합니다."

"성명학으로 김대중(金大中)은 15대 대통령이 될 운명"

김대중 후보는 1971년 4월 제7대 대통령선거에 40대 기수론을 내걸고 신민당 대통령 후보로 출마해 공화당 박정희 후보에게 94만7천 표 차이로 석패한 이후 26년 만에 3전 4기 끝에 아슬아슬하게 승리를 거머쥐었다. 7대 대선은 한국 정치에 암흑기를 가져온 변곡점이었다. 우선, 여당이 정부 예산의 1/7에 해당하는 막대한 선거 비용(600~700억 원)[54]을 지출한 관권 – 금권 부정선거였다. 또한, 처음으로 지역감정을 조장한 선거였으며, 4대국 안전보장론과 향토예비군제 폐지를 주창한 김대중 후보를 용공주의자로 몰아가는 색깔 공세가 판치는 선거였다. 결국, 박정희는 이듬해 10월 유신이라는 친위 쿠데타를 단행해 대통령선거를 간접선거로 바꾸었다.

김대중의 승리는 1971년 대선 이후 30년간 정보기관이 자신에게 덧씌운 색깔론과 지역주의, 그리고 '대통령병 환자'라는 선전 · 선동을 극복하고 이겨낸 '인간 승리'의 드라마였다. 안기부는 이번 대선에서도 선거 막판에 대공정보실(102실) 요원을 중심으로 200명을 선발해 1인당 10~100만 원의 여비를 제공해 각자의 연고지에서 구전홍보 활동을 하도록 '귀향 공작'을 전개했다. 호남 출신은 구전홍보단 200명을 선정하는 데서 배제되었다. 호남에서는 홍보 효과를 기대할 수도 없거니와, 오히려 양심선언이나 야당에 대한 제보로 역효과가 우려되었기 때문이다.

15대 대선에서도 구전홍보의 단골 메뉴는 안기부가 주도한 김대중 후보에 대한 색깔 공세(북풍)와 지역감정이었다. 과거 선거와 다른 점은 '원조 보수'이자 '충청의 맹주'인 김종필이 김대중과 손을 잡고, 이른바 'DJP연합' 공동전선을 펼친 것이다. 공교롭게도 경쟁 후보인 이회창 · 이인제는 둘 다 충청이 연고지였다. 김대중은 이회창 후보에게 39만 표 차이로 승리했는데, 충청권에서 김대중과 이회창의 표 차이는 41만 표였다. 결국, 김대중은 오랫동안 자신을 옥죈 지역과 사상이라는 두 개의 벽과, 북한의 '마지막 카드'를 극복하고 승리를 거둔 것이다.

주54 _ 당시 공화당 의장을 지낸 김종필은 600억 원, 중앙정보부 보안차장보였던 강창성은 700억 원을 선거 비용으로 지출했다고 나중에 증언한 바 있다.

김대중 대통령 부인 이희호 여사는 대통령이 되기 전까지 겪어야 했던 남편의 시련을 운명으로 간주했다. 이 여사는 나중에 사석에서 이런 말을 했다.

"대통령이 되시기 전에는 남편에게 말을 못 했지만, 어떤 분이 그러더라구요. 성명학(姓名學)으로 김대중(金大中)이라는 이름을 보면, 3전4기(三顚四起)로 15대 대통령이 될 운명을 타고 나셨다고요. '김대중(金大中)'이라는 이름이 한글로도 15획이고, 한자로도 15획이거든요."

보수적인 충청도에서 태어나 보수우익 성향의 사람들이 대세인 군과 정보기관에서 생활한 박채서는 김대중 후보가 헌정사상 첫 수평적 정권 교체를 이룬 승리의 순간과 그의 일산 자택에 운집한 열렬한 지지자들이 김대중을 연호하는 장면을 가족과 함께 텔레비전으로 지켜보았다. 그는 김대중과 아무런 연고가 없었지만 벅차오르는 감정은 어쩔 수가 없었다. 그리고 전 정부 말기에 불어닥친 IMF 긴급 구제금융과 외환위기 사태를 당선과 동시에 극복해 가는 과정을 지켜보면서 자신의 선택에 자부심을 가졌다.

선거가 끝나자 박채서는 대북 광고사업에 열중했다. 그 사이에 아자는 정진호 회장의 노력으로 시가총액 400억 원 대의 회사로 몸집이 불어나 있었다. 특히 광고사업에 참여하려는 삼성의 의지는 어느 때보다도 적극적이었다. 대선 기간에 이건희 회장과 삼성은 공공연하게 이회창 후보를 지지했는데, 김대중 후보가 당선되었으니 이 회장과 삼성은 위기감을 느낄 수밖에 없었다. 이건희 회장은 대북사업에 적극적으로 참여해 김대중 정부의 대북정책을 뒷받침함으로써 이를 위기 탈출과 관계 개선의 기회로 삼으려는 의도가 역력했다.

그러나 박채서는 1996년 9월 강릉 잠수함 침투사건을 구실로 예정된 방북을 일방적으로 최소해 자신을 곤혹스럽게 했던 삼성을 기억하고 있었다. 박채서는 윤종용 삼성전자 부회장에게 삼성과의 대북 광고사업 광고주 가계약을 파기하겠다고 전격 통보했다. 윤 부회장이 가계약을 파기한 이유를 묻자 박채서는 이렇게 대답했다.

"대북사업을 하다 보니 대기업은 언제든지 자신들의 이익에 따라 약속을 저버리는 것을 여러 번 봤습니다. 대기업과의 사업은 오너가 직접 약속하지 않는 한 불안해서 추진하기가 곤란합니다."

박채서로서는 삼성이 결코 물러설 수 없는 상황임을 알고 날린 펀치이자, 사업의 주도권을 장악하기 위한 고육책이었다. 그의 예상대로 이건희 회장이 직접 나서 대북사업에 참여하겠다는 약속을 해주었다. 이후로 삼성의 대북사업은 단순한 광고사업 스폰서(광고주)에서 투자자의 영역으로 확장되었다.

우선 삼성이 금강산 지구 관광개발을 추진하고, 원산 지역에 삼성전자 부품생산 단지를 조성해 전량 해외수출하는 것을 시작으로 점차 남포공단과 평양 인근으로 사업장을 확장시켜 나간다는 계획이었다. 이를 위해 이른 시일 안에 삼성의 대표단이 방북해 현지답사를 하고, 북측과 일정을 협의해 5월경에 이건희 회장이 방북해 김정일과 면담하고 현지에서 삼성의 대북사업 프로젝트를 공식 발표한다는 복안이었다.

이처럼 이건희 회장이 방북해 김대중 정부의 남북경제협력사업을 선도한다는 공감대가 그룹 내에 형성되니, 삼성 임원들의 태도가 달라졌다. 삼성의 전무·상무급 임원들이 거의 매일 아자 사무실에 출근하다시피 했고, 정진호 회장과 박채서 전무는 거의 날마다 저녁 식사를 윤종용 부회장 일행과 함께할 정도였다. 그렇게 삼성맨들과 어울리다 보니까, 여러 가지 아이디어들이 쏟아졌다.

판문점 육로 방문길을 열다

아자와 삼성이 수많은 브레인스토밍을 하다가 나온 아이디어 중의 하나가 판문점을 통해 방북하는 거였다. 이후락 중앙정보부장의 비밀방북 이후 남북 고위급회담 같은 정부 간 회담은 판문점을 통해 이뤄져 왔다. 반면에 민간 차원의 방북은 중국을 경유해 방북하는 것이 관행처럼 받아들여져, 금단(禁斷) 구역인 한-미 합동 공동경비구역(JSA)을 통과하는 육로 방북은 상상하기 힘들 때였다. 하지만 육로 방북이 실현되면 그 파급 효과는 대단히 크고, 민간이 대북 물꼬를 터 남북관계 개선에도 도움이 될 터였다. 그래서인지 삼성은 적극적이었다.

박 전무가 베이징에 있는 리철 참사와 상의하니 뜻밖에도 "잘 하면 가능하다"는 긍정적 답변이 나왔다. 나중에 알고 보니, 리철은 박채서로부터 도움을 받아 작성한 남한 대선 정세보고가 김정일 국방위원장으로부터 인정을 받아 위상이 높아진 터였다. 특히 선거 막판의 판세 분석과 당선 예측이 거의 적중함에 따라 국방위원회를 중심으로 북한 수뇌부의 지대한 관심을 받게 되었다. 그 덕분에 대남 경제사업에 대한 리철의 발언에 예전보다 힘이 실려진 것이다.

리철의 긍정적 답변을 근거로 판문점 방북이 가능하다는 전제하에 박기영 대표가 통일부에 보고하자, 통일부는 거들떠보지도 않고 판문점 방북 제안 자체에 콧방귀를 뀌었다. 함경남도 신천 지역에 건설 예정인 경수로 건설 현장 인력이 위급한 경우 판문점을 통해 후송하도록 하자는 제안도 거절한 북한인데, 하물며 일개 민간 기업이 판문점을 통과하는 것을 허용하겠냐는 거였다.

사실 통일부가 아자의 대북사업을 적극 지원해준 적은 없었다. 통일부 차관까지 나서서 제일영상 심현우 대표가 대북 광고사업을 새치기하려는 것을 도와주고, 아자 현지 답사팀의 방북허가를 내주지 않고 속을 태우지 않았던가. 선거 기간에는 선거를 구실로 대북사업을 묶어 놓고, 선거가 끝나고 정권이 바뀌자 새로운 권력의 눈치를 보느라 복지부동(伏地不動)이었다.

MBC 측은 1997년 10월 북한을 방문한 후에도 아자가 북한과 계약한 총 500만 달러의 절반을 부담하기로 한 대금 지불 약속을 지키지 않았다. 1998년 1월 아자가 MBC에 대해 "계약을 파기하고 다른 방송사와 계약을 준비하겠다"고 하자, MBC는 55만 달러를 보내며 계약 유지를 요구했다. 55만 달러는 아자가 북한에 1차로 지급한 65만 달러의 절반인 32만5천 달러와 곧 아자가 2차

97년 대선후보 초청토론회_맨오른쪽부터 김당 법륜 김훈 이호재 패널과 강문규(사회)

로 북한에 지불하게 될 50만 달러의 절반인 22만5천 달러를 더한 것이었다. 당시는 IMF 상황이라 환율이 1,800원대로 치솟았으므로, 55만 달러는 10억 원에 육박했다.

남은 것은 삼성과의 본계약인데 삼성은 김대중 정부와의 관계 개선 목적 외에도 기업 내부 속사정 때문에 대북사업이 빨리 진행되기를 원했다. IMF 긴급구제금융 사태가 터지자 아자와 광고주 계약을 했던 당시보다 환율이 두 배 이상 급등해 삼성은 가만히 앉아서 막대한 손해를 입고 있었다. 아자와 별도로 광고사업 TV방송 촬영사업 계약을 맺은 MBC도 노심초사한 가운데, 통일부 출입 기자는 물론 보도국장과 이득렬 사장까지 나서서 통일부를 압박했지만 통일부는 요지부동이었다.

박 전무는 김당 기자에게 통일부의 반응과 복지부동 상황을 전하고, 청와대에 아자의 입장을 전달할 수 있을지 논의했다. 박채서는 리철이 남한의 대선 관련 정세 분석 보고서로 위상이 높아졌다면, 김당은 김우중 방북과 오익제 테이프 등 일련의 북풍 예보로 북풍 공세를 막아 김대중 정부가 출범하는 데 기여함으로써 새정부 인사들에게 영향력이 있다고 판단했다.

김대중 정부가 출범하기 직전에 박지원 대통령 당선인 대변인은 종로구 송월동 서울시교육청 앞의 한정식집 '수정'에서 시사저널 정치팀과 김당 기자에게 밥을 샀다. 동교동계 정치인들의 단골집인 수정은 정동 사거리에 있는 시사저 널과도 가까운 곳이었다. 대선 기간 김대중 총재 특보였던 박지원 대변인이 시 사저널 정치팀에 밥을 산 것은 여러 번 있었지만, 김당 기자에게 밥을 산 것은 처음이었다. 김당은 정치팀이 아니었지만 대선 전에 여러 건의 북풍 관련 단독 보도와 이회창 후보 아들의 병역 비리 의혹을 추적 보도한 것에 대해 고마움을 전하느라 함께 초청한 것이다.

박지원은 이렇게 고마움을 표시했다.

"우리가 처한 어려운 언론 환경과 조 · 중 · 동의 편파 보도에도 불구하고, 한겨레와 시사저널 그리고 기독교방송(CBS)이 공정 보도로 힘을 실어준 덕분에 김대중 후보가 대선에서 승리할 수 있었습니다. 이런 대통령 당선인님의 뜻을 전하기 위해 늦었지만, 오늘 이렇게 모신 것입니다."

김당은 박지원 대통령 당선인 대변인에게 통일부의 안일한 태도에 대해 이 야기했다. 또한 대선 전에 박채서 전무와 대화했던 천용택 의원과 이종찬 대통 령직인수위원장에게도 아자―삼성 대표단의 판문점을 통과하는 방북에 통일 부가 부정적이라는 이야기를 전했다. 결국, 김당은 이종찬 인수위원장 비서실 장인 최상주 보좌관을 통해 민원을 넣어, 통일부에 인수위원장 명의 공문을 발 송하도록 해 3월 12일 통일부의 사업자 승인과 사업승인이 동시에 나오게 되어 방북사업은 급진전을 보게 되었다.

안성기에서 소 떼로 바뀐 판문점 이벤트 주인공

김대중 정부가 막 출범한 시기에 청와대로부터 아자 방북 이야기가 나오자, 통일부는 태도가 돌변해 박기영 대표에게 "판문점을 통한 방북을 적극 추진하 라"고 통보했다. 그러면서 박기영 대표에게 "박채서 전무와 함께 들어와 판문점 방북 계획을 설명해 달라"고 성화였다. 그러나 박 전무는 응하지 않고 사흘 동 안이나 피해 다녔다. 그동안 통일부가 애태운 것에 대한 사소한 보복이었다.

박 전무가 못 이기는 척하고 통일부에 나타나자, 조건식 교류협력국장은 "모든 지원을 아끼지 않을 테니 무조건 육로 방북을 성사시키라"고 말했다. 박 전무는 속으로 코웃음이 나왔다. '콧방귀를 뀔 때는 언제고 인제 와서 무조건 성사시키라고?' 조 국장의 성화에서 통일부가 청와대로부터 심한 질책을 받고 있음을 느낄 수 있었다. 청와대의 지시가 떨어지자 아자의 방북사업은 일사천리로 진행되었다. 통일부 주무담당관인 소봉석 사무관은 뻔질나게 아자 사무실을 방문해 진행 상황을 점검하고 독려했다.

통일부는 정권 차원에서 새 정부의 대북 메시지를 전하고 싶어 하는 청와대가 누구를 통해 메시지를 전달할지 고민 중인 것을 알고, 아자 방북단에 이득렬 MBC 사장을 포함시킬 것을 제안했다. 관료도 정치인도 아니지만, 그렇다고 완전한 민간인도 아니어서 지위나 신분으로 볼 때 대통령특사 역할을 하기에는 적합한 인물이라는 판단에서였다. 사실 정권의 초창기여서 김대중 정부는 대북 접촉에 직접 나서는 것을 부담스러워하고 조심했다.

그러던 어느 날 이강복 전문공작관이 아자 사무실이 있는 미진프라자 22층의 스카이라운지로 찾아와 박채서 전무를 만났다. 이강복 공작관은 박채서에게 지난 대선 전 국민회의 쪽과의 접촉 경위 및 주요 내용을 물었다. 박채서는 막연히 정권이 바뀌었으니 새로 부임할 부장에게 업무보고를 하기 위해 디브리핑을 정리하려고 물어보는 것으로 생각했다. 설마 안기부가 그가 디브리핑한 공작문건을 짜깁기해 외부에 유출하리라곤 꿈에도 상상하지 못했다.

아자-삼성 광고사업 방문단은 아자 대표단이 5명, 삼성 측은 윤종용 부회장과 제일기획 광고제작 실무진 등 17명, MBC는 이득렬 사장을 포함해 5명 등 총 27명으로 구성되었다. 이 가운데 MBC 대표단의 방북 사실은 다른 언론의 질시와 방해를 우려해 발표를 미루고 방북 전날까지 보안을 유지하기로 했다. MBC는 방북 일시가 확정되면 방북 전날 정부 당국에서 직접 발표하기로 결정한 것이다.

이동 수단은 북한 측의 요청을 고려해 삼성전자가 소유한 미국산 9인승 승합차 2대와 아자 정진호 회장이 소유한 체로키 지프차 1대를 사용하되, 방북 일정을 마치고 귀환할 때 판문점에서 북측에 기증하는 것으로 결정했다. 아자와 삼성(제일기획), 그리고 MBC의 광고제작 및 촬영에 필요한 ENG카메라 등 촬영장비와 측량장비는 모두 휴대할 수 있도록 북측과 합의를 보았다.

이밖에 예초기(刈草機) 38대를 특별히 준비했다. 이는 아자 방북 선발대가 1997년 8월에 현지 답사 때에 각 방문지마다 세워진 김일성 동상 주변의 잔디를 맨손이나 낫으로 정리하는 것을 보고, 다음에 올 때는 예초기를 가져와 기증하기로 한 약속을 지키기 위함이었다.

경비는 5만 달러를 북측에 지불하면, 북측이 방북단의 숙식 등 모든 비용을 일괄 책임지기로 했다. 이외에 비공식적으로 3만 달러를 추가로 준비했다. 이는 광고사업에 관여한 북측 관계자들에게 줄 수고비였다. 특수공작원이자 대북사업가라는 이중 신분인 박채서가 북측과 접촉하는 과정에서 철저하게 지킨 원칙 중의 하나는 북측 관계자에게 지불하는 금전은 그 이유와 목적을 분명히 하되 최소한의 금액만 지불한다는 거였다. 박채서는 이번 방북에서도 그 원칙을 지킨다는 취지로 경비를 산출해 사업승인을 받았다. 경비 사용내역을 살핀 통일부 간부들이 우려를 표명했지만, 그는 무시했다.

이렇게 해서 MBC를 제외한 방북 대표단 전원이 수유리 통일교육원에서 방북 전 교육을 마치고 방북 승인까지 받은 상태에서 모든 인원에게 함구령이 내려졌다. 특히 삼성전자 애니콜 휴대폰의 대표 모델인 안성기 씨에게는 박채서 전무가 직접 보안 유지를 다짐받았다. 준비팀은 차량 탑승 계획까지 세세하게 짰다. 선도차에는 배우 안성기와 윤종용 부회장, 이득렬 사장이 탑승하고, 나머지 인원은 2대의 승합차에 분승하되, MBC가 판문점까지 아자 대표단의 방북 과정을 생중계하는 것으로 계획이 짜였다.

이제 3월 30일로 예정된 방북을 알리는 신호탄이 울리기만을 기다리는 상황이었다. 그러나 거기까지였다. 운명의 날인 1998년 3월 18일 한겨레 신문에 이른바 '이대성 파일'이 공개되면서, 모든 계획은 산산조각이 났다. 아자의 대북 광고사업은 물론, 거기에 편승한 국가안전기획부의 편승공작도 풍비박산이 났다. 대북사업을 김대중 정부와의 관계 개선의 디딤돌로 삼으려 했던 삼성의 의도도 물거품이 되었다. 그리고 판문점 이벤트의 주역은 삼성에서 현대로, 이벤트의 주인공도 안성기에서 소떼 500마리로 바뀌었다.

사실 삼성의 라이벌인 현대그룹은 이 시기에 물밑에서 무서운 속도로 대북사업을 추진하고 있었다. 고향이 이북인 정주영 명예회장은 이미 1989년에 방북했고 1996년에는 비밀리에 북한에 밀가루를 보낸 바 있었다. 그리고 김대중 정부가 출범하자 조총련계 일본인 요시다 다케시(吉田猛) 등을 동원해 북한 권력층과 핫라인을 구축하는 데 성공했다.

31 _ '흔적 지우기'도 실패한 C급 공작

김대중 당선되자마자 '흔적 지우기'

아말렉공작은 실패로 끝났다. 선거 결과도 권영해 부장과 안기부 수뇌부가 당선을 저지했던 김대중 후보의 승리로 끝났다.

권 부장은 대선 다음 날인 12월 19일 김대중 후보의 당선이 확정되자, 제 1·2·3차장과 비서실장 등이 참석한 회의를 주재하는 자리에서 정치적으로 민감한 내용이 담긴 보고서와 첩보 보고 등을 모두 파기하라고 지시했다. 이에 따라 해당 부서에선 보관중인 정치 관련 첩보보고서, 회의자료, 예산사용 계획서 및 결과 보고서 등을 모두 소각 파기하고, 직원 개인 컴퓨터에 수록된 내용까지 모두 삭제했으며, 감찰실 직원을 동원해 파기 상태를 점검토록 했다.

그러나 실패를 반복하지 않으려면 실패한 공작의 복기가 필요하다. 고인돌 공작은 정식 인가를 받지 않은 비인가 사업이었다. 그리고 채증 활동을 위해 해외 출장을 가면서 출장복명서를 작성하지도 않았고, 베이징으로 출국할 때도 신분을 감추고 근거를 남기지 않으려고 위장 여권(이재일은 '이대호', 주만종은 '김한중', 김은상은 '김상근' 명의의 여권)을 사용했다. 출장비용 등도 근거를 남기지 않는 '부장 특수활동 예비비'에서 지출하도록 했다.

공작은 흔적을 남기지 않는 것이 기본이다. 흔적을 남길 경우 이를 눈치챈

'표적'의 역공작에 말려들 수 있다. 설령 침투에 성공해도 공작을 종료할 때 흔적을 남기면 그 공작은 실패로 끝나고 만다. 권영해 등 안기부 수뇌부는 북풍공작에도 불구하고 김대중 후보의 승리로 끝나자 '흔적 지우기'에 나섰다. 공작계획서를 재정리하고 공작첩보를 짜깁기했다. 그럼에도 '흔적 지우기'에는 실패했다. 공작 서류는 은폐·위조했지만 '살아있는 증거물'인 협조자를 관리하는데 실패했기 때문이다.

CIA는 공작부서를 지원하는 독립부서로 기술지원실이 있다. 기술지원실 요원들은 표적이 있는 곳이라면 세계 전역 어디든(대사관이나 사무실, 연구소, 일반 가정집, 그리고 테러리스트의 안전가옥 등) 은밀하게 침입해 공작부서가 원하는 특수장치를 설치한다. 도청기와 몰래 카메라, 특수 송신기 등이다. 이때 가장 중요한 점은 손을 댄 흔적을 남기지 않는 것이다. 흔적을 남길 경우 이를 눈치 챈 표적의 기만이나 역공작에 말려들 수 있기 때문이다.

지금은 기술이 발전해 반영구적 배터리도 개발되어 있지만, 공작이 장기화하면 기술지원실은 배터리를 교환하기 위해 재침투해야 한다. 더 중요한 문제는 공작이 종료될 때 설치한 장비를 회수하는 일이다. 표적에 대한 최초 침투와 감시, 도청장비 설치, 송수신, 모사전송 등 공작의 모든 과정에서 허점이 없더라도 도청장비나 몰래카메라를 회수하지 못하면 그것은 실패로 끝나고 만다.

선거가 김대중 후보의 승리로 끝나자 안기부 수뇌부는 신속하게 '흔적 지우기'에 나섰다. 이대성 실장은 대선 다음 날 김은상 203실 6처장에게 '고인돌 공작'은 사고 공작이니 윤홍준이 자발적으로 기자회견을 한 것처럼 공작 서류를 정리하라고 지시했다. '사고 공작'이라는 구실로 공작서류의 짜깁기와 조작을 지시한 것이다. 이에 김은상과 이재일은 윤홍준에게 "돌발적 행동으로 물의를 일으켜 죄송하다"는 취지의 편지를 작성해 우편으로 송부하도록 했다. '돌발적 행동'은 공작관과 상의하지 않은 협조자의 '자발적 기자회견'을 의미했다.

203실은 이 편지를 근거로 12월 27일경 "'상황사업' 관련 협조자의 기자회견 경위 확인결과(복명)" 제목으로 협조자 윤홍준이 12월 11일 베이징 기자회견을 자발적으로 추진한 것처럼 보고서 날짜를 12월 13일로 소급해 허위로 작성했다. 협조자의 기자회견을 알고서 203실에서 그 경위를 파악한 것처럼 보고서를 꾸민 것이다. 또 "'상황사업' 관련 협조자 통화결과(추보)" 제목으로 윤홍준의 12월 12일 도쿄 기자회견 역시, 자발적으로 추진된 것처럼 날짜를 12월 15일 자로 소급해 허위 보고서를 작성했다. 협조자가 도쿄에서 기자회견을 또 해서 추가로 그 경위를 파악한 것처럼 꾸민 것이다.

대선 이후에는 윤홍준에게 사주해 받은 "돌발적 행동으로 물의를 일으켜 죄송하다"는 취지의 편지 내용을 요약하여, 12월 29일에 "고인돌 협조자 서신 접수 결과"라는 제목의 보고서를 작성했다. 그리고 이대성 실장은 이듬해 1월 중순경 송봉선 단장을 자신의 사무실로 불러 이렇게 지시했다.

"신임 부장이 오면 보고할 수 있도록 '흑금성 공작'을 비롯한 전체 공작보고서 중에 정치권 관련 보고서를 취합해 15대 대선 관련 북한의 대남공작 동향을 종합하시오."

송봉선 단장은 흑금성의 공작관인 이강복 전문공작관과 김은상 처장 등 7명으로부터 관련 보고서 사본 40여 건을 제출받아 "대선 전후 북한의 대남공작 기도와 전망"이라는 제목의 보고서(10쪽)를 작성해 관련 보고서 사본 29건을 첨부시켰다. 이대성은 2월 초, 위 보고서에 1998년 1월 동향을 추가해 작성한 뒤에 1998년 3월 2일 표지 보고 일자를 "98년 3월"로 변경해 '표지갈이'를 한 뒤에 이병기 차장과 권영해 부장에게 보고하는 한편, 여러 부 복사해 자신의 집무실 금고에 보관했다. 이대성과 안기부 수뇌부는 이렇게 범행 흔적을 지우고 허위 보고서를 작성해 새 정부 출범 후의 감찰실 조사에도 만반의 대비를 했다.

엉뚱한 곳에서 터진 윤홍준이라는 '지뢰'

공작관과 공작원 또는 협조자의 관계는 그 시작이 결혼이라면 종결은 이혼에 비유된다. 공작의 종결은 구질구질하면 반드시 뒤탈이 나므로 합의이혼과 마찬가지로 최대한 매끄럽게 끝내야 한다. 공작의 종결에는 통상적으로 공식적인 비밀 합의와 위자료에 해당하는 금전 보상, 그리고 공식적인 감사 편지 등이 수반된다. 물론 둘 사이에서만 공유하고 외부에는 다 비공개여야 한다.

권영해 부장이 아말렉공작과 관련, 노란 행정봉투에 담아 이대성 실장을 통해 윤홍준에 건넨 돈은 22만 달러(2억2천만 원 상당)였다. 애국심이 충만하다는 이 '자발적 협조자'는 나중에 법정에서 기자회견 대가로 지급받은 22만 달러를 자랑스럽게 생각한다고 말했다. 그밖에도 이재일 담당관이 윤홍준에게 첩보 활동비로 건넨 돈은 2~3천만 원 정도이지만, 윤홍준이 제보한 첩보를 근거로 베이징 현지에서 채증활동을 하기 위해 직원 두 명이 2인 1조로 최대 보름씩 4번 이상 출장을 간 비용을 포함하면, 이 또한 수천만 원이다. 결국 'C급 공작'에 국민 세금 수억 원을 쏟아부은 것이다.

그러나 새 부장이 부임하면 모든 부서가 그동안의 업무성과를 보고해야 했다. 게다가 김대중 정부 출범의 일등공신인 이종찬 신임 부장은 중앙정보부 시절 해외공작 경험도 있고 총무국장을 지내 누구보다도 안기부 내부 사정을 잘 아는 인사였다.

'지뢰'는 엉뚱한 곳에서 터졌다. 국민회의 측은 서울 기자회견 다음 날인 12월 17일 윤홍준을 공직선거법 위반 혐의로 서울지검 남부지청에 고발했고, 남부지청 김오수 검사는 윤 씨를 출입국 통보대상자로 걸어놓았다. 그런데 윤 씨는 그런 줄도 모르고 입국해 '내 집처럼 이용한' 리츠칼튼 호텔에 체류하다가 체포된 것이다. 윤 씨는 2월 12일 공직선거 및 부정선거방지법 위반 혐의로 구속되었다. 그동안 심혈을 기울인 '흔적 지우기'가 실패할 위험에 처한 것이다.

윤 씨가 체포된 소식을 접한 안기부에는 비상이 걸렸다. 운명의 시계는 이대성을 향해 째깍째깍 다가왔다. 이대성은 1998년 2월 중순경 1996년 1월 ~1997년 12월 동안 추진한 '고인돌 공작('상황사업' 포함)' 추진 상황과, 앞서의 허위 보고서 3건을 종합해 "국민회의 측의 대북접촉 관련 첩보 및 입수경위"라는 제목하에 "협조자가 1997년 12월 11~12월 16일 공작관과 사전 협의 없이 베이징 등지에서 기자회견을 실시해 공작 내용이 언론에 공개되어 더 이상 공작 추진이 불가하다"는 내용의 공작 종합보고서를 작성케 하여 이병기 차장·권영해 부장에게 보고하는 한편, 같은 보고서를 여러 부 복사해 자신의 집무실 금고에 보관했다.

이른바 '이대성 파일'은 이렇게 만들어졌다. 이대성 실장은 신임 부장 보고용으로 북풍공작의 범행 흔적을 지우기 위해 원재료인 고인돌사업의 일부 첩보를 '짜깁기' 하고, 작성 날짜를 소급한 허위보고서를 '끼워 넣기' 해서 '이대성 파일'을 만든 것이다. 그런데 3월 5일 취임한 이종찬 부장은 이대성 실장이 보고한 '이대성 파일'을 거들떠보지도 않았다.

그러는 사이에 검찰에 체포된 협조자 윤홍준이 '안기부 이 과장(이재일 담당관)'과 '주 상무(주만종 팀장)'의 지시로 기자회견을 했다고 진술하자, 그다음부터는 고구마 줄기 캐듯 줄줄이 불거져 나왔다. 이재일한테서는 주만종 6처 5팀장, 주만종한테서는 김은상 6처장, 김은상한테서는 송봉선 2단장, 송봉선한테서는 이대성 203실장의 이름이 차례로 튀어나온 것이다. 안기부 직원에 대한 신병 처리는 현행범이 아닌 한 사전에 안기부장에게 통보하게 돼 있다. 그러나 이재일 담당관과 주만종 팀장이 검찰에 소환되었음에도 신임 부장은 직원들을 보호해주지 않았다.

설마 했던 검찰은 신임 이종찬 부장 취임 하루 전인 3월 4일 이재일을 구속한 데 이어, 취임 다음 날인 3월 6일 주만종 팀장을 구속해 버렸다. 속전속결이었다. 이어 3월 8일에는 간부급인 송봉선 단장과 김은상 처장이 감찰실에 소환되어 조사를 받게 되었다. 이대성 실장은 한시가 급해졌다.

이대성은 옥죄어올 검찰의 칼끝을 피하기 위해 지푸라기라도 잡아야 했다. 그는 3월 8일 심야에 정대철 부총재를 타워호텔 1402호실에서 만나 대통령에게 보고해 달라며 문제의 '이대성 파일'을 건넸다. 안기부 정보관리실에 30년 이상 보존되어야 할 Ⅰ급비밀인 대북공작 파일이 안기부 1급 간부의 손에서 정치인에게 넘어가는 순간이었다. 그것은 세계 첩보사에서 전례를 찾을 수 없는 전대미문의 Ⅰ급비밀 유출 사건으로 이어진 불길한 접선이었다.

이대성 203실장의 오판

현행범이 아닌 한, 수사기관이 안기부(국정원) 직원의 신병을 구속할 때는 국정원장에게 사전 통보하게 돼 있다. 이는 국가정보기관 업무의 특수성을 감안한 것이다. 그런데 정권 교체기가 되다 보니 기존의 관행과 불문율이 제대로 지켜지지 않았다. 이종찬 신임 부장도 전 정권에서 자행한 사건에 연루된 직원에 대해 관할권을 행사하지 않았다.

이대성은 신임 부장이 부임한 3월 5일부터 퇴근하지 않고 사무실에서 취침하는 등 자신의 신변 문제와 관련해 극도의 불안한 행태를 보였다. 자신은 물론 권영해 전 부장까지 사법적 처벌을 받게 될 것을 우려하는 가운데, 이대성은 북풍공작 사건에 대한 수사가 신임 부장의 손을 떠나 청와대 주도로 이뤄지고 있다고 '오판'을 했다. 그래서 사건의 확대를 차단해 불을 끄려면 대선 전(前) 국민회의 측의 대북접촉 사실을 근거로 청와대에 압력을 넣어 대통령을 움직여야 한다고 판단했다.

이대성은 3월 8일 심야에 남산 타워호텔에서 고려대 2년 후배로 잘 아는 민병의를 통해 그의 초등학교 동창인 정대철 국민회의 부총재와 만나 "국민회의 측의 대북접촉 관련 첩보 및 입수 경위" 등 그동안 임의로 작성해 편철한 문제의 '이대성 파일'을 건넸다. 그가 파일을 건넨 배경은 나중에 '이대성 파일'이 언론에 보도된 것과 관련된 손해배상청구 소송 판결문에 이렇게 나와있다.

"이대성은 자신은 물론 권영해까지 처벌받게 될 것을 우려하여 정치권의 대북접촉 사실 등을 여권 인사에게 폭로, 압력을 행사하여 윤홍준 기자회견 사건의 수사확대를 차단할 목적으로 윤홍준 구속 이후 안기부 203실에서 수집, 작성하여 놓았던 비밀문건 1 '대선 전후 북한의 대남공작기도와 전망' 제하의 보고서, 문건 2 '북한 전금철 등 대선 및 남북관계관련 언급' 제하의 보고서, 문건 3 '국민회의 측 대북접촉 관련 첩보 및 입수 경위' 제하의 보고서 등(이상 문건을 총칭하여 '이대성 파일'이라 한다)을 1998. 3. 8. 정대철 당시 국민회의 부총재에게 전달하는 한편, 같은 달 9. 이임하는 이병기 안기부 2차장에게 이대성 파일을 비롯한 윤홍준 기자회견 관련 공작보고서 121건 등 400여 쪽에 달하는 비밀문건을 교부하였다."

그러나 이대성이 마지막으로 걸었던 일말의 기대와 달리 정대철 부총재는 집에 가져간 그 비밀문건을 이틀 동안이나 들춰보지도 않고 방치했다. 그러는 사이에 자신도 검찰에 소환되어 구속되었다. 정 부총재는 3월 10일 조선일보 기자로부터 "안기부 문건이 있느냐"는 전화가 오고, 3월 11일자 조간신문에 이대성 실장의 검찰 소환 기사가 나자 그때서야 문건을 들추어봤다.

문건을 이틀째 열람하던 3월 12일 주간 내일신문의 홍장기 기자가 정대철 의원이 교수로 재직했던 미국 미주리대 연수 입학추천을 받기 위해 정 의원을 찾아왔다. 홍 기자는 정 의원이 서재에서 읽고 있는 문건에서 붉은색으로 찍힌 '秘(비)' 자가 눈에 띄자 호기심이 발동했다. 홍 기자는 대수롭지 않은 듯 물었다.

"읽고 계신 서류는 뭡니까?"

정 부총재는 머뭇거리다가 입을 열었다.

"이거, 북풍 관련 안기부 비밀문건인데 절대 쓰면 안 돼."

홍 기자는 대선 전에 시사저널 김당 기자가 보도한 정재문 의원의 '북풍 뒷거래' 의혹 기사를 떠올렸다. 홍 기자는 정재문 대북접촉 관련 북풍 사건 비밀문건임을 직감했다. 홍 기자는 별거 아닌 듯이 물었다.

"정재문 의원 대북접촉에 관한 안기부 문건인가 보죠?"

"응, 그런데 그것뿐이 아냐. 별 게 다 있어. 그런데 이건 절대로 '오프 더 레코드'야."

정 부총재는 홍 기자의 질문이 더 이상 이어지지 않도록 막고, 약속한 대로 입학추천서를 써주었다. 북풍 관련 안기부 문건이 있다는 사실을 확인한 홍장기 기자는 회사에 돌아와 고민에 빠졌다. 시사저널 보도는 대선 전에 의혹을 제기한 것이었고, 관련 안기부 문건이 있다면 이는 또 다른 문제였다. 기자라면 누구나 문건의 내용을 확인해 쓰고 싶어 할 특종 기삿감이었다.

홍장기 기자는 3월 13일부터 16일까지 매일 정대철 부총재를 찾아가 끈질기게 팩트 확인을 했다. 이에 정 부총재는 '오프 더 레코드'를 전제로 조금씩 확인해 주었고, 홍 기자는 조금씩 팩트를 모아서 3월 18일에 발행된 내일신문에 이대성 파일 일부 내용을 2~3면에 걸쳐 크게 보도했다.

3일 동안 문건을 다 읽은 정대철 부총재는 3월 14일 이대성 파일을 복사해 라종일 안기부 차장과 문희상 청와대 정무수석에게 전했다. 한겨레는 그 무렵에 누군가로부터 이대성 파일을 입수했다. 공교롭게도 한겨레는 단독 입수한 이대성 파일을 근거로 3월 18일(수)부터 24일(화)까지 1주일 동안 연속 보도했다. 김당 기자도 3월 15일경 이대성 파일을 입수했다. 그러나 김당 기자는 이대성 파일을 즉시 보도하지 않았다. 앞서의 '이대성 파일'과 관련된 손해배상청구소송 판결문에는 이렇게 적시돼 있다.

"시사저널 김당 기자는 1998. 3. 15. 경 위 문건을 입수하였으나 (문건 내용의) 신빙성이 없다고 보아 그 무렵 이를 기사화하지 않았다."

김당이 한겨레 보도 이후, 관련 문건과 함께 문건 내용의 문제점을 함께 보도한 데는 그럴 만한 이유가 있었다.

정대철 부총재의 고민

이대성 실장은 서울 세운상가의 풍전호텔(현 PJ호텔) 사장의 아들로 남산에서 가까운 풍전호텔에 장기거주한 중앙정보부 간부의 추천으로 중정에 특채로 입사했다. 이대성은 일본 연수를 다녀와서 일본 근무를 자원해 일본에서 장기 근무한 일본통으로 대북공작은 전문 분야가 아니었다. 그런데 김현철 및 김기섭 스캔들이 불거져 간부 인사 요인이 발생해 남영식 8국장이 차관급 특보로 보임되면서 이대성 공사가 203실로 개편된 8국장에 기용된 것이다.

정대철 부총재는 대선 기간에 '김대중 후보 용공음해대책위원장'으로 활동했다. 정 부총재는 이대성 실장과 교분이 있고, 주일 공사 시절에 식사를 함께한 적도 있었다. 그래서 이대성 실장이 자신을 찾아온 것으로 생각했다. 정 부총재는 13일까지 꼬박 사흘에 걸쳐 안기부 비밀문건을 읽었다. 그리고 다 읽은 뒤에는 구(舊) 안기부 간부들의 공작에 말려들었다는 느낌이 들어 적잖은 고민에 빠졌다.

우선, 문건 내용이 주로 국민회의와 관련된 내용이어서 '여권(與圈)'에 대한 협박용'일 수 있다는 판단이 들었다. 게다가 김대중 대통령이 당 총재 시절에 북측과 내통했다는 것이 문건의 골자였다. 대통령에게 직보할 경우, 보고를 받은 사실이 알려지면 나중에 대통령이 곤경에 처할 수 있다고 판단해 문희상 정무수석을 거쳐 대통령 보고 여부를 판단하도록 해야겠다고 생각했다.

두 번째 고민은 이종찬 부장한테 전달할지의 여부였다. 파일에 대북접촉 혐의가 적시되어 있는 정재문 의원과 이종찬 부장은 사돈 간이었다. 그래서 이종찬 부장에게 직접 알리지 않고, 일단 라종일 차장에게 전달하는 게 낫겠다는 생각을 했다. 정 부총재는 고민 끝에 이대성이 건넨 파일을 2부 복사해 3월 14일에 한 부는 라종일 안기부 1차장에게 보내고, 한 부는 문희상 정무수석에게 "안기부 북풍 관련 문건이니 읽어보고 판단해 대통령께 보고하라"며 직접 만나서 건넸던 것이다.

정 부총재가 이대성 파일을 안기부 차장과 청와대 정무수석에게 건넨 것은 이대성 실장으로부터 문제의 비밀문건을 받은 지 6일 만이었다. 결과적으로 정 부총재가 이종찬 부장한테 먼저 알리지 않은 것은 실수였다. 이종찬 부장이 이대성 파일을 먼저 봤더라면 문건의 언론 유출을 막을 보안 조치를 취했을 가능성이 컸기 때문이다. 라종일 차장은 그 문건이 가져올 파장을 알지 못했다. 문희상 정무수석도 건네받은 사안을 대통령에게 곧바로 보고하지 않았다.

그러는 사이에 북풍 공작은 김대중 정부로서는 간과할 수 없는 국기 문란 사건으로 확대되어 버렸다. 이대성 실장이 안기부 첩보를 짜깁기하고 일부 조작한 첩보를 끼워 넣어 편철한 비밀파일이 언론에 공개되어 버렸기 때문이다. 김대중 대통령은 이대성 파일이 3월 18일 한겨레에 대서특필된 이후에야 문희상 수석으로부터 이대성 파일을 받아 직접 다 읽어봤다. 이대성 파일의 내용 자체도 터무니없는 허위사실로 조작된 것이지만, 이미 언론에 공개된 뒤여서 '협박용'으로서의 효용성도 사라진 뒤였다.

3월 20일 밤 9시경 소공동 롯데호텔 이종찬 안기부장 안가에서 북풍 관련 현안대책을 논의하는 간담회가 열렸다. 이종찬 부장의 초청으로 국민회의에서 김상현 의원과 정대철 부총재가 참석하고, 안기부에서는 라종일 차장과 이강래 기조실장이 참석했다. 이 부장은 정 부총재를 보자마자 책망을 했다.

"정 의원은 그 문건을 왜 내게 주지 않았소?"

정 부총재는 난처한 표정으로 말했다.

"부장님과 정재문 의원과의 관계를 고려해서, 입장이 난처하실 것 같아서 그랬습니다"

이종찬과 정재문이 사돈 관계여서 처지가 곤혹스러울 것 같아서 그랬다는 해명이었다. 이강래 기조실장은 정 부총재를 위로하며 이렇게 말했다.

"아무래도 (구안기부 수뇌부에) 형님이 당한 것 같습니다."

32 _ '이대성 파일'은 아말렉 공작의 배다른 기형아

'이대성 파일' 유출자는 이대성 · 이병기 · 권영해 3인

'이대성 파일'은 안기부 공작파일을 협박용으로 짜깁기한 것이다. 그런 점에서 이대성 파일은 아말렉 공작의 '배다른 기형아'인 셈이다. 또한 '이대성 파일(3종 175쪽 분량)'은 대부분이 배포선이 제한된 안기부의 Ⅱ급비밀 문건이었다. 생산한 문건마다 배포선이 엄격히 제한되고, 붉은색의 '秘(비)'자 표식과 '복사, 인용 금지 및 사본은 7일 내 파기'하도록 돼 있었다. 그런데 다른 데도 아닌 안기부 수뇌부가 이런 금기를 어겼다.

이를테면 보고서 앞장 아랫부분에 표시된 '배포처'는 거의 모든 보고서가 '0-0, 2-0'으로 돼 있었다. '0-0'은 안기부장에게만 배포되고, '2-0'는 2차장과 부장에게 배포되는 비밀문건임을 의미했다. 반면에 북한 식량문제에 대한 보고서에 표기된 '3-1'은 배포처가 아닌 작성처로, 이는 3차장(3) 산하의 301실(1), 즉 대북전략실에서 작성한 것이다. 해외공작원 정보보고 문건은 모두 작성처가 '2-3', 즉 2차장(2) 산하의 203실(3), 해외조사실(해외공작실)에서 작성한 것이다. 권영해 안기부장과 이병기 2차장 두 사람은 해외공작원 정보보고를 정기적으로 보고받은 것이다.

안기부 내부에만 있어야 할 비밀문건은 언론사가 아무리 취재를 열심히 한

다고 해서 입수할 수 있는 성질의 것이 아니다. 결국, 비밀문건에 접근할 수 있는 누군가가 한겨레에 제보했다고 보는 것이 합리적 추론이다. 그러나 안기부 감찰조사는 물론, 검찰 수사에서도 누가 제보했는지는 밝혀지지 않았다.

문제의 '이대성 파일'을 포함한 안기부 비밀문건이 유출된 출처는 세 곳이다. 첫 번째는 이대성 실장 본인이고, 두 번째는 이병기 2차장, 그리고 세 번째는 권영해 부장이다. 안기부 비밀문건을 회수하는 일은 감찰실 보안과 담당이다. 1998년 3월 16일 당시 이상생 감찰실장은 이병우 보안과장에게 유출 사실이 확인된 안기부 비밀문건의 회수를 지시했다.

이대성은 신임 부장 보고용으로 기존의 첩보 및 공작보고서를 토대로 작성했던 문건을, 직원들이 구속되자 일부 보완해 대통령께 보고할 수 있도록 정대철 부총재에게 건넸다고 주장했다. 이병우 과장이 비밀문건을 회수하러 갔을 때, 이대성 실장의 캐비닛에는 문제의 '이대성 파일' 사본 말고도 다른 비밀문건 사본을 포함해 112건의 보고서(사본)가 있었다. 정대철 부총재에게 유출된 사본은 그의 자택에서 별도로 회수했다.

이병기 차장에게 유출된 문건은 이 차장이 3월 9일 안기부를 떠나면서 이 실장에게 "밖에서 도울 일이 있으면 돕겠다"며 관련 자료를 달라고 요청해 교부받아 가지고 나간 것이다. 분량으로 따지면 '이대성 파일(174쪽 전부)'과 윤홍준 기자회견 관련 공작보고서 등 121건 400여 쪽으로, 이병기 차장에게 유출된 문건의 분량이 제일 많았다. 이대성 파일에 포함된 '대선 전후 북한의 대남공작 기도와 전망' 등 6묶음으로 된 62개 보고서로 편철되어 있었다.

이 차장은 3월 16일 가지고 나간 비밀문건을 반환해 달라는 감찰실의 전화를 받고서, 하루 뒤에 서울 강남구 삼성동 소재 제일화재빌딩 6층 601호의 개인 사무실에 보관 중인 문건을 돌려줬다. 이 차장은 문건을 소지(3월 9~17일)한 동안 열람만 하고, 타인에게 유출하진 않았다고 주장했다. 이 차장은 북풍공작의 계선 상에 있으므로 검찰 조사를 받을 수밖에 없는 처지였다. 따라서 만일의 경우에 대비해 문건을 복사해 놓았을 가능성이 컸다.

권영해 부장에게 유출된 문건은 3월 18일 이상생 감찰실장이 권 부장을 만나서 직접 회수했다. 총 15건의 보고서로 외부에 유출된 3곳 중에서 보고서 분량은 가장 작았다. 그러나 이것이 유출된 보고서의 전량이라고 볼 수는 없었다. 권 부장을 직전까지 직계 상사로 모셨던 감찰실장의 처지에선, 그저 부장이 주는 대로 받아올 수밖에 없었다고 보는 것이 타당하다. 왜냐하면 김당 기자가 입수한 이대성 파일 등 안기부 문건은 당시 권영해 부장의 지인으로부터 받은 것이었기 때문이다.

국정원 간부들은 업무의 특성상 수많은 비밀 보고서를 보는 것이 일이다. 통상적으로 부장이나 차장은 원보고서(원본)일 경우에는 원보고서를 실-국에 반환하고, 사본일 경우에는 검토 후 일부 빼놓거나 아니면 정보비서관이나 보좌관에게 주면 정보비서관이나 보좌관이 파기하게 된다. 간부들이 국정원을 떠나게 되면 통상 보좌관들이 책상서랍과 캐비닛을 정리해 비밀문건들을 원부서(생산부서)로 돌려보내도록 돼 있다. 그러나 '이대성 파일'을 만들어 외부로 유출한 이대성 실장은 물론, 이병기 차장과 권영해 부장까지 모두 내부규정을 위반했다.

김오수 검사와 이병우 감찰실 보안과장의 문답

국정원 직원들은 보안 규정상 컴퓨터 디스켓이나 USB는 아예 사용하지 않고, 하드디스크에도 자료를 보관하지 않는 것이 원칙이다. 하드디스크에는 자료를 지우거나, 문서를 작성하더라도 다음 보고서 작성 시에 덮어쓰기 하는 방식으로 자료를 삭제한다. 대신에 문서파일로 만들어 캐비닛에 넣어 관리한다.

결과적으로 직원들에 대해서는 문서관리를 엄격히 통제하면서, 간부들은 버젓이 내부규정을 위반한 것이다. 검찰은 이대성 파일 유출 사건을 수사하면서 비밀문건 내부 관리 실태를 파악하기 위해 안기부 기밀문건 회수작업을 한 이병우 안기부 감찰실 보안과장을 조사했다.

다음은 서울지검 김오수 검사와 이병우 과장의 질문과 답변이다.

김오수 : 본 검사가 시사저널 김당 기자를 조사한 바에 의하면 '김대중, 조만진 국장에게 친북 중국교포와의 관계 단절 지시', '오익제 월북 및 편지 등 관련 사건 진상', '오익제, 국민회의 및 김대중 관련 상황' 등의 문건이 있는데 진술인이 회수한 문건들 중에 이러한 문건들이 있는가요.

이병우 : 저로서는 이러한 문건들을 본 사실이 없습니다.

김오수 : 언론에 보도된 바에 의하면 한겨레, 조선일보, 시사저널 등에서 문건을 확보하고 있는 것으로 보이는데 어떤가요.

이병우 : 그 점은 저희들도 마찬가지로 생각하고 있습니다.

김오수 : 그런데 왜 언론 유출 부분을 조사하지 않았나요.

이병우 : 저희들로서는 안기부 직원들에 대한 직접 조사는 가능하나, 안기부 직원이 아닌 언론사 부분에 대해서는 조사를 해야 할지 말아야 할지를 논의하는 과정에서 언론사에서 협조에 불응하는 경우, 적절한 방법이 없다는 결론을 내리고 더 이상 수사를 진행치 못한 것으로 알고 있습니다.

김오수 : 언론사들은 어떻게 위 문건들을 확보하였다고 생각하는가요.

이병우: 처음에는 한겨레와 시사저널은 국민회의 측 채널로부터 위 문건들을 입수하여 보도한 것으로 생각하였습니다. 그러다가 1998. 3. 18 문건 내용 대부분이 현 여권에 불리한 내용이 상당 부분 드러났는데, 그런 일까지 안기부가 했다는 점을 강조하기 위해서 한겨레와 시사저널 등에 현 여권에서 유출한 것이 아닌가 생각하였습니다. 그래서 저는 더 이상 추적작업을 하지 않았던 것입니다.

김오수 : 그러나 실제 확인된 내용들은 이병기 차장이나 권영해 부장 선에서 유출되었다는 것인데, 그렇다면 이병기 차장이나 권영해 부장 등이 현 여권을 위하여 이런 문건들을 유출시켜줄 이유가 있는가요.

이병우 : 그럴 이유는 없습니다.

김오수 : 그렇다면 권영해 부장이나 이병기 차장 등이 의도적으로 위 문건들을 언론에 유출시켰을 가능성에 대해서 생각해보지 않았나요.

이병우 : 그 점은 생각지 못했습니다. 지금 와서 검사님 말씀을 듣고 보니 뭔가 이상하다는 생각이 들고, 그분들이 유출시켰을 가능성도 있겠구나 하고 생각하였습니다. [55]

사실 한겨레가 3월 18일 자 5면에 보도한 '비밀문건 보고체계' 기사를 보면, "이번에 드러난 안기부 해외공작원의 정보보고는 2차장 산하 해외조사실(203실)에서 대개 4부를 만드는 것으로 알려져 있다"고 돼 있다. 한겨레는 이를 근거로 권영해 부장, 이병기 차장, 남영식 3특보(전 203실장), 그리고 "마지막 1부는 보고서 생산부서장인 이대성 전 실장이 보관해 왔던 것으로 추정된다"고 보도했다.

한겨레는 이대성 파일을 4부 만든 사실을 어떻게 알았을까? 이는 '제보자'가 알려줬다고 보는 것이 합리적 추론이다. 그러나 안기부 감찰실과 검찰은 이런 합리적 추론을 외면했다.

누가 한겨레에 안기부 Ⅱ급비밀을 제보했나

검찰은 당시 이대성 파일 유출 사건과 관련, 문건을 확보했거나 열람했을 것으로 추정된 언론사를 상대로 조사를 했다. 특히 흑금성 공작원과 친분이 있는 김당 기자의 경우, 수사계장이 전화했을 때는 참고인 신분으로 수사협조를 요청했지만, 김오수 검사는 거의 피의자에 준해(?) 흑금성과의 관계, '이대성 파일' 등 안기부 공작문건을 입수한 경위 등을 강도 높게 조사했다.

그런데 검찰은 김당 기자(시사저널)와 홍장기 기자(내일신문)에 대해서만 조

주55 _ 서울지방검찰청, 진술조서(이병우, 1998. 5. 11)

사하고, 취재기자를 특정하지 않고 '특별취재반' 명의로 보도한 한겨레에 대해서는 한겨레 측의 불응으로 조사를 하지 못했다. 그러다 보니 문건을 열람하지 않은 홍장기 기자와, 조사에 불응한 한겨레의 보도 경위에 대한 조사 분량은 간략한 반면에, 조사에 성실히(?) 응한 김당 기자에 대한 조사 분량은 가장 길 수밖에 없었다. 검찰은 북풍 사건 수사 결과 발표문에서 안기부 문건 유출 및 언론 보도 경위에 대해 이렇게 밝혔다.

주간 내일신문

주간 내일신문 홍장기 기자는 3. 12 정대철 부총재에게 끈질기게 열람요청을 하였으나 거절당하고, 그때부터 3. 16까지 정대철 부총재에게 집중 취재하여 일부 구두로 확인한 내용과 자체 취재한 자료 등을 토대로 '정재문 의원의 북풍 요청, 360만 달러 제공' 등 해당 기사를 3. 18 보도하였고, 문건을 열람하거나 입수한 사실이 없다고 주장

시사저널

···▸ 비밀문건 입수 경위

시사저널 김당 기자는 98. 3. 16 권영해 전 부장의 측근(지인)으로부터 △'국민회의측 대북접촉 관련 첩보 및 입수 경위(67쪽)' △'오익제 월북 및 편지 등 사건 진상(43쪽)' △'오익제, 국민회의 및 김대중 관련 상황(65쪽)' 등 총 192쪽 상당의 안기부 비밀문건을 입수한 것으로서, 본 비밀문건은 103실에서 수사한 '오익제 밀입북 및 편지사건 진상' 등 내용이 포함되어 소위 '이대성 파일'과는 별도의 문건임

···▸ 비밀문건의 구성

• '국민회의 측 대북접촉 관련 첩보 및 입수 경위' 제하 보고서(68쪽)는 앞에서 본 소위 이대성 파일 자료 Ⅲ과 같으나, 원본과는 달리 의도적으로 유출하기 위해 "秘"자 표시, 작성부서, 배포선 등을 지우고 복사한 것이 특징임···(중략)···

- '김대중, 조만진 조직국장에게 친북 중국교포와의 관계 단절지시' 제하 보고서(12쪽)는 96. 9. 25자 203실에서 작성된 것으로 △조만진 동향 내사상황(1쪽) △황장엽의 수양딸 박명애 체류동향과 박명애 체한 주요 일정(10쪽)에 대한 첩보보고서로서, 작성부서와 배포선 등의 표시가 없고, 주로 조만진과 관련된 내용인 점이 특징임

…▸ 유출 경위

- 시사저널 김당 기자는 98. 3. 16 권영해 전부장의 측근(지인)으로부터 위 문건을 입수하였다고 하면서 취재원 보호를 위해 문건 유출자의 신원에 대해서는 밝히지 않고 있고

- **권영해 전 부장은 위 문건을 보고받은 것은 기억하나, 자신이 유출한 것이 아니라고 극구 부인하나,**

- **위 문건은 이대성 파일의 일부**(자료Ⅲ)**와 103실에서 작성한 문건이 포함된 점으로 미루어, 103실과 203실에서 보고를 받는 지위에 있는 부장 등 간부가 유출했을 가능성이 농후함**(굵은 글씨는 저자 강조)

…▸ 보도 경위

김당 기자는 위 문건을 입수한 다음 공개하는 것이 바람직하지 않다고 판단하여 보도하지 않다가, 3. 18자 한겨레에서 보도가 되자, 4. 2자[56]로 소위 이대성 파일 이외에 '안기부 문건 한 종류 더 있다'는 제목의 글을 게재한 바 있고, 5. 13 김당 기자는 소지한 유출 문건(사본)을 검찰에 제출하였음

한겨레 등

한겨레신문사는 3. 18자 한겨레에 '해외공작원 정보보고'라는 제목으로 구체적 내용을 보도하고 있어 그 시점 소위 '이대성 파일'을 입수한 것으로 보이고, 다른 일

주56 _ 시사저널 4월 2일자의 실제 발매-배포일은 3월 24일(화요일)이었다.
주57 _ 서울지방검찰청, 소위 북풍 사건 수사 결과, 1998. 5. 22, 52-56쪽

부 언론사에서도 문건을 소지하고 있는 것이 아닌가 의심이 가나, 문건의 소지 및 반환 여부, 입수 경위를 확인하기 위하여 한겨레신문사의 관계자에 대해 출석하여 줄 것을 요청하였으나 출석에 불응함으로써 현재로서는 그 진상을 규명하기 어려운 상태임[57]

검찰은 이어 "시사저널에 유출된 문건의 작성 및 유출 경위, 유출 혐의자와 한겨레 등 기타 언론사에 대한 '이대성 파일' 등 문건 유출 경위에 대해서도 계속 수사하여 진상을 밝히겠다"고 했지만, 늘 그렇듯 이는 '립 서비스'에 불과했다.

검찰 수사 결과에 따르면, 홍장기 기자는 안기부 문건을 열람하진 못했고, 정대철 부총재를 나흘 동안 매일 자택과 사무실로 찾아가 '오프 더 레코드'를 전제로 주요 팩트에 대한 확인을 받아 3월 18일에 이를 보도했다. 한겨레는 3월 16일(월)에 처음 북풍공작과 관련된 이대성 파일 문건의 존재를 내비치는 '예보'를 한 뒤에, 3월 18일에 이대성 파일 전문을 게재했다.

흑금성 "이왕이면 좀 근사한 이름을 붙여줄 것이지"

검찰 수사 결과에 따르면, 한겨레는 이대성 파일을 3월 15일경 입수한 것으로 추정되었다. 김당 기자 또한 3월 15일경에 이대성 파일이 포함된 안기부 문건을 권영해 부장과 같은 교회에 다니는 가까운 지인으로부터 받았다. 김당 기자가 평소 알던 이 지인은 미국 뉴저지에서 거주하다가 국내에 들어와 무기중개업을 하고 있었다. 김당은 이 지인으로부터 "권영해 부장이 억울한 측면이 있는 것 같다"는 취지로 얘기하는 것을 듣고, 구체적인 자료가 있으면 달라고 해 3월 15일 저녁에 관련 문건을 입수했다.

총 200쪽에 이르는 문건은 이스턴사업·고인돌사업·상황사업이라는 암호명이 붙은 안기부 비밀 공작과 오익제 월북 및 편지 관련 사건, 그리고 국민회의 측의 대북 접촉 관련 정보 및 입수 경위 등에 관한 보고서 등 세 가지였다. 사실과 첩보가 혼재된 이 보고서를 작성한 목적은 분명해 보였다. 보고서에 적시된 사실과 첩보는 모두 김대중 대통령의 연북(聯北) 혐의에 관련된 것이었기 때문이다.

김당은 안기부 문건을 보고서 깜짝 놀랐다. 거기에는 고인돌사업, 상황사업 등 북풍공작 관련 첩보뿐만 아니라, 자신의 취재원인 박채서 씨가 ㈜아자의 대북 광고사업에 편승(편승공작)해 북한 국가안전보위부에 침투한 '흑금성 공작원'이라고 신원이 드러나 있었기 때문이다. 김당은 이 충격적인 문건을 기사화하지 않기로 작정하고 다음 날 회사에 중요한 안기부 문건을 입수했다는 정보 보고만 했다.

우선 문건 내용 자체가 신빙성이 없는 상황에서 특정한 의도를 가지고 작성된 것으로 보이는 이 문건을 공개할 경우 그것이 불러올 정치적 파문이 우려되었다. 또 다른 이유는, 이 문건에는 자신이 신뢰하는 취재원 중의 한 사람인 박채서 전무가 국민회의 정동영·천용택 의원과 접촉해 그들의 동향을 보고한 내용이 담겨 있어 확인이 필요했기 때문이다. 김당은 일단 박채서에게 "당신의 신분이 공개될지도 모른다"고 귀띔해 주었다. 박채서는 김당 기자로부터 귀띔을 받았지만 문건이 공개되리라고는 상상하지 못했다.

나중에 알게 된 사실이지만, 김당뿐만 아니라 박채서 본인도 자신의 공작 암호명이 '흑금성'임을 이때 처음 알았다. 점조직으로 운영되는 비밀공작은 다 마찬가지이지만, 흑금성공작의 경우에도 이강복 전문공작관이 임의로 공작원 암호명을 작명해 공작 파일을 관리할 뿐, 공작원에게는 공작암호명을 알려주지 않았기 때문이다. 박채서 씨는 김당에게 "이왕이면 좀 근사한 이름을 붙여줄 것이지, 하필이면 흑금성이 뭐냐"고 쓴웃음을 지었다.

통일부로부터 사업자 승인과 사업승인을 동시에 받고 방북 준비에 박차를 가하던 박기영 대표는 3월 17일 사무실에서 인터넷으로 한겨레 신문을 읽다가 심장이 멎는 느낌이 들었다. '이대성 파일'에 관한 기사를 읽다가, 이 파일에 나오는 흑금성 공작원의 행적이 박채서 전무의 행적과 똑같은 것을 알고 깜짝 놀란 것이다. 박 대표는 기사를 프린트해 박채서 전무에게 주며 "어찌된 일이냐"고 물었다.

박채서의 얼굴이 하얗게 질렸다. 김 기자로부터 귀띔을 받았지만, 문건이 통째로 공개될 줄은 상상하지 못했기 때문이다. 게다가 거기에는 지난 대선 기간에 안기부에 보고한 디브리핑 내용과 함께 "한겨레가 입수한 '해외공작원 정보보고' 자료에 가장 많이 등장하는 공작원 '흑금성'이라는 사업가는 남북한 당국이 모두 인정하는 '허가받은 이중간첩'으로 확인되고 있다"고 돼 있었다.

한겨레의 보도로 박채서의 신원이 공개되자, 김당 기자도 보안을 유지할 이유가 없어졌다. 김당은 한겨레 보도 이후에, 허위첩보에 근거한 문건을 팩트체크나 필터링 없이 공개한 한겨레의 오류를 지적하면서 한겨레에서 보도하지 않은 다른 문건과 함께 이대성 파일 내용과 문제점을 시사저널에 특집으로 보도했다.

한겨레 기사의 첫 번째 오류는 흑금성 공작원의 디브리핑 보고서가 근간인 안기부 비밀문건을 단독 입수한 성취감에 취해 이 문건이 대선 뒤에 의도적으로 짜깁기된 사실을 몰랐던 데서 말미암은 것이다. 그로 인해 흑금성은 한겨레가 단독 보도한 이 문건을 통해 괴기스런 이름과 함께 '이중간첩'이라는 오명을 썼다. 문제는 엄청난 회오리를 불러올 큰 사건이 터졌는데도 독자적으로 판단할 문건이 없는 다른 언론들은 이중간첩으로 규정한 한겨레를 베낄 수밖에 없었다는 점이다.

두 번째 오류는 정보와 공작의 세계에 대한 무지에서 말미암은 것이다. 박채서가 특수공작원으로서 국가가 인가한 공작을 수행했느냐, 아니면 북풍 유인공작 같은 비인가 공작을 수행했느냐에 대한 명확한 인식이 부족했던 데서 빚어진 것이다. 박채서가 수행한 국가 공작은 북한의 의도를 파악해 무력화하는 것이었다. 그것이 야당을 겨냥했든, 여당을 겨냥했든 북풍 공작을 막은 것은 곧 국가를 위한 것이지 북한을 위한 것은 아니다. 그런데 한겨레는 그런 구분과 검증을 하지 못함으로써 이 문건을 작성한 이대성 실장과 권영해 부장이 애당초 여권 핵심부와 '거래' 또는 '협박'하기 위해 의도했던 노림수에 말려든 셈이다.

김당이 입수한 이대성 파일이 포함된 안기부 문건은 '秘'자 표식을 지운 것이다. 권 부장은 자신의 지인이 정보기관이나 공직과는 무관한 민간인인 점을 감안해 자신의 '억울함'을 호소하기 위해 '秘'자 표식을 지운 채 문건을 건네준 것으로 보인다. 물론 권 부장이 김당을 지목해 문건을 유출한 것은 아니었다.

그러나 '秘'자 표식을 지우고 자신의 지인에게 문건을 건넨 것은, 그 문건이 기자 등 제삼자에게 유출·공개될 가능성을 염두에 둔 행동이었다. 권 부장의 지인 또한 김당 기자가 대선 때 북풍공작 의혹을 처음 보도한 데 이어, 대선 이후 안기부 조직표와 예산을 처음 공개하는 등 안기부에 대해 집중보도하자, 김당에게 "이런 게 있으니 참고하라"고 건네준 것이었다.

그런데 한겨레가 입수한 이대성 파일 문건은 붉은색 '秘'자 표식이 선명한 문건이었다. 이는 안기부의 문건 생산·관리자가 중간에 민간인을 거치지 않고, 한겨레에 직접 건네주었을 가능성이 크다는 얘기이다. 앞서 본 것처럼, 안기부 비밀문건이 유출된 곳은 이대성, 이병기, 권영해 등 3인이다. 정대철 부총재에게 문건을 유출한 이대성은 검찰 조사에서 용의선상에서 제외되었다.

김당 기자가 탐문 취재한 바로는 권영해 부장이나 정대철 부총재 쪽은 아니었다. 결국, 남는 사람은 이병기 차장뿐이다. 앞서 안기부 감찰실의 이병우 보안과장도 검찰 조사에서 "권영해 부장이나 이병기 차장 등이 의도적으로 문건들을 언론에 유출시켰을 가능성에 대해서 생각해 보지 않았나요"라는 검사의 질문에 "지금 와서 검사님 말씀을 듣고 보니 뭔가 이상하다는 생각이 들고, 그분들이 유출시켰을 가능성도 있겠구나 하고 생각하였다"고 답변한 바 있다.

33 _ 남북 오가며 '007 코스프레' 만끽한 윤홍준

윤홍준에 30만 달러 사기당한 SBS

윤홍준은 '아말렉 공작'의 처음이자 마지막이었다. 윤홍준은 이재일 담당관에게 조작하거나 과장한 허위 첩보를 제공해 안기부를 농락했다. 이재일과 김은상 처장, 그리고 주만종 팀장이 차례로 베이징에 가서 채증활동을 벌였음에도 자신이 제공한 첩보가 아무런 근거가 없는 것으로 나타나자, 오히려 자신의 공작관(이재일)에게 "안기부가 직무를 유기하고 있다. 언론을 통해 폭로하겠다"고 위협해, 안기부가 자신을 활용한 기자회견을 추진하도록 유도했다.

또한, 자신이 제보한 허위 첩보를 토대로 한 기자회견이 '아말렉 공작'이라는 이름으로 추진되자, 이에 적극적으로 가담했다. 윤홍준은 물론 자신에게 기자회견을 권유한 이재일 담당관과 김은상 처장에게 그 대가를 집요하게 요구해, 권영해로부터 착수금 2만 달러와 외교행낭으로 홍콩에 보내 전달한 기자회견 대가 20만 달러 등 22만 달러(2억2천만 원)가량을 챙겼다. 그는 법정에서 반공·보수우익 청년으로서 마땅히 해야 할 일을 한 것뿐이라는 입장을 취하면서 이렇게 말했다.

"국가로부터 훈장을 받지 못할망정, 기자회견 대가로 지급받은 20만 달러를 자랑스럽게 생각합니다."

그러나 윤홍준은 이미 1997년 9월에 자신이 안기부에 제보한 김대중 총재의 대북연계 의혹 첩보를 가지고 베이징에서 한국 언론과 모종의 거래를 하려고 했다. 윤홍준은 그 무렵 허동웅의 사무실에 들러 이렇게 제안했다.

"조선일보 기자라는 사람이 쫓아다니며 김대중 총재와 북한이 관련되어 있다는 취지의 자술서를 써주면 30만 달러를 주겠다고 하니 자술서를 써주십시오. 필요한 사진은 1996년 8월 김대중 총재 자택 방문 시 찍은 필름이 있으니 충분합니다. 그 조선일보 기자가 신(新)만수호텔 뒤에 있는 홀리데이호텔에 기다리고 있으니 같이 만나봅시다."

그러자 허동웅은 자리를 박차고 일어서며 이렇게 말했다.

"나는 그런 사람을 만날 이유가 없다. 나는 정치의 정자도 모른다. 이제 보니까 너는 비열한 놈이구나. 나는 조만진 국장을 통해서 김대중 총재를 만났을 뿐이지 김대중 총재가 북한과 관련되어 있다는 사실을 알지 못한다. 너는 의리도 없는 놈이다. 앞으로 우리 사무실에 발길을 끊어라."

윤홍준은 1997년 8월 방북했을 때 김일성 동상에 해외교민 대표로 헌화해 그 모습이 북한 텔레비전방송에 방영되기도 했다. 윤홍준은 이에 앞서 1997년 7월 초 SBS 보도국 김모 부장에게 접근해 라진-선봉지역 투자유치 설명회에 참석시켜 주겠다고 제의했다. SBS가 방북 취재 가능성을 타진하자, 9월 초 보도국 고위간부에게 조선중앙텔레비전에 방영된 헌화 장면을 보여줬다. 윤홍준은 10월 말까지 방북 취재 및 김일성대학 경제학부 교수들과의 인터뷰를 성사시켜 주겠다고 약속하고, 추진비 30만 달러(약 3억 원)를 은행계좌로 송금받았다.

그러나 윤 씨는 그해 12월 11일 베이징에서 김대중 비방 기자회견을 할 때까지 SBS 측에 일체의 연락도 하지 않은 채 방북사업도 추진하지 않았다. 이로 인해 SBS 김모 부장은 회사에 손실을 끼친 책임을 지고 해직되었다. 조선일보 측의 30만 달러 제안설은 윤홍준의 일방적 주장일 뿐, 사실로 입증된 것은 아니다. 그러나 이대성 실장은 검찰 조사에서 이렇게 진술했다.

"1997년 9월 하순부터 11월 27일까지 베이징에서 허동웅에 대한 채증활동을 벌였으나 성과가 미진하고, 협조자 윤홍준이 SBS와 조선일보 북경특파원과 접촉한 사실이 파악되었습니다. 이에 따라 지금까지 당부(當部)가 노력해왔던 관련 사실의 노출 가능성이 우려되어, 윤홍준에게 주의를 촉구하고 당분간 추진 활동을 중단하였습니다."

윤홍준은 1997년 8월 허동웅과 함께 방북했다. 평양 순안공항에는 허동웅을 초청한 거래선인 봉화무역회사의 박영범 과장과 양용일 지도원이 마중 나왔다. 윤홍준은 나중에 허동웅이 자신의 사무실 서랍에 둔 두 사람의 사진을 몰래 훔쳐가 안기부에 첩보로 제공했다. 두 사람이 허동웅이 방북했을 때 벤츠 승용차를 타고 환영나온 북한 중앙당의 기관원 3명 중 두 명이라는 거짓 설명과 함께. 윤홍준이 안기부에 허동웅이 북한 공작원임을 보여주는 것이라며 제공한 추가첩보는 이런 식이었다.

김일성 배지 달고, 김정일 장군의 노래 부르던 윤홍준

남북한을 교차 방문하는 재중교포는 남북한의 정보기관 양쪽으로부터 의심을 받기 쉽다. 그래서 남북한을 자주 방문하는 조선족 교포들은 여권을 두 개 만들어 남한용과 북한용으로 따로 사용하는 것이 관행이다.

윤홍준은 허동웅이 여권을 두 개 소지하고 있는 점을 공작원의 근거로 의심했다. 게다가 윤홍준은 허동웅이 1996년 8월 자기한테 여권을 자랑하며 보여주었다며 "허씨가 일본 여권까지 3종을 갖고 있다"고 안기부에 허위 · 과장 첩보를 전했다. 이런 첩보 또한 허동웅에 대한 공작원 의혹을 증폭시켰다.

그러나 허동웅은 남북한 양쪽과 여행사 및 임가공 중개사업을 하면서 양쪽으로부터 불이익을 받지 않기 위해 베이징에 나와 있는 남북한 인사들과 원만한 관계를 유지하려 노력했을 뿐이었다.

허동웅은 윤홍준과 함께 1997년 8월에 북한에 다녀온 뒤 그해 10월 베이징 북한대사관에서 열린 김정일 총비서 취임기념 행사에 윤홍준과 함께 참석했다. 당시 북한대사관 직원은 행사장에 모인 사람들에게 윤홍준을 이렇게 소개했다.

"윤홍준 선생은 미국 교포로서 애국자십니다. 우리 장군님께 충성하는 취지에서 대사관에 현금 5천 원(元)과 연경표 맥주 200상자를 기증했습네다"

중국 돈 5천 위안이면 한국 돈으로 90만 원가량이다. 대사관 행사에 100만 원을 쓰고서 북한으로부터 '애국자' 대접을 받은 것이다. 그래서인지 윤홍준은 베이징에서 상당 기간 김일성 배지를 달고 다니며, 김일성과 김정일 장군의 노래를 자주 부르곤 했다. 일종의 '007 코스프레'를 즐긴 것이다.

재미교포 사업가로서 남북한을 오가며 만끽한 '007 코스프레'는 그리 오래 가지 못했다. 이 '간 큰' 아마추어 공작원은 아말렉공작을 실행한 이후, 당분간 한국에 오지 말라는 이재일 담당관과 안기부 지시를 어기고 대선 직후인 12월 20일에 입국했다. 다음날 윤홍준이 입국했다는 보고를 받은 이대성 실장은 화들짝 놀랐다. 들어오지 말라고 했음에도 기자회견 대가를 받으러 왔다고 판단했기 때문이다. 이대성 실장은 이재일 담당관에게 윤홍준을 만나 곧바로 출국하도록 설득하라고 지시했다.

이재일은 12월 22일 윤홍준을 만나 "즉시 출국하라"고 설득하자, 윤홍준은 "(기자회견 때문에) 사업 기반을 잃었다"고 울먹이며 은근히 대가를 요구했다. 윤홍준을 만난 결과를 보고받은 이대성 실장과 송봉선 단장, 김은상 처장은 윤홍준에게 기자회견 대가로 20만 달러를 주되, 만일의 경우에 대비해 윤홍준한테서 "기자회견은 혼자 자진해서 한 것이다, 안기부에 미안하다"는 취지의 자필 편지를 받도록 했다.

안기부는 윤홍준의 제보를 근거로 김대중 총재의 연북 증거를 포착하기 위한 대북공작을 추진했는데, '우국 청년' 윤씨가 이미 자신이 제공한 것만으로도 증거가 충분한데도 안기부가 수사를 망설인다고 판단해, 이에 불만을 품고서 사전 협의 없이 베이징·도쿄·서울 등지에서 김대중의 연북 혐의를 폭로하는 기자회견을 해버렸다고 알리바이를 조작하기 위한 편지였다.

이대성은 진행 상황을 권영해 부장에게 보고하고 권 부장으로부터 20만 달러를 받았다. 이재일은 이날 오후에 교부받은 공작금 20만 달러를 파우치(외교행랑) 편으로 홍콩총영사관으로 보냈다. 이어 저녁에 양재역 부근 커피숍에서 윤홍준을 다시 만나 20만 달러를 지급하기로 한 사실과 수령 방법을 통보하고, 위와 같은 취지로 편지를 써서 다음날 홍콩으로 출국하면서 편지를 붙이게 했다. 그리고 다음 날 이재일은 홍콩총영사관 안기부 요원을 통해 홍콩 리츠칼튼 호텔에 투숙한 윤홍준에게 20만 달러를 전달했다. 이재일은 12월 25일 윤홍준으로부터 20만 달러를 수령했다는 연락을 받았다.

그런데 김대중 비방 기자회견 대가로 20만 달러를 챙긴 윤홍준은 이듬해 2월 8일 다시 입국했다. 안기부로서는 협조자 관리에 실패한 셈이다. 당시 서울지검 남부지청은 국민회의 측이 공직선거법 위반(허위사실 유포 및 비방) 혐의로 고발한 윤홍준을 출입국시 통보 대상으로 걸어놓은 상태였다. 출입국관리사무소의 입국 통보를 받은 검찰은 윤 씨의 소재를 의외로 손쉽게 파악해, 2월 12일 그가 '내 집처럼 이용한 리츠칼튼'에서 체포했다.

그런데 협조자 윤홍준을 들추자, 안기부 '이 과장(이재일 담당관)'과 '주 상무(주만종 팀장)'가 튀어나왔다. 수사 검사도 깜짝 놀랐지만, 수사는 이미 돌아올 수 없는 다리를 건넌 뒤였다. 김은상 처장, 송봉선 단장, 이대성 실장, 그리고 권영해 부장까지 '줄줄이' 구속되는 초유의 사태가 벌어졌다. 한 어설픈 협조자의 '007 코스프레'로 인해 6급 직원부터 부장까지 구속된 것은 중앙정보부 창설 이후 처음 벌어진 참담한 치욕이었다.

검찰은 어떻게 안기부 공작의 꼬리를 포착했나?

아무리 '아마추어 공작원'이 가담한 공작이라고 해도 명색이 국가정보기관의 대북공작인데, 검찰은 안기부 직원이 개입한 혐의를 어떻게 포착했을까?

우선 협조자 윤홍준이 당분간 입국하지 말라는 안기부의 지시를 대수롭지 않게 여기고 입국한 것이 사달의 단초였다. 게다가 윤홍준(미국명 조세프 윤)은 신분을 감추지 않고 버젓이 단골 숙소인 리츠칼튼 호텔에 투숙했다.

서울지검 남부지청(현 서울 남부지검)의 김오수 검사는 2월 8일(일요일) 윤홍준이 입국하였다는 통보를 받고, 영등포경찰서에 윤 씨의 소재를 탐문-수사하도록 지휘해, 윤홍준이 '죠세프 윤'이라는 미국명으로 리츠칼튼 호텔에 투숙한 사실을 확인했다. 그리고 2월 12일 영등포경찰서 형사들이 윤 씨를 검거해 신병을 인계함에 따라 검찰에서 본격적인 수사에 착수했다.

윤홍준은 검찰이 국민회의 조만진 국장 등 관련자들과 대질 조사를 하는 과정에서 기자회견문 가운데 'DJ와 직접 전화 통화를 한 사실' 등 본인이 직접 체험했다고 주장한 내용이 모두 허위임을 자백했다. 또 윤 씨는 기자회견문 가운데서 자신이 북한 공작원으로 규정한 허동웅으로부터 들었다는 내용도 전반적으로 과장되고 왜곡되었다는 점을 시인했다. 결국 윤 씨는 김대중 후보에게 불리한 허위사실 및 비방을 목적으로 기자회견을 해 선거법을 위반한 혐의로 2월 15일 구속되었다.

김오수 검사는 윤홍준을 수사하면서 허동웅 등 특정인들의 출입국 상황처럼 일반인이 쉽게 파악할 수 없는 내용들이 기자회견문에 정확히 적시되어 있는 점을 수상하게 생각했다. 김 검사는 윤홍준의 핸드폰 통화내역을 확인한 결과, '안기부 이 과장(가명 이우석)'의 지시로 기자회견을 개최한 사실을 확인했다. 또 이 과장의 본명이 '이재일'임을 밝혀내고, 출입국사실 조회를 통해 이재일이 윤홍준이 베이징에서 기자회견을 개최하기 이틀 전인 12월 9일 베이징으로 출국해, 회견이 개최된 다음 날인 12월 12일 입국한 사실을 확인했다.

윤홍준은 애국심과 충정으로 한 단독 범행이라고 주장했다. 그러나 통화내역과 출입국사실 조회를 근거로 배후를 대라는 추궁이 계속되자, 윤홍준은 마침내 "1997년 10월부터 11월 말경까지 베이징에서 이재일의 상급자인 김 전무,

주 상무와 함께 허동웅에 대한 자료를 수집했다"고 털어 놓았다. 검찰은 이를 토대로 주 상무의 본명이 '주만종'으로 1997년 11월 하순 베이징에 출입국한 사실을 확인했다.

문제는 지금부터였다. 안기부 직원은 현행범이 아닌 한 신병을 확보하려면 안기부장에게 사전 통보해 동의를 받아야 했기 때문이다. 다행스러운 사실은 안기부장이 교체되는 과도기였다는 점이다. 김오수는 밑져야 본전이라는 생각으로 어수선한 틈에 구속영장을 청구했는데, 뜻밖에도 이종찬 신임 부장은 관할권을 행사하지 않았다. 설마했던 검찰은 3월 6일 이재일 담당관을 구속한 데 이어, 3월 8일 주만종 팀장을 구속했다.

정보기관은 그동안 범법 활동을 해도 윗선의 지시에 따른 것이면 조직의 보호를 받았다. 하지만, 이제는 조직이 더는 자신들을 보호해주지 않을 것임을 알게 되자, 두 사람은 이대성 203실(해외조사실) 실장과 송봉선 단장, 김은상 처장의 지시로 기자회견이 추진되었다고 털어놓았다. 이에 따라 검찰은 3월 11일 세 간부를 추가로 구속해 수사하는 과정에서 권영해 부장이 1997년 12월 7일 이대성 실장에게 '아말렉'이라는 공작 명칭과 함께 공작금 5만 달러를 지급하면서 윤홍준 기자회견을 추진하도록 지시한 사실을 밝혀냈다.

권 부장은 서울지검 11층 특별조사실에서 3월 20일 오후부터 다음날 새벽까지 13시간 동안 조사를 받았다. 서울지검 남부지청 신상규(申相圭) 부장검사 등 검사 3명이 번갈아 조사한 끝에 마침내 3월 21일 새벽, 권 부장으로부터 구약성서의 '출애굽기'(出埃及記)'에서 따온 '아말렉'으로 이름 붙인 윤홍준 기자회견을 지시하고, 기자회견 대가 등으로 25만 달러를 교부했다는 진술을 확보했다.

아말렉(Amalek) 공작은 권영해 장로의 '성전(聖戰)'
아말렉(Amalek)은 구약의 출애굽기(出埃及記) 17장 8절에 나오는 '사막의 골짜기에 사는 족속'을 뜻하는 아말렉족을 지칭했다. 아말렉족은 이집트를 탈출해 '젖과 꿀이 흐르는 약속의 땅'인 가나안으로 가는 히브리족을 공격했다가, 모세(Moses)가 훗날 후계자로 지명할 정도로 총애했던 여호수아(Joshua)에게 크게 패했다.

자연인 권영해는 교회 장로였다. 권영해에게 아말렉은 무찔러야 할 적의 상징이었고, 아말렉 공작은 하나의 '성전(聖戰)'이었던 셈이다. 신상규 부장검사는 권영해 부장과 새벽까지 설전(舌戰)을 벌였다.

"윤홍준 기자회견을 '아말렉 작전'이라고 이름 붙인 이유는 뭡니까?"

"구약성서에 모세가 여호수아를 내세워 아말렉족을 물리친 이야기가 나옵니다. 제가 부하들을 시켜 좌익세력을 물리치려 한 상황과 유사하지 않습니까?"

자신은 '모세'이고, 이대성 실장 등 부하들은 '여호수아'이며, 친북 – 좌익세력은 '아말렉'이라는 비유였다. 그러자 신상규 검사는 이렇게 되물었다.

"당신이 모세라면, 여호수아는 여당 후보이고, 아말렉은 김대중 후보가 아닙니까?"

권영해 부장은 아무 말도 하지 않았다. 신상규 검사가 윤홍준 기자회견을 기획한 동기를 묻자, 그는 이렇게 답했다.

"모든 정치권이 북한에 줄을 대면서 정치적으로 이용하려고 해, 대북 연계 활동과 좌익세력에 경종을 울리려고 했습니다."

신상규 검사가 다시 받아치며 설전이 이어졌다.

"대통령 선거전 와중에 특정 후보(김대중 후보)를 비방하는 허위 기자회견이 좌익세력과의 전쟁입니까? 당신은 결국 구여권을 여호수아로 내세워 DJ를 아말렉으로 삼고 싸운 것 아닙니까?"

"말을 함부로 하지 마시오."

"여야가 모두 정략적으로 북한을 이용하려고 했다면 일찌감치 문제를 삼거나 했어야지, 왜 뒤늦게 대선 막판이 되어서 국민회의 한쪽만 문제 삼았습니까?"

"……"

아말렉 공작이 낙선 운동이었다는 논리로 정황과 증거를 제시하자, 권영해는 말문을 닫았다. 권영해 부장은 윤홍준 기자회견의 대가로 20만 달러를 지급한 사실은 검찰이 모를 것으로 예상하고, 자신의 신념에 따른 성전(聖戰)의 논리를 고수했다. 하지만 검찰이 20만 달러를 제공한 증거를 제시하자 권 부장은 백기를 들었다.

밤샘 조사는 이튿날 오전 4시에 일단 끝났다. 권영해는 조서에 대한 확인과 몇 군데 수정작업을 거쳐, 마지막으로 서명 날인만 남겨둔 상태에서 4시 40분쯤 화장실에 갔다. 그리고 5분 뒤에 요란한 파열음과 함께 피 냄새가 화장실 밖으로 퍼져 나왔다. 권 부장이 커터 칼날로 배를 긋는 자해를 했던 것이다. 요란한 파열음은 그가 자해를 한 뒤에 변기를 깨서 난 소리였다. 자해에 사용한 커터 칼은 그의 성경책 속에 있던 거였다. 자해 소동으로 병원에 입원하는 바람에 권영해에 대한 구속은 4월 2일로 지연되었다.

권영해는 안기부법 및 선거법 위반 혐의로 5년형을 선고받고 대법원에서 확정되었다. 권영해는 이후 자신이 부장 시절에 후원했던 보수우익단체인 '대한민국 건국회'의 회장이 되어 반(反)김대중 - 노무현 운동을 계속했다. 그리고 박근혜 대통령이 국회에서 탄핵 소추되자, 이른바 '탄기국(대통령 탄핵 기각을 위한 국민총궐기 운동본부)'의 공동대표를 맡아 '태극기집회'를 선도하고, 헌법재판소 앞에서 '탄핵 기각 및 각하'를 위한 '구국 금식 기도'를 했다.

김오수 검사는 국민회의가 고발한 윤홍준의 선거법 위반 혐의를 검토해 출입국 시 통보자로 올려놓은 덕분에 윤 씨를 검거할 수 있었다. 또 그로 인해 아말렉 공작은 물론, 오익제 편지 공작과 이석현 남조선 명함 사건 등 일련의 북풍 및 정치공작 사건을 수사해 권영해 부장과 박일용 차장, 그리고 임광수(101실) · 임경묵(102실) · 고성진(103실) · 이대성(203실) 실장 등을 구속하는 성과를 거두었다. 그러나 북풍 사건 수사의 첫 단추를 끼운 김오수 검사의 마음은 결코 편치 않았다.

김오수 검사는 1998년 4월 이대성 파일 유출 사건의 참고인으로 김당 기자를 조사한 뒤에, 커피를 마시면서 자신의 심경을 이렇게 '고백'했다.

"흑금성 사건을 취재한 시사저널 기사를 보니 김 기자는 참 대단하십니다. 제가 운 좋게 윤홍준을 구속하고, 사건 관련자들이 공작의 상부선을 술술 자백하는 바람에 수사가 잘 되어 안기부장까지 구속은 했지만, 실은 수사 초기 내내 안기부에 끌려가 고문받는 꿈을 꾸곤 했습니다."

김오수 검사가 말한 '시사저널 기사'는 김당 기자가 흑금성 공작원 박채서 씨 단독 인터뷰와 함께 보도한 '흑금성과 신뢰 관계 16개월 취재 일기' 기사를 지칭한 것이었다. 김당 기자는 '이대성 파일'의 유출로 박채서 씨의 공작원 신원이 공개된 뒤로 북한에 포섭된 '이중스파이'니 '삼중스파이'니 하는 억측 보도가 잇따르자, "목숨 걸고 북풍 막은 박채서의 '특수공작' 비화"라는 제목의 커버스토리 기사를 시사저널(1998년 3월 25일 발매호)에 보도했다.

김오수 검사의 고백에 따르면, 안기부 수뇌부와 직원들을 10명이나 구속해 놓고선, 공안 검사조차도 안기부에 끌려가 고문받는 악몽을 꾸며 식은땀을 흘렸다는 것이다. 안기부가 국정원으로 개편된 이후에는 검찰이 국정원 청사를 압수수색 하는 사태도 심심치 않게 벌어졌지만, 당시만 해도 안기부는 '나는 새도 떨어뜨린다'라고 할 만큼 위세가 등등했다. 김오수 검사는 이후 대검 검찰연구관, 서울중앙지검 특수1부장, 대검 과학수사부장, 서울 북부지검장을 거쳐 문재인 정부 출범 후 첫 검찰 인사에서 법무연수원장과 법무부 차관으로 기용되었다.

제8장
추락하는 공작의
부러진 날개

이스라엘 비밀정보부(Israeli Secret

Intelligence Service, Mossad)

...

지략이 없으면 백성이 망하여도, 모사(謀士)가 많으면

평안을 누리리라

Where no counsel is, the people fall, but in the multitude of

counselors there is safety

34 _ '정치화된 정보'가 빚은 참사

허동웅은 북한 공작원인가?

윤홍준 기자회견 내용은 기자회견자 본인과 배후 조종자인 안기부 이재일 담당관 등 관련자들이 허위 조작했다고 자백함에 따라 허위사실로 판명되었다.

우선, 윤홍준은 DJ와의 직접 전화 통화 사실 등 '직접 체험했다고 주장하는 사실'은 모두 허위사실이라고 자백했다. 또 '허동웅으로부터 전문하였다고 주장'한 사실은, 허동웅의 진술이 전반적으로 허황한 점을 알고 있었고, 일부 사실은 기자회견문 작성과정에서 사실을 왜곡했다고 진술해 허위사실임을 인식했다고 인정했다.

이재일 담당관 등 안기부 직원들은 기자회견문에 허위 내용을 추가로 삽입했다고 자백했다. 이재일이 작성한 초안을 이대성 실장, 송봉선 단장, 김은상 처장이 검토하는 과정에서 윤홍준의 첩보에 없는 내용을 임의로 수정 가필하였던 바, 그 주요 내용은 다음과 같았다.

△'아태재단은 북한자금으로 설립되었다' △1996. 8. 15 DJ는 일산 자택을 방문한 만백오, 허동웅 일행에게 조찬을 제공하면서 허동웅에 대하여 그간의 '비밀사업'에 대한 노고를 치하하였다 △'김정일의 비자금 제공에 대한 DJ 측의 보답에 대하여

조선반도를 통일하려면 하나의 통일론이 있어야 한다며 DJ가 고려연방제를 지지해 주는 것임을 밝혔다' △중국 조선족 엄국진이 '그동안에도 전직 중소기업중앙회 회장이었던 박상규 현 국민회의 부총재와 현재 회장인 박상희의 도움을 받아 상당수 북한인을 한국 국적으로 속여 서울로 보냈다'

피고인들 스스로도 안기부 203실 및 대공수사국에서 허동웅이 북한과 연계된 공작원인지 등 윤홍준이 제공한 첩보의 진위 여부를 밝히려 했으나 증거를 찾지 못하였다고 진술했다. 또한, 1997년 2월 안기부의 자체 조사결과, 허동웅의 북한 연계 혐의는 드러나지 않았다. 이어 1997. 9~11. 27 김은상 처장, 주만종 팀장 등이 북경에 장기간 출장하여 윤홍준 등과 함께 허동웅, 조만진의 대북연계 의혹에 대하여 진위를 확인하고자 하였으나 그에 관한 자료를 발견하지 못했다.

그밖에도 허동웅이 북한 공작원이라는 증거는 없었다. 윤홍준이 허동웅과의 대화 내용을 녹음한 것이라며 변호인을 통해 제출한 녹취록을 살펴보더라도, 술자리에서의 신변 잡담에 불과할 뿐, 허동웅이 북한과 연계된 공작원이라고 의심할 만한 내용이 없었다. 기자회견문에 포함된 사진도 허동웅, 만백오 등의 기념사진에 불과했다. 또한, 베이징에서 동원식당을 경영하는 김도경과 한국에 입국한 허동웅 등 관련자들을 수사한 결과, 윤홍준이 스스로 체험했다는 기자회견 내용은 모두 허위임이 판명되었다. 허동웅은 포섭 목적이 아니라, 동원식당 경리직원과 흑룡강성초등학교 동창이어서 가깝게 어울렸을 뿐이었다.

북한 문제에 관심이 많은 김당 기자는 서로 잘 아는 홍순도 문화일보 베이징 특파원의 소개로 허동웅을 만나게 되었다. 김당은 베이징에 가서 홍순도 기자와 술자리를 가질 때면 연배가 비슷한 허 씨와 여러 번 어울렸고, 허 씨가 한국에 왔을 때 만난 적도 있었다.

옌벤대학 졸업 후 〈흑룡강신문사〉 기자였던 허동웅 씨는 당시 남북한을 상대로 여행업과 의류 임가공 사업을 하고 있었다. 기자 출신인 허 씨는 남북한을 상대로 사업을 하다 보니, 사무실에서 조선일보, 한겨레, 시사저널, 월간조선, 월간북한, 한국논단 등 한국 신문과 주−월간지를 여러 개 정기구독하고 있었다. 김당이 허동웅과 가까워진 배경도 허 씨가 오랫동안 시사저널에 쓴 김당의 기사를 정독해 그를 지면으로 잘 알고 있었기 때문이다.

윤홍준은 허씨가 다소 과도하리만큼 많은 정기 간행물을 구독하는 것 자체에 의심을 품었다. 공개정보를 수집·분석해 남한 정세를 파악하는 것으로 의심한 것이다. 나중에 공개된 '이대성 파일'에도 "리철이 '허동웅은 보위부 망원'이라고 말했다(흑금성 첩보)"고 돼 있고, 박채서도 김당 기자에게 "허동웅은 북한과 연계 의혹이 있다"고 말한 적이 있다. 박채서는 검찰 조사에서 "허동웅이 보위부의 협조자라고 보고했을 뿐, 국민회의와 연계되어 있다는 내용은 보고한 바 없다"고 진술했다.

허동웅 씨가 정기구독하는 한국 매체들은 대부분 남북관계와 북한 문제를 심도 있게 다루는 매체였다. 즉, 북한 관련 정보를 얻으려면 북한의 천편일률적인 선전 매체를 봐서는 알 수 없고, 남한의 매체를 읽어야 한다는 것이 그의 지론이었다. 김당 기자는 허씨가 다소 다혈질이고 '뻥'이 센 면은 있지만, 공작원이나 스파이와는 거리가 먼 '의리파'라고 판단했다.

'정보의 정치화'가 초래한 예정된 실패

아말렉공작 등 일련의 북풍 공작 사건의 본질은 국가 안전 보장의 중추적 임무를 부여받은 국가안전기획부의 수장이 그 본연의 임무 수행을 뒷전으로 한 채 자신의 정치적 이해득실만을 추구해 제1야당의 대통령 후보를 음해하는 흑색선전 내용의 기자회견을 하도록 지시하고, 그 부하 직원들이 조직적으로 가담해 정치와 선거에 개입한 것이다. 국가안보를 책임진 정보기관의 수장과 그 직원들이 정치적 중립의무를 위반하고, 그 지위를 이용해 조직적으로 선거에 개입함으로써 다시 한번 정보기관의 역사에 씻을 수 없는 오점을 남긴 것이다.

국가정보원법에 규정된 국정원의 직무는 △국외 정보와 대공(對共), 대정부 전복(對政府顚覆), 방첩(防諜), 대테러 및 국제범죄조직 등 국내 보안 정보의 수집·작성 및 배포 △국가기밀에 속하는 문서·자재·시설 및 지역에 대한 보안 업무 △형법 중 내란(內亂)의 죄, 외환(外患)의 죄, 군형법 중 반란의 죄, 암호 부정 사용의 죄, 군사기밀 보호법에 규정된 죄, 국가보안법에 규정된 죄에 대한 수사 △정보 및 보안 업무의 기획·조정 등이다.

국가안전보장이라는 중추적 기능을 수행하기 위해 국가정보기관은 6천여 명의 인력과 1조 원이 넘는 막대한 예산을 사용한다. 한편으로, 국가안전 보장을 다루는 신성한 직무이기에 정치 활동에 관여하는 일체의 행위를 금지하는 특별규정을 관련 법에 두고 있다. 국정원 직원은 정당이나 정치단체에 가입하거나 정치 활동에 관여하는 행위를 해서는 안 되고, 이를 어길 경우 '정치 관여죄'로 7년 이하의 징역과 7년 이하의 자격정지에 처하도록 되어 있다. 그럼에도 권영해 부장과 부하 직원들은 특정 후보를 낙선시킬 목적으로 허위사실로 비방하는 기자회견을 추진해 선거에 개입하고, 그 과정에서 막대한 국가예산을 낭비했다.

이는 중대한 헌법 위반이기도 하다. 대한민국 헌법은 선거의 공정성과 공무원의 정치적 중립을 선언하고 있고, 공직선거 및 선거부정방지법은 공무원의 선거관여 행위를 비롯한 흑색선전, 금권선거 등 각종 불법선거운동 행위를 금지하고 있다. 그럼에도 권영해 부장과 부하 직원들은 흑색선전의 방법으로 자유민주주의 체제의 근간인 선거의 공정성을 침해하고 헌법 질서를 문란케 하였다.

또한 '고인돌 공작' 첩보 및 체증활동 결과를 토대로 추진했다는 '아말렉공작'의 일환인 윤홍준 기자회견문은 수준 낮은 흑색선전이라는 점에서 치욕스런 안기부 역사의 한 페이지를 장식했다. 아말렉공작은 일반 국민의 대북 경각

심에 편승해 'A'라는 객관적 사실을 토대로 이를 악의적으로 왜곡한 허위 내용인 'B'를 추가함으로써 제삼자로 하여금 A라는 사실은 물론, B라는 허위사실까지 진실인 것처럼 오인하도록 유도하면서 A라는 객관적 사실에 부합하는 자료를 근거로 제시하는 전형적인 흑색선전을 사용했다. 문제는 'B'라는 허위사실의 조작이 최고의 국가 정보기관이 했다고 하기에는 너무 유치하고 허술했다는 점이다.

안기부가 사주한 기자회견 내용은 객관적 판단에 훈련된 기자들은 물론, 보편적 상식을 가진 일반 국민이 보기에도 조작의 냄새가 물씬 풍기는 것이었다. 그런데도 앞에서 살펴본 것처럼, 선거 이후에 "기자회견을 했음에도 기자들이 먹지 않았다(이대성 실장)"거나 "언론이 국민회의 측에 경사되어 있었기 때문(권영해 부장)"이라고 자위한 대화를 보면, 정보기관 수장과 간부로서의 자질을 의심할 수밖에 없는 대목이다.

고인돌 공작과 상황사업의 관건은 협조자 윤홍준이 제보한 것처럼 과연 허동웅이 북한 공작원이냐는 것이다. 그런데 허동웅이 북한 공작원이라는 증거는 안기부 대공수사실(103실)의 정식 내사와 해외조사실(203실)의 4회의 현장 채증 활동을 통해서 이미 내사종결(중지)과 채증 실패로 결론이 났다. 윤홍준이 허동웅과의 대화 내용을 녹음한 것이라며 제출한 녹취록도 술자리에서의 신변 잡담에 불과했다. 허동웅이 만백오 일행과 김대중 총재의 일산 자택에서 찍은 기념사진은 말 그대로 기념사진일 뿐이지 '핵심에 접근'한 공작원(협조자)의 채증자료와는 거리가 멀었다.

'황장엽의 수양딸'이자 안기부가 협조자로 포섭한 재중교포 박명애 씨도 "허동웅의 요청으로 북한에서 상황버섯을 가져와 조만진 국장에게 전달했다"는 윤홍준의 허위 첩보에 의해 '허동웅과 같은 부류의 북한 공작원(권영해의 법정 진술)'으로 규정되었다. 공작관은 협조자와 '불가근불가원'의 관계를 유지해야 하는데, 협조자 윤홍준의 말 한마디에 따라 북한 공작원이 되기도 하고, 안 되기도 하는 어처구니없는 상황이 전개된 것이다.

그런데도 첩보를 검증하고 협조자를 조종·통제해야 할 공작관과 그 상사들은 '결재용 보고서'를 제대로 검토하지도 않고, 부장이 관리하는 특수공작 예비비를 사용해 막대한 국가예산을 낭비했다. 그런 점에서 허동웅이 북한 간첩임을 전제한 비인가공작을 2년 동안이나 '여건 조성' 단계로 유지하고, 권영해 부장이 법정에서 끝까지 '허동웅은 북한 간첩'이라고 주장한 것은 야당 후보를 낙선시키기 위한 비방 기자회견을 사주한 공작의 최종 목표이자 이 사건의 본질을 희석시키기 위한 공작적 산물일 가능성이 크다.

결과적으로 고인돌사업과 상황사업, 그리고 아말렉공작은 '정보의 정치화' 또는 '정치화된 정보'가 초래한 정보활동의 예정된 실패이자 참사였다.

'이대성 파일'은 다른 A급공작까지 망친 '물귀신'

될성부른 나무는 떡잎부터 알아본다는 말이 있지만, 아말렉 공작은 여건 조성 단계에서부터 실패할 수밖에 없는 운명을 타고난 C급 공작이었다. 문제는 이 C급 공작은 혼자만 망한 것이 아니라 다른 A급 공작까지 망쳤다는 데 있다. 덜레스 전 CIA 국장이 말한 것처럼 '첩보 활동의 핵심이 접근'이라면, 아말렉 공작의 배다른 형제 기형아로 태어난 '이대성 파일'은 김정일이라는 권력 핵심까지 접근한 A급 국가공작까지 망친 '물귀신'이었다.

신임 이종찬 부장의 취임을 전후해 이재일 담당관과 주만종 팀장이 검찰에 구속되고, 3월 8일 김은상 처장과 송봉선 단장이 감찰조사를 받게 되자, 이대성 실장은 대선 이후 203실의 공작 문건을 짜깁기한 '이대성 파일(174쪽 분량)'을 3월 8일 밤에 정대철 부총재에게 건넸다. 또 이튿날인 3월 9일에는 이임하는 이병기 2차장에게 '이대성 파일'을 포함해 윤홍준 기자회견 관련 공작보고서 121건 등 400여 쪽에 달하는 비밀문건을 교부했다. 그리고 그로부터 10일 뒤인 3월 18일 한겨레 신문에 안기부 북풍 공작 문건이 대서특필 되었다.

이대성 파일은 크게 세 가지 자료로 구분할 수 있다.

자료 I (총 77쪽)

'대선 전후 북한의 대남공작기도와 전망' 제하의 종합보고서(10쪽)와 이를 뒷받침하는 28건의 공작보고서 사본(97. 1. 24~98. 2. 7 작성)인데, 주로 15대 대선을 전후한 북한 대남공작기관의 대선 관련 공작 활동 상황 및 국내 정치권의 대북접촉 추진 내용 등이 기재되어 있었다. 종합보고서는 1998년 1월 20일경 이대성 203실장이 송봉선 단장에게 신임 부장 취임에 대비해 '흑금성 공작'을 비롯한 각 공작보고서 중 정치권 관련 보고서를 취합해 15대 대선과 관련한 북한의 대남공작 동향을 종합하라고 지시해 작성된 것으로 이대성은 권영해 부장에게 보고한 뒤에 종합보고서의 보고 일자를 "98. 3"으로 변경했다.

자료 II (총 29쪽)

'공작원의 정동영 의원 접촉상황 및 관련 첩보' 제목의 보고서 등 10건의 문건(97. 8. 18~12. 31 작성)으로 구성되었다. 이 '관련 첩보'는 대선 전(97. 8~97. 12)에 흑금성 공작원과 국민회의 정동영, 천용택 의원의 접촉 내용을 정리한 국민회의 관련 보고서를 이대성 실장이 보고할 때마다 모은 것이다. 이 가운데서 정동영 - 천용택 의원 관련 5건의 보고서는 공작철에 보존되어 있지 않고, 작성부서의 기재도 없으며, 배포선이 부장에 한정된 특이점이 있었다.

자료 III (총 68쪽)

'국민회의 측의 대북 접촉 관련 첩보 및 입수 경위'라는 제목의 종합보고서(7쪽)와 이를 뒷받침하는 16건의 공작보고서 사본(96. 7. 29~97. 12. 29 작성)으로 구성되었다. '입수 경위'는 1998년 2월 중순경 윤홍준이 구속된 후, 이대성이 윤홍준 기자회견 사건에 안기부가 관련된 사실을 은폐할 목적으로 작성한 3건의 허위보고서와 국민회의 조만진 국장 등을 접촉하는 과정에서 윤홍준이 제보한 이른바 '상황사업' 등 관련 첩보보고서를 종합한 것이었다.

이 가운데서 '상황사업 관련 협조자의 기자회견 경위 확인결과(복명)(97. 12. 13자)', '상황사업 관련 협조자 통화결과(추보)(97. 12. 15자), '고인돌 협조자 서신 접수결과(97. 12. 29자)' 등 3건의 보고서는 기자회견에 안기부가 개입한 사실을 은폐할 목적으로 윤홍준으로 하여금 독자적인 판단에 의해 기자회견을 한 것처럼 편지를 작성하게 하는 한편, 이를 토대로 날짜를 소급해 작성한 허위보고서였다.

이처럼 이대성 파일은 대부분이 공작원이나 협조자의 보고 내용을 검증 없이 정리한 단순 첩보(이른바 debriefing)나, 공작 성과를 과시하고 정치적 의도에 따라 사실을 과장 또는 조작한 허위 내용도 상당 부분 포함되어 있어 신뢰성에 의심이 가는 문건이었다. 또한, 전체적으로 김대중 후보와 국민회의측의 대북 연계 의혹을 증폭시켜 곤경에 몰아 넣으려는 음해 목적으로 만들어진 문건이라는 성격을 띠고 있었다.

예를 들어, 대선 기간에 한나라당, 국민회의, 국민신당 등 3당 모두 북한의 지원을 받기 위해 대북접촉을 한 것처럼 부각시키는 한편, 김대중 후보 및 국민회의가 오래전부터 북한과 밀사를 주고받으면서 자금을 수수하고, 연방제 통일방안에 합의하는 등 북한과 긴밀히 연계되어 있음을 강조하는 형식으로 편집되어 있었다.

성공적인 공작은 99%의 팩트와 1%의 결정적 거짓의 조합

이대성 파일에는 공작원이 공작 성과를 과시하기 위해 날조된 내용을 제보했는데 공작관이 검증절차 없이 상부에 보고한 내용도 있었다. 예를 들어 윤홍준은 △아태재단은 북한자금으로 설립되었고, 북한 아태평화위원회와 상호 접촉하는 통일론 일원화 창구다 △DJ는 71년 대선부터 북한으로부터 선거자금을 받아왔으며, 금번 대선에도 김정일이 선거자금을 제공할 예정이다 △김정일의 비자금 제공에 대한 보답은 고려연방제를 지지하는 것이다 등 신빙성 없는 첩보 보고를 했지만, 공작관은 사실 여부를 검증하지 않았다. 윤홍준은 나중에 검찰 조사에서 일시, 장소, 관련 인물 등 제보 내용 전체가 허위 조작된 것이라고 실토했다.

또한, 공작원이 장소, 시기 등 객관적인 정황을 바탕으로 의혹을 조작해 보고하고, 공작관은 이를 사실인 양 문서화해 상부에 보고한 내용도 있었다. 예를 들어 "1996. 8. 15 만백오·허동웅 일행이 김대중 총재 일산 자택을 방문, 허동웅이 북한에서 받아온 메시지를 전달하였다"는 첩보에서 이들의 방문은 사실이지만 북한 메시지 전달은 거짓이었다. 또 "1996. 9. 16 조만진이 북경 소재 경락원 가라오케에서 허동웅 등과 음주 시 '김일성 장군의 노래'를 신청해 합창했다"는 첩보에서 가라오케에 간 것은 사실이지만, 부른 노래는 다른 노래였다. 윤홍준은 허동웅·조만진과의 대질신문에서 자신이 과장 또는 조작 보고한 사실을 시인했다.

공작관이 공작원 보고가 신뢰성이 없음을 인식하고도 국민회의 압박 등을 위해 신뢰성 있는 정보인 양 문서화해 상부에 보고한 내용도 있었다. 예를 들어 이강복 전문공작관은 "1997. 5 입북 시 북한에서 '정동영 의원을 접촉, 국민회의 연결고리를 가지라'고 지령했다"는 흑금성의 디브리핑이 신빙성이 없다고 판단하고도, 이대성 203실장의 지시에 따라 흑금성 제보 내용을 보고서로 작성해 보고했다. 흑금성 공작원은 안기부-검찰 조사에서 "정동영 의원을 접촉할 구실을 만들기 위해 허위 보고한 것"이라고 해명했다.

신빙성 없는 첩보임에도 정치적 이용 가능성을 염두에 두고 그 내용을 구체화시키는 식으로 안기부에서 각색한 내용도 있었다. 예를 들어 "1997. 11 DJ 측근 최봉구가 2회 방중, 북경에서 전금철을 만나 '북풍을 일으키지 않는다면 집권 시 연방제 통일방안을 받아들이고 원조를 제공하겠다'는 DJ 메시지를 전달했다"는 흑금성의 첩보 보고에서 최봉구가 전금철을 만난 것은 사실이지만, 연방제 통일 운운한 것은 각색한 거였다. 검찰 조사에 따르면, 흑금성 공작원은 'DJ의 측근 인사'라고 보고했을 뿐이고, 송봉선 단장이 '최봉구'로 단정해 작성한 사실을 시인했다.

가장 성공적인, 상대에게는 가장 치명적인 기만 공작은 99%의 팩트에 1%의 결정적 거짓을 숨겨, 거짓을 사실인 것처럼 믿게 하는 것이다. 허위 보고서와 디브리핑이 섞여 있는 '이대성 파일'이 팩트 체크라는 검증이나 안전장치가 없이 날 것 그대로 한겨레에 공개되자, 적(북한)과의 내통이라는 인화성 소재에 불이 붙은 가운데 정치권은 걷잡을 수 없는 소용돌이 속으로 빠져들어갔다. 즉, 이대성 파일이 공개됨으로써 15대 대선과 관련해 당시 여권에서는 이른바 북풍을 불러일으키기 위하여, 야권에서는 북풍을 차단하기 위하여 북한 측 인사들을 접촉하였다는 의혹이 제기된 것이다.

검찰은 4월 1일 서울지검 공안1부 검사 5명으로 '북풍 사건 수사 기획단'을 편성해 본격적으로 수사에 착수했다. 검찰은 이번 사건이 정보기관의 비밀공작과 관련되거나, 신분의 공개가 제한되어 있는 안기부 직원들이 관련된 사건이라는 점을 고려해, 안기부가 1차 수사를 하고 검찰에서 안기부 수사 내용을 넘겨받아 수사하는 공조체제를 구축해 수사를 전개했다. 이렇게 해서 안기부와 검찰에서는 2개월여에 걸쳐 안기부 전·현직 직원, 대북공작원, 의혹 대상 정치인, 관련 참고인 등 150여 명을 수사했다.

35 _ '최초 공개 안기부 조직표'와 안기부 개혁

"'병든 권부', 도려낼 곳과 살릴 곳"

비밀공작(covert action)의 범위와 단계는 통상 △선전(propaganda) △정치공작(political activity) △경제공작(economic activity) △쿠데타(coup d'Etat) △준군사작전(paramilitary operations)으로 분류된다. 비밀공작은 말 그대로 비밀리에 수행하는 활동이란 점에서 사건에 개입한 주체를 감춰야 한다. 그럴 때 통용되는 유용한 수단이 바로 '그럴듯한 부인(plausible denial)' [58]이다.

선전은 특별한 정치적 목적을 위해 만든 정보를 유포해 대중을 조종하려는 조직적인 기술이다. 정치공작은 대상 국가의 정치과정에 더 직접적으로 개입하는 정보활동을 지칭한다. 경제공작은 대상 국가의 경제 불안을 조장함으로써 정치 불안으로 이어지게 하는 정보활동이다. 쿠데타는 직접적으로 또는 대리인을 통해 정부를 전복시키는 공작이다. 준군사작전은 적에게 직접적인 타격을 가할 목적으로 대규모 무장단체에게 군사 장비를 지원하거나 훈련시키는 활동을 의미한다.

이와 같은 비밀공작의 단계는 옆(그림1)에서 보듯, 비밀공작의 규모와 폭력성,

주58 _ CIA 비밀공작의 철칙으로 최상급자는 몰랐다고 연관성을 부인하면서 실무자에게 책임을 돌림으로써 국가나 조직의 책임을 모면하는, 조직 보호의 원칙을 지칭한다.

그리고 위험성의 정도가 높을수록 '그럴듯한 부인'이 성공할 가능성은 낮아진다.

특수공작원들은 적지에서 신분이 탄로 나는 즉시 본국과의 생명줄이 끊긴다. 흑금성 공작원 또한 다른 특수공작원들처럼 그런 경우를 대비해 '준비된 사생활'을 유지했다. 그는 정보사 공작관에서 안기부 공작원으로 특채되는 과정에서 일부러 주소지를 자주 옮기고, 고의로 은행과의 거래 계좌나 신원조회 명부에 '붉은 줄'을 만들어 놓기도 했다. 만에 하나 신분이 노출될 경우, 그는 자동으로 본부와의 끈이 끊어지고 예정대로 사기 전과나 은행 빚이 있는 자진 월북자가 될 수도 있었다. 첩보세계의 불문율인 이른바 '그럴듯한 부인'이다.

그런 그와 가족에게 이중간첩은 너무 가혹한 호칭이다. 그러나 이중스파이가 신분이 드러나지 않고 목숨을 유지하려면 철저히 적을 속이거나 위장 포섭당해야 한다. 심지어 완벽한 공작보안이 이뤄지려면 이중공작원이 자신도 모르는 채 기만의 수단이 되어야 한다는 '수단의 비인지성 원칙(The Rule of Unwitting Tools)'까지 적용하는 곳이 비정한 첩보의 세계다. 그런 점에서 이중간첩이라는 표현은 역설적으로 그에게 최고의 영예일 수도 있다. 그것은 그가 최고 공작원이었음을 입증하기 때문이다. 그것이 첩보원의 세계다.

검찰과 안기부는 국가의 공공안보와 질서를 유지하는 핵심 중추 기관이다. 특히 검찰 공안부와 안기부 수사국은 조직원들끼리 끈끈한 협조 관계를 유지하

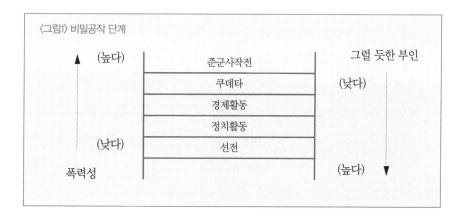

〈그림1〉 비밀공작 단계

		그럴 듯한 부인
(높다)	준군사작전	
	쿠데타	(낮다)
	경제활동	
	정치활동	
(낮다)	선전	
폭력성		(높다)

는 '같은 편'이었다. 그런데 처음으로 검찰이 안기부를 상대로 칼을 대야 했다.

김오수 검사가 이야기한 것처럼, 검찰이 처음으로 안기부에 칼을 대는 데는 김당 기자가 공개한 '안기부 조직표'가 도움이 되었다. 안기부 정보관리실에 있어야 할 '해외공작 정보보고'처럼, 안기부 조직표도 Ⅱ급 비밀이다. 수술칼을 쥔 검찰로서는 안기부의 장기(臟器)를 들여다볼 헤드랜턴을 얻은 셈이었다.

김당은 김대중 대통령 취임을 앞두고 안기부 개편 논의가 한창인 1998년 2월 시사저널 제435호(1998년 2월 18일 발매호)에 "최초 공개 '안기부 조직표'. 안기부 개혁 조감도"라는 제목의 커버스토리 기사를 보도했다. "'병든 권부', 도려낼 곳과 살릴 곳"이란 이 기사의 제목이 암시하듯, 김당은 안기부의 '5대 사조직' 인맥과 북풍공작에 개입한 간부 40여 명을 적시하면서 안기부 조직과 예산 규모를 중앙정보부 창립 이후 최초로 공개했다. 최초 공개인지라 그 결과는 예측 불허였다. 커버스토리의 리드 기사는 비장할 수밖에 없었다.

리드 기사의 전문(全文)은 다음과 같았다.

"시사저널은 한국 언론 사상 처음으로 국가안전기획부의 조직을 공개한다. 안기부 조직은 전신인 중앙정보부 창설 이후 지금까지 한 번도 외부에 노출된 적이 없다. 안기부를 통제하는 국회 정보위원회는 물론, 대통령직인수위원회의 통일·외교·안보 분과위원들에게도 공개되지 않았다. 오로지 '직속 상관'인 대통령과 대통령 당선인 그리고 차기 안기부장에게만 조직과 예산을 공개할 수 있다는 것이 안기부의 일관된 '정보 차단 원칙'이다.

그러나 영원한 비밀은 없는 법이다. 시사저널이 이번에 밝히는 안기부 조직표는 담당 기자가 안기부를 3년간 취재하면서 만난 안기부 요원 수십 명으로부터 취합한 정보를 토대로 그린 것이다. 어떤 면에서 이 같은 '숨은 그림찾기'는 무의미한 것일 수도 있다. 다른 선진국 정보기관들처럼 안기부 또한 조직개편 및 명칭 변경을 통해 조직 보안을 유지해 왔다. 따라서 여기에 제시한 조직표는 달라질 수도 있다. 물론 그것 또한 안기부 수뇌부만이 알 수 있다. 그러나 안기부 자체의 정보 차단 원칙상 부원들도 모르는 이 조직표가 정확하다면 안기부는 조직 명칭의 변경을 꾀할 것이다.

언론과 정보기관의 숨바꼭질, 그것은 숙명인지도 모른다. 그 숙명 앞에서 고민하지 않을 언론은 없을 것이다. 그러나 그 고민이 국민의 알 권리에 앞설 수 없다. 이 또한 언론의 숙명이다. 시사저널이 안기부 조직을 공개하는 또 다른 이유는 안기부가 새로 출범하는 '국민의 정부' 시대에 '국민에게 안기는 안기부'로서 거듭나기를 바라기 때문이다. 정권이 바뀔 때마다 안기부 또한 어김없이 개혁 대상이 되어 왔다. 10.26 사태 후 보안사가 안기부를 접수한 치욕도 겪었고 김영삼 정권에서는 이른바 문민의 이름으로 수술을 당하기도 했다. 그러나 진정한 개혁은 한 번도 없었다. 칼자루를 쥔 쪽이 늘 '같은 편'이었기 때문이다. 하필 정권 교체기인 이 시점에 안기부 조직을 해부하는 까닭이 여기에 있다.

사실 국가안전기획부는 이름 그대로 국가 안전보장을 담보하는 유일한 국가정보 기관이지만, 국가안보라는 미명 아래 정권 안보의 첨병 역할을 수행해 왔다. 그래서 50년 만의 정권교체는 1961년 중앙정보부를 창설할 때만큼이나 안기부에게 혁명적 상황이다. '정권교체가 최고의 개혁'이라는 슬로건이 현실로 다가온 것이다. 그것은 국민이 선택한 상황이다. 그러나 '문서 파기' 파문에서 볼 수 있었듯 정보기관의 속성은 비밀성을 무기로 자기 생존을 꾀하기 마련이다. 안기부 조직 공개는 그래서도 필요하다. 실상을 정확히 진단하는 것만이 진정한 개혁을 뒷받침하기 때문이다. 또 어차피 여기 제시한 안기부 조직표는 앞으로 크게 달라질 수밖에 없다. 새 정부가 이미 안기부 조직 개편안을 마련했기 때문이다."

안기부, 법원에 시사저널 판매금지 가처분 소송

실제로 안기부 조직표를 공개한 시사저널 435호가 2월 18일 발매되자마자, 안기부는 다음 날 저녁에 시사저널이 안기부의 조직표 등을 공개해 국가안보에 위해를 가했다며 시사저널사를 상대로 출판물에 의한 명예훼손 고소 및 판매금지 가처분 신청을 서울지법에 냈다.

안기부는 가처분 신청서의 신청 취지에서 '안기부의 조직 등에 관한 기사를 게재한 시사저널 제435호 17만 부(4억 2,500만 원어치)의 인쇄·제본 및 판매·배포를 해서는 안 된다'고 주장했다. 또 안기부는 신청 이유에서 "안기부 조직 등이 공개될 경우 국가 안전 보장상의 위해가 예상됨에도 불구하고, 피신청인은 국민의 알 권리를 빙자하여 흥미 위주로 안기부의 조직 등을 공개하고, 사실과 다른 내용의 기사를 게재하여 안기부의 명예를 훼손하는 등 불법 행위를 저지르고 있다"고 주장했다.

이에 서울지법 민사51부(부장판사 김능환)는 2월 23일(월), 안기부가 시사저널사를 상대로 제기한 판매금지가처분 신청에 대해 명예훼손 부분은 "이유 없다"고 기각하고, 국가기밀침해 부분은 일부 인정해 신청을 받아들였다. 법원은 판결문에서 가처분 결정을 이렇게 인용했다.

> "언론자유는 함부로 제한할 수 없지만, 안기부의 조직 및 예산·인원은 Ⅱ, Ⅲ급 비밀로 규정하고 있는 만큼 안기부의 존립 내지 정상적 기능 수행에 장애를 초래할 위험이 있다. 따라서 이 기사가 게재된 부분을 삭제·말소하지 않고는 인쇄·제본·판매·배포를 할 수 없다."

법원은 그러나 안기부 측이 청구한 '이미 발행·배포한 시사저널 제435호를 회수하여 폐기하라'는 신청 취지에 대해서는 "보도로 인해 국가기관이 피해를 입은 경우 반론 보도 등을 청구하는 것은 별개로 하고 이를 이유로 곧바로 보도의 금지 등을 청구할 수는 없다"라며 기각했다. 법원은 일반 출판물과 달리 신속한 결정이 필수인 시사주간지에 대한 가처분 신청에 대해 고심 끝에 만 4일 만에 일부 인용 결정을 내렸다. 다만, 시사주간지의 유통·판매 구조로 볼

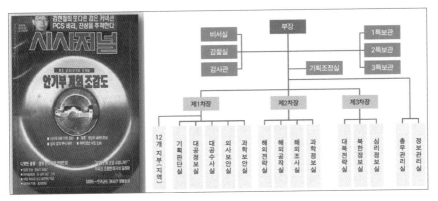

〈그림2〉 안기부에 의해 판매 금지된 〈시사저널〉 표지와 안기부 조직표
시사저널 제435호(1998년 2월 18일 발매호)의 "최초 공개 '안기부 조직표'" 커버스토리 표지와 조직도. 법원이 안기부의 판매금지 가처분신청을 받아들여 더는 판매가 금지된 희귀본이 되었다. 인터넷에서는 지금도 검색이 안된다.

때 사실상 이미 판매 '유효 기간'이 끝나 반품 처리되는 책에 대해서 '그 판매 · 배포를 해서는 안 된다'고 결정했다.

법원 결정으로 '이미 발행 · 배포한 시사저널 제435호'는 더는 판매 · 유통할 수 없는 희귀본이 되었다. 물론 지금도 이 기사는 인터넷에서 검색이 안된다. 이와 같은 맥락에서 시사저널 제435호에 실린 안기부 조직표(위 그림)는 시사하는 바가 크다. 다만, 그 이후 조직의 명칭은 수차례 바뀌었지만, 기능은 유사하기에 꼼꼼히 살펴볼 필요가 있다. 예를 들어 1차장 산하의 '과학보안실'은 국내 유무선 통신을 감청해 정보를 수집하는 부서이고, 2차장 산하의 '과학정보실'은 북한 통신을 감청하는 부서이다.

인터넷에서 검색되지 않은 커버스토리 기사의 앞부분만 인용하면 다음과 같다.

"국가안전기획부(부장 권영해)는 하나의 작은 정부이다. 직원 7천여 명이 한 해에 예산 7,000억~8,000억 원을 쓰는 거대한 조직이다. 본부에 27개 부서, 지방에 12개 지부를 두어 총 39개 부서(부서장은 1급)로 된 이 방대한 조직의 지상 과제는 대통령을 보좌하는 것이다. '안기부맨', 더러는 '기부맨'이라고도 불리는 이들은 직급과 직무에 따라 심의관·전문관·협력관·정보관·수사관·분석관·연구관이라는 다양한 이름으로 전국에서 활동하고 있다. 또 이들은 '해파' 즉 해외파견 요원이라는 이름으로 세계 각국의 주요 도시에서 치열한 첩보전을 치르고 있다. 정책 집행 기능을 제외하면 그야말로 대통령에게 봉사하는 또 다른 '작은 정부'이다.

그러나 대통령 직속 기관으로서 오로지 대통령에게만 봉사해온 이 작은 정부는 '정권 교체가 최고의 개혁'이라는 슬로건을 내걸어온 김대중 정부가 집권함으로써 구조적인 조직개편이 불가피하게 되었다. 이 같은 조직개편은 1963년 중앙정보부 창설 이후 격변기마다 겪은 통과의례 수준의 수술과는 차원을 달리하는 것이다. 암세포와 일부 조직을 떼어내고 인공 조직을 갖다 붙이는 대수술이다. 그것은 본질적으로 새 정부의 '작은 정부' 시책에 맞는 것이지만, 비대해진 이 '작은 정부'가 본연의 임무인 정보·수사·공작 업무에 충실할 수 있도록 체질을 강화하는 수술이기도 하다." – 시사저널, 1998년 2월 18일 발매호 커버스토리

김당, 이종찬과 천용택 사이의 '길목'을 지켜 특종보도

당시 안기부 기능직 – 방호원을 제외한 일반직 총원은 5천300명이었다. 김당 기자가 커버스토리 리드 기사에서 밝힌 대로, 안기부 조직표는 "안기부를 3년간 취재하면서 만난 안기부 요원 수십 명으로부터 취합한 정보를 토대로 그린 것"이었다. 그러나 취재 결과만으로 조직표를 그릴 수는 있을지언정 팩트 체크한 것은 아니었다. 즉, 취합한 정보를 모자이크해 그린 조직표가 실제 조직표와 부합하는지 확인을 거쳐야 기사화할 수 있는 것이다. 그런데 안기부가 이를 확인해 줄 리는 만무했다.

다행히 당시는 정권이 김영삼 정부에서 김대중 정부로 교체되는 과도기였다. 당시 안기부는 국회 정보위원들에게는 물론, 대통령직인수위원회의 통일·외교·안보 분과위원들에게도 조직표를 공개하지 않았다. 오로지 '직속 상

관'인 대통령과 대통령 당선인, 그리고 차기 안기부장에게만 조직과 예산을 공개할 수 있다는 것이 안기부의 일관된 '정보 차단 원칙'이었다. 다만 예외가 있었다. 대통령 당선인을 대신한 대통령직인수위원장에게 안기부의 조직과 예산, 그리고 업무 현황을 보고하는 것이었다.

당시 김대중 대통령 당선인은 국민회의 정보위 간사로서 대선 전에 안기부를 관리한 천용택 의원에게 '정권 과도기 안기부'를 관리하는 책임을 맡겼다. 그런데 인수위 시절 권영해 안기부장이 안기부법을 이유로 대통령직인수위 통일·외교·안보 분과위원들에게 안기부 조직 등 업무 현황을 보고하는 것을 거부해 김대중 당선인은 보고창구를 이종찬 인수위원장으로 일원화했다. 따라서 안기부의 조직·예산 및 업무현황 보고는 이 인수위원장을 통해서만 이뤄졌다.

이종찬 인수위원장과 천용택 의원은 육사 16기 동기생으로 가까운 사이다. 이를테면 이종찬 부총재는 원외일 때 자신의 보좌관(최상주)을 천용택 의원 보좌관으로 보냈고, 인수위원장을 맡자 최상주 보좌관을 다시 인수위원장 비서실장으로 데려왔다. 그런데 이종찬은 당시 1998년 서울시장 출마에 마음을 두고 있어, 안기부장에는 관심이 없었다. 그래서 안기부 인수업무는 곽동진 비서관을 통해 '과도기 안기부 관리자'인 천용택 의원에게 전달되었다. 김당 기자는 바로 그 '길목'에 지켜 서 있다가 안기부 조직표를 열람해 자신이 그린 조직표가 정확한지를 확인했던 것이다.

정보는 권력처럼 쏠림 현상이 있다. 김당 기자가 안기부 조직표를 공개하면서 "'병든 권부', 도려낼 곳과 살릴 곳"이라는 제목으로 꼭 집어 조직을 진단하자, 그렇지 않아도 정권 교체기에 불안감을 가진 내곡동 사람들은 김당의 취재 소스에 주목했다. 그리고 그와 가까운 천 의원이 '과도기 안기부 관리자'라는 소문이 돌자, 내곡동 사람들과 정보가 차기 안기부장이 될 가능성이 큰 천용택에게 몰렸다. 김당이 안기부를 3년간 취재하면서 알게 된 일부 부서장급 간부들은 그에게 천 의원과의 면담을 주선해 달라고 요청하기도 했다.

이런 가운데 김당 기자는 자연스럽게 천용택 의원이 1998년 2월 중순, 김대중 당선자에게 보고한 '현행 안기부의 문제점과 개선 방향' 문건을 입수해 이를 시사저널에 "대통령이 받아 본 '최종 보고 문건'(1998년 3월 11일 발매, 제438호)"이라는 제목으로 공개했다. 물론 당시에는 그 문건 작성 및 보고자를 공개하지 않았고, 김대중 정부 임기 말에서야 출처가 천용택 의원이었다는 사실을 밝혔다.

이 문건은 정보기관의 사용권자인 대통령(당선인)이 보고받은 '안기부 개편 마스터 플랜'이라는 점에서 의미가 컸다. 김당이 "새 정부가 이미 안기부 조직 개편안을 마련했기 때문에 어차피 여기 제시한 안기부 조직표는 앞으로 크게 달라질 수밖에 없다"고 했듯이, 안기부는 그 뒤에 국정원으로 개칭했다. 하지만 조직의 편제만 바뀌었을 뿐, 조직의 운영원리는 바뀌지 않았다. 그런 점에서 이 문건은 정보기관 조직의 운영원리를 파악하는 데 중요한 자료다. 이 '마스터 플랜'의 전문(全文)은 박스3(451쪽 참조)과 같다.

김당, 국정원 신입 직원 보안 교육에서 '요주의 인물'로 올라

김당 기자는 안기부 조직표와 개혁 마스터 플랜 공개를 계기로 '안기부에서 김당 모르면 간첩'이라는 우스갯소리를 듣게 되었다. 실제로 김당은 안기부가 국정원으로 개편된 뒤에 국정원 간부로부터 '국정원에서 김당 모르면 간첩'이라는 이야기를 들은 적이 있다. 제15대 대선 당시 편지 공세 등 '북풍공작'을 예보하고, 고위인사의 비밀방북 사실과 철저한 보안을 유지하는 내부 인사 동향을 단독 보도하는 가운데, 한 취재원은 "내곡동(안기부)에서 '빨대'를 색출하려고 김 기자 휴대폰 감청을 하니 당분간 조심하라"고 귀띔해 주었다.

김당은 보도로 인해 권영해 안기부장 시절부터 나중에 원세훈 국정원장 시절에 이르기까지 대공수사국(안보수사국) 조사를 두 번 받고, 소송을 당하기도 했다. 정형근 당시 한나라당 의원이 자신의 안기부 시절 행각에 대해 보도한 김

【박스3】

김대중 당선자에게 보고된 안기부 개혁 '마스터 플랜'

– 현행 안기부의 문제점과 개선 방향

1. 안기부 조직 및 주요 부서 임무

■ **현 조직 체계**

- 부장 산하에 차관급인 1·2·3차장 및 1·2·3특보관으로 편성

- 본부 27개 부서, 지방 12개 지부 등 총 39개 부서

■ **주요 부서별 임무 및 기능**

- 기획조정실 : 조직 관리·예산편성·집행

- 총무관리실 : 인사·시설 관리·방호

- 101실(기획판단실) : 102실 및 모든 지부가 수집한 각종 첩보를 분석해 정책보고서 생산

- 102실(대공정보실) : 서울 관내 지역 정보, 정치·경제·언론 등 분야별 주요동향 첩보 수집

- 103실(대공수사실) : 대공 첩보 수집 및 수사

- 202실(해외정보실) : 해외정보 수집·공작활동

- 203실(해외조사실) : 해외 대북공작 활동

- 302실(북한정보실) : 북한 관련 정보 분석·생산

2. 문제점

■ **정치 공작 활동으로 국민 불신 유발**

- 101실·102실·103실·공보관실 등이 조직적으로 모든 정보활동의 초점을 야당 탄압과 견제활동에 집중하고, 105실은 주요 야당 인사에 대한 불법 도청을 자행하였고, 대선 기간에 다양한 태스크포스를 구성해 노골적으로 선거 개입

■ **조직의 불균형 및 비효율 운영**

- 전체 인력의 50% 이상이 지원 부서에 배치되어 실무부서가 약화되어 있으며, 부장실 등 상층부가 비대해 심한 불균형을 이루고 있음

- 부장 직할부서: 비서실(46명) 감사관실(30명) 감찰실(28명) 국방보좌관실 · 특보관실(3명) 등
으로 과다 편성.

- 지원부서 과다 : 기획조정실 · 총무실 · 감찰실 등에 인원 과다 편성

- 유사기구 난립 : 연구소(3개), 정보자료 관리부서(6개), 대(對)언론협조지원 부서(4개) 등으로
난립

- 위인설관(爲人設官)식 조직확대 및 상위 보직 과다로 비능률 초래 : 수십 년간 TK · PK 인사 승
진을 위한 위인설관식 조직 확대(일반직 총 5,300명 중 4급 이상 간부가 1,510명(28.5%)으로 일할
사람보다 간부만 많은 낭비의 극치)

※ 3급 1인의 연간 급여 총액(급여, 판공비, 정보비 등)은 6천만 원으로 300명만 감축해도 180억
원 절감 효과

■ **지역 차별 인사 등 불합리한 인사 관행**

- 주요 보직에서 호남 출신 배제 : 비서실 · 기획조정실 · 감찰실 · 총무실 및 국내 담당 1차장실
산하부서의 3급 이상 간부직에 호남 출신 철저 배제(101. 102. 103실 등 3급 이상 65명 중 단 3명뿐
임)

- 감찰실의 주요 업무 중 하나가 호남 출신 간부 직원에 대한 도청 · 감시 · 요시찰 · 인물관리로
서, 이를 통해 진급과 보직에서 누락시키는 행위를 자행

■ **고위간부의 사조직 형성**

- 김현철은 김기섭을 통해 PK 출신과 영남지역 고교 출신을 주요 보직에 배치하고 안기부 내 소
안기부를 형성해 정보 유출과 반(反)김대중 활동을 주도. 이 인맥은 아직도 잔존해 있음

- 신정용(기조실장)은 노골적인 호남 출신 기피 인물로, 주요보직에 진주고 및 측근 인사를 배치
해 인맥 형성(이외수 102실 3단장, 홍춘희 감사관, 원구연 102실 2단장, 김홍보 예산관, 이윤영 감
찰실 수집처장, 조진섭 총무관리실 인사처장, 강재민 정관실 부실장, 김진세 105실 단장 등 주요
보직자 10여 명 포진)

- 정형근(한나라당 의원)은 안기부 재직 시 개인인맥을 형성해 이들로부터 정보를 제공받아 반
(反)김대중 활동에 앞장섰음. 이들은 아직 건재하고 있음(103실의 홍근영, 박한열, 이봉희, 강충선,
김병천, 김병태 등과 101실 박세규, 공보관실 최병제, 부산지부 손종식, 경남지부 김차갑, 경기 지
부 이기천 등 주요 보직자 10여 명)

- 이들 영남 출신 고위간부들이 반(反)김대중 활동을 주도해 왔기 때문에 향후 이들을 기술적으로 정리하지 않을 경우 안기부 장악에 문제가 있을 것임.

■ 왜곡된 조직 운영
- 조직이 관료화하고 권위주의적 잔재가 남아 있어 창의성과 활력이 없는 죽은 조직화
- 수십 년간 국가정보기관 본연의 임무보다는 정권 유지에만 연연하던 활동이 관행화하면서 조직 운영의 기본 방향이 왜곡됨
- 그 결과 간부들이 정보 전문기관으로서의 독창적 활동을 하는 것보다 상부의 눈치를 보고 상부가 시키는 일이나 하는 방향으로 굳어짐

■ 시대에 뒤진 교육체계
- 불합리한 교육체계로 정보지식 · 전문성이 선진정보기관 요원에 비해 떨어지고, 정보기관으로서 기능 발휘에 심각한 장애요인이 되고 있음(특히 어학능력 저조)
- 선진국의 예에서 본 것처럼 정예요원 양성에 2~3년이 소요되나 현재 안기부 최장기 코스는 1년 미만임.

3. 개선 방향

■ 역할 · 기능 재정립
① 정치공작 금지를 위해 국내정보 담당 부서의 기능과 조직을 축소하고 대북정보 수집 및 대공업무 수행기능 보강
② 국가 경쟁력 강화를 위해 해외정보 수집기능, 특히 산업기술 관련 정보 수집기능을 보강
③ 세계화 추세에 부응해 국제범죄(테러 · 마약) 정보 수집기능 보강
④ 통치권자가 최선의 정책을 선택할 수 있도록 종합적인 정보–자료 제공기능을 보강하고, 특히 금번 외환위기와 같은 위기 요소를 사전에 감지하고 예방할 수 있는 정보 수집기능 보강

■ 조직 · 인사 개선 방향
① 조직을 전면 재개편해 지휘 계층 단축과 유사중복 기능을 통합해 조직의 효율성 제고
② 지원부서 인력을 과감히 감축해 실무 부서 보강
③ 요원의 전문화 · 정예화 · 과학화를 지향하고 분야별 전문가 양성에 주력
④ 공정한 인사 운영체계 제도화

⑤ 반(反)신정부 세력 척결 및 통치권 보위세력으로 재편

4. 조직개편

■ **지휘부 · 지원 부서 축소 및 직급을 하향 조정해 조직 대대적 정비**

• 비서실 축소 및 직급 하향 조정

• 지원부서, 특히 총무관리실(1,300명) 인원 축소 및 직급 하향 조정

■ **유사기구 통폐합: 감찰실 · 연구소 · 공보관실 · 대언론기관 · 정보자료관리실 통폐합**

■ **1차장(국내 담당) 산하 조직 전면 재조정**

• 101실(기획판단실) · 102실(대공정보실) 공히 3개단→ 2개단, 15개처→ 10개처(101실), 11개처→ 6
개처(102실)로 대폭 축소

• 101실과 102실의 국내 정치공작 관련 부서 축소 및 정치공작 업무 폐지

• 지부 축소(울산 지부 폐지, 12개→11개 지부) 및 부(副)지부장(2급) 제도 폐지

■ **2차장 및 3차장실 보강**

• 해외산업경제정보 수집부서 보강

• 대북정보 · 대공정보 · 대북공작부서 보강

■ **교육체계 재정립: 국가정보대학교 개편 및 요원 전문화를 위한 교육체계 정립**

5. 인사개혁

■ **공정한 인사 체계 확립: 능력과 자질에 따른 공정한 인사가 이루어지도록 제도 확립**

■ **무능한 자 · 정치에 개입한 자 · 반(反)신정부 세력 처리**

• 정치적 의도로 특별 채용된 자, 정치 개입에 적극 가담한 자 등을 정치관여 금지 위반 등으로
해임 처리

• 조직개편안 확정 후 서울 · 호남 · 충청 · 경기 · 강원 출신 직원 중 유능하고 신망 있는 자를 엄
선하고, TK · PK 출신 중 유능 인사를 선별하여 화합 인사

■ **특히 아래 요직은 대통령에게 충성할 수 있는 요원을 배치해 안기부 장악 및 통치권 보위에 만
전을 기할 필요**

    – 1차장(국내), 기조실장(예산 · 기획), 101실장(국내정보 종합), 102실장(국내정보 수집), 103실
    장(대공 수사), 202실장(해외 공작), 감찰실장(부원 기강), 총무실장(부 운영 및 인사)

당 기자를 두 번이나 고소해 검찰 조사를 받아야 했다. 그 외에도 기무사를 포함해 정보기관과 관계자들이 수차례 명예훼손 혐의로 고소 – 고발을 했지만 모두 검찰 기소단계에서 '혐의없음'으로 처리(기각)되거나 법원에서 무죄 판결을 받았다. 김당은 그로 인해 취재가 위축되지도 않았다.

'내곡동에서 김당 모르면 간첩'이라는 우스갯소리를 만든 결정적 사건은 뭐니 뭐니 해도 1998년 2월 당시 시사저널에 '안기부 대해부… 도려낼 곳과 살릴 곳' 제하의 표지기사에서 북풍 공작 등에 연루된 안기부 조직과 간부들을 폭로하면서 안기부 조직표를 최초로 공개한 것이었다. 김당은 안기부가 12개 지부를 포함한 39개 부서와 7,000명의 인력, 그리고 7,000억 원의 예산을 가진 '작은 정부'라고 보도했다. 당시 안기부는 헌정 사상 첫 정권 교체로 이른바 '살생부'가 나도는 등 조직 전체가 초긴장 상태였다. 그런 상황에서 김당 기자가 중앙정보부 창설 이후 처음으로 조직표를 공개하며 '도려낼 곳과 살릴 곳'까지 짚어서 보도하니 안기부에서 유명세를 탄 것이다.

김당 기자가 조직표를 공개할 수 있었던 것은 50년 만의 수평적 정권 교체라는 '예외적 상황'이었기에 가능했던 측면이 컸다. 안기부 조직표가 외부기관에 공개된 것도 그때가 처음이었다. 당시 대통령직인수위에 대한 안기부 현황 업무보고는 권영해 안기부장과 신정용 기조실장이 김대중 대통령 당선인을 대신한 이종찬 인수위원장에게 브리핑하는 형식으로 진행되었는데, 브리핑 이후 보고 문건은 권 부장과 신 실장이 보는 가운데 이종찬 인수위원장 방에서 파쇄되었다.

권영해 부장을 비롯한 안기부 수뇌부는 대선 당시 음지에서 김대중 낙선 공작을 펼친 '죄인'임에도 안기부 조직과 예산은 김대중 대통령 당선인과 이종찬 인수위원장에게만 보고할 수 있다고 버텼다. 그런 상황에서 '최초 공개 : 안기부 조직표, 안기부 개혁 조감도'라는 부제를 단 커버스토리가 실린 시사저널 제435호가 2월 18일 발매되자 이를 반격의 기회로 삼았다. 권영해 부장의 지시로 안기부는 곧바로 2월 19일 저녁 "시사저널 기사가 법으로 보장된 국가기밀을 침해했다"며 서울지법에 판매금지 가처분신청을 냈다.

안기부는 가처분 신청취지에서 '안기부의 조직 등에 관한 기사를 게재한 시사저널 제435호 17만 부(가격 4억2천5백만 원)의 인쇄 · 제본 및 판매 · 배포를 해서는 안된다'고 주장했다. 안기부는 신청 이유에서 '안기부 조직 등이 공개될 경우 국가 안전 보장상의 위해가 예상됨에도 불구하고, 피신청인은 국민의 알 권리를 빙자하여 흥미 위주로 안기부의 조직 등을 공개하고, 사실과 다른 내용의 기사를 게재하여 안기부의 명예를 훼손하는 등 불법 행위를 저지르고 있다'고 주장했다.

이에 대해 시사저널 측은 소송 대리인(최재천 변호사)을 통해 제출한 50여쪽 분량의 답변서에서, 안기부가 위법성의 근거로 내세운 국가안전기획부법(제6조)과 보안업무규정 및 보안업무규정 시행규칙 등은 안기부를 포함한 국가기관과 지방자치단체 및 공공 단체의 구성원에 대한 비밀 준수 의무를 강제하는 것이지, 비밀 분류 여부를 알지 못하는 언론기관을 포함한 국민 일반을 강제하는 것은 아니므로 위법성이 없다고 반박했다.

또 시사저널 측은 정권 교체기에 안기부가 개혁되어야 한다는 공감대가 국민들 사이에 널리 퍼져 있고, 언론사로서 안기부 개혁의 올바른 방향에 대해 보도를 해야 할 필요성 등이 고려되어 이 기사를 보도했고, 그러한 기사에 대한 구체적 근거로서 조직과 인원에 대한 일부 정보가 제시될 수밖에 없었던 것이라고 보도 배경을 밝히고, 이러한 정보들이 처음부터 기밀을 누설할 의도로 불법적으로 채집된 바는 전혀 없다고 반박했다.

서울지법 민사51부(부장판사 김능환)는 2월 23일 안기부가 시사저널을 상대로 제기한 '시사저널 판매금지 가처분 신청(신청인 대한민국)' 사건(사건번호 98카합 727)에 대해, 안기부가 명예훼손을 주장하는 부분에 대해서는 '이유 없다'고 기각하고, 국가기밀이 침해되었다고 주장하는 부분에 대해서는 일부 인정하는 결정을 내렸다.

법원은 결정문에서 '안기부의 편성표, 기구 및 기능 조정, 직급별 대우, 직제·정원 증감 현황, 통상 명칭 및 기관번호, 일반직 정원표 등을 Ⅱ급 또는 Ⅲ급 비밀로 규정하고 있다'고 전제하고, 이와 같은 이유로 안기부 조직표 및 기능을 기재한 부분을 삭제 또는 말소하지 않고서는 인쇄·제본·판매·배포해서는 안 된다고 결정했다. 그러나 법원은 안기부 측이 청구한 '이미 발행·배포한 시사저널 제435호를 회수하여 폐기하라'는 신청 취지에 대해서는 받아들이지 않았다.

재판부는 일반 출판물과 달리 신속한 결정이 필수인 시사주간지에 대한 가처분 신청에 대해 꼬박 만 4일 만에 결정을 내림으로써 고심한 흔적을 드러냈다. 재판부는 시사주간지의 유통·판매 구조로 볼 때 사실상 이미 판매 '유효기간'이 끝나 반품 처리되는 책에 대해서 '그 판매·배포를 해서는 안 된다'고 결정했기 때문이다. 신청 비용에 대해서도 '각자의 부담으로 한다'고 결정했다. 안기부에는 '명분'을 시사저널 측에는 '실리'를 안겨준 판결이었다.

재판부가 정기구독본과 판매본에 대한 회수-폐기를 수용하지 않음으로써 시사저널 제435호는 '희귀본'이 되었다. 김능환 부장판사는 나중에 대법관이 되었다. 김당 기자가 송사를 겪을 때마다 무료변론을 자처하며 도와준 최재천 변호사는 나중에 국회의원(17, 19대)이 되었다. 김 기자는 최 변호사의 도움 덕분에 IMF 금융위기로 어려워진 회사에 경제적 부담을 안기지 않을 수 있었다.

김당은 대선 기간의 안기부 북풍공작 추적 보도 및 안기부 조직표 공개로 1998년 한국기자상(취재 보도 분야, 한국기자협회-한국언론재단)을 수상하는 행운을 얻었다. 북풍공작 추적 보도는 상당 부분 흑금성 공작원 박채서가 귀띔해 준 정보 덕분이었다. 아무튼, 김당은 안기부 조직표 보도를 계기로 안기부 시절은 말할 것도 없거니와, 김대중 정부 출범 이후에도 국정원에서 '요주의 인물'로 공식(?) 선정되었다.

국정원 7급 공채시험에 최종 합격하면 경기도 성남시 판교의 국가정보대학원(현 정보교육원)에 입소해 정식 신분증 대신 노란색의 임시 명찰을 단 '병아리 기관원'으로 1년간의 고된 훈육과정을 거쳐야 한다. 100명 안팎의 피교육생들은 전반기에 전원 기숙사(양지관)에 입소해 정보요원으로서 갖추어야 정보학 등 기본 교육과 체력 훈련을 받는다. 후반기는 국내정보반, 해외정보반, 북한정보반, 공작반, 수사반, 심리전반, 통신반 등 세부 직역별(職域別)로 나뉘어 집에서 출퇴근하면서 주로 현장실습 위주의 직무교육을 받는다. 이때 신입 직원 보안 교육에서 빠지지 않는 '비인가 노출(보안 누설)' 사례로 김당 기자가 시사저널에 공개한 조직표 기사가 소개된다.

북한 방송도 보도한 '안기부 조직표 공개' 기사

당시 국내 언론은 북한 방송을 직접 인용하지 못하고 내외통신이 배포하는 보도자료만 가지고 보도하게 돼 있었다. 이를테면 월북 사건이 1년에 10여 회 발생해도 내외통신이 보도하지 않으면 국내 언론은 보도할 수 없었다. 이에 반해 일본의 〈라디오 프레스 통신〉이나 〈산케이 신문〉은 북한의 방송과 조선중앙통신(KCNA)을 받아 온 세계에 배포했다. 손바닥으로 하늘을 가리는 격이었다. 세계가 다 아는 북한 소식을 정작 우리나라 국민들만 모르는 셈이었다.

시사저널의 '안기부 조직표' 단독 보도도 마찬가지였다. 북한의 조선중앙통신과 평양방송은 시사저널이 안기부 조직표를 공개한 사실에 주목해 이를 보도했다. 그런데 1998년 3월 1~6일 동안 북한 방송을 전문 청취해 언론사에 배포한 내외통신에는 관련 기사가 빠졌다. 자신들의 모회사인 안기부를 비방한 내용이어서 제외한 것으로 추정된다. 당시 누락된 "북한 방송, 시사저널지의 안기부 조직 일람표 공개 보도"라는 제목의 내외통신 기사는 다음과 같다.

△ 서울에서의 방송 보도에 의하면 남조선의 시사주간지 시사저널 최근호가 안기

부의 폭압망을 폭로하는 글을 실어 사회 여론의 주의를 끌고 있음

△ 주간지는 '최초 공개 안기부 조직표'라는 제목의 글에서 파쇼법률에 의해서 공개가 금지된 안기부의 조직일람표와 그 인원의 일부를 공개했으며, 이권을 위한 안기부 정보관들의 부정부패 행위와 특무들의 암해활동 등을 폭로했음.

△ 이미 보도된 바와 같이 얼마 전 안기부 감찰실 기획과장으로 있었던 사람이 양심선언을 시도했다가 체포 감금된 바 있으며, 시사저널지가 안기부의 조직일람표를 어떻게 입수했는가 하는 것은 보도관제에 의해서 아직 알 수 없으나 이 사실은 파쇼광들을 애무 당황망조케 하고 있음

△ 안기부가 시사저널의 판매금지를 괴뢰 서울지방법원에 요구하면서 소동을 피우고 있는 사실이 이것을 말해주고 있으며 안기부 요원의 양심선언 시도 사건이 있은데 이어서 안기부 조직일람표가 새어나가 공개 출판물에 버젓이 실린 사실은 남조선 인민들 속에서 높아가는 반(反)안기부 기운의 일단을 보여주고 있음.

리철 참사는 1998년 3월 이대성 파일이 공개되어 한국 언론에 북풍 공작과 관련된 자신의 이름이 연일 등장하자, 김당 기자에게 전화해 베이징에서 만날 것을 요청했었다. 그렇게 해서 김당은 베이징에서 리철을 만났다. 두 사람은 1997년 가을 베이징의 '스파이 소굴'로 유명해진 캠핀스키 호텔 대신에 일본 대사관 근처의 3성급 호텔에서 만났다. 박채서 없이 둘이서 만나기는 처음이었다. 리철은 김당을 반갑게 맞이하며 박채서의 안부부터 물었다.

"박채서 씨는 다치지 않고 괜찮겠습네까?"

김당은 아무 일 없다고 말했다.

"네, 괜찮습니다. 여기 오기 전에도 박 선생을 만났는데 잘 있습니다."

그러자 리철은 이번에는 김당의 안부를 물었다.

"그나저나 김 선생은 그렇게 안기부 조직표를 깠는데도 일 없습네까?"

리철은 김당 기자가 시사저널에 보도한 '최초 공개 안기부 조직표' 커버스

토리 기사를 거론했다. 김당은 자신이 쓴 기사가 북한 방송에까지 보도된 사실을 그때는 몰랐다. 김당은 이렇게 말했다.

"안기부가 판매금지 가처분 소송을 제기해 판매가 금지되긴 했습니다. 하지만 권영해 부장이 구속된 덕분(?)에 안기부가 경황이 없어서 그런지, 더 이상 법적 조치는 겪지 않았습니다."

리철은 너스레를 떨면서 슬쩍 물었다.

"아무튼 대단하십네다. 김 선생은 '박상'이 안기부 공작원이라는 사실을 알았습네까?"

김당은 사실대로 말했다.

"아니요. 안기부와 관련된 일을 하고 있다는 생각은 했지만, 공작원인 줄은 몰랐습니다."

리철은 공감을 표시하면서 하소연을 했다.

"그러시겠죠. 박상 때문에 우리 공화국에선 관련된 사람이 다치고 난리가 났습네다."

김당은 박채서한테서 보위부 김영수 반탐과장이 숙청되었다는 이야기를 들어 알고 있었다. 김당은 베이징에서 아자 광고사업 계약을 체결할 때 김영수 과장과 술자리를 함께한 적이 있었다. 그러나 결과가 뻔한 그의 안부를 물으면 분위기만 어색해질 것 같아 그의 안부를 묻지는 않았다.

리철은 김당에게 "권영해 부장 재판은 어떻게 진행되고 있냐"고 묻고선, 자신의 관심사와 만나자고 한 목적을 조심스럽게 드러냈다.

"북경에 와서 한국 신문을 보니, 재판에서 내 얘기도 많이 나오던데 틀린 내용이 태반이에요. 김 선생이 이거 좀 바로잡을 수 없습네까? 상부에서는 박 선생 일에 대해 관심이 큽니다. 김 선생이 재판 기록을 좀 구해주실 수 있겠습네까?"

리철은 재판에서 자신의 이름이 자주 등장해 자신이 남한에서 어떻게 묘사되는지 개인적으로 재판 기록을 보고 싶다는 핑계를 댔지만, 북측에선 박채서 씨가 북한 보위부에 침투한 과정을 재판 기록을 통해 정확히 파악하려고 하는 것 같았다. 또한, 재판 기록에는 안기부 공작 내용이 포함되어 있어 다목적으로 활용하려는 의도가 엿보였다. 김당은 일언지하에 거절하기는 어려워 그럴듯한 핑계를 대야 했다. 김당은 가져온 신문을 건네며 잘라 말했다.

"재판 기록은 구할 수 있습니다. 그런데 재판 기록을 복사해서 전달하기에는 그 분량이 너무 많습니다. 재판 기록은 전산화가 안 되어 있어 파일로 디스켓에 저장할 수가 없습니다. 그 대신에 재판을 자세히 보도한 신문 기사를 가져왔으니 이걸 참고하십시오."

리철은 아쉬운 듯 "재판 기록을 복사해서 베이징에 항공화물로 부치면 되지 않냐"며 복사·운송 비용을 대겠다고 사정했다. 김당은 "회사일 때문에 그 많은 분량을 복사할 시간이 없다"며 거절했다.

법원이 안기부 조직표를 실은 시사저널에 대한 판매금지 가처분 청구를 인용 결정하는 통에, 다른 언론들은 중앙정보부 창설 이후 조직표를 처음 공개한 시사저널 특종 기사를 인용 보도하지 않았다. 그러나 당시 한국기자협회는 시사저널 커버스토리 기사의 가치와 사회적 파장의 의미를 평가해 김당 기자의 '북풍 공작 추적 보도 및 안기부 조직표 공개'를 1998년 8월 한국기자상(취재 보도 부문) 수상작으로 선정했다.

김당은 이에 앞서 지난 대선 전에 자신이 집중적으로 제기한 '북풍' 의혹들이 하나둘씩 사실로 드러나 주요 일간지의 1면 머리를 장식하자 미디어오늘로부터 인터뷰 요청을 받았다. 그는 미디어오늘과의 인터뷰(1998년 3월 25일자)에서 북풍 관련 특종을 할 수 있었던 배경에 대해 이렇게 고마움을 표시했다.

"북한을 상대로 한 정치공작은 반민족적이라는 생각을 가진 안기부 내부 제보자들이 도움을 줬기 때문에 가능했다."

36 _ 흑금성은 이중간첩인가

한겨레 첫 기사 "이중첩자 '흑금성' 김대중·이인제 쪽 침투"

화투나 노름에선 '초장 끗발이 개 끗발'이라는 속설이 있다. 그러나 언론 보도로 인한 사회적 파장에서는 첫 보도의 영향력이 가장 크다. 특히 특종 기사나 단독 보도의 경우, 대체로 첫 보도에서 언론 수용자의 인식과 태도가 결정된다. 세상에 모습을 드러내서는 안 될 비밀정보기관의 공작파일인 '이대성 파일'을 단독 입수한 한겨레의 기사가 그랬다.

3월 18일 자 1면 톱기사의 제목은 "안기부 '야 후보 북 연루' 공작", 부제는 "본사, 대선 당시 안기부 '해외공작원 정보보고' 입수"였다. 표제는 "△97년 9월 이중첩자 '흑금성' 김대중·이인제 쪽 침투 △10월 이인제 쪽 인사-북 인물 베이징 접촉 주선 △정재문 의원 북에 북풍 주문 360만 달러 줘"였다. 사실이라면 하나하나가 폭발력 있는 기사였다. 무려 6개 면에 걸쳐 도배한 '이대성 파일' 관련 1면 머리기사는 다음과 같았다.

"안기부가 지난해 대통령선거 때 특수공작원을 김대중 국민회의, 이인제 국민신당 후보 진영에 침투시켜 북한 접촉을 유도하고, 이 과정에서 각종 정보를 조직적으로 입수하는 등 불법적 비밀 정치공작을 벌인 사실이 17일 확인됐다. 또 대선 때 안기부는 정재문 한나라당 의원이 북한 쪽 관계자를 만나 북풍을 일으켜 달라고 요구하며 거액을 건넸다는 정보를 입수했던 것으로 드러났다. ▶관련기사 2.3.4.5.6면

한겨레가 단독 입수한 안기부의 '해외공작원 정보보고' 자료에 따르면 '공작원을 베이징에 파견해 북쪽의 대선 관련 공작 기도를 유도'한다고 돼 있어, 안기부가 북풍 공작을 적극 주도했음을 보여준다. 이 자료는 특히 안기부에 북한에 위장 포섭돼 활동 중인 특수공작원 '흑금성'이 지난해 5월 밀입북해 받은 지령을 따르는 형식으로 97년 9월께 김대중 후보와 이인제 후보 진영에 침투한 사실을 드러내고 있다.

흑금성 공작원은 그 뒤 지난해 10월 초 이 후보 진영의 ㅈ씨와 함께 베이징을 방문해 북한 쪽 인사를 만나 대선에서의 협조방안을 논의한 것으로 돼 있다. 문건에는 북한 쪽이 ㅈ씨에게 △김대중 후보 측근의 대북한 접촉 관련 동향 △오익제의 인터뷰 내용이 담긴 비디오테이프 등을 제공하겠다고 제의했으나, 11월 말 대선 정국이 유동적으로 흐르면서 양쪽의 관계는 무산된 것으로 되어 있다.

이 공작원은 같은 방식으로 97년 9월 말 ㅈ의원에게 접근해 '북풍' 관련 정보 등을 제공하며 신뢰를 얻은 뒤 북한 접촉을 유도하기 위해 △베이징에 사람을 보내거나 △김대중 후보의 친필 메모를 달라고 요구했으나 거절당했다.

모두 200여 쪽 분량의 이 보고자료는 안기부 해외조사실(실장 이대성 구속 중)이 작성해 권영해 전 안기부장과 이병기 전 2차장 등에게 보고한 것인데, 97년 초부터 올해 2월까지 대선 관련 각종 비밀공작과 후보들의 북한 접촉 동향 등에 대한 공작원의 보고 내용을 모은 것이다.

이 문건은 또 정재문 의원이 지난해 11월 20일 베이징에서 북한 쪽 공작원에게 360만 달러 정도가 든 돈 가방을 건넨 장면이 목격됐다는 등의 내용을 담고 있다(한겨레, 1998년 3월 18일자 1면)."

앞에서 본 것처럼, 이대성 파일은 대부분이 공작원이나 협조자의 보고 내

용을 검증 없이 정리한 단순 첩보나, 공작 성과를 과시하고 정치적 의도에 따라 사실을 과장 또는 조작한 허위 내용도 상당 부분 있어서 신뢰성을 의심받는 문건이었다. 게다가 대선 결과가 자신들이 낙선 공작을 펼친 김대중 후보가 당선되자, 위기의식을 느낀 안기부 수뇌부가 김대중 후보와 국민회의 측의 대북연계 의혹을 증폭시켜 곤경에 몰아넣으려는 음해 목적으로 짜깁기한 문건이었다.

예를 들어 한겨레가 인용한 '이인제 후보 진영의 ㅈ씨'는 국민신당 이인제 후보의 동서(同壻)인 조철호(趙哲鎬) 동양일보 사장이다. 조철호 사장이 박채서의 주선으로 1997년 10월 베이징 캠핀스키 호텔에서 리철을 접촉하고, 보위부가 운영하는 베이징의 북한식당인 '해당화'에서 안병수·강덕순을 만난 것은 출입국 기록과 박채서의 진술에 의해 사실로 확인되었다. 그러나 이인제 후보에 대한 지원 방안을 논의했다는 것은 두 사람의 진술이 상반되었다.

조철호는 검찰 조사에서 동양일보 창사 특집호에 사용할 북한 명산의 사진과 6.25 당시 월북한 백부 조중흡(필명 조벽암) 가족의 생사 확인을 부탁하기 위해 베이징에서 리철을 만났으며, 마침 대선을 앞두고 있어 대선과 관련된 일반 동향에 대해 이야기를 나누었을 뿐이고 이인제 후보 지원 논의는 없었다고 부인했다. 그럼에도 조 씨는 두세 번째 접촉을 이어간 점과 안병수·강덕순과 만나서 무슨 대화를 했는지에 대해서는 분명한 대답을 하지 못했다. 반면에 박채서는 검찰에서 "조철호가 북측과 오익제를 활용하는 방안과 이산가족 찾기 사업을 추진하는 방안을 협의했으나, 1997년 11월 이후 이인제 후보의 지지율이 하락함에 따라 무산되었다"고 진술했다.

검찰은 북풍 사건 수사 발표에서 사실상 흑금성 공작원 박채서의 주장을 대부분 수용했다. 그가 처음에 국민회의 쪽에 '북풍'을 막기 위한 양심적 제보자로서 접근했는데, 나중에 정동영 – 천용택 의원과의 접촉 사실이 안기부에 포착되자 국민회의와 접촉을 계속 유지하기 위해 국민회의와 북측 간에 연계가 있는 양 안기부에 허위로 보고했다는 것이었다. 결론적으로 검찰은 안기부 수뇌부가 흑금성의 과장된 정보보고를 왜곡·변조해 북풍 사건 수사를 차단하고 자신들을 보호할 무기로 삼았다고 판단했다.

이중스파이는 양날의 칼이다. 이중스파이는 첩보가 양방향으로 이동하는 경로이다. 그 경로의 양 끝에는 첩보기관과 방첩기관이 있다. 첩보기관은 그 경로를 통하는 정보의 흐름이 자기한테 확실하게 유리하도록 각색한다. 반면에 방첩기관은 정보의 흐름이 상대방에게 불리하도록 각색한다.

이른바 '적극적 공작(активные мероприятия, active measures)'은 구소련의 비밀첩보기관인 KGB(국가보안위원회)가 개발한 비밀 편승공작 기법 중의 하나이다. KGB는 'active measures'의 수단으로 기만정보, 위장, 그리고 흑색선전을 활용해 자국의 모든 미디어와 외국 미디어를 위한 정보 출처를 통제했다. 그중의 하나가 완벽하게 진실된 내용을 담고 있는 흑색선전 자료로서의 '문서위조'이다.

흑색선전에서는 신빙성을 제고하기 위해 위조된 사실과 진실을 담은 사실을 혼합하는데, 가장 치명적인 기만 공작은 99%의 팩트에 1%의 결정적 거짓을 숨겨, 거짓을 사실인 것처럼 믿게 하는 것이다. 해외공작원이 북측에서 전해 들은 사실의 디브리핑과 그 디브리핑을 조작한 허위보고서가 섞여 있는 '이대성 파일'이 별다른 검증 없이 한겨레에 보도된 뒤에, 안기부 감찰 조사와 검찰 수사를 통해 검증된 주요 쟁점을 〈표2〉로 정리하면 다음과 같다.

〈표2〉 북풍사건의 주요쟁점

이대성 파일	대북 접촉 일시 장소	북한 측 접촉 인물	대북 접촉 목적(의혹)	검찰 수사결과	수사 결론
정재문	97. 11. 20 장성호텔	안병수, 강덕순	360만 달러 제공, 북풍 요청	비밀접촉은 확인	계속 수사
박상규	허동웅	허동웅	허동웅과 연계 대북창구	조만진 요청으로 만찬 제공	사실무근
최봉구	97. 10~11	전금철, 강덕순	북풍 예방	공작관과 상부에서 과장	사실무근
조철호	97. 10~11 캠핀스키 등	안병수, 강덕순, 리철	이인제 후보 지원 요청	흑금성과 조철호 진술 상충	계속 수사

피 냄새를 맡은 상어 떼처럼 몰려든 기자들

한겨레가 3월 18일 '이대성 파일'을 공개하면서 1면에 실은 "이중첩자 '흑금성' 김대중·이인제 쪽 침투"라는 스트레이트 기사와 함께 4면에 실은 '흑금성은 누구인가'라는 기사는 박채서의 정체성을 '이중간첩'으로 각인시켰다. 이 기사의 전문은 다음과 같았다.

"한겨레가 입수한 '해외공작원 정보보고' 자료에 가장 많이 등장하는 공작원 '흑금성'이라는 사업가는 남북한 당국이 모두 인정하는 '허가받은 이중간첩'으로 확인되고 있다. 자료에 따르면 그는 합법적인 방북 절차를 무시하면서 비밀리에 남북을 오가며 북한의 최고위층과 남쪽의 정치권, 정보당국 사이에 메시지를 전달하는 '1급 비밀공작원' 구실을 했다. 사실상 안기부 대북 커넥션의 핵심 연결고리였던 셈이다.

한국 국적을 갖고 있는 그는 자유롭게 북한의 대남공작 조직인 통일전선부, 조국평화통일위원회 핵심 인사들을 접촉하며 남쪽 대선후보들의 당선 가능성과 약점 등을 전해준 것으로 나타나 있다. 또 특정 후보에게 접근할 것을 지시받고 실행한 대목도 드러난다. 그는 또 이들의 반응과 지시 등을 다시 안기부에 상세히 보고해 특정 대선 후보에게 유리한 대책을 마련하게 하는 등 영화에서나 나올 법한 행적을 보였다. 흑금성의 보고는 권영해 당시 안기부장에게 수시로 보고되는 등 북풍 전략을 짜는 데 가장 신뢰할 만한 자료로 활용되기까지 한 것으로 알려졌다.

그는 또 안기부의 든든한 후원에 힘입어 공작 활동의 연장선 상에서 각종 대북사업에도 깊숙이 관여한 것으로 드러났다. 군 정보기관 출신으로 알려진 그는 통일부로부터 버젓이 남북협력사업 승인까지 따내고 대기업의 북한 진출사업을 좌지우지해온 것으로 알려졌다(한겨레, 1997년 3월 18일자 4면)."

박채서는 김당 기자로부터 '당신의 신원이 노출되었다'는 귀띔을 들었을 때만 해도 현실을 애써 인정하고 싶지 않았다. 그러나 '이대성 파일'이 공개되어 자신의 디브리핑 내용과 함께 자신을 이중간첩으로 낙인찍은 기사를 접하자 머릿속이 '블랙아웃'이 된 것처럼 아무것도 생각할 수가 없었다. 1993년부터 5년간 각고의 노력을 기울여 우회공작과 편승공작의 일환으로 일궈낸 아자의 대북 광고사업이 막 꽃을 피우려는 순간에 하늘에서 우박이 떨어진 격이었다.

오전부터 피 냄새를 맡은 상어 떼처럼 기자들이 아자 사무실로 몰려들었다. 박채서가 자리를 피하니, 오후에는 기자들이 강서구 염창동의 우성아파트 집으로 몰려들었다. 상황이 걷잡을 수 없는 방향으로 흘러가는 데도 상부에서는 아무런 조치도 취하지 않았다. 공작계획 상의 돌발사태 대비계획이나 증인 보호 프로그램은 말 그대로 계획일 뿐이고, 현실에서는 전혀 작동하지 않았다. 문건이 공개되어 그가 위기에 처했을 때 본부가 내려보낸 지침은 단지 '48시간 피해 있으라'는 것뿐이었다. 국가정보기관의 1급비밀 공작파일이 공개되어 A급 국가공작이 붕괴되었는데도, 아무도 나서서 해명하거나 해결 방향을 제시해 주지 않는 '무정보 상황'이 24시간 넘게 벌어졌다.

이미 언론에 의해 이중간첩이라는 굴레를 쓴 그와 그의 가족은 온몸으로 모멸감을 버텨내야만 했다. 국민일보의 최아무개 기자는 심지어 문을 열어 준 그의 아내에게 "간첩 부인 맞습니까?"라고 묻기까지 했다. 신변이 드러난 요원들에 대한 보호 프로그램은 전혀 작동하지 않았다. 영화 속에서나 봄 직한 사건이 현실로 다가왔지만, 신분이 드러난 공작원과 그 가족이 보호받는 영화 속의 프로그램은 현실에서 나타나지 않았다. 그가 속한 203실 간부들이 이미 줄줄이 구속된 터여서 그를 보호할 시스템이 마비된 상태였기 때문이기도 했다.

권영해 전 부장은 북풍 사건 수사 초기에 자신의 위기를 모면하기 위해 흑금성을 북한을 위해 일한 이중간첩으로 몰아갔다. 일부 언론은 디브리핑을 짜깁기한 이대성 파일을 곧이곧대로 해석하고, 온갖 상상력을 가동해 무문별하게 삼중스파이로 추측 보도함으로써 논란을 증폭시켰다. 이중간첩 논란에 휩싸이자 그와 접촉했던 정치권 인사들은 모른 체하거나 거리를 두었다. 북풍 파문이 정치권으로 번지는 상황에서 이 특수공작원은 자칫 '버리는 카드'가 될 조짐을 보였다.

그가 인가된 국가공작을 수행하면서 그의 공작 라인에 치고 들어온 '비인가 공작(북풍 공작)'을 온몸을 던져 막아 주었던 여권도 그를 외면했다. 북풍대책팀 장을 지낸 천용택 의원은 대선 직후 기자간담회에서 "북풍을 효과적으로 막았기에 선거에서 이겼고, 그 북풍을 막는 데 결정적인 도움을 준 사람이 있었다"고 했으나, 이대성 파일이 공개된 뒤에는 '결정적인 도움을 준 사람'을 외면했다. 대선 전에 긴밀하게 접촉했던 정동영 의원도 기자들에게 "대선 때 박채서가 접근해왔으나 수상히 여겨 일정한 거리를 유지하며 접촉을 피했다"고 말했다.

한 언론의 표현 대로, 그는 그때 북한과 국민회의와 한나라당의 한가운데에 서 있었다. 언론은 그가 이중간첩이 아닌지 의심했고, 국민회의는 그가 양다리를 걸치지 않았는지 의심했다. 박채서는 이제 스스로 운명을 개척해야 했다. 그에 앞서, 누구보다도 사실관계를 잘 알고 있는 국민회의 측이 언론 보도와 구(舊)안기부 세력의 공작에 휘둘리는 현실은 그를 분노하게 했다. 박채서는 김당 기자에게 SOS를 치는 한편으로, 정동영 의원에게 전화해 여의도 커피숍에서 만나 이렇게 쏘아붙였다.

"당신들이 소위 민주화 투쟁을 했다고 정치적 입지를 세우는 것 못지않게, 나에게도 국익을 위해 목숨 걸고 활동했다는 굳은 의지와 자부심이 있습니다. 국가정보기관의 특수공작원을 우습게 보지 마시라. 목숨 걸고 북한에 침투해 활동하고 북풍 공작을 막아내는 과정에서 당신들과 상호 협조 관계를 유지해 왔는데, 내가 근거를 남기지 않았을 것 같아요? 우리는 생래적으로 생명줄을 어딘가에 걸어 놓습니다. 당신들과 나 사이에 무슨 말이 오갔는지 국민들은 알 권리가 있습니다."

만일의 경우에 대비해 안전장치를 강구해 놓았다는 이야기였다. 정동영은 박채서가 그렇게 하더라도 자신은 어쩔 수 없다고 했다. 그날 밤 정동영은 박채서의 집으로 전화해 그의 아내에게 이렇게 말했다.

"지금 청와대에서 어른을 뵙고 나오는 길입니다. 어른의 말씀을 그대로 전하면, '우리는 한마음이고 영원히 함께 간다' 이렇게 말씀하셨습니다. 다만, 흑금성과 박채서라는 사람을 구분해서 생각한 데서 오해가 발생한 것입니다."

이대성 파일이 공개되었을 때 흑금성과 박채서는 별도의 다른 사람이라고 생각해 오해가 있었다는 것은 박채서가 보기에 변명이었다. 박채서는 상부의 지시로 19일 밤늦게 강남 선릉역 근처의 그린 그래스 호텔로 피신하느라 정동영의 전언을 아내로부터 전해 들었다.

김당 기자가 정 의원에게 그의 서운한 감정을 전달하자, 정 의원은 그 심경을 이해한다고 했다. 정 의원은 또 문건이 공개된 뒤에 김 대통령에게 '흑금성이라는 공작원이 바로 대선 전에 북풍대책팀에 도움을 준 제보자라고 보고되었던 그 사람'이라고 보고했다는 사실도 전했다. 김 대통령도 흑금성의 존재를 알고 있었던 것이다. 김당은 그가 안기부에서 봉급을 받는 의심할 여지가 없는 특수공작원임을 주지시켰다.

그러나 이대성 파일에선 여당 의원 상당수가 북한과 관련된 혐의가 있는 것으로 묘사되었다. 야당의 정치 공세가 증폭되는 상황에서 그를 적극 옹호할 정치인은 없는 것처럼 여겨졌다.

박채서, 수사팀 교체 요구해 15명 교체

박채서는 다음날 안기부 본부에 들어가 대공수사국 요원들로부터 이대성 파일의 흑금성 공작원 디브리핑 내용의 진위와 짜깁기한 대목을 가려야 한다는 구실로 지루한 조사를 받아야 했다. 처음에 수사국 요원들은 그를 공작원 규율을 어긴 감찰 대상으로 간주했다. 일부 수사관은 이중간첩 혐의까지 염두에 두고 조사했다. 이 때문에 일부 언론을 통해서는 연금 상태에서 수사를 받는 것처럼 알려졌다. 그러나 실상은 가족이나 지인들과 자유롭게 전화 통화하며 사실상 보호 상태에서 조사를 받았다.

박채서는 공작원으로서 야당 정치인들과 접촉한 것에 대해서는 직무상의 과오를 인정했지만, '정치권 줄 대기'로 단정해 '죄인 취급'을 하는 것에 대해서는 극력 반발했다. 특히 박채서는 박일용 전 국내담당 차장 밑에서 일한 현재 북풍수사팀 중 적잖은 인사들이 수십 년간 이른바 'DJ 때려잡기'에 앞장서온 인물들이라며 수사팀의 교체를 요구했다. 그는 이런 사실을 김당 기자에게도 전화로 알렸다.

안기부 조사 상황을 전해 들은 김당 기자는 정동영 의원에게 "박채서의 신변에 위해가 가해지면 알고 있는 사실을 그대로 공개할 수밖에 없다"고 전했다. 며칠 뒤 15명의 수사팀이 전격 교체되었다. 새로 부임한 수사국 요원들이 사실관계 확인 작업을 맡았다. 조사 분위기는 몰라보게 부드러워졌다. 박일용 차장도 북풍 개입 혐의로 구속되었다. 안기부에서의 이대성 파일 진위 확인 작업이 끝나자, 검찰에서는 주임검사인 박철준 부부장검사가 형식적인 보강 작업을 했다.

이대성 파일 공개로 신분이 드러난 박채서가 가장 염려한 것은 북측으로부터의 보복 행위였다. 박채서는 1년 전인 1997년 2월 베이징에서 황장엽 비서가 망명을 요청한 지 3일 후인 2월 15일 김정일의 처조카 이한영이 자신의 아파트 입구에서 피격당해 숨진 사건을 생생히 기억했다. 북측에서 살인 청부업자를 시켜 언제 독침이나 총알이 날아올지 몰랐다.

북측 보위부 관계자들은 박채서가 위장 침투해 들어가는 과정에 그의 본심과 신분을 파악하기 위해 부단히 노력했고, 그에게 직접 수차례에 걸쳐 묻고 북측에 위해를 끼치지 않겠다는 다짐을 받은 터였다. 특히 보위부의 김영수 반탐과장은 박채서에게 이렇게 다그쳤다.

"혹시라도 안기부와 관계가 있으면 미리 말하시오. 만약 나중에 관계가 있는 것으로 드러나면, 우리는 책임 추궁을 당할 수밖에 없소. 그런데 당신이 명심해야 할 것이 있소. 그렇게 되면 관련 부서에서는 박 선생과 박 선생 가족에게 반드시 복수를 할 겁네다."

공작을 수행하는 과정에서 북측 관계자로부터 들은 경고는 수차례 디브리핑으로도 보고되었다. 이 때문에 박채서는 이대성 파일이 언론에 공개되자마자 북측의 복수를 염려해 가족의 신변 보호를 요청했던 것이다. 정부 당국도 처음에는 안기부 수사국 요원과 경찰을 파견해 박 씨의 두 딸이 등하교할 때 경호하는 조치를 취했으나, 일주일도 지나지 않아 철수해 버렸다.

다행히 안기부에서 조사가 끝나갈 무렵, 수사팀장이 "북측으로부터의 보복에 대해서는 염려하지 않아도 된다"고 안심을 시켰다. 안기부에서 평양과 일본 조총련 간의 통화 내용을 잡았는데, 김정일로부터 "통 크게 봐주라"는 지시가 있었다는 말을 전해 들었다고 했다. 박채서는 비로소 안도감을 느끼고 긴장감을 풀었다.

단독 입수한 문건을 근거로 3월 18일부터 이대성 파일을 1면에 연속 보도한 한겨레는 사흘째인 3월 20일 자에 비로소 "'공작 문건' 일부 변조"라는 제목으로 "지난 2월 안기부 고위 간부가 재편집했다"고 보도했다. 한겨레는 이렇게 보도했다.

"이와 관련해 흑금성 공작원으로 확인된 아자커뮤니케이션 전무 박채서(44) 씨는 한겨레와의 접촉에서 '안기부에서 북풍공작을 꾸몄으며 문건에 나타난 자신의 공작 관련 내용은 대부분 사실'이라고 말하고 '그러나 국민회의 관련 대목은 지난해 상황을 소급해 최근에 다시 만든 것으로 보인다'고 밝혔다.

박 씨는 '올해 초 이대성 전 실장의 부하 직원이 찾아와 대선 전 국민회의 쪽과의 접촉 경위 및 주요 내용을 물은 적이 있다'며 이때 문건을 재작성했을 것이라고 말했다. 그는 또 '한나라당에서 요청해 북쪽으로부터 받은 문건과 물건들이 있었다'

면서 '이를 일부러 전달하지 않은 일도 있어 안기부내 지휘계통에선 나를 벼르고 있었을 것'이라고 덧붙였다.

그는 또 언론에서 자신을 '이중간첩'이라고 묘사한 데 대해 '나는 오직 조직(안기부)의 명령에 따라 대한민국의 국익을 위해 북한에 잠시 위장 포섭됐을 뿐'이라며 '나는 결코 간첩이 아니다'고 해명했다. 그는 이어 '더 이상의 정보 노출은 남북관계나 국익을 위해 바람직하지 않다'며 '수년 동안 공들여 쌓아온 북쪽과의 핫라인이 이번 사건의 파장으로 활용하기 어렵게 된 점이 가장 아쉽다'고 말했다." – 한겨레, 3월 20일자 1면

기사만 보면 한겨레가 박채서 씨를 접촉해 직접 인터뷰한 것처럼 돼 있다. 그러나 박채서는 당시 안기부에 들어가 조사 겸 보호를 받고 있었다. 그는 외부에 나간 적도 없고, 기자와 전화로 접촉한 적도 없었다. 그가 안기부로 조사받으러 가기 전까지 만난 기자는 한국일보 기자가 유일했다. 그것도 아자 광고사업 취재로 안면이 있는 한국일보 기자가 추운 날씨에 자신의 아파트 복도에 서 있길래 "차나 한잔하고 가라"고 불러들여 차 한잔한 것이 전부였다.

그런데 박씨가 안기부 조사에서 한겨레가 보도한 것처럼 그런 말을 한 것은 사실이었다. 한겨레는 박 씨를 조사한 안기부 고위층으로부터 박 씨의 주장을 취재해 마치 박채서를 인터뷰한 것처럼 기사화한 것이다. 박채서는 나중에 한겨레를 상대로 출판물에 의한 허위보도 및 명예훼손 혐의로 소송을 제기해 1심에서 4천만 원 손해배상 판결을 받았다. 당시 재판부는 명예훼손에 대해 이렇게 판시했다.

"특히 그 본문에서뿐 아니라 제목 등에 '이중첩자', '남북 모두 허가받은 이중간첩' 등의 표현을 사용함으로써 일반의 독자로서는 기사들을 통하여 원고가 안기부에 소속된 대북공작원의 신분에도 불구하고 대한민국의 안보는 무시한 채 북한을 위

한 간첩활동을 하였으며 대통령선거를 앞두고 당시 집권세력의 정권 재창출을 위한 정치공작 활동을 일선에서 수행하였다는 인상을 가질 수밖에 없다고 할 것이어서 그동안 안기부 소속 공작원으로서 국가의 안보를 위하여 활동해 온 원고의 명예가 현저하게 훼손되었음은 명백하다.”

흑금성 “언론들, 소설 쓰고 있다”

박채서는 이대성 파일이 공개된 지 나흘만인 3월 22일(일) 안기부에 통보를 하고 김당 기자를 찾아갔다. 이대성 파일에 등장하는 핵심 인물인 박채서가 안기부의 조사를 받는 동안, 언론에서는 사실 왜곡과 추측성 기사가 난무했다. 차 한잔 마시고 간 한국일보는 1면 머리기사에 ‘흑금성 박채서 단독 인터뷰’라는 제목을 붙여 사진까지 게재했다. 옷깃도 스친 적이 없는 한겨레는 ‘박채서를 만나 확인했다’는 전제하에 18회에 걸쳐 박채서를 인용해 보도했다. 물론 박채서는 한 번도 언론과 인터뷰를 하거나 사실 확인을 해준 적이 없었다.

자신은 가만히 있는데도 인터뷰를 사칭한 왜곡·추측 보도가 난무하자, 박채서는 한번은 사실관계를 명확히 짚고 갈 필요가 있다고 생각했다. 그러려면 그동안 많은 정보를 서로 공유하고 있으면서도 보도를 하지 않았던 김당 기자와 인터뷰하는 것이 도리에 합당하고 마음도 편했다. 박채서는 3월 22일 일요일 저녁에 아자 사무실에서 김당 기자와 만나 단독 인터뷰를 하고, 직접 시사저널 사무실로 함께 가서 커버스토리 기사의 표지 모델용 스튜디오 사진 촬영에도 응했다.

김당은 ‘흑금성 독점 인터뷰’를 3월 25일 발매된 시사저널에 “언론들, 소설 쓰고 있다”는 제목으로 보도했다. 인터뷰 전문은 이랬다.

= 당신의 신분에 대해 여러 설(說)이 난무하고 있는데, 본인의 신원을 확실히 밝혀 달라.

"충북 청주 출신이고 93년 육군 소령으로 예편했다. 군에 있을 때는 국군 정보사에서 대북 특수임무를 수행했고, 제대 후에는 안기부의 특수공작원으로 일해 왔다. 신분을 더 자세히 밝힐 수 없는 사정을 이해해 달라."

= 언론의 '이중간첩'이라는 표현에 대해서는 어떻게 생각하나?

"(웃으며) 무식하면 용감하다는 말도 있지만, 첩보공작의 세계를 모르기 때문에 그런 추측 보도가 나온 것 같다. 그런 용어는 어느 쪽에서 보느냐에 따라 다르다. 나는 국가의 명을 받고 활동했지만, 저쪽(북한)이 보기에는 포섭된 것이다. 이처럼 보는 시각에 따라 달라진다. 단, 나는 국익을 위해 조직이 시키는 대로 움직였을 뿐이다."

= 언론은 당신을 흑금성이라고 했다가 나중에는 고인돌이라고 하고, 최근에는 흑금성이 공작원 명칭이 아니라 공작이나 공작팀에 붙인 암호명이라고 보도하는데, 어느 것이 맞나?

"(내 암호명은) 흑금성이 맞다. 어느 나라나 특수공작은 팀으로 움직이지 않고 철저히 점(點)으로 움직인다. 침투 타격 같은 단기 공작의 경우 공작팀에 암호명을 붙이기도 하지만, 장기 특수공작은 개인별로 움직인다. 물론 공작원의 암호명은 공작의 보안을 유지하기 위해 상부가 붙이는 것일 뿐 공작원 본인도 모른다. 문서에만 기록되는 것인데, 그것이 신문에 공개되는 바람에 나도 신문을 보고 (내가 흑금성이라는 것을) 알게 되었다."

= 안기부 문건을 보면 흑금성 공작이란, 권영해 전 부장이 지난해 흑금성을 통해 당시 야당 후보 측과 북한 측을 연결한 뒤에 이를 북풍 공작으로 활용하려 한 것이라고 정의할 수 있는데, 이에 동의하는가?

"결과적으로 볼 때 그렇다. 위(안기부 수뇌부)에서는 그런 공작 개념을 가졌을 것이다."

= 그렇다면 당신이 ㅎ신문(3월19일자)과의 인터뷰에서 '나는 그동안 북한·국민회의·한나라당의 관계 속에서 한 중앙에 서 있었다'라고 한 말은 무슨 뜻인가?

"우선 나는 어떤 언론하고도 인터뷰한 적이 없다. 심지어 어떤 신문은 내가 안기부에 들어가 있는 날에도 나를 인터뷰한 것처럼 썼다. 그런 게 한두 가지가 아니라 수십 가지나 되어 일일이 대응할 수가 없을 정도이다. 언론이 그러려니 했지만, 막상 내 일로 당하고 보니 기가 막힌다. 당사자를 만날 수 없으면 제3자를 통해 최소한의 확인절차라도 밟아야 하는데, 사실도 확인하지 않고 소설들을 쓰고 있다. ㅎ신문 기자는 만난 적이 있다. 아자(박채서씨가 전무로 있던 광고회사) 광고사업 때문에 알게 된 그 기자가 진을 치고 있기에 들어와서 차나 한잔 마시고 가라고 하면서 인터뷰할 수 없는 사정을 말했다. 그런데 말한 적이 없는 얘기들을 멋있게 정리했더라. 인터뷰한 것처럼 사진까지 박아 놓았는데, 그 사진은 전에 광고사업 홍보할 때 찍은 것이다."

= 당신은 지금 안기부로부터 보호를 받고 있는가, 조사를 받고 있는가?

"보호도 받고 조사도 받고 있다. 안기부는 조사라고도 하고 사실 확인이라고도 한다. 피의자 신분으로 수사받고 있다면 내가 이렇게 나와서 김 기자를 만날 수 있겠는가?"

= 본의는 아니지만, 당신의 신분이 드러남으로써 아자 사업에 영향을 주지 않겠는가?

"정말 안타깝다. 새 정부가 출범해 남북한 간의 분위기도 좋고, 최초의 남북 사회문화협력사업(아자의 광고사업)이 성사된 때에 이런 일이 터져 정말 아쉽다. 그러나 그들은 순수한 남북 경제협력 사업가들이다. 통일부도 이번 사건과 관계없이 아자 광고협력사업은 유효하다고 유권 해석을 내린 것으로 알고 있다. 내 일과 관계없이 협력사업이 잘 진행되기를 바랄 뿐이다."

= 당신의 안기부 정보보고에 따르면, 김정일 총비서를 면담한 것으로 되어 있는데 과연 만났는가?

"(빙그레 웃으며) 상상에 맡기겠다. 너무 예민한 부분이니 '노 코멘트'한 것으로 해 달라."

김당 기자는 흑금성 인터뷰의 에필로그를 이렇게 정리했다.

"그는 김정일과의 면담 여부보다는 자신이 접촉했던 북한 측 라인이 다칠까 봐 더 염려하는 것처럼 보였다. 그런 점에서 그는 '프로'였다."

37 _ 해고와 77억 원 손해배상 소송

3억 원의 위자료와 해고된 공작원의 남겨진 과제

보안이 노출되면 대북공작은 자동으로 중지하게 돼 있다. 박채서 씨 또한 신분 노출과 이대성 파일 사건의 파장으로 인해 더 이상의 임무 수행은 불가능하게 되었다. 박채서는 1998년 8월 15일부로 안기부의 국가공작원(정보서기관)에서 정식 해고되었다. 안기부는 그에게 퇴직금 명목으로 3억 원의 위자료를 지급했다. IMF 금융위기 당시 3억 원은 적지 않은 금액이었지만, 그에게는 그 돈의 많고 적음이 문제가 아니었다. 지금까지 앞만 보고 달리다가 낭떠러지 끝에 서 있다는 좌절감과 상실감이 문제였다.

상부에서는 그 돈을 현금으로 주면서 이렇게 비아냥댔다.

"3억 원이 우리가 해줄 수 있는 최대치니, 나머지는 당신이 도와준 정권에서 받으시라."

아무리 새로운 정권이 들어선다 한들, 기존의 안기부 요원들의 처지에서는 본래의 공작 진행 틀에서 벗어나 정치권에 휘말려 들어간 박채서가 곱게 보일 리 없었다. 그 점에 대해서는 박채서 본인도 변명의 여지가 없다고 생각했다. 다만, 어느 정도 각오는 했지만, 그 악연이 끝없는 줄로 이어져 2010년 6월 1일 새벽 6시까지 이르게 될 줄 예상하지 못했던 것이다. 국가를 위해 목숨을 걸고 활동했던 그가 그날 국가보안법 위반(간첩죄) 혐의로 긴급 체포된 것이다.

해고된 박채서에게는 안기부의 지원 없이 개인적으로 직접 확인하고 해결해야 할 두 가지 문제가 남아 있었다.

첫째, 박채서는 스스로 자신과 가족의 안전을 보장받고 확인해야 했다. 스파이 소설이나 영화에 등장하는 보호 프로그램은 어디에도 존재하지 않았다. 이대성 파일의 여파로 상부와 수뇌부가 제 기능을 발휘하지 못한 점을 고려해도, 이건 아니었다. 사람을 떠나서도 시스템이 작동하지 않았다. 그가 공작계획을 작성할 때는 분명히 우발계획과 민원 관련 사항에 대응책이 마련되어 있었다. 그런데 적진이 아닌 국내에서 발생한 우발사태인데도 불구하고 아무런 조치가 없었다. 특히 해고 절차에서 주어진 비상연락망 통신선이 불통인 것은 의도적으로 박채서와 그의 문제를 회피한다는 인상을 주었다.

그렇다면 박채서는 스스로 활로를 찾는 수밖에 없었다. 북측과 직접 부딪쳐 담판을 짓기 위해 출국을 시도했으나, 당국은 이미 그를 출국금지 시켜 놓은 상태였다. 박채서는 출국금지 처분의 해제를 요구하는 가처분 행정소송을 제기해 출금을 해제하라는 판결을 받아냈다. 무엇보다도 안기부 수사팀장이 자신에게 통보해 준 김정일의 지시 내용을 확인해야만 했다. '만약 북측에서 마음만 먹는다면 나와 내 가족에 대해 보복 행위를 하는 것은 얼마든지 가능하다'는 것이 그동안 그가 북측과 접촉하며 얻은 결론이었다.

박채서는 베이징으로 날아가 통상의 연락수단을 동원해 리철을 만나게 해달라고 전했다. 사흘 뒤에 숙소인 캠핀스키 호텔로 만날 시간과 장소를 알려주는 메시지가 전달되었다. 장소를 보니 북한 고려항공 베이징 사무소가 있는 홍콩-마카오센터빌딩의 스위소텔(Swissotel) 커피숍이었다. 그는 '여차하면 나를 평양에 데려가려고 하는 것 아닐까' 하는 생각을 잠깐 했다.

오전 11시 커피숍에 가니 김영수 과장은 보이지 않고 리철만 경호원으로 보이는 두 사람과 함께 기다리고 있었다. 간단한 수인사를 마치자, 박채서가 김영수 과장의 안부를 묻기도 전에 리철이 먼저 말했다.

"김 선생은 앞으로 만날 일이 없을 것이오."

김영수는 숙청당했다는 암시였다. 파트너인 리철과는 서로 눈빛과 몸짓만으로 의사소통이 가능할 정도가 되다 보니, 리철이 박채서의 궁금증을 미리 해소시켜준 것이었다. 안기부가 공화국에 침투하는 것을 막는 것이 제1의 직분인 국가안전보위부 반탐과장이 '괴뢰 안기부 국가공작원'과 손을 잡고 북풍 공작을 도모하고, 게다가 김정일 국방위원장이 괴뢰 안기부 공작원을 면담하기까지 했으니 숙청은 불문가지였다. 김정일의 안위를 책임진 호위총국에서는 보위부에 박채서의 신분이 드러나지 않았을 경우 만에 하나 나중에 위해를 가할 가능성도 제기했을 터였다.

박채서는 침통하지만 비장한 목소리로 말했다.

"내가 한 말과 약속은 책임지겠소. 그러나 그 책임은 나 하나로 국한해 주시오. 내 가족과 어머니는 손대지 마시오"

리철은 말이 없었다. 경호원들의 눈치를 보느라, 리철도 자신이 하고 싶은 말을 제대로 못 할 것이 뻔했다. 박채서는 일부러 경호원들 들으라고 큰소리로 덧붙였다.

"내가 딱히 공화국에 직접적으로 해를 끼치는 행위를 한 것은 없지 않소?"

리철은 뜻밖에도 담담하게 말했다.

"박상, 장군님께서 '그 사람도 자기가 속한 국가와 조직을 위해 충성을 다한 것뿐이니 통 크게 봐줘라'고 지시하셨습네다. 장군님의 지시가 있었기 때문에 내가 박상을 다시 만나게 되는 것 아니겠소?"

리철은 이어 "훗날 기회가 되면 광고사업을 다시 해보자"는 말로 여운을 남겼다. 리철의 메시지는 안기부에서 평양과 일본 조총련 사이의 통신을 감청해 잡아낸, '통 크게 봐줘라'는 김정일의 지시와 일치했다. 박채서는 비로소 가족은 안심해도 되겠다는 안도감을 느꼈다. 그러나 한편으로는 씁쓸했다. 아군이 아니라, 적군으로부터 신변보장을 받은 느낌이 들었기 때문이다.

김정일 위원장은 박채서를 통 크게 봐줬는지 모르지만, 자신의 측근에게는 엄격했다. 평양골프장에서 박채서와 내기 골프를 친 국가안전보위부 김영룡 제1부부장은 1998년 10월 뇌물 상납 비리가 적발되어 숙청당했다. 김영룡은 "우리도 개혁개방 해야 잘 살 수 있다"고 발언한 사실이 김정일에게 보고된 것으로 알려졌다.

김정일은 당시 노동당 산하 대남공작 부서의 하나인 35호실(전 대외정보조사부) 권희경 부장도 공작 실패 및 주(駐)소련 대사 재직시절 공금횡령 혐의로 숙청했다. 또한, 김용순 노동당 대남담당 비서와 장성택 조직부 제1부부장은 비리 혐의로 조사를 받았으나, 사안이 경미해 혁명화교육을 받고 복권되었다. 이종찬 안기부장은 1998년 11월 6일 안기부 국정감사에서 김정일의 이 같은 권력 기반 강화 및 고위인사 숙청 동향을 국회 정보위에 보고했다.

이중공작원은 상황에 따라 남북한 양쪽 모두의 희생양이 될 수도 있다. 적진에서 목숨을 걸고 활동하는 다른 특수공작원들이 그러하듯, 박채서도 '버리는 카드'가 되지 않기 위해 자신의 생명을 담보할 안전장치를 복수로 마련해 놓았다. 그가 베이징에 간 것은 안전장치로 걸어놓은 생명줄을 좀 더 튼튼하고 안전하게 관리하는 일도 필요해서였다. 베이징에 갈 때마다 중국어 통역 겸 가이드 역할을 해준 조선족 여성에게 임시 보관해온 '보따리'를 안전하게 조치해야 했다. 그 보따리는 이러한 상황이 벌어질지 모른 채 임시방편으로 보관된, 언제 터질지 모를 '시한폭탄'이었다.

베이징에 다녀온 박채서는 김당 기자에게 이렇게 말했다.

"혹시라도 제 신변에 무슨 문제가 생기면, 비밀장소에 보관해둔 007가방 하나가 김당 기자한테 배달되도록 해놓았습니다. 물건에 대한 처분은 김 기자가 받아보고 판단하시면 됩니다."

그 보따리 속에는 그가 북측 수뇌부를 면담할 때 몰래 녹음한 녹음테이프

원본과 관련 기록 및 자료들이 들어있었다. 그중에는 김정일 위원장을 면담할 때 허리에 복대를 차고 그 안에 숨겨간 소형 카세트 녹음테이프 2개로 녹음한 김정일의 육성과 김영룡의 육성 대화도 있었다. 그 일부는 김대중 정부에 치명상을 안길 수도 있는 내용이었다. 다행히 그 007가방이 김당 기자에게 배달되는 일은 일어나지 않았다. 어찌 보면 그 007가방이 그를 살린 셈이었다.

아자, 정부 상대로 77억 원 손배소송

이대성 파일이 공개되자 3월 30일로 예정됐던 아자 광고사업팀과 삼성전자 사장단의 방북은 공수표가 되었다. 박채서 전무가 안기부 공작원이라는 사실이 공개됐는데, 방북을 한다는 것은 있을 수 없는 일이었다. 만에 하나, 방북단이 북한에 체류하는 중에 이대성 파일이 공개되었다면, 북한에 인질로 억류될 수도 있었다. 통일부는 아자의 대북 광고사업에 대한 사업승인과 협력사업자 승인을 취소했다. 아자는 공중분해될 수밖에 없었다. 아자에 남은 것은 '빚잔치'뿐이었다.

박채서가 두 번째로 시급히 해결해야 할 과제는 회사(아자)를 정리하는 문제였다. 아자의 사업성을 보고 투자한 투자자들은 아자가 안기부의 대북공작을 위한 위장회사였다는 언론 보도를 보고 아연실색했다. 일부는 격분했지만, 그들을 탓할 일은 아니었다. 편승공작이 보안 유출 등의 사유로 실패할 경우에 대비책이 마련되어 있음에도 불구하고 나 몰라라 하는 상부가 문제였다.

정보기관에는 오래된 불문율이 있다. 공작 비밀을 무덤까지 가지고 가는 것이다. 그 대신 공작으로 인해 국민에게 피해를 입혔으면 조용히 배상했다. 이대성 파일이 언론에 공개되어 아자가 안기부 국가공작에 관련된 사실은 어차피 드러난 터였다. 아자의 투자자들에게 떳떳하게 양해를 구하고 관련 예산으로 손실분을 보전해 주는 것이 수립된 공작계획 상의 정당한 절차이자, 국가가 손해배상을 책임지는 당연한 이치였다.

역대 보위부장은 '토사구팽' 신세

국가안전보위부(현 국가안전보위성)는 북한에서 가장 중요한 체제 보위 및 규율 기관의 하나이다. 보위부는 기본적으로 반탐 업무와 해외정보 수집 및 공작, 체제 저해요소 색출 - 제거, 대남회담 지원 업무 등을 수행한다. 이러한 분장에 근거하여 사상 동향 감시, 반체제 사범 및 지도층 비방사건 수사, 정치범 관리 등 체제 유지와 정권 위협요소를 색출 - 제거하는 반탐활동이 핵심 임무라 할 수 있다. 보위부는 정보기관이면서도 해외정보 수집이나 대남공작보다는 내부 체제 유지를 위한 '악역'을 수행해왔다. 보위부가 관장해온, 주민의 공포심을 조장하는 공개처형과 정치범수용소 운영이 대표적이다.

국가안전보위부는 2016년 6월 헌법 개정을 통해 국무위원회가 신설되면서 명칭이 국가안전보위성으로 개칭되었으나 주민들에게는 여전히 공포기구의 대명사인 '보위부'로 통용된다. 흔히 우리나라의 국가정보원과 비교하지만, 보위부는 준사법기관으로서 북한 특유의 체제 보위 임무를 수행한다. 주로 간첩 및 반혁명분자 색출, 주민들의 사상적 동향 감시, 대남 정보업무 등을 담당하고 있다.

국가안전보위성은 북한 정권 수립 전인 1947년 2월 북조선인민위원회 보안국으로 출발했으며 정권 수립과 함께 내각에 소속되었다. 보안국은 1973년 5월 사회안전성(현 인민보안성) 내의 비밀사찰기관이었던 정치보위부에서 분리되어 국가정치보위부로 독립하였다. 각 도와 시 · 군까지 조직을 확대한 것도 이때부터이다. 이처럼 보위부의 독립과 조직확대는 김정일 후계구도가 가시화되는 시대적 배경과 맞물려 있다. 보위부는 김일성 - 김정일 - 김정은으로 이어진 3대 세습체제를 떠받치는 핵심 조직인 것이다.

역대 보위부장의 면면과 말로를 보면, 김일성 - 김정일은 후계체제 구축을 위해 자신이 신뢰하는 심복을 앉혀 '악역'을 대리하게 했지만, 후계체제가 안정화되면 '악역'을 제거하는 사이클이 반복되었음을 알 수 있다. 보위부장 자리는 사냥이 끝나면 사냥개를 삶아 먹는다는 '토사구팽(兎死狗烹)'의 전형인 셈이다.

김일성은 인척인 김병하(金炳夏)를 부장(1973. 2〜1982. 1)으로 앉혀 김정일 후계체제 확립 및 유지에 저해되는 모든 장애요소를 적발 - 색출 - 제거하도록 했다. 김병하는 김정일 세습체제 구축에 결정적 역할을 했지만, 그 과정에서 여론이 악화되자 김정일은 김병하가 애매한 군중을 처형해 당과 대중을 이탈시켰다는 석연치 않은 이유로 그를 숙청했다. 자신이 김일성-김정일 부자의 사냥 개에 불과했다는 사실을 깨달은 김병하는 집무실에서 권총으로 자살한 것으로 알려졌다.

국가정치보위부는 2대 이진수(李鎭洙) 부장(1982. 1~ 1987. 8) 시절인 1982년 4월 정무원(내각)에서 분리되어 국가보위부로 개칭되었다가, 1993년에 국가안전보위부로 바뀌었다. 이진수는 1987년 8월 황해남도의 보위부 사업실태를 파악하러 내려가 보위부 침실에서 잠을 자다가 밤나무 가스에 중독돼 사망한 것으로 알려졌다.

김정일은 국가보위부 시절부터 사실상 보위부를 장악해 이진수 부장 이후로는 부장을 공석으로 둔 채 제1부부장을 내세워 대리 통치를 하면서 보위부를 관리 통제해왔다. 이 때문에 국가안전기획부는 한동안 누가 보위부장인지 촉각을 곤두세웠으나 공석이 오래 지속되자 사실상 김정일이 보위부장을 겸임한다는 결론을 내린 바 있다. 김정일은 이후 김영룡 제1부부장(1988~1998년), 장성택 직무대리(1999~2004년), 우동측 제1부부장(2005~2012년) 체제로 운영하면서 보위부를 직접 지휘 · 지도했다.

김영룡은 1998년에 뇌물 상납 비리가 적발되어 김정일로부터 반(反)당 - 반(反)혁명 종파분자로 몰리자 회의 도중에 극약을 먹고 자살한 것으로 알려졌다. 김영룡은 "우리도 개혁개방 해야 잘 살 수 있다"고 발언한 사실이 김정일에게 보고된 것으로 알려졌다. 김영룡 숙청 이후에는 매제인 장성택 조직지도부 제1부부장이 한동안 보위부장 직무대리를 겸임토록 했으나, 장성택 또한 2013년 12월에 보위부 특별군사재판에서 사형 선고를 받고 처형되었다.

김정일이 김정은 후계체제 구축을 위해 기용한 우동측 제1부부장도 김정은 체제 출범과 함께 '토사구팽'된 인물이다. 우동측은 2009년 국가보위부 제1부부장에 임명된 이후 인민군 대장, 조선노동당 중앙위원회 위원, 중앙군사위 위원, 중앙위원회 정치국 후보위원을 겸하면서 김정은 후계구축 과정의 핵심실세로 위치를 굳혔다. 우동측은 북한 군부의 최고실세로 꼽힌 리영호 총참모장과 함께 김정일 영결식 때 운구차를 호위했던 핵심 인사 8명 중 한 명으로, 김정은 체제에서 승승장구할 것이라고 예상됐지만 2012년 3월 이후 북한 권력 무대에서 완전히 사라졌다. 이에 앞서 후계구축에서 반대세력 색출에 앞장섰던 유경 보위부 부부장도 2011년 간첩죄로 공개 처형당했다.

2011년 김정일 사후 김정은 체제가 들어서면서 2012년 4월 김원홍이 부장이 되었다. 김원홍은 보위사령관(한국의 기무사령관 격)을 지내다가 김정은이 후계자로 내정된 이후 장성택의 추천으로 인민군 총정치국 부국장을 맡아 김정은의 군 장악 사업을 주도했다. 이후 최용해 총정치국장 밑에서 실력을 인정받아 김정은 체제가 공식 출범한 직후인 2012년 4월 국가안전보위부장에 임명되었다. 이후 그는 장성택 노동당 행정부장(2013. 12), 현영철 인민무력부장(2015. 4), 최영건 내각 부총리(2015. 5) 등 고위 간부 숙청을 주도하고, 보위성 조직의 성원을 10만 명에서 15만 명으로 늘리는 등 한때 '2인자'로까지 불렸다.

그러나 김정은 집권을 도운 당·군·보안기관 공신들을 실각·처형 시키는 '악역'을 수행한 김원홍도 2017년 1월 1일 김정은의 금수산태양궁전 참배에 동행한 이후 매체에서 사라졌다. 통일부는 그로부터 한 달 뒤에 "국가보위상 김원홍이 노동당 조직지도부의 검열을 받고 1월 중순경 대장에서 소장(별 1개)으로 강등된 이후 해임됐다"면서 "표면적으로는 보위성이 조사 과정에서 자행한 고문 등 인권유린과 함께 월권과 부정부패 등이 원인인 것으로 보인다"고 정례 브리핑에서 밝혔다.

그러나 나중에 북한 내부 소식통들을 통해 전해진 바에 따르면, 김원홍은 보위상 해임과 동시에 2012년 보위부장에 임명되기 전에 역임했던 군 총정치국 조직부국장으로 이동했다고 한다. 해임된 김원홍을 대신해 보위상을 임시로 맡은 인물은 이정록 보위성 부상으로 알려졌다. 이정록 부상은 보위성에서 성장한 인물이며, 1987년 지방 시찰 중 사망한 2대 보위상 이진수의 사위로 알려졌다.

그럼에도 안기부는 이를 전 정권하에서 발생한 일로 치부하고, 새로 바뀐 지휘부는 사법처리가 진행 중인 전임자들이 책임질 일로 미루는 통해 그 누구도 복잡한 민사 문제를 나서서 해결하려 들지 않았다. 수장이 바뀐 안기부는 그냥 침묵할 뿐이었다.

이대성 파일의 광풍이 휩쓸고 간 뒤에 아자의 대북사업에 투자한 투자자들과 광고주인 삼성 등이 모두 큰 손해를 입었지만, 특히 앞장서서 지인 투자자들을 끌어들여 아자를 키운 정진호 회장의 분노가 제일 컸다. 정 회장은 DJP연합 공동정부의 한 축인 자민련의 정진석 의원을 통해 정동영 의원에게 문제 해결을 요청했으나 거절당했다. 한국일보 정치부 차장과 논설위원을 지낸 기자 시절부터 정동영과 잘 아는 정진석 의원은 정진호 회장의 친동생이었다.

그러자 정 회장은 회사에 막대한 손해를 끼친 박채서 전무를 상대로 법적인 절차를 밟겠다고 최후통첩을 했다. 국가의 지시에 따라 공작 활동의 일환으로 업무를 수행한 박채서로서는 이러지도 저러지도 못할 처지였다. 결국, 박채서는 '아자가 국가를 상대로 손해배상을 청구하면 안기부의 편승공작을 수행한 자신이 증인으로 나서겠다'는 조건으로 정 회장을 설득해 손해배상 청구 절차가 시작되었다.

먼저 MBC가 아자에 거액을 지불하고 북한에서 TV 프로그램을 찍으려고 했는데 방북 승인 취소로 무산됐다며 2차 방북을 자진 철회했다. 이어 그해 5월 아자 측에 MBC가 지불한 55만 달러를 반환하라고 청구했다. 1997년 북한 금강산국제관광총회사와 500만 달러에 5년간 백두산·금강산 등지의 촬영·제작권 계약을 맺은 아자는 MBC에 계약금 5억3천여만 원, 1차 용역비 3억7천여만 원 등 9억여 원에 이 권한을 넘기되, 이에 대한 금강산회사의 서면승인을 못 받거나 MBC－금강산회사간 직접계약 체결이 무산되면 계약금을 반환키로 했다.

반면에 정진호 고문은 "아자와 MBC는 비용을 절반씩 물기로 했으니 22만

5천 달러는 돌려줄 수 있어도 이미 북한에 65만 달러를 지불했으니 MBC는 그 절반인 32만5천 달러를 부담해야 한다"고 주장했다. 아자에서 제공한 65만 달러는 보위부를 통해 김정일 위원장에게 건네진 돈이다. 아자는 김정일을 상대로 반환 청구소송까지 생각했지만, 북한 당국이 이 돈을 돌려줄 리는 만무했다. 한때 동업자였던 양측의 대립은 소송으로 비화해, 결국 MBC는 2000년 3월 55만 달러를 1998년 환율로 계산한 9억 원 반환소송을 제기했다.

이에 대해 1심 재판부는 9억 원의 계약금을 반환하라고 원고 승소판결을 내렸으나, 2심 재판부(서울고법 민사22부 김이수 부장판사[59])는 "피고들은 1차 용역비 3억7천여만 원만 반환하라"고 원고 일부승소 판결했다. 재판부는 판결문에서 "아자 직원이 1997년 12월 베이징에서 금강산회사 총사장의 서명을 받은 계약서에 MBC 사장이 서명함으로써 아자는 직접계약 알선의무를 이행했다"며 "MBC가 '흑금성'사태로 방북증명서 발급신청을 철회했다 해도 계약상 방북증명서 발급은 스스로 책임지게 돼 있어 아자에 책임을 물을 수 없다"고 밝혔다.

한편, MBC로부터 소송을 당하기 전에 아자는 정부가 기밀관리에 실패해 박채서 전무의 실체를 공개하는 바람에 대북사업이 무산되었다며, 정부를 상대로 77억 원의 손해배상 청구소송을 제기했다. 77억 원은 북한에 지급한 65만 달러와 삼성의 광고 촬영이 무산됨으로 인해 소진된 비용 등 각종 경비를 더한 것이다.

법정 증언대에 선 국가 비밀공작원

이 사건을 맡은 1심 재판부(서울지법 제22 민사부)는 아자에 패소를 선고했다. 1심 법원은 "박채서 씨가 안기부의 공작원으로 활동한 것은 사실로 보이나 안기부의 문서나 자료로 확증되지 않는다"며 아자에 패소 판결을 내렸다. 심증

주59 _ 2012년에 헌법재판관이 되었으나 2017년 문재인 정부 출범 이후 헌법재판소장 국회 인준청문회에서 부결된 그 김이수 헌법재판소장 권한대행이다.

은 가지만 물증이 없다는 논리였다. 재판부는 안기부에서 작성한 흑금성 공작계획서를 갖고 오거나 당시 흑금성을 지휘한 안기부 관계자를 증인으로 출석시킬 것을 요구했으나, 안기부는 비밀임을 이유로 공작계획서 등 관련 자료를 제공하지 않았고 관계자들도 법정에 출두시키지 않았다.

이렇게 되자 아자는 엄상익(嚴相益) 변호사를 2심 변호인으로 선임해 항소했다. 엄 변호사는 박채서 씨가 국정원으로 바뀐 안기부의 공작원이라는 사실을 증명하는 데 주력했다. 엄 변호사는 재판부에 국정원의 흑금성 공작 서류에 대한 문서제출명령을 신청했다. 재판부는 일단 변호인의 신청을 수용해 국정원에 문서제출명령을 내렸다. 재판부의 예상대로 국정원에서 온 답변은 '부존재'라는 세 글자뿐이었다. 아예 공작 서류가 존재하지도 않는다는 데야 달리해볼 도리가 없었다.

그러나 공작 서류는 '부존재'할지 몰라도, '걸어 다니는 서류'는 존재했다. 공작 서류를 내놓지 않으니 공작원을 증인으로 불러내는 수밖에 없었다.

정보기관은 혹시 있을지 모를 이중공작원의 배신에 늘 대비해야 한다. 공작원은 자신이 언제 어떻게 테스트를 받는지 모르지만, 공작관과 그 윗선은 철저한 디브리핑과 평가로 늘 공작원을 테스트한다. 최악의 상황은 공작원이 적의 편으로 넘어가거나 해외로 망명하는 경우이다. 그보다는 차악이지만 공작원이 공작활동이나 비밀을 폭로하는 것도 수뇌부에는 끔찍하기는 마찬가지다. 그래서 비밀이 많은 공작원일수록 해고할 때는 보안서약서 같은 안전장치를 해놓는다.

박채서도 해고될 때 위자료 3억 원을 받고 보안서약서를 쓰고 나왔다. 그러나 그는 엄상익 변호사가 증인 출석을 요청하자 기꺼이 받아들였다. 비밀 누설로 처벌을 받을 수도 있고, 민사상의 불이익을 받을 수도 있었다. 그는 이렇게 말했다.

"국가공작원으로서 비밀을 무덤까지 가지고 가려고 했습니다. 그러나 이

나라가 저나 박기영 씨에게 하는 태도를 보면 정말 섭섭합니다. 조폭 사회에서도 이런 졸렬한 배신은 하지 않습니다. 국가가 끝까지 오리발을 내밀면 내가 증인을 서겠습니다."

국가 비밀공작은 국익을 위해 비합법적으로 수행하는 통치 행위의 한 수단으로 간주된다. 그래서 국가 비밀공작의 최종 승인권자는 대개 국가정보기관장(국가정보원장)이지만, 경우에 따라서는 대통령이 인가한다. 그러나 비밀공작은 대부분 국내법과 국제법상 불법 행위를 수반하기 때문에 비밀공작이나 흑색공작원의 실체를 인정하는 국가는 지구상에 없다. 그래서 흑색공작원을 자국의 법정에 세우는 일 또한 거의 없는 것이다.

국가 비밀공작원이 증인으로 신청되어 법정에 서면 비밀공작 활동이 공개되는 유례없는 일이 생길 수도 있었다. 난감한 재판장은 정보기관을 대표해서 온 실무자를 판사실로 불러 설득했다. 비밀공작원이 증언하는 경우는 적절치 않다고 판단했기 때문이다. 그러나 국정원은 지난 정권에서 벌어진 일이어서 그런지 별다른 대응을 하지 않았다. 마침내 비공개 재판정에 흑금성 공작원이 증인으로 섰다. 그는 아자 편승공작과 비밀의 일부를 법정에서 털어놓았다. 그는 마지막에 이렇게 말했다.

"국가가 비겁한 겁니다. 그래서 나와서는 안 될 제가 나온 겁니다."

아자는 국가를 상대로 기나긴 법정 소송 끝에 2003년 6월 "안기부 파일 공개로 직원으로 위장 취업한 안기부 공작원 '흑금성'의 신분이 공개돼 대북사업에 손해를 봤다"며 서울고법에서 6억5천만 원의 승소판결을 받았다. 이후 대법원은 2004년 8월 원심을 확정했다. 결국 MBC로부터 55만 달러를 받아 북한 보위부에 65만 달러를 넘긴 아자는 정부로부터 6억5천만 원을 배상받아 이 가운데서 3억7천만 원을 MBC에 물어준 셈이다.

미국 정보 당국, 박채서에 망명 제의

이대성 파일의 유출 및 공개 사건은 정상적인 국가나 정보기관에서는 일어날 수 없고, 일어나서도 안 될 사건이었다. 미국에서는 2003년에 CIA 비밀요원의 신분이 언론에 누설되면서 불거지기 시작해 정치 스캔들로까지 비화된 이른바 리크 게이트(leak gate) 사건이 발생한 적이 있다.

2003년 7월 미국의 칼럼니스트 로버트 노박(Robert Novak)이 워싱턴포스트에 게재한 칼럼에서 CIA 비밀요원의 신분을 누설한 데서 비롯되었다. 앞서 2002년 2월, CIA는 요제프 윌슨(Joseph C. Wilson) 전 이라크 대사를 니제르에 파견해 이라크 정부가 핵무기 제조를 위해 우라늄을 구입하려 했다는 정보를 조사하게 했다. 윌슨은 이 정보가 허위라는 보고서를 제출했으나, 이라크 침공의 명분을 찾던 부시 행정부는 윌슨의 보고를 무시해 버렸다. 윌슨은 이라크전 발발 이후 대량살상 무기가 발견되지 않아 미국 내에서 이라크전의 정당성에 대한 비판이 높아진 가운데, 2003년 7월 뉴욕타임스에 부시 대통령의 이라크 침공 논리가 왜곡된 것이라고 폭로했다.

그러자 친공화당계인 노박이 칼럼에서 고위 행정부 관리의 말을 인용해 윌슨이 CIA 비밀요원인 부인 플레임(Valerie Plame Wilson) 덕에 니제르 임무를 맡을 수 있었다면서 플레임의 신분을 누설했다. 윌슨은 행정부 관리들이 자신의 기고문에 대한 보복으로 아내의 신분을 일부러 언론에 누설한 것이라고 공격했다. CIA는 이 사건을 고발했고, 법무부는 특별검사를 임명해 수사에 들어갔다.

이후 이 사건은 법원의 명령에도 불구하고 취재원을 공개하지 않은 뉴욕타임스 기자가 구속되어 언론의 자유 문제로 변질되었으나, 취재원이 부시의 최측근인 백악관 비서실 부실장과 비서실장으로 알려지면서 정치 스캔들로 확대되었다. 특검 조사결과 플레임 신원 정보를 넘겨준 것은 리비(Louis Libby) 부통령 비서실장으로 밝혀졌다. 당초 리비는 플레임에 대해 기자들로부터 들었다고 주장했으나, 이후 체니 부통령으로부터 직접 들었던 것으로 드러나면서 결국

2005년 10월 말 위증 등의 혐의로 기소됐다.

국가공작원에 대한 신분 공개는 국가를 위해 개인을 희생하는 정신으로 군에서부터 쌓아온 박채서의 직무와 지위, 그리고 명예를 송두리째 빼앗아 갔을 뿐 아니라, 오장육부가 굳어지는 정신적 트라우마를 안겼다. 1995년 5월 평양으로 오라는 저들의 요청으로 처음 방북했을 때, 양각도호텔에서 며칠 동안 홀로 남겨진 채 감시받으며 겪어야 했던 정신적 고통으로 오장육부가 굳어진 이후 두 번째였다. 누구보다도 육체와 정신의 강인함을 자부했던 그였지만 한 계점에 이른 느낌이었다.

국정원에서 해고된 박채서는 박기영 대표의 의료보험 카드를 이용해 백병원에 다니며 심리치료를 받아야 했다. 지인들의 도움으로 건강식품을 섭취하며 건강을 회복했다. 미국 정보당국에서 망명을 제의해온 것도 이 무렵이었다. 과거에 정보사 한-미 합동공작대에서 근무할 때 인연이 있던 김태우 씨를 통해 은밀히 연락을 해왔다. 박채서가 '오산 미군 비행장을 통해 가족과 함께 미국으로 오라는 제의를 받았다'고 알리자, 아내가 반대했다.

"정상적 출국도 아니고, 미국 측의 제의에 따라 우리 가족이 오산 미군 비행장을 통해 비밀리에 도미하게 되면 도망가는 꼴이 돼요. 그러면 우리 딸들은 영원히 조국을 버리고 도망한 부모의 자식이라는 멍에를 쓰게 될 텐데…. 당신이 잘못한 게 없으면 당당하게 한국에서 삽시다."

맞는 말이었다. 망명을 제의한 미국 측의 저의도 의심스러웠다. 물론 그가 출국금지 상태였기 때문에 그런 제안을 했겠지만, 굳이 오산 비행장을 통해 비밀 출국시키려는 방식이 미덥지 않았다. 박채서는 정중하게 망명 제안을 거절했다.

그해 6월경 청주고 선배인 중앙일보 이현일 정치부장이 안양 C.C에서 운동을 함께 하자는 연락을 받고 나가니 삼성 비서실 임원들이 라운딩 멤버로 와 있었다. 그중 한 사람은 고교 선배로 삼성그룹 홍보기획 담당 전무라는 명함을 내밀었다. 이현일 부장에 따르면, 국정원 국내파트에서 처장(과장)으로 근무하다가 삼성에 스카웃 되었다고 했다. 박채서는 그 선배를 통해 그동안 응어리진 채 풀지 못했던 수수께끼의 실마리를 풀었다.

국정원과 검찰이 권영해 부장과 박일용 차장, 그리고 이대성 203실장 등을 안기부법 및 공직선거법 위반 혐의로 사법처리해 유죄 선고를 받았지만, 이대성 파일 유출 사건에서 풀지 못한 숙제는 이대성 실장이 권영해의 지시로 짜깁기해 만든 파일 5부 중에서 누가 어떤 목적으로 한 부를 한겨레 신문에 유출했느냐는 거였다. 그런데 그 전무의 입에서 이건희 회장에게 최종 보고한 내용이라는 뜻밖의 발언이 나왔다.

보고 내용의 핵심은 삼성의 대북사업에 위기의식을 느낀 현대가 삼성의 대북사업을 무산시킬 목적으로 한겨레에 제보했다는 것이다. 이를 뒷받침하는 물적 증거는 없지만 그럴듯했다. 정주영 회장은 장석중 씨를 통해 대북사업의 라인을 만들려고 할 만큼 '올인'했다. 그런데 삼성이 김대중 정부 출범에 편승해 대북사업을 추진해 주도권을 쥐게 되면, 정 회장이 품어온 평생의 꿈과 현대의 대북사업은 설 땅이 없다는 위기감을 느끼던 터에, 이대성 파일의 존재를 알게 되자 이를 현대가 처한 어려운 상황을 반전시킬 절호의 기회로 삼아 언론에 제보했다는 거였다.

가설이지만 그 뒤로 삼성이 대북사업에서 빠지고 대우도 남포에서 철수하는 등 현대의 독무대가 된 대북사업의 진행 과정과 결과를 보면 설득력이 없지 않았다.

38 _ 국가공작원의 외도(外道)

이대성 파일이라는 태풍이 휩쓸고 간 자리

박채서는 8월 15일 정식 해고와 함께 대북사업에 손을 떼면서 A4 용지 두 장 분량의 건의서를 작성해 국정원에 전했다. 핵심 요지는 두 가지였다.

첫째, 대북정책을 추진하면서 기업, 특히 대기업은 활용하되 의존하지는 말라는 것이다. 기업은 태생적으로 기업주인 오너와 기업의 이익이 최선이고 국가와 민족의 이익은 후순위이다. 어찌 보면 당연한 이치이지만 남과 북 사이에서 기업의 사업 참여는 다른 의미가 있다.

특히 오랫동안 박채서의 파트너였던 리철은 경제일꾼임에도 그에게 돈이면 뭐든지 할 수 있다는 남한 대기업의 잘못된 '돈질' 행태에 대해 충고를 해주었다. 그러나 기업인들은 결코 자선사업가가 아니고 손해 보는 장사는 하지 않았다. 대기업의 돈질의 이면에는 그 곱절의 대가와 기대수익이 자리 잡고 있었다. 이런 충고에도 불구하고 김대중 정부는 통 큰 정주영 회장과 현대그룹에 의존하더니 끝내는 남북정상회담까지 현대의 손을 빌려야 했다.

둘째, 대북정책을 추진·시행하는 과정에서 접촉하게 되는 관료 등 북한 사람들과 돈으로 거래하지 말라는 것이다. 북한처럼 경직된 사회에서 잘못된 선례를 만들면 제2, 제3의 기업들은 그 예에 준해서 대가를 지불해야 하므로 그것은 적폐를 쌓은 것이었다. 그것은 누구의 잘못이라기보다는 북한 사회의 구조적 문제였다. 대남일꾼들은 남측 상대로부터 돈과 물품 등 대가를 받아오지 못하면 무능력자로 찍히거나 중간에 가로챈 것으로 의심을 샀다.

이는 개혁개방이 되어 사회 구조와 구성원의 의식구조가 바뀌지 않고서는 풀기 어려운 문제였다.

그러나 박채서의 건의는 무시되거나 오히려 그 반대로 시행되었다. 우선 정주영 회장과 현대에 대북사업의 독점적 지위를 인정하고, 정주영 회장에게 남북한의 메신저 역할을 부여함으로써 정부의 대북정책 입안자들이 정 회장에게 의존하게 만들었다.

사업가인 정 회장은 그런 상황을 자신과 현대의 이익을 위해 최대한 활용했음은 물론이다. 예를 들어 금강산관광은 1998년 11월 18일 처음 시작했으나 육로를 통한 대규모 관광이 이뤄질 것이라는 기대와 달리 한동안 배를 이용한 관광만 제한적으로 실시되었다.

그 이유는 간단했다. 정주영 회장은 육로관광이 전면적으로 시행될 경우, 금강산관광의 독점 운영이 사라진다고 판단했다. 금강산에 육로가 개설되면 관광객들이 자가용 승용차나 대형 버스를 타고 자유롭게 드나들게 되어 통제가 사실상 불가능하다고 판단해 선박을 이용한 제한된 관광을 계속 고수한 것이다.

그런 가운데서도 정주영 회장과 현대는 1998년 6월 소 500마리를 이끌고 판문점을 통해 방북하고, 4개월 뒤인 그해 11월 다시 501마리 소떼몰이 방북 이벤트를 성사시켜 세계적인 뉴스거리를 제공했다. 물론 소떼몰이 방북 자체는 훌륭한 이벤트였지만, 그 이면에는 대북 투자의 왜곡 현상이 있었다.

두 차례의 소떼몰이 방북 이벤트에 소요된 경비는 소값과 사료값, 그리고 차량 등을 합쳐 44억7천만 원으로 알려졌다. 그러나 나중에 김정일의 매제인 장성택이 박채서에게 직접 들려준 바에 따르면, 소 떼와 함께 미화 1억7천200

만 달러가 실려 왔다는 것이다. 왜 하필이면 1억7천200만 달러인지는 알 길이 없으나, 당시 환율[60]로 2천억 원에 맞춘 것일 수 있다. 대북사업에서 통 크기로 유명한 정주영 회장의 돈질이 시작된 것이다. 그는 손해 보는 장사는 안 하는 장사꾼이었다. 그러나 그가 대북사업에 '기름칠'을 한 돈질의 부작용은 컸다.

현대그룹의 돈질은 급기야 남북정상회담을 고리로 북측에 10억 달러를 베팅하는 무리수를 두는 데에 이르렀다. 정주영 명예회장은 아들 정몽헌 회장이 '김정일에게 10억 달러를 주고 대북 7대 사업의 독점적 사업권을 따왔다'고 보고하자, 아들을 대견스러워하며 가까운 기업인에게 자랑했다. 10억 달러(1조 원)라는 거액을 주더라도 그만한 이익을 창출할 수 있다는 자신감의 발로였다. 그러나 이후 현대그룹은 유동성 위기에 몰리게 된다.

정몽헌 회장이 자살한 뒤에 대북사업을 맡은 부인 현정은 회장이 현대아산 김윤규 사장을 전격 경질했을 때, 현대아산 임직원들보다 오히려 북측 관계자들이 더 격렬하게 반대했다. 북측 대남일꾼들이 자신들에게 뒷돈을 챙겨 주던 김윤규 사장이 경질되면 뒷주머니가 곤궁해질 것을 우려해 남측 기업 인사에 불만을 표출하는 웃지 못할 촌극을 벌인 것이다.

공작원의 외도(外道), 이산가족 상봉 길을 트다

김대중 대통령이 가장 심혈을 기울여 추진한 대북정책은 이산가족 해결 문제였다. 김대중 대통령은 '다른 어떤 대북 관련 문제보다 이산가족 문제가 시급한 이유는 시간이 흐르면서 고령의 이산가족분들이 사망하기 때문에 하루라도 빨리, 한 사람이라도 더 죽기 전에 헤어진 가족을 만나게 해주어야 한다'고 공식 언급했다. 특히 단체상봉보다 개별상봉의 물꼬를 트기 위해 물밑 접촉을 통해 부단히 노력했다. 정주영 회장에게도 개별적으로 이산가족 문제에 최선을

주60 _ 1997년 IMF 긴급구제금융 사태를 전후해 환율 변동 추이를 보면, 그해 10월 1달러당 965원이던 환율은 12월 1,962원까지 치솟았다.

다해두도록 당부했다는 것이다.

1999년 5월경 박채서는 평소 잘 알고 지낸 을지로 소재 가든골프 상회 박종권 사장으로부터 조원문이라는 사람을 소개받았다. 소공동 롯데호텔 커피숍에서 만나보니, 자신의 매형이 1.4후퇴 때 함흥에서 월남한 이산가족인데 지금까지 고향에 남겨진 두 아들을 만나기 위해 백방으로 노력했으나 실패했다며 도와 달라고 사정했다. 사정을 들어보니 딱하긴 했다. 브로커가 큰소리를 쳐 기대감을 잔뜩 부풀려 놓고선 돈만 떼어 먹는 바람에 매형이 그 충격으로 두 번이나 쓰러졌는데, 한 번 더 쓰러지면 생명이 위험하다는 의사의 경고를 받았다는 것이다. 조 씨는 매형이 자식들을 만나고 싶어 하는 마음이 너무 간절해, 저러다가 죽는 것 아닌가 싶어 찾아왔다고 했다.

그러나 박채서는 나설 상황이나 입장이 아니었다. 대북 문제에는 더 이상 말려들고 싶지 않다며 거절했다. 그러나 조 씨는 끈질기게 붙잡고 놓아주질 않았다. 곁에 있던 박종권 사장도 "죽은 사람 소원도 들어준다는데 한 번만 도와 달라"며 간곡하게 부탁했다. 박채서는 3시간 동안 시달림을 당한 끝에 한 번 알아보겠노라고 대답하고 자리를 떴다. 그러나 솔직히 자신이 없었다. 브로커들이 중국 동북3성 지방에서 비공식적으로 몰래 이산가족 만남을 주선한다는 이야기는 들어보았지만, 북한 당국이 공식적으로 개별상봉을 허가해준 적은 없었기 때문이다.

그의 매형이라는 한명훈(韓明燻, 78)은 1.4후퇴 때 고향인 함흥을 떠나 피난길에 올랐는데, 당시 두 살 된 아들과 아내 뱃속의 아기를 두고 떠나왔다고 했다. 수많은 피난민이 그러하듯, 그도 전쟁이 끝나면 다시 돌아갈 생각이었지만 두 번 다시 고향 땅을 밟을 일은 일어나지 않았다. 휴전으로 38선이 철조망으로 가로막히자 그는 남한에서 재혼해 새살림을 차렸으나 슬하에 자식을 하나도 두지 못했다.

한 씨가 여러 직업을 전전하다가 자리 잡고 성공한 사업이 장례업이었다.

종로 무과수제과 근처의 '중앙장의사'가 그의 가업이었다. 백병원 등 서울 시내 5개 종합병원 장례식장과 장의 차량을 독점 운영하면서 상당한 재력가가 되었지만, 나이가 들자 고향과 자손에 대한 애착이 더 커졌다. 한 씨는 고향 출신의 캐나다 교포를 통해 고향에 있는 자식들의 근황을 확인했다. 그 뒤로 자식들을 만나기 위해 갖은 노력을 기울였으나 번번이 실패하고, 그 과정에서 25억 원이나 사기를 당했다고 했다. 한 씨는 박채서의 두 손을 붙잡고 자신의 마지막 소원은 죽기 전에 두 아들을 만나는 것이라고 하소연했다.

박채서는 혹시나 하는 기대를 갖고 리철에게 의중을 떠보았다. 때마침 리철은 부하 직원들을 데리고 베이징에 머물고 있었다. 리철은 북남(北南) 최고위급 지도자의 역사적인 상봉, 즉 6.15 남북정상회담을 성공적으로 개최하기 위한 준비작업을 위해 베이징에 나왔다고 했다. 남한과 미국·중국 정세를 파악하기 위해 관련 자료와 전문가의 의견을 수집하려고 나온 것이었다.

뜻밖에도 리철은 "개별 상봉이 가능한지 알아보겠다"며 한명훈 씨의 인적 사항을 달라고 했다. 그러면서 리철은 박채서에게 남북정상회담 준비를 위한 자료 수집을 부탁했다. 박채서는 "자료를 수집하는 것은 기자들이 노하우가 있으니 김당 기자에게 부탁하겠다"고 전했다.

박채서는 귀국해 조원문에게 "매형과 두 아들의 인적 사항을 전달했으니 좋은 소식이 오길 기다려 보자"고 했다. 이어 김당 기자를 만나 리철의 근황을 전하며 만나볼 것을 조심스럽게 권유했다.

"리철이 베이징에 나와 있습니다. 남북정상회담에 대비해 한반도 정세에 관한 자료를 수집하고 있으니, 김 기자가 저들의 의향도 파악할 겸 해서 만나보는 게 어떻겠소."

당국에 사전 접촉 신고를 하지 않고 북측 인사와 만나 자료를 전하는 것은 자칫 국가보안법 위반 혐의로 기소될 수도 있는 사안이었다. 하지만 박채서는 김대중 정부 주요 인사들과 교분이 있는 김당 기자라면 그런 부담을 갖지 않으리라고 판단했다. 또한, 김당 기자는 박채서 전무가 공작원이라는 신분이 드러나 아자의 대북 광고사업의 계약이 해지된 뒤에도, 리철과 베이징에서 몇 번 만난 적이 있었다. 당시 리철은 북풍 사건의 재판 기록을 김당 기자에게 부탁했지만, 김당은 완곡하게 거절한 바 있다.

김당은 남북정상회담을 앞두고 일부러라도 북측 인사를 만날 터인데 베이징에 와 있다니 취재를 할 겸 해서 기꺼이 만나기로 했다. 김당은 청와대 홈페이지에 띄운 '남북정상회담 전략'과 세종연구소의 〈국가전략〉 중에서 전문가들의 정상회담 제언, 그리고 자신이 회원으로 있는 민간 전략문제연구소인 한국전략문제연구소의 정기 보고서(팸플릿) 등을 프린트하거나 다운로드 받았다. 이어 베이징에서 리철을 만나 전달하고, 북측은 정상회담에 어떤 의도를 갖고 임하는지에 대해 취재했다. 김당은 이로 인해 2010년 6월 박채서 씨가 국가보안법 위반 혐의로 체포되었을 때, 리철과 접촉한 것과 관련해 국정원 대공수사국에서 조사를 받았다.

한명훈 씨, 내국인으로 첫 이산가족 개별상봉

박채서는 김당 기자와 별도로 리철을 만나 한명훈 씨의 개별상봉을 정상회담의 사전 분위기 조성용으로 만들자는데 의견을 모았다. 박채서는 리철이 보고서를 작성했기 때문에 어느 정도 성사 가능성을 기대했다. 실제로 한 달도 채 안 되어 리철을 통해 한명훈에 대한 초청장이 서울에 도착했다. 문제는 북한 주민 접촉승인을 받은 적이 없는 한명훈 씨가 어떻게 해서 북한 측의 초청장을 받게 되었는지를 통일부에 설명해야 하는 것이었다.

박채서는 궁리 끝에 이번에도 기자에게 부탁하기로 했다. 그는 아자 광고사업 당시 파트너였던 MBC의 김현경 기자에게 부탁해, 김 기자가 방북 초청장을 주선한 것처럼 짜고, 한명훈 씨와 조원문 씨를 통일부에 보내 보고하도록 했다. 초청장에는 '이산가족 상봉'이라는 방북 목적과, 이를 위한 북한 당국의 '신변보장과 무사 귀환' 약속이 기재되어 있었다. 통일부는 믿기지 않지만, 통일부를 오래 출입한 베테랑 북한 전문기자가 주선했다니 믿지 않을 도리가 없었다. 정상회담을 앞둔 상황인 만큼 통일부는 북한의 개별상봉 초청 소식을 청와대까지 보고했다. 이를 보고받은 김대중 대통령은 상봉을 적극 지원하라고 지시했다.

한명훈 씨는 얼떨결에 베이징에 가 북한 영사관에서 북한 비자를 받고, 평양행 고려항공을 타기 위해 베이징 서우두공항으로 향했다. 탑승장에서 대기하던 한명훈 씨는 아들을 만나러 가는 것이 도무지 믿기지 않은 듯, 배웅 나온 박채서 씨를 붙잡고 다섯 번이나 되물었다.

"박 선생, 이게 꿈은 아니겠죠?"

한 씨는 혈육에 대한 그리움과 어린 자식들을 버리고 온 죄책감 때문에 두만강까지 가서 강 건너 북녘땅을 바라보면서 한없이 울기를 수없이 되풀이했다고 했다. 북녘땅을 더 가까이서 보기 위해 일제 니콘 망원경을 사가지고 가서 보았다는 말에 박채서는 눈시울이 붉어지곤 했다. 동행한 조원문 씨는 박채서가 베이징에서 진행 상황을 준비해준 대로 통일부에 보고했다.

한명훈 씨는 일주일 동안 평양 고려호텔에서 두 아들과 같이 머물면서 식사는 물론, 시내 관광과 쇼핑을 했다. 민간인의 이산가족 상봉 목적의 개별 방북과 상봉은 전무후무한 일이었다. 북한은 그 무렵에 고향인 황해도 사리원과 친지들을 위해 아낌없는 물량 공세를 퍼부은 에이스침대 창업주 안유수(安有洙) 회장에게도 그때까지 공식적인 가족 상봉은 허락하지 않았다. 리철은 안유수 회장이 사업을 구실로 고향을 잠깐 방문해 어릴 적 옛집에 들러 우물을 보고 울음을 터뜨렸다고 전해주었다.

안유수 회장은 그 후 꾸준히 고향인 황해북도 사리원을 지원해왔다. 안 회장은 2009년에 사리원에 대규모 농장 조성을 지원한 데 이어, 2014년 9월 30일 영농 물자를 실은 대형 화물차 20대를 이끌고 방북해 정주영 회장의 소 떼 방북 이후 16년 만에 민간기업에 의한 육로 물자수송을 재현했다. 안 회장은 당시 직접 수송단을 이끌고 고향인 사리원까지 들어갔다. 그동안은 개성에 물자를 내려주고 오는 데 그쳤지만, 남측 화물차가 개성을 넘어 현지까지 갔다 오는 건 분단 이후 처음이었다.

한명훈 씨는 아주 특별한 경우였다. 가족 상봉을 위해 평양에서 직접 차량과 사람을 보내 함흥의 두 아들을 데려오기까지 했다. 리철은 나중에 박채서에게 이렇게 말했다.

"박상, 한 영감(한명훈)은 공화국에서 아주 특별한 대우를 받았습네다. 왜 그런지 아시우? 박상이 주선한 사업이라는 소식을 전해 듣고, 장성택 – 김경희 동지가 직접 나서 그런 겝니다."

무사히 두 아들을 만나고 돌아온 한 씨는 막무가내로 박채서에게 매달렸다. 꿈에 그리던 아들을 만나고 오자 이번에는 새로운 욕심이 생겼다. 죽기 전에 고향 함흥에 가서 부모님 산소에 술 한잔 올리게 해달라는 것이었다. 말을 그렇게 했지만, 그의 속내는 두 며느리와 손주들을 보고 싶은 마음이 더 강했다. 결국, 한 씨는 아내까지 동반해서 고향을 방문해 부모님 산소에 성묘하고 산소에서 며느리와 손주들을 만날 수 있었다.

가족 상봉에 이어 고향 방문까지 마치고 돌아온 한명훈 씨는 자신의 평생 소원을 풀어준 박채서에게 마음껏 사용하라며 법인 카드를 주고, 국산 대형 승용차를 한 대 선물했다. 한명훈 씨가 박채서 씨의 주선으로 평양에 가서 가족을 상봉하고 고향 방문까지 했다는 소식이 알려진 탓인지, 가족 상봉 주선을 부탁하는 요청이 여기저기서 들어왔다.

박채서는 이후 MBC 김윤영 PD의 부탁으로 가수 현미와 남보원 씨의 가족 상봉을 위한 방북을 주선했다. 남보원은 평양에서 누나를 만났지만, 현미는 과거 동북3성의 모처에서 가족을 몰래 만난 사실이 방송되는 바람에 만나지 못했다. 대한주택건설협회 대구시 회장 등을 역임하며 사회봉사 활동을 해온 오명옥(1930~2013년) ㈜평광주택건설 회장은 흩어진 가족을 어렵사리 찾았지만, 어머니가 돌아가셨다는 소식을 듣고 방북을 포기했다.

평북 정주가 고향인 조선일보 방우영(方又榮, 1928~2016년) 회장도 처음 박채서를 통해 방북 및 가족 상봉을 추진했다. 박채서는 조선일보가 그동안 북한에 대해 적대적인 기사를 많이 게재해 북한 지도부와 껄끄러운 관계임에도 방 회장의 방북을 도와주었는데, 방 회장 측이 중간에 라인을 바꿔 타는 바람에 북측으로부터 거부를 당했다. 그 외에도 몇 사람이 박채서 씨의 주선으로 방북해 가족과 상봉하거나 가족의 생사를 확인했다.

에필로그

편승공작(便乘工作)

흔히 첩보와 방첩은 창(槍)과 방패(防牌)로 비유한다. 모든 국가는 상대국에 스파이를 내보내거나 침투시킨다. 또한, 모든 나라는 외국의 스파이들이 들어와 활동하는 것을 막기 위해 방첩 관련 법과 방첩기관을 운영한다.

선진국은 첩보기관과 방첩기관을 분리해 운용한다. 미국의 중앙정보국(CIA)와 연방수사국(FBI), 영국의 비밀정보부(SIS, MI6)와 보안정보국(SS, MI5), 그리고 러시아의 해외정보부(SVR)와 연방보안국(FSB) 등이 대표적이다.

북한도 엄격히 구분하면 분리형이다. 북한은 2009년 2월 인민무력부 산하에 정찰총국을 신설해 대남 · 해외 공작업무를 총괄 지휘하도록 하고 있다. 한국의 국정원에 해당하는 국가보위부, 기무사와 유사한 보위사, 경찰청에 해당하는 인민보안성은 북한의 대표적 방첩 정보기관이다. 적을 알아야 막을 수 있으므로 방첩기관도 첩보를 수집한다.

한국은 국가정보원(NIS)이라는 첩보 기능과 방첩기능이 통합된 강력한 정보기관을 운영한다. 국가정보원법 제3조에 따른 방첩(防諜)에 관한 업무의 수행과 이를 위한 기관 간 협조 등에 관한 사항을 규정한 방첩업무규정(대통령령)에 따르면, 방첩기관은 국가정보원, 경찰청, 해양경찰청, 국군기무사 등이다.

방첩업무규정에 따르면 방첩은 "국가안보와 국익에 반하는 외국의 정보활동을 찾아내고 그 정보활동을 견제·차단하기 위하여 하는 정보의 수집·작성 및 배포 등을 포함한 모든 대응활동"을 의미한다.

방첩기관과 달리 첩보기관은 업무를 규정해 놓은 법령이 없다. 비밀공작(covert action)을 수행하는 첩보기관의 업무 자체가 대부분 '불법'이기 때문이다. 미국 국가안보법(National Security Act)은 비밀공작을 "정부의 역할이 겉으로 드러나거나 공개적으로 알려지지 않도록 하면서, 해외의 정치, 경제, 군사 상황들에 영향력을 행사하려는 정부의 활동"으로 정의한다. 한국에서는 비밀공작을 정의한 법 규정 자체가 없다.

그러나 관련 법 규정이 있든 없든, 모든 나라는 상대국에 스파이를 내보내거나 침투시킨다. 북한이 남파공작원을 침투시키듯, 남한도 북파공작원을 침투시킨다. 주로 국군정보사와 국정원 해외·대북파트 요원들이 해외와 북한에서 방첩기관의 '그물망'과 '방패'를 뚫고 들어가 첩보·공작 활동을 펼친다.

지구상에 존재하는 그 어떠한 직업도 스파이 활동처럼 철저하게 음지에서 이루어지는 경우는 없다. 스파이들은 자신의 신분보호를 위해 지인과 친구, 심지어는 자신의 가족에게도 신분을 숨겨야만 하는 고독한 직업의 소유자이다. 신분노출은 그들의 직업적 생명의 최후를 의미하는 것임과 동시에, 다른 나라의 정보기관이나 범죄조직 등에 의해 생명까지도 위협받는 무방비 상태로의 전환을 의미한다.

국정원 국내파트 요원들과 달리, 해외·대북파트 요원들은 법적인 보호막이 전혀 없다. 이들은 블랙·그레이·화이트라는 다양한 신분으로 다른 나라(북한 포함)에 침투해 '불법'으로 정보 수집과 공작 활동을 한다. 당연히 해당국 방첩기관에 적발되면, 그 신분에 따라 추방(화이트) 당하거나, 교도소에 수감되거나, 사형(블랙)당할 수도 있다.

북한은 군수경제와 인민경제가 분리되어 있다. 북한에서는 당이나 군·내각에 속한 기관들이 기업체를 운영해 번 돈을 운영비로 사용한다. 김정은의 '자강력 제일주의'는 김일성·김정일의 '자력갱생'의 새로운 버전이다. 국가보위부는 당시 '명성'이라는 회사를 운영했다. '명성'은 돈을 벌어 국가보위부 비자금이나 공작금으로 활용했다. 명성의 돈벌이는 '스스로 공작금을 마련해 공작하라'는 조선로동당의 지시를 충실히 이행하는 것이었다. 박채서는 그 돈벌이 공간을 파고들려고 했다.

한국 정보기관이 펼치는 대북공작 유형은 다양하다. 그중의 하나가 대북사업을 하려는 사람에게 접근해, 그 사업을 도와주는 방법으로 위장 침투하는 '편승공작(便乘工作)'이다. 편승공작은 그 사업이 본궤도에 오르면 정보기관으로부터 예산을 지원받지 않아도 되기 때문에 수명이 길다는 장점이 있다. 그 대북사업이 북한 보위부(명성)와 연결돼 있다면, 정보기관은 대북사업가에게 편의를 제공하고, 북한 보위부에는 공작금을 벌 수 있는 기회를 제공함으로써 서로 '윈-윈'하는 공작을 펼칠 수 있다.

안기부, 정보사 공작을 '턴키 베이스'로 인수

국정원은 '국가정보기관'이다. 그 용어 속에는 부문정보기관의 업무를 기획·조정한다는 뜻을 내포하고 있다. 국정원의 직무를 정한 국가정보원법 제3조 1항 5호의 "정보 및 보안 업무의 기획·조정"이 그것이다. 또한 국정원법은 "기획·조정의 범위와 대상 기관 및 절차 등에 관한 사항은 대통령령으로 정한다"고 돼 있다. 그 대통령령이 '정보 및 보안업무 기획·조정 규정'이다.

'정보 및 보안업무 기획·조정 규정' 제3조에 의하면, "국정원장은 국가정보 및 보안 업무에 관한 정책의 수립 등 기획업무를 수행하며, 동 정보 및 보안 업무의 통합기능 수행을 위하여 필요한 합리적 범위 내에서 각 정보 수사기관의 업무와 행정기관의 정보 및 보안 업무를 조정한다"고 돼 있다.

이 규정에 의하면, 국정원장이 관할하는 기획업무의 범위는 △국가 기본정보정책의 수립 △국가 정보의 중 · 장기 판단 △국가 정보목표 우선순위의 작성 △국가 보안방책의 수립 △정보예산의 편성 △정보 및 보안 업무의 기본지침 수립 등이다. 이 규정에 의한 국정원장의 조정 대상기관과 업무의 범위는 다음과 같이, 거의 모든 정부 부처를 망라하고 있다.

▲ 과학기술정보통신부(우편검열 및 정보자료의 수집, 북한 및 외국의 과학 기술 정보 및 자료의 수집관리와 활용, 전파감시) △외교부(국외정보의 수집, 출입국자의 보안, 재외국민의 실태, 통신보안) △통일부(통일에 관한 국내외 정세의 조사 · 분석 및 평가, 남북대화, 이북5도의 실정에 관한 조사 · 분석 및 평가, 통일교육) △법무부(국내 보안정보의 수집 · 작성, 정보사범 등에 대한 검찰정보의 처리, 공소보류된 자의 신병처리, 적성압수금품 등의 처리, 정보사범 등의 보도 및 교도, 출입국자의 보안, 통신보안)

▲ 국방부(국외정보 · 국내보안정보 · 통신정보 및 통신보안 업무, 정보사범 등에 대한 검찰정보의 처리, 공소보류된 자의 신병처리, 적성압수금품 등의 처리, 정보사범 등의 보도 및 교도, 군인 및 군무원의 신원조사업무지침, 정보사범 등의 내사 · 수사 및 시찰) △행정안전부(국내 보안정보(외사정보 포함)의 수집 · 작성, 정보사범 등의 내사 · 수사 및 시찰, 신원조사업무, 통신정보 및 통신보안 업무)

▲ 문화체육관광부(공연물 및 영화의 검열 · 조사 · 분석 및 평가, 신문 · 통신 그밖의 정기간행물과 방송 등 대중전달매체의 활동 조사 · 분석 및 평가, 대공심리전, 대공민간활동) △산업통상자원부(국외정보의 수집) △국토교통부(국내 보안정보(외사정보 포함)의 수집 · 작성) △해양수산부(국내 보안정보(외사정보 포함)의 수집 · 작성) △방송통신위원회(전파감시, 그밖에 통신정보 및 통신보안 업무) △그 밖의 정보 및 보안 업무 관련 기관(정보 및 보안 관련 업무)

이 '정보 및 보안 업무 기획 · 조정 규정'에 근거해 국정원은 국내 모든 정보기관에 예산을 지원하면서 관련 업무를 통제한다. 국정원의 정보 및 보안 업무

기획·조정은, 복수의 정보기관이 정보 및 보안 자산을 중복 투자하는 것을 예방하고, 부문정보기관을 포함한 다수의 공작팀이 북한의 한 인물이나 한 기관을 상대로 동시에 공작하는 것을 예방하는 수단이기도 하다. 한 인물이나 한 기관을 상대로 동시에 공작이 이뤄지면, 충돌할 가능성과 그로 인해 실패할 확률이 그만큼 크기 때문이다.

국정원은 예산을 지원하며 부문정보기관의 업무를 통제하기 때문에 비밀스런 공작 업무도 어느 정도 파악하고 있다. 당시 안기부에서 해외 대북공작 활동을 하는 해외조사실(203실)의 남영식 실장과 송봉선 2단장은 국군정보사 공작단 박채서 공작관이 수행한 북한 농산물 '포대갈이' 사업과 조총련계 재일교포 시바다 아리요시(서재호)를 통한 우회 침투공작에 주목했다.

상당 기간 박채서 소령의 우회 침투공작을 주시해온 안기부는 이 정보사 공작이 장기적으로 북한 침투에 성공할 가능성을 높게 평가해 일종의 '턴 키 베이스(turn-key system)'[61]로 인수하기로 했다. 이에 따라 안기부는 국군정보사 공작단 박채서 공작관을 1993년 4월 육군 소령으로 전역과 동시에 공작원으로 스카우트했다. 안기부직원법 시행령의 경력채용 계급부여 기준표에 따르면, 군인의 경우 '소령 3년 이상 중령 4년 미만'은 특정직 4급(정보서기관)에 채용할 수 있다.

물론 공작원으로 특채가 되었다고 해서 곧바로 공작이 시작되는 것은 아니다. 이후 공작원의 신분 세탁과 여건 조성이 동시에 진행되었다.

여건 조성 단계

비밀공작은 통상 계획의 수립, 공작의 결정, 공작의 수행이라는 3단계로 이행된다. 우선 비밀공작은 다른 외교적, 정치적 수단이 없을 때 최후의 방법으로

주61_턴키 방식(turn-key system)은 플랜트 수출이나 해외 건설공사 수주방식 중 하나로 키(열쇠)만 돌리면 설비나 공장을 가동시킬 수 있는 상태로 인도한다는 데서 유래했으며, 일괄수주계약이라고 한다.

선택하는 정당성을 확보해야 한다. 이어 공작을 수행할 공작원과 예산의 확보, 외교적·군사적 지원 능력의 유무 등 다양한 요소들을 검토해 공작수행 여부를 판단해야 한다. 그리고 비밀공작은 반드시 성공할 수 있는 능력이 확인된 경우에만 수행해야 한다. 비밀공작은 성공의 과실이 크지만, 실패할 경우 인력 손실은 물론, 경제적 손실과 국가 이미지 훼손 등 국가가 입게 될 손실 또한 회복할 수 없을 만큼 크기 때문이다.

통상적으로 정보·방첩기관의 포섭공작은 물색(Spotting), 평가(Assessing), 여건 조성(Development), 포섭(Recruitment)이라는 4단계를 거쳐 진행된다. 물론 절대적인 것은 아니다. 현장 상황에 따라서는 전략적으로 중간 과정을 생략하거나 최초 접촉 시 포섭을 시도하기도 한다. 이때 협조자나 공작원을 포섭해 공작 여건을 만들어가는 단계를 '여건 조성'이라고 부른다.

박채서가 정보사 공작관일 때는 협조자나 공작원을 포섭하는 것이 주 업무였으나, 안기부 공작원이 된 지금은 북한 정보기관에 협조자로 포섭당하는 것이 목표가 되었다. 포섭에는 돈이나 이성에 대한 욕망이건, 이념이나 체제에 대한 불만이건 동기가 필요하다. 흔히 포섭을 위한 수단으로는 MICE, 즉 Money(돈), Ideology(이념), Compromise(타협), Ego(자존심)라는 네 가지가 거론된다.

박채서가 공작관일 때는 이 네 가지 수단을 동원해 포섭했으나, 이제는 물색, 평가, 여건조성, 포섭의 네 단계마다 가능한 한 자연스럽게 포섭에 활용되는 취약점과 동기를 주렁주렁 단 포섭 대상이 되어야 했다. 포섭에 취약해 보이는 금전 문제와 조직에 대한 불평불만은 박채서 입장에서 포섭을 당하기 위한 '미끼'였다.

예를 들어 카드 연체 및 은행대출 이자·과소비·결혼비용 마련·자녀의 사교육비 부담 등으로 야기된 '재정적 궁핍'은 포섭 대상을 물색하는 북한 정보기관의 눈에 띄기 딱 좋은 취약점이었다. 거기에 탐욕과 조직에 대한 불만이나 복수심까지 가졌다는 평가를 받으면 포섭 대상자로 금상첨화였다. 게다가 박채서는 적절한 과시욕도 가진 것처럼 보였다.

그러나 정보기관은 예민하다. 섣불리 미끼를 덥석 물지 않는다. 입질만 하면서 간을 보거나 다른 물고기가 물도록 해 반응을 떠보기도 한다. 북한 보위부는 보위부대로, 안기부는 안기부대로 공략 여건을 조성하고 공작을 본격적인 궤도로 진입시키는 단계에서 서로 상대방의 주어진 여건을 검증하는 과정 앞에서 신중하게 접근했다. 그러나 오랜 기다림 끝에 보위부는 장성택의 장조카, 장현철을 금전적 위기에 빠트린 뒤에 엔젤 투자자처럼 나타난 박채서를 물었다.

정보기관은 자기에게 접근하는 세력이 사용하는 돈이 어디에서 나오는지를 본능적으로 체크한다. 편승공작은 안기부나 정보사로부터 예산을 지원받지 않기 때문에 어떤 공작보다도 수명이 길다는 것이 장점이다. 하지만 이 공작이 성공하려면 편승한 사업이 잘 돼야 하는데, 이를 위해서는 정보기관의 '보이지 않는' 지원이 있어야 했다. 다시 말해 안기부와 정보사 등이 나서서 "아자가 하는 것은 분명하다"는 소문을 퍼뜨려, 주요 기업이 아자의 광고주가 되게 밀어주어야 했다.

해가 바뀐 1996년 1월 베이징으로 날아간 박채서는 자신의 카운터파트인 리철을 만나 이렇게 말했다.

"북조선이 돈을 벌 수 있는 아이디어를 주겠소. 남조선의 광고회사가 북한에 가서 광고를 찍을 기회를 주면 상당한 돈을 벌 수 있을 것이오."

한국의 촬영팀이 북한에 들어가 촬영하는 것은 김정일 위원장의 허가를 받아야 하는 사항이었다. 평양에 들어간 리철은 긍정적인 답변을 갖고 나왔다. 김정일 위원장에게 보고해 큰 틀에서 내락을 받았다는 의미였다.

본건 진입 단계

국가인가 공작은 국가정보기관 내부 계통에 따른 품의 절차를 거치고 나서, 국가 최고 정책결정권자인 대통령의 승인을 받는다. 해외 대북공작으로 잔뼈가 굵은 안기부 8국의 송봉선 단장과 이강복 전문공작관은 1995년 3월 박채서 공작원이 아자의 대북 광고사업에 편승한 공작을 국가인가 공작으로 편성해 안기부장과 대통령의 승인을 받았다. 이로써 암호명 '흑금성'으로 명명된 박채서의 공작 계선은 '박채서 국가공작원(정보서기관)·이강복 전문공작관(정보부이사관)·송봉선 공작2단장(정보이사관)·남영식 8국장(정보관리관, 이후 안기부 조직개편으로 이대성 '203실장')·권영해 안기부장'으로 연결되었다.

모든 공작은 그것을 진행시키기 위한 기초적 양식과 형식이 필요한 바, 이를 충족시키기 위한 다양한 활동이 함께 진행된다. 예를 들어 박채서는 공작 여건 조성계획을 통해서 기본공작계획서를 작성하고, 공작을 본격적으로 진행시키기 위해 필요한 자료 수집을 활발하게 진행했다.

흑금성공작은 우리 측 공작원이 북한 보위부에 위장 포섭되는 것이 핵심이었다. 따라서 안기부가 판단할 때 최소한 보위부가 우리 쪽 공작원을 파트너로 인정해 공작원이 저들과 격의 없는 대화를 나누고, 접촉하거나 방북할 때 어느 정도 행동의 자유를 느낄 때쯤이면 공작이 본 궤도로 진입했다고 판단할 수 있었다.

그 시기는 우리 쪽 노력도 중요하지만, 상대방의 판단 기준에 따라 빨라질 수 있고 늦어질 수도 있다. 안기부 수뇌부는 흑금성공작이 정상적인 단계였다고 판단했다. 당시는 북한 사람을 접촉하는 것도 힘든데 공작원이 북한을 직접 방문해 감시받지 않고 자유롭게 활동할 수 있다는 것은 우리 측에 더없이 좋은 공작여건이었다. 흑금성 공작원이 보위부와 접촉하는 것 자체가 북한 사회를 엿보는 귀중한 첩보 자료이며, 그가 방북할 때마다 직접 보고 듣는 것 모두가 귀중한 첩보 자료로 활용되는 시기였다.

비밀공작의 수행과정에서 가장 중요한 것은 사전이건 사후건 비밀을 유지하는 것이다. 외부에 알려지는 비밀공작은 대부분 실패한 것이거나, 국가 간 정치, 외교적 이슈가 없는 것들이다. 그리고 공작의 성패를 좌우하는 중요한 요소 중의 하나는 최일선에서 움직이는 비밀공작원의 능력과 의지이다.

공작관을 비롯한 상부는 공작기획과 공작사업을 지원하는 역할이지, 이들이 현장의 공작원을 대신할 수는 없다. 공작원은 사소한 접촉일지라도 사전에 철저한 대비와 훈련을 통해 북측 상대와 접촉하고 행동한다. 예상되는 상대의 말과 행동, 예측되는 그들의 요구사항을 비롯한 예상 접촉 인원의 성향 등은 말할 것도 없고, 그들에게 주는 선물조차도 철저하게 사전 준비된 것이어야 한다. 공작원은 소지품까지도 사전 준비된 것만 휴대할 수 있다.

언제 어디서 어떤 돌발상황과 사소한 물품이 발단이 되어 예기치 못한 공작 외적인 사태를 야기할지 모르기 때문에, 그런 사태를 예방하려면 공작 참여 요원들은 단 한 순간도 긴장을 풀지 않고 대비해야 한다. 아무리 준비를 철저히 하고 전문가를 동원해 예상되는 상황을 교육해도 실제 현장에서는 20%도 실현되지 못한다. 나머지는 공작원의 즉흥적인 판단과 능력에 의존할 수밖에 없다. 그런 능력은 교육과 지식으로 되는 것이 아니다. 그것은 스포츠나 대중문화의 스타 플레이어들이 공통적으로 갖고 있는 '끼'처럼 타고난 순발력과 대처 능력에서 나온다.

성과 거양(擧揚) 단계

공작을 운용 목적면에서 보면 수집·와해·역용공작으로 나눌 수 있다. 수집공작 중에서 상대국 지역에 심어놓은 공작망을 고정간첩 공작이라고 한다. 특히, 상대방 공작원을 이용하는 것을 역용공작이라고 한다. 와해공작은 상대방의 공작망을 위축시키거나 기반을 없애버리는 공작이다. 적의 공작자금을 허비하게 하거나 유인하는 경우와, 중요한 인사를 납치하는 것도 넓은 의미의 와해공작이다.

그러나 이 분류는 사실상 의미가 없다. 통상 수집을 하다가 목표에 더 깊이 접근하고, 상대방의 신임을 얻으면 와해공작으로 발전한다. 역용공작은 와해공작을 정보를 수집하는 데 이용하는 데 불과한 것이다. 그리고 와해공작으로 써먹다가 용도가 없어지면 모략공작으로 전환해야 하는 경우도 있다. 결국 현장의 돌발상황에 공작원이 어떻게 대응하느냐가 중요하다.

공작은 공작관, 공작원과 협조자, 공작목표와 목표지역의 환경으로 구성된다. 목표는 특정 인물이거나 특정 시설이다. 목표에 가까이 가기 위해 주변 인물을 중간목표로 정하기도 한다. 흑금성 공작에서 원래의 공작목표는 북한 주민을 감시하고 체제를 유지하는 정보−방첩기관인 국가안전보위부였으나, 나중에는 보위부는 중간목표로 바뀌고 북한의 최고 수뇌부인 김정일 국방위원장이 공작목표로 확대되었다.

공작환경에 따라 여러 가지 공작기법이 나온다. 북한과 같이 폐쇄된 체제인가, 개방된 국가인가, 부패한 후진국인가, 스캔들에 약한 선진국인가에 따라 공작기법이 달라진다. 공작은 본래 인간의 보편적인 약점을 파고 들어가는 '더티 잡(dirty job)'이다. 공작은 상대의 약점을 잡고 자신의 의도대로 끌고 갈 수 있어야 한다.

흑금성 박채서는 타고난 순발력과 대처능력으로 비교적 짧은 기간에 성과 거양(擧揚) 단계로 진입했다. 박채서는 편승공작인 대북 광고사업을 정석대로 하되, 때에 따라서 자신의 독단적 결정이 필요한 경우에는 선(先)조치 후(後)보고하는 과단성을 보였다. 그것은 자신이 떳떳하고 사심 없이 공작에 매진했기 때문에 정당화될 수 있었으며 공작업무 또한 그로 인한 하자가 발생하지 않았다.

사실 국가의 막강한 행정적 지원과 예산을 사용하는 공작관과 공작원들이 자신의 공작 성과와 공작 업무를 가장해 사적인 업무에 활용하는 사례는 적지 않았다. 또한, 공작보안 때문에 현장을 직접 확인·감독할 수 없다는 제도적 취약점을 구실삼아 허황되거나 거짓이 가미된 공작보고서를 만드는 경우도 비일비재했다. 마음만 먹으면 대통령까지도 무능력자로 만들 수 있는 것이 국가정보기관의 비밀공작요원들이었다. '북한은 고장 난 비행기와 같아서 언제 떨어질지 모른다'는 김영삼 대통령의 북한 붕괴론 인식도 대북공작원들이 제보한 잘못된 정보가 입력된 사례였다.

1995년 5월 첫 비밀 방북한 이후 거둔 흑금성 공작의 성과는 안기부 최우수 공작 평가를 받은 것으로 객관적 평가를 할 수 있다. 흑금성 공작은 1996년에 이어 1997년에도 2년 연속 안기부 최고팀으로 선정되어 당시 권영해 안기부장으로부터 각각 4천만 원과 5천만 원의 포상금과 축하상품을 받았다. 이미 국가공작계획도 승인되었고, 국가비밀공작원으로 정식 채용 되었겠다, 적당히 지위와 여건을 활용하며 오래오래 안주했다면, 박채서는 아마도 공작의 세계에서 롱런하며 안정된 사회생활을 유지할 수 있었을 것이다.

그런데 흑금성 공작은 성과가 너무 빨리 나타났고, 또한 너무 크고, 중요했다. 흑금성의 디브리핑과 공작 성과는 즉각 안기부장에 보고되고 그 결과물은 청와대까지도 보고될 만큼 중요한 공작사업으로 부각되었다. 그로선 앞만 보고 달리다 보니 자신도 모르게 너무 깊이 들어와 버린 셈이었다. 그러다 보니 남북한 정치인과 북한 수뇌부한테서 보지 말고, 듣지 말고, 알아선 안 될 추악한 모습까지 접근하게 된 것이다.

대북공작 80%가 C급 이하, '살아있는 공작'은 10% 이하

'정보의 정치화' 또는 '정치화된 정보'에 따른 첩보 활동의 실패는 의외로 빈번하게 일어난다. 1989년 당시 서동권 안기부장은 북한정보국에 북한의 식량난에 관한 보고를 하라고 지시했다. 부장의 지시를 받은 북한정보국장은 '북한이 식량난 때문에 군량미를 방출하고 있다'는 보고를 하고 싶어 했다. 자신이 그런 첩보를 보았다는 것이다. 담당관들은 그런 첩보를 본 적이 없다고 했다. 김일성은 주민들이 굶어 죽는다고 전쟁 비축미를 헐어 낼 사람이 아니었다.

담당관들은 '정보의 난지도'에 버려진 느낌이었다. 쓰레기더미를 아무리 헤집고 다닌들 그런 정보가 나올 리 만무했다. 당시 북한정보국의 분석관들은 인간정보에 의한 공작첩보를 잘 믿지 않았다. 공작관들이 곧잘 첩보를 조작한다고 생각했기 때문이다. 분석관들이 여러 가지 첩보를 종합해서 분석한 내용은 퇴짜를 맞곤 했다. 분석보고서를 올리면 보고하는 사람은 책임지기가 싫어 "근거가 있어?" 하고 되물었다. 그래서 그저 생첩보를 요약하는 수준을 벗어나지 못했다. 달리 대안이 없었다.

이미 통신정보는 죽어가고 있고 사진영상정보는 미국에 의존해야 했다. 이런 형편에서 안기부가 독점적인 우위를 가질 수 있는 것은 공작첩보밖에 없었다. 북한이 식량난과 외화난 때문에 조금씩 문을 열고 있던 그때야말로 공작환경이 가장 좋을 때였다. 그러나 당시 200여 개의 사업(공작)에서 1년에 250억 원 이상을 들여 수집하는 공작첩보가 겨우 3~4%만 쓰이고 나머지는 쓰레기통으로 들어가고 있었다. 그런데도 공작부서의 입김이 셌기 때문에 대북공작이나 해외공작은 그때까지 감사관실의 감사도 받지 않았다.

공작 교범에 따르면 공작관은 공작계획서를 작성할 때 공작목표, 중간목표, 공작원, 접근요소, 활동지역, 공작원 약점, 조종방법, 연락수단, 물자 및 자금 지원 방법, 위해(危害) 요소, 비상연락선, 도피 및 탈출방법, 활동 실적 등을 고려해야 한다. 공작 담당관들은 이러한 리스트를 기준으로 분기별로 공작을 평가하게 돼 있다. 거기에는 공작 추진과정에서의 애로사항과 성과가 부진한 이유 등을 기록하게 된다. 대북공작 유형을 [그림3]으로 정리하면 다음과 같다.

공작 유형은 주변 환경을 이용하여 어떤 공작원을 쓰고 있느냐에 따라 분류할 수 있다. 예를 들어 1960년대에는 월북자 가족이나 일본의 북송교포들을 이용한 대북공작이 많았다. 이에 비해 군(정보사)은 휴전선을 침투하는 전선공작을 발전시켰고, 지금도 고전적인 방법으로 사용하고 있다. 북한은 폐쇄 국가라서 들어갈 구멍이 마땅치 않기 때문에 이런 방법을 쓸 수밖에 없었다. 그것은 북한의 처지도 마찬가지였다. 1960년대는 남한에 연고가 있는 월북자들을 공

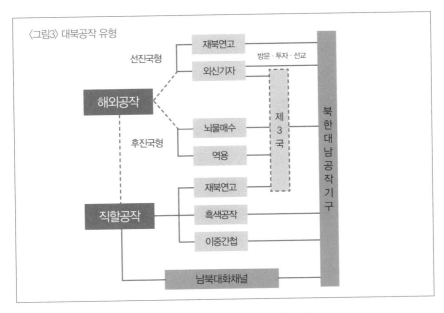

〈그림3〉 대북공작 유형

작원으로 선발해 침투시키는 연고자 공작이 기본이었다.

그러나 남북한 모두 이런 연고자 공작을 계속하는 것이 힘들어졌다. 월북자나 재일교포 북송자들은 이미 고령이 되었거나 이용 가치가 없어져 숙청되어 버렸다. 아니면 지방으로 쫓겨나서 평양에 집중된 공작목표에 가까이 갈 수가 없다. 북한은 1990년대 경제난 이후 공작금이 없어 공작망을 유지하지 못하거나 선이 끊긴 경우가 대부분이었다. 그런데 이는 '사돈네 남의 말'이 아니다. 국정원에도 연락조차 끊겨 공작 암호명만 살아있는 '죽은 공작'들이 단지 선(線)이 살아있다는 이유만으로 공작금을 타가는 경우도 있다.

1970년대에는 북한이 재일조선인총련합회(조총련)를 이용하여 대남공작을 적극적으로 펴던 때이다. 당시 중앙정보부는 이에 대응하기 위해 일본에만 공작요원을 50명 이상 보낼 만큼 공세적으로 공작 활동을 전개했다. 이때는 북한의 간첩을 역이용하거나 와해하는 공작이 성과를 보았다. 당시 북한은 해외동포에게만 제한적으로 문을 열어 놓았기 때문에, 제3국을 우회하는 이런 은밀한 역용 – 와해공작 활동이 가능했다. 그러나 지금은 대부분이 노출되거나 이용 가치가 없어진 '죽은 공작'이 되어버렸다.

1980년대 말부터는 북한이 달러를 벌고 외국의 자본을 유치하기 위해 문호를 부분적으로 개방했다. 이 때문에 기강이 흐트러져 철벽같은 북한 사회에도 구멍이 생기기 시작했다. 정보기관으로서는 공작의 호기가 온 것이다. 안기부는 이때 비교적 활동이 자유로운 기자나 종교인 등 정치 색채가 없는 사람들을 공작원이나 협조자로 이용하였다. 설령 문제가 생겨도 발뺌하기가 좋기 때문이다. 그러나 이들은 취재나 선교라는 본연의 목적이 있기 때문에 이른바 '조종'하기가 쉽지 않다. 오히려 이들이 공작기관을 자기들의 취재나 선교사업에 이용하는 경우가 많았다. 따라서 누이 좋고 매부 좋은 이런 류의 편승공작이 가장 활발했다.

제3국을 이용하는 공작은 상대국가에 따라 차이가 있다. 선진국의 경우 북한을 방문하는 교포나 투자하는 기업을 통해 이루어지는 경우가 많다. 1990년대부터는 선교 활동을 중심으로 한 공작이 활발했다. 북한과 교류가 활발한 후진국의 경우, 상대방 정보기관 요원이나 외교부의 직원을 매수하는 경우가 가장 많다. 그들이 바로 외교관으로 북한에 가기 때문이다. 중국은 외교관들의 대외 접촉에 대한 통제가 심하고 기밀누설죄로 처벌하는 경우가 빈번해 접근하기가 어렵지만, 공작목표에 접근하기가 용이해 일단 협조자로만 관계를 유지해도 대북공작에 상당한 성과를 거둘 수가 있다.

'공작의 꽃' 흑색공작

공교롭게도 정보사 출신의 흑금성 공작원 박채서는 '고인돌 사업'의 협조자 윤홍준을 담당한 이재일 담당관의 청주고등학교 10년 선배였다. 그래서 이재일은 1993년경에 당시 자신의 팀장이었던 이강복 서기관에게 박채서를 소개해준 적이 있다. 그러나 이강복 팀장이 전문공작관(부이사관)이 되고 박채서가 안기부 공작원으로 정식 채용된 이후에는 '차단의 원칙'에 따라 서로 만나지 않았다. 또 소속된 처(處)가 달라져서 무슨 일을 하는지 알려고 하지 않아 박채서가 구체적으로 어떤 일을 하는지는 몰랐다.

1990년대 중반 안기부 감사관실에서 공작 유형을 평가한 바에 따르면, 안기부의 대북공작 수준은 C급 이하 공작이 거의 80%였다. 비교적 활동이 자유로운 기자나 북한에 연고를 가진 가족, 대북투자나 선교를 이용하는 '여건 조성'이 전체의 60%를 넘었다. 이 중에서 공작단계까지 발전한 것은 몇 건 없고 대부분 협조자 단계인 D급이었다. A급으로 분류될 수 있는 것은 불과 한 손에 꼽을 수 있는 정도였다. 결론적으로, 대북공작망이 국내외뿐 아니라 북한에도 광범위하게 퍼져 있다는 말은 진실과는 한참 동떨어진 말이었다. 당시 감사관실 감사에서 '살아있는 공작망'은 10%가 안 되었다.

예를 들어 몇 안 되는 흑색공작의 경우, 안이한 공작 운영으로 노출되어 소환되기도 하고 임기만 때우면 철수해 버리기도 했다. 해외에서 생활환경이 나쁘기 때문에 일부러 사고를 쳐서 소환되기도 했다. 신분이 탄로 나 북한에 역감시를 당하고 있는 흑색요원도 있었다. 북한에서 반출되는 골동품을 거래하는 밀매업자들의 심부름을 하다가 들킨 직원도 있었다.

'공작의 꽃'이라는 이중공작원을 쓰는 고도의 공작은 손에 꼽을 수 있는 정도였다. 바로 그중의 하나가 흑금성 공작이었다. 그런데 대북 첩보 활동을 하는 데 1개 사단(師團) 병력보다 더 소중한 이중공작원을 대통령선거에 이기기 위해 흑색선전에 써먹고, 공작 파일(이대성 파일)을 공개해 신분까지 공개해 버린 것이다. 국가정보기관(구 안기부)의 수뇌부가 정치적 의도와 자신들의 구명을 위해 정보기관 본연의 임무를 져버린 것이다.

당시 이대성 파일과 감찰조사 결과를 보고받은 이종찬 원장은 뒤에 김당 기자에게 흑금성 공작원에 대해 이렇게 평가했다.

"공작보고서에는 공작원의 암호명과 일련번호만 있다. 원장도 공작원 신원을 알

수 없고 알려고 하지도 않는다. 공작원에 대한 보안은 그들의 생명과 직결되기 때문이다. 대북공작은 국회 정보위에도 보고하지 않는다. 그런데 이명박 정부 시절에 김정일의 건강이 이슈가 되었을 때 국정원이 정보위에 마치 김정일 옆에서 칫솔질을 지켜본 것처럼 정보를 노출한 적이 있다. 공작원의 목숨을 위태롭게 하는 아마추어의 짓이다. 김정일의 요리사 후지모토 겐지(藤本健二)도 일본 내각조사실 공작원이었다. 그러다가 그가 위험에 처하자 평양에서 빼내 도피시켰다. 공작계획서의 핵심은 주 임무와 공작기록 파괴 및 공작원 도피 계획 등 보안 조치이다.

공작보고서를 보면 공작원이 A급인지 C급인지 알 수 있다. 부임 당시 대북공작원이 200명가량이었는데 '살아있는 공작'은 50명도 안 되었다. 흑금성은 그중에서도 A급 공작원이었다. 내가 원장 할 때는 국내에서 조사를 받다가 도망쳐 중앙일보에 찾아가는 바람에 문제가 된 조교(朝橋) 출신 최인수 같은 대북 에이전트까지 합하면 50~60명이고, 그중에서 '알짜 공작'은 20~30명 규모였다. 그 후로는 탈북자가 많이 생겨 '여건 조성' 환경이 좋아져 공작원 숫자가 늘어났을 것이다."

최인수는 북한 대외경제위에 적을 두고 중국 선양(瀋陽)과 옌지(延吉)에서 북한에서 밀반출한 골동품을 한국 고미술상들에게 밀수출하는 장사를 하다가 국정원에 포섭된 에이전트(협조자)였다. 그런데 최인수는 허위보고로 국정원을 골탕 먹이는 경우가 잦았다. 이에 국정원이 최 씨를 허위공작 보고 혐의로 국정원 안가에서 조사를 하다가 한눈을 판 사이에 최 씨가 심야에 안가를 탈출해 중앙일보사에 뛰어들어가 논란이 되었다.

1998년 당시 중국 선양에는 한국영사관이 없었다(한국이 선양에 영사사무소를 설치한 것은 1999년부터이다). 하지만 1994년 12월부터 선양에 정기편을 취항해온 대한항공은 선양에 지점을 두고 있었다. 이에 국정원은 안기부 시절부터 대한항공 선양지점을 동북 3성에 투입한 블랙(흑색공작 요원)들의 지휘 거점으로 활용했다. 국정원 대북공작국 관리팀이 대한항공 선양지점을 통해 최인수를 쥐도 새도 모르게 한국으로 데려와 심문하다가 사달이 난 것이다.

최인수 사건 당시 그를 공작원으로 운용한 대북사업(공작)국은 대구 – 경북 출신의 박정원(朴正源) 9국장 관할이었다. 공군 장교 출신으로 한국이 열세인 아프리카에서 북한의 외교공세를 저지하는 흑색공작을 수행하고, 러시아에서는 직접 블랙으로 현장을 뛰었던 박정원 국장은 최인수 사건에 책임을 지고 이듬해 천용택 원장이 부임하면서 사퇴했다.

국가 비밀공작은 국익을 위해 비합법적으로 수행하는 통치 행위의 한 수단으로 간주된다. 국가 비밀공작의 최종 승인권자는 대개 국가정보기관장(국가정보원장)이지만, 경우에 따라서는 대통령이 인가한다. 그러나 비밀공작은 대부분 국내법과 국제법상 불법 행위를 수반하기 때문에 비밀공작이나 흑색공작원의 실체를 인정하는 국가는 지구상에 없다. 흑색공작원을 자국의 법정에 세우는 일 또한 거의 없다. 그런데 박채서는 '비겁한 국가'를 대신해 법정에 증인으로 섰다.

그러나 생존을 위한 소송이 10년도 더 지나서 자신을 국가보안법 위반 혐의로 옥죄는 무간도(無間道)의 덫으로 작동할지는 상상도 하지 못했다. 박채서는 2010년 6월 1일 새벽 자택에서 국가보안법 위반(간첩죄) 혐의로 긴급 체포되어, 그 후 대법원에서 징역 6년형이 확정 선고되었다. 당시 검찰이 재판부에 제출한 증거서류에는 국정원 수사관들이 관련자들을 조사한 수사기록이 포함돼 있다. 박기영 대표에 대한 국정원 신문 조서에는 이런 대목이 있다.

"자기가 소속된 조직을 상대로 손해배상청구 소송까지 하며 조직을 배신한 사람을 우리가 그냥 둘 줄 알았느냐?"

늘 한결 같은 독립 언론인

박채서_전 국가안전기획부 국가공작원

어떤 사람은 평생 다양한 분야를 두루 섭렵하면서 여러 분야를 경험하는 가운데 색다른 즐거움과 보람을 찾으며 생활한다. 또 어떤 사람은 평생 동안 오직 한길을 우직하게 걸으며 그 속에서 자기 성취를 하는 가운데 만족하며 살아간다. 둘 중에서 어떤 삶이 옳다고 판단할 수는 없는 일이다.

나는 국가정보기관의 대북 특수공작원이라는 특별한 신분이었을 때, 개인적으로 내 주위에 진정한 저널리스트로서 묵묵히 한 길을 가는 지인이 있었으면 하는 작은 소망을 꿈꾸었다. 그 소망은 어쩌면 대북 이중공작원이라는 위험한 직업을 가진 자의 자기보호 본능에서 말미암은 것이었는지 모르겠다. 그는 운 좋게도 나의 작은 소망을 이뤄준 사람이다. 그것도 아주 가까이에서.

그에 대한 첫인상은 부드럽고 평범한 언론인이었다. 하지만 그가 하는 일은 흔히 생각하는 보통의 언론인들과 달랐다. 그는 권력을 감시하고 국민의 알 권리를 위해서라면, 때로는 국가의 최고 권부인 청와대와 맞서는 일을 두려워하지 않았고, 때로는 국가 비밀정보기관의 은밀한 치부를 폭로했다. 그 과정에서 청와대로부터 소송을 당하고, 국가정보원과 그 전신인 국가안전기획부, 그리고 국군기무사에서 조사를 받기도 했다.

우리는 기자들이 취재한 내용을 학연과 지연, 그리고 정치적 친소관계를 고려해 기사화하지 못하고 이른바 '킬(kill) 시키는' 경우를 현실에서 자주 목격해 왔다. 그런 점에서 그는 예외적인 기자였다. 그는 국익과 국민의 알 권리를 위해 필요하다고 판단하면, 자신과 개인적으로 가까운 정치인에 대해서도 과감

사반세기에 이르도록 인연을 맺어온 흑금성 박채서와 김당 기자. 《공작》 가제
본이 나오던 날, 김 기자가 새로 몸담은 〈UPI 뉴스〉 사무실에서 만났다.

히 펜을 들었다. 나는 그를 가까이서 지켜보면서 기사가 때로는 기자의 단순한
용기를 뛰어넘는 굳센 의지와 신념의 산물이라는 생각을 갖게 되었다.

그러기에 그는 내가 정보기관 조직의 직업윤리와 법규를 벗어나 마음을 열
고 이야기할 수 있는 유일한 기자였다. 그는 내가 군대에서 정보 분야에 입문
해 미군 측에서 입수한 정보가 국익에 중요하다고 판단되어 처음 의논할 때부
터 국가안전기획부 특수공작원을 거쳐, 한 사람의 자연인이 된 지금에 이르기
까지, 늘 내게 든든한 버팀목이었다.

내가 아는 그는 김대중 정부와 노무현 정부 출범에 크게 기여한 언론인 중
의 한 사람이었다. 그래서 나는 어느 날 그에게 "이제 김형도 청와대나 여의도
로 가서 일해야 하는 것 아니냐"고 의중을 물은 적이 있다. 그는 늘 그렇듯이 빙
그레 웃기만 했다. 그러면서 그는 농담처럼 "제 이름이 '당'인데 정당에 왜 들어
갑니까?"라고 반문했다.

그는 늘 그랬다. 김당 기자처럼 한결같은 독립적인 언론인이 나와 내 가
족 곁에 있다는 것은 내게 행운이고 복이다. 김당 기자, 그는 아주 오랜 세월
내게 그런 존재였다. 사반세기에 걸친 세월이 내게 준 선물인 그와 앞으로도
쭉 함께 가고 싶다.

[흑금성 공작 관련 연표]

1990~1993	박채서 소령, 정보사 공작단 근무
	- 902정보대 A-23 팀장으로 한-미 합동 리비아 공작, 북한 핵 개발 정보 수집 공작
1992년 8월	한-중 수교
1994년 4월	박채서 소령, 전역과 동시에 안기부 공작원으로 채용
	박채서, 염창동에 처음으로 '내 집' 마련해 이사(그전에 도곡동 거주)
6월	1차 북한 핵위기 발생~1994년 10월 북-미 제네바 합의
	- 박채서, 김영진-서재호(시바다 아리요시) 통해 장현철 미끼로 대북 공작
1995년 3월	안기부, 흑금성공작 인가(박채서 서기관 대우 국가공작원 채용)
5월	박채서, 서재호의 안내로 첫 방북(양각도 호텔, 이후 고려호텔과 초대소 등에서 숙박)
7월	북한, 안승운 목사 납치
12월	박기영-박채서, '커뮤니케이션 아자' 설립
1996년 2월 13일	조선일보, '김정일 본처 서방 탈출' 기사를 세계적 대특종이라며 보도('성혜림 망명설'은 결국 오보로 판명. 언니 성혜랑만 3국으로 망명)
4월	대우-조선삼천리총회사, 최초의 남북합영회사 '민족산업총회사' 설립
4월 11일	총선 및 총선 전 판문점 무력시위 발생
9월	삼성 방북팀 방북 승인(방북 전 교육 이수 등 방북 준비)
9월 18일	강릉 북한잠수함 침투 사건(~11월 7일 토벌 작전 종료)
10월 1일	블라디보스토크총영사관 최덕근 영사 피살
11월 20일	시사저널 제370호 발매(커버스토리 '거듭된 파행 인사, 국정이 흔들린다') 직전에 '밀가루 북송' 기사 삭제. 이후 국회 예결위 공전
11월 26일	박채서, 시사저널에 전화
12월	국회 노동법-안기부법 날치기 통과 파동

1997년 1월	한보 사태
1월 12일	북한 금강산총회사, '아자'에 베이징 나와 달라
2월 14일	아자 – 금강산총회사, 광고 촬영 및 제작 계약 체결
	– 황장엽 망명(2.12), 이한영 피습(2.15), 중국 덩샤오핑 사망(2.19)
3~5월	통일부 '아자' 광고사업 지연(6.23 제일영상 심현우 외화 밀반출)
6월	박채서, 평양에 불려가 김영룡 면담(입당 권유) 및 김정일 면담
6월 말	박채서, 정동영 의원과 첫 접촉(이후 천용택 의원과도 접촉)
8월	㈜아자 커뮤니케이션 설립(정진호 70:박기영 15:박채서 15 지분 소유)
8월 10~21일	'아자' 사전답사 선발대 방북(변승우 작가 포함)
	– 8.15 오익제 밀입북
9월 14~20일	박채서, 추석 연휴(9.14~20)에 5박 6일 비밀방북
10일	북한 보위부 – 통전부 합동 대선공작반 베이징 활동(21세기호텔 거점)
10월 17일	강삼재 신한국당 사무총장, 김대중 비자금 의혹 폭로
10월 27일	울산 부부 간첩 최정남 – 강연정 체포
10월말	이강복, 정동영 – 천용택 접촉 문의
11월 5일	이강복, 재소환. 박채서, 정동영 – 천용택에 결별 선언
11월 20일	부부 간첩 수사결과 발표/오익제 편지 도착/ 정재문 – 안병수 2차 접촉(장성호텔)
11월 27일	김영삼, 권영해에 오익제 편지 공개하지 말라고 지시
12월 3일	권영해, 고성진 통해 오익제 편지 관련 6일까지 회신 질의/ 천용택은 토론회 (7일) 이후로 질의 회신 요청
12월 4일	권영해, 오익제 편지 압수영장 청구 지시
12월 5일	오후 4시 법원, 압수 영장 발부/ 조세형 총재직무대리 기자회견
12월 6일	권영해 관련 부서장 회의 열어 대응 지시/ 김종필 의장 기자회견
12월 7일	대선후보 2차 합동토론회 *권영해, 오전 8시 이대성 불러 아말렉 공작(윤홍준 기자회견) 지시/ 권영해, 오익제 편지 기본대응계획 실행 지시
12월 11일	윤홍준, 베이징 기자회견(할러데이호텔)
12월 12일	윤홍준, 도쿄 기자회견(임페리얼호텔) / 평양방송 오익제 연설 보도